2005

中国水利发展报告

CHINA WATER DEVELOPMENT REPORT 2005

主　编　敬正书
副主编　刘　宁　顾　浩
矫　勇　赵　伟
高而坤　张红兵
王晓东　汤鑫华

中国水利水电出版社
www.waterpub.com.cn

图书在版编目（CIP）数据

2005 中国水利发展报告/敬正书主编．—北京：中国水利水电出版社，2005

ISBN 7－5084－3120－0

Ⅰ.2...　Ⅱ.敬...　Ⅲ.水利建设—研究报告—中国—2005　Ⅳ.F426.9

中国版本图书馆 CIP 数据核字（2005）第 087929 号

书　　名	**2005 中国水利发展报告**
作　　者	敬正书　主编
出版　发行	中国水利水电出版社（北京市三里河路 6 号　100044） 网址：www.waterpub.com.cn E－mail：sales@waterpub.com.cn 电话：（010）63202266（总机）、68331835（营销中心）
经　　售	全国各地新华书店和相关出版物销售网点
排　　版	中国水利水电出版社微机排版中心
印　　刷	北京市兴怀印刷厂
规　　格	787mm×1092mm　16 开本　42.5 印张　717 千字
版　　次	2005 年 7 月第 1 版　2005 年 7 月第 1 次印刷
定　　价	**68.00** 元（附赠光盘一张）

编 委 会

前　　言

2004年，水利事业继续保持良好的发展势头，防汛抗旱工作成效显著，淮河治理、南水北调等重点水利工程建设和规划工作稳步推进，农村水利、水土保持和农村水电取得新进展，尤其是农村饮水解困工作提前完成“十五”计划任务，水利管理不断加强，水利改革不断深化，节水型社会建设取得进展，水利干部队伍和精神文明建设进一步加强。与此同时，围绕水利发展的理论研究和实践探索不断丰富，社会有关方面广泛关注水利发展中的难点、热点问题，各级水利部门牢固树立和落实科学发展观，积极探索和推进可持续发展水利，在水利规划、水资源配置、水权探索、水务体制改革、水管体制改革、水价改革等方面取得了一批重要研究成果和重大进展。

2005年，中央提出坚持用科学发展观统领经济社会发展全局，加强和改善宏观调控，以改革开放为动力推进各项工作，构建社会主义和谐社会，推动社会主义物质文明、政治文明和精神文明共同进步。胡锦涛总书记在中央人口资源环境工作座谈会上指出，水利工作要把切实保护好饮用水源、让群众喝上放心水作为首要任务；要完善水资源管理体制，积极推广先进实用的节水技术，加强防汛抗旱和水利建设。这就要求我们理论研究工作者要敏感地把握宏观经济形势和政策走向，从经济社会发展的要求出发，重点关注和研究水利发展中的关键问题，如饮水安全、节水型社会建设、水利工程的生态影响、水利社会管理、水利投融资、制度建设等，同时也要在实践上不断探索。

因此，我们在确立《2005中国水利发展报告》编撰思路时就明确，把水利系统的内部研究成果和社会力量研究水利的成果很好地结合起来；把水利改革与发展需要长期坚持研究的项目与突出年度特征有机地统一起来；把水利改革与发展趋势分析、理论探讨的蓝皮书特征与年鉴的资料特征有效地区别开来；把报告严肃、深奥的内容与可读性和新颖的表达方式协调起来。在内容上，《2005 中国水利发展报告》力图从科学发展观与可持续发展水利、水利“十一五”规划思路、江河治理与管理、农村水利、节水型社会建设、水利改革、依法行政与依法治水、水土保持与生态建设、水利科技发展战略、水事焦点、国际水利等方面反映2004 年度水利发展和改革的重要进展，并对2005 年水利发展作出分析和预测。在风格上，《2005 中国水利发展报告》基本延续了《2004 中国水利发展报告》的编写体例。

为了更加突出报告的理论性、前瞻性和权威性、指导性，我们聘请了栏目主持人，由主持人负责相应栏目的策划、组稿和稿件审核，各栏目主持人均为相应领域的领导和专家，他们为本书的编撰工作付出了大量的心血。

还需要特别指出的是，《2004 中国水利发展报告》出版以后，受到社会有关方面的关注，尤其在水利行业产生了较大的影响，许多专家学者对该书给予了充分的肯定，同时也提出了许多建设性的意见和建议。在《2005 中国水利发展报告》编撰过程中，许多读者踊跃来稿，给予我们最直接的支持。

在此我代表本书编委会对所有参与以及支持本书编辑出版工作的同志表示衷心的感谢，并欢迎大家批评指正。

水利部党组副书记、副部长 敬正书

2005 年3 月

目录

前言

综合报告（主持人：王晓东）

3 坚持科学发展观　坚持依法行政　努力把水利事业推进到新水平　汪恕诚

23 2005年水利发展形势分析与预测　水利部发展研究中心形势分析课题组

科学发展观与可持续发展水利（主持人：顾　浩）

41 坚持科学发展观　全面推进可持续发展水利　汪恕诚

49 加强水利系统队伍建设　促进水利可持续发展　敬正书

58 从都江堰持续利用看水利工程科学管理　刘　宁

64 水电与中国　潘家铮

74 试论生态水利工程的基本设计原则　董哲仁

水利“十一五”规划思路（主持人：矫　勇）

115 全国水利发展“十一五”规划思路报告　水利部

138 树立和落实科学发展观　加快水利的改革与发展　陈　雷

146 对做好水利发展“十一五”规划工作的一些认识和思考　矫　勇

156 全面建设小康社会对水利发展的需求分析　王　海　张　旺　乔根平

江河治理与管理（主持人：刘　宁）

173 新形势下流域机构要当好河流的代言人　汪恕诚

178 以科学发展观为指导　搞好水利建设管理工作　陈　雷
190 大力推进两个转变　提高防汛抗旱能力　鄂竟平
197 维护健康长江　促进人水和谐　蔡其华
204 践行治水新思路　当好黄河代言人　李国英
208 2004年江河治理要览与展望　刘　宁

农村水利（主持人：李代鑫　周　英）

235 紧紧围绕提高农业综合生产能力　努力推进新时期的农村水利工作　翟浩辉
247 五年饮水解困成效显著　李代鑫　杨广欣
254 新形势下农田水利基本建设的困境与出路　严家适
263 加快灌区建设与改造是保障国家粮食安全的重要途径　闫冠宇　王　欢

节水型社会建设（主持人：高而坤）

283 建设节水型社会是树立和落实科学发展观的重要方面　索丽生
286 节水型社会建设工作展望　高而坤
302 对水生态系统保护与修复工作的思考　石秋池　高而坤
307 黄河水量统一调度效果初步分析　苏茂林

水利改革（主持人：张红兵　周学文）

353 中国的城市水务市场化改革　水利部水资源司
364 中国水价改革现状与发展态势　水利部财务经济司
371 全国水管体制改革稳步推进　徐元明
377 准公益性水管单位国有资产管理体制改革研究　水利部准公益性水管单位国有资产管理体制改革调研组
391 创新与变革——关于宁夏内蒙古水权转让情况的调研报告　水利部财务经济司调研组
402 水权不同阶段对比分析　李　晶　王晓娟　胡昌明

409 深化水价改革的对策研究 温桂芳 钟玉秀

426 南水北调水市场的水合约交易模式研究 张 郁

依法行政与依法治水（主持人：赵 伟）

453 坚持依法行政 推进依法治水 熊向阳 武媛媛

467 水利系统实施行政审批制度改革综述 付永杰

水土保持与生态建设（主持人：刘 震）

483 加快水土流失防治步伐 促进人与自然和谐发展 刘 震

496 发挥生态自我修复能力 全面加快水土流失防治 佟伟力

504 强化科学研究 加大水土保持生态修复力度 刘国彬 杨勤科 陈云明

512 大力加强预防监督 依法防治人为水土流失 沈雪建

523 扎实推进我国水土保持监测预报工作 郭索彦

水利科技发展战略（主持人：高 波）

535 贯彻治水新思路 为水资源的可持续利用提供科技支撑 索丽生

541 加强科技创新 深化体制改革 努力开创水利科技工作新局面 高 波

554 结合我国水利水电资源的开发利用 开展关键科学技术研究 张楚汉

水事焦点：聚焦淮河治污（主持人：王冠军）

593 加强水污染防治 为流域经济社会可持续发展提供水资源支撑 汪 斌 程绪水 万 一

附录：国际水利

621 解决好水问题 保障中国的粮食安全——汪恕诚部长在世界银行水周活动中的主旨发言

628 第 59 届联大通过关于“国际淡水年和生命之水国际十年”的决议

630 联合国可持续发展委员会第十二届会议简介

632 中国代表团在联合国可持续发展委员会第十二届会议上关于水问题的发言

634 **国际组织对 WCD 报告的评论**

链接

83 辩证、科学、发展地看我国的水资源开发和水坝建设 韩益民
90 河流生命与流域可持续发展浅见 薛选世
161 江苏省“十一五”水利发展思路 江苏省水利厅
213 太湖高级论坛简介
270 山西省积极探求农村税费改革中农村水利建设的新途径 李乾太 龚孟建
314 黑河流域实施水资源统一调度 乔西现 石国安
326 塔里木河流域加强水资源统一调度管理
339 虚拟水交易是解决中国水资源短缺与粮食安全的一种选择 柳长顺 陈 献
434 水利部关于水权转让的若干意见 水利部
437 苏州市水务改革初见成效 苏州市水务局
444 管养分开 收费与管理双赢 连云港市水利局
446 漳河灌区两部制水价的实践与探索 赵金河等
476 北京市水务局全面推行全程办事代理制 北京市水务局
478 崇遵公路水事违法案件查处 遵义市水政监察支队
557 水利科技发展前沿 水利科技发展战略研究课题组
584 跨越时空的水利知识中心：水利数字图书馆 姜 斌 刘 倩 韩益民
602 落实科学发展观 全面推进淮河治污 《人民日报》评论员
604 深化淮河治污任重道远 李 禾
605 环境执法困难重重 陆新元
607 五大难题制约重点流域水污染防治 赵永新
609 淮河治污不能苛求老百姓 强有力的统一监管必不可少 赵永新
612 十年治污看得失 刘 毅
615 淮河治污考验执政能力 刘 毅

CONTENTS

Foreword

COMPREHENSIVE REPORT
(Theme Leader: Wang Xiaodong)

Adhere to the Scientific Concept of Development, Perform Our Duties According to Law and Strive to Promote the Cause of Water Resources Development to a New Height .... Wang Shucheng (3)

Prospects for Water Resources Development in 2005 .... The Task Group of the Development Research Center, Ministry of Water Resources (23)

SCIENTIFIC CONCEPT OF DEVELOPMENT AND SUSTAINABLE DEVELOPMENT OF WATER RESOURCES
(Theme Leader: Gu Hao)

Adhere to the Scientific Concept of Development and Promote Sustainable Development of Water Resources in an All-round Way .... Wang Shucheng (41)

Strengthen the Development of Human Resources in Water Resources Sector and Promote Sustainable Development of Water Resources .... Jing Zhengshu (49)

Scientific Management of Water Resources Projects: The Experience of Sustainable Utilization of the Ancient Dujiangyan Project ...... Liu Ning (58)

Hydropower and China .... Pan Jiazheng (64)

Basic Design Principles of Eco-Hydraulic Engineering .... Dong Zheren (74)

ELEVENTH FIVE-YEAR PLAN OF WATER RESOURCES DEVELOPMENT
(Theme Leader: jiao Yong)

Objectives and Guiding Principles of the Eleventh Five-year Plan for National Water Resources Development ······ Ministry of Water Resources (115)

Maintain and Implement the Scientific Concept of Development and Accelerate Reform and Development of the Water Sector ······ Chen Lei (138)

Reflections on the Formulation of the Eleventh Five-year Plan for National Water Resources Development ······ Jiao Yong (146)

An Analysis of the Requirement for Water Resources Development in Building a Moderately Prosperous Society ······ Wang Hai, Zhang Wang and Qiao Genping (156)

RIVER HARNESSING AND MANAGEMENT
(Theme Leader: Liu Ning)

River Basin Authorities should Act as the spokesperson of the Rivers under the New Circumstances ······ Wang Shucheng (173)

Do a Good Job in Water Project Construction and Management under Guidance of the Scientific Concept of Development ······ Chen Lei (178)

Devote Major Efforts to Promote "Two Changes" and Improve the Ability of Flood Control and Drought Relief ······ E Jingping (190)

Keep the Yangtze River Healthy for People to Live in Harmony with Water ······ Cai Qihua (197)

Practice New Thinking in Water Management and Act as the Spokesperson of the Yellow River ······ Li Guoying (204)

Review of the Work on River Harnessing in 2004 and Prospects for 2005 and Beyond ······ Liu Ning (208)

RURAL WATER RESOURCES DEVELOPMENT
(Theme Leaders: Li Daixin and Zhou Ying)

Strive to Promote Rural Water Resources Development in the New Period Focusing on Overall Agricultural Productivity ······ Zhai Haohui (235)

Achievements in Providing Drinking Water to Disadvantaged Rural Residents in the Past Five Years ······ Li Daixin and Yang Guangxin (247)
Problems and Solutions to Capital Construction for Farmland Irrigation under the New Situation ······ Yan Jiashi (254)
Accelerating the Construction and Rehabilitation of Irrigation Districts is a Major Way to Ensure National Food Security ······ Yan Guanyu and Wang Huan (263)

BUILDING A WATER-SAVING SOCIETY (Theme Leader: Gao Erkun)

Building a Water-Saving Society: A Main Aspect of Maintaining and Implementing the Scientific Concept of Development ······ Suo Lisheng (283)
Prospects for Building a Water-Saving Society in China ······ Gao Erkun (286)
Reflections on the Protection and Restoration of Water Ecosystem ······ Shi Qiuchi and Gao Erkun (302)
Analysis of the Results of Unified Water Resources Allocation and Control for the Yellow River ······ Su Maolin (307)

REFORM OF WATER MANAGEMENT (Theme Leaders: Zhang Hongbing and Zhou Xuewen)

Marketization Reform of Urban Water Services in China ······ Department of Water Resources Management, Ministry of Water Resources (353)
Present Situation and Development Trend of Water Pricing System Reform in China ······ Department of Finance and Economic Affairs, Ministry of Water Resources (364)
Steady Progress in Institutional Reforms of Water Management in China ······ Xu Yuanming (371)
A Survey of Reform of the Regulatory Mechanism of State-owned Assets of Quasi-Pubic Water Management Entities ······ The Task Group for Investigation and Study of Reform of Administration of State-owned Assets of Quasi-Public Water Management Entities, Ministry of Water Resources (377)
Innovation and Reform: Survey on Water Rights Transfer in Ningxia and Inner Mongolia Autonomous

Regions …… The Task Group for Investigation and Study of Department of Finance and Economic Affairs, Ministry of Water Resources (391)
A Comparative Analysis of Different Stages of Water Rights Development …………………… Li Jing, Wang Xiaojuan and Hu Changming (402)
Study on Countermeasures of Deepening the Reform of Water Pricing System ………………………… Wen Guifang and Zhong Yuxiu (409)
Study on Modes of Water Deals in the Water Market Associated with South-to-North Water Transfer Project ………………………… Zhang Yu (426)

LAW-BASED ADMINISTRATION AND WATER GOVERNANCE IN ACCORDANCE WITH THE LAW (Theme Leader: Zhao Wei)

Perform Our Duties in Accordance with the Law and Promote Law-based Water Governance ……………………… Xiong Xiangyang and Wu Yuanyuan (453)
Introduction to the Reform of Administrative Approval System in Water Sector ……………………………………………………… Fu Yongjie (467)

WATER AND SOIL CONSERVATION AND ECOLOGICAL REHABILITATION (Theme Leader: Liu Zhen)

Accelerate the Prevention and Control of Water and Soil Erosion and Promote the Harmonious Development between Man and Nature …… Liu Zhen (483)
Give Full Play to the Self-rehabilitating Function of Ecosystem and Accelerate the Prevention and Control of Water and Soil Erosion ……… Tong Weili (496)
Intensify Scientific Research in Ecological Restoration for Water and Soil Conservation ……… Liu Guobin, Yang Qinke and Chen Yunming (504)
Strengthen Prevention and Supervision According to Law for Controlling Human Activities Caused Water and Soil Erosion ………… Shen Xuejian (512)
Promote Monitoring and Prediction of Water and Soil Erosion in China ……………………………………………… Guo Suoyan (523)

STRATEGIES OF WATER SCIENCE AND TECHNOLOGY DEVELOPMENT (Theme Leader: Gao Bo)

Implement the New Thinking of Water Governance and Provide Science

and Technology Support to the Sustainable Utilization of Water Resources ······ Suo Lisheng (535)
Strengthen the Innovation of Science and Technology, Deepen the Institutional Reforms and Strive to Create a New Situation in the Work on Water Science and Technology ······ Gao Bo (541)
Carry Out Researches on Key Technologies to Serve the Nation's Development and Utilization of Water Resources and Hydropower ······ Zhang Chuhan (554)

FOCUS ON WATER AFFAIRS: POLLUTION CONTROL FOR THE HUAIHE RIVER (Theme Leader: Wang Guanjun)

Strengthen the Prevention and Control of Water Pollution and Provide Water Resources Support to Basinwide Sustainable Social and Economic Development ······ Wang Bin, Cheng Xushui and Wan Yi (593)

ANNEX: INTERNATIONAL WATER AFFAIRS

Solving Water Problems to Ensure Food Security in China—Keynote Speech at World Bank Water Week 2005 in Washington D. C. ······ by Wang Shucheng, Minister of Water Resources, P. R. China (621)
Resolution on Activities Undertaken During the International Year of Freshwater, 2003, Preparations for the International Decade for Action, "Water for Life", 2005—2015, and Further Efforts to Achieve the Sustainable Development of Water Resources ······ (628)
Introduction to the Twelfth Session of the UN Commission on Sustainable Development ······ (630)
Statement by Chinese Delegation at the Twelfth Session of the UN Commission on Sustainable Development ······ (632)
Comments of International Organizations on the Report of the World Commission on Dams (WCD) ······ (634)

Box 1 Water Resources Development and Dam Construction in China:
A Dialectical, Scientific and Developmental Perspective …… Han Yimin (83)
Box 2 On River's Life and Sustainable Development of
the River Basin …… Xue Xuanshi (90)
Box 3 Guidelines and Principles of the Eleventh Five-year Plan for
Water Resources Development in
Jiangsu Province …… Jiangsu Provincial Department of Water Resources (161)
Box 4 The High-level Taihu Lake Forum (Brief Introduction and Selected
Speeches) …… (213)
Box 5 Shanxi Province Seeks New Ways to Promote Rural Water
Development in the Reform of Rural Taxes and
Administrative Charges …… Li Qiantai and Gong Mengjian (270)
Box 6 Unified Water Resources Allocation and Control in
Heihe River Basin …… Qiao Xixian and Shi Guoan (314)
Box 7 Unified Water Resources Allocation and Management in Tarim
River Basin …… (326)
Box 8 Virtual Water Trading is an Option to Address China's Water Shortage
and Food Security …… Liu Changshun and Chen Xian (339)
Box 9 Some Opinions of the Ministry of Water Resources on Water
Rights Transfer …… Ministry of Water Resources (434)
Box 10 Some Achievements of Urban Water Management Reform
in Suzhou City …… Suzhou Water Affairs Bureau (437)
Box 11 Gaining a Win-Win of Fee Collection and Management
after Separating Management and Maintenance of the Jinpingtao
Sluice Gate …… Water Resources Bureau of Lianyungang City (444)
Box 12 Practice of Two-part Water Pricing System in Zhanghe
Irrigation District …… Zhao Jinhe, et al (446)
Box 13 Beijing Water Affairs Bureau Adopts Agent System for Application
of Administrative Permits …… Beijing Water Affairs Bureau (476)
Box 14 Investigation of a Water Law-violating Case Associated With the
Chongyang-Zunyi Highway Project
…… Zunyi Water Administration Supervision Division (478)
Box 15 Cutting-edge Advances in Water Resources Science and Technology
Development …… The Task Group for Study of Water Resources Science and Technology Development Strategy (557)
Box 16 A Water Resources Knowledge Center Transending Space and Time:
The Water Resources Digital Library
…… Jiang Bin, Liu Qian and Han Yimin (584)
Box 17 Implement the Scientific Concept of Development and Push forward

Pollution Control for the Huaihe River …… Commentator of People's Daily (602)
Box 18 Intensifying the Work on Pollution Control for the Huaihe River: A Long Way to Go …… Li He (604)
Box 19 Problems and Obstacles Hindering Enforcement of Environmental Laws …… Lu Xinyuan (605)
Box 20 Five Major Constraints to Water Pollution Prevention and Control in Key River Basins …… Zhao Yongxin (607)
Box 21 Make No Excessive Demands of the Ordinary People for Water Pollution Control of the Huaihe River; A Powerful, Unified Supervision and Management System is Absolutely Necessary …… Zhao Yongxin (609)
Box 22 Success and Failure in Huaihe River Water Pollution Control over the Past Decade …… Liu Yi (612)
Box 23 Dealing with Water Pollution in the Huaihe River is a Test to the Governing Capacity …… Liu Yi (615)

综合报告

（主持人：王晓东）

坚持科学发展观　坚持依法行政
努力把水利事业推进到新水平

汪恕诚

一、2004 年水利工作取得新的进展

2004 年，水利继续保持较好的发展势头。主要有以下四个方面的特点：一是党中央、国务院高度重视水利工作，在年初召开的中央人口资源环境工作座谈会上，胡锦涛总书记、温家宝总理作了重要讲话，明确提出了全面推进节水型社会建设的任务，为我们进一步树立和落实科学发展观，做好水利工作提出了要求，指明了方向。二是各级水利部门认真学习、领会和贯彻党的十六届三中全会精神，积极探索、实践和推进可持续发展水利。水利规划、水资源配置、水权探索、水务体制改革、水管体制改革和水价改革等迈出了重要步伐。三是水利工作积极为解决“三农”问题服务。提前实现了“十五”计划的农村饮水解困任务，改善了农民生活条件；防汛抗旱为 2004 年的粮食增产和农民增收作出了积极贡献。四是水利投入依然保持较高水平，中央水利基建投资规模达 321.5 亿元，其中预算内资金 83.55 亿元，国债资金 237.95 亿元，有力地保证了治淮、南水北调等重点水利工程建设和水利工作的顺利开展。

（一）防汛抗旱工作成效显著

2004 年，我国除长江、淮河局部河段和珠江流域的西江发生超过警戒水位的洪水外，大江大河水势比较平稳。但由于局部地区降雨强度大，来势猛，且发生了 1956 年以来强度最大的登陆台风，一些中小河流发生了特大洪水，部分地区山洪、泥石流和滑坡频繁，灾害十分严重，山洪灾害仍是造成人员伤亡的主要因素。据统计，全国因洪涝灾害死亡、失踪 1343 人，农作物洪涝受灾面积 1.16 亿亩，直接经济损失 666 亿元，分别为 20 世纪 90 年代以来灾情平均水平的 32.6%、51.6% 和 59.7%，因灾死亡人数和经济损失大幅减少。

2004年我国南方部分地区发生了冬春连旱，东北西部部分地区发生了近年来最严重的春旱，长江上中游部分地区发生了夏伏旱，长江以南大部地区尤其是华南部分地区发生了较大规模秋冬旱。全国农作物因旱受灾面积2.49亿亩，粮食损失2310万吨，经济作物损失261亿元，其他农业直接经济损失54亿元。全国共有2340万城乡人口因旱发生临时饮水困难。从总体看，2004年全国旱情较往年偏轻，受旱范围较小，但局部地区旱情十分严重。

党中央、国务院高度重视防汛抗旱工作。中央领导多次对防汛抗洪、防台风和抗旱救灾工作作出重要指示并亲赴灾区视察灾情，慰问军民和受灾群众。各级防汛抗旱指挥部和水利部门积极推进防汛抗旱工作"两个转变"，加强洪水管理，拓宽抗旱领域，有效防控，科学调度。各有关部门积极配合，通力协作。各项防、抢、撤工作主动有序，确保了人民生命财产安全，控制了灾情的扩展蔓延，减少了灾害损失，取得了显著成效。

一是确保了重要堤防和大中型水库的安全。全国大江大河堤防和重要水库无一失事，仅有1座小（2）型水库（广西百色岩小水库）垮坝，是历年最少的。二是有效地减少了人员死亡。2004年因洪涝灾害死亡人数较往年大幅减少，是20世纪90年代以来同期较少的一年。三是灾民得到妥善安置。2004年汛期，河南、湖南、云南、浙江、福建、四川、重庆等省市妥善转移、安置数百万受灾群众，救灾工作井然有序，受灾群众思想稳定，社会治安状况良好。四是保障了粮食丰收和饮水安全。全国抗旱累计挽回粮食损失3557万吨，减少经济作物损失340亿元，解决了2379万城乡人口的临时性饮水困难。五是有效改善了生态环境。2004年先后组织实施了引岳（岳城水库）济淀（白洋淀）、引察（察尔森水库）济向（向海湿地）等生态应急补水，遏制了生态环境的恶化，保护了湿地生物多样性。六是水库汛限水位动态控制研究取得突破，经济效益和社会效益明显。

（二）水利建设和规划工作稳步推进

全面加快重点水利工程建设步伐。水利建设继续向治淮、南水北调等重点工程和农村地区、西部地区及东北老工业基地等倾斜。克服种种困难，狠抓南水北调和治淮工程前期工作，为工程建设奠定了扎实的基础。组建了南水北调中线水源工程建设项目法人。治淮骨干工程建设取得进展，临淮岗、淮干及重要支流治理等工程正在加紧实施。长江重要支流及两湖治理、黄河下游及渭河治理、松嫩堤防等大江大河治理继续实施。嫩江尼尔基、广西百色、四川紫坪铺等重点枢纽工程加紧建设，湖南皂市、黄河西霞院、四川武都引水二期等骨干水利枢纽工程已经开工。继续加大病险水库除险加固力度，第一批中央补助项目安排已近尾声，第二批中央补助项目开始启动。坚持走开发性移民的路子，调动各级政府和社会各方面力量，优化移民搬迁安置和后期扶持的资源配置，高度重视在建重点水利工程移民搬迁安置，推动了移民遗留问题处理和移民脱贫致富奔小康进程。按照中央的总体部署，启动了水利血防建设项目。水利安全生产继续保持良好态势。

水利规划工作取得一批重要成果。研究提出了全国水利发展“十一五”规划思路报告，全国水资源综合规划水资源调查评价取得重要成果，七大流域防洪规划进入成果审查阶段。编制完成了《加快灌区建设保障粮食安全近期重点建设规划》、《2004～2006年农村人饮安全建设规划》、《长江重要支流和重要湖泊近期防洪建设规划》、《全国血吸虫病综合治理水利专项规划》、《振兴东北老工业基地水利规划》等一批专项规划。开展了节水型社会建设、水资源优化配置、潼关高程控制及三门峡水库运用方式等一批重大水利课题研究。

（三）农村水利、水土保持和农村水电取得新进展

农村饮水解困工作成效显著。5年来，中央下达农村饮水解困工程投资98亿元，累计解决了5700多万人的饮水困难，提前完成了“十五”计划任务。采取多种措施，调动受益农户的积极性，积极发展民营水利，各级财政增加投入，农田水利基本建设取得了实实在在的进展。去冬以来，全国农田水利基本建设共投入资金约580亿元，比上年略有增长。对213个大型灌区和23个重点中型灌区进行续建配套节水改造，开展了150个节水示范项目、50个牧区节水灌溉试点和99个山区雨水集蓄利用项目建设。全国节水灌溉面积已达3.2亿亩，全国农业灌溉用水利用效率比“十五”初提高了2个百分点，达到0.45。

水土保持改善了水土流失区的农业生产条件和生态环境。全年共实施水土流失综合防治15.5万平方公里，其中在长江上游、黄河中游、东北黑土地、珠江上游石灰岩地区等水土流失严重地区实施重点治理1.5万km^2，地方、其他行业和社会力量实施治理3.0万km^2，封育保护11万km^2。有950个县全部或部分实施了封山禁牧，所有国家水土保持重点工程区全部实现了封育保护。黄土高原地区新建淤地坝1675座。加强了对开发建设活动全过程的水土保持监管力度，推动落实“三同时”制度。全国共审批水土保持方案2.5万个，其中国家大型开

发建设项目近150个，开发建设单位投入水土流失防治经费近110亿元，防治面积2000km^2。累计在7000多km的公路、1万多km的铁路沿线实施了水土保持防护工程，有效控制了开发建设过程中的人为水土流失。

农村水电新增装机330多万kW，在建规模1000万kW，均创历史新高。小水电代燃料试点取得良好效果，据试点项目区统计，平均每户年减少支出100多元，增加收入300多元。400个水电农村电气化县建设进展顺利，农民人均年用电量和户均年生活用电量分别提高12%和10%。水利系统农网改造降低了农村电价，每年减轻农民负担50多亿元。无电乡村光明工程建设和水电农村电气化县建设累计解决了200万无电人口的用电问题，使这些地区农牧民群众的生产生活条件得到明显改善。

（四）水利管理不断加强

全国节水型社会建设取得进展。印发了《节水型社会建设规划编制导则（试行）》，扩大了试点范围。大部分省级行政区都成立了节约用水办公室，有17个省（自治区、直辖市）发布了用水定额。全国农业灌溉用水定额编制工作基本完成。各地陆续出台了一系列节水法规。积极探索和实践初始水权分配和转换工作。宁夏、内蒙古把投资节水与水权转换有机结合起来，目前已有8个大型工业项目与灌区签订了水权转换协议，促进了水资源在行业间的优化配置。开展了辽河流域大凌河初始水权分配试点工作。

以首都、黑河和塔河3个水资源规划实施为契机，认真推进水资源配置工作。通过科学调度水资源，黄河连续5年不断流，黑河连续4年分水成功，塔里木河连续5年实施向大西海子水库以下干流河道输水，生态效益明显。再次实施了引黄济津，通过山西、河北两省四库联调，向北京集中输水，有效保障了供水安全。

继续推进水功能区管理制度的实施，全国已经有17个省（自治区、直辖市）批准了水功能区划，七大流域和部分省已经按照水功能区公布了水资源质量状况。提出了三峡库区等水域纳污能力和限制排污总量意见，加强了入河排污口的监督工作。通过做好淮河流域水质监测预报、闸坝防污调度等工作，促进淮河流域水质的改善。强化了对地下水的保护和对超采区的治理，河南省和济南市地下水保护试点工作取得成效，河北、北京、山西、江苏、浙江、江西等省市先后公布了地下水超采区范围。

规范河道采砂管理工作，及时调查、处理河道采砂管理中的重大事件。严厉打击长江非法采砂活动，河道采砂管理秩序明显好转。加强河道管理范围内建设项目管理。进一步整顿和规范水利建筑市场秩序，加强了对重点工程、病险水库除险加固工程等的稽查，及时发现和纠正了工程建设中存在的问题。对水利工程拖欠工程款和农民工工资问题进行了认真检查和清理。

贯彻落实《中华人民共和国水法》，依法治水迈出新步伐。积极开展了水法配套法规建设，《大中型水利水电工程建设征地补偿和移民安置条例（修订）》、《取水许可和水资源费征收管理办法》、《黄河水量统一调度条例》和《防汛条例（修订）》已上报国务院。《黄河河口管理办法》、《入河排污口监督管理办法》两项部规章已经出台。开展了《水利部水权转让的若干意见》、《水权制度建设框架》等政策的制定。按照我国的《行政许可法》要求，深化了水行政审批制度改革。水政监察和水行政执法取得进展，成功调处了一批水事纠纷，维护了社会稳定。

积极开展双边和多边水利交流活动，在国际水事组织和国际水事活动中发挥了重要作用。成功举办了第9次河流泥沙国际学术讨论。世界泥沙研究学会在我国正式成立，这是全球水利界第一个总部设在中国的世界性学会。妥善做好国际河流涉外工作，与有关国家进行国际河流谈判和磋商，签署相关协议。保持与国际金融组织和对华援助机构的良好合作势头，引进外资和引智工作取得新进展。

水利科技工作紧密围绕水利建设与管理主战场，开拓创新，为实践新的治水思路提供了科技支撑。我国水利科研投资最大的项目——长江防洪模型开工建设，黄河调水调沙科学试验等科研项目取得阶段性成果并引起社会广泛关注。部属科研单位初步形成了“开放、流动、竞争、协作”的运行管理机制。科技管理、成果推广、水利技术标准化和计量认证等工作取得成效。水利信息化建设不断加强，国家防汛抗旱指挥系统建设取得积极成果，全国水利信息骨干网络全面建成。水利部机关及七个流域机构的电子政务建设全面启动。水文、水质、水资源、水保监测系统建设进一步加强。

（五）水利改革不断深化

全国已有1251个县级以上行政区组建水务管理机构，对区域涉水事务实行统一管理，占总数的53%。其中，北京、上海、黑龙江和海南已经实现了省级行政区辖区内水务统一管理。实现水务统一管理的地区，在统一调配水资源，统一编制涉水规划，提高城乡防洪安全、供水安全、生态安全等方面，取得了明显成效。上海、深圳、武汉、苏州等城市在建立政府主导、社会筹资、市场运作、企业开发的水务运行机制方面积累了经验。中国水务投资公司正式组建。

积极推进水利工程管理体制改革。根据《水利工程管理体制改革实施意见》，全国已有23个省（自治区、直辖市）出台了实施方案，改革试点取得阶段性成果。水利部、财政部颁发了《水利工程管理单位定岗标准》和《水利工程维修养护定额标准》，为水管单位定岗定员以及核定各项财政补助经费提供了依据。积极推行管养分离，精干管理机构。一些地方已全部落实了公益性单位的财政补助资金，妥善解决了确权划界、水价调整、分流人员安置等难点问题。

继续推进农村水利工程管理改革。大力推广用水户参与管理的灌区管理模式，全国已成立用水户协会4000多个，受到农民的欢迎。23个省（自治区、直辖市）出台了小型水利工程产权制度改革实施办法，有700多万处（约占现有工程总数的35%）小型水利工程实行了承包、租赁、拍卖、股份制等形式的改革，盘活资金120亿元，初步解决了小型农村水利工程管理主体缺位、管理责任不落实等问题。

以贯彻实施《国务院办公厅关于推进水价改革促进节约用水保护水资源的通知》、《水利工程供水价格管理办法》为契机，全面启动了新一轮水价改革。湖南、云南、湖北、广西、江西、重庆、黑龙江等7省（自治区、直辖市）相继出台了水价管理办法或实施细则。绝大部分省改革了集中统一定价的模式，实行了按区域定价和按单个工程定价相结合的管理办法。云南、湖北、陕西、新疆、宁夏、黑龙江等省区通过调价、整顿水价秩序等措施，促进了节约用水，减轻了农民不合理的水费负担。

（六）干部队伍建设和精神文明建设进一步加强

认真学习、贯彻十六届三中、四中全会精神，坚持用“三个代表”重要思想武装头脑，树立和落实科学发展观。扎实开展了保持共产党员先进性教育活动准备工作。涌现了一大批先进典型，弘扬了“献身、负责、求实”的水利行业精神。

各级水利部门时刻牢记立党为公、执政为民，不断推进作风建设。紧紧围绕水利工作中的重大理论和实践问题，抓住基层和群众反映强烈的焦点问题，深入开展调查研究，努力加以解决。认真落实党风廉政建设责任制，把水利工程建设的工程安全、资金安全和干部安全作为防治腐败的重点任务，注重制度建设，加强工程稽查和审计监督，端正行风，严肃查处违法违纪案件。

切实加强了领导班子建设、基层党组织建设和干部职工队伍建设。坚持党管干部和党管人才的原则，不断深化干部人事制度改革。按照科学的人才观和开放的人才理念，实施水利人才战略，规范领导干部的选拔任用，有针对性地加强干部培训和交流，努力建设高素质的水利人才队伍。开展了事业单位人员聘用制度改革试点工作。精神文明创建活动更加深入，形式多样的宣传工作为水利改革与发展营造了良好的社会氛围和舆论环境。充分发挥工青妇等群众团体、社会团体和离退休干部的重要作用。从大局出发做好信访工作，密切联系群众，解决实际问题。

二、认真学习贯彻十六届四中全会精神，努力提高水利工作水平

党的十六届四中全会做出了关于加强党的执政能力建设的决定，这是深入贯彻落实“三个代表”重要思想和十六大精神的重大战略举措，是推进中国特色社会主义伟大事业和党的建设新的伟大工程的指南。各级水利部门作为政府的重要职能部门，必须把贯彻落实十六届四中全会精神作为当前和今后一个时期的重要任务，真正把加强党的执政能力建设的总体目标和主要任务落实到水利工作的实践中去，不断研究新情况、解决新问题、创新新机制、增长新本领，全面推进现代水利、可持续发展水利，保障经济社会可持续发展。结合水利工作实际，当前要着重抓好以下四个方面：

（一）进一步树立和落实科学发展观

做好新时期水利工作，必须牢固树立和认真落实科学发展观。近年来，水利行业在落实科学发展观、推进可持续发展水利方面进行了积极探索，取得了一定成绩，在探索有效解决我国水资源诸多矛盾和问题的道路上有了一个良好开端。但是，必须清醒认识到，解决我国四大水问题还任重道远，全面贯彻落实科学发展观是一个需要长期艰苦探索的过程，我们这方面的工作才刚刚起步，差距还很大。不论缺水地区还是丰水地区，不论经济发达地区还是经济欠发达地区，都要进一步加深对科学发展观的理解，进一步把握可持续发展水利的内涵，结合实际，注重解决发展中存在的主要矛盾和突出问题，切实把科学发展观落到实处。

要进一步提高认识，转变观念，增强主动性。要从以下5个方面深刻把握可持续发展水利的内涵：一是坚持以人为本，把最广大人民的根本利益作为水利工作的出发点和落脚点。社会与经济发展对水利提出的饮水保障、防洪安全、粮食供给、经济发展和生态环境改善五个层次的需求，最终目标都是为了人，为了保障人的生命安全和健康，提高生活质量。二是坚持人与自然和谐相处，在治水中尊重自然规律。在防洪减灾方面，要科学安排洪水出路，合理利用雨洪资源；在应对水资源短缺方面，要协调好生活、生产、生态用水，全面建设节水型社会；在水土保持生态建设方面，要加强预防、监督和治理，充分发挥大自然的自我修复能力；在水资源保护方面，要加强水功能区管理，尤其要严格管好饮用水水源。三是坚持统筹兼顾，统筹国民经济和水利发展，统筹流域、区域、城乡水利发展，统筹解决不同领域水利发展中的问题，因地制宜，注重实效。四是坚持保护资源和保护环境的基本国策，继续把水资源的节约、保护、配置放在突出位置，坚决遏制浪费资源、破坏资源的现象，实现水资源的永续利用。五是加强制度建设，遵循经济规律，牢固树立工程是手段、制度是根本的理念，依靠制度变革推进水利由粗放型向资源节约型、生态保护型转变。

要突出抓好四件大事。

一是把保障饮水安全作为今后一个时期水利工作的第一任务。保障饮水安全是全面建设小康社会的重要内容之一。近年来，我国农村饮水解困取得了很大进展，城市供水工作也取得了很大成绩，但是，饮水安全形势仍然十分严峻。一些地区饮水存在水质严重不达标、供水保证率低、水性地方病等问题。据初步调查，全国农村有3亿多人饮水不安全，其中约6300多万人饮用高氟水，200万人饮用高砷水，3800多万人饮用苦咸水，1.9亿人饮用水有害物质含量超标，血吸虫病区约1100多万人饮水不安全；相当一部分城市水源污染严重，威胁到饮水水质。当前饮水水质带来的危害，已严重影响人的生命健康。党中央、国务院对此高度重视。去年以来，胡锦涛总书记多次批示："无论有多大困难，都要想办法解决群众的饮水问题，决不能让群众再喝高氟水"；"要增强紧迫感，深入调研，科学论证，提出解决方案，认真加以落实，使群众喝上'放心水'"。保障饮水安全、维护人的健康生命是当前经济社会发展对水利工作的第一需要。我们要认真贯彻落实胡锦涛总书记的重要批示精神，无论是城市水利工作，还是农村水利工作，都要把保证饮水安全、维护人民群众的生命健康作为水利工作的第一任务、当务之急、重中之重，抓紧抓好，刻不容缓。要统筹考虑城乡饮水安全，统筹考虑应急需要与长远需求，统筹考虑水量水质，加强与有关部门的配合与协调，科学规划，落实措施，重点解决高氟水、高砷水、苦咸水、污染水等饮用水水质不达标问题以及局部地区饮用水严重不足问题，切实保护好饮用水源，确保饮水安全。

二是坚定不移地推进节水型社会建设。建设节水型社会是解决我国干旱缺水问题最根本、最有效的战略举措。近年来，不少地区在建设节水型社会方面进行了探索，在张掖等近百个地区开展了节水型社会建设试点，宁夏、内蒙古进行了水权转换，天津积极推进市场配置节水。总结这些做法和经验，一个共同点在于，不是简单地用行政的办法去节水，而是通过对水资源管理制度的变革，以经济手段为主，建立长效的节水机制。这些实践还是初步的。各地要借鉴这些做法和经验，因地制宜，选准突破口，扎扎实实、坚定不移地推进节水型社会建设。特别要加强基础工作，科学编制流域和区域水资源规划，明晰初始水权，确定水资源的宏观控制指标和微观定额指标。综合运用法律、行政、工程、经济、科技等多种措施，特别注意运用经济手段，保证用水控制指标的实现。通过制定规则，建立水权交易市场，实行水权有偿转让，促进水资源优化配置，实现节水高效目标。

三是维护河流健康生命。长期以来，在我国经济高速增长的同时，也伴随着资源的过度开发、低效利用和生态环境的严重破坏，全国各大江河湖泊的水质和生态都受到不同程度的损害。不仅在北方一些缺水地区出现“有河皆干、有水皆污”，而且在南方一些水资源丰富的地区也出现了“有水皆污”的现象。近年来，有关保护河流生态、维护河流健康生命方面的问题越来越受到社会的关注，水利部门特别是流域机构进行了许多有益探索，取得了一些经验和成效。但必须看到，这方面我们要做的工作还很多，流域机构要义不容辞地担负起河流生态代言人的重任。要从生态保护和维护河流健康生命的角度来确立工作方针、原则和规划，正确处理好开发与保护的关系，把工作的制高点放在维护河流的健康生命上。不同的河流有不同的发育演变规律，面临不同的健康问题，必须因地制宜，抓住主要矛盾和突出问题，在发挥好河流功能的同时，切实保护好河流，让河流为人类造福。要从基础工作做起，建立衡量河流生态健康的指标体系；加强河流生态系统的监测，制定不同阶段的生态保护和修复目标；积极探索建立有效的机制，并通过工程措施和非工程措施，保护或修复水生态系统，维护河流健康生命。

四是高度重视建设水利水电工程带来的生态问题。我国是发展中国家，解决我国水资源问题、能源问题，保障经济社会发展，还必须抓紧兴建一大批水利水电工程。水利水电工程在发挥经济效益、社会效益和环境效益的同时，也会对生态产生一些不同程度的负面影响。我们必须认真对待这一问题。既不能因噎废食，停止工程建设，停止发展步伐，也不能掩盖矛盾，留下隐患。水利工作者必须承担起水利建设与生态保护两副重担。要坚持以人为本，按照国家有关政策，妥善解决好工程建设中的移民问题，保障移民合法权益；要完善项目咨询评估程序，认真做好环境影响评价工作；要深入研究水利工程对生态环境的影响，规划设计、工程建设、运行管理等各个阶段都要重视生态环境保护工作，提出相应的对策和措施；要积极探索水利工程有利于生态的调度和使用模式。

（二）切实提高水行政管理能力

加强党的执政能力建设，落实到政府，就是要推进依法行政，转变政府职能，做到主要运用经济和法律手段管理经济，集中精力抓好经济调节、市场监管、社会管理和公共服务。

近年来，水利部门通过完善水法规、规范行政许可、健全水管理制度、严格执法，依法行政的能力和水平有了很大提高。但是，由于长期以来受传统的计划经济观念影响，我们在水行政管理方面还存在一些薄弱环节，习惯于靠投资带动发展，习惯于用行政手段去管理行业，习惯于工程建设，不善于运用法律手段，不善于运用市场机制，不善于社会管理。随着社会主义市场经济体制的不断完善和政府行政管理体制改革的逐步深入，做好水行政管理工作，必须切实转变职能，推进依法行政工作，加强社会管理和公共服务，进一步提高水行政管理能力和水平。

依法行政是提高政府管理能力和水平的关键。要按照《中华人民共和国行政许可法》和国务院发布的《全面推进依法行政实施纲要》的要求，全面推进水利部门的依法行政。要做好以下五个方面的工作：一是加快政府职能转变，理顺政府和市场、政府和社会的关系，进一步深化水利行政审批制度改革，依法落实和完善各项水管理措施，做到该管的管好、不该管的放开。二是建立公众参与、专家论证和政府决定相结合的行政决策机制，推进决策的科学化、民主化。三是加强水法制建设。重视水利立法的基础性工作，提高制度建设质量。推进水利系统内部综合执法工作，逐步建立权责明确、行为规范、监督有效、保障有力的水行政执法体制。四是完善水行政监督制度，推进水利政务公开，强化监察、审计和社会对水行政行为的监督。五是加强普法和水法制宣传，不断提高水行政机关工作人员依法行政的观念和能力。

社会管理是水利部门的重要职能。水利社会管理，是指各级政府及其水行政主管部门制定水利政策法规和规划，依法对涉水事务进行管理和规范，优化配置水资源，规范水事行为，维护社会用水公正，有效应对水旱灾害及涉水突发事件，维护人民群众利益，促进经济社会发展，保护生态环境，维护社会稳定。加强水利社会管理，当前要做好6个方面工作。

一是提高对社会管理的认识，增强社会管理工作的主动性、自觉性。各级水利部门要把社会管理作为自己的重要职责，列入工作议程，在研究解决水的问题时要更多地、更自觉地从社会管理的角度来考虑，在制定发展规划、安排资金投入和研究重大政策时都要特别强调社会管理的内容。二是特别重视社会管理职能方面的法律法规制定工作，加强在防汛抗旱、节水型社会建设、水资源管理、生态环境保护与建设、水利工程移民安置等方面的政策法规建设。三是切实转变规划的编制思路和理念，充分发挥规划在规范和约束社会行为方面的作用，改变过去规划偏重项目缺少社会管理功能的状况，加强规划实施的后评估工作。四是推动建立有利于流域统筹、城乡统筹、涉水事务统筹的管理体制。建立健全流域内利益协商机制、用户参与管理机制，推动区域城乡水资源一体化管理，为加强水利社会管理提供体制保障。五是完善应对涉水突发性事件的预案和对策，建立应急工作机制，增强应对各种风险的能力。六是进一步完善咨询评议论证制度、专家评议制度、听证会制度，增强透明度和公众参与度，为公众参与管理提供信息渠道和程序保障。

（三）着力推进基层水利发展

县及县以下基层水利，是水利事业的重要组成部分，直接面对广大群众，为群众服务。基层水利的发展状况，是衡量我们工作能力和工作成效的重要标志。近年来，国家实施积极财政政策，特别是加大了农村人畜饮水、病险水库除险加固、灌区改造、水土保持等方面的投入，基层水利发展较快，但存在的困难和问题也十分突出，主要表现在：农村水利基础设施薄弱，现有设施老化失修严重；发展机制不健全；投入严重不足，地方特别是中西部地区财政用于水利的投资较少；税费改革后农田水利基本建设面临组织难、投工难的问题；相当一部分基层水利单位困难较多，队伍不稳，活力不足。基层水利已经日益成为水利工作中的一个薄弱环节，必须引起我们的高度重视。

基层水利面临的困难和问题，根本原因在于部分地区经济发展落后，体制机制不健全，但也有主观努力不够的因素，必须靠深化改革和加快发展来解决。我们要辩证地看待困难，既要看到问题，更要看到机遇。2004 年党中央、国务院出台了一系列惠农政策，加大了对农业的投入力度，粮食生产出现重要转机，农民收入增长较快，这些必将激发起广大农民兴修水利、改善农村生产生活条件的热情。刚刚结束的中央经济工作会议，决定继续加大对“三农”的支持力度，保持农业和农村发展的好势头。国家基本建设投资和国债建设资金，将重点支持农田水利、生态建设、中低产田改造、“六小”工程、旱作节水农业等基础设施建设，基层水利面临新的发展机遇。各地一定要把握形势，抓住机遇，进一步增强责任感和紧迫感，克服等、靠、要思想，狠抓各项措施的落实。

解决基层水利发展问题的根本出路在于改革。要突出抓好以下 5 个方面的工作：

一要继续深化水利工程管理体制改革和水价改革。重点是落实好《水利工程管理体制改革实施意见》和《水利工程供水价格管理办法》两个文件。总体看，水管体制改革进展比较顺利，取得了明显成效。但也存在一些问题，主要是“两项经费”落实难、定岗定员难、社会保障政策落实难、人员分流难。各地、各有关单位务必高度重视这项工作，主要负责同志要亲自抓，加大协调力度，尽快出台实施方案，想方设法落实好《水利工程管理单位定岗标准》和《水利工程维修养护定额标准》两个重要配套文件。要认真总结末级渠系改造、农业水价改革试点工作经验，大力推广两部制水价、终端水价，抓住供水成本监审、水价管理、水费计收使用等重要环节，大力推动水价改革，提高用水效率，保障水利工程的维护和供水单位的正常运行。

二要适应税费改革要求，进一步推进农田水利基本建设。农田水利基本建设是提高农业综合生产能力的一项关键措施，也是改善农村生产生活条件的一个有效举措。在冬春农闲季节大搞农田水利，是我国广大农民群众的好传统。各地要按照中央经济工作会议要求，抓住机遇，搞好规划，加大投入，加快发展。要不断完善“一事一议”的制度和做法，动员和组织农民对直接受益的农村小型基础设施建设投工投劳，国家财政将通过直接补助或以奖代补等方式给予鼓励。

三要加快小型水利工程产权制度改革，发展民营水利，增强基层水利发展活力。近年来，各地在产权改革方面进行了许多有益探索，一些地方产权改革和民营水利已经涉及水电、供水、农田水利、水土保持等各个方面，工程规模已由小型工程发展到大中型工程，工程性质既有经营性，也有公益性，取得了明显成效，有的省份民间资金的投入量已达到或接近当年总投入的10%。例如，湖北省积极推行民主谋水利、民营兴水利、民众干水利，置换资金6.2亿元，新增水利资产2.1亿元；湖南省通过小型水利工程管理体制和运行机制改革，盘活水利资产10亿元，年增加效益3亿元。各地要进一步深化对产权改革和民营水利的认识，加强民营水利的市场准入规则和机制的研究，既要引导，又要规范；既要保护，又要管理；既要放开一些领域让其开发，又要防止掠夺性经营。

四要大力发展多种经营，开展社会化服务。基层水利单位和服务组织应依托水土资源和人才、技术优势，重点发展城乡供水、水电、水利旅游、水产养殖、水利建筑施工和技术咨询等优势产业。要结合水利工程建设和水环境治理，积极开发水利风景资源，开发特色水利产品，促进水利多种经营的发展。组建服务实体，创新服务机制，健全管理机构和制度，开展水利社会化服务，壮大经济实力。

五要推进基层水利单位机构改革和队伍建设。要根据农村水利建设管理的需要，在人员精干的基础上，保留乡镇水利（水管）站，人员经费纳入财政预算。要建立激励机制，引进人才，提高职工素质、业务水平和服务质量，切实加强基层水利队伍建设。

基层水利发展，离不开上级的鼓励、支持和引导。要加强对基层水利改革与发展问题的研究，科学制定发展规划和有关标准，加大投入力度，健全多元化、多层次、多渠道的投入体制，完善有利于鼓励、保护和引导基层水利健康发展的政策体系。

（四）大力加强廉政建设

加强党的执政能力建设，必须把加强党风廉政建设和反腐败斗争作为一项重大政治任务来抓。总体上看，水利系统各级领导干部能认真执行中央关于廉洁自律的各项规定，廉洁从政意识不断增强，绝大多数领导干部经受住了拒腐防变的考验。但也出现了个别腐败案件，在审计检查中发现少数工程建设中存在弄虚作假、偷工减料、违法分包等问题。水利工程建设管理中还存在薄弱环节，一些具体管理制度还存在缺陷，如政事、政企尚未完全分开，“三项制度”还不够完善，监理、施工等市场主体的同体问题依然存在，资金管理不规范等。加强廉政建设，必须建立健全与社会主义市场经济体制相适应的教育、制度、监督并重的惩治和预防腐败体系，坚持标本兼治、综合治理，惩防并举、注重预防。

要立足于教育，着眼于防范，从思想上筑牢反腐倡廉、拒腐防变的防线。水利工程建设中违法违纪案件的出现，归根到底还是一些干部在自身素质和思想认识上出现了问题。要继续以“工程安全、资金安全、干部安全”为主题，教育广大干部特别是领导干部树立正确的权力观、地位观、利益观，不断提高在是非面前的辨别能力，在诱惑面前的自控能力，在警示面前的自省能力，增强廉洁从政的自觉性。领导干部要常修为政之德、常思贪欲之害、常怀律己之心，以身作则，当好表率。

要加大从源头上治理的力度，着重抓住那些容易产生腐败现象的环节来推进体制机制创新，用制度规范从政，按制度办事，靠制度管人。要推进政企、政事分开，明确市场主体与行政的关系，规范工程项目审批和投资计划安排，防止出现“条子工程”和“关系工程”。认真执行并不断完善项目法人责任制、招标投标制、建设监理制和合同管理制等制度，整顿和规范水利建筑市场秩序，加快水利建设市场主体信用体系建设，积极研究并不断深化水利建设管理体制改革，加强水利建设管理，解决“同体”问题。要积极推进财政管理体制和财务制度改革，完善国库集中支付制度，推行政府集中采购和基本建设资金集中结算制度，确保资金安全和效益。

要进一步健全监督体系，加强工程稽查、执法监察和专项审计调查，强化领导干部任期经济责任审计，加大政务公开、办事公开的力度，畅通党内民主监督和群众监督的渠道。继续加强案件查办工作，发挥办案在综合治理中的基础性作用。

实行党风廉政建设责任制，是推动党风廉政建设和反腐败工作的一项带有全局性、根本性的制度，要作为龙头来抓。要积极适应纪检监察统一管理新体制带来的变化，各级党组织要把责任制工作作为“一把手”工程纳入重要议事日程，明确责任主体，实行重大事项集体研究、民主决策制度，紧紧抓住责任分解、责任考核和责任追究三个环节，紧紧围绕中心工作，突出重点，加强配合，形成合力，把党风廉政建设责任制落到实处。

三、扎实做好2005年的水利工作

2005年是全面完成水利“十五”计划的最后一年。做好2005年的水利工作，意义重大。要坚持以邓小平理论和“三个代表”重要思想为指导，认真贯彻落实党的十六大、十六届三中、四中全会、中央经济工作会议精神和中央水利工作方针，坚持科学发展观，坚持依法行政，更新观念，开拓创新，增强能力，加快发展，为国民经济持续协调健康发展提供保障。

（一）加强全面抗旱和洪水管理工作

2004 年入秋以来，我国南方部分地区发生了 1951 年以来同期最严重的干旱；北方地区由于前几年受旱时间长，干旱程度重，河流来水少，水利工程蓄水不足的状况还没有得到根本好转。据气象部门预测，今冬明春全国大部分地区气温偏高，发生大旱的可能性仍然存在，保障粮食增产对抗旱工作提出了更高的要求。我国幅员辽阔，地理、气候差异非常大，降雨时空不均匀，由暴雨、山洪、台风等引发的局部洪涝灾害不可避免，大江大河发生流域性大洪水的可能性不能排除。我国主要江河流域控制性工程不足，病险工程多，蓄滞洪区安全建设滞后等问题仍然突出，整体防洪能力还比较低，防汛任务依然艰巨。

要坚持以人为本、人与自然和谐相处，坚持防汛抗旱并举，科学管理洪水，全面主动抗旱，把确保人民群众生命安全放在首位，确保大江大河、大型水库、大中城市和交通干线的防洪安全，确保城乡生活用水安全，努力满足生产、生态用水需求，最大限度减轻水旱灾害损失。

要切实做好抗旱工作。早动手，早准备，做到春旱冬抗。因地制宜搞好小型蓄水、引水、提水和集雨等抗旱应急设施建设，增加抗旱水源。加强计划用水，大力节约用水，完善易旱地区和严重缺水城市抗旱预案，掌握抗旱工作主动权。搞好水资源的统一调度，合理统筹安排用水，确保城乡居民生活用水，最大限度地满足生产、生态用水。加强抗旱基础工作，加快建设抗旱信息管理系统和旱情监测预报系统，提高抗旱工作水平。

要落实和规范防汛行政首长负责制，抓紧研究制订防汛抗旱责任追究制度。完善大江大河防御洪水方案、蓄滞洪区运用方案和洪水调度方案，抓紧水毁工程修复，落实抢险物资和抢险队伍，做好防汛各项准备。搞好汛期水雨情的预测预报、洪水调度和查险抢险。在重视大江大河防洪安全的同时，深入细致地做好病险水库、中小河流的防洪工作。以减少人员伤亡为首要目标，做好山洪灾害和台风的防御。加强防汛基础工作，编制完善洪水风险图，继续做好水库汛限水位动态控制试点及推广工作，采取合理有效的雨洪资源利用措施，提高洪水管理水平。

(二) 加强水利建设

全力做好饮水安全工作。要尽快对农村饮水安全现状进行调查评价，摸清农村饮水安全情况。根据当地条件、需求和可能，抓紧编制“十一五”农村饮水安全建设规划、2020年农村饮水安全建设总体规划。加大投入力度，突出重点，加快实施。要以水源地的保护和饮用水水质改善为重点，全面启动饮水安全工作。

继续抓好重点水利工程建设。加快推进治淮骨干工程建设，重点实施淮干及重要支流治理、临淮岗水利枢纽、燕山、白莲崖水库、东调南下续建、蓄滞洪区建设及重点地区排涝工程建设，扩大治淮在建规模和开工项目范围。继续加强其他大江大河治理。加强以南水北调东、中线一期工程为重点的水资源配置工程建设，继续做好南水北调工程前期工作。抓好尼尔基、百色、紫坪铺、皂市、西霞院等重点水利工程建设。加快治太、长江堤防建设等重点工程的扫尾和验收工作。加大病险水库除险加固工程建设力度，确保发挥工程效益。抓紧塔里木河、黑河、首都水资源等规划的实施，确保目标如期完成。

以灌区建设为重点，提高农业综合生产能力。继续加大灌区特别是粮食主产区155个大型灌区续建配套和节水改造力度。在水源条件相对较好的地区，结合重点水源工程建设，规划和开工建设一批水库配套灌区。以项目建设为契机，积极引导农民开展田间节水工程建设、改造和维护，充分发挥灌区的整体效益。加强灌区管理，抓好灌区管理体制和运营机制的改革工作，继续大力推进小型农村水利工程的管理体制改革。加快牧区水利建设，重点进行牧区小型水源、节水灌溉和饲草料基地建设。进一步加大雨水集蓄利用工程建设力度。要强化组织领导，不断加大投入，正确引导和调动农民兴修水利的积极性，扎实有效地推进今冬明春农田水利基本建设。

加强水土保持生态建设。按照“预防为主、保护优先”的方针，进一步加大对各类开发建设项目的水土保持监管力度，重点加大对破坏性较强的矿区和城市周边的开发建设项目的监督，控制人为造成的水土流失。稳步推进长江和黄河上中游、首都水源区、京津风沙源等重点地区水土保持工程建设，抓好黄土高原地区淤地坝、东北黑土区和珠江上游南北盘江石灰岩地区水土流失综合防治试点工程。全面推动生态修复工作，因地制宜、分区实施、分类指导，加快降雨条件较好、地广人稀、水土流失轻微地区的生态自我修复。搞好重点水土流失地区的水土保持动态监测，为国家生态建设提供科学依据。加强对公众的水土保持教育，提高全民的生态保护意识。

抓好农村水电建设。继续大力开发农村水电，新增装机330万kW，在建规模保持1000万kW。加大力度，扩大小水电代燃料生态保护工程建设规模和实施范围。全面完成“十五”水电农村电气化建设目标，完成县城电网改造及西部地区农网建设与改造工程，启动“十一五”水电农村电气化县建设，提高农村电气化水平。充分发挥农村水电在山区水利中的龙头作用，加快无电人口光明工程建设，改善中西部地区、革命老区、民族地区和广大山区农村生产生活条件。

搞好定点扶贫、水利移民、水利援藏、水利血防等工作。继续抓好定点扶贫规划的实施工作，以雨水集蓄利用工程为突破口，实施以小工程带动大群体的水利扶贫措施，加快贫困地区小微型水利工程建设，实现脱贫目标。做好在建水利工程的移民管理，处理好中央直属水库的移民遗留问题，加强移民资金管理，做到新建工程移民安置不遗留新的问题，老水库移民遗留问题得到逐步解决。高度重视和做好水利援藏工作，重点解决好农牧民饮水困难、重要城镇和地区防洪、农牧区灌溉设施不足、农村无电和缺电、水土流失及生态脆弱等问题。完善水利血防前期工作，多方筹措资金，全面启动水利血防工程建设。

（三）加强水资源配置、节约和保护

做好水资源调度工作，在保障防洪安全和生活、生产需水的同时，积极探索发挥水利工程在改善河流水质、保护生态等方面的作用。继续抓好黄河、黑河、塔里木河的水资源统一调度工作。总结引江济太等水资源调度工作的经验，开展淮河流域闸坝减污调度研究和试点工作，探索河流、湖泊、水库水资源合理调度方案。

继续推进节水型社会建设。抓好节水型社会建设试点，全面开展南水北调东中线受水区节水型社会建设试点。做好流域初始水权分配试点和水权转换工作，通过确定水资源的宏观控制指标和微观定额指标，推动水权水市场的发育，建立合理的水价形成机制，逐步建立起以水权管理为核心的水资源管理制度，推动节水型社会建设顺利开展。积极推广先进实用的节水技术、节水产品、节水工艺，推动节水型产品认证工作。搞好节水型社会建设宣传，提高全民节水意识。

加强水资源保护。依法加强对入河排污口的监督管理，加强对供水水源地、南水北调沿线、三峡库区、行政区界、重点河湖的水量水质监测，对用水和排污进行有效监控，推进水资源保护工作。结合水功能区划，核定水域纳污能力，提出限制排污总量的意见。以南水北调受水区和地下水严重超采区为重点，组织开展地下水保护行动，加强地下水超采区治理。加强与有关部门的沟通与联系，努力建立有利于保护水资源、防治水污染的工作机制。加强水利风景区建设与管理，综合治理、保护水环境。

（四）加强水利规划和管理

做好水利规划与前期工作。认真组织制定水利发展“十一五”规划，科学制定今后一个时期水利发展与改革的总体思路和战略目标，做好水利发展规划布局及重点水利建设安排，研究落实强化水利社会管理和深化改革的任务和措施。继续做好全国水资源综合规划，开展水资源配置阶段工作，研究探索流域和区域水资源配置的原则和模式，合理确定主要江河水量分配方案，为建立国家水权制度奠定扎实的规划基础。加大水利前期工作力度，做好“十一五”重点水利建设项目前期储备。

加强采砂管理及河道管理。长江河道采砂未解禁地区要在继续做好禁采管理的同时，积极做好解禁前各项准备工作，稳妥推进可采区解禁。已解禁地区要加大现场监管力度，严格规范采砂许可证审批、发放和拍卖等行政行为，规范开采行为。积极做好省际边界重点河段的采砂管理工作。加大河道管理范围内建设项目管理力度。全面加强河道管理范围和水工程管护范围的确权划界工作。

推进依法治水。配合国务院法制办做好《取水许可和水资源费征收管理办法》、《黄河水量统一调度条例》和《防汛条例（修改）》等行政法规审议的有关工作。抓紧制定《河道采砂许可制度实施办法》、《水文条例》、《节约用水条例》等政策法规。搞好水利行政许可规定清理，加快行政许可配套制度建设。推行和落实行政执法责任制，加大对重大水事违法案件的查处力度，全面提高执法水平和执法成效。研究建立省际水事纠纷的预警机制，提高化解水事矛盾、应对水事突发事件的能力，维护社会稳定。加强水法规宣传，认真做好“四五”普法的总结验收工作，全面提高水法制观念。重视水利政策研究和决策咨询工作，围绕初始水权分配、节水型社会制度建设、水利工程对生态的影响、水利行业能力建设等重大课题深入开展研究，为水利改革和发展提供制度保障和决策支撑。

推进水价改革和水利经营管理工作。各地要抓紧制定本地的水价管理办法和水价改革规划，明确水价改革的目标、任务、实施步骤和配套措施，确保水价改革顺利实施，降低供水成本，整顿水价秩序，完善水费计收机制。高度重视水利经营管理工作。加快准公益性水管单位国有资产管理体制改革的步伐。进一步加强水利财务管理，建立并落实资金管理分级负责制和岗位责任制。

增强国际合作与科技创新能力。扩大在水资源领域的国际合作，在引进和吸收国外先进技术和管理经验的同时，积极实施走出去战略，推动我国水利全面登上国际舞台。积极、合理、有效地利用外资，加强利用外资项目的管理，提高利用外资的质量和效益。积极参加重大国际水事活动，开好第19届国际灌排大会。做好国际河流涉外工作。水利科技工作要在重视应用技术研究开发的同时，选择带有全局性、前瞻性和战略性的重大课题，大力开展基础研究，提高科技创新能力，重视科技成果的转化与推广，为水利发展提供科技支撑。继续深化科研机构体制改革。

加强水文和水利信息化建设。水文是水利工作的重要基础。要完善水文水资源监测站网，加强饮用水水质监测和地下水超采区监测，提高水文服务能力，继续推进水文现代化。加强防汛指挥系统、水保监测系统、电子政务、数字流域等水利信息基础设施建设，促进水利现代化。

（五）加强党的建设和精神文明建设

认真贯彻落实党的十六届四中全会精神，以提高执政能力为重点，全面推进水利系统党的建设。坚持用邓小平理论和“三个代表”重要思想武装全体党员，认真开展以实践“三个代表”重要思想为主要内容的保持共产党员先进性教育活动，坚定理想信念，坚持党的宗旨，增强党的观念，发扬优良传统，增强党员队伍和党组织的创造力、凝聚力、战斗力，为全面推进可持续发展水利提供坚强的政治保证和组织保证。

加强领导干部和人才队伍建设。进一步深化干部人事制度改革，按照“政治坚定、求真务实、开拓创新、勤政廉政、团结协调”的要求，以提高素质、优化结构、改进作风、增强团结为重点，切实加强领导班子和领导干部建设，增强领导班子凝聚力和领导干部依法行政、廉洁从政的自我约束力。继续实施水利人才战略，创新人才工作的方式、方法和机制，加大干部教育培训力度，营造人才成长的良好内外环境，建设高素质人才队伍，重视经营管理人才和技能人才队伍建设，夯实人才基础。

加强水利宣传工作，大力宣传科学发展观和可持续发展水利，唱响水利主旋律。加强思想政治工作，创新精神文明创建活动的内容、形式、方法、手段和机制，充分发挥文明单位的示范和辐射作用。高度重视信访工作，畅通渠道，化解矛盾，预防并妥善处置群体性事件，落实维护稳定工作的责任制，维护社会稳定。认真做好离退休干部工作。发挥群众组织和社会团体在水利发展中的作用。关心困难职工生活，实实在在帮助他们解决困难，改善生产生活条件。

［编者注：本文选自水利部汪恕诚部长在2005年全国水利厅（局）长会议上的讲话］

2005年水利发展形势分析与预测

水利部发展研究中心形势分析课题组

2005年是全面完成“十五”任务，为“十一五”发展打好基础的关键一年。做好水利工作，需要正确分析水利发展现状和面临的形势，根据经济社会发展对水利的新要求，把握水利发展的全局，抓住水利发展的重点，促进水利全面协调可持续发展。

一、2004年水利发展状况

（一）2004年水利发展特点

2004年水利事业取得新进展，防汛抗旱工作成效显著，淮河治理、南水北调等重点水利工程建设进展顺利，农村饮水解困工作提前完成“十五”计划，节水型社会建设、水土保持、农村水电取得新进展；水利管理不断加强，实施了一系列重大改革，进一步建立和完善了水利发展的良性机制。2004年水利发展的主要特点是：

一是党中央国务院高度重视水利工作。在2004年3月召开的中央人口资源环境工作座谈会上，胡锦涛总书记明确提出要全面推进节水型社会建设，大力提高水资源利用效率和效益；要针对当前我国经济社会生活中水资源供需矛盾突出的问题，加强流域和区域的水资源统一调度，协调好生活、生产和生态用水，切实解决好群众的生活用水问题；要加快供水工程建设，提高对水资源在时间和空间上的调控能力。总书记的讲话为贯彻和落实科学发展观，统筹人与自然和谐相处，推进可持续发展水利指明了方向。

二是水利投资继续保持较高水平。2004年，中央针对部分行业盲目投资和低水平重复建设的问题，采取了一系列宏观调控措施，在局部地区和部分行业投资过热得到抑制的同时，农业、水利、能源、交通、环保等国民经济薄弱环节得到加强。2004年中央水利基建投资规模达337亿元，其中预算内拨款86.74亿元，预算内专项250.01亿元，已是连续6年保持在300亿元以上。投资结构逐步优化，保证了治淮、南水北调、人饮解困、病险水库除险加固、水土保持和生态专项治理等重点水利工程建设，水利服务于经济社会发展的能力不断提升。

三是水利服务于“三农”的作用明显。2004 年，党和国家高度重视“三农”问题，采取了减免农业税、对种粮农民实行直接补贴、大幅度增加对农业特别是粮食主产区的建设投入等措施，农业生产特别是粮食生产出现重要转机。水利在农村经济发展中发挥了重要作用。“十五”计划的农村饮水解困任务提前一年完成，全国 5700 多万群众告别饮水困难；对 213 个大型灌区和 23 个重点中型灌区进行续建配套节水改造，全国节水灌溉面积达到 3.2 亿亩；无电乡村光明工程建设和水电农村电气化县建设累计解决了 200 万无电人口的用电问题。这些水利措施使农民群众的生产生活条件得到明显改善，为粮食增产、农民增收奠定了坚实基础，有力促进了农业生产和农村经济的发展。

四是水利社会管理和公共服务职能进一步彰显。在对长期治水实践经验教训的思辨中，治水理念发生了深刻的变化，在加强水利公共服务职能的同时，社会管理职能得到重视。水利作为经济与社会发展的基础设施，具有公共品属性，对大江大河的治理开发和保护，政府的公共服务职能不可或缺。同时，水资源的开发利用关系到社会各方面的利益，必须加强社会管理。2004 年，在防汛减灾、蓄滞洪区建设与调度管理、移民补偿、节水型社会建设等方面，社会管理职能得到进一步重视和加强。

五是水资源节约保护工作进一步加强。2004 年，水利部门进一步强调水资源的可持续利用，摆正了水资源管理中各项工作的轻重缓急，坚持把水资源的节约、配置、保护放在重要位置。全国节水型社会建设取得进展，宁夏、内蒙古把投资节水与水权转换有机结合起来，已有 8 个大型工业项目与灌区签订了水权转换协议，促进了水资源在行业间的优化配置；继续实施首都、黑河和塔河 3 个水资源规划，推进水资源配置工作；加大推进水功能区管理制度的实施力度；强调维护河流健康生命，要求流域机构担负起河流生态代言人的重任，从生态保护和维护河流健康生命的角度来确立工作方针、原则和规划，正确处理好开发与保护的关系。

（二）水利发展现状分析

通过对近年来一些水利发展指标的比较分析，可以看出近几年水利保持较快发展速度，水利基础设施条件不断改善，制度不断完善，为经济和社会发展服务的能力不断增强。

1. 防洪减灾

1998 年大水以后，在国家积极的财政政策支持下，中央水利基建投入大幅度增加，年均新增中央预算内专项资金（国债）200 亿元左右，同时带动了地方各级政府加大水利投入。防洪工程的投入约占水利基建总投资的 50% 左右，以大江大河堤防加固为重点的防洪工程体系建设进入一个高速发展时期（见图 1）。目前，全国累计加固新修堤防长度达到 27.8 万多 km，建成水库 8.5 万多座，总库容 5658 亿 m^3，占全国河川径流总量的 20%，保护耕地面积 65813 万亩，保护人口 51304 万人。经过近 6 年的大规模集中整治，大江大河干堤防洪标准有了很大提高，配合流域控制性工程联合运用，基本能够防御常遇洪水。

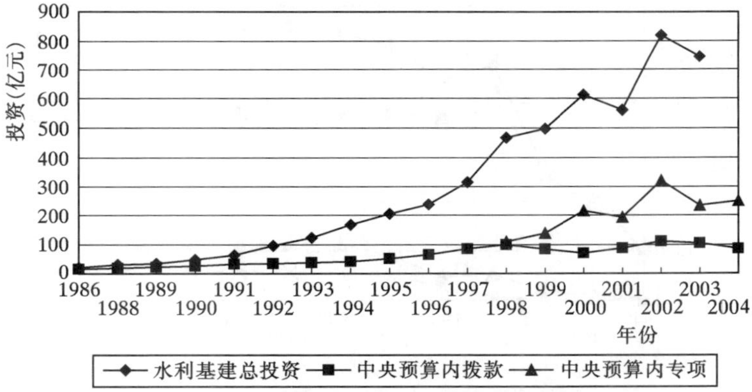

图 1　1986～2004 年水利基建投资规模变化图

在大江大河防洪能力提高的同时，必须看到，我国的整体防洪能力还不高，尤其是中小河流堤防标准偏低，工程不配套，存在许多防洪隐患，“小水大灾”的现象在局部地区或局部河段经常发生。洪水管理、洪水预警系统及蓄滞洪区的建设和管理较为薄弱，防洪减灾水平相对较低。我国洪灾损失与 GDP 的比值还比较高，1990 年以来全国年均洪涝灾害损失在 1100 亿元左右，约占同期全国 GDP 的 1% 左右，发生流域性大洪水的年份，洪涝灾害损失占同期全国 GDP 比例高达 2%～3%，2000～2004 年，没有发生较大洪水的情况下，平均比值为 0.76%。而一些发达国家洪涝灾害损失仅占当年 GDP 的 0.1%～0.3%。防洪减灾工作还需进一步加强。

2. 开发利用

2004 年，全国总供水量 5545 亿 m^3，水资源开发利用率达到

19.8%。全国总用水量5545亿m^3，与1980年相比，用水总量增加了1108亿m^3，其中工业、生活用水年均递增约7.0%和4.0%。用水结构发生了很大变化，生活、工业、农业用水的比重分别由1980年的6.33%、10.3%、83.77%逐步调整为2004年的9.9%、22.1%、66.5%，生活用水和工业用水总体呈增长趋势，农业用水总体呈下降趋势，但是在2000年以后增减趋势放缓（见图2）。农田有效灌溉面积达到8.4亿亩，占全国耕地面积45%。水电总装机容量突破1亿kW，占全国水能资源经济技术可开发量的25.3%，其中水利系统装机容量超过4500万kW，年发电量1450亿kW·h。可以看出，我国水资源的开发利用的力度明显加大，为经济社会的快速发展提供了强有力的支撑。

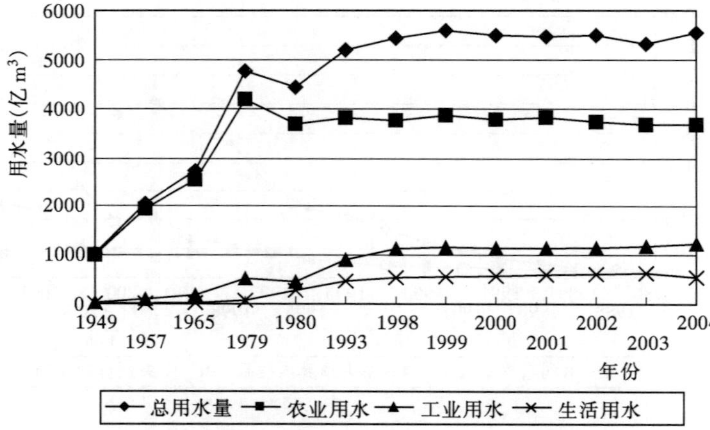

图2 1949~2004年全国各行业用水量变化趋势图

随着人口的增长和经济社会的快速发展，水资源开发利用面临新的问题。一是我国人多水少，水资源分布不均，虽然加大开发力度，但缺水、特别是北方地区缺水矛盾仍很突出，成为经济社会发展的重要约束。正常年份全国缺水量约400亿m^3，全国660座城市中有400余座供水不足。农田受旱面积年均达3亿亩左右，平均每年因旱减产粮食280多亿kg。二是发展不平衡。国家和地方水利基建投资重点支持了大江大河的治理，而县及县以下基层水利投入相对减少，发展相对滞缓，农田水利基础设施老化失修严重，效益下降。城市防洪、供水等基础设施条件不断改善，而农村的防洪除涝、供水基础设施薄弱，特别是农村的饮水安全现状令人堪忧，尚有3亿多人饮水安全存在问题，其中约6300多万人饮用高氟水，200万人饮用高砷水，3800多万人饮用苦咸水，1.9亿人饮用水有害物质含量超标，1100多万人饮用水受到血吸虫病威胁。三是水能资源开发管理亟待规范。随着电力需求出现紧张局面，国家几大电力公司积极开拓水电市场，民间资本迅速涌入小水电开发，争相上项目，甚至“买断”中小河流开发权，盲目追求经济利益，忽略了其外部性，导致了自然资源和生态的破坏，降低了资源使用效率。与发达国家比较，美国、日本等国家在GDP总量突破10000亿美元以后，其水资源开发利用率一般维持在20%左右或呈缓慢增长趋势，尤其是美国1990年以后，全国总用水量基本控制在5000亿~6000亿m^3，与我国目前的总用水量大体相当。从总体上看，我国的水资源开发利用程度不高，又是人口众多、处在经济高速增长时期的发展中国家，随着经济发展和人口增长，水资源开发利用程度将进一步提高。但是我国北方的黄河、淮河、海河流域水资源开发利用程度均已超过50%，本地水资源的开发潜力已经很小，大范围水资源配置需求进一步增强。

3. 节约

随着经济社会的快速发展和科学技术进步，我国工农业用水水平和节水效率有了明显提高，节约用水方面取得明显成效。我国万元GDP（当年价）用水量由2001年的580m^3下降到2004年的406m^3，年均降幅达58m^3/年，万元工业增加值（当年价）取水量由2001年的268m^3下降为195m^3，年均降幅达24m^3/年，农业灌溉水利用系数较“十五”初提高1~2个百分点，农业节水灌溉面积达到3.2亿亩。

与我国水资源条件相比，节水力度还不够，工农业生产用水效率较低。全国平均每立方米水实现国内生产总值仅为世界平均水平的1/5，单方水粮食增产量约为发达国家平均水平的60%。农业灌溉用水利用系数为0.4~0.5，而发达国家为0.7~0.8。一般工业用水重复利用率在60%左右，而发达国家已达85%，我国水资源利用效率和效益与发达国家相比有较大差距（见图3）。

4. 保护

近年来，在治水中强调人与自然和谐相处的理念，逐步加大了水资源保护力度。水土流失治理面积不断扩大，治理面积由2001年的81.54万km^2增加到89.71万km^2，年均递增率达5%。通过科学调配水资源，黄河连续5年不断流；黑河、塔里木河向下游分水，改善了下游生态；实施“引江济太”工程，缓解了太湖流域生态环境急剧恶化的趋势；组织实施了南四湖应急生态补水、扎龙湿地补水、引察（察尔森水库）济向（向海湿地）、引岳（岳城水库）济淀（白洋淀）等

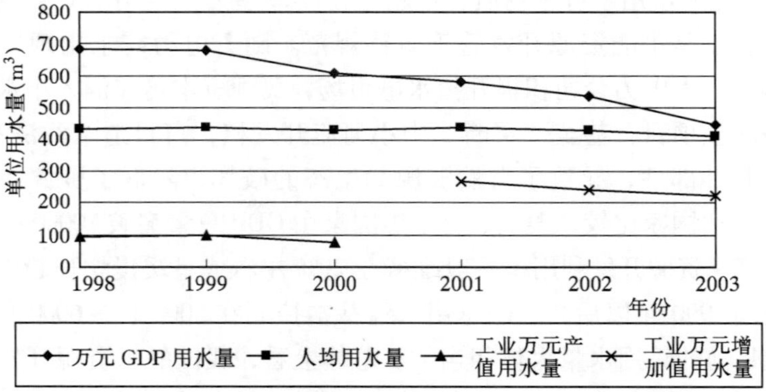

图 3　1998～2003 年全国用水效率变化趋势图

水资源调配工作。加强水资源保护，全国有 17 个省、自治区、直辖市批准实施了水功能区管理制度，开始实施水域纳污能力总量控制，加强了入河排污口的监督管理和地下水的保护。

虽然水资源保护逐步得到全社会重视，但由于长期以来片面追求经济增长，忽略环境保护，我国江河流域水质恶化的趋势尚未得到有效遏制。2004 年对全国 12.6 万多 km 河流水质进行了评价，在评价河长中，符合和优于三类水的河长占总评价河长的 58.8%，比 2003 年略有减少，V类和劣V类水比例近 30%。淮河水污染成为社会关注的焦点。全国 45 个进行水质评价的湖泊中，有 4 个受到污染，27 个严重污染，17 个湖泊处于中营养状态，28 个湖泊处于富营养状态。水污染治理任重道远。

5. 改革与管理

2004 年水利行业按照“把政府职能转变到经济调节、市场监管、社会管理和公共服务上来”的要求，重点推进了城市水务管理体制、水利工程管理体制和水价机制的改革。进一步强化了对区域涉水事务的统一管理，积极放开和培育水务市场。全国已有 1251 个县级以上行政区组建水务管理机构，对区域涉水事务实行统一管理，占总数的 53%。其中，北京、上海、黑龙江和海南已经实现了省级行政区辖区内水务统一管理。进一步完善水利工程管理体制改革的配套政策，水利部、财政部颁发了《水利工程管理单位定岗标准（试点）》和《水利工程维修养护定额标准（试点）》，为水管单位定岗定员、核定各项财政补助经费提供了依据，促进了水利工程确权划界、水价调整、分流人员安置等难点问题的解决。贯彻实施《国务院办公厅关于推进水价改革促进节约用水保护水资源的通知》、《水利工程供水价格管理办法》，对过去集中统一定价的管理模式进行了改革，实行按区域定价和按单个工程定价相结合的管理办法，优化了水价结构，促进了节约用水。

水利管理方面，重点加强了水利规划工作，完成了全国水利发展“十一五”规划思路报告，水资源综合规划取得阶段性成果，七大江河流域防洪规划进入成果审查阶段，编制完成了2004～2005年农村人饮安全建设规划、振兴东北老工业基地水利规划等一批专项建设规划。推进了节水型社会建设和初始水权分配试点。进一步规范了流域水资源调度管理、河道采砂管理、蓄滞洪区管理及水功能区管理等，保障了水事活动的有序开展。通过这一系列管理措施，使水利服务于经济社会发展的能力不断提升。

总体上看，水利改革与管理取得明显进展，但还不能完全适应社会主义市场经济体制的要求和大规模水利建设需要。水资源统一管理体制尚待完善，水资源保护、水污染防治的长效机制尚未形成，城市水务改革中政企、政事不分问题比较突出；中央与地方、流域管理与区域管理事权划分不够明晰，地方对中央水利投资的依赖过强；在水利工程管理体制改革中，一些经济欠发达地区，地方财政困难，公益性水利工程管理和维修养护经费不落实，尤其是基层水利管理单位运行困难，使改革滞缓；资源价值还没有纳入国民经济核算体系，水资源费与终端水价、不同用途用水的价格之间合理的比价关系还没有形成，水价在资源配置中的作用没有得到充分发挥；水资源开发利用节约保护的管理制度需进一步完善，缺乏有效的制度约束，一些地区以水资源的高消耗和对水环境的高污染，换取经济高增长的现象比较突出。

（三）基本判断

综合以上分析，对目前水利发展给出以下基本判断：

1. 水利行业在落实科学发展观、推进可持续发展水利方面进行了积极探索，可持续发展水利的理念逐步深入人心。

2. 水利工作领域全面拓展，特别是在水资源的统一管理、合理配置和节约、保护方面开创性地开展了一系列卓有成效的工作，受到社会各界的普遍肯定，进一步提升了水利的作用和地位。

3. 水利服务经济社会发展的能力得到明显提高。防洪减灾能力、供水保障能力、水生态建设等都有了跨越发展。社会经济与人民生活水平的不断提高又将对水利工作提出更高要求，水利只有更全方位地为国民经济建设服务，才能保障经济社会的可持续发展和国家的安全和社会稳定。

4. 水污染形势依然十分严峻，饮用水安全受到严重威胁。近年来，我国江河、湖泊水污染问题十分严重，甚至在一些地区成为经济社会发展的瓶颈制约。

5. 随着我国水利基础设施条件的不断改善，水管理工作相对薄弱。水利管理体制、管理能力、管理水平对水利发展的约束越来越明显，需要进一步深化改革，加强制度建设。

二、2005 年水利发展形势分析

2005 年，贯彻落实科学发展观，加强和改进宏观调控，实施稳健的财政政策与货币政策，加强“三农”工作，推进改革开放，构建社会主义和谐社会，对水利发展提出新的更高要求。

（一）科学发展观的提出和逐步深化，要求在治水实践中坚持以人为本，注重统筹发展，进一步丰富和完善可持续发展水利思路

2005 年，中央提出用科学发展观统领经济社会发展全局，改变粗放的经济增长方式，加强资源节约和保护，要求水利工作围绕发展这个中心，坚持以人为本、注重统筹兼顾，处理好发展的动力、发展的布局、发展的可持续问题，以水资源可持续利用支撑经济社会可持续发展。注重人与自然和谐发展，注重规范人类自身的活动，充分考虑水资源和水环境承载能力，防止人类活动对水的侵害，建设节水防污型社会，遏制生态环境恶化的趋势。统筹考虑流域、区域、城乡水利发展，协调解决不同领域水利发展中的问题，促进生产力的合理布局，推进协调发展。正确处理经济社会发展急剧增长的用水需求与有限的水资源供给之间的矛盾，更加重视水资源的节约、保护、配置和管理，一方面通过科学规划、合理调配、加强管理，尽可能地增加水资源供给；另一方面利用法律、行政、经济和社会手段，抑制不合理或低效的用水需求。在继续加强水利基础设施建设的同时，提高水利的社会管理和公共服务水平。

（二）构建社会主义和谐社会，要求在经济社会发展中规范人类自身的行为，加强水利社会管理

社会主义和谐社会是民主法治、公平正义、诚信友爱、充满活力、安定有序、人与自然和谐相处的社会。构建社会主义和谐社会将是我国今后很长一个时期的发展主题，必须加快经济社会和人的全面发展，注重用发展的办法解决发展中的问题和社会不和谐的问题。水利是国民经济的基础设施，也是社会进步、社会和谐的基础性支撑，构建和谐社会要求在水利发展中坚持依法治水，规范水利事务；充分发扬社会主义民

主，调动各方面积极因素，积极引导公众参与水管理，实行民主决策、民主管理；开发利用水资源要兼顾公平、效率和可持续，注重区域之间、上下游、左右岸、经济发达地区与欠发达地区等社会各个阶层利益的协调，体现公平，正确处理人民内部矛盾和其他社会矛盾，维护和实现水资源开发利用活动中的社会公平和正义；在防洪、抗旱等社会水事活动中，努力营造互帮互助、诚实守信、团结治水的社会氛围，建立良好的社会水事秩序，保障防洪、供水和生态安全；在主动开发利用水资源的同时，又要注重水资源的节约、保护和管理，保障人与自然的良性互动，促进水资源可持续利用。因此，构建社会主义和谐社会，要求加强水利社会管理，促进人水和谐关系的形成；同时，人与自然、人与水的和谐又为构建和谐社会提供良好的资源环境基础。

（三）国家实施稳健的财政政策，适当控制全社会固定资产投资规模，进行结构性调整，水利发展面临投资规模减小的约束

1998 年以来，为了应对亚洲金融危机影响和国内需求不足问题，中央实行了积极的财政政策，取得了显著成效。鉴于目前投资规模已经很大、社会资金增加较多，有必要也有条件由扩张性的积极财政政策转向松紧适度的稳健财政政策。为适当减少财政赤字，适当减少长期建设国债发行规模，2005 年拟发行长期建设国债 800 亿元，比上年减少 300 亿元。1998 ~2004 年，累计安排中央水利基建投资 2430 多亿元，年均投资强度为 347 亿元，其中国债投资 1726 亿元，约占同期国家发行国债总规模的 17.4%，占中央水利投资总额的 71%。可以说，近年的中央水利基建投资主要依赖国债资金，大规模的国债水利投资，为以长江干堤加固为代表的一大批重点水利工程设施建设提供了资金保障。近两年随着长期建设国债发行规模减少和国家控制固定资产投资规模，尽管国家在调整投资结构时，采取有保有压，继续把水利作为国民经济与社会发展的薄弱领域重点扶持，但水利投入下降已成为必然。

根据《21 世纪初期水利投融资对策》预测：“十五”期间，全国水利基建投资需求总规模 4625 亿元，其中中央水利基建投资需求约 2146 亿元，年均中央投资需求约 430 亿元，而实际上每年的投资缺口近 80 亿元。2004 年末全国水利在建项目结转总投资规模约 4631 亿元，加上今后几年拟建的重点水利建设项目，投资需求很大，客观上要求保持一定规模的水利投资，确保建设重点，避免造成“半拉子”工程，影响水利工程整体效益的发挥。面对新的投资形势，水利建设必须明确政府和市场、中央和地方的职责，完善水利投资政策，建立稳定的政府

投入主渠道，推进水利投融资方式创新，拓宽资金来源渠道，充分利用市场机制筹集资金，逐步形成与经济社会发展及水利建设相适应的水利投融资机制。

（四）随着我国改革开放进程加快，利用市场机制配置资源的作用越来越明显，对水利加强管理体制、机制和制度建设提出更高要求

随着社会主义市场经济体制的确立，水利管理体制改革不断深化，管理制度不断完善，"政府宏观调控、市场调节、公众参与"的治水格局正在形成。2005年，国家要用更大力量推进经济体制改革，在一些重点领域和关键环节取得新突破，水利发展又面临着一次难得的改革机遇期。从水资源的自然循环规律和我国行政区划管理的客观实际出发，需要明确划分中央与地方、流域与区域的事权，落实责任，推进流域管理与区域管理相结合的水资源管理体制。流域管理重点考虑水资源的流域属性，从全流域角度进行宏观管理；区域管理重点考虑水资源的经济属性，从行政管辖角度进行取水许可和用水的监督管理。随着我国经济社会的快速发展、城市化进程加快和人口进一步向城市聚集，城市洪水风险增加、供用水紧张、废污水排放污染水环境等水问题日益突出，需要借鉴国际上城市水管理模式，推进城市水务管理体制改革，对涉水事务进行统一管理。划清政府与市场的分工，明确事权，发挥市场在资源配置中的基础性作用，需要进一步推进水利投融资体制、水管体制、资产管理体制与水价改革，完善取水许可和水资源有偿使用制度、用水总量控制与定额管理相结合的管理制度等水资源管理制度，建立水权制度与水权交易市场，保障水资源的合理开发利用和保护。

（五）经济社会发展和人民生活水平提高对饮水安全提出更高要求

水利要满足饮水保障、防洪安全、粮食供给、经济发展和生态环境改善五个层次的需求。五个层次体现需求发展的阶段性，而每个层次需求自身的内涵和外延又是不断深化的。因此，在每个发展阶段，既要以某个层次的需求为重点，又要兼顾不同层次需求在本阶段的重点。获得安全的饮用水是人的基本权利，也是构建和谐社会和全面建设小康社会的基本要求。温家宝总理在2005年政府工作报告中提出："我们的目标是，让人民群众喝上干净的水，呼吸清新的空气，有更好的工作和生活环境"。这充分体现了中央对饮水安全、生态安全问题高度重视。目前，全国尚有3亿农村人口喝不上符合健康安全标准的饮用水，一些城市的饮用水问题比较突出，饮用水水源地重金属和有机污染物超标，其中包括致癌、致畸、致突变的有机污染物。保障饮水安全，维护人的健

康生命，是当前经济社会发展对水利工作的最基本需求，也是当前水利工作的首要任务。饮水安全问题蕴含了社会稳定、经济发展、生态安全、三农问题等诸多矛盾，受到各级党委、政府高度重视和社会高度关注，关乎每个人的切身利益，是一项复杂而艰巨的任务，需要摸清现状，精心筹划，科学规划，认真实施。

（六）建设资源节约型和环境友好型社会，要求坚定不移地推进节水型社会建设，正确处理资源开发与生态保护的关系

水资源是基础性自然资源，是生态环境的控制性因素之一，又是战略性经济资源。建设资源节约型社会和环境友好型社会，要求注重水资源节约和合理利用，大力倡导节约水资源的生产方式和消费方式，在全社会形成节约意识和风气，加快建设节水型社会，同时，要正确处理资源开发与生态保护的关系。水利工程有显著的经济和社会效益，对环境又有双重影响，一方面能够改善局部生态环境，另一方面可能对土地资源、生物资源、景观产生不利影响。水利工程对生态环境的双重影响是客观存在的，但是，在不同发展阶段，受社会关注的程度不同。在工业化初期，由于发展经济、满足人们基本的物质需求是全社会最迫切的要求，同时水利建设的规模较小，对生态影响相对较小，人们对水利工程的生态影响关注程度比较低。随着技术进步，人类改造自然能力增强，水利建设规模扩大，对生态影响越来越显著，而且随着经济社会发展，基本生存问题的解决，可持续发展意识的增强，公众环保意识的提高，人们对良好生态环境的要求越来越强烈，水利工程对生态的影响日益受到关注。当前，社会各界对水利工程的生态影响十分关注，要求水利系统以积极的态度去研究水利与生态的关系，注重经济社会与人的全面发展，采取科学、有力的措施解决水利工程自身带来的生态问题。在水利建设中，应充分认识水利工程对环境影响的利害双重性，从经济、社会、环境和生态的多重视角去认识和研究水利与生态的关系问题，趋利避害，发挥水利工程在生态保护上的正面效应，尽量避免和减轻负面影响，努力做到在开发中保护、在保护中开发。

三、2005年水利工作重点

根据对水利发展状况的基本判断和面临的形势分析，水利要适应经济社会发展的需要，必须按照科学发展观的要求，逐步从以抗御自然对人类的危害向人与自然和谐发展转变，从水资源开发为主到水资源节约保护与开发结合、节约保护优先转变，从工程建设为主向水利基础设施

建设和资源管理并重转变，从规范水利自身行为向规范社会各方面涉水事务转变，实现从传统水利向现代水利、可持续发展水利的转变。针对当前经济社会发展的现实要求和水利转型的长远需要，2005 年水利在全面加强抗旱和洪水管理、水利建设、水资源配置、节约和保护、水利规划和管理等工作同时，应重点关注以下几方面工作：

（一）饮水安全

保证饮水安全，是我国今后一个时期水利工作的重中之重。要实现 2010 年使无法得到或负担不起安全饮用水的农村居民比例降低 1/3，到 2020 年使农村居民饮水达到安全或基本安全的规划目标，需要做大量工作。

一是要把保护水源地工作作为重中之重来抓，努力改善水质。目前我国城市一般都是集中供水，但 90% 以上的城市水域污染严重，近 50% 的重点城镇水源水质不符合饮用水源的水质标准。新的《城市供水水质标准》将于 2005 年 6 月 1 日起开始实施，保护水源地、切断污染源是改善城市饮水水质的基础，必须严格按照《饮用水水源保护区污染防治管理规定》等相关法规的要求，建立水源地水质监测与监督网络，加强城市重要水源地保护。我国村镇人口的饮水，普遍采用的是一家一户分散取水方式，直接从地下或地表河流取水，缺乏处理设施，饮水水质难以保证，在农村应推行集中供水方式的同时，防止水源地受到人为污染和破坏也是当务之急。二是尽快做好饮水安全建设规划工作。全面开展饮水安全问题普查。依照 2005 年水利部、卫生部制定的《农村饮用水安全卫生评价指标体系》尽快摸清农村未达到饮水卫生标准的人口情况、饮用水质状况和地区分布等现状。加强水利、卫生、城建等部门的协作，分析城市饮水安全存在的问题、成因及分布。在摸清底数的基础上，编制完成《全国城乡饮水安全建设规划》，为加快饮水安全工程建设提供规划基础。三是多渠道筹集饮水安全建设资金。随着经济社会发展和人民生活水平的提高，农村、城市人口对饮水安全的要求也会随之提高，改善水质、提高供水质量将是一项长期的任务，需要通过政府、受益群众、市场等多种途径筹集资金，加大饮水安全工程的投入力度，因地制宜建设饮水工程。贫困地区饮水安全工程建设应以政府投资为主，可适当推行城市反哺农村的政策，重点扶持农村饮水工程基础设施建设。

（二）节水型社会建设

建设节水型社会是解决我国干旱缺水问题最根本、最有效的战略举措。目前全国已有近百座城市开始启动节水型社会建设试点，以制度建设为核心、形成以经济手段为主的节水机制、不断提高水资源的利用效率和效益的节水型社会建设理念逐步深入人心、形成共识。

节水型社会建设是一个长期过程，近期重点做好基础工作。一是扩大试点范围，积累经验，逐步推广。二是科学编制流域和区域水资源规划，逐级明晰初始用水权；确定水资源的宏观控制指标和微观定额指标，明确各地区、各行业、各部门乃至各单位的水资源使用权指标，确定产品生产或服务的科学用水定额。三是完善管理制度和措施，严格执行水资源规划、水资源论证、取水许可、计划用水、超定额累进加价制度，保证行政区域用水不超总量，行业用水不超定额；制定用水权交易市场规则，科学确定水权转让价格，推进水权有偿转让，实现超用加价、节约有奖、转让有偿，引导水资源向节水、高效领域配置。四是尽快出台相关保障政策。国务院有关部门要按照职责分工对节水型社会建设进行指导，各级地方政府全面负责本地区节水型社会建设工作；尽快制定出台《节约用水管理条例》；加大对节水型社会的财政、税收政策支持，加大投入力度，拓宽融资渠道。五是开展宣传教育，提高全民节水意识，形成“浪费水可耻、节约水光荣”的社会氛围，树立自觉节水的社会风尚。

（三）水利工程的生态影响

生态健康与经济社会健康发展密不可分，2005 年初的“环保风暴”预示着环境生态与经济发展的关系将更加牵引全社会的广泛关注与重视。随着水资源开发利用力度的进一步加大，应更加重视处理好水利工程与生态保护关系问题。

水利工程对生态的影响具有利害双重性，关键是科学把握，趋利避害。一是按照科学发展观和构建社会主义和谐社会的要求，树立水资源节约和保护的观念，在工程建设中增强人文意识和生态意识，主动承担起生态保护责任。二是加强水利工程与生态的关系研究。做好水利工程生态影响及评价体系研究等基础工作，建立水利工程生态影响评价体系，完善项目咨询评估程序，做好环境影响评价工作；三是按照“在保护中开发，在开发中保护”的原则，建立相应的管理体制、机制和制度，保证水利工程规划设计、工程建设、运行管理等各个阶段都能重视生态环境影响问题。四是积极探索维护河流健康生命理论和实践。从流域生态平衡、维护生态系统完整性、保护生物多样性等方面，建立河流生态健康指标；推行区域水环境容量分配、生态用水和河流基流保障制度，健全水功能区管理，建立生态补偿机制；加强河流生态系统的监测，制定不同阶段的生态保护和修复目标，充分发挥大自然的自我修复能力，并通过建设或利用已有工程措施保护和修复水生态系统等。

（四）水利社会管理

随着人与自然关系的演进和发展，水利的内涵也在不断丰富和发展。时至今日，水利不仅为社会提供防洪、供水等公共服务，而且通过水利社会管理，规范人类自身的活动，防止人类对水的侵害。这是建立人水和谐关系对水利发展的必然选择。

加强水利社会管理，一是加强宣传教育。提高对水利社会管理的认识，增强社会管理意识，促进水利社会管理职责的履行。二是把握重点领域。最大限度地减轻人民群众的生命财产损失、维护水利工程移民权益、改善水生态环境，大力加强农村水利基础设施、饮水安全、蓄滞洪区建设等工作，都能充分体现社会主义和谐社会公平正义、安定有序、人与自然和谐相处的本质要求，是水利社会管理近期应着重加强和完善的重点工作领域。三是建立健全水利社会管理政策法规体系。实施有效的水利社会管理需要各级政府的大力推动，加快水法配套法规的制定，建立健全防洪救灾和水资源开发、利用、节约、保护和配置等领域的管理制度。四是实施规范的水利社会管理。以法律法规为基础，规范政府的社会管理行为，体现依法行政、公平正义，建设公信政府。五是加强对水利突发事件的社会管理。制定规划和应急预案，加强信息沟通，增强应对各种突发事件的能力。

（五）水利投融资

随着稳健财政政策实施，长期建设国债规模逐步减少，水利建设基金也将面临着萎缩的局面，积极应对好中央水利投入变化，建立政府、社会和市场三者共同结合的水利投入新机制，保证水利的投入，是近期保证水利稳定发展的关键所在。

一是充分发挥政府水利投资主渠道作用。温家宝总理在2005年的政府工作报告中，明确提出要继续加强能源、重要原材料等基础产业和水利、交通、通信等基础设施建设。尽管近两年国债投入的总规模逐渐减少，但2005年国债和新增中央预算内投资用于农林水方面的比例，预计仍比2004年要再提高2.4个百分点。要充分抓住宏观政策调整的机遇，积极争取提高国债资金用于水利的比例，增加各级财政预算内水利投资的规模，同时尽快研究新的水利建设基金筹措机制，参照南水北调工程建设基金作法，通过提高水价筹集水利建设基金，建立与国家公共财政框架相适应的水利财政投资机制。二是积极开拓市场融资渠道。对于水电、城市供水等经营性项目，要通过市场融资；对于既有公益性任务、又有经营性功能的水利项目，要探索财政投入与市场融资相结合的方式，既发挥财政投资的引导作用，又拓展水利融资渠道。建立规范的水利建设财政担保和财政贴息政策，政策性银行在贷款利率、贷款额度、贷款期限等方面给予水利建设进一步的优惠，扩大水利利用贷款规模。建立综合性水利工程按功能分担投资与运行费用的制度，公益性投资由政府负担，经营性投资通过市场融通，工程建成后完成公益性任务所需运行费用由政府负担，或通过税收优惠政策予以补偿。探索建立公益性水利项目以财政信用为基础的市场融资模式，在政府财政性资金难以满足建设资金需求的情况下，依靠政府承诺的未来支付，以政府给予的“收益权”质押贷款方式从银行获得贷款。对于小型农田水利工程，探索建立以各种形式农村用水合作组织为主的管理体制，加大股份合作、拍卖、租赁、承包等产权制度改革力度，盘活存量，吸收社会和民间资金兴建和管理。

（六）制度建设

水利发展至今，单纯依靠工程建设和行政管理手段已难以解决日益突出的水资源问题和水利工作中的深层次矛盾，必须深化改革，把制度建设作为根本性措施，创造能够充分发挥政府和市场的作用、调动各方面的积极性和创造性、有效开发利用和节约保护水资源的社会环境与制度安排。

水权制度、水资源管理制度和节水型社会制度建设是我国当前水利制度建设的重点，需要大力推进。一是积极推进水权制度建设。水权制度建设的三个关键环节是初始水权分配、水权监督管理和水权的流转。2005年的重点是结合水资源综合规划配置阶段的工作，积极推进初始水权分配，解决初始水权分配中的原则、程序、类型、期限及协商机制等关键技术问题。二是完善水资源管理制度。建立健全政府宏观调控、流域民主协商和公众参与的流域水资源统一管理体制，突出市场取向和公众参与的水资源管理制度创新，如水权、水价、水市场制度、协商制度、公示制度、用水者协会制度等。三是全面加强节水型社会制度建设。通过大规模的制度建设，建立和完善全面和全过程节水管理制度，当前的重点是建立有利于促进节约用水和水资源合理利用的水价形成机制，并加强试点，积累经验，逐步推广。

（课题组成员：王晓东、王冠军、黄　河、乔建华、王乃岳）

科学发展观与可持续发展水利

（主持人：顾浩）

坚持科学发展观
全面推进可持续发展水利

汪恕诚

落实科学发展观把握可持续发展水利的内涵

记者：水资源是基础性的自然资源和战略性的经济资源，是生态环境的控制性要素，在国民经济和国家安全中具有重要的战略地位。中央提出坚持以人为本，全面、协调、可持续的发展观以后，全国各行各业都在树立和落实科学发展观，推动各项工作更快更好地发展。就水利行业而言，如何进一步落实科学发展观，把握可持续发展水利的内涵？

汪恕诚：做好新时期水利工作，必须牢固树立和认真落实科学发展观。近年来，水利行业在落实科学发展观、推进可持续发展水利方面进行了积极探索，取得了一定成绩，在探索有效解决我国水资源诸多矛盾和问题的道路上有了一个良好开端。但是，必须清醒认识到，解决我国四大水问题还任重道远，全面贯彻落实科学发展观是一个需要长期艰苦探索的过程，我们这方面的工作才刚刚起步，差距还很大。不论缺水地区还是丰水地区，不论经济发达地区还是经济欠发达地区，都要进一步加深对科学发展观的理解，进一步把握可持续发展水利的内涵，结合实际，注重解决发展中存在的主要矛盾和突出问题，切实把科学发展观落到实处。

落实科学发展观，全面推进可持续发展水利，保障经济社会可持续发展，必须要提高认识，转变观念，增强主动性。要从以下五个方面深刻把握可持续发展水利的内涵：一是坚持以人为本，把最广大人民的根本利益作为水利工作的出发点和落脚点。社会与经济发展对水利提出的饮水保障、防洪安全、粮食供给、经济发展和生态环境改善五个层次的需求，最终目标都是为了人，为了保障人的生命安全和健康，提高生活质量。二是坚持人与自然和谐相处，在治水中尊重自然规律。在防洪减灾方面，要科学安排洪水出路，合理利用雨洪资源；在应对水资源短缺方面，要协调好生活、生产、生态用水，全面建设节水型社会；在水土保持生态建设方面，要加强预防、监督和治理，充分发挥大自然的自我修复能力；在水资源保护方面，要加强水功能区管理，尤其要严格管好饮用水水源。三是坚持统筹兼顾，统筹国民经济和水利发展，统筹流域、区域、城乡水利发展，统筹解决不同领域水利发展中的问题，因地制宜，注重实效。四是坚持保护资源和保护环境的基本国策，继续把水资源的节约、保护、配置放在突出位置，坚决遏制浪费资源、破坏资源的现象，实现水资源的永续利用。五是加强制度建设，遵循经济规律，牢固树立工程是手段、制度是根本的理念，依靠制度变革推进水利由粗放型向资源节约型、生态保护型转变。

当前我们要突出抓好四件大事：一是把保障饮水安全作为今后一个时期水利工作的第一任务。二是坚定不移地推进节水型社会建设。三是维护河流健康生命。四是高度重视建设水利水电工程带来的生态问题。

记者：您刚才谈到的人与自然和谐相处，从水利工作的角度看，应该从哪几方面来理解？

汪恕诚：水利工作的探索与实践特别是人与自然和谐相处理念的提出，得到了党中央、国务院领导的充分肯定，同时在国内外也产生了一定影响。在水利发展的转轨时期，人与自然和谐相处作为一种科学的理念，已逐步深入人心，并开始成为各项水利工作的指导思想，成为指导各项水利工作的核心理念。我们一方面在治水理论上不断探索，一方面在实践中做了大量工作，取得的成效有目共睹。近年来，中央领导同志充分肯定了水利部门以“人与自然和谐相处”理念指导水利、促进水利可持续发展的探索与实践。总结这些年治水理论的创新和实践的探索，可以清楚地看出，人与自然和谐相处，是可持续发展最核心的问题。这正是科学发展观在水利工作中的具体体现。

提出“人与自然和谐相处”是经济社会高度发展的必然要求。在人类历史发展进程中，人与自然关系的发展经历了4个时期——依存、开发、掠夺、和谐。特别需要强调的是，充分了解人与自然关系的发展史，对我们在水利工作中自觉树立和落实科学发展观具有重要的现实意义。随着人类经济社会的不断发展，生产力水平的不断提高，我们在处理人与自然的关系时应发挥自身的主观能动性，有意识地去追求人天和谐的境界，达到与自然和谐相处，而不能以牺牲子孙后代的发展条件为代价来求得眼前的发展。这才是可持续发展的真正含义。

人与自然和谐相处是破解中国水问题的核心理念。实践人与自然和谐相处的理念，对中国治水事业而言，就是要用这种理念去努力破解中国面临的水问题。当前，水利工作面临4项任务，即解决我国面临的洪涝灾害、干旱缺水、水土流失和水污染严重等四大水问题。这些问题表面上是水对人的伤害，但本质上是人对水的伤害造成的后果。因此，在防止水对人的伤害的同时更要注意防止人对水的伤害。破解中国的四大水问题，最核心的理念是人与自然和谐相处。按照人与自然和谐相处的理念，破解中国的四大水问题分别有4个核心要点。第一，给洪水以出路。第二，建设节水型社会，提高水资源的利用效率和效益。第三，充分依靠大自然的自我修复能力。第四，发展绿色经济，严格排污权管理。这4个要点的核心思想，就是要切实从人定胜天转变为人与自然和谐相处，进而实现以水资源的可持续利用保障经济社会可持续发展的目标。

实践人与自然和谐相处，必须深化水利改革，确立水资源统一管理新体制。针对当前的水利情况，有两点需要特别强调：一是要充分发挥市场机制作用，注重制度建设，注重经济手段的运用；二是要十分重视工程带来的生态影响。在水利发展进程中最重要的是体制建设。当前亟待我们去研究和开展的是4项改革：一是流域管理体制改革；二是水务管理体制改革；三是节水型社会建设；四是水利国有资产管理体制改革。这4项改革相互交叉、相互影响，涉及的因素很多，改革的难度相当大，是一个逐步深化的过程。但是，只有朝着这个方向坚定不移地走下去，才能为可持续发展水利提供强有力的体制保障。

坚定不移地推进节水型社会建设

记者：水资源短缺问题，已经成为未来20年我国实现全面小康社会目标所面临的重大挑战之一。我国水资源短缺，人均水资源占有量远低于世界人均水平。作为经济高速发展的人口大国，我国水资源面临着更为紧迫的压力。按照人与自然和谐相处的理念，如何解决中国水资源短缺问题？

汪恕诚：建设节水型社会是解决中国水资源短缺问题的根本出路。建设节水型社会的意义决不亚于三峡工程、南水北调工程。水资源短缺，日益成为制约我国经济社会发展的瓶颈。解决水资源短缺问题，既需开源，更需节流。必须清醒地认识到，我国水资源总量短缺，仅靠修水库、建调水工程，不能从根本上解决水资源短缺问题。胡锦涛总书记指出："节水，要作为一项战略方针长期坚持。要把节水工作贯穿于国民经济发展和群众生产生活的全过程，积极发展节水型产业，建设节水型城市和节水型社会。"温家宝总理明确要求："全面推进节水型社会建设，大力提高水资源利用效率。”总书记和总理的讲话充分说明了建设节水型社会是坚持和认真落实科学发展观的一项重要任务，是贯彻节约保护资源基本国策的战略措施，是坚持人与自然相和谐观念、实现可持续发展的必然要求。

建设节水型社会是解决我国干旱缺水问题最根本、最有效的战略举措，是贯彻落实科学发展观的必然要求。通过建设节水型社会，使资源利用效率得到提高，生态环境得到改善，可持续发展能力得到增强，实现人与自然和谐相处，促进经济、社会、环境协调发展，推动整个社会走上生产发展、生活富裕、生态良好的文明发展道路。

建设节水型社会，要准确把握节水型社会的本质特征。与传统的主要依靠行政措施推动节水的做法不同，节水型社会的本质特征是建立以水权、水市场理论为基础的水资源管理体制，充分发挥市场在水资源配置中的导向作用，形成以经济手段为主的节水机制，不断提高水资源的利用效率和效益。近年来，不少地区在建设节水型社会方面进行了探索，在张掖等近百个地区开展了节水型社会建设试点，宁夏、内蒙古进行了水权转换，天津积极推进市场配置节水。

建设节水型社会的主要措施有：通过制订流域和区域水资源规划，明晰初始用水权；确定水资源的宏观控制指标和微观定额指标，明确各地区、各行业、各部门乃至各单位的水资源使用权指标，确定产品生产或服务的科学用水定额；综合运用法律、行政、工程、经济、科技等多种措施，保证用水控制指标的实现；通过调整经济结构和产业结构，建立与区域水资源承载能力相适应的经济结构体系；建设水资源配置和节水工程，建立与水资源优化配置相适应的水利工程体系；特别注意运用经济手段，发挥价格对促进节水的杠杆作用；通过制定规则，建立用水权交易市场，实行用水权有偿转让，引导水资源实现以节水、高效为目标的优化配置。

无论是水资源短缺的地区，还是水资源丰富的地区，都需要建设节水型社会，提高水资源的利用效率和效益。水资源作为重要战略资源，应该得到合理、高效使用，浪费水资源不仅造成局部地区水资源供需矛盾和水污染加剧，也增加了经济社会的发展成本，包括取水耗水成本和水污染处理成本等。要积极探索建设节水防污型社会。

建设节水型社会需要政府的大力推动，需要社会的广泛参与和支持。要建立政府调控、市场引导、公众参与的节水型社会管理体制，推进流域和区域水资源一体化管理。充分发挥政府在节水型社会建设中的主导作用，加强组织协调和政策、资金支持，做好经济社会发展规划、水资源优化配置方案、总量控制和定额管理、水市场交易规则等制度体系建设，并通过法律手段和行政措施予以落实，为节水型社会建设提供体制和机制保障。要切实保障公民特别是弱势群体的基本生活用水权利和用水安全，保障生态用水和环境用水。鼓励公众广泛参与水资源管理，促进节水的社会化。

保障饮水安全是今后一个时期水利工作的第一任务

记者：水是生命之源，人类的生存和发展都离不开水。在最近召开的全国水利厅局长会议上，为什么把保障饮水安全作为今后一个时期水利工作的第一任务？

汪恕诚：保障饮水安全是全面建设小康社会的重要内容之一。近年来，我国农村饮水解困取得了很大进展，城市供水工作也取得了很大成绩，但是，饮水安全形势仍然十分严峻。一些地区饮水存在水质严重不达标、供水保证率低、水质型地方病突出等问题。据初步调查，全国农村有 3 亿多人饮水不安全，其中约 6300 多万人饮用高氟水，200 万人饮用高砷水，3800 多万人饮用苦咸水，1.9 亿人饮用水有害物质含量超标，血吸虫病区约 1100 多万人饮水不安全；相当一部分城市水源污染严重，威胁到饮水水质。当前饮水水质带来的危害，已严重影响人的生命健康。党中央、国务院对此高度重视。2003 年以来，胡锦涛总书记多次批示："无论有多大困难，都要想办法解决群众的饮水问题，决不能让群众再喝高氟水"；"要增强紧迫感，深入调研，科学论证，提出解决方案，认真加以落实，使群众喝'放心水'"。保障饮水安全、维护人的健康生命是当前经济社会发展对水利工作的第一需要。我们要认真贯彻落实胡锦涛总书记的重要批示精神，无论是城市水利工作，还是农村水利工作，都要把保证饮水安全、维护人民群众的生命健康作为水利工作的第一任务、当务之急、重中之重，抓紧抓好，刻不容缓。要统筹考虑城乡饮水安全，统筹考虑应急需要与长远需求，统筹考虑水量水质，加强与有关部门的配合与协调，科学规划，落实措施，重点解决高氟水、高砷水、苦咸水、污染水等饮用水水质不达标问题以及局部地区饮用水严重不足问题，切实保护好饮用水源，确保饮水安全。

流域机构要义不容辞地担负起河流生态代言人的重任

记者：近年来，有关保护河流生态、维护河流健康生命方面的问题

越来越受到社会的关注，水利部门特别是流域机构进行了许多有益探索，取得了一些经验和成效。请问下一步有何考虑？

汪恕诚：水利部部门特别是流域机构，近年来对保护河流生态等问题进行了有益的探索，取得了一些经验和成效。但必须看到，这方面我们要做的工作还很多。长期以来，在我国经济高速增长的同时，也伴随着资源的过度开发、低效利用和生态环境的严重破坏，全国各大江河湖泊的水质和生态都受到不同程度的损害。不仅在北方一些缺水地区出现“有河皆干、有水皆污”，而且在南方一些水资源丰富的地区也出现了“有水皆污”的现象。对此，水利部门今后将进一步加大力度，积极探索实践河流湖泊的保护与利用。流域机构要义不容辞地担负起河流生态代言人的重任。要从生态保护和维护河流健康生命的角度来确立工作方针、原则和规划，正确处理好开发与保护的关系，把工作的制高点放在维护河流的健康生命上。不同的河流有不同的发育演变规律，面临不同的健康问题，必须因地制宜，抓住主要矛盾和突出问题，在发挥好河流功能的同时，切实保护好河流，让河流为人类造福。要从基础工作做起，建立衡量河流生态健康的指标体系；加强河流生态系统的监测，制定不同阶段的生态保护和修复目标；积极探索建立有效的机制，并通过工程措施和非工程措施，保护或修复水生态系统，维护河流健康生命。

水利工作者承担着水利建设与生态保护两副重担

记者：我国是发展中国家，解决我国水资源问题、能源问题，保障经济社会发展，还必须兴建一大批水利水电工程。如何看待水利水电工程带来的生态问题？

汪恕诚：要高度重视建设水利水电工程带来的生态问题。水利水电工程在发挥经济效益、社会效益和环境效益的同时，也会对生态产生一些不同程度的负面影响。我们必须认真对待这一问题。既不能因噎废食，停止工程建设，停止发展步伐，也不能掩盖矛盾，留下隐患。水利工作者必须承担起水利建设与生态保护两副重担。要坚持以人为本，按照国家有关政策，妥善解决好工程建设中的移民问题，保障移民合法权益；要完善项目咨询评估程序，认真做好环境影响评价工作；要深入研究水利工程对生态环境的影响，规划设计、工程建设、运行管理等各个阶段都要重视生态环境保护工作，提出相应的对策和措施；要积极探索水利工程有利于生态的调度和使用模式。

依法行政是提高政府管理能力和水平的关键

记者：党的十六届四中全会作出了关于加强党的执政能力建设的决定，水利部门如何贯彻落实这一要求？

汪恕诚：加强党的执政能力建设，落实到政府，就是要推进依法行政，转变政府职能，做到主要运用经济和法律手段管理经济，集中精力抓好经济调节、市场监管、社会管理和公共服务。

近年来，水利部门通过完善水法规、规范行政许可、健全水管理制度、严格执法，依法行政的能力和水平有了很大提高。但是，由于长期以来受传统的计划经济观念影响，我们在水行政管理方面还存在一些薄弱环节，习惯于靠投资带动发展，习惯于用行政手段去管理行业，习惯于工程建设，不善于运用法律手段，不善于运用市场机制，不善于社会管理。随着社会主义市场经济体制的不断完善和政府行政管理体制改革的逐步深入，做好水行政管理工作，必须切实转变职能，推进依法行政工作，加强社会管理和公共服务，进一步提高水行政管理能力和水平。

依法行政是提高政府管理能力和水平的关键。要按照《中华人民共和国行政许可法》和国务院发布的《全面推进依法行政实施纲要》的要求，全面推进水利部门的依法行政。要做好以下5个方面的工作：一是加快政府职能转变，理顺政府和市场、政府和社会的关系，进一步深化水利行政审批制度改革，依法落实和完善各项水管理措施，做到该管的管好、不该管的放开。二是建立公众参与、专家论证和政府决定相结合的行政决策机制，推进决策的科学化、民主化。三是加强水法制建设。重视水利立法的基础性工作，提高制度建设质量。推进水利系统内部综合执法工作，逐步建立权责明确、行为规范、监督有效、保障有力的水行政执法体制。四是完善水行政监督制度，推进水利政务公开，强化监察、审计和社会对水行政行为的监督。五是加强普法和水法制宣传，不断提高水行政机关工作人员依法行政的观念和能力。

着力推进基层水利发展

记者：县及县以下基层水利，是水利事业的重要组成部分，直接面对广大群众，服务群众。近年来，国家实施积极财政政策，加大了农村人畜饮水、病险水库除险加固、灌区改造、水土保持等方面的投入，基层水利发展较快，当前主要存在哪些困难和问题？对推进基层水利工作有哪些考虑？

汪恕诚：存在的困难和问题主要表现在：农村水利基础设施薄弱，现有设施老化失修严重；发展机制不健全；投入严重不足，地方特别是中西部地区财政用于水利的投资较少；税费改革后农田水利基本建设面临组织难、投工难的问题；相当一部分基层水利单位困难较多，队伍不稳，活力不足。对这些问题，必须靠深化改革和加快发展来解决。

2004 年党中央、国务院出台了一系列惠农政策，加大了对农业的投入力度，粮食生产出现重要转机，农民收入增长较快，这些必将激发起广大农民兴修水利、改善农村生产生活条件的热情。近期召开的中央经济工作会议、中央农村工作会议，决定继续加大对“三农”的支持力度，保持农业和农村发展的好势头。国家基本建设投资和国债建设资金，将重点支持农田水利、生态建设、中低产田改造、“六小”工程、旱作节水农业等基础设施建设，基层水利面临新的发展机遇。各地一定要把握形势，抓住机遇，进一步增强责任感和紧迫感，克服等、靠、要思想，狠抓各项措施的落实。

解决基层水利发展问题的根本出路在于改革。要突出抓好以下 5 个方面的工作：一要继续深化水利工程管理体制改革和水价改革。重点是落实好《水利工程管理体制改革实施意见》和《水利工程供水价格管理办法》两个文件。二要适应税费改革要求，进一步推进农田水利基本建设。农田水利基本建设是提高农业综合生产能力的一项关键措施，也是改善农村生产生活条件的一个有效举措。在冬春农闲季节大搞农田水利，是我国广大农民群众的好传统。各地要按照部署，抓住机遇，搞好规划，加大投入，加快发展。三要加快小型水利工程产权制度改革，发展民营水利，增强基层水利发展活力。要进一步深化对产权改革和民营水利的认识，加强民营水利的市场准入规则和机制的研究，既要引导，又要规范；既要保护，又要管理；既要放开一些领域让其开发，又要防止掠夺性经营。四要大力发展多种经营，开展社会化服务。基层水利单位和服务组织应依托水土资源和人才、技术优势，重点发展城乡供水、水电、水利旅游、水产养殖、水利建筑施工和技术咨询等优势产业。要结合水利工程建设和水环境治理，积极开发水利风景资源，开发特色水利产品，促进水利多种经营的发展。五要推进基层水利单位机构改革和队伍建设。要根据农村水利建设管理的需要，在人员精干的基础上，保留乡镇水利（水管）站，人员经费纳入财政预算。要建立激励机制，引进人才，提高职工素质、业务水平和服务质量，切实加强基层水利队伍建设。

（来源：《学习时报》作者：李玉梅）

加强水利系统队伍建设 促进水利可持续发展

敬正书

2004年，部党组组织专门力量，开展了水利系统队伍建设调研。这是部党组深入贯彻落实党的十六届三中、四中全会精神，坚持以人为本，高度重视队伍建设的重要体现，也是全面推进可持续发展水利的必然要求。

一、水利系统队伍的现状

截至2003年底，水利系统在岗职工总数122.9万人，离退休人员36.3万人。近年来，广大水利干部职工在贯彻中央治水方针和部党组治水新思路、推进水利改革与发展的实践中发挥了重要作用，取得了显著成效。

（一）领导班子年轻化、知识化、专业化结构有了较大改善

领导班子是水利事业继往开来、可持续发展的关键因素。近年来，水利系统各单位根据水利工作的需要，加强了干部教育培训、交流和选拔任用等工作，各级领导班子结构得到优化。截至2003年底，部直属单位及其所属副局级349名领导班子成员中，本科以上学历人员占90.5%，其中研究生学历人员占29.5%；班子成员中水利类专业的占50.4%；平均年龄为47.4岁。地方省厅253名领导班子成员中，本科以上学历人员占77.9%，其中研究生学历人员占22.1%；班子成员中水利类专业的人员占49.4%；平均年龄为50.6岁。

（二）水利系统干部队伍改革意识不断增强，水行政管理能力不断提高

水利系统广大干部职工认真学习贯彻“三个代表”重要思想，在贯彻中央治水方针和部党组治水新思路的实践中，政治意识、大局意识、改革意识、服务意识不断增强，各级领导班子科学决策、依法行政、社会管理能力和公共服务水平不断提高。

（三）职工队伍专业文化结构得到改善，思想政治素质不断提高

截至2003年底，水利系统各类人才总量54.6万人，占在岗职工总数的44.4%，比1997年提高了16.6个百分点。其中，具有专业技术职称的人员有34万人，具有高级职称的有3万人，都比以前有较大幅度提高。

“献身、负责、求实”的水利行业精神在水利系统得到了广泛落实。水利系统职工队伍，尤其是基层队伍，在条件艰苦、工作辛苦的情况下，在防汛抗旱和水利建设管理等各项工作中，恪尽职守、埋头苦干，表现出了良好的政治素质和精神风貌，涌现出了汪洋湖、高安泽、何贵平、张宇仙、周英等一大批先进典型人物。

在贯彻中央治水方针和实践部党组治水新思路中，治水观念不断更新，水利改革不断推进，水利立法、执法不断加强，水利科技不断创新，服务领域不断拓展，水利现代化建设不断加快，开创了水利工作新局面，受到党中央、国务院的肯定和社会好评。这是加强队伍建设取得的重要成果，也是广大水利干部职工的重大贡献，说明水利系统干部职工队伍总的状况是好的。

但必须清醒地看到，水利系统队伍状况尤其是基层队伍与党的十六届三中、四中全会精神的要求，与全面推进现代水利、可持续发展水利的任务要求相比，还存在一些不适应。

一是思想观念与现代水利要求不相适应。受计划经济体制和传统水利意识的影响，一些干部职工的思想观念还比较陈旧。实践证明，现代水利、可持续发展水利是解决我国水问题的成功之路，但有的地方，尤其是基层宣传不够，认识不够，实践的力度不够，尚未贯彻落实到水利工作中去。有的干部职工改革意识、市场经济意识、水法制意识、水生态意识不强。重建设轻管理，重开发利用轻节约保护，重生产生活用水轻生态用水仍较突出。有的单位认为水管单位存在的问题是多年形成的“慢性病”，解决难度很大，有畏难思想。一些企业领导对改革的必要性和紧迫性认识不足，认为改革解决不了企业现实困难，改与不改一个样。还有的求稳怕乱，不愿冒风险推进改革。有的单位职工把本单位观念滞后形象地比喻是“赶着牛车走高速路”。

二是工作方法与依法行政不相适应。少数领导干部的领导方法与领导水平，不适应市场经济新形势和现代水利要求，仍然习惯于“等、靠、要”，“要、分、了”。有的领导干部习惯于争资金上项目，靠投资带动发展，习惯于单靠行政手段管理行业，不善于运用市场机制、法律

手段和社会管理的方法。有的领导班子在重大事项决策中，缺乏按依法、民主、科学的程序办事意识。

三是体制机制与改革发展要求不相适应。有的地方水务体制改革、水管单位改革、水价改革、企事业单位改革工作力度还不够，进展较慢，尚未建立起有效的管理体制和良性运行机制。有些水利企业改革后法人治理结构不完善，经营机制不活；有些水利勘察设计单位只改企没转制，仍按传统企业模式运作；有些单位推行人员聘用制的程序不规范；有的单位用工制度、分配制度、社会保险制度不健全、不完善，没有建立起有效的激励机制，难以调动职工的积极性和解除职工的后顾之忧。

四是基层水利队伍状况与面临的任务要求不相适应。据调查了解，在地方水利部门县区水利局领导班子成员中，非水利类专业的占到了66.6%；在县区水利局党政“一把手”中，非水利类专业的占到了76.8%。基层水利部门领导班子成员变动频繁，有些地区水利部门平均每两年就有40%的班子成员被调动，造成工作缺少长远的规划和打算，影响了水利工作的连续性。县区水利单位大学毕业的职工只占在岗职工总数的5.6%，70%以上的县区水利单位没有高级工程师。水利系统职工队伍工作生活条件有明显改善，但不少基层单位仍面临较严重的困难，部分单位拖欠职工工资，社会保险难以落实，下岗、待岗职工和贫困职工多。

总的来说，水利系统队伍存在着“四多四少”。即人才总量多，高层次人才少；专业技术人才多，经营管理人才少；单一型人才多，复合型人才少；工人数量多，技能拔尖人才少。这些问题，不仅影响到当前的水利工作，而且影响到水利事业的长远发展，值得引起各级领导高度重视，认真加以研究解决。

二、加强水利系统队伍建设，提高队伍整体素质

总的要求是：以“三个代表”重要思想和党的十六届三中、四中全会精神为指导，坚持以人为本，牢固树立科学发展观，加强党的执政能力建设和水利系统队伍建设，提高领导班子和干部队伍的整体素质，为全面推进可持续发展水利提供保障。

（一）加强思想政治建设

思想政治建设是党的建设的灵魂，也是水利系统队伍建设的根本。要着眼于理论学习，努力用“三个代表”重要思想武装头脑。要把思

想政治建设同水利建设放在同等地位，建立由党委统一领导、各有关部门密切配合、齐抓共管的思想政治工作格局。要利用党员先进性教育活动的有利时机，加强党员教育，增强各级党组织和党员队伍的创造力、凝聚力、战斗力，充分发挥基层党组织的战斗堡垒作用和党员的先锋模范作用。要加强党风廉政建设和精神文明建设，大力开展“为民、务实、清廉”教育，弘扬“献身、负责、求实”的水利行业精神。围绕水利中心工作，开展水利精神文明单位创建工作。

（二）加强能力建设

水利系统队伍的能力建设是推进可持续发展水利的一项根本建设。要按照十六届四中全会的要求，增强科学执政、民主执政和依法执政意识，不断增强各级领导干部把握全局、科学判断形势、应对复杂局面、改革创新、依法行政、科学民主决策、社会管理和研究新情况、解决新问题等方面的能力。

面对当前的形势和任务，尤其要加强以下几个方面的工作：一是要提高经济调节、市场监管、社会管理和公共服务水平。二是要转变规划编制思路，体现科学发展观和治水新思路，因地制宜，统筹兼顾，注重实效。三是加强水法制建设，坚持依法行政，推进决策的制度化、科学化、民主化。四是加强宣传教育，转变政府职能，改进工作作风，增强依法行政意识，提高工作效率。五是加强调查研究，善于研究新情况，解决新问题，尤其要善于帮助解决基层的突出问题。

（三）加强三支人才队伍建设

水利发展，关键在人。必须坚持以人为本，牢固树立人才资源是第一资源的观念，大力实施水利人才战略。

一是要加强党政人才队伍建设。党政人才队伍是推进水利改革与发展的关键。各级要加强党政人才的科学发展观和正确的政绩观教育，进一步树立领导班子政治坚定、求真务实、开拓创新、勤政廉洁、团结协调的良好形象。公务员是党政人才队伍中的重要力量。水利系统共有公务员 69433 人，加上流域机构依照公务员管理的人员，人数达 7.6 万多人，占在岗职工的 6.2% 。公务员素质决定着水行政管理水平和效率。要通过更新知识、交流锻炼，提高公务员队伍依法行政能力、社会管理能力和公共服务水平。

二是要加强专业技术人才队伍建设。水利专业技术人才是水利人才队伍的主体。要有计划、有针对性地提高专业技术人才的业务素质，特别要加紧培养造就一批科技带头人、拔尖人才。各单位要对现有骨干人才进行重点培养，使其早日成为高层次人才，形成“人才成就水利、水利造就人才”的局面。要建立使骨干人才拴心留人的机制，制定引进人才的相关政策，做到事业留人、感情留人、待遇留人。

三是要加强经营管理人才队伍建设。目前水利系统经营管理人员有3.6万人，仅占人才总量的8.1%，不能完全适应现代水利发展的需要。要通过在职培训、考察学习等形式，拓宽水利经营管理人员的经营管理思路，多渠道、多途径地培养开发水利经营管理人才。要注重从高校毕业生中引进一批学经济、管理、法律等专业的人才，积极引进一批有实践经验的“能人”。

要重视、关心工人队伍的教育培养工作。要通过岗位练兵、技能竞赛等多种形式，努力提高技能人才的素质和水平，加快培养高技能人才。

随着水务体制的改革，从事城市水务管理的人才不足。各地要加强城市水务管理人才和技术人才的选拔、培养、交流、引进工作，以适应城乡水务一体化管理的需要。

（四）加强基层水利队伍建设

县及县以下基层水利，是水利事业的重要组成部分，基层水利职工队伍的工作能力和工作成效，直接体现着水利改革发展的成果。防汛抗旱、农村水利建设、工程管理、水利执法、为“三农”服务等具体工作，都要靠基层水利干部职工来落实。

一是加强基层领导班子建设。班子成员中学水利专业的比例要逐步提高，主要领导要相对稳定，以确保工作的连续性。要加强对领导干部市场经济、法律法规、水利现代化、水行政管理等知识的培训，特别是加强对非水利专业领导干部的水利知识培训，提高基层领导班子的专业技术水平和实际工作能力，提高履行岗位职责的能力、创新能力、社会管理能力、公共服务和现代技术应用水平。

二是加强基层水利人才队伍建设。针对基层水利单位技术人才不足的问题，各级水利部门要主动与地方教育部门或院校联系，积极争取学生毕业后来到基层单位就业。要对在职人员进行继续教育，大力开展在职培养、自学考试、函授教育和“电大”教育，提高基层水利职工的素质。

三是加大干部交流。近年来，水利部机关共选派近百名干部参加援藏、援疆、西部挂职、三峡地区定点扶贫、博士服务团以及塔里木河、黑河、四川绵阳实践锻炼，效果很好，既锻炼了干部，又帮助和支持了基层工作。各地可借鉴部机关的做法，选派优秀年轻干部上下交流，挂职锻炼。

四是加强编制管理，规范用工制度。对人浮于事、经济困难的单位，要严格控制编制，防止机构臃肿给单位发展造成困难。同时可考虑对临时人员进行精简，减轻单位经费负担。

三、深化水利改革，增强队伍活力

改革是发展的动力，也是解决基层水利队伍面临的困难和问题的重要途径。因此，加强水利系统队伍建设重点在改革，解决基层水利发展问题的根本出路也在改革。要通过改革逐步建立起水利系统队伍建设和水利建设的良性发展体制和机制，增强队伍活力和自我发展能力。

（一）水管单位改革

水管单位体制改革是解决长期以来水管单位面临的诸多实际问题的根本措施，也是解决水管单位困难的重大政策。全国已有22个省出台了《实施方案》，有9个省正在报批。但发展还不平衡，尤其是基层落实较差，主要是“两费”落实难、分流人员难、社保落实难。各单位要克服困难，加大协调工作力度，尽快落实到位。一是还没有出台《实施方案》的省要尽快出台方案。二是各地方水行政主管部门和水管单位要积极向财政部门沟通汇报，争取财政资金足额到位。三是深化水管单位内部改革，采取成立专业化的工程维修养护队伍或经济实体、建立管理岗位与分流人员之间的双向交流机制等方式，合理安置分流人员。积极与有关部门沟通协调，解决好转企人员养老保险的落实问题。

（二）水价改革

水价改革是合理配置资源、提高用水效率和效益的根本措施，对于水利工程的维护和供水单位的良性运行、稳定水管单位职工队伍具有重要意义。目前有的地方水价改革力度不大，有的水费收缴率很低。据调查，每年收缴的水费只有60%左右。近年来，国家先后印发了《水利工程供水价格管理办法》等政策规定，对合理调整水价、强化征收管理起到了很好的作用。各单位要积极推进水价改革，做好水价改革和水费政策的宣传工作，帮助农民尽快成立规范的用水者协会，进一步加强水费收缴管理，提高水费收缴率。

（三）小型水利工程产权制度改革

小型水利工程的拍卖、承包、租赁和股份合作，可以减少基层水利单位的管理经费和人员经费负担。各地都有成功经验。要认真总结，积极推行，并加强引导，规范管理。基层水利单位部分富余人员可通过参加小型水利工程所有权或经营权的转让竞争，获得所有权或经营权，从而增加经济收入，促进富余职工分流。

（四）机构体制改革

近年来，由于县乡机构改革等原因，全国有60%的乡镇水利站被撤并或下放，必须认真研究对策。要巩固和加强基层水利服务体系建设，解决有人办事、有钱办事的问题，更好地为“三农”服务。一是要巩固现有水利站。二是在相邻的几个乡镇设置区片（流域）站，行使原乡镇水利站的职能。三是在水利工作任务重的地方，要积极争取恢复一些乡镇水利站。水行政主管部门要加大与当地政府领导和有关部门的沟通协调力度，汇报基层水利站发挥的作用和存在的问题，以引起政府领导和有关部门的重视，争取更多的支持。

在水务体制改革中，要注意纠正将水务局定性为事业单位的做法，明确水务局作为政府组成部门的行政主体地位。各地对已经成立水务局的，要尽快转换职能，切实加强城乡涉水事务的一体化管理。要注意选配熟悉城市水务管理工作的干部进入水务局领导班子，使领导班子结构适应水务一体化管理的要求。

目前部属水利勘测设计院已基本完成改企转制工作，省属水利勘测设计院改企转制工作还未普遍推广。勘察设计单位改企转制是大势所趋，改比不改好，早改比晚改好，如不把握机遇，就会错失良机。对省里已出台勘察设计单位改企转制文件的，应结合水利设计工作的行业特点，认真选择适合本省的改企转制模式。对省里没有出台勘察设计单位改企转制文件的，要做好改企转制的准备工作。

（五）企业改革

目前，部直属单位所属113家企业中，实施公司制改造的16家，仅占14%；地方水利单位所属的4083家企业中，公司制企业1343家，仅占32.9%，低于全国国有企业实行公司制改造的比例。必须深化改革，努力建立现代企业制度，加快推进水利企业公司制改造，积极探索水利资产授权经营，推动水利企业进一步发展。

在企业改制中，要妥善安置企业下岗职工，解决好再就业问题。加大下岗职工的培训力度，实现滚动上岗；积极组织劳务输出，实现下岗职工再就业；兴办经济实体，分流下岗职工，实现再就业。

（六）深化三项制度改革

一是深化干部人事制度改革。要认真贯彻落实《深化干部人事制度改革纲要》和《党政领导干部选拔任用工作条例》。积极推进事业单位人员聘用制改革，科学合理地设置岗位，全面推行竞争上岗或双向选择，规范合同管理，采取多种方式安排未聘人员。

二是积极推进分配制度改革。进一步扩大事业单位内部收入分配自主权，建立以岗位工资为主的多种工资分配形式，积极探索管理、技术等生产要素参与分配的分配制度。企业按照建立现代企业工资收入分配制度的要求，推行岗位绩效、岗位薪点、岗位等级等多种形式的工资制度，探索实行董事会、经理层成员按职责和贡献取得报酬的办法。

三是完善劳动制度改革。要规范劳动用工管理，加快社会保险制度改革。社会保险是劳动制度改革的重要内容。目前水利系统企业职工养老保险参保率为79%，政事企水利职工医疗保险参保率为59%，水利事业单位、地方水利企业职工失业保险参保率分别为45%和65%。各单位要积极协调，切实做好三项保险的参保工作，以解除干部职工的后顾之忧，稳定好队伍。

（七）发展多种经营

近几年，各级水利部门围绕工程建设和管理，充分利用自身的水、土和技术人才优势，盘活水利资产，发展水利多种经营，取得了新的成效，为弥补事业经费不足、改善办公和生活条件、提高职工收入创造了条件。但是，由于多种原因，水利多种经营发展很不平衡。要从开发资源、发展经济、关心职工、稳定队伍、促进发展的高度，来认识和加强水利多种经营的发展工作。要在管理体制和经营机制上创新，对规模较大的水利多种经营单位，要在明晰产权的基础上，实行股权多元化的公司制改造。对规模较小的水利多种经营单位要采取承包、租赁等多种形式搞活经营。有条件的基层单位还可以采取职工入股的方式，将职工个人利益同单位经济效益直接挂钩。

总之，加强水利系统队伍建设，尤其是解决基层水利单位存在的诸多困难问题，都应通过改革和发展、努力增加经费来源和减轻经费负担来逐步加以解决，稳定队伍，增强活力。

四、加强对水利系统队伍建设的领导

（一）要高度重视，专题研究

水利系统队伍是推进水利改革与发展的决定因素。贯彻中央治水方针和部党组的治水思路，全面推进水利可持续发展，关键是要培养和造就一支高素质的水利队伍。各单位领导要增强水利系统队伍建设的紧迫感、责任感和使命感，高度重视队伍建设。对基层领导班子专业素质不高、水利人才缺乏、困难较多等突出问题，要专题进行研究，提出切实可行的对策，有针对性地加强各级、各类水利人才队伍的能力建设，全面提高队伍素质，增强队伍活力与后劲，使水利系统队伍建设与不断变化的新形势和新任务相适应，与可持续发展水利相适应。

（二）积极争取政策，创造良好的工作环境

解决水利系统队伍面临的问题，一方面要争取政策，另一方面要靠各单位的不懈努力。各级领导要以对水利系统队伍建设高度负责的精神，积极与有关方面汇报协调，实事求是地反映水利系统队伍存在的困难和问题，努力争取落实相关政策。如向财政部门汇报和争取落实水管单位“两费”的政策。如与地方教育部门或院校联系，争取定向招生的政策，解决基层人才短缺问题。如积极争取事业单位养老保险入门时的“视为缴费年限”政策，在补缴养老保险费时，积极争取离退休费的足额返还和以低档次合理确定缴费基数，降低补缴费用，解决职工参加保险难的问题。水利系统队伍的活力取决于机制和环境。各级水利部门要努力营造尊重劳动、尊重知识、尊重人才、尊重创造的良好氛围，提高水利事业的吸引力和凝聚力，形成鼓励人干事业、支持人干成事业、帮助人干好事业的行业环境。

（三）切实帮助基层解决实际问题，稳定人心、稳定队伍

各级领导要从实践“三个代表”重要思想的高度，切实解决基层水利队伍面临的实际问题。领导干部要经常深入基层，调查研究，认真倾听职工的呼声、要求和意见，研究存在问题和解决问题的有效办法。要想群众之所想，急群众之所急，解群众之所盼，越是困难的地方，越是矛盾集中的地方，领导干部越是要经常到那里去，帮助基层解决实际问题。要逐步改善基层水利职工办公和生活条件，多渠道解决工资拖欠问题、社会保险问题，妥善安置下岗、待岗职工，努力改善贫困职工的生活状况，做好暖人心、稳人心工作，确保人心稳定、队伍稳定。要正确处理改革、发展、稳定的关系，确保水利改革与发展顺利进行。

（作者单位：水利部）

从都江堰持续利用看水利工程科学管理

刘 宁

举世闻名的水利工程——都江堰，不仅是著名的世界文化遗产，而且以其功能效益的持续发挥和扩大而闻名遐迩。都江堰巧夺天工的鱼嘴、飞沙堰、宝瓶口三大工程，以及三大工程之间的相依相连、三位一体的运用，使天府之国“水旱从人，沃野千里”。“承势利导、因时制宜”的引水、分洪、飞沙，使水资源得以持续永久的利用，造福人民；“顺天应人、以天工代人力”营造了成都平原的富饶和良好生态；“深掏滩、低作堰，排洪保灌”至今仍泽育着千万亩粮田。都江堰的建设与运用，成功跨越了人与自然的依存、开发、掠夺、和谐的各个阶段，与环境相得益彰、与自然和谐统一、与社会经济发展脉络相承，其成就和效益引无数专家学者潜心研究，精深论述，为后人的学识进步均有至理扉拨。都江堰顺应时代需求而进步，随着科技发展而完善，历 2260 年持续利用而尤胜，其管理和维护的诸多经验令人琢磨、使人感悟，对水利工程的建设运行和科学管理具有很强的指导作用。

（一）都江堰是当今世界上仍在发挥巨大社会经济效益的最古老的水利工程

都江堰水利枢纽工程始建于公元前 256 年，迄今已有 2260 年的历史。世界上古老的大型水利工程很多，但是随着时光的流逝，或湮灭、或失效，唯有都江堰独树一帜，至今仍充满活力向前发展，成为世界水利史上的一大奇迹。

都江堰在岷江上游 340km 处建堰无坝引水，集雨面积 2.3 万 km^2，多年平均来水量 147 亿 m^3。新中国成立以来，都江堰灌区的发展经历了 3 个阶段。20 世纪 50 年代初 ~ 60 年代末，扩大成都平原及周边高地，灌溉面积达 678 万亩；60 年代末 ~ 80 年代初，从南、中、北三路打通龙泉山，建成黑龙潭、三叉、鲁班等大中小型水库近 300 座，灌溉面积扩大到 858 万亩，呈现出“长龙地上走，银河天际流，彩虹起深谷，高峡出平湖”的壮丽图景；1986～1993年，进行了灌区改造，使灌溉面积进一步扩大，目前已达到1006万亩，灌区规模跃居全国首位，都江堰总引水量达100亿m^3，完整而庞大的都江堰水利工程设施体系，已成为四川省国民经济发展和社会进步不可替代的基础设施。

（二）都江堰古已有之、因地制宜、与时俱进的工程管理体系是工程持续利用的重要保障

都江堰工程之所以历2260年运用而经久不衰，富有成效的工程管理发挥了不可替代的重要作用。

（1）“官堰”与“民堰”。都江堰在两千多年的实践中，逐步形成三级管理体制。省级政府部门管渠道工程，设置堰官，管理堰务，称为“官堰”。下一级政府部门按行政区划管理岷江干流的都江堰至新津河段的金马河、灌溉排洪兼用的蒲阳河、柏条河、清白河及中游的杨柳河等，并管理支渠或分干渠，统称为地方水利工程。在各河引水的支渠以下灌溉工程，由受益群众组织自建自管，称为“民堰”。

汉灵帝时（公元168年）即设置了“都水椽”和“都水长”等水利官员，负责维修管理都江堰渠首工程。据《水经注·江水》载，三国蜀汉时，“诸葛亮北征，以此堰为农本，国之所资，以征丁千二百人主护之，有堰官”。自蜀汉后，晋、唐、宋等朝代，渠首所在地的县令兼办渠首工程。新中国成立后，建立了局、处、站三级专业管理机构和基层管理组织。

（2）岁修。都江堰创建初期，以及秦汉时代主要是工程建设和开发。以后各朝代逐步扩大灌区，并加强了工程的管理和维护。宋代以后，形成每年冬春枯水季节又是农闲之时的断流岁修制度，制定了“旱则引灌，涝则疏导”等一整套管理制度和维修方法。两千多年的治水经历，总结出了流传千古的治水经验。最为著名的有李冰的治堰准则“深淘滩、低作堰”，两者相辅相成，科学地解决了引水与泄洪排沙的关键问题；清同治十三年（1874年），灌县知县胡圻所编治水“三字经”，以及后来的治河格言“遇弯截角，逢正抽心”和治水八字法则“乘势利导，因时制宜”等等，这些历史铭记的成功法理，至今仍然对都江堰的维护管理起着指导作用。新中国成立后，在工程维护上坚持了“五年一大修”和“十年一特修”的制度，保持了工程的更新和稳固。

（3）闸坝与河渠管理。都江堰建成以后，一直用竹、木、卵石等来修缮灌溉、防洪等工程。1952年春以后，开始从渠首到灌区的干、支渠进口，用钢筋混凝土陆续修建闸坝，干渠用钢闸门，支渠用木闸门

并逐步改为钢闸门。又将人民渠进口拦河坝改为钢筋混凝土节制闸；将石堤堰府河与毗河分水的毗河水坝改为节制闸；将木马山进口引水工程的江安河拦河水坝改为橡胶坝等，随着引水流量的不断扩大，都江堰渠首的工程格局也发生了很大变化，一系列的维修、改建、续建，保障了工程本身的完好性，为工程的持续运用奠定了坚实基础。

（三）从都江堰持续利用看水利工程科学管理

都江堰因其简易低廉、适应社会生产力发展水平的修缮、维护而成就了持续经久。应该说，都江堰的管理运用体现着科学发展观的内涵，是可持续发展的实践典范。都江堰的成功不仅限于工程建设和运用本身，还在于对它的精心管护和不断扩大的效能，以及符合水情、工情和各个历史发展时期经济社会发展需求的管运机制。都江堰的“健康长寿”，并非是历史的偶然遗留，而是自然与社会发展的必然结果。为什么那么多远古的水利工程已遗迹全无？为什么那么多近代的水利工程成为病险工程，功能缺失，效益难以发挥？这是值得人们探究和深思，并真实地展现在人们面前的不争事实。

中国是水利大国，是世界上水旱灾害最为频繁和严重的国家之一。自古以来，中华民族在开发利用水资源、同水旱灾害做斗争的实践中，积累了宝贵的经验。特别是新中国成立后，水利建设取得了很大的成就。据统计，截至2002年底，全国已建成各类水库就有85289座（不含港、澳、台地区）。其中大型水库445座，中型水库2782座，小型水库82062座。全国水库总库容约为5594亿m^3，相当于全国河流年径流总量的1/5。

与此同时，我们也面临着十分尴尬的境地：全国已建成的水库中有病险水库30413座，占水库总数的35.7%，其中大型病险库145座、中型病险库1118座、小（1）型病险库5410座、小（2）型病险库23740座。数量庞大的病险水库是防洪安全的重大隐患，给下游人民群众的生命财产带来严重威胁，同时制约着水库综合效益的充分发挥。

形成如此困惑的局面，既有难以回避的历史原因，又有必须承认的现实问题。我国现有水库，绝大多数修建于1958～1976年之间。在那个特殊的时期，大部分工程是边勘察、边设计、边施工的“三边”工程，一些水库的建设从设计到施工都难以保证质量，留下了不同程度的隐患。同时，那一时期的水利工程建设理念、施工质量、维护管理以及工程效益发挥与地方经济可持续发展的关系等方面也存在诸多不可逾越的难关和问题。随着我国社会主义市场经济体制的建立和完善，随着水利改革的不断深化，水利工程管理体制不顺、机制不活、经费短缺、机构臃肿、管理粗放和社会保障程度低等弊端日益明显的暴露出来，这些弊端严重影响着水利工程的安全运行和效益的充分发挥。

（1）传统的水利管理体制与社会主义市场经济发展的要求存在很大差距。水利工程管理单位管理体制是长期计划经济体制下逐步形成的，水管单位性质定位不清楚，工程管理和经营责任不明确。一方面，水利行政事业性资产管理权责不匹配，运行低效；水利经营性资产管理事企不分，监管与运营职责不清；准公益性水利固有资产管理主体缺位，注重工程使用而忽视资产管理。另一方面，水利工程大部分为综合利用工程，其工程性质较难区分，即便对水管单位进行了性质认定，也很难按照认定的性质运行。一些水管单位的长期属性混杂，使得它们既不像事业单位，又不像企业单位，资产概念不清，发展与改革的环境较差，配套的制度和机制建设滞后。这些问题的存在，严重影响了水利工程经济效益的发挥。

（2）水利工程管理资金不足。全国有 2/3 的工程管理单位没有任何财政拨款，1/3 的水管单位即使有拨款，也远远不能满足人员工资和工程日常维护费用的需要。水价偏低，水费收取困难。职工的工资发放缺乏保证，工程折耗和维护管理没有补偿渠道和来源。

（3）水管单位机构臃肿，人员总量过剩与结构性人才缺乏并存。一方面水管单位严重超编，一岗多员，因人设岗，有的工作是为了管人而不是管事；另一方面人员结构不合理，水管单位真正急需的管理人员严重短缺，因工资低、待遇差、工程所在位置偏僻、生活环境简陋等原因，需要的管理人员招聘不到，即使自己培养的人才，流失也很严重。据初步统计，目前水管单位中的中级职称以上的技术人员只占职工总数的 3% 左右，技术力量薄弱，无法满足规范管理的需要。

（4）“重建轻管”思想在各级政府中都有不同程度的存在。往往在资金使用决策时，更注重投资新建项目，而忽视对已建工程的运行、维修的投入；在进行项目前期工作时，更着重项目建设的工程技术方案设计，而忽视对项目经济问题和建成后运行管理方案实际的考虑；在项目审批和实施时，更看重主体工程各部分的完整性，而习惯于压减管理设施的投资。

（5）管理技术手段落后，现代化水平低。我国水利工程普遍存在安全监测设施不完备或老损严重，测报手段落后，自动化程度低等问题，与世界发达国家相比更存在着较大的差距，难以满足我国经济社会发展的需要。

为解决上述问题，迅速建立起适应我国国情、水情、工情和社会主义市场经济要求的水利工程管理体制和运行机制是十分必要和紧迫的。

（四）以科学发展观为指导，加强水利工程建设与运行管理

党的十六大提出了全面建设小康社会的奋斗目标，对新时期的水利工作提出了新的更高要求。水利部党组也提出了坚持以人为本，树立全面、协调、可持续的发展观，坚定不移地走可持续发展水利之路的水利工作新思路。水利工程是国民经济的基础设施，担负着为全面建设小康社会提供支撑与保障的重要任务。今后我国水利工程管理将通过积极推进管理单位体制改革，建立适应社会主义市场经济要求的管理体制和良性运行机制，加快水利工程管理规范化、法制化、现代化建设，确保工程的安全运行和效益的持续发挥。

（1）理顺水管体制，建立良性运行机制。《水利工程管理体制改革实施意见》的颁布实施，体现了党中央、国务院对水利工作的高度重视。贯彻落实国务院办公厅转发的《水利工程管理体制改革实施意见》，推进水利工程管理单位体制改革，是相当长一个时期我国水利工程管理的一项重要任务，也是做好水利工程管理各项工作的前提和基础。通过改革，要力争在较短时期内，初步建立满足水利工程管理需要、适应我国社会主义市场经济要求、有利于水资源可持续利用的新型水管体制和运行机制。

（2）继续开展病险水库除险加固，全面消除安全隐患。根据《全国病险水库除险加固专项规划》，列入近期除险加固的病险水库共 1346 座，目前已动工 609 座，共投入国家补助资金 100 多亿元，可望于近期基本完成。另外，针对目前我国病险水库的状况，已经着手启动第二批病险水库除险加固的规划工作，力争在 2010 年以前基本完成现有病险水库的除险加固。当前的重点：一是进一步落实责任制，明确安全主体，落实安全责任；二是加强安全鉴定成果核查，开展初步设计专家指导巡查工作；三是要加强建设管理，严格按照基本建设程序，全面落实三项制度，强化资金管理，确保工程质量；四是按分级负责的原则，加强竣工验收工作；五是要进一步加大对项目的监督检查力度。

（3）加快水利工程管理规范化、法制化、现代化建设，全面提高管理水平。认真贯彻落实《水利工程管理考核办法》，通过对水管单位全面系统地考核，促进管理法规与技术标准的贯彻落实，强化安全管理、运行管理、经营管理和组织管理，以提高规范化管理的水平。进一

步完善水利工程管理法规与技术标准体系；加快水利管理现代化进程，遵循人与自然和谐共处的原则，运用现代科学技术和管理手段，在积极推进水利工程管理硬件设施现代化的同时，努力推进水管理念、管理体制、运行机制等软件的现代化。按照我国社会主义现代化和水利现代化建设的总体要求，积极开展水管现代化的研究，并以此为基础，积极推进我国水利工程管理的现代化建设，促进以水资源的可持续利用保障经济社会可持续发展目标的实现。

（4）努力建设人水和谐、生态友好的绿色水工程。水工程的建设，特别是大型水工程的建设，关乎经济社会发展、生态环境改善以及人们生活和生存方式的变化。以往有的水工程建设，虽经过了前期工作“千锤百炼”的打造，但建成后仍旧是效益不高、环境影响突出、运行边际成本过大。现在看，这样一些水工程的修建，只是使既得利益者得益于一时，甚或只是得到了施工期的效益，而其后果却遗害多年，带来新的热点、难点问题，甚至造成了不可逆转的环境破坏。即便对这些工程进行毫不吝惜的投入、精心呵护，也难以运用长久，甚至用得越久，越是弊多利少。因之，一定要千方百计地建设人水和谐的绿色水工程，坚决从源头杜绝不良项目的上马建设，这就需要对拟建的水工程项目进行充分论证、认真比选、精心设计；坚持经济效益、社会效益与生态效益并重；坚持以科学发展观的要求，度量和把握工程目标实现的置信区间和偏差。只有这样的水工程建成后才能持久发挥效益，才会打破经济、技术、生态制约，在工程所及范围内，形成水资源的节约、保护和优化配置，以水资源的可持续利用支持经济社会的可持续发展。

都江堰是中华民族科学智慧与文明的结晶，都江堰的建设和运用所体现出的深刻运管系统观，展示出的人水和谐、“天人合一”、共生共存的理念，以及人对自然尊重和自然与人融合的友好关系，是人类社会进步与持续发展的永久财富。在纪念都江堰建堰2260周年纪念之际，我们更加景仰先辈治水之卓著功勋，也更加坚信在未来的水利工程建设和管理的过程当中，我们定能取得新的、更大的成就。

（作者单位：水利部）

水电与中国

潘家铮

一、中国到底有多少水电资源

中国地势西高东低。主要河流发源于世界屋脊的青藏高原，奔流入海，蕴藏着得天独厚的水能资源。中国到底有多少水电资源可以开发，随着普查的深入，数据不断更新。过去有两个数据经常为人引用，即：全国技术可开发的容量为3.78亿kW，年发电量为1.92万亿kW·h。经过最近的大复查，较可靠的数字是：我国大陆部分水电的理论蕴藏容量为6.944亿kW（按8760运行小时计），年电量6.0829万亿kW·h，其中技术可开发容量为5.416亿kW，年发电量为2.474万亿kW·h，列世界之冠。

这次调查统计工作做得很仔细。首先查清13个“水电基地”的资源。所谓“水电基地”是指在水电资源富集的流域或地区内，划出开发条件最现实的干流河段（一般为中、下游河段）和部分支流段，根据查勘规划资料，布置梯级，确定各枢纽的容量和电量，加以统计。这是我国水电资源中最主要的组成部分。第二部分是上述流域、地区在“基地”范围以外的上游、支流中所蕴藏的资源，以及其他流域、地区内的资源，第三则是遍布全国的小水电。三者合计得到全国总数。水电资源暴露在地表，可以眼见耳闻，流量和落差的测定比较简单准确，因此数值可信度高。这和煤、天然气、石油等矿产资源不同，后者深埋地下，勘探工作量大而困难，地质储量和精查后能采出的储量有巨大区别，风险性当然较大。

还有一组数字称为“经济可开发量”（容量为4.48亿kW，电量为1.753万亿kW·h）。鉴于“经济可开发”的范畴取决于很多条件，随着形势的发展、科技的进步和油、气、煤价的不断攀升，会有所改变，因此，我不建议以此作为衡量标准。

在最新普查成果经国家正式公布后，建议以此作为我们的统一口径。

二、中国水电开发的重要里程碑

2004年9月，随着黄河公伯峡水电站首台30万kW机组的投产，中国水电总容量突破了1亿kW，稳居世界第一。这是一个有历史意义的里程碑。9月26日，水电工程各领域老中青代表云集在黄河畔公伯峡工地，举行了隆重的庆典。黄菊、曾培炎副总理亲笔写下热情洋溢的批语。尤其许多白发苍苍为水电事业作出终生奉献的老战士们更是心潮澎湃、热泪盈眶。情景异常感人，将载入水电史册之中。

但即使是1亿kW，扣除抽水蓄能后，也只占可开发容量的17%。按电量计，为值更低（2003年水电发电量2830亿kW·h，占可开发量的11.4%）。可见今后开发任务之艰巨。可喜的是，在国家“大力发展水电”和“西电东送、南北互供、全国联网”的电力发展政策指导下，当前我国水电开发面临从未有过的大好形势。世界上最大的三峡水电站已有10台机组发电，不久将提前竣工。现在在建的水电中，20万kW以上的有4640万kW，大型抽水蓄能有720万kW。金沙江、大渡河、雅砻江、乌江、红水河、澜沧江、黄河等12个大水电基地正在全面开发建设。在东部和沿海水能资源较少的地区，仍有不少中小型、低水头水能可以利用，还需兴建一大批高水头大容量的抽水蓄能电站，以解决调峰填谷问题。这样的开发规模不仅在我国是史无前例的，而且在全球也是史无前例的。预期到2010年和2020年全国水电容量将达到1.5亿kW和2.5亿kW，出现第二、第三个里程碑。届时，中国将建成无数称冠世界的高坝、长隧洞、巨型电厂和制造相应的机电设备，解决泥沙、消能、环保各种问题。中国无疑将成为世界头号水电大国和水电技术强国。中国的水电勘测、设计、施工、运行、管理、制造、更新改造等都将跃居国际领先水平，为国家的经济发展和民族振兴大业作出重大贡献。这是不可阻挡的历史潮流。

但是，现在有人指出，开发水电也带来许多不利后果，要求停建大坝，重新考虑水电开发问题。那么，中国究竟要不要发展水电？这是一个必须分析清楚的问题。

三、中国面临的能源挑战

21世纪前叶，是我国经济腾飞和民族振兴的关键时期，尤其是前20年，我国国民经济总产值将再翻两番，全面建成小康社会，为今后的更大发展奠定基础。国内和国际上无数专家都在深入分析形势和各种可能。总的看法是：中国的和平崛起不可抗拒，但确实存在许多严重的制约因素。能否妥善解决这些问题，决定了中国的前途。当前的形势可以用国歌中的一句话来形容“中华民族到了最危险的时候”！

在诸多因素中，能源和电源的供应无疑是关键问题之一。预测到2010年，全国电力装机将达9.5亿kW左右，年发电量达4.3万亿kW·h左右，2050年可能达16亿kW。众所周知，我国一次能源以煤为主体，在近期内这一局面难以改变。试设想如果4.3万亿kW·h的电能全赖燃煤供应，则年需燃原煤约21.5亿t，不仅在资源、采掘运输上将遇到难以克服的困难，引起的环境污染也将无法想像。可以说，中国在新世纪中面临的能源挑战是世界各国中独一无二的。解决能源瓶颈是关系到我国能否健康地、快速地、可持续发展的重大问题。

在资源、采掘、运输和污染诸问题中，尤以污染问题值得注意。因为污染环境引起的后果是在不知不觉中积累而恶化的，不仅影响中国人民赖以生存的环境，也影响全球。燃煤产生的各项污染，包括排放废渣、烟尘、硫的氧化物、氮的氧化物及二氧化碳。对前面的几项、还可以增加投入、装置先进设备加以处理或减排，对二氧化碳则显得无能为力。因为常规燃煤就是通过碳的氧化取得能量的。姑且不说中国已面临的严峻酸雨局面，二氧化碳无节制的排放导致的温室效应，究竟将产生什么恶果，已引起人们的无限忧虑，最近中美科学家发现青藏高原冰川的加速消亡，更敲起了警钟。总之，如何千方百计减少燃煤数量，以缓解资源短缺和减少相应的环境污染，实在已是当务之急。在讨论研究水电开发问题时，希望不要忽略掉这个大前提。

四、开发水电是中国必然的选择

了解中国面临资源短缺和环境污染两大难题的严重程度后，就能较好地理解大力开发水电的必要性。

水电的突出特点就是再生与清洁。虽然有些人士反对这一提法，但事实就在面前：只要太阳不熄灭，水能就能年年重生。水电不排放废气、废渣、废水，不排放二氧化碳。在国际权威性会议或论坛上，不论是1992年里约热内卢各国首脑会议通过的可持续发展全球行动计划（21世纪议程），或是2002年约翰内斯堡峰会上关于可持续发展的文件，或是2003年京都全球水论坛上都明确地把水电列入可再生能源之列。不仅如此，水电实际上是目前人类唯一能够大规模商业化开发利用的可再生清洁能源。当然我们应该不遗余力地研究发展太阳能、风能、地热等其他可再生清洁能源，但在可见的时期内其成本毕竟较高，数量毕竟有限，而中国恰恰拥有举世无双的水电资源，不考虑利用，就难以为人理解了。

有人觉得水电只占电力的20%，比例不够大。要看到20%不是个不足道的比例，而且不要忘记水电的再生性。如果2.474万亿kW·h的水能真能全部利用（实际上当然做不到），相当于每年可替代12.4亿t原煤，或6.2亿t原油。利用100年就是1240亿t原煤或620亿t原油，利用200年就是2480亿t原煤或1240亿t原油，远远超过我国目前已精确查明的剩余可采矿藏，何况水电还有提高电能质量、安全和大量综合利用效益。

也有人认为反正还得烧煤，水电利用并不能彻底解决二氧化碳问题。其实二氧化碳排放量只要控制在一定数量下，是可以接受的。今后燃煤量不可能无限制增长，用水电及其他清洁能源替代了一部分燃煤后，就能达到这一目标。而且今后人们终能研究出不排放二氧化碳的煤能利用方法，只是需要时日，开发水电正可补这段时间的需要。

从以上分析可知，国家制定的电力发展政策："大力发展水电，优化发展火电，适当发展核电，积极发展新能源"把水电排在第一位是深思熟虑后制订的一贯政策，是十分正确的。对中国来说，开发水电是不以人们主观意志为转移的必然的选择。

五、水电开发面临的制约条件

中国水电资源虽然丰富，但开发中也面临许多制约条件，有些具有共性，有些则由中国的具体情况产生。

在新中国成立初期，主要的限制条件是技术水平和装备水平。那时我们只修过几座几百kW到几千kW的小水电，施工机械极缺，甚至连混凝土的振捣器都没有，加上经济实力薄弱，要修建大水电站简直近于做梦。经过半个多世纪的奋斗，这一困难可以说已经过去，许多外国权威都认为中国工程师"能够在任何江河上修建他们认为需要的大坝和水电站"。当然，我们在创新、质量和管理上和国际先进水平还有差距，仍须继续努力。

其次是投入问题，尤其在计划经济时代，一切基建都由国家投入。水电开发集一次、二次能源建设于一体，要和江河打交道，与单纯为发电而修的火电厂比，总投入较多、总工期较长，尽管人们都明白这个道理，但在电力需求迅速增长的压力下，有限的资金总是先建火电厂，形成所谓“水火之争”。当年要上一个大水电，不知要历经多少次折腾啊！

这个困难在国家经济迅猛增长、综合国力极大提高、特别是电力体制深化改革后，也已成为过去。相反，出现了各大发电集团公司、独立发电企业和众多民营企业“跑马圈地”争相开发水电的局面，银行也踊跃投资，大中型水电开发出现了前所未有的势头。“跑马圈地”固然会导致人为划分势力范围和无序开发的后果，有待规范，但另一方面也极大地促进了水电开发的速度，这是许多人当初难以想像的。

第三个制约因素是中国的降水在时空上极为不均，这对开发利用水电是不利的。降水在时间上的不均，不仅使河流在汛期和枯水期的流量有巨大差别，而且还会出现连续枯水年或丰水年的情况。当然可以修建水库进行调节，但所需库容巨大，投入和移民问题都较难解决。降水在空间上分布不均，水能集中在西部，和各地区经济发展不协调，需长距离超高压送电，导致投入增加、成本提高和其他许多问题。

第四个制约因素是淹没移民问题和对环境产生某些负影响。除低水头径流电站外，开发水电离不开修坝建库，总要淹没一些地，动迁一些居民，还会对生态环境带来某些影响。中国人多地少，生态环境脆弱，移民工作困难，这无疑要增加水电开发的难度，今后也许会成为水电开发中最大的制约因素。

下面拟对后面两个因素作些简单探讨。

六、电网离不开水电、水电离不开电网

为了解决我国降水量在时空分布上的不均匀问题，除了需修建必要的调节水库特别是龙头水库和尽量供电附近地区外，主要的措施是将水电站纳入大电网统一调度运行。只有这样，水电及火、气、核各种电源才能都在最佳位置上发挥作用，取得最大综合效益；水电能量才能最大程度地被吸纳利用，从而最大程度地降低燃煤量。为此，设置一些重复容量也是合理的。

汛期水电量大，此时适值迎峰度夏，正可充分利用，而由火电、气电、抽水蓄能等承担峰荷。火电机组可安排检修、贮煤。枯水期水电出力少，可以担任峰荷和安全备用，并安排维修，由火电、核电等任基荷。通过电网的优化调度，可使各种电源各得其所，水火互补，还可取得错峰效益。电网越大，越加有利于灵活科学调度。地理上的分布不均问题，

也可通过电网的加强、扩大直到全国联网得到解决。原能源部黄毅诚副部长有一句名言：电网离不开水电，水电离不开电网，道出了此中真理。

显然，如果由各发电集团自由无序地各建电站，就很难使各种电源合理配置，优化电源结构，并与电网建设结合，实施优化调度，所以全国的电源和电网建设必须在国家的统筹规划和宏观调控下有序进行，以实现国家意志和全局最高利益。当前，西电东送、南北互供、全国联网、水火互济的政策，正是国家意志的体现。

七、关于淹没和移民问题

开发水电需付出淹地和移民的代价，成为一大制约因素，也是许多人反对修水电的主要理由之一。土地当然是可贵的，尤其中国人多地少，更宜珍惜。但许多水电工程在淹地的同时，可以开垦出新的耕地，使下游荒滩变成良田还可使大量低产田成为旱涝保收的高产田，在负面影响中仍起有正面作用。再放开来想，几千年来，随着人口猛增，人与水争地愈演愈剧。如湖北本为云梦泽，千湖之省，现在所余无几，连洞庭湖都变成一条“盲肠”，后果严重。所以国家才要平垸、退田、还湖，那么不妨把建库视作另一种形式的还湖，是人对水的一些退让。水库的调节性能可远胜于湖泊或蓄洪区啊。

总之，有付出才有收入，为了取得水能，确要淹一些地，正如城市为了建立高新技术开发区需要拨出一定土地，甚至是单价极高的郊区良田（其代价不是淹没些峡谷中的土地可比的）。我们要从战略目光分析这个问题，不要简单地扣上“不可逆转的损失”而了事。当然，这绝不是说可以不重视淹地问题，应该尽一切努力减少淹地数量，可防护的尽量防护，临时用地要尽量恢复，要尽量造地和增产农业，争取以最少的土地代价取得最多的能源。今后主要水电资源在西南山区，与取得的巨大能源相比，单位淹地量还是较少的。

与淹地伴生且更难处理的问题是移民，而且不应否认过去在“左的”思潮干扰和“改造自然、人定胜天”思想指导下，做过许多傻事，侵犯移民利益。这要引以为戒，坚决纠正，所以国家推行“开发性移民”政策。

移民工作十分复杂困难，哪怕只有百分之几的人未安排好，也会引起他们的痛苦和社会的不安定。但事在人为，就怕不认真。真正认真负责做事，问题是可以解决的。像二滩、水口等利用世界银行资金的工程，其移民工作就得到以严峻闻名的世界银行的肯定。关键一是在于要有妥善而切实可行的安置计划，使移民确能迁得出、稳得住、逐步能致富，要结合大农业和城镇化改造妥善安置，不要总是走后靠、务农的一条路；二是要有合理和充足的费用，在严格监督下使用，确实要100%用到移民上；三是要负责到底，工程投产后继续关心支持库区经济发展。使移民在工程建设中受益而不是受害。今后主要水电站位于西南峡谷中，移民量相对较少，当地经济落后，人民贫困，正要借水电开发改变面貌，所以政府、人民都支持开发，我们不能辜负他们的支持，一定要做好移民工作。当然，我们也要反对脱离国情和现实的过高要求，使水电开发在经济上无利可图，在实施上困难重重，企业最后只能放弃，结果一害国家、二害地方、三害自己，这是极端近视和错误的做法。

八、水库淤积了怎么办

我国许多河流输沙量较多，在自然条件下，冲淤平衡。建库蓄水后，水深增加，流速减缓，泥沙必然要沉积在库里。因此很多同志认为水库寿命有限，迟早会淤满，后果极坏。例子就是三门峡水库。

在多沙河流上建坝，运行初期总是入库泥沙多于下泄泥沙，水库逐渐淤积，从库尾开始，逐步向坝推进。经过若干年后，达到冲淤平衡，水库就不再淤积。这一段历时之长短，取决于河流的输沙量、水库条件和运行方式。我国经数十年的研究和实践证实，许多水库可采取“蓄清排浑”的运行方式，即在汛期流量和沙量较大时，利用低高程的排沙泄洪孔洞尽量泄洪排沙，到枯水期再把清水蓄起来，可以大大减少水库淤积量，像三峡水库要运行百年后才达到冲淤平衡。科学的运行方式不仅可减少水库淤积量，更重要的是，在达到冲淤平衡后水库仍能保持一定的有效库容。如三峡水库在冲淤平衡后仍有80%至90%的有效库容能长期发挥作用。从这个意义上说，三峡水库的“寿命”是永久的。当然，如果水库条件和运行方式不利，淤积期可能较短，能保留的有效库容可能不多，水库的调节作用将削弱甚至丧失，但抬高水位的功能仍在。上游库底已淤高，在靠近大坝处出现一个大漏斗，仿佛自然河道中有一个集中落差。此时，无非水电站变成径流式，仍可运行，如上游尚有调节水库，其功效并无大减。黄河上的盐锅峡、八盘峡、青铜峡不是仍在正常发挥发电、灌溉和供水作用吗。

具体问题具体分析，水库淤积并不总等于水库死亡。

九、全面客观地评价水电对环境的影响

开发水电对环境会产生正负影响，过去对负面影响重视不够，解决不力，也是事实。所以成为一些人反对水电的重要理由。但把话说过头，有理也变成荒谬。一段时间内，报刊上发表了一系列的文章：《水坝惹是非》、《反水坝运动在世界》、《大坝时代已经结束》、《水坝热的冷思考》、《修建水坝带来的困惑》，等等，以反建坝、反水电为时髦。我认为，不提或不愿提水电的巨大正面贡献，不看中国的国情，完全跟西方国家某些人的调子，在一顶笼统的大帽子下，罗列一些负面影响和反对意见，从而否定建坝和水电开发，既不客观全面，也是违反国家整体和长远利益的。

客观地看问题，就应该既看到建坝和开发水电的正面贡献，包括对生态环境的巨大贡献，也看到其负面影响。对于后者，具体工程各不相同，总的讲，最大的问题是淹地、移民和淤积，这些在上面已简单讨论过。其次是对生态环境的一些具体影响，如：对鱼类、景观、文物、珍稀物种、卫生、地质灾害、局地气候……可以列出百余项。其中有些可以减免，有些可以补偿，有些可以拆迁保护，有的影响极为微弱或十分遥远，都需认真分析，下一个公正的结论，再采取有效的措施，不要笼统地宣称影响面广大深远，予以否定。当然，如果该工程确实弊大于利，相信也没有人要坚持做这种遗臭万年的事。

十、水电需要国家政策扶持

水电对国家有如此巨大的效益，其开发又受到众多条件的制约，因此要大力和有效开发水电、特别要开发大型、巨型水电，必须得到国家的扶持，不能完全寄希望于企业的逐利行为，研究世界各大国的水电开发史，都会得出这一结论。

所谓国家扶持，就是国家把开发水电作为她的能源政策的一个基础，在一定时期内，甚至是最重要的国策之一，像巴西就是这样做的。我国历届政府都确定“大力开发水电，优化发展火电，适当发展核电”以及“西电东送，南北互供，全国联网，水火互济”的电力政策，对水电开发起了不可估量的支持作用。

但还需要更多的具体政策的支持，包括税收政策、融资政策、电价政策、移民政策等等。中心意思是请国家各部委和各级政府认识到水电开发对国家的重大作用，在各方面予以支持，而不是把它作为利税大

户，尽量从中取得好处，否则，大家视之为“唐僧肉”，都来“雁过拔毛”，这只雁肯定胎死腹中。

其实水电也并不求国家给予特殊优惠，只要求给予公正的对待。例如，水电既是一次能源开发，那么给予其他一次能源开发行业的政策也应同样给予水电。水电既是清洁能源，那么不应违反常识地把水电排除在清洁能源之外，拒绝给予相应优惠。大水电的作用远远高于小水电，目前给予小水电的政策没有理由不同样适用于大水电。水电用水发电，无采煤等上游行业，这对国家是大好事，其增值税自应适当降低。水电既为清洁能源，就不能和严重污染环境的电能在同一个标准上“竞价上网”，否则就显失公平。水电是电力系统的重要调峰和保安手段，利用小时较低，就必须给以适当的容量电价和峰荷电价。水电的充分利用，能大大降低煤耗和污染，但水情又难预知，因此对洪水期水电和“计划外水电”应扶持收购，不应拒之门外或以极低价收购。水电开发实际上也是给库区人民和经济的发展创造条件，所以应该充分理解相互支持，这就需要一部翔实可行的移民法，等等，这些道理不是非常清楚的吗？

不幸，实际情况往往难如人意，有的甚至是背道而行，为开发水电制造种种阻碍。如果说中国的水电开发最后并不理想，这恐怕是最大原因之一了。例如说向水电征税的问题，听说有关部门要征收“水资源使用税”，按水力发电仅仅让水从水轮机中流过，利用了其能量，既未耗用一滴水，更未污染半滴水，却要征收资源税，来抬高水电成本，这合理吗？按此而论，什么风电、太阳能、生物能不是更应上资源税吗？更难想象的，为开发水电，在山里挖了几个地下洞室来安装水轮机，听说也有人动脑筋要征收“房产税”，这真让人啼笑皆非。希望有关部门以大局为重，莫使人民有“而今只剩屁无捐”之叹！

十一、结论与展望

中国人民具有克服任何困难的传统和能力，我们对中国能解决能源问题具有信心。中国的水电开发更是前程似锦。中国会妥善解决开发中出现的一切问题，在2010年和2020年中国水电总容量将登上1.5亿kW和2.5亿kW的新高峰，到2050年前后，中国境内技术可开发的水电资源绝大部分将得到利用，为中国的经济发展和全球的环境保护作出巨大贡献。

中国将同样努力地利用核能，开发风能、太阳能、生物能和一切清洁能源，连同水能，成为支撑中国能源的半边天。煤仍然是中国的主要一次能源，但中国将实施煤的清洁利用、高效利用、转化利用，直到实施包括二氧化碳在内的近零排放。

其后，我们可以向大海、月球取得能源，和实现可控核聚变，最终解决能源供应问题。但我相信，到那时，中国的水电站仍将欢快地运行，中国仍将是一个清洁、高效、节俭、文明的社会，因为中国实行的是有中国特色的社会主义。

（编者注：本文为中国科学院院士、中国工程院院士潘家铮先生在2004年联合国水电与可持续发展国际研讨会上的论文）

试论生态水利工程的基本设计原则

董哲仁

水利工程对经济与社会发展的巨大作用毋庸置疑。但是也必须看到水利工程对河流生态系统造成了不同程度的干扰。水利工程对于河流生态系统的胁迫主要表现在两方面：一是自然河流的渠道化。包括平面布置上的河流形态直线化，即将蜿蜒曲折的天然河流改造成直线或折线型的人工河流。包括河道横断面几何规则化，即把自然河流的复杂形状变成梯形、矩形及弧形等规则几何断面。还包括河床和边坡材料的硬质化，即渠道的边坡及河床采用混凝土、砌石等硬质材料。二是指自然河流的非连续化。筑坝是顺水流方向的河流非连续化，流动的河流生态系统变成了相对静止的人工湖，流速、水深、水温及水流边界条件都发生了重大变化。库区内原来的森林、草地或农田统统淹没水底。陆生动物被迫迁徙。水库形成后也改变了原来河流营养盐输移转化的规律。由于水库截留河流的营养物质，气温较高时，促使藻类在水体表层大量繁殖，产生水华现象。藻类蔓延遮盖住大植物的生长使之萎缩，而死亡的藻类沉入水底，在那里腐烂的同时还消耗氧气。溶解氧含量低的水体会使水生生物“窒息而死”。由于水库的水深高于河流，在深水处阳光微弱，光合作用也弱，导致水库的生态系统比河流的生物生产量低，相对要脆弱，自我恢复能力弱。河流泥沙在水库淤积，而坝下清水下泄又加剧了对河道的冲蚀，这些变化都大幅度改变了生境。由于靠水库进行人工径流调节，改变了自然河流年内丰枯的水文周期规律，即改变了原来随水文周期变化形成脉冲式河流走廊生态系统的基本状况。最后，众所周知，不设鱼道的大坝对于洄游鱼类是致命的屏障。另一类非连续化是由于河流两岸建设的防洪堤造成的侧向水流的非连续性。堤防妨碍了汛期主流与岔流之间的沟通，阻止了水流的横向扩展。堤防把干流与滩地和洪泛区隔离，使岸边地带和洪泛区的栖息地发生改变。原来可能扩散到滩地和洪泛区的水、泥沙和营养物质，被限制在堤防以内的河道内，植被面积明显减少。鱼类无法进入滩地产卵和觅食，也失去了避难所。鱼类、无脊椎动物等会减少，导致滩区和洪泛区的生态功能退化。

概括地讲，被改造过的河流生态系统是由3个子系统组成。即：由动物、植物和微生物组成的生命系统，这是生态系统的主体。广义的水文系统，包括地表和地下水体、土地、气候系统等。再有就是工程设施系统，这是人类改造河流的结果。后面两个子系统组成生境，是生命支持系统。由于水利工程系统改变了河流形态，水库调度运行又改变了原有的水文规律，造成河流生态系统的生境变化，其结果可能造成河流生态系统生物群落多样性的下降，使生态系统退化。

对于水利工程对河流生态系统的胁迫，应该采取正视而不是回避的态度。传统意义上的水利工程学作为一门重要的工程学科，以建设水工建筑物为手段，目的是改造和控制河流，以满足人们防洪和水资源利用等多种需求。现代科学发展使我们认识到，传统意义上的水利工程学在力图满足人的需求时，却在不同程度上忽视了河流生态系统本身的需求。而河流生态系统的功能退化，也会给人们的长远利益带来损害。未来的水利工程在权衡社会经济需求与生态系统健康需求这二者关系方面，似应强调水利工程在满足人类社会需求的同时，兼顾水域生态系统的健康和可持续性。从学科发展角度看，现在的水利工程学的学科基础主要是工程力学和水文学，水利工程规划设计主要对象是水文系统，往往忽视生命系统的现状和未来风险等问题。学科的进一步发展应吸收生态学的理论及方法，促进水利工程学与生态学的交叉融合，用以改进和完善水利工程的规划及设计理论，形成水利工程学的新的学科分支——生态水利工程学（Eco-Hydraulic Engineering）。生态水利工程学作为水利工程学的一个新的分支，是研究水利工程在满足人类社会需求的同时，兼顾水域生态系统健康与可持续性需求的原理与技术方法的工程学。生态水利工程的内涵是：对于新建工程，是指进行传统水利建设的同时（如治河、防洪工程），兼顾河流生态修复的目标。对于已建工程，则是对于被严重干扰河流重点进行生态修复。

生态水利工程将与传统治污技术、清洁生产（生态产业）以及环境立法和资源管理一起，成为河流生态建设的主要手段之一。图1表示了生态水利工程在河流生态建设中的地位。图中右侧表示人类活动对自然河流生态系统的干扰过程，左侧表示人类活动对被干扰的河流生态系统的修复过程。

这里讨论的生态水利工程学的基本原则也是生态水利工程规划设计

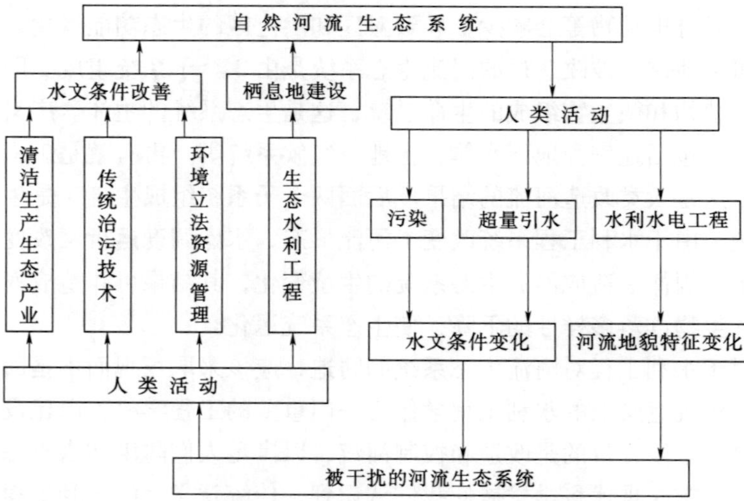

图 1　生态水利工程在河流生态修复中的地位

（向上箭头代表干扰，向下箭头代表恢复）

的基本原则，笔者试归纳为以下 5 项内容。

1. 工程安全性和经济性原则

生态水利工程是一种综合性工程，在河流综合治理中既要满足人的需求，包括防洪、灌溉、供水、发电、航运以及旅游等需求，也要兼顾生态系统可持续性的需求。生态水利工程既要符合水利工程学原理，也要符合生态学原理。生态水利工程的工程设施必须符合水文学和工程力学的规律，以确保工程设施的安全、稳定和耐久性。工程设施必须在设计标准规定的范围内，能够承受洪水、侵蚀、风暴、冰冻、干旱等自然力荷载。按照河流地貌学原理进行河流纵、横断面设计时，必须充分考虑河流泥沙输移、淤积及河流侵蚀、冲刷等河流特征，动态地研究河势变化规律，保证河流修复工程的耐久性。

对于生态水利工程的经济合理性分析，应遵循风险最小和效益最大原则。由于对生态演替的过程和结果事先难以把握，生态水利工程往往带有一定程度的风险。这就需要在规划设计中进行方案比选，更要重视生态系统的长期定点监测和评估。另外，充分利用河流生态系统自我恢复规律，是力争以最小的投入获得最大产出的合理技术路线。

2. 提高河流形态的空间异质性原则

有关生物群落研究的大量资料表明，生物群落多样性与非生物环境的空间异质性（spacial heterogeneity）存在正相关关系。这里所说的

“生物群落”是指在特定的空间和特定的生境下，由一定生物种类组成，与环境之间相互影响、相互作用，具有一定结构和特定功能的生物集合体。一般所说的“生物群落多样性”指生物群落的结构与功能的多样性。实际上，生物群落多样性问题是在物种水平上的生物多样性。

非生物环境的空间异质性与生物群落多样性的关系反映了非生命系统与生命系统之间的依存和耦合关系。一个地区的生境空间异质性越高，就意味着创造了多样的小生境，能够允许更多的物种共存。反之，如果非生物环境变得单调，生物群落多样性必然会下降，生物群落的性质、密度和比例等都会发生变化，造成生态系统的某种程度的退化。

河流生态系统生境的主要特点是：水—陆两相和水—气两相的联系紧密性；上中下游的生境异质性；河流纵向的蜿蜒性；河流横断面形状的多样性；河床材料的透水性等。水—陆两相和水—气两相的紧密关系，形成了较为开放的生境条件；上中下游的生境异质性，造就了丰富的流域生境多样化条件；河流纵向的蜿蜒性形成了急流与缓流相间；河流的横断面形状多样性，表现为深潭与浅滩交错；河床材料的透水性为生物提供了栖息所。由于河流形态异质性形成了在流速、流量、水深、水温、水质、水文脉冲变化、河床材料构成等多种生态因子的异质性，造就了丰富的生境多样性，形成了丰富的河流生物群落多样性。所以说，提高河流形态异质性是提高生物群落多样性的重要前提之一。

由于人类活动，特别是大规模治河工程的建设，造成自然河流的渠道化及河流非连续化，使河流生境在不同程度上单一化，引起河流生态系统的不同程度的退化。生态水利工程的目标是恢复或提高生物群落的多样性，但是并不意味着主要靠人工直接种植岸边植被或者引进鱼类、鸟类和其他生物物种，生态水利工程的重点应该是尽可能提高河流形态的异质性，使其符合自然河流的地貌学原理，为生物群落多样性的恢复创造条件。

在确定河流生态修复目标以后，就应该对于河流地貌历史和现状进行勘查和评估。包括河流与相关湿地、湖泊的形状与构成、水下地形勘测、水位变化幅度、河流平面弯曲度、河流横断面形状及河床材料、急流与深潭比例、河床的稳定性及淤积及侵蚀状况等，建立河流地貌数据库。河流生物调查，包括植物、鱼类、鸟类、两栖动物和无脊椎动物等的物种分布地图以及规模和存量，建立生物资源数据库。遥感技术和地理信息系统（GIS）是水文、河流地貌和生物调查的有力工具。

关键的工作步骤是在以上两种调查工作的基础上，确定环境因子与生物因子的相关关系，必要时建立某种数学模型。河流环境因子包括河流河势、蜿蜒度、横断面形状及材料、流速、水位、水质、水温、泥沙、营养盐的迁移转化、水文周期变化等。研究的内容包括：调查单个生物因子的基本需求，评估各种生物因子的相互关系和制约条件，对于“关键种”或标志性生物的环境因子进行分类和评估。需要强调的是，在众多的环境因子中，识别那些对于系统的结构和功能具有重要意义的环境因子，在此基础上进行河流地貌学设计和生物栖息地设计。

3. 生态系统自设计、自我恢复原则

有关生态系统的自组织功能的讨论始于上世纪60年代，以后有不同学科的众多学者涉足这个领域。以各种不同形式构成的自组织功能，是自然生态系统的重要特征。

生态学用自组织功能来解释物种分布的丰富性现象，也用来说明食物网随时间的发展过程。生态系统的自组织功能表现为生态系统的可持续性。自组织的机理是物种的自然选择，也就是说某些与生态系统友好的物种，能够经受自然选择的考验，寻找到相应的能源和合适的环境条件。在这种情况下，生境就可以支持一个能具有足够数量并能进行繁殖的种群。自组织功能原理与达尔文的进化论有相似之处，只是研究的尺度不同而已。达尔文的进化论研究是在地球生物圈所有种群的尺度上进行的，而自组织功能是在生态系统中种群之间发生的。

生态系统的自组织功能对于生态工程学的意义是什么呢？H. T. Odum 认为：“生态工程的本质是对自组织功能实施管理。”(1989)。Mitsch 认为：“所谓自组织也就是自设计”（2004）。将自组织原理应用于生态水利工程时，生态工程设计与传统水工设计有本质的区别。像设计大坝这样的人工建筑物是一种确定性的设计，建筑物的几何特征、材料强度都是在人的控制之中，建筑物最终可以具备人们所期望的功能。河流修复工程设计与此不同，生态工程设计是一种“指导性”的设计，或者说是辅助性设计。依靠生态系统自设计、自组织功能，可以由自然界选择合适的物种，形成合理的结构，从而完成设计和实现设计。成功的生态工程经验表明，人工与自然力的贡献各占一半。

我国古代传统哲学注重人与自然的和谐相处，老子主张：“人法地，地法天，天法道，道法自然”。反映了一种崇尚自然，遵循自然规律的哲学观。在建筑理念方面，提倡“工不曰人而曰天，务全其自然之势”（《管氏地理指蒙》），“虽由人作，宛自天开”（《园冶》），都提倡一种效法自然，依靠自然的思想。国际生态学界一些学者认为，系统生态学的哲学理念应该追溯到公元前11世纪中国的周代。其中“阴阳五行”、万物竞争共存和相生相克等哲学思想，体现了促进与抑制，成长与腐朽，合成与异化之间的平衡与转化，这些正是现代生态学的哲学基础。

传统的水利工程设计的特征是对于自然河流实施控制。而设计生态水利工程时，要求工程师必须放弃控制自然界的动机，树立新的工程理念。因为依靠人力和技术控制自然界是不可能的，这种一厢情愿的企图最终往往归于失败。人们要善于利用生态系统自组织、自设计这个宝贵财富，实现人与自然的和谐。需要强调的是，地球上没有两条相同的河流，每一条河流的特点都是各不相同的。因此，每一项生态水利工程必须因地制宜，充分尊重每一条河流的自然属性和美学价值，寻求最佳的生态工程方案。

自设计理论的适用性还取决于具体条件。包括水量、水质、土壤、地貌、水文特征等生态因子，也取决于生物的种类、密度、生物生产力、群落稳定性等多种因素。在利用自设计理论时，需要注意充分利用乡土种。引进外来物种时要持慎重态度，防止生物入侵。

要区分两类被干扰的河流生态系统。一类是未超过本身生态承载力的生态系统，是可逆的。当去除外界干扰即卸荷以后，有可能靠自然演替实现自我恢复的目标。另一类是被严重干扰的生态系统，它是不可逆的。在去除干扰即卸荷后，还需要辅助以人工措施创造生境条件，再靠发挥自然修复功能，有可能使生态系统实现某种程度的修复。这就意味着，运用生态系统自设计、自我恢复原则，并不排除工程师和科学家采用工程措施、生物措施和管理措施的主观能动性。

4. 景观尺度及整体性原则

河流生态修复规划和管理应该在大景观尺度、长期的和保持可持续性的基础上进行，而不是在小尺度、短时期和零星局部的范围内进行。在大景观尺度上开展的河流生态修复效率要高。小范围的生态修复不但效率低，而且成功率也低。

所谓“整体性”是指从生态系统的结构和功能出发，掌握生态系统各个要素间的交互作用，提出修复河流生态系统的整体、综合的系统方法，而不是仅仅考虑河道水文系统的修复问题，也不仅仅是修复单一动物或修复河岸植被。

这里说的“景观”（landscape）是指生态学中的景观尺度。关于生态学的尺度问题，O’Neill，认为：“生态学不可能建立在单一的时空尺度上，它应该适应所有尺度的调查研究。”（1986）。按照这种观点，尺度和层次成为生态学发展的关键。目前生态学理论把生物圈划分为11个层次，依次是生物圈、生物群系、景观、生态系统、群落、种群、个体、组织、细胞、基因和分子。景观的尺度如何掌握？景观尺度包括空间尺度和时间尺度。

为什么在景观的大尺度上进行河流修复规划？

首先，水域生态系统是一个大系统，其子系统包括生物系统、广义水文系统和人造工程设施系统。一条河流的广义水文系统包括从发源地直到河口的上中下游地带的地下水与地表水系统，流域中由河流串联起来的湖泊、湿地、水塘、沼泽和洪泛区。广义水文系统又与生物系统交织在一起，形成自然河流生态系统。而人类活动和工程设施作为生境的组成部分，形成对于水域生态系统的正负影响。水域生态系统受到胁迫时，需要对于各种胁迫因素之间的相互关系进行综合、整体研究。如果仅仅考虑河道本身的生态修复问题，显然是把复杂系统简单割裂开了。

其次，必须重视水域生境的易变性、流动性和随机性的特点，表现为流量、水位和水量的水文周期变化和随机变化，也表现为河流淤积与侵蚀的交替变化造成河势的摆动。这些变化决定了生物种群的基本生存条件。水域生态系统是随着降雨、水文变化及潮流等条件在时间与空间中扩展或收缩的动态系统。生态系统的变化范围从生境受到限制时期的高度临界状态到生境扩张时期的冗余状态。

再者，要考虑生境边界的动态扩展问题。由于动物迁徙和植物的随机扩散，生境边界也随之发生动态变动。Gosselink（1990）在研究水域生态系统物种管理的尺度问题时认为，对于给定需要修复的物种，考虑的范围应是这个物种的分布区。举例来说，为便于理解，可以借用“流域”这个概念，比如一个地区野鸭的种群也有一个“鸭域”。所谓“鸭域”的范围应该包括物种个体在恶劣的条件下迁徙到的任何地方以及支持此物种的生态系统。这个范围的边界，应划定在某特定物种经常利用的一个很大的空间内。如果进一步扩展，还应该包括所谓“临时生境”，指在自然界对于物种产生胁迫的时期，成为该物种的避难所的地区。如果这个地区有若干种标志性动物，那么物种管理的范围边界将是这些物种“域”的包络图。另外，还要考虑流域之间的协调问题。考虑到河流生态系统是一个开放的系统，与周围生态系统随时进行能量传递和物质循环，一条河流的生态修复活动不可能是孤立的，还需要与相邻的流域的生态修复活动进行协调，

最后，河流生态修复的时间尺度也十分重要。河流系统的演进是一个动态过程。每一个河流生态系统都有它自己的历史。需要对历史资料

进行收集、整理，以掌握长时间尺度的河流变化过程与生态现状的关系。河流生态修复是靠时间做工作的。有研究指出，湿地重建或修复需要大约 15 ~20 年的时间。因此对于河流生态修复项目要有长期准备，同时进行长期的监测和管理。

需要说明的是，对于规划、评估、监测这些不同的任务，工作对象的空间尺度可能是不同的。监测工作应该在尽可能大的尺度内进行。比如修复一块湿地以吸引鸟类，经过一年或者更长的时间均告失败。这就需要考虑是否有质量更好的生境吸引了候鸟而改变了它们的迁徙路线，监测工作可能在大陆的范围内开展。而评估工作可能在跨流域的尺度上进行。规划工作的尺度可能是流域或河流廊道。所谓“河流廊道”（River corridor）泛指河流及其两岸与生物栖息地相关的土地，也有定义其范围为河流与对应某一洪水频率的洪泛区。至于河流修复工程项目的实施，一般在关键的重点河段内进行。

5. 反馈调整式设计原则

生态系统的成长是一个过程，河流修复工程需要时间。从长时间尺度看，自然生态系统的进化需要数百万年时间。进化的趋势是结构复杂性、生物群落多样性、系统有序性及内部稳定性都有所增加和提高，同时对外界干扰的抵抗力有所增强。从较短的时间尺度看，生态系统的演替，即一种类型的生态系统被另一种生态系统所代替也需要若干年的时间，期望河流修复能够短期奏效往往是不现实的。

生态水利工程设计主要是模仿成熟的河流生态系统的结构，力求最终形成一个健康、可持续的河流生态系统。在河流工程项目执行以后，就开始了一个自然生态演替的动态过程。这个过程并不一定按照设计预期的目标发展，可能出现多种可能性。最顶层的理想状态应是没有外界胁迫的自然生态演进状态。在河流生态修复工程中，恢复到未受人类干扰的河流原始状态往往是不可能的，可以理解这种原始状态是自然生态演进的极限状态上限。如果没有生态修复工程，在人类活动的胁迫下生态系统的进一步恶化，这种状态则是极限状态的下限。在这两种极限状态之间，生态修复存在着多种可能性。针对具体一项生态修复工程实施以后，一种理想的可能是：监测到的各生态变量是现有科学水平可能达到的最优值，表示生态演进的趋势是理想的。另一种差的情况是，监测到的各生态变量是人们可接受的最低值。在这两种极端状态之间，形成了一个包络图。一项生态修复工程实施后的实际状态都落在这个包络图中间。

意识到生态系统和社会系统都不是静止的，在时间与空间上常具有不确定性。除了自然系统的演替以外，人类系统的变化及干扰也导致了生态系统的调整。这种不确定性使生态水利工程设计不同于传统工程的确定性设计方法，而是一种反馈调整式的设计方法。是按照“设计—执行（包括管理）—监测—评估—调整”这样一种流程以反复循环的方式进行的。在这个流程中，监测工作是基础。监测工作包括生物监测和水文观测。这就需要在项目初期建立完善的监测系统，进行长期观测。依靠完整的历史资料和监测数据，进行阶段性的评估。评估的内容是河流生态系统的结构与功能的状况及发展趋势。常用的方法是参照比较方法，一种是与自身河流系统的历史及项目初期状况比较，一种是与自然条件类似但未进行生态修复的河流比较。评估的结果不外乎有几种可能：①生态系统大体按照预定目标演进，不需要设计变更；②需要局部调整设计，适应新的状况；③原来制定的目标需要重大调整，相应进行设计。

在反馈调整式设计过程中，提倡科学家、管理者和当地居民及社会各界的广泛参与，通过对话、协商，以寻求共同利益。提倡多学科的交流和融合，提高设计的科学性。

辩证、科学、发展地看我国的水资源开发和水坝建设

韩益民

（水利部发展研究中心）

一段时期以来，国内围绕怒江及西南水电开发、三峡工程的环境影响等出现了一系列的质疑甚至引发了激烈的争论。争论的焦点是水电开发和水坝建设对生态环境造成的不利影响。反对方除结合我国具体情况提出反对的依据以外，还援引美国等国家的拆坝例证和国外的反坝运动，大声疾呼：像美国这样的水电大国都在拆坝，世界很多国家都在反对兴建大坝，可为什么我们国家还在不断建坝？与此有关的一些争议甚至还引起了我国政府高层的关注。汪恕诚部长近期在几次会议上都谈到这个问题，特别是在中国水利学会第八次全国会员代表大会上就大坝与生态作了专门论述。

如何看待水资源开发和水坝建设与生态环境之间的关系以及为满足我国经济社会发展需要应当以什么样的方式来开发水资源？在此笔者谈一些个人认识。

一、用辩证的态度看待水资源开发和水坝建设

毋庸讳言，水资源开发和水坝建设在为人类带来巨大效益以及使自然生态环境得到一些有利的改善的同时，也不可避免地产生了一些不利的环境问题。这里不必赘述水资源开发和水坝建设所带来的效益，让我们再次审视一下，水资源开发和水坝建设到底带来哪些不利的环境问题？有没有一些解决的办法？水电相比其他能源主要的优点体现在哪些地方？

总体来讲，水资源开发和水坝建设带来的不利的环境问题

可以分为两个方面：自然环境影响和社会环境影响。自然环境影响主要表现在：①使鱼类及其他水生生物的生境发生改变；②使原河段周围陆地野生生物生境发生改变；③使原来稳定的河道发生变化，可引起下游河道明显的淘刷及河岸的侵蚀，同时伴随上游河道的淤积；④使库水及下游河道水质发生改变；⑤使库底及库区附近的岩石应力分布发生改变，有诱发地震的可能性。社会环境影响主要表现在：①造成大量的生态移民；②对一些文化古迹和自然景观造成破坏；③大坝安全风险对下游居民构成潜在威胁。

对于水资源开发和水坝建设产生的不利的环境问题，通过采取一些调节措施是可以最大限度地减小这种不利影响的。针对不同的环境问题，可以采取不同的调节措施，如：①通过改善水库的物理性能和运行特征、利用其他辅助工程措施以及生物化学手段进行水质调节；②通过修建过鱼设施克服由于筑坝造成的鱼类回游困难；③通过建造新的生存环境来保护陆地野生生物；④通过有效的移民政策、完善的移民安置计划以及足够的资源保证使移民得以成功安置。等等。

尽管水资源开发存在着上述一些不利的环境问题，但同火电、核电相比，水电的优越性也是显而易见的：①从环境角度讲，火电由于燃烧煤炭、石油等化石燃料，一方面向大气排放大量的二氧化碳、二氧化硫、氮氧化物等有毒有害气体，另一方面还将产生含有有毒重金属的固体毒废物，造成水体污染和其他环境危害；核电所产生的核废物对环境和人类生存构成一种潜在威胁，人们对核扩散可能导致的严重后果也表示出极大的担忧；同火电、核电相比，水电不仅没有上述问题，还可以改善局部气候和自然环境。②从资源角度看，水能是一种取之不尽用之不竭的可再生能源，而化石燃料、核燃料等是有限的非再生能源，开发水电不仅可以节省煤炭、石油、天然气等有限资源，而且相应减少了由于消耗化石燃料造成的污染和温室效应。③从技术角度看，水电站具有很高的动态效益，水轮发电机组运行灵活，启动迅速，出力调整快，运行操作方便，是电力系统中最好的调峰、调频和事故备用电源，对于改善包括火电、核电在内的电力系统运行、提高供电质量、防止突发性事故、增强系统运行可靠性和效率具有显著的作用。④从经济角度看，兴建水电站是将水能资源开发出来后直接变成二次能源电力，相当于开采煤炭、修筑铁路或水运再加上火电厂全部工程，从这个角度看，水电的投入产出效益大大高于火电。⑤从综合效益看，开发水电的同时还可实现综合利用目标，如防洪、灌溉、供水、航运、养殖业和旅游业，而开发火电、核电等能源就没有类似的综合效益。正因为水电作为一种可再生能源具有上述无法替代的优越性，包括发达国家在内的世界各国在条件允许的情况下都采取了优先开发水电的政策。

二、从发展的角度看水资源开发和水坝建设

纵观世界水资源开发史以及那些水电开发程度很高的发达国家的能源政策及水电开发历程，在其经济增长较为快速的早期发展阶段以及能源开发的初期，基本上都是优先开发利用水资源。当其水电开发程度达到80% ~90% 以上、经济发展走过快速增长期、整个社会进入相对稳定的发达阶段以后，随着国际社会对环境保护和可持续发展观念普遍接受、人们环境保护意识日益提高、对水坝生态及安全等方面的要求不断增强、市场充分发育和能源价格的自由竞争等，水坝不再像过去那样具有吸引力，特别是水电坝。这些发达国家逐渐开始反思水坝建设带来的负面影响，寻求改善途径和替代方案，调整水电开发政策。伴随着经济社会对能源需求的相对减少而使得环境保护的要求更加突出直至成为首先需要考虑和满足的边界条件，水坝在环境保护和各种利益的权衡中不再像原先那样具有优势，已经不再是一个最佳的优先选择的能源开发或资源利用方案，也许有了更好的替代方案。所以，这些国家便开始实施严格限制或禁止修建水坝的政策，水资源开发和水坝建设在这些国家

也再没有了昔日的繁荣景象。所以说，各国水资源开发政策的调整是经济社会发展到一定阶段的必然结果。

而包括中国在内的发展中国家目前尚处在经济社会发展的初期阶段，单从发展阶段看，我国在水资源开发和水坝建设上的政策取向与这些发达国家目前采取的政策不具有可比性。如果要比，可以拿这些发达国家在早期发展阶段所采取的优先开发水电的政策与我国现阶段相比，当时这些国家在水资源开发和水坝建设方面好的经验做法还是值得我们借鉴的。再从水电开发程度看，我国目前的水电开发程度不到25%，与发达国家相比还存在很大差距，我国水电资源还有很大的开发潜力。

资料显示，目前经济合作与发展组织成员国的人口占世界的19%，但其国民生产总值却占世界的80%，其能源消耗占世界的65%，而且二氧化碳排放量也占世界的50%以上。另据预测，世界总人口将在今后的50年里由60亿增长到90亿，其中的大部分人口增长都出现在发展中国家。存在着两种明显不同的境况：①在那些生活水平高而且预期人口增长率低的发达国家，当前的环境要求对能源政策的影响起关键性作用；②在那些努力遵守发达世界规则的发展中国家，其人口在增长而且也希望在食品、供水、自然资源和能源方面能拥有比现在更好甚至和发达国家同等或相近的生活条件。那么，满足各国能源需求的出路在哪里呢？一种最基本的方案就是降低需求。但很显然，降低需求的做法只适用于发达国家，这一点由下列的人均能源消费配额数据也可以看出：①加拿大、美国：人均配额13000～16000kW·h；②中国、印度：人均配额400～900kW·h；③安哥拉、埃塞俄比亚、尼日利亚：人均配额不足100kW·h。目前对降低发达国家的能源消费几乎还没采取什么行动，而要求发展中国家停留在目前的消费水平上也是不现实的。毫无疑问，对发展中国家来说必须开发新的能源工程项目，而水电因其相比其他一些主要能源（如火电）来说仍具有明显的优越性而成为重要甚至首要之选。因此，尽管目前美国等一些发达国家的水电开发基本上停止不前，但在亚洲、非洲的发展中国家，当然也包括中国在内，对于水电和水坝的需求仍保持上升的势头，而且各国在比以往任何时候都更加注重生态与环境保护的同时都在积极寻求对策以期更多更快地开发水电资源，其动因主要就是这些国家的经济发展和能源需求。

在这里笔者引用汪恕诚部长在一次讲话中列举的数据：2002年我国电力总装机3.56亿kW，其中火电2.7亿kW，水电8270万kW，到2020年我国国民经济翻两番，电力总装机目标达到8亿kW，其中，火电5.5亿kW，水电2.5亿kW。目前我国煤炭年产量11亿t，其中6亿t用来发电，火电装机要翻番，煤炭产量就要翻番，意味着二氧化碳排放也要翻一番！其他能源，核电最多能达到3000万kW、风力发电达到100万~200万kW。为了实现2020年水电2.5亿kW目标，每年新增水电装机至少要达到1000万kW。如此的水电增长速度，不建大坝出路何在？从我国经济发展的总体趋势看，我国不仅要继续开发水电，而且至少在今后数十年仍要保持一个水电开发的高速度。

从2003年入冬到2004年夏季，我国电力先后数次出现大范围紧缺形势，对经济运行产生了较大冲击。有关人士指出，造成电力紧张固然与持续高温、干旱导致来水不足造成的随机性缺电和机组非计划停运次数增加以及季节性用电高峰有关，但电力供应能力明显滞后于经济发展速度是出现较大规模“电荒”的根本原因。数据显示，电力基建投资连续几年滞后于全国基建投资，直接导致电力建设缓慢，电力供应总量不足；而且由于对宏观经济发展形势估计不足，对电力发展速度预测明显偏低，电力项目计划新开工规模过小，使得近年来投产容量严重不足。“电荒”警示出我国需要重新审视和调整电力发展战略和相关政策（当然也包括水电开发在内）。

三、树立辩证的环境观和科学的发展观

综上所述，笔者认为，在对待水资源开发和水坝建设的问

题上，我们应该树立辩证的环境观和科学的发展观。

我们应当看到，水资源开发和水坝建设在满足经济社会发展过程中所需要的用电、防洪、灌溉、供水、航运等方面发挥着不可替代的作用，水电在能源构成中显现出不可替代的优势，世界各国在发展初期阶段都采取了优先开发水电的政策。

我们应当看到，水资源开发和水坝建设在对经济社会发展发挥有利作用的同时，对自然和社会环境也带来了一些不利影响，如果对这种影响采取漠视、忽视的态度或处理不当，将造成对生态和人类生存环境的致命损害，将悖离水资源开发的初衷并使这种本应有序和可持续的开发遭到延宕。

我们应当看到，水利水电工程有其一定的使用周期，水坝不可以也不可能永远存留。在水坝的使用周期以内，我们尽可以充分利用并发挥它的效益，当水坝超过了它的使用周期，已经变得危险、没用、不经济并对生态环境造成危害的时候，拆除它应该是最直接也最有效的办法。当然，拆除水坝应该采取审慎的态度。

我们应当看到，无论是建坝还是拆坝，都应该是当经济社会发展到一定阶段、在对各种环境因素和利益因素综合考虑和比较的基础上，经过科学的推断而作出的合理选择。这其实是人类在改造自然的过程中进一步尊重自然和客观规律的表现，它体现了人类的进步。从某种意义上说，水坝的拆除是人类重新认识自然、尊重自然、在一个更高层次上回归自然、实现人与自然和谐共处和可持续发展的一个必经之选。

我们不能一叶障目，盲目开发，也不必因噎废食，裹足不前。我们应该树立辩证的环境观和科学的发展观，用辩证的环境观和科学的发展观来处理水资源开发、环境保护与经济发展之间的关系。我们需要认真审视、冷静面对水资源开发和水坝建设引起的环境问题以及面临的各种挑战，我们需要用更加先进的理念和更加科学的方法进行环境可承受的水资源开发和水坝建设并最大限度地解决开发所带来的不利的环境问题，同时，我们更需要快速、有序、高效地开发水资源来满足当前和今后一段时期我国经济社会发展的需要。

我们已经到了必须正视和积极应对生态问题和环境挑战的时候了，但我们更处在一个经济快速增长、需要大力开发可以利用的各种资源和全面发展的时期；我们应当而且必须要保护我们生存的环境，我们更应该关注和全心全力于整个社会的发展。当我们进行水资源开发和利用水坝工程发展经济造福人民的时候，我们应当努力做到开发与保护的和谐统一，工程与环境的和谐统一，建坝与拆坝的和谐统一，改造自然与回归自然的和谐统一，人与自然的和谐统一。只有以科学的态度和方法，按照以人为本、尊重自然、尊重客观规律、人与自然和谐相处的原则，走可持续发展道路，水资源开发和水坝建设才能真正地造福于人类，才能被全社会所接受，才能够健康、持续、快速地获得最大程度的发展。为此，我们应当而且必须探索和走出一条人与自然和谐共处的可持续开发水资源的路子来。

党的十六届三中全会强调，要坚持以人为本，树立全面、协调、可持续的发展观，促进经济社会和人的全面发展。本着这一思想，新时期治水思路也已经确立为坚定不移地走可持续发展水利之路。从中我们可以看到并有理由预期，我国水资源的开发利用将跨入一个更加科学、有序、合理、快速和可持续的发展轨道。

四、水资源开发：代表最广大人民的利益

尽管当前世界范围内一些反坝组织和主要来自发达国家的舆论都在不同程度地指责各种大坝和水电工程，公众社会对于未来水资源开发计划的关注或评价似乎也都不高，但是，代表发展中国家那些依然得不到可靠供电保障的20亿人口的利益却应当是整个水电行业义不容辞的责任。尽管必须充分强调和认真面对建坝所带来的生态环境和社会方面问题，但是，未来那些特别急需的水资源开发工程也不应只是由于感情用事而不是科学的论据予以强行遏制。生活在装有暖气和空调、享受着充足电力带来的种种便利的舒适环境中的那些水坝反对者没有权

力指责那些生活在既无电灯又无洁净的饮用水和充裕的食品供应的贫困环境中的人们通过积极的、不断改进、更加科学和有效的努力去改善和提高他们的生活水平。

五、给政府相关部门的几点建议

（1）进一步学习和提高思想认识。在行业内开展学习交流，全面、客观地审视水资源开发和水坝建设对环境造成的影响以及水利水电工作者面临的挑战，树立辩证的环境观和科学的发展观，探讨科学地可持续地开发水资源的各种途径。

（2）进一步建立完善体制和机制。设立水利水电工程环境问题专事机构；建立决策民主化机制；建立全过程环境影响评价、控制及督察制度；建立公开对话制度。

（3）进一步建立完善相关标准。制定水利水电工程环境影响评价有关技术准则；建立计入环境成本和社会成本的成本考评体系；编制环境影响评价手册。

（4）实施在建水坝全面调查评估。对我国在建水坝进行普查，对水坝的运行状况和环境影响进行评估，针对超龄、不安全、不经济或存在其他问题的水坝提出相应的处理方案。

（5）全面深入开展相关研究。对水利水电工程环境影响调节措施、拆坝问题和替代方案进行深入系统的研究。

（6）面向社会公众进行宣传。本着客观、科学、公正、公开的原则，正面宣传水利水电工程建设对经济社会发展的贡献力以及有关环境问题的解决措施及实际效果。

河流生命与流域可持续发展浅见

薛选世

（黄河小北干流陕西河务局）

近年来，我们在取得巨大经济成就的同时，由于没有重视资源环境保护，因而也为此付出了沉重的代价。我国水资源问题的主要症结在于能不能妥善处理好人与自然的关系、经济发展与资源环境保护的关系、眼前利益和长远利益的关系、局部利益和全局利益的关系。因此，只有树立科学的发展观，正确认识和处理河流生命与流域可持续发展的辩证关系，才能统筹解决河流治理开发中的各种问题，坚持治理开发和管理保护并举，坚持走生产发展、生活富裕、生态良好的文明发展之路，实现流域社会、经济、资源、环境的协调持续发展。

一、河流生命

河流是大气环流和地球下垫面共同作用的产物。地球上的水以液、固和汽等形态分布于海洋、陆地、大气和生物体中，构成了地球的水圈。水圈中的水蒸发成水汽并随气流运动输送至各地形成降水，一部分降水蒸发、一部分降水下渗，还有一部分降水形成地表或地下径流，并最终回归大海（特指外流河）。这样一个不断蒸发、水汽输送、凝结降水、蒸发下渗、地面和地下径流形成的往复循环过程，构成河流的基本水循环。

河流生态系统指河流水体的生态系统，属流水生态系统的一种，是陆地和海洋联系的纽带，在生物圈的物质循环中起着主要作用。河流生态系统包括陆地河岸生态系统、水生态系统、相关湿地及沼泽生态系统在内的一系列子系统，是一个复合生态系统，并具有栖息地功能、过滤作用、屏蔽作用、通道作用、源汇功能等多种功能。河流生态系统水的持续流动性，使其中溶解氧比较充足，层次分化不明显。

河流生命应是整个河流生态系统的生存和良性循环，包括河流全部生态要素——基本水量、水生生物、稳定的河道、健康的流域生态系统等。河流作为天然地表水流，以一定的基本水量在固定的河道内，以稳定的、正常的水流动为特征。河流作为一种自然生态系统，是一个动态的有机整体，它由水流及其中的动物、植物、微生物和环境因素相互作用构成有机的生命系统。河流又是一个完整统一的生命系统，它由河流源头、湿地、通河湖泊，以及众多不同级别的支流和干流，组成流动的水网、水系或河系。河流还是一种开放的生命系统，包括它的水道系统和流域系统。它们之间有大量的、迅速和丰富的物质生产和能量交换。这也是河流生态结构的重要方面，是河流生命的必要条件。其中河流中的植物系统，流域的植被系统特别是森林，是河流生态系统的生产者，对河流生命运转和生存起着关键作用。河流系统与流域系统之间的物质和能量交换，流域的人工生态系统，如工业、农业、畜牧业和其他生产系统，它们是与河流关系密切的生态系统，与河流进行物质和能量交换，也应该看成是河流生命系统的组成部分。所有这些因素的动态过程对河流生命也有重大的影响和重要的作用。

河流的生命本质就在于河流水循环系统中周而复始流动的水，这个系统包括海洋～大气水～河川～海洋之间的平面循环系统，也包括大气水～地表水～土壤水～地下水之间的立体循环系统。正是有了河水在大海、空中和河川之间的循环流动，及其地表水、地下水、土壤水和降水之间的持续转换和密切联系，才有了河流生态系统的产生、维持和繁荣。

河流健康生命是指河流的生机与活力，河流所具有的正常功能和作用。是在兼顾河流自身需求和人类需求前提下，河流为人类生存和发展提供可持续支持的能力。维持河流健康生命即是以顺应河流生命运动自然规律为原则，通过调整人类对黄河的行为方式，使河流能够为本流域及相关地区的人类经济发展和社会稳定提供可持续的支持。一条健康的河流应具有旺盛的生命力，不仅能保持常流不息的基本水量、保持水沙协调和良好水质、安全排泄洪水泥沙，且能满足人类和其他生物等一定程度生存和发展的水资源需求、对外界干预具有一定的自我修复或适应能力、河流本身和流域面有良好的生态环境。因此，应使干流水循环保持连续、水系保持基本完整且能够维持河流生态系统中生物群繁衍生息，保持生态平衡。

河流生命的特征主要反映在：一是河流具备与外界不断进行物质和能量交换的能力，这是所有生命体最基本的特征。实际上，水循环是地球上最重要、最活跃的物质循环之一；在河流水循环中，水的物理状态、水质、水量等都在不断变化，水通过蒸发、水汽输送、降水和径流等环节进行着物质和能量交换。二是河流演变具有一定的规律。从地质年代讲，每条河流都将经历生长、发育和衰亡的演变过程。以黄河为例：据考证，在距今6000万～240万年间，目前黄河流域所在区域发生了剧烈的地壳运动，板块下沉者成为湖、上升者成为山，之后的地壳运动又把一个个独立的湖连接成内陆河，然后进一步演变形成今天的黄河。三是河流具有进化能力。随着气候和地壳的不断变化、人类对河流干预不断增强，地球上每条河流都将继续发生不同程度的变化，包括水沙条件的变化，以及与水沙条件相适应的河床形态调整。四是河流具有对外界刺激的强烈反应能力。河流的水循环规律取决于大气环流机制和地球下垫面状态，二者的任何改变都将深刻影响河流水文循环的路径和过程。几十年来，黄河流域水沙形势和河床演变形势的重大变化正反映了人类活动和气候变化的叠加效应。

河流生命的核心是水，命脉是流动，河流的生命力主要表现在：一是水的持续生产和再生能力，即河流可以自然地、有规律地、持续地产生水并再生水；二是自然流动能力，即维持河流自然水循环的能力，保证河流连续而有效的自然流动的能力；三是自然生长及自我修复能力，即自然养育一定量的水生生物（包括水草和鱼虾等）并维护修复水生态系统平衡的能力；四是供水能力，即自然公平地供应水资源的能力，包括人类生产用水、生活用水和生态用水；五是自然造地造景能力，即培育和维持流域湿地、盆地、河口土地和河流自然景观的能力，包括依附于河流和滨海的生物系统、河口淡水湿地和河道内湿地等；六是排洪能力，即排泄洪水的能力，包括河槽的过洪能力和堤防的抗洪能力；七是水流挟沙能力，即排泄泥沙的能力，包括河槽的过沙能力和堤防的抗沙能力；八是承载能力、纳污能力、净化能力，即承载一定的污染物、抵御一定程度污染和净化一定量污染物的能力。

二、流域可持续发展

可持续发展是指既满足现代人的需求，又不对后代人满足其需要的能力构成危害的发展。即指经济、社会、资源和环境保护全面协调发展，既要达到发展经济的目的，又要保护好人类赖以生存的大气、淡水、海洋、土地和森林等自然资源和环境，使子孙后代能够持续发展和安居乐业。

流域可持续发展应是在维持流域系统的生态、环境、资源整体平衡、良性循环、功能良好的同时，充分满足流域现代及未来的社会经济文化发展需要。

可持续发展与环境保护既有联系，又不等同。环境保护是可持续发展的重要方面。可持续发展的核心是发展，但要求在严格控制人口、提高人口素质和保护环境、资源持续利用的前提下，使经济和社会不断发展。

一般来说，陆地上的水是以流域为单元、以江河湖泊为载体存在的。流域作为一个相对完整的生态、地理单元和水系，地表水和地下水相互转化，上下游、左右岸、干支流之间的开发利用相互影响，水量与水质相互依存，水的开发利用各环节紧密联系。其本身又具有独特的自然地理条件、发展模式、文化传统、生态环境景观和水循环规律。流域生态系统及资源的良性循环是实现可持续发展的基础，而河流中的水是这个循环中的重要载体，人类生存过程是生物循环的组成部分，人类的生产、生活只有在不破坏这个循环的环节和物质基础的条件下才能使其得到发展。因此，以流域为单元研究流域圈可持续发展的自身规律及其与人口、资源、环境、经济发展的相互关系，具有十分重要的意义。

流域可持续发展的基本内涵应是保持整个流域发展的公平

性（代内公平、代际公平、区际公平、人河公平等）、安全性（满足人类的粮食、能源、饮用水等基本生存需求）、舒适性（生态环境平衡良好）、持续性（人类的经济和社会的发展维持在资源和环境所能承受的范围之内，保持协调持续发展），达到人水和谐，保证流域的食物安全、经济安全、健康安全、环境安全和社会安全。主要应把握好以下几点：

一是坚持以人为本的科学发展观。可持续发展的核心是人类的全面发展，而人类的基本生存需求和生存空间，是一切发展的基石。以人为本是科学发展观的本质，也是发展的最终目的，就是一切从人民群众的根本利益出发，促进人的全面发展。随着社会与经济的飞速发展，对水利工作提出了更高的要求，无论是饮水保障、防洪安全、生态环境改善，还是粮食供给、经济发展等，都是为了提高人民生活质量，保障人民生命安全和健康，为充分发挥人民群众的聪明才智创造良好的环境，不断满足人民群众日益增长的物质文化需要。因此，应把最广大人民的根本利益作为水利工作的出发点和归宿。

二是坚持人水和谐相处。即“人类与大自然和谐相处，发展不得危及其他物种的生存、不应以牺牲环境为代价”原则。追求人与自然环境的和谐是人类活动的共同价值选择和最终归宿。我们都有公平分享流域环境资源的权利，也同样都负有保护流域生物资源的责任。在治水中尊重自然规律。在防洪减灾方面，要科学安排洪水出路，合理利用雨洪资源；在应对水资源短缺方面，要协调好生活、生产、生态用水，全面建设节水型社会；在水土保持生态建设方面，要加强预防、监督和治理，充分发挥大自然的自我修复能力；在水资源保护方面，要加强水功能区管理，尤其要严格管好饮用水水源。

三是坚持统筹兼顾、协调持续发展。统筹国民经济和水利发展，统筹流域、区域、城乡水利发展，统筹解决不同领域水利发展中的问题，使经济、社会和环境保护协调持续发展。环境与资源是经济、社会发展的物质基础和物质源泉，人与自然的矛盾是人类生存和发展的最基本的矛盾，经济、社会和环境的相互作用伴随着人类开发、利用自然的全过程；因此，协调经济、社会和环境的关系始终是社会发展的一个较为核心的问题，实现经济、社会和环境的可持续发展始终是环境伦理追求的目标。马克思主义认为："经济的再生产过程，不管它的特殊的社会性质如何，在这个部门（农业）内，总是同一个自然的再生产过程交织在一起。"社会和经济的发展过程就是变自然物为社会财富的过程，也就是人类社会与自然环境进行物质交换的过程。所谓协调发展、可持续发展实质上是解决人类不断增长的需要与自然界有限供给能力之间的矛盾，合理协调人类社会与周围环境的物质交换，实现经济、社会和自然的可持续再生产。

四是坚持尊重自然、善待自然。即"热爱自然和自然美，尊重其他生命形式的价值和延续性，维护大自然的稳定性、完整性和多样性"原则。在人与自然的关系上，过去有些人认为人是自然的主人和所有者，人可以任意征服自然、统治自然、支配自然。从而造成对自然大肆无节制的索取掠夺，引发一系列生态环境问题，受到大自然的严厉惩罚。因此，一定要尊重自然、善待自然，保护自然，增强环境意识和环境道德，将仅仅面向人类自身的价值观扩大到大自然，承认包括动物物种在内的整个自然具有自身的价值，承认生物不同物种之间在他们相互依存这种意义上有平等的价值和平等的生存权利，承认生物界不同的物种之间存在着价值大小和高低的差别。从人类文明的发展过程看，尊重生命是人类文明永恒的主旋律。生命是值得尊重的，人类是生命共同体中的一员。因此，人类必须学会尊重自然、热爱自然、维护自然的完整和多样，不再把自然作为剥削、统治的对象，而应该视为人类生存的基础和伙伴。

五是坚持生态环境优先，保护与开发相结合。要坚决维护流域良好的生态系统，保持生态平衡和健康，按国际通行标准，河流的开发利用率不应超过40%，人类活动产生的污染物总量不能超过相应区域的环境容量，各类有害物质即使通过食物链的富集作用也不应对人类或其他生物产生危害，保持物种多样性，使流域内保持一定的物种和遗传基因资源，保持足够的森林、水面、湿地面积，保持一定的地下水位，保持河流的连续性、水陆的连续性，防止河道断流及水利工程对生态系统产生不利的影响，将水资源可持续利用和流域生态建设提升到压倒一切的高度，为盲目扩张的人类活动限定一个不可逾越的“保护区”，把流域水资源的节约、保护、配置放在突出位置，合理开发利用，打造优美和谐的自然景观，使生物与人类一样享有舒适的生活环境。坚决遏制浪费资源、破坏资源的现象，以可持续的方式开发利用河流的价值，实现开发与保护的平衡，达到河流生命的健康，实现水资源的持续利用。

六是坚持按自然和社会经济规律办事。人类的经济和社会的发展必须维持在资源和环境所能承受的范围之内，以保证发展的持续性。每一条河流对于自然和社会系统的承载力都是有限的，河流生命的负荷只有在其承载力的范围内，才能保持流域人口、资源、环境可持续发展。因此，经济社会系统的发展必须把河流的承载能力放在首位，以水资源供需平衡为基本条件，确定流域经济社会发展的目标和规模。坚持按自然规律办事，在防止水对人的侵害的同时，特别注意防止人对水的侵害；重视生态与水的密切关系，对生态问题严重的河流流域，采取节水、防污、调水等措施予以修复；有计划地进行湿地补水，保护湿地；在地下水超采区，采取封井、限采等措施，保护地下水；重视并充分发挥自然的自我修复能力，保护生态系统。同时，坚持按经济规律办事，实行政府宏观调控和市场机制有机结合，在充分发挥公共财政在水利建设主导作用的同时，积极发挥市场在资源配置中的拉动作用，不断推进水利投融资体制改革和水价机制改革，探索建立水权制度和水市场，优化配置水资源，以水资源的可持续利用支持经济社会的可持续发展。

七是坚持公正公平，包括当代人之间的公平（代内公平）、当代人与后代人之间的公平（代际公平）、不同区域之间的人的公平（区际公平）、河流与人的公平，人与其他生物之间的公平。人的权利与河流的权利常常会出现矛盾，需要按公正的原则实现权益的合理分配。

三、河流生命与流域可持续发展的关系

1. 河流健康生命是流域可持续发展的支撑和基础

水是生命之源，是自然界中一切生命现象的基本构成要素，是构成地球物质循环的基本载体，是维系人类与自然和谐共存的纽带，在整个生态环境中发挥着不可替代的作用，是生态环境中最活跃最有影响力的重要因素。物种的进化、气候的变迁、地貌的变化都与水的运动与循环有着不可分割的联系。水资源是基础性的自然资源和战略性的经济资源，是生态环境的控制性要素，水利是国民经济的基础设施和基础产业，在国民经济和国家安全中具有重要的战略地位。因此，可以说没有水资源的可持续发展，就没有人类的可持续发展。

纵观人类几千年的文明史，不论是古代文明的摇篮，还是现代文明的居地，都离不开人类赖以生存的水资源和水环境。大江大河为流域地区的人流、物流提供了舟楫之便，为两岸的人民生活与生产发展创造了良好的基础条件。自古以来，人类都“逐水而居”，早期的文明也多是以河谷为基础，扩展到全流域或其他流域发展起来的。曾经依傍着良好的水土资源、环境，在农业文明阶段创造的闻名于世的西亚巴比伦文明、地中海腓尼基文明、北非撒哈拉文明、中国楼兰文明等，在随后的漫长岁月里，都是由于土地和水资源的不合理利用，违背水利可持续发展与协调发展原则而相继消亡。昌盛时期的中国，莫不以水利为安邦治国的重要措施。现今许多国家都沿河建立了工业走廊，形成了沿河产业带。截至 1999 年底，我国共有 668 座城市，其中 638 座城市受河流的恩泽，4 个直辖市和 27 个省会城市都傍河而建。充分说明古代文明源于流域，现代社会发展离

不开流域，可持续发展也要依赖于流域。

河流可以涵养植被、调节气候、净化环境、美化景观，保证各种生物链条的正常衔接和平衡，促进生态功能的优化和加强，实现生态环境的良性循环。它既富于经济价值、社会价值、文化价值、美学价值和生态价值，又具有不以人的意志为转移的内在价值。在河流的价值中，一部分是实物型的生态产品，即可直接消费的产出和服务，包括河流直接提供的食品、药品和工农业所需材料，也包括对于水资源的开发利用价值，其经济价值可以在市场流通中得到体现。另一部分是非实物型的生态服务，包括生物群落多样性、环境、气候、水质、人文等功能。即对于生态系统中生物的支撑功能，也是对于人类的服务功能。包括河流水体的自我净化功能；水分的涵养与旱涝的缓解功能；对于洪水控制的作用；局部气候的稳定；各类废弃物的解毒和分解功能；植物种子的传播和养分的循环。此外，无论是高山大川、急流瀑布还是潺潺溪流以及荷塘秋月，其本身具有的巨大美学价值，可以满足人们对于自然界的心理依赖和审美需求。在历史长河中，河流自然遗产财富是几千年人类文学艺术灵感的源泉。

2. 河流对人类及其社会经济发展具有巨大的反作用

河流是运动于时空之中的客观实在，它有其自身的运动发展规律，有其不以人的主观意志为转移的目的性和内在价值，它在地球系统中的生存，是在与其他生态要素的相互作用中存在和实现的，并以生态规律自发的作用进行适应性配合和调节，而且它对于人类以及人类社会经济的发展有着巨大的反作用力。淡水资源或者河流的效用价值，是以河流的健康生命为基础和前提的；一旦河流自身生命系统发生危机，以河流为依托的其他生态系统也就失去了存在的基础，其效用价值也就会消失，流域社会经济发展、人口繁衍生息的生命力也将逐步衰竭。人类社会一旦违背了河流的生存发展规律，对其过度索取，超过河流的承受限度，它就会对人类施以强烈的报复。近年来，气候异常，接连出现长江大水、黄河断流、沙尘暴肆虐等自然灾害都与人类侵害自然、过度索取有关。当前，水利所面临的洪涝灾害、干旱缺水、水土流失和水污染严重等问题，表面上都是水对人的伤害，但本质上是人对水的伤害造成的后果。因此，要使河流为全流域庞大的生态系统和经济社会系统提供持续支撑，就必须先使河流自身具有健康的生命形态，在防止水对人的伤害的同时更要注意防止人对水的伤害，保持人水和谐，促进可持续发展。

3. 流域可持续发展是维持河流健康生命的有力保障

可持续发展是经济发展、社会发展和人的全面发展的统一，是经济社会与人口、资源、环境的统一，是物质文明、政治文明、精神文明建设的统一，也是过去发展、现在发展和未来发展的统一。全面协调可持续发展，互相联系、互相制约、互相促进，构成了科学发展观基本内容的统一整体。只有实现全面协调可持续发展，才能正确处理发展速度和结构、质量、效益的关系，正确处理经济社会和人口、资源、环境的关系，正确处理经济发展、社会发展和人的全面发展的关系，正确处理人与河流的关系，使流域社会经济系统和生态环境系统协调平衡持续发展，保持流域的良性循环，促进人与自然的和谐，维持河流健康生命。

流域的可持续发展（包括河流的开发、利用、保护和治理）是一项庞大的系统工程，它直接关系到河流的生命健康。以黄河为例，20 世纪以来，黄河的生命正在受到不可持续的发展模式的严重影响，人们从喜忧参半的黄河流域发展进程中发现，近、现代工业化的历史是一部征服、统治包括黄河在内的自然环境的历史，这种以“极端的人类中心主义”和“人类自由”、“人类压倒自然”作为首要价值观念的不可持续发展的发展方式使人类饱尝了“先污染（破坏）后治理”和不可持续发展的苦果，也付出了沉重的代价，传统的不可持续的黄河流域发展方式不仅在制约黄河流域经济社会的进一步全面发展，而且在破坏黄河流域子孙后代赖以生存发展的条件和基础。由于日趋严重的人类活动的影响，黄河的生命遭遇了严重的削弱和挑战。流域经济社会日益增长的用水需求一再突破黄河生命的底线，使黄河不断受到断流和洪水等威胁，黄河流域出现人口、环境、资源和能源等危机，这都是人类大肆向黄河掠夺索取所造成的必然结果。因此，必须坚持流域的可持续发展，严格遵守自然和经济规律，实行综合开发、合理利用、严格保护、有效治理和系统管理，采用科学的、技术的、工程的、文化的、教育的、宣传的、经济的、法律的、行政的各种方法、途径和措施，加快节水防污型社会建设，依靠制度变革推进水利由粗放型向资源节约型、生态保护型转变，从传统水利向现代水利、可持续发展水利的转变，重视和加强对水资源的配置、节约和保护，从“以需定供”转为“以供定需”，量水而行，以水定发展，使经济社会发展与水资源和水环境的承载能力相适应，提高用水效率和效益，大力发展绿色经济和环保产业，合理利用自然资源和环境容量，在物质不断循环利用的基础上发展经济，使经济系统和谐地纳入到自然生态系统的物质循环过程中，实现经济活动的生态化。坚持推进资源利用与经济社会协调发展，以水资源的可持续利用支持流域社会经济环境的可持续发展，以流域的可持续发展保障流域的食物安全、经济安全、健康安全、环境安全、社会安全，使河流永葆生机和活力。

4. 河流健康生命和流域可持续发展相互关联、相辅相成、相互制约、相互促进

流域的可持续发展依赖于河流的健康生命，河流的健康生命也离不开流域的可持续发展。而水是流域可持续发展和河流健康生命的纽带和基础，只有实现人水和谐才能保障流域可持续发展和河流健康生命。因此，要从河流生态系统整体性出发，以可持续的方式开发利用河流的价值，不仅确认河流（自然界）对人的价值，而且确认河流（自然界）的内在价值；不仅要求流域人们相互尊重，而且要求人们热爱河流（自然）、尊重河流

生命；不仅要求人与人之间的和谐共处，而且人与河流（自然）之间的和谐共处。人从河流（大自然）的征服者转变为河流（大自然）的朋友，使河流的合理利用、严格保护和有效治理成为人们自觉的行动。一方面承认自然对人类社会生存和发展的本源意义，把遵循生态规律作为人类经济活动的基本准则，同时承认生存和发展是人类的基本权利。人类社会应该有更美好的未来，而良好的自然生态环境既是人类生存和发展的前提和保障，又是人类发展的基本内容之一，因此保护自然实质上就是保护人类自身，从人类社会的发展需要出发，把对自然生态环境的保护和遵循生态规律与人类社会的发展有机地结合起来，人与自然和谐共处、协调发展。

四、河流健康生命与流域可持续发展所面临的主要问题

我国是一个水旱灾害频繁发生的国家。人均水资源占有量只有2200m^3。受季风气候和地形条件的影响，水资源时空分布极不均衡。长江以北水系流域面积占全国国土总面积的64%，水资源量却只占全国的19%，干旱缺水成为我国北方地区的主要自然灾害。全国大部分地区最大4个月的降雨量约占全年降雨总量的70%，往往造成汛期洪水成灾。人类对水资源的开采与利用虽然在一定程度上改善了人类生活环境。但是，大规模的开发水资源和污染问题不仅破坏了原有的平衡，也产生严重的生态环境问题。当前，我国水资源领域主要面临以下几个问题：

（1）洪涝灾害频繁。20世纪90年代的10年中，主要江河流域有6年发生大洪水，局部地区的洪水每年都会发生；平均每年有7个台风在中国内地登陆；因暴雨引发的泥石流、滑坡等突发性山洪灾害也很突出。我国有大约65%的GDP、42%的人口、30%的耕地，数百座城市以及大量重要基础设施和工矿企业都分布在主要江河的中下游地区，受到洪水威胁。

（2）水资源短缺且分布不均。我国是水资源短缺的国家，

而且水资源分布很不均匀。长江流域及其以南地区降水量占全国的80%以上，而耕地仅占全国的36%，淮河流域及其以北地区则分别为20%和64%。按正常需要和不超采地下水，全国年缺水总量约为300亿~400亿m^3，5000多万农村人口饮水困难，每年农田受旱面积700万~2000万hm^2，全国660座城市中有400座供水不足，110座严重缺水。随着国民经济和社会的发展，水资源供给严重不足，供需矛盾日益突出，水资源短缺已经成为我国尤其是北方地区经济社会发展的严重制约因素。

（3）水土流失严重。目前我国水土流失面积356万km^2，占国土面积37%。每年流失的土壤总量达50亿t，严重的水土流失，导致土地退化、草场沙化、生态恶化，造成河道、湖泊泥沙淤积，加剧了江河下游地区的洪涝灾害。

（4）水污染和水环境日益恶化。2003年全国废污水排放总量达680亿t（其中工业废水占2/3，城镇生活污水占1/3），比1980年增加了2倍多。全国7大江河水系的409个重点监测断面中，仅有38.1%符合Ⅲ类以上水质标准，可作为集中式饮用水源。劣V类水质占30%，属严重污染，基本丧失使用功能。目前，全国尚有3亿农村人口喝不上符合标准的饮用水，一些城市的饮用水问题比较突出，饮用水水源地重金属和有机污染物超标，其中包括致癌、致畸、致突变的有机污染物。

（5）用水效率不高，水浪费现象严重。我国的用水总量和美国相当，但GDP仅为美国的1/8。全国农业灌溉水的利用系数平均约为0.45，而先进国家为0.7甚至0.8，1997年全国工业万元产值用水量136m^3，是发达国家的5~10倍。工业用水的重复利用率据统计为30%~40%，而发达国家为75%~85%。全国多数城市用水器具和自来水管网的浪费损失率估计在20%以上。

此外，我国的水利发展还存在管理体制不顺、机制不活、手段落后，水利法律法规不够健全、执法力度不够、建设资金不足等诸多问题。

五、河流健康生命与流域可持续发展的对策

1. 转变观念，构建人水和谐的社会环境

要实现流域的可持续发展，维持河流的健康生命，必须突破传统的思想观念。倡导生态伦理，形成群众性、社会性的环境道德风气，是保护环境、实现人与自然和谐的最基本、最有效的途径、方法和手段。提高全民的环境意识是搞好环境保护的基础和根本保证。因此，要牢固树立环保意识，倡导河流伦理、提倡环境道德，加强流域法制建设，形成尊重河流生命和价值以及人水和谐的良好的道德风尚及法治秩序。通过文化、道德和法律建立有利于流域可持续发展的社会风气、体制、机制和法治秩序，以人道的态度对待河流，特别是发展与生态社会相适应的"水生态社会"、"水生态文化"，充分认识污染环境、破坏生态的本质就是对人类自身生存权利的侵犯和剥夺的反人道主义行为，把保护与改善生态环境作为维护基本人权，维护人的价值与尊严的必要基础，使人人负有为人类整体利益和子孙后代保护和改善环境的神圣职责和义务，谴责和抵制那种贪图私利或眼前利益而制造、转移污染的反人道主义行为，把人类的伦理观、权利观扩展到自然界中去，从自然价值的确认，到自然权利的尊重，既承认人的价值又承认环境的价值，既尊重人的尊严又尊重大自然尊严，建立一种追求人与自然以及人与人之间和谐为目标的新型价值体系和法律道德规范，以指导人们的日常行为方式。在这种新型的价值观的指导下，生产者以提供绿色产品为生产理念，实行绿色生产模式；消费者改变传统的生活消费模式，主动选择绿色产品，注重消费过程中对环境的友好性，自觉履行废弃物分类回收处理的责任与义务，形成良好的社会氛围，实现天人合一、人与自然和谐共处。

2. 加强流域管理，当好河流代言人

目前，流域管理仍存在不少弊端，主要表现在没有独立自主的管理权，缺乏必要的行政、法律、经济和科技等手段实施

有效的协调、控制、监督和管理，法律法规建设滞后，一些职能交叉分割，职责含混不清，缺少充分畅通的信息渠道等，很难对流域内的水资源开发、防洪、水资源的保护进行统一有效的管理。因此，要以流域为单元，全面推行流域一体化管理，将现有流域机构改制为具有一定自主管理权的行政性管理机构，或另组建流域管理委员会，由国务院有关领导担任主任委员，流域机构主要负责人等担任副主任委员，国家有关部委、流域机构及流域内各省（自治区）有关负责人和用水户代表等担任委员，实行委员制，作为决策协调机构，其办事机构设在流域水利委员会，全面负责、统一管理全流域的综合规划、防洪抗旱、水资源配置、水电开发、水土保持、湿地保护、水环境保护、污染防治、综合治理等一切涉水事务，实行科学民主决策，统一协调管理，建立高效、权威、科学的运行管理机制，及时协商研究解决河流治理开发中的重大问题，充分发挥科学规划决策、有效配调控和有力监督控制的作用。同时，要加大流域管理的科学支撑保障能力建设，打造一支高素质的人才队伍，建立流域管理信息系统、决策支持系统和人工智能决策系统，实现信息传输网络化、信息管理数字化、主要业务智能化、政务办公电子化，水文测报自动化，全面提升流域的现代化管理水平。坚持依法管理，不断完善各项政策法规和行政执法监督体系，研究制定“流域管理法”、“流域行蓄洪区管理条例”、“流域水资源管理和保护条例”、“取水许可和水资源费征收管理办法”、“节约用水条例”、“水文条例”、“河道采砂许可制度实施办法”、“流域中央直管工程修建维护管理费征收管理办法”等法律法规，加大执法力度，保证流域自然、社会、经济全面、协调、可持续发展。

流域机构要义不容辞地担负起河流生态代言人的重任。正确处理好开发与保护的关系，把工作的制高点放在维护河流的健康生命上，以此确立工作方针、原则和规划。在发挥好河流功能的同时，切实保护好河流，让河流为人类造福。要从基础工作做起，建立衡量河流生态健康的指标体系；加强河流生态系统的监测，制定不同阶段的生态保护和修复目标；积极探索建立有效的机制，并通过工程措施和非工程措施，保护或修复水生态系统，维护河流健康生命。

3. 发展循环经济，保持流域的良性循环

流域生态系统及资源的良性循环是河流健康生命和流域可持续发展前提和基础。流域中一切与水有关的问题，诸如旱灾、洪灾、污染和水土流失，不外乎是因打破了流域的自然循环规律所致，人类的生产、生活只有在不破坏这个循环的环节和物质基础的条件下才能使自身得到发展。因此，保持流域的生态系统和社会经济系统平衡协调发展和良性循环，实现人水和谐是流域发展的最高目标。

循环经济是实现流域可持续发展的客观要求、有力举措和根本途径，它可以将人口、资源、生态、环境、经济有机地统一结合起来，实现人与自然的和谐。循环经济的一个最基本的要求就是要遵循生态学规律，合理利用自然资源和环境容量，在物质不断循环利用的基础上发展经济，使经济系统和谐地纳入到自然生态系统的物质循环过程中，实现经济活动的生态化。因此，要广泛营造发展循环经济的社会、法制环境，使循环经济深入人心，以达成全社会的共识，大力发展循环经济，不断进行制度和技术创新，明确生态环境和基本资源的产权关系，并规定其交易和补偿机制。加强环境和资源监测的科学化、信息化和网络化建设，将发展循环经济政策纳入到国家宏观经济调控政策体系之中，并与其他政策相配套，使循环经济逐步达到规范化、法制化、普遍化、经常化，保证流域社会、经济、资源和环境的可持续发展。

4. 统筹兼顾，全面规划，可持续利用水资源

合理利用水资源就要统筹兼顾，综合规划，包括地表水与地下水、液态水与气态水、咸水、淡水、壤中水、生态水、环境水、生产水、生活水以及主水、客水等，要在对流域水资源

进行全面普查的基础上，搞好本流域的水资源总体规划，并使各流域水资源规划相互衔接，相互协调。根据水资源和水环境承载能力制定国民经济和社会发展规划，调整水资源配置格局和供用水结构。在水资源利用中，要合理控制河道外用水，北方河流一般以50%为宜，南方河流以30%为宜，其次，必须合理开发地下水，划定限采区和禁采区，并大力实施地下水回灌工程。还要合理开发多种水源，包括洪水资源、雨水集蓄利用、人工增雨、微咸水利用、海水利用、污水处理回用等。同时要做好水量调节工作，根据需要，进行跨流域调水，弥补不足。在尊重自然规律的前提下，利用工程措施及非工程措施等手段，充分发挥水的资源功能、环境功能和生态功能，以实现流域内水利和经济社会的可持续发展。

我国水量时空分布严重不均，多出现南涝北旱，旱涝灾害频繁，为了有效解决这一问题，应对全国江河湖泊等水系通盘考虑，统筹规划，使其相互贯通，联成网络，实现全国水系网络化，有计划有步骤地分期分批实施，通过工程措施和非工程措施，在全国范围内进行跨时空的宏观调节，合理配置水资源，实行资源互补并共享，既可排涝，又能除旱，利国利民，还可造福子孙后代，经济、社会、环境效益巨大，一举多得。并使水系网络化与城市网络化、交通网络化、电力网络化等基础设施网络化结合，以达到事半功倍的效果。此举将大大改变我国的水资源状况，有力推动我国社会经济环境的可持续发展，值得论证研究。

5. 建设节水型和谐社会，提高用水效率和效益，保障人民饮水安全

节水型社会的本质特征是建立以水权、水市场理论为基础的水资源管理体制，充分发挥市场在水资源配置中的导向作用，形成以经济手段为主的“总量控制、定额管理、以水定产(地)、配水到户、公众参与、水量交易、水票流转、城乡一体”的节水型社会建设运行机制和体制，不断提高水资源的利用效

率和效益，保障城乡人民群众的饮水安全。要通过制定流域和区域水资源规划，明晰初始用水权；确定水资源的宏观控制指标和微观定额指标，明确各地区、各行业、各部门乃至各单位的水资源使用权指标，确定产品生产或服务的科学用水定额；综合运用法律、行政、工程、经济、科技等多种措施，保证用水控制指标的实现；通过调整经济结构和产业结构，建立与区域水资源和水环境承载能力相适应的经济结构体系；建设水资源配置和节水工程，建立与水资源优化配置相适应的水利工程体系；特别注意运用经济手段，发挥价格对促进节水的杠杆作用；通过制定规则，建立用水权交易市场，实行用水权有偿转让，引导水资源实现以节水、高效为目标的优化配置和高效利用。农业要大力发展节水灌溉。工业节水应推广节水增效型设备和工艺，生活节水应加快城市供水管网的维修、改造，降低管网漏损率，全面推广节水龙头、节水坐便器、节水淋浴器、节水洗衣机等节水器具，逐步推广分质供水系统，提高中水回用率，采取阶梯式水价等经济手段，促进节水，减少浪费，提高用水效率和效益。

6. 加强制度建设，实现经济发展与环境保护的双赢

环境污染与生态破坏问题日益严重并不是因为我们的技术不过关，而是我们的制度不健全，没有使经济与环保策略达到一种共生的状态。经济主体的行为是受制度约束的，制度的规定与实施情况直接决定了制度的运行效果。一个有效率的制度应同时具备约束机制与激励机制，约束机制可确保制度的有效实施，而激励机制则有助于经济主体行为自觉的与制度取向相一致，降低制度实施的成本。随着经济的发展，对环境制度提出了更高的要求，简单的行政命令式的制度规定已无法有效治理环境问题。目前我国环境保护制度的一种导向就是环境保护是国家是政府的事，而消费者和企业则是制度的被动遵守者，缺乏自觉遵守制度的激励，加之，监管不力，使污染愈演愈烈。因此，要不断完善环境保护制度，引入激励与约束机制，大力

发展绿色经济和环保产业，改变现有的GDP核算体系，变现存的GDP为“绿色GDP”，将生产消费行为对环境的负面影响引进到GDP的核算中，如果环境污染，则予以扣除，从而纠正现存GDP对经济主体行为的误导。并将政府职能与市场机制结合起来，环境保护与经济主体的利益紧密联系起来，把环境保护纳入经济发展体系之内，将其作为一种产业来经营，使经济主体能够从治理污染、保护环境中受益，与其利润最大化的目标相一致，使环境保护成为人们的一种自觉行为，达到生产、消费与环境保护的和谐一致。同时，促使环境保护制度与产业政策的配套协调。环境保护本身是一项系统工程，只有方方面面制度的配合，才能实现环境与经济的协调发展，因此在制定相关产业政策时，要把环境影响考虑进去，对环境不利的产业政策则应予以调整或缓行，以实现经济发展与环境保护的双赢。

环境保护工作，任重道远，要继续坚持和完善“预防为主，谁污染谁治理（付费），强化环境监督管理”的3大基本原则，以及环境影响评价制度，“三同时”制度、排污收费制度，环境保护目标责任制度、排放污染物许可制度，环境保护目标责任制度、城市综合整治定量考核制度、污染物集中控制制度与分散控制措施、限期治理制度和企业升级环保审查制度。加大防污治污的力度，逐步从事后治理转向事前防范，从末端治理走向全过程治理、从单一措施治理走向各种措施相结合的综合治理、从区域治理走向区域与流域相结合的全局治理。主要从源头上进行防范治理，严格限制新建扩建污染严重的企业，对流域已有企业的排污情况进行一次全面普查，逐一登记造册，实行动态管理和社会监督，对污染企业（单位）公开曝光，并设立污染举报热线，对举报乱排污的有功人员，给予重奖。并建立日常监督检查机制和严厉的处罚措施，在各排污口设立远程监测控制断面，对所有排污口实行统一管理，随时掌握各排污口的排污情况，对污染超标排放的企业，要求限期进行整顿，使其尽快达标。对屡禁不止的排污企业，责令其停业整顿或关闭，坚决制止乱排污现象，坚持预防治理保护三结合，维护良好的环境秩序。

7. 加强洪水管理，构建与洪水和谐共处的防洪减灾体系

实践证明，要完全消除洪灾是不可能的，人类既要适当控制洪水，改造自然，又须主动适应洪水，和谐人与洪水的关系，这样才能保证人类的持续发展。因此，要约束人类自身的各种不顾后果、破坏生态环境和过度开发利用水土的行为，实现由控制洪水向洪水管理转变，从无序、无节制地与洪水争地转变为有序、可持续地与洪水和谐共处。还河流以空间，给洪水以出路，实行“堵疏结合、蓄泄并重”，要认真分析划分洪水风险区域，江河都要设置分蓄行洪区，为洪水提供足够的蓄泄空间，并将灾后救济和重建作为防洪工作的必要组成部分，建立防洪保险、救灾及灾后重建的机制。在完善防洪工程体系的基础上，建成全面的防洪减灾体系，城乡建设规划也要充分考虑各种可能的防洪风险，构建高标准的城市防洪排涝体系，禁止盲目缩窄排洪排涝河道，充分利用各种工程和非工程措施及现代化的手段，加强洪水管理，最大限度地减轻灾害损失，努力实现洪水资源化，达到人与洪水和谐共处。

8. 充分发挥自然的自我修复能力，建设完善水保生态工程体系

事实证明，“退耕还林（草）、封山育林”是调整人与自然争水、争地，改善生态环境的重大战略措施。要根据当地的气候和水资源条件，宜林则林，宜草则草，宜荒则荒，科学规划。实行封山育林，封荒育草，保护好现有山林和草地。西北地区雨水少，应以草灌为主，西南地区降水多，应实行乔灌草结合，以乔灌为主。减少水旱灾害的关键是保护好现有森林、草场，加快造林种草步伐，减少水土流失。要充分发挥自然的自我修复能力，大力开展淤地坝建设、小流域综合治理、生态修复工程建设，加大规模治理的力度，以长江、黄河两大流域和主要风沙区、草原区治理为重点，进一步规划建设大型的、综合的、跨省区的林业生态环境工程和水土保持治理工程，采取工程、

生物和耕作综合措施，建立措施配套、科学合理的水土保持体系，在推行以农户承包小流域治理的同时，实施租赁、股份合作等形式治理水土流失，继续推进四荒拍卖，加快小流域治理步伐；建立必要的监督、检查、验收制度，提高治理的质量，建设山川秀美工程，改善生态环境。

湿地生态系统有涵养水源、净化水质、美化环境、调蓄洪水、调节气候、降解有害物、保护生物多样性等生态功能，是维护国土生态安全的重要屏障。中国是全球湿地类型最丰富的国家，有自然湿地3600多万hm^2。要提高全社会的湿地保护意识，加大湿地保护恢复力度，使自然湿地纳入保护管理范围，抓好湿地保护、湿地恢复、可持续利用示范等建设，坚决制止肆意侵占和非法破坏湿地的行为，对违法占用、开垦、填埋以及污染自然湿地的，应责令其停止违法行为，依法追究责任，采取各种补救措施，努力恢复湿地的自然特性和生态特征。尽快编制流域湿地保护规划，明确目标任务、建设布局、重点项目和政策措施，建立国家、地方和社会各界共同参与的多层次、多渠道湿地保护投入机制，认真坚持和逐步完善综合协调、分部门实施的湿地保护管理体制，从法规制度、政策措施、资金投入、管理体系等方面，采取有力措施，团结协作做好湿地保护管理工作。

9. 发展节水高效农业，保障流域食物安全

“国以民为本，民以食为天”。以粮食为主的食物问题是直接关系人类生存、繁衍、国民经济可否持续发展、社会能否安定的大问题，特别是在中国这样的人口大国，粮食更具有特殊的意义。我国人口基数大，年均人口增加多；现有耕地资源少，同时缺乏宜农土地后备资源，且工业、城市和基本建设还不断占用耕地；特别是由于农业科技转化率不高，水资源不足，灌溉率低，导致气候资源、土地资源、物质资源、生物资源等增产潜力不能得到充分、有效的发挥，对国家食物安全构成严重威胁。实践证明，“水利是农业的命脉”，农业发展对水资源的依赖性越来越强烈。

链接

根据有关调查统计结果，全国粮食总产量的80%、棉花总产量的90%、蔬菜总产量的95%以及其他许多农产品也相当多的产自于约占全国耕地面积一半的灌溉耕地上。因此，要在优化配置、积极保护、合理开发利用水资源、努力提高其利用率的基础上，大力发展高效节水、节能、节地灌溉，节水高效农业建设要把发挥单位水量效益作为核心，充分利用当地水资源，包括充分利用降水、回收回归水和处理利用劣质水，节水灌溉建设的重点应放在渠灌区，推行井渠灌结合的灌溉方式。节水灌溉技术应以改进地面灌溉为主，积极发展喷灌和滴灌，重视农业节水技术，包括节水的轮作制度、节水灌溉制度与管理制度、抗旱高产优质品种、耕作栽培、培肥施肥和化控技术等。使水利工程措施与农业技术措施相结合，提高用水效率，促进增产增收，有力推进农业现代化进程，保障国家食物安全。

水利“十一五”规划思路

（主持人：矫勇）

全国水利发展“十一五”规划思路报告

水利部

前　言

1998年以来，党中央、国务院高度重视水利，水利发展和改革实现了一系列重大跨越。水利行业实践了由传统水利向可持续发展水利的转变，水利投入大幅度增加，以大江大河堤防为重点的防洪工程建设、病险水库除险加固、解决人畜饮水困难、大型灌区节水改造等取得历史性突破，南水北调工程开工建设，新一轮治淮工程建设全面展开，水资源节约、保护和配置得到高度重视，水土保持和生态环境治理得到加强，水利管理和改革稳步推进，制定和实施了一系列重要水利规划，依法治水取得新的重大进展。水利发展“十五”计划总体进展顺利，为“十一五”水利发展和改革打下了良好的基础。

“十一五”时期，是我国全面建设小康社会、完善社会主义市场经济体制的关键时期。为实现全面建设小康社会的奋斗目标，到2020年，国民经济将实现翻两番，产业结构将发生重大调整，城市化进程将会进一步加快，人民生活水平和生活质量将会大幅度提高，生态环境保护和改善的要求更高。与此相比，我国水利发展和改革的现状与经济社会可持续发展的要求还有很大的差距，重要流域和区域的防洪基础设施依然相对薄弱，水资源短缺和水污染仍然是影响经济社会可持续发展的全局性问题，水土流失、生态恶化现象尚没有从根本上遏制，水利发展的体制性障碍还有待进一步改革。水利发展相对滞后仍是制约经济社会可持续发展的主要因素之一。

水是基础性的自然资源和战略性的经济资源，水利是国民经济和社会发展的重要基础设施，水资源的可持续利用直接关系全面建设小康社会目标的实现。认真贯彻党的十六大、十六届三中和四中全会精神，树立和落实科学发展观，坚持中央水利工作方针和新时期治水思路，加强水利基础设施建设，强化政府水资源管理职能，保障国家防洪安全、供水安全、粮食安全和水生态环境安全，为全面建设小康社会提供坚实的水利支撑和保障，是“十一五”水利发展和改革的首要任务。

根据国家发展改革委关于“十一五”规划编制工作部署，水利部依据国家有关方针政策和已有水利规划，在水利发展“十五”计划执行情况中期评估基础上，系统分析了水利发展现状和问题，广泛征求了各有关单位和专家的意见，编制了《全国水利发展“十一五”规划思路报告》，提出了“十一五”水利发展和改革的总体思路、目标任务、发展布局、建设重点和改革措施。

一、水利发展与改革面临的形势

为实现我国全面建设小康社会的宏伟目标，支撑经济社会全面、协调、可持续发展，水利发展和改革面临新的形势和任务。深入分析经济社会发展对水利的需求，正确把握水利所处的发展阶段，找准水利发展和改革需要解决的主要问题，研究水利发展的有利条件和主要制约因素，是制定水利发展“十一五”规划总体思路的前提和基础。

（一）经济社会可持续发展对水利的需求

一是全面建设小康社会对水利发展的需求。随着全国人口增长、经济快速发展、城乡人民小康生活水平和生活质量的不断提高，水利要为全面建设小康社会提供坚实的支撑和保障。要保障饮水安全，不断提高城乡生活用水的总量、供水保证率和供水水质标准；要提高防洪安全，建立和完善更为有效的防洪减灾体系；要满足粮食生产安全用水，为农业灌溉排涝提供保障；要提供经济用水保障，进一步提高供水能力、优化供水结构；要保证基本的生态环境用水，大力防治水污染，改善水环境。二是科学发展观对水利发展的要求。坚持科学发展观，要求在治水实践中树立以人为本的观念、节约资源的观念、保护环境的观念、人与自然和谐的观念以及全面、协调、可持续的发展观念。要把解决关系广大人民群众切身利益的水利问题放在突出位置，统筹考虑流域、区域、城乡水利协调发展，不断提高政府对水资源的社会管理能力和水平，节约和保护水资源，加强对生态的保护，促进人与自然和谐。三是国家经济社会发展战略对水利发展的要求。面对国家解决“三农”问题、实施西部大开发战略、振兴东北老工业基地战略、实施新型工业化和城镇化战略等重大经济社会发展战略及区域经济开发格局，要继续加强水利基础设施建设，促进经济与资源、环境的空间均衡发展。四是经济体制改革对水利改革的要求。要转变政府管理职能，强化政府对涉水事务的社会管理，实现科学、民主、依法行政；适应经济体制改革的要求，加快水资源管理体制、水利投资体制、水利国有资产管理体制、水价机制等改革的步伐，创新和完善水利发展的体制和机制。

（二）水利发展与改革现状

新中国成立以来，党中央、国务院高度重视水利工作，水利建设取得巨大成就。1998 年大水以来，我国水利发展进入了一个新的时期，治水思路发生了重大转变，水利投入大幅度增加，水利基础设施建设大规模开展，水利发展“十五”计划总体进展顺利。

提出了新时期的治水思路。1998 年以来，尤其是“十五”期间，根据党中央、国务院对水利工作的新要求，水利部认真分析我国水资源的状况、特点和规律，经济社会可持续发展对水利工作的需求，以及我国存在的重大水问题，在系统总结多年的治水实践和经验教训的基础上，提出了从传统水利向现代水利、可持续发展水利转变的治水新思路。治水新思路以实现人与自然和谐发展为核心理念，强调水资源短缺和水环境恶化是制约经济社会可持续发展的主要问题，强调必须加强水资源统一管理，优化水资源配置，建立国家水权制度，实行用水定额管理，严格水资源保护，通过建设节水型社会，提高水的利用效率和效益，以水资源的可持续利用支撑经济社会可持续发展。治水新思路的理论创新和实践创新，为水利可持续发展奠定了基础。

水利基础设施建设快速发展。2001～2003 年全国水利基本建设投资规模达到 1802 亿元，约占“十五”规划目标的 40%。完成全国大江大河干流堤防加固近 3 万公里，长江干堤完成修完修好，新一轮治淮工程建设全面展开，1000 余座病险水库得到除险加固；南水北调、嫩江尼尔基、广西百色等“十五”水利重点工程相继开工建设；新增供水能力 200 亿 m^3，占“十五”规划目标的 50%；集中解决了“八七”扶贫攻坚计划中剩余的 2423 万农村贫困人口的饮水困难，为 986 万因旱新增及氟砷区的饮水困难人口解决了燃眉之急；新发展工程节水灌溉面积 4580 万亩，占“十五”规划目标的 46%；水利系统新增水电装机容量 720 万 kW，400 个水电农村电气化县建设初见成效；水土保持和生态环境治理得到加强，塔里木河治理、黑河治理和首都水资源保护等取得了良好的进展，综合治理水土流失面积 16.6 万 km^2，占“十五”规划目标的 66.4%，新增封育保护面积约 30 万 km^2；西部地区水利基础设施建设得到加强。水利信息化建设迈出步伐，水文站网建设和水资源监测能力得到加强，国家防汛抗旱指挥系统、水土保持监测网络及信息系统、数字流域建设、水利电子政务等各业务信息应用系统建设取得进展。

到2003年底，全国已建成水库总库容达5658亿m^3；累计加固新修堤防27.8万多km；全国年供水能力约达到6000亿m^3，其中设市城市供水能力约达到876亿m^3，城市供水普及率达到86%，城市污水处理设施的日处理能力达6600万m^3；全国有效灌溉面积达到8.38亿亩，工程节水灌溉面积达到2.9亿亩；累计解决了农村约2.82亿人的饮水困难；治理水土流失面积89.7万km^2；水电总装机容量达到9500多万kW，其中水利系统装机容量达3887万kW，建成653个农村水电初级电气化县。

水利依法行政和改革管理水平显著提高。新《水法》颁布实施，水法规体系不断得到完善，依法治水得到明显加强。水利规划工作逐步完善，编制了一大批全国和流域性综合规划和专项规划，其中一批重要规划得以批复和实施。水资源管理得到加强，实行了水资源论证制度、取水许可制度和水资源有偿使用制度，在水权、水市场和建设节水型社会方面进行了积极的探索。水利工程建设和管理水平得到提高，全面推行了建设管理的“四项制度”，开展了水管单位体制改革工作。进一步加强了水价改革工作，出台了《水利工程供水价格管理办法》。加强水利工程移民安置工作，制定和落实了有关移民政策和管理制度。水利科技改革与创新和质量技术监督工作稳步开展，水利对外交流与合作工作取得成效，水利人才培养和教育得到重视和加强。

总结“十五”水利发展和改革的经验，党中央、国务院对水利的高度重视是水利可持续发展的根本；治水思路的转变和治水理念的创新是水利可持续发展的重要前提；大规模的水利投入是水利可持续发展的坚实基础；全社会关心支持水利的氛围是水利可持续发展的有力支撑；深化各项水利改革和强化管理是水利可持续发展的强大动力；推进依法治水和水利科技创新是水利可持续发展的坚强保障。

（三）存在的主要问题

我国江河自然状况十分复杂，水土资源分布极不均衡，水资源分布与经济社会发展布局不相匹配。特定的河流自然条件和社会经济条件，决定了水利建设的长期性、艰巨性和复杂性。随着经济社会发展对水利的要求越来越高，我国江河治理和水资源开发利用的难度越来越大，国家仍面临着比较严峻的水问题。

洪涝灾害仍然威胁着经济社会发展。1990 年以来全国年均洪涝灾害损失在 1100 亿元左右，约占同期全国 GDP 的 1% 左右，发生流域性大洪水的年份，洪涝灾害损失占同期全国 GDP 比例高达 2% ~3%，而一些发达国家洪涝灾害损失仅占当年 GDP 的 0.1% ~0.3%。大江大河综合防洪体系还比较薄弱，尤其蓄滞洪区建设严重滞后，多数大江大河重要支流和中小河流尚未进行系统治理，主要易涝地区排涝能力严重不足，对山洪灾害缺乏有效的监测和防御措施。汛期山区中小河流、沿海风暴潮地区人员伤亡多，江河中下游尤其是蓄滞洪区和低洼涝区财产损失重，防洪建设任务仍十分艰巨。

水资源短缺仍是经济社会发展的主要制约因素。按目前的正常需水要求，全国每年缺水约 300 亿~400 亿 m^3；城市供水水源结构单一，供水保证率不高，干旱年份缺水严重；农田受旱面积年均达 3 亿亩左右；还有约 3 亿农村人口未能使用清洁饮用水，高氟水、高砷水、苦咸水、污染水、血吸虫病区以及局部地区缺水等饮水安全问题亟待解决。我国北方水资源短缺的形势愈为严峻，近 20 年来，海河流域年径流减少了 41%，黄河、淮河、辽河流域年径流分别减少了 15%、15% 和 9%，部分流域和地区水资源开发利用程度已接近或超过水资源和水环境承载能力。在缺水的同时，我国用水浪费严重，用水效率较低，全国平均单方水 GDP 产出仅为世界平均水平的 1/5，工业万元产值用水量为发达国家的 5 ~10 倍，全国城市自来水管网的漏失率大多数在 20% ~30%。

全国水环境总体状况没有根本好转。2003 年全国污废水排放总量 680 亿 t，水质Ⅳ类和劣于Ⅳ类的河长占总评价河长的 38%；北方地区河流水体污染严重，海河、淮河、辽河水功能区达标率不足 40%；东部地区局部河网水污染严重，水质型缺水日益加剧。全国以城市和农村井灌区为中心形成的地下水超采区数量已从 20 世纪 80 年代初的 56 个发展到目前的 164 个，超采区面积从 8.7 万 km^2 扩展到 18 万 km^2，引起地面下沉、水质变硬、海水倒灌等严重生态问题。

水土流失生态恶化趋势没有得到有效遏制。目前全国水土流失面积为 356 万 km^2，占国土面积 37%，每年流失的土壤总量达 50 亿 t。严重的水土流失，导致土地退化、草场沙化、生态恶化，造成河道、湖泊泥沙淤积，加剧了江河下游地区的洪涝灾害。牧区草原沙化严重，全国牧区 33.8 亿亩可利用草原有 90% 出现不同程度的退化、沙化。一些生态严重恶化的地区，河流断流、湖泊干涸、湿地萎缩、绿洲消失，对流域的生产生活和生态环境造成一系列严重影响。

现有水利基础设施老化失修严重。目前全国病险水库约有3万座，占水库总数的36%。大中型病险水闸约有1800多座，占总数的47%。一些河流堤防标准低，质量差，存在严重的防洪隐患。农村水利基础设施建设仍显薄弱，全国灌溉面积中有1/3以上是中低产田，全国402处大型灌区的骨干建筑物损坏率近40%，已建的灌排工程普遍存在标准低、老化失修严重、效益衰减等问题，大型排灌泵站老化破坏率达75%左右，农业抗御自然灾害能力明显不足。全国灌溉水的平均利用系数仅0.43左右，比先进国家低25%～35%。

水利社会管理和行业管理亟待加强。涉水事务多头管理，难以形成合力，水资源统一管理的体制尚未理顺建立；政府加强涉水事务社会管理的规划、政策、制度等措施仍需进一步加强；洪水管理制度还不健全，防洪减灾社会化保障体系亟待完善，一些地区经济活动侵占河道和妨碍河道行洪的现象还时有发生；由于水资源使用权益不明晰，既造成对水资源开发利用上的无序竞争，也使得水资源保护缺乏责任和利益上的主体；尽管明确了水功能区划，但排污总量控制、排污许可制度尚未落实；在应对重大水利突发事件方面，相应的预案和对策尚需不断完善；一些水利工程所产生的移民问题和对生态的影响越来越引起社会的关注；水库移民政策法规不完善，移民管理体制不顺，水库移民中存在的一些遗留问题需要妥善解决。由于政策不落实和地方责任制不落实，有些工程运行管理措施不到位，一些建设成果难以巩固和持续发挥效益。基层水管单位体制不顺，机制不活，管理设施落后，队伍不稳，经费不足，严重影响了水利基础设施的安全维护和良性运行。

（四）有利条件与主要制约因素

纵观经济社会可持续发展对水利事业发展的需求、水利发展现状和存在的问题，“十一五”水利发展既面临难得的发展机遇，也面临制约发展的一些不利因素。

水利发展的有利条件。全面建设小康社会为水利发展提供了新的历史机遇。当前和今后一个时期，水利发展面临诸多有利条件。一是党中央、国务院高度重视水利工作，奠定了水利在经济社会可持续发展中的基础性地位。二是科学发展观为进一步发展和完善治水新思路，坚持正确的水利发展道路、发展模式和发展战略提供了有力的理论指导。三是国家高度重视“三农”问题，采取了一系列的有效政策和措施，有利于进一步加强农村水利基础设施建设，增强农村经济发展的后劲。四是市场经济体制的不断完善，促进水利各项改革不断深化，为水利发展增添了活力。五是全社会对水的认识发生了重大转变，水的忧患意识和节约保护观念的增强，为水利发展提供了良好的社会环境。六是多年来水利不断建立和完善规划体系，强化依法行政，加强制度化建设，推动体制和科技创新，发扬献身、负责、求实的水利行业精神，为提高水利服务经济社会能力提供了坚实的基础。

水利发展的主要制约因素。一是由于特殊的自然地理条件、水资源条件和社会经济条件，使我国成为世界上治水最为困难的国家之一，客观条件导致水利发展任务艰巨。二是由于各地在追求经济增长过程中，忽视了人与自然和谐发展，导致洪水风险增加、水资源枯竭、水环境恶化等突出问题，加重了治水任务的艰巨性和复杂性。三是由于经济社会发展布局与水资源分布不相匹配，增加了水资源配置的难度和成本，资源约束是水利发展长期面临的重要不利因素。四是由于国家稳定的水利投资体制尚未健全，中央水利投资还不能满足水利建设需求，一些地方水利投资严重不足，投资约束将会影响水利对经济社会发展的有力支撑。五是修建水利工程面临的生态问题，将成为水利事业健康发展的重要制约因素。六是流域管理和区域管理相结合的水资源统一管理体制尚未理顺，体制性障碍影响了对水资源的科学配置、合理开发、有效保护和高效利用。七是基层水管单位机制不活，运行管理和维修养护经费不足，管理设施陈旧，队伍不稳，导致基层水利发展后劲不足。

二、水利发展与改革的总体思路

（一）指导思想

以邓小平理论和“三个代表”重要思想为指导，树立和贯彻科学发展观，坚持中央水利工作方针和可持续发展治水思路，围绕全面建设小康社会的目标，以满足经济社会发展需求和提高人民生活质量为出发点，以实现人与自然和谐为核心理念，以科学、民主、依法行政为基础，全面规划、统筹兼顾、标本兼治、综合治理、讲求效益，继续巩固和加强水利基础设施建设，强化对涉水事务的社会管理，深化水利各项改革，大力发展循环经济，不断提高水资源利用效率和效益，全面建设节水型社会，妥善处理好水利事业发展与生态保护的关系，以水资源的可持续利用保障经济社会的可持续发展。

（二）基本原则

（1）坚持以人为本的原则。水利发展要从保障人民生命财产安全、提高人民群众生活水平和生活质量的实际要求出发，把人民群众的根本利益作为水利工作的出发点，着力解决好与人民切身利益密切相关的水利问题，努力满足人民群众对供水安全、防洪安全和生态环境用水等方面的需求。

（2）坚持人与自然和谐的原则。水利发展要尊重自然规律和经济规律，充分考虑水资源承载能力和水环境承载能力，妥善处理开发与保护的关系，减轻乃至防止人类活动对水的侵害。同时，要高度重视水利发展中的生态问题，正确认识水利与生态保护的关系，科学评价水利工程自身可能带来的生态问题和解决措施，保证水利事业持续健康发展。

（3）坚持以改革促进发展的原则。加强水利改革力度，强化政府对涉水事务的社会管理，克服水利发展中的体制性障碍，理顺体制，健全法制，改革机制，加强水利依法行政，全面提升水利服务于经济社会可持续发展的能力。

（4）坚持统筹发展的原则。水利发展要兴利除害结合，开源节流并重，防洪抗旱并举。统筹考虑不同流域、区域和城乡水利发展的特点和需求；统筹考虑水资源条件和生产力布局、经济结构，合理确定水利发展的目标、速度、规模、水平。

（5）坚持资源节约和保护的原则。继续把水资源的节约、保护、配置放在突出位置，节水为主，治污优先，把建立节水防污型社会作为水利的一项长期性任务，提高全社会节水防污意识，促进循环经济发展。

（6）坚持突出重点、注重效益的原则。根据国家公共财政状况和投资政策，明确水利发展的重点，合理确定水利建设规模和投资规模，优化配置水利建设资金，有所为有所不为，保续建保投产，坚持扩大能力与巩固提高相结合，提高水利工程的社会效益和经济效益。

（三）总体思路

“十一五”及到2020年，水利将进入全面发展的新阶段，逐步完成由传统水利向现代水利、可持续发展水利转变的发展过程。通过科学确定水利发展和改革目标，统筹安排水利发展布局，继续加强重点水利基础设施建设，依法强化政府对涉水事务的社会管理，深化水利管理体制改革等重大措施，努力解决全面建设小康社会进程中面临的突出水问题，为全面建设小康社会提供有力的水利支撑和保障。

在防洪减灾方面。按照人水和谐的理念，给洪水以出路，河道、湖泊、枢纽、蓄滞洪区等科学安排，重点加强蓄滞洪区建设等防洪减灾体系中的薄弱环节，合理利用雨洪资源，建立洪水管理制度，不断完善综合防洪减灾体系，逐步实现由控制洪水向洪水管理转变。

在水资源开发利用方面。以建设节水型社会为根本，实行主要江河尤其是北方河流的水量分配，初步建立国家水权制度，积极培育水市场；加强水资源调蓄和配置工程建设，逐步构建全国水资源总体配置格局和区域水资源配置格局；协调好生活、生产和生态用水，提高水资源利用效率和效益。

在水资源保护和水环境治理方面。以恢复和改善水体功能为目标，以水源地保护为重点，建立排污总量控制、定额管理、排污缴费、水质监测、超标预警、过量惩罚等水资源保护制度；大力发展循环经济，加大污水处理和再生水利用。实行严格的地下水保护政策，加强地下水超采地区的综合治理。

在水土保持生态建设方面。充分发挥生态自我修复能力，以预防保护和有效监督为主，工程措施、行政措施、技术措施、管理措施等相结合，国家投入与政策引导相结合，加强对重点水土流失地区和生态脆弱河流的综合治理，逐步扭转我国与水相关的生态恶化的趋势。

三、水利发展与改革的目标

（一）水利发展目标

（1）防洪减灾目标。到2010年，全国大江大河重要干支流河段基本得到治理，重要干流堤防按规划达标；基本完成重点病险水库除险加固；加强蓄滞洪区建设，使用频率高的蓄滞洪区能够正常运用，基本不需搬迁居民；结合干支流水库建设，基本建成大江大河综合防洪减灾体系。大江大河重点防洪保护区达到流域规划确定的防洪标准，特大城市防御100年一遇以上洪水；大城市防御50～100年一遇洪水；中等城市防御20～50年一遇洪水。重点海堤防御50年一遇以上潮水位加8～12级风暴潮；中小河流重点河段防御10～20年一遇洪水；粮食主产区排涝标准基本达到3～5年一遇。

到2020年，大江大河干流和重要支流堤防建设按规划达标，各类防洪工程实现良性维护和运行，充分发挥防洪减灾效益；遇设计洪水时能够确保重要防洪保护区的防洪安全，遇超标准洪水时能够保证重要城市和重要地区的防洪安全，将洪涝损失减到最低限度，洪水资源利用程度得到提高，完善防洪减灾社会保障制度，与小康社会要求相适应的综合防洪减灾体系基本形成。

（2）供水目标。到2010年，南水北调东线和中线一期工程建成并发挥效益，北京、天津以及华北地区和胶东半岛大中城市缺水问题得到有效缓解。全国新增年供水能力400亿~500亿m^3，其中新增城市供水能力160亿m^3，城市供水普及率达到98%，供水标准达到国家饮用水卫生标准；提高乡镇供水能力，村镇自来水供水普及率达到60%；解决农村8000万人的饮水安全问题。

到2020年，全国再新增年供水能力800亿m^3左右。城市和农村供水条件进一步改善，全国农村饮水安全问题基本得到解决。基本形成与城镇化发展相适应的供水体系。南水北调西线一期工程建成并发挥效益，基本形成四横三纵、东西互补、南北互济的全国水资源合理配置格局和安全供水体系，黄淮海流域水资源短缺形势得到一定程度的解决。

（3）节水目标。到2010年，全国灌溉水有效利用系数提高到0.50，基本实现全国灌溉用水总量零增长。全国平均工业用水重复利用率提高到70%，万元工业增加值取水量降到120m^3。城市供水管网平均漏损率控制在20%以下，节水器具普及率达到80%以上，初步普及节水产品认证制度。

到2020年，全国灌溉水有效利用系数提高到0.55，农业节水水平普遍提高，全国灌溉用水总量持平或有所下降。全国平均工业用水重复利用率达到90%，万元工业增加值取水量降到58m^3。全国节水总体水平与世界先进水平之间的差距逐步缩小，进一步推进节水型社会建设。新建项目节水全部达到国家标准。

（4）农村水利发展目标。到2010年，全国新增工程节水灌溉面积1.5亿亩，新增有效灌溉面积2000万亩，基本完成现有粮食主产区主要大型灌区骨干工程续建配套和节水改造。新增雨水集蓄利用工程容积2亿m^3，为660万亩基本粮田提供补充灌溉条件。新增节水灌溉饲草料地400万亩，保护和恢复1.6亿亩天然草原生态。新增农村水电装机2100万kW，完成400个水电农村电气化县建设。

到2020年，全国再新增工程节水灌溉面积2亿亩，新增有效灌溉面积2000万亩，基本完成主要大中型灌区的续建配套与节水改造，有效灌溉面积能保持粮食需求相适应、规模相对稳定。新增雨水集蓄利用工程容积6亿m^3，为1600万亩基本粮田提供补充灌溉条件。新增节水灌溉饲草料地面积1000万亩，保护和恢复4亿亩天然草原生态。新增农村水电装机3500万kW，继续建设水电农村电气化县。

（5）水资源保护和生态治理目标。到2010年，全国主要江河湖泊水功能区水质达标率达到65%以上。城市主要供水水源地水质达标率达到95%以上，城市污水处理率达到60%以上。新增治理水土流失面积25万km^2，实施生态修复面积50万km^2，改造坡耕地4000万亩，建设淤地坝4.18万座。一些生态脆弱的河流或生态严重破坏的河流得到挽救和治理；全国湿地保护面积有所恢复；减缓地下水超采趋势。

到2020年，全国主要江河湖泊水功能区水质达标率达到80%以上。城市主要供水水源地水质达标率达到98%，城市污水处理率达到80%。新增治理水土流失面积50万km^2，进一步巩固生态修复成果。有效遏制地下水超采的趋势。水环境状况基本与小康社会要求相适应。

（6）水文及水利信息化建设目标。到2010年，基本建成重点流域、重点区域、重要城市、重要骨干水利工程的水文信息采集系统、水利自动化调度系统和信息化管理系统，推进水利信息共享，水利信息化水平与国家信息化水平相适应。

到2020年，基本建成现代化的全国水利信息网络，流域、区域、城市、骨干水利工程的水利自动化调度系统达到世界先进水平，推进水利现代化进程。

（二）水利改革与管理目标

洪水管理目标。2010年，完成全国防洪区划，基本完成全国主要江河洪水风险图；在主要江河流域和区域初步建立洪水风险管理制度；完善防洪保护区、蓄滞洪区以及洪泛区的管理制度，建立洪水影响评价制度。

水资源管理目标。2010年，完成主要江河水量分配方案，初步建立国家水权制度和水权转让制度；实行用水总量控制和定额管理相结合的管理制度；完善取水许可和水资源有偿使用制度；初步实现国家对重要江河水资源和主要平原区地下水的有效监测。

水资源保护目标。2010年，完善主要江河水功能区划，核定纳污能力，建立入河排污总量控制制度和排污权管理制度；加强入河排污口管理，建立供水水源地保护制度；实现对地下水严重超采区的有效监控。

水土保持管理目标。2010年，建立、健全水土保持生态环境保护监管体系，在生态脆弱的流域和地区建立生态预警体系，加强对各类开发建设的有效监管，严格控制人为水土流失。

建设节水型社会目标。2010年，大力推广节水型社会试点，探索政府调控、市场引导、公众参与的节水型社会管理体制，形成以经济手段为主的节水机制，促进节水的社会化，水资源浪费现象得到有效遏制；到2020年，基本建立政府宏观调控、市场引导、公众参与的节水型社会管理体制，水资源利用效率和效益得到明显提高。

水利改革目标。2010年，改革水资源管理体制，开展流域管理体制改革试点工作，完善流域管理与区域管理相结合的水资源管理体制，基本实现以流域为单元的水资源统一调度和优化配置；推进区域水务管理体制改革，多数省份和主要城市实现涉水事务的统一管理；推进水利国有资产管理体制改革，基本完成水利工程管理体制改革任务；深化水利建设管理体制改革；加快水利投融资体制改革，形成以公共财政为主渠道的水利投资体制；积极推进水价改革，建立科学的水价形成机制；移民管理体制得到理顺。

（三）流域水利发展目标

长江流域。以中下游地区防洪和重要水源地保护为重点，以稳定河势河床、保障防洪安全、合理配置资源、维系良好生态为战略目标。继续建设流域综合防洪减灾体系，加强蓄滞洪区建设，中下游河床河势得到基本控制，主要支流重点河段得到治理，干流达到防御1954年洪水、荆江河段达到百年一遇的防洪标准；完成流域水量分配方案，基本形成以干支流骨干水库和南水北调工程为主的水资源调配体系，基本满足本流域城乡供水需求和外流域调水需求；流域水能资源开发有序推进；三峡水库和南水北调东中线工程水源地得到有效保护，干支流重要河段、重要水库和湖泊达到水功能区标准；血吸虫病区钉螺面积明显降低，血吸虫病传播得到有效控制；上中游水土流失重点防治区达到初步治理标准；山地滑坡、泥石流预警系统初步建立。

黄河流域。以黄河堤防不决口、河道不断流、水质不超标、河床不抬高和努力维系黄河健康生命为战略目标。初步建成黄河防洪减淤体系，确保防御花园口站洪峰流量2.2万m^3/s时堤防不决口；完善黄河水沙调控体系，控制水沙条件恶化趋势，并逐步加以改善；加强滩区安全建设，改善滩区居民生产生活条件；继续完善流域水资源统一管理和水量统一调度体制，大力推广节约用水，2010年之前开工南水北调西线一期工程，缓解西北水资源短缺局面，保证黄河不断流；干流主要河段和流域内重点饮用水源区水质满足水功能区要求；充分利用大自然的自我修复能力，通过淤地坝等综合措施，基本控制人为因素产生新的水土流失，减少入黄泥沙；实施渭河综合治理；西北跨界河流水资源开发利用程度提高。

淮河流域。以完善淮河防洪减灾体系、基本扭转流域水环境恶化的趋势、提高水资源保障能力为战略目标。全面完成国务院确定的治淮19项骨干工程，实施行蓄洪区调整与改造、扩大淮河下游泄洪能力、重点平原洼地排涝工程建设，基本解决行蓄洪区群众防洪安全问题，完善流域综合防洪除涝体系，进一步提高流域干支流防洪标准和排涝标准；完成主要河湖省际水量分配方案，基本形成以南水北调工程、本流域与外流域水资源合理调配、雨洪资源合理利用的水资源配置格局；完成流域水功能区划，建立纳污总量控制制度，实施入河排污口整治、清污分流、生态恢复等水资源保护工程建设，流域水污染治理具有明显成效；流域上游生态脆弱区、大中型水库上游重点水土流失区得到治理，上游水土流失基本得到控制。

海河流域。以水资源保障、水生态恢复和防洪为重点，以建设节约、高效、安全、生态的现代流域为战略目标。把保障2008年北京奥运会供水作为发展契机，加强流域水资源的合理开发和科学配置，以南水北调东、中线为基础，结合流域内自身骨干河道，打造“二纵六横”的流域水资源配置格局。省界河流初始水权分配机制基本建立，基本形成以节水为前提、以南水北调东中线水源为补给、以洪水资源利用、海水淡化等非常规水资源利用为辅助的城乡水资源供给保障体系。把流域水生态环境恢复作为流域管理的核心工作，通过加强水污染防治和严格地下水管理，使重要水源地得到充分保护，地下水超采和污染得到有效控制，河湖水系环境整治和水土保持取得明显成效。逐步恢复流域主要河系中下游河道防洪标准，基本建成以堤防为基础、以大型水库和蓄滞洪区为骨干、工程措施和非工程措施相结合的综合防洪体系，确保京津地区防洪安全。河道管理走上良性运行轨道，初步实现流域水利管理现代化。

珠江流域。以保障珠江流域重要防洪保护区的防洪安全、维系流域良好的生态系统、提高水资源供给能力为重点，以实现安澜珠江、生态珠江、绿色珠江为战略目标。完善以堤防为基础、干支流控制性枢纽工程为骨干、工程和非工程措施相结合的流域综合防洪体系，提高重要防洪保护区、重点城市的防洪防潮标准。加强流域骨干枢纽防洪及水资源调度管理，增强流域水资源总体调控能力，保障珠江三角洲及港澳地区、黔中、桂中以及东南沿海等缺水地区和重点城市的供水安全，解决好贫困山区的人畜饮水问题。珠江三角洲及重要高原湖泊水污染得到有效治理，“石漠化”地区生态治理及珠江中上游水土保持生态建设取得成效。

松辽流域。以解决城市防洪和供水、粮食主产区灌溉用水为重点，以水利支撑东北老工业基地的振兴为战略目标。完善以堤防为基础、以大型控制性水利枢纽为骨干、支流水库调蓄等措施及其他非工程措施构成的综合防洪体系，提高重要防洪保护区的防洪能力。基本建成主要大中城市和重点地区水资源保障体系，通过水资源合理配置，逐步形成东北地区东水西济、北水南调、充分利用边界河流水资源的水资源配置格局，解决辽宁中西部、吉林中（西）部、松嫩平原等地区的水资源短缺问题，保障主要城市和粮食主产区的用水。东北黑土区水土流失治理、流域水污染防治、重要湿地保护取得成效，流域良好的水生态环境得以维系；东北界河重点河段得到防护和整治，为东北老工业基地调整改造提供水利支撑保障。

太湖流域。以巩固提高流域防洪能力、改善流域水环境、率先建设现代化流域为战略目标。在治太一期工程的基础上，重点提高太湖调蓄能力，建设太浦河、望虞河、新孟河等快速清水走廊，进一步扩大北向长江、南向杭州湾排洪涝能力，建成由江堤海塘、水库塘坝、通畅河网、骨干闸坝、通讯调度等构成的牢固的流域防洪减灾保障体系。通过实施全流域水资源实时监控，使太湖流域实现"引得进、蓄得住、排得出、可调控"，建成流域、区域和城市的水资源调控体系。加强水域功能管理，强化水污染防治，严格控制各地区排污总量，建成水生态环境保护体系框架，结合引江济太、生态修复等有效措施，修复和维护流域水体的环境和生态功能。建立完善的水法规体系和管理制度，提高管理和调度的现代化水平，基本建成流域水利信息化系统，构筑流域水利现代化管理和调度体系。

四、水利发展总体布局和主要任务

（一）防洪减灾

根据国民经济和社会发展对防洪减灾的总体要求，结合各流域自然地理特征和洪水特点，以贯彻落实国务院批准的加强七大江河近期防洪建设若干意见为重点，加快以治淮建设为重点的大江大河治理，确定全国防洪建设规划布局和主要建设任务。

在江河中下游平原区，抓住防洪减灾体系中的薄弱环节，重点加强大江大河蓄滞洪区建设，合理分类，优先安排使用频率高的蓄滞洪区建设；以堤防巩固和达标为目标，继续完善大江大河干流堤防、重要支流河段堤防、城市和重要经济区河段的堤防建设，实施重要江河河段的河势控制和清淤疏浚；加强重要跨界和边界河流综合整治和国土防护；切实加强城市和粮食主产区排涝设施建设，提高低洼地区的排涝能力，抓紧现有排涝设施的更新改造，逐步提高排涝标准；沿海地区要加强重要河口综合治理，加大重点海堤建设力度，提高防风暴潮的能力。

在江河中上游山区及丘陵地区，重点加强病险水库除险加固工程建设，合理布局大江大河干支流控制性枢纽工程，提高对洪水的调控能力，统筹防洪、水资源利用、生态保护和发电等多种效益；以重要城市为重点，加强重要支流防洪综合治理，巩固提高城市防洪基础设施；加强山区中小河流治理和山洪灾害的防治工作，提高重点地区的防洪标准。

在流域防洪建设的重点上，要继续把加快实施淮河治理骨干工程作为大江大河治理的重点。继续实施长江洞庭湖、鄱阳湖综合治理、长江中下游河控工程以及重要支流防洪治理；加快实施黄河下游河防工程、水沙调控工程以及渭河流域综合治理等工程；加快珠江三角洲等重点防护区和重点防洪城市的堤防达标建设；继续巩固提高太湖环湖大堤防洪能力和流域骨干河道引排能力；进一步提高京津地区和东北老工业基地重要城市的防洪能力。

加强重要流域、重要区域、重点防洪城市的水文报汛和预警预报系统建设，完善国家防汛抗旱指挥系统，加强防洪非工程措施建设。完善防洪减灾法规制度，健全防洪应急调度预案，提高防汛调度指挥能力和防洪减灾管理水平。

（二）水资源开发利用和配置

切实加大水资源配置工程建设的力度，重点保障城镇用水和农村人畜饮水，提高重点缺水地区的供水和抗旱能力。以全国节水型社会建设试点为起点，加强农业节水、工业节水和城市节水力度，全面推进节水型社会建设。

对黄淮海地区，要进一步加大农业、工业、城市生活节水力度，强化污水处理及再利用；加快建设以南水北调东、中线一期工程及配套工程为重点的水资源调配工程，重点提高大中城市尤其是北方城市的供水能力；继续实施 21 世纪初期首都水资源可持续利用规划；积极开发利用多种水源，包括雨洪资源、再生水、海水及微咸水利用等，高效利用水资源，重点解决北方城市缺水问题和生态用水问题。

对东北地区，要针对东北老工业基地振兴对水资源的需求，做好对松辽流域规划中的水资源配置方案的调整，建设区域性调水工程，重点解决辽宁中西部、吉林中（西）部、黑龙江西部等地区的缺水问题；积极开发边界河流水资源，提高水资源利用程度；实施三江平原综合治理，以满足城市供水和松嫩平原、三江平原等东北国家战略粮食主产区的灌溉用水以及生态环境用水要求。

对西北地区，要切实加大节水力度，充分利用当地水资源，合理利用地下水，适时建设区域调水工程，缓解水资源供需矛盾；加快伊犁河、额尔齐斯河等西北跨界河流水资源开发利用，为西北边疆经济发展和后备粮食基地建设及生态环境建设提供水资源保障；要针对国家西部大开发战略、国家在西北地区的能源战略布局和黄河本身及上中游生态建设对水资源的需求，加快南水北调西线工程前期论证，确保在2010年前具备开工建设的条件。

对西南地区，在对现有工程除险加固、改建、扩建和挖潜配套、充分发挥现有工程效益的基础上，适当兴建综合利用的骨干水利枢纽，协调好防洪、供水、发电、航运和生态保护的关系；针对西南部分山区人畜饮水和经济用水困难的局面，因地制宜修建大中小型蓄引提工程，适度建设区域性调水工程，新建一批中型水库，提高水资源调蓄能力，逐步提高供水保证率。

对中东部地区，针对湖南、湖北、江西等水资源相对丰富地区，要重点提高工程对水资源的调控能力，解决城镇供水和农村人畜饮水困难，实施水资源的定额管理，提高水资源利用效率和效益；对东南部水资源较为丰富的地区，要以治污为主，加强水资源保护和优化配置，缓解城市和工业缺水状况，提高城乡供水保证率和供水水质。

（三）病险水库除险加固和水库建设

“十一五”期间，加强重点病险水库除险加固工程建设，基本消除重点病险水库的安全隐患。在完成全国第一批病险水库除险加固任务的基础上，实施《全国病险水库除险加固专项规划》确定的第二批除险加固任务。启动大中型病险水闸除险加固。

重点完成《“十五”期间大型水库建设规划》中未完成的重点水库工程，在中型水库规划的基础上，积极推动西南地区中型水库工程建设。对新建水库项目要科学规划，合理布局，充分论证，综合利用。在南方水资源丰富的河流上建设水库，要注重防洪的需要；在北方水资源短缺的河流建设水库，要注重全流域的水资源合理分配，防止因上游过量用水而导致下游用水紧张和生态环境恶化。对以发电、航运为主要开发目标的水库建设，要依照我国的《水法》、《防洪法》等法律的规定，履行有关的程序，从严控制，防止无序开发。

水库建设中要坚持以人为本，统筹考虑生态环境，实行开发性移民，保护移民合法权益，把改善移民生活环境、解决移民生计、增加移民收入等放在重要位置，建立和完善分级负责的移民管理制度，建立可持续发展的水库移民补偿机制。

高度重视水利工程自身可能带来的生态问题，把保护生态、保护河流放在水利发展的重要位置。对已建水利工程产生的生态问题，要科学论证和综合评估，采取妥善而有效的措施加以整治；对新建水利工程，要认真做好生态环境影响评估论证，慎重对待可能产生的生态问题，尽量避免对生态环境造成不利影响。

（四）农村水利

重点解决农村饮水安全问题，优先解决8000万人饮用高氟水、高砷水、苦咸水以及血吸虫病区群众饮水安全问题，使全国70%的高氟水病区村完成改水，其中90%的中、重病区村完成改水；所有高砷水病区村完成改水。采取综合水利措施，控制血吸虫病区钉螺面积扩大。

加快大型灌区续建配套和节水改造。在水源条件相对较好的地区，结合重点水源工程建设，规划和开工建设一批水库配套灌区，开发粮食生产的后备战略资源。继续加大灌区特别是粮食主产区155个大型灌区续建配套和节水改造力度，完善水利灌排设施条件，提高灌溉保证率和粮食单产水平。加强重点中型灌区节水改造和中低产田改造。对井灌区进行节水改造，因地制宜采取管道输水灌溉、喷灌、微灌等节水方式。通过雨水集蓄，提高旱地农业的生产水平。因地制宜地进行灌区产权制度改革，由用水户参与或直接管理，加强灌区用水计量，提高管理效率。

加快牧区水利建设。对轻度沙化退化草原，重点开发利用当地水资源和雨洪资源，改造和发展人工灌溉草场和灌溉饲草料地；对中度沙化退化草原，重点采取开源节流、退牧还草综合治理和加强现有工程配套改造等措施，减轻风沙危害，使局部地区生态环境有所好转；对重度沙化退化草地，重点采取减压措施，实施禁牧和对部分牧民和牲畜实行异地搬迁或转产安置，促进草原生态修复。

（五）农村水电

大力发展农村水电。在农村水电资源丰富的地区，建设400个小康电气化县，加快实现农村电气化和现代化；在贫困地区建设农村水电增收解困工程，增加农民收入，加快这些地区脱贫致富的步伐；在生态脆弱、农民生活燃料直接威胁退耕还林、天然林保护成果的地区，建设小水电代燃料工程，提高农民生活水平，改善农村生产生活条件，改善生态环境；在云南、广西、内蒙及西藏边境乡镇建设边境地区光明工程，解决农村无电人口用电问题；加强农村水电管理。

（六）城市水利

结合大江大河治理，加强城市防洪骨干工程建设，重视城市排水、排涝设施建设；城市建设和市政工程必须进行洪水影响评价，新建扩建城镇要建设避洪设施，提高城市防洪排涝标准。根据流域和区域水资源条件，做好城市水资源规划，建立稳定可靠的城市供水水源，提高城市供水保障能力；南水北调受水区城市要加快供水配套设施建设，提出限制超采地下水的实施方案。要充分运用循环经济的原理，加强城市节水和治污力度，提高水的重复利用率，构架水资源的循环利用机制，全面建设节水防污型社会。城市河湖水系改造要与环境整治相结合，河道整治和水生态系统恢复、水环境与景观建设相结合。加快城市水价改革进程，加大水价调整力度，大力推进城市供水和污水处理的市场化，保障城市供水、污水处理的良性运行。

（七）水资源保护和水环境治理

坚持预防为主，综合治理，加强水资源保护。对江河源头区，要通过工程、生态和政策干预等综合措施，加强江河源头水源涵养和保护力度。加强对南水北调工程水源区和输水沿线、三峡库区、重要城市和重点地区供水水源地的监测和保护，通过强化供水水源区保护和建设，加强入河排污口控制和管理，采取工程措施、生态措施和严格的管理措施，保证水功能区的水质要求。对“三河、三湖”等水污染严重的江河湖泊，按照“谁污染、谁付费”的原则，加大投入，加快治理。结合农村环境保护和生态农业建设，重视农村改水改厕和乡镇企业排污管理，采取有效措施，有效削减有机污染物排放总量，控制农村面源污染。

切实加强对地下水的保护，实行严格的地下水保护政策，推进全国地下水行动保护计划，尤其要加强华北、西北、东部沿海地区地下水监测和保护工作；加强地下水超采地区的综合治理，对城市公共供水管网已覆盖的地区，限期封闭自备井，有条件的要采取措施回灌地下水，有效遏制地下水超采的趋势，使因超采地下水引发的生态与环境灾害得到有效治理。

（八）水土保持生态建设

以生态修复、综合治理、预防保护和有效监督为主，充分发挥小流域综合治理的作用，加快长江上中游、黄河上中游、珠江流域“石漠化”地区、西北内陆河流域及其他流域水土保持生态建设工程。

对长江、珠江上中游等水资源丰沛地区，要充分发挥自然修复能力，加大封育力度，同时结合坡耕地整治，有效保护好土壤资源，提高土壤涵养水分能力和生产能力。黄河上中游以多沙粗沙区为重点区域，以小流域为单元，以淤地坝建设为重点，治坡与治沟相结合，山水田林路综合治理。在西北干旱半干旱地区，实行乔、灌、草相结合，加强风沙草原区防治；对内陆河流域，继续实施塔里木河、黑河流域近期治理规划，要有效控制人工绿洲的盲目扩大，保证水资源对河流的有效补给。加强南方丘陵红土区、东北黑土漫岗区、西南石漠化区和大别山、沂蒙山的水土流失综合治理。加强对各类开发建设的有效监管，严格控制人为水土流失。加强对北方地区河流断流、湿地萎缩、生态恶化地区的生态治理，通过采取综合性措施，恢复和改善生态环境。

（九）水文及水利信息化建设

加强水利现代化设施建设，提高水利现代化水平。建设和完善全国水文水资源信息监测网络，建成国家防汛抗旱指挥系统、全国水土保持监测与管理信息网络，基本建成重要流域和南水北调工程的水资源调度管理信息系统，加强流域、区域、城市、骨干水利枢纽、调水工程、大型灌区等水利自动化调度系统建设，提高现代化管理水平；加强地下水监测，建设国家对重要地下水超采区的有效监控体系；开发流域空间地理信息系统，建立流域信息共享机制；采用信息化管理技术和手段，提高水利行业管理能力。

五、水利改革与管理主要任务

（一）建立洪水管理制度

“十一五”期间，依据全国防洪规划，划定防洪保护区、蓄滞洪区、洪泛区以及规划保留区的范围和边界；在此基础上，进行风险分析评价，编制完成主要江河洪水风险图；逐步建立洪水风险管理体系，合理承受和规避洪水风险，规范人类活动；研究洪水保险制度，建立适合中国国情的社会化减灾和救助补偿机制，完善防洪减灾社会化保障体系。建立洪水影响评价制度，加强建设项目的洪水影响评价论证。

建立和完善蓄滞洪区管理制度。根据全国蓄滞洪区建设规划，按照重要性、防洪作用和运用几率对蓄滞洪区进行分类，控制蓄滞洪区人口增长，制定蓄滞洪区的使用管理办法，完善蓄滞洪区运用补偿办法。

（二）建立以水权为基础的水资源管理制度

根据《水法》的要求，依据全国水资源综合规划，采取科学分析、民主协商、行政裁决等程序，基本完成国家主要江河水量分配方案，确定各省市区的用水权指标；各省区市在中央分配的水量指标基础上，对不同地区和行业进行二次分配，初步建立水权制度。进一步完善取水许可制度。

在有条件的地区，实行用水权有偿转让。研究建立水权转让制度，规范水权转让行为，研究水权转让的价格形成机制，在初始水权确定之后，逐步利用市场机制优化配置水资源。

建立抗旱减灾应急管理制度。制定各流域和区域旱情紧急情况下的水量调度预案，加强抗旱服务体系的建设和完善。

（三）建立以水功能区管理为基础的水资源保护制度

完善水功能区管理制度，按照流域水资源综合规划、水资源保护规划和经济社会发展要求，对江河、湖泊等各类水域进行水功能区划，根据水功能区划，确定各个河段纳污能力和纳污控制总量，制定各类水功能区的保障措施，重点加强饮用水水源保护区管理，保证城乡居民饮用水安全。完善以水功能区为基本控制单元的水资源保护体系。

在确定各河段纳污能力和纳污控制总量的基础上，建立健全排污总量控制制度，严格排污权管理；建立入河排污口登记制度和审批制度，对重要水功能区和重要入河排污口进行实时监控。

（四）推进节水型社会建设

建设节水型社会是解决我国干旱缺水问题的战略性根本措施。在全国大力推动节水型社会建设，抓好试点，以点带面，结合国家主要江河水量分配方案，实施总量控制与定额管理相结合的用水管理制度，科学确定用水定额，合理制定水价，建立以经济手段为主的节水机制，激发全民的节水意识和社会的广泛参与，实现水资源的合理利用、节约利用和高效利用。

在农业节水方面，明晰农业用水权，建立先进的灌溉用水制度，促进灌区改造、推广节水技术和改革管理体制相结合；拓宽农业节水投资渠道，探索农业用水权有偿转让制度，建立城市、工业补偿农业节水的机制。在城市和工业节水方面，完善城市规划、经济布局、重大建设项目水资源论证制度，形成与水资源承载能力相适应的经济发展布局；全力推广循环经济的理念和方法，努力提高水的重复利用率，发展节水减污型产业。在生活节水方面，大力推广节水器具，形成以大中城市为重点，逐步向乡镇全面推进的节水格局。

积极推进水价改革，建立有利于促进节约用水和水资源循环利用的水价机制，全面推行阶梯式水价，对不同水源和不同类型用水实行差别水价。在水资源紧缺地区和生态环境恶化地区，要较大幅度提高水资源费征收标准。

（五）推进水资源管理体制改革

研究开展流域管理体制改革。重要江河以流域为单元，流域内的涉水事务统一纳入流域综合管理范畴。进行流域管理体制改革试点，积极探索建立由中央有关部门和流域内各省级政府组成，各方参与、民主协商、共同决策、分工负责的议事决策机制和高效的执行机制，整合和协调现有各条块资源，依法行政，科学管理，以提高水资源的利用效率和效益。

推进区域水务管理体制改革。各地根据实际，加强对区域防洪、供水、排水、节水、污水处理及再生水利用等涉水事务的统一管理，建立政府调控、市场运作、企业开发的供水和污水处理运行与发展机制。

（六）推进水利投融资体制改革

根据国务院《关于投资体制改革的决定》，科学地确定水利公益性为主的社会定位，把对水利的投入纳入公共财政投入的主框架。对防洪工程、生态建设等公益性水利工程，完善以公共财政为主渠道的水利投资体制，建立起各级政府稳定的财政投入机制；对兼有公益性和经营性的水利工程，建立财政投入和社会融资相结合的投融资体制；对以经营性为主的水利工程，建立放活市场、政府监控、多渠道融资的建设体制。

（七）推进水利工程建设和管理体制改革

全面深化水利建设管理体制改革。对使用政府投资的水利建设项目，可推行项目法人招标和建设项目代建制；完善项目法人责任制、招标投标制、建设监理制和合同管理制，加强政府对建设全过程的监管，规范水利建设市场。完成《水利工程管理体制改革实施意见》中提出的水管单位改革任务。严格推行水管单位的分类管理，建立工程管理和维护的投入机制。落实管护经费，推进管养分离，精简管理机构，提高维修养护水平，加强水利工程经营管理，不断提高经营收入，建立充满生机和活力的内部运行机制。推进农村水利改革，因地制宜地进行农村水利工程产权制度改革，对农村小微型水利工程，有条件的采取拍卖、租赁、承包经营等方式，盘活存量资产，调动农民参与建设和管理的积极性。

（八）推进水利国有资产管理体制改革

加快水利国有资产管理体制改革。对水利非经营性资产，建立水行政主管部门对水利非经营性国有资产的监管制度。对准公益性的水利国有资产，探索建立事业管理、授权经营、权责明确、补偿合理、收支分列的管理体制和运营机制。建立与市场经济体制和公共财政体制相适应的水利行政事业性资产管理体制。

六、保 障 措 施

（一）科学制定规划，指导水利建设

继续完善以全国水资源综合规划和全国防洪规划为基础、流域规划和专业规划为支撑的水利规划体系，强化水利规划的法律地位和作用。国民经济建设规划及布局要与水资源综合规划衔接，避免在缺水地区布置高耗水、重污染的工业项目和盲目发展灌溉面积。做好重大水利建设项目规划论证，注重对建设项目的技术经济、资金筹措、环境影响、移民安置、土地利用等方面的可行性论证，完善重大水利建设项目决策机制，依法规范水资源开发行为，根据需要和可能，合理安排水利工程建设。

（二）合理划分事权，稳定水利投入

合理划分中央与地方、政府与市场的事权，明确各类水利工程的投资主体。各级政府预算内用于水利建设的资金要随经济社会发展逐步增加。中央投资主要安排关系全局的大型水资源工程、防洪骨干工程、跨界河流、改善农村生产生活条件的基础设施等，中央投资逐步向西部地区水利建设倾斜。加大水利扶贫和水利援藏工作力度。地方负责本省区内水利建设项目投资。推进城镇供水、污水处理、中小水电开发等市场化进程，提高效益，增强融资能力。加强水利资金使用管理，健全财务管理制度，加强审计稽查，确保资金安全，最大限度地发挥投资效果和提高投资效益。

（三）健全水法规体系，强化依法行政

加快完善《水法》、《防洪法》、《水土保持法》等的配套法规体系，强化行政执法体系建设，重点加强省际水事矛盾预防和协调，健全监督机制，完善水利突发性事件应急机制。规范水事行为，依法行政，依法治水，提高水利执法力度和执法水平。围绕制度建设和加强社会管理，制订出台有关水利建设的土地利用、移民安置、生态保护等政策措施，促进和保障水利发展和改革。

（四）推进科技创新，注重培养人才

建立水利科技创新体系，增加水利科技投入，加强水利科技攻关和科技成果推广，重点抓好防洪、节水、水资源保护、水环境治理等领域水利关键技术研究和推广；加强大气水、微咸水、再生水等综合利用技术的研究和推广；完善水利质量技术监督体系和水利技术标准体系。促进国际交流和重大水事活动。大力实施和推进水利人才战略，以高层次人才队伍建设为龙头，以人才能力建设为重点，以基层水利人才教育培养为基础，建立一支与水利现代化建设相适应的高素质人才队伍。

（五）鼓励公众参与，社会共同实施

水利发展规划需要全社会共同遵守和实施。要加强规划的宣传和引导，提高全社会对加快水利发展和改革的认同程度，引导公众积极地参与和支持水利规划实施，使规划实施取得更好的社会效果。在水利规划实施过程中，要通过多种形式听取社会公众的意见，充分反映公众意愿，不断保证规划实施的科学性与合理性。

树立和落实科学发展观　加快水利的改革与发展

陈　雷

党的十六届三中全会提出了坚持以人为本，全面、协调、可持续的科学发展观。本人就树立和落实科学发展观，实践可持续发展治水思路，加快水利的改革与发展谈几点认识。

一、把握科学发展观的内涵，更新和完善水利发展观念

科学发展观是我们党根据新中国成立以来特别是改革开放以来的发展实践，针对当前经济社会发展中存在的突出问题，借鉴国外经济发展经验，为实现国家可持续发展做出的重大战略决策，表明了党对中国特色社会主义现代化建设规律认识的不断深化，反映了发展的时代特征和必然趋势。科学发展观是我国全面建设小康社会和实现现代化的根本指针，也是水利改革与发展所必须遵循的重要指导思想和基本原则。

树立和落实科学发展观，必须全面领会科学发展观的本质和内涵。以人为本是科学发展观的核心和本质，是一切工作的出发点和归宿，体现了党的宗旨和执政理念。坚持以人为本，就是要一切从人民群众的需要出发，实现人民群众的根本利益，让发展的成果惠及全体人民。全面、协调、可持续发展是科学发展观的基本内容，是经济发展、社会发展和人的全面发展的统一，是经济社会与人口、资源、环境的统一，是物质文明、政治文明、精神文明建设的统一。全面发展，就是要以经济建设为中心，实现经济发展和社会全面进步。协调发展，就是要推进生产力和生产关系、经济基础和上层建筑相协调，经济、政治、文化建设相协调。可持续发展，就是要促进人与自然的和谐，坚持走生产发展、生活富裕、生态良好的文明发展道路，构建社会主义和谐社会。统筹兼顾是科学发展观的根本要求，就是要统筹城乡发展、统筹区域发展、统筹经济社会发展、统筹人与自然和谐发展、统筹国内发展和对外开放。

树立和落实科学发展观，用科学发展观指导水利工作，必须树立六

个观念：一是以人为本的观念。把广大人民群众的根本利益作为水利工作的出发点和落脚点，着力解决好与人民群众利益密切相关的水利问题，确保饮水安全、防洪安全和用水安全；二是人与自然和谐的观念。正确处理人与自然、人与水的关系，充分考虑水资源和水环境的承载能力，在水利建设中避免和减少人类活动对水和自然的侵害；三是节约资源的观念。以建设资源节约型社会和发展循环经济为目标，树立节水意识，完善节水机制，建设节水型社会，加强水资源统一管理，提高水资源的利用效率和效益，促进水资源的可持续利用；四是保护环境的观念。水是维系良好生态环境的最基本要素，要重视生态环境问题，加强水资源保护和水环境治理，正确处理水利建设与生态环境保护的关系，维系河流健康生命；五是统筹发展的观念。根据流域、区域、城乡和东中西部发展对水利的不同需求，统筹考虑水资源条件、经济结构和生产力布局，科学确定水利发展目标、速度、规模和水平，促进水利与经济、社会、环境的协调发展；六是改革创新的观念。深化水利改革，理顺体制、创新机制、健全法制，强化水利的社会管理和公共服务职能，提高水利依法行政和服务于经济社会可持续发展的能力。

二、按照科学发展观的要求，实践可持续发展治水思路

'98 大水以来，水利改革与发展进入了一个新的阶段。在党中央、国务院的高度重视下，水利建设取得了巨大的成就，有力地支撑和保障了经济社会发展。水利部党组从经济社会发展的客观要求和水利工作的实际出发，在系统总结多年治水实践的基础上，按照人与自然和谐相处的理念，提出了从传统水利向现代水利、可持续发展水利转变的治水新思路。近几年的实践表明，这一治水思路贯彻了中央水利工作方针，是科学发展观在水利工作中的直接体现。

几年来，各级水利部门认真贯彻落实科学发展观，积极实践可持续发展治水思路，水利改革与发展实现了一系列重大跨越。一是水利投入大幅度增加，水利基础设施建设步伐明显加快。1998 年以来，中央共投入水利建设资金 2400 多亿元，年均投入 300 亿元以上。长江干堤加固等大江大河大湖治理取得重大进展，南水北调和治淮建设全面启动，农村人饮解困、大型灌区节水改造、病险水库除险加固和骨干水利枢纽工程建设取得明显成效，水利信息化和现代化建设上了一个新的台阶；二是水利改革不断深化。水利工程管理体制改革、水利建设管理体制改革、流域管理体制改革、水务管理体制改革、水利投资体制改革、农村

水利改革、水价改革全面推进；三是依法治水力度进一步加大。水法规体系和水行政执法体系逐步健全，科学、民主、依法行政能力明显提高；四是水资源管理得到加强。黄河水资源统一调度，张掖等节水型社会建设试点，黑河、塔里木河综合治理，引江济太、引岳济淀、扎龙湿地补水等取得显著成效；五是水利规划和前期工作取得新的突破。水资源综合规划、防洪规划、水利发展“十一五”规划、水利专项规划取得重要成果，重点水利项目的前期工作步伐加快。

但是，从科学发展观和经济社会发展对水利的要求来看，水资源承载能力下降，饮水安全问题十分突出，水资源短缺已成为经济社会发展的主要制约因素；江河防洪标准偏低，综合防洪减灾体系尚不完善，频繁的洪涝灾害对经济社会发展和人民生命财产造成严重威胁；水污染问题较为突出，水环境的总体状况尚未得到根本好转；水土流失严重，生态环境恶化问题已经引起全社会的广泛关注。

从水利改革与发展自身来看，仍然存在着一些亟待解决的问题：对可持续发展治水思路的认识还不尽一致，贯彻落实的力度还不够大；水利基础设施建设相对滞后，水利工程老化失修、效益衰减及安全隐患等问题较为突出，公益性水利工程良性运行维护补偿政策尚未到位；水利发展中的体制性和机制性约束尚未消除，水利的社会管理和依法行政能力亟待加强；水利科技创新和推广能力较低，水利信息化和现代化建设步伐还需进一步加快；水库移民的历史遗留问题较多，基层水管单位职工的生活和工作条件亟待改善。

当前及今后一个时期，是我国全面建设小康社会、树立和落实科学发展观、完善社会主义市场经济体制的关键时期。中央对水利工作高度重视，将水利放在基础设施建设的突出位置，国家由积极的财政政策转为稳健的财政政策后，仍将继续保持较大的中央水利投资力度，水利面临着很好的发展机遇。我们要抓住机遇，开拓进取，迎难而上，全面贯彻落实科学发展观，积极实践可持续发展治水思路，解决水利发展中存在的诸多问题，加快水利的改革与发展。

三、以科学发展观为指导，确立水利发展目标和任务

贯彻落实科学发展观、加快水利的改革与发展，总的来说，就是要把握一条主线，突出三个抓手，明确五个目标，构建六大体系。

把握一条主线。就是要在水利工作中牢固树立和全面落实科学发展观。以科学发展观为指导，坚持中央水利工作方针，积极实践可持续发

展治水思路，促进人与自然和谐，着力解决好水利改革与发展中的突出问题，全面提高水利服务于经济社会可持续发展的能力，为全面建设小康社会提供有力的水利支撑和保障。

突出三个抓手。一是加快发展。发展是党执政兴国的第一要务，也是水利工作的首要任务。只有加快发展，才能解决好事关经济社会发展大局和群众切身利益的水问题，才能提高水利支撑经济社会可持续发展的能力，才能推进传统水利向现代水利、可持续发展水利的转变；二是深化改革。改革是发展的动力，也是加快水利发展的根本途径。只有深化改革，才能建立水资源和涉水事务统一管理体制，才能形成与社会主义市场经济相适应的水利发展机制，才能完善依法行政、依法治水、依法管水的水行政管理体系；三是强化管理。管理是提高效益的基础，也是保证水利健康发展的重要手段。只有强化管理，才能提高水资源的利用效率和效益，才能使水利工程走上良性运行的轨道，才能提高水利管理部门驾驭水利工作的能力。

明确五个目标。一是保障饮水安全。把保障饮水安全、保护人的健康生命作为水利工作的首要任务和突出重点，提高城乡供水保障能力，改善供水水质，保护饮用水源，切实解决好农村饮水安全问题；二是保障防洪安全。以大江大河治理为重点，提高重要防洪保护区、重要城市和重要地区的防洪减灾能力，将洪涝灾害损失减少到最低程度；三是保障粮食安全。以农田水利基础设施建设和大型灌区节水改造为重点，提高农田灌排能力和农业用水效率，提高农业综合生产能力和抗御水旱灾害能力；四是保障经济用水安全。以水资源合理配置和高效利用为重点，满足经济总量增长、产业结构调整和重大战略布局对水的需求；五是保障生态用水安全。以水资源保护和水环境治理为重点，统筹生活、生产和生态用水，维系河流健康生命，保护和改善生态环境。

构建六大体系。一是防洪减灾保障体系。坚持给洪水以出路的原则，通过河道整治、堤防加固、控制性枢纽、蓄滞洪区建设等工程措施，结合洪水风险管理、洪水预警预报、防洪调度指挥等非工程措施，构建较为完善的江河综合防洪减灾体系；二是供水安全保障体系。坚持节流与开源并举的原则，通过大力推行节水措施，建设节水型社会，提高水资源的利用效率和效益。通过兴建南水北调等跨流域和区域调水工程，形成四横三纵、东西互补、南北互济的全国水资源配置格局，结合骨干水源工程、各类蓄引提工程建设及非常规水资源利用，提高供水保障能力，构建城乡供水安全保障体系；三是农村水利保障体系。坚持提高综合生产能力与改善生活条件同步推进的原则，通过大型灌区续建配套和节水改造、大型排涝泵站更新改造，结合人畜饮水、节水灌溉、雨水集蓄、牧区水利、农村水电等小型水利设施建设，发展有效灌溉面积，提高农业综合生产能力和抗灾减灾能力，促进农业增产、农民增收和农村经济发展，构建农村水利保障体系；四是水环境安全保障体系。坚持保护与治理并重的原则，通过严格的水功能区划管理，实行排污总量控制和水质监测，加强对重要水源地和地下水的保护，逐步恢复和改善水体功能，结合水污染治理，加大中水回用力度，提高水环境承载能力，构建水环境安全保障体系；五是生态安全保障体系。坚持生态修复与综合治理相结合的原则，通过坡改梯、淤地坝、小流域综合治理等措施，结合退耕还林和封禁保护，充分发挥生态的自我修复能力，对重点水土流失区和生态脆弱流域进行综合治理，防治水土流失，改善生态环境，构建生态安全保障体系；六是水利现代化保障体系。坚持以信息化促进水利现代化的原则，通过建立水文水资源监测网络和信息系统、防汛抗旱指挥系统、水资源调度管理系统、水土保持监测和管理信息系统，结合水利科技创新，不断提高水利信息化水平，推进传统水利向现代水利转变，构建水利现代化保障体系。

四、抓好各项工作的落实，加快水利的改革与发展

贯彻落实科学发展观、加快水利的改革与发展，要着力做好六项工作。

第一，抓好规划的制定和前期工作，打造可持续发展水利的整体框架。一是制定好水利发展“十一五”规划。总结“十五”计划完成情况，分析水利发展面临形势，明确水利改革与发展的目标、任务、布局、重点和措施，为“十一五”水利改革与发展提供规划依据；二是编制好水资源综合规划。在水资源调查评价成果的基础上，做好水资源配置工作，根据流域和区域水资源状况，科学制定主要江河水资源分配方案，为建立国家水权制度、合理配置和科学管理水资源提供规划支撑；三是做好防洪规划的审查报批工作。尽快形成全国和流域防洪规划成果，为完善综合防洪减灾体系、确立洪水管理制度提供规划基础；四是加快重要流域、区域规划及专项水利规划的编制，完善水利规划体系，强化水利规划的法律地位，抓好各项规划的实施；五是加快重点水利项目前期工作，为实现水利规划目标和保持稳定的水利建设规模创造有利条件。

第二，加快水利基础设施建设，夯实可持续发展水利基础。一是加快饮水安全工程建设。把保障饮水安全作为水利建设的首要任务，重点解决农村群众饮用高氟水、高砷水、苦咸水及血吸虫病区等水质不达标和局部地区的饮水困难问题；二是加快以治淮为重点的防洪工程建设。加强蓄滞洪区建设，实施重点河段的堤防建设、河势控制和清淤疏浚，加大重点海堤建设力度，加强重要跨界河流整治及国土防护，重视中小河流防洪治理和山洪灾害防治；三是加快南水北调等水资源配置工程建设。搞好南水北调工程前期工作，建设甘肃引洮等一批区域性调水工程，积极开发利用雨洪资源和非常规水资源；四是加强农村水利基础设施建设。加快大型灌区续建配套和节水改造，在水土资源条件相对较好的地区，新建一批大型灌区，对大型排涝泵站进行更新改造，发展雨水集蓄利用，加强牧区水利建设；五是加强病险水库除险加固和重点水利枢纽建设。尽快完成第一批病险水库除险加固任务，加快实施第二批除险加固任务。按照水库建设规划，加强新建水库的论证和审批工作，要高度重视和认真做好新建项目的水资源论证和生态环境影响评价。根据国家有关政策，妥善处理水库移民安置、征地补偿和后期扶持等问题；六是加快水土保持和生态治理。加强小流域综合治理和水土保持生态建设，搞好黄河多沙粗沙区淤地坝建设，继续实施塔里木河、黑河、首都水资源综合治理；七是加强农村水电和电气化建设。加快小水电代燃料生态保护工程建设步伐，实施光明工程，解决偏远地区群众用电困难；八是加快水利信息化建设。继续建设国家防汛抗旱指挥系统，加强水文水资源监测信息网络建设，加强重点流域、区域、城市及骨干水利工程的管理信息系统建设。

水利建设要注重向西部地区倾斜，向东北等老工业基地倾斜，向老、少、边、穷地区倾斜。要高度重视和认真做好水利援藏、水利定点扶贫和水利血防等工作。

第三，加快各项水利改革，理顺可持续发展水利的体制机制。一是水资源管理体制改革。完善流域和区域相结合的水资源管理体制，进行流域管理体制改革探索，加快区域水务管理体制改革，对涉水事务实行统一管理；二是水利投融资体制改革。完善以公共财政为主的水利投资体制，拓宽水利投融资渠道，建立稳定的水利投入保障机制，落实好地方配套资金，切实加强水利资金管理；三是水利工程建设和管理体制改革。推行政府投资的非经营性水利项目“代建制”，规范水利建设市场，完善项目法人责任制、招标投标制、建设监理制和合同管理制，确保工程安全、资金安全和干部安全。加快水管单位体制改革，建立工程管理和维护的投入机制，落实管护经费，推进管养分离，精简管理机构，加强经营管理，确保水利工程的良性运行和效益的发挥；四是水利国有资产管理体制改革。建立水行政主管部门对水利非经营性国有资产的监管制度，探索准公益性水利国有资产的管理体制和运营机制，完善水利行政事业性资产管理体制；五是推进农村水利改革。大力推行灌区管理体制改革，鼓励用水户参与或直接管理。对农村小型水利设施进行产权制度改革，进一步调动农民参与建设和管理的积极性；六是推进水价改革。建立有利于节水的水价形成机制，全面推行阶梯式水价，对不同水源和不同类型用水实行差别水价。在水资源紧缺地区和生态环境恶化地区，要逐步提高水资源费征收标准。

第四，强化涉水事务的社会管理，创新可持续发展水利的管理模式。一是建立洪水管理制度。开展洪水风险分析评价，建立国家洪水影响评价制度，完善蓄滞洪区管理制度，提高蓄滞洪区管理运用调度能力；二是建立国家水权管理制度。抓紧制定国家主要江河水量分配方案，实现用水总量控制和用水定额管理，建立水权转让制度，培育水市场，实现水资源优化配置；三是建立水资源节约制度。大力推进节水型社会建设，建立以经济手段为主的节水机制。在农业节水方面，建立先进的灌溉用水制度和城市、工业补偿农业节水机制，提高农业用水的效率和效益。在城市和工业节水方面，完善水资源论证制度，推广节水技术和器具，提高水的重复利用率；四是建立水资源保护制度。完善水功能区管理制度，确定水域纳污能力，建立排污总量控制、入河排污口登记及审批制度，加强重要水功能区和重要入河排污口的监控。

第五，加强水利政策法规建设，为可持续发展水利提供法制保障。抓紧完善《水法》、《防洪法》的配套法规，研究制定水利建设的征地补偿、移民安置、生态保护等政策措施，争取尽早出台取水许可和水资源费征收管理条例、河道采砂管理条例、新的大中型水利水电工程建设征地补偿和移民安置条例。加强水政执法体系建设，规范水事行为，提高执法能力。深化水行政审批制度改革，提高科学决策、民主决策和依法决策的水平。

在此，我想再重点强调一下移民和生态问题。当前，移民和生态问题已成为事关水利可持续发展的不容忽视的重要问题。在水利建设中，要高度重视移民安置和生态保护。根据移民安置环境容量，科学确定移民安置方案，打足移民安置投资概算，保障移民合法权益。要完善移民后期扶持政策，妥善解决水库移民遗留问题，改善移民生产生活条件，增加移民收入，维护社会稳定。要高度重视水利工程对生态环境可能带来的影响，把保护生态环境、维护河流健康生命作为水利工作的重要理念，新建水利工程要认真做好生态环境影响评价，尽量避免对生态环境造成不利影响；已建水利工程对生态环境具有不利影响的，要在科学论证和综合分析的基础上，切实采取有效措施，妥善加以解决。

第六，加强科技创新和队伍建设，增强可持续发展水利的活力。建立水利科技创新体系，加强科技攻关，抓好水利关键技术的研究和推广，提高水利科技含量和现代化水平。加强水利队伍建设、思想作风建设和廉政建设，培养高素质水利人才，弘扬“献身、负责、求实”的水利行业精神，把水利改革与发展的各项工作落到实处。

贯彻落实科学发展观、加快水利的改革与发展，是各级水利部门的重要任务。我们要以邓小平理论和“三个代表”重要思想为指导，深入贯彻党的十六大和十六届三中、四中全会精神，牢固树立和落实科学发展观，积极实践可持续发展治水思路，加快水利的改革与发展，开创水利工作新局面，为全面建设小康社会做出新的贡献。

（作者单位：水利部）

对做好水利发展“十一五”规划工作的一些认识和思考

矫　勇

近期，我们分片召开了水利发展“十一五”规划思路座谈会。总的看，各地对以科学发展观为指导编制“十一五”规划思路的理解和认识还不到位，还缺乏对科学发展观的核心理念和深刻内涵以及对本次“十一五”规划特征的深入理解和把握。反映出的问题主要是，对以往熟悉的工程建设问题和规划编制中一些共性的内容都比较清楚，但对“十一五”规划工作的背景和要求的理解还有很大差距。对此，结合国家发改委和水利部对“十一五”规划编制工作的总体要求，考虑水利目前所处的新的发展阶段，对做好水利发展“十一五”规划工作提出一些认识和思考。

一、水利发展“十一五”规划工作的背景

水利发展“十一五”规划工作所面临的背景，反映了“十一五”规划具有的特殊性和与“八五”、“九五”、“十五”规划的不同特点，也体现了水利在当前和今后一个时期所处的新的发展阶段。因此，水利发展“十一五”规划的编制就应适应于这种新的水利发展阶段的要求。

1. 背景之一是党的十六大提出的全面建设小康社会的宏伟目标

全面建设小康社会的目标主要包括经济目标、政治目标、文化目标、资源环境生态四大目标。水利为全面建设小康社会提供支撑和保障，主要是围绕经济目标和资源环境目标。实现经济发展目标：一是经济总量翻两番；二是基本完成工业化进程；三是城市化进程加快，基本上控制城乡二元结构的扩大趋势；四是社会保障水平大幅度提高。实现资源环境目标，就是要采取节约和保护战略，走出一条资源消耗低、污染环境少、经济效益高的新型发展道路，建立一种环境优美、生活富裕、生产先进的国家发展模式。这些目标与现状相比有一定的差距，需要各地区、各行业全力以赴、共同努力，才能实现这一宏伟目标。

实现全国建设小康社会的宏伟目标，是“十一五”水利发展的方向，是规划要围绕的核心内容。各部门、各地区、各行业都在围绕这一宏伟目标，研究和实施一些大的政策和举措。例如，国家提出了新的扶贫战略，在国家实施“八七”扶贫攻坚计划、解决了7000万人贫困问题的基础上，到2010年要全面解决我国现有的近3000万人的贫困问题、温饱问题。联合国千年计划也提出，到2015年要把世界上11亿人均每天收入少于1美元的人群减少一半。国家新的扶贫战略对解决贫困人口的饮水问题提出了新的目标和任务。对能源行业，针对国家能源供应紧张的状况，有关部门开展了中国能源战略问题研究，在考虑生态环境承载能力的前提下，制定了能源发展规划。对区域发展，从实施西部大开发战略，到东北老工业基地的调整和改造，现在又提出要打破区域界限，打破行政界限，建立市场统一的区域经济开发格局，形成区域经济综合能力等等。对国土资源开发，为保证国家粮食安全，有关部门实行了一系列政策和措施，采取最严格的土地管理制度。

可以看到，国家各个方面宏观经济的走向，对今后一个时期的水利发展提出了新的更高的要求。随着经济总量的大幅度增加、人口的不断增长、城市化进程的加快，全国人口、土地、资源、GDP的区域分布比重仍不均衡，大江大河中下游地区如珠江三角洲、京津冀和长江三角洲等对防洪、供水、环境的要求和标准将越来越高。因此，全面建设小康社会的目标对整个水利工作提出了更高的要求，这是水利发展“十一五”规划需要认真研究和回答的核心问题。

2. 背景之二是党的十六届三中全会提出的科学发展观

中央提出的坚持以人为本，全面、协调、可持续的发展观，指明了应当如何实现全面建设小康社会的宏伟目标，应当走什么样的发展道路，在发展过程中应当遵循一种什么样的价值观。科学发展观的提出标志着国家经济社会发展进入了一个新的时期。在经济发展上，从改革开放到2002年，经济持续高速增长了20年，经济总量增加了7.5倍，GDP年均增长9.3%，人均年收入从近300美元提高到1000美元；在发展过程中，始终坚持以经济建设为中心，以经济总量增长、提高国家综合国力为主要目标。正因为国家经济实力得到了增强，才有能力关注和着手解决经济社会发展中存在的一些薄弱环节和问题，弥补经济发展过程中所付出的一些代价。如城乡二元结构进一步扩大问题，人均收入差距扩大问题，资源代价问题，环境代价问题。对资源的代价，据有关统计，国家45种主要矿产资源多数将近枯竭的状态，到2010年大约还有26种可开采，到2020年仅有6种可开采。对环境的代价，经济高速发展也造成了生态上的负面效应，水污染相当严重，海河流域现在基本是有河皆干，有水皆污；一些生态脆弱型河流的生命已受到严重破坏。比如塔里木河、黑河下游生态的恶化和黄河20世纪90年代的断流等。为此，国家付出大的代价实施了塔里木河、黑河流域综合治理，整治生态环境，拯救河流的生命。资源的代价、生态的代价在全面建设小康社会进程中不能再进一步持续，所以，党中央、国务院及时提出了科学发展观和五个统筹，对今后经济社会发展的模式提出了新的要求，就是要改变过去粗放式的发展模式，而采取全面、协调、可持续的发展模式。

胡锦涛总书记在今年中央人口、资源、环境座谈会上，提出要树立以人为本的观念、节约资源的观念、保护环境的观念和人与自然和谐的观念，这是国家经济社会发展中需要重点关注的4个领域。当前国家经济社会发展的趋势表明，今后一个时期国家经济增长的动力是比较强的。在这种情况下，政府应更为关注社会管理和公共服务领域的问题。这也包括解决目前面临的水资源短缺问题，提高水资源利用效率和效益；通过采取有效的水利社会管理，限制人类对水的侵害，遏制生态环境恶化的趋势。科学发展观不是忽视经济发展，而是建立在以经济增长为中心的前提和基础上。按照科学的发展观，单纯追求GDP的增长已不是发展的全部目标，我们已经超越了单纯追求GDP增长的发展阶段。今后的发展阶段要在努力实现经济增长目标的同时，还应当解决由于经济增长而导致的一系列社会、生态、环境等方面的负面效应，从而实现全面、协调、可持续发展。

3. 背景之三是新时期的治水思路

新的治水思路是基于对1998年长江大水、20世纪90年代的黄河断流以及一系列水生态问题的反思基础上提出的。汪部长对新时期治水思路有过多次论述，最近在中国水利学会第8次年会上作了进一步的阐述。在编制水利发展“十一五”规划中，既要理解和掌握新时期治水思路的内容，也要理解新时期治水思路产生的基础。

新时期治水思路的产生标志着水利发展进入了新的阶段。过去水利是国民经济和社会发展的主要制约因素，水利基础设施薄弱，历史欠账多。但从“九五”开始，国家对水利的投入大幅度增加，水利固定资产大幅度提升，水利基础设施能力大大增强。与此同时，随着经济社会的快速发展，人类对水的侵害越来越严重。1998年长江大水和2003年淮河大洪水造成严重的洪涝灾害，最主要的原因之一就是人与洪水争地。北方河流断流、地下水严重超采等状况，主要也是由于人类发展的需求超过了水资源的承载能力造成的。水利发展到了一种反思的阶段，解决洪水问题、水资源短缺问题、生态恶化问题，不能再单纯依靠解决抗御自然灾害能力不足的问题，而应当着重解决经济过度发展、社会高速膨胀对自然界的侵害，约束人类自身的行为，换取自然对人类最小的灾害，实现人与自然和谐相处和可持续发展。因此，部党组提出坚持人与自然和谐的新的治水思路，是破解中国治水问题的核心理念，是水利发展阶段的一种必然。

按照人与自然和谐相处的理念，汪部长提出在防洪、水资源、水土保持、水污染治理中要把握4个要点。防洪就是要给洪水以出路，由于人类活动改变了洪水的自然出路，因此，需要通过河道整治、水库建设、蓄滞洪区等措施给洪水以人工出路。而现在的问题是蓄滞洪区人口过多，全国97个蓄滞洪区内有1800万人，许多蓄滞洪区难以运用，因此，解决蓄滞洪区的问题，关键是解决好人与水的关系问题。对缺水问题，单纯靠跨流域调水难以解决所有的缺水问题；必须建设节水型社会。节水除了工程措施，更重要的是管理措施，建立节水制度，在全社会树立节水的意识。工程措施只是一种微观上的节水，而管理措施则是从宏观上节水，管理环节的节水效果远大于工程环节。因此，建立节水型社会核心是节水制度、节水机制的建立。节水制度的建立就是要改变目前用水权利和责任的缺失，抑制各地区、各行业、各个用水户对水的盲目竞争、过度开发使用和浪费，建立初始水权的概念和节水体制。水权的确立，用水权的所有者能够自觉维护和保护自身的用水权益，利用水权发挥其最大的效益。对水污染问题，也存在着排污和治污的权利和责任的缺失，建污水处理厂是被动的措施，更重要的是要建立污水排放权的管理制度，把治污、防污的责任和义务分配到每个行业，每个领域，每个厂矿，每个家庭。对水土保持，主要依靠自然修复能力，实行封山育林、退田还林等政策。汪部长讲的人与自然和谐的理念，在解决中国水问题的方略上，重点不是再建更多的工程，而是要约束人类自身的行为，建立一种规范的社会管理制度。

4. 背景之四是“九五”以来水利建设实现了跨越式的发展

按目前水利投资形势预测，“九五”到“十五”期末的10年，各级财政对水利基础设施建设的投入约为6000亿元，现状水利基础设施已经具备了相对比较完整的工程体系。1998年以来，全国修建了近3万km的堤防，工程的防洪能力大大增强；建成了51座大型水库和大量中型水库，水资源调蓄能力进一步提高；对2亿3千万亩灌区进行了节水改造和配套建设，灌区内的粮食生产能力显著提高；对1200多座病险水库进行了除险加固；解决了5000多万农村人畜饮水问题。从整体上看，水利基础设施服务于经济社会发展的能力得到大幅度的提升。

“十一五”及今后一个时期，还需进一步完善防洪工程体系，提高供水能力和节水水平，加大生态环境治理力度，但同时更重要的是要全面提高水利服务于国民经济的效率和效益，这就要从全局上考虑水利各项工作的边际效益。政府加强对水利的社会管理，可能比继续投入水利工程建设的边际效益更大。比如，建立全国洪水风险管理机制，让全社会建立起洪水风险意识，让社会共同承担洪水风险和防洪责任，提高全社会的防洪自救能力，其边际效益比单纯加固堤防的边际效益会更大。再如，建立国家初始水权制度，让每个省、每个行业、每个地区、每个灌区都知道各自水资源的最大可利用量，从而自觉维护各自的用水权益，促进水资源的节约和保护，其边际效益比单纯提供工程供水能力的边际效益会更大。因此，我们要用现代的理念、现代的眼光，研究和考虑“十一五”规划目标、任务、布局、重点和投入的边际效益，把握住边际效益最大的领域来加强水利工作。这里引用边际效益的观点，不仅指的是经济效益，还有社会效益和生态效益，是综合的边际效益。

二、水利发展“十一五”规划的定位和重点

国家发改委在布置“十一五”规划工作时，强调了规划的功能和定位。水利发展“十一五”规划是国民经济和社会发展总体规划的重要专项规划，具有两个主要的功能和作用：一是政府审批、核准水利建设项目和安排政府投资的重要依据；二是政府履行涉水事务社会管理的重要依据。

1. 水利发展“十一五”规划要为政府审批、核准水利建设项目和安排政府投资提供依据

与世界发达国家相比，我国水利基础设施还相对薄弱。淮河、黄河下游等大江大河还需加快治理，蓄滞洪区仍是防洪中的主要薄弱环节，中小流域防洪能力还比较低。水资源短缺问题远未解决，还有400座城市存在缺水问题，50%以上省份处于资源短缺的状况，对缺水地区还需提高水资源供给能力，尤其是提高城市供水能力。水环境恶化和水土流失的趋势还未得到根本遏制。为巩固和加强水利基础设施建设，在水利发展“十一五”规划中，要根据水利发展的目标和任务，在研究论证

的基础上，做好重点水利建设项目的布局和建设安排，为全社会提供防洪保障、供水保障、生态环境保障。比如，要实施以治淮为重点的大江大河治理，提高重点防洪保护区的防洪标准；建设南水北调东中线一期工程，实现“十一五”为北方城市供水的目标；通过建设辽宁东水西调、吉林中部引水等工程，提高对城市和工业的供水能力，支撑东北老工业基地的调整和改造；通过建设甘肃引洮等工程，解决贫困地区的用水问题；要提高城乡饮用水的标准，着重解决饮水安全问题。2002 年世界可持续发展首脑会议提出，到 2015 年要把世界上没有安全饮水的人口降低一半。规划经审批后，将作为今后五年水利建设的重要依据。

2. 水利发展“十一五”规划要为政府履行涉水事务、社会管理提供依据

以往我们忽视了规划的这项功能，在“十一五”规划中要强化规划的这一功能，建立规划的二元结构，一手抓发展，一手抓管理（或称抓改革）。“十一五”在水利社会管理方面，要重点加强制度建设和变革，建立洪水管理制度、以水权管理为基础的水资源管理制度、以水功能区管理为基础的水资源保护管理制度、节水型社会管理制度等，同时要深化各项水利改革。比如，水资源既是基础性自然资源，也是战略性经济资源；既是社会公共产品，也具有一般商品的属性；既要维系自然的基本生态需求，也要满足社会公平前提下人的基本用水需求。因此，势必存在一定的用水竞争，但如果出现对水的过度竞争，就会损害生态和人的基本用水权。为抑制社会用水的不公平竞争，就要建立用水权管理机制。这些机制的建立，将对加强政府对水利的社会管理、防止和约束人类对水的侵害、实现人与自然和谐相处、促进水资源可持续利用起到有效的推动作用。

三、水利发展“十一五”规划的主要内容

以往五年计划侧重于发展规划，一般包括指导思想、规划原则、目标、布局、重点、措施等内容。水利发展“十一五”规划的内容要与规划的定位相结合，一方面重视发展，另一方面重视管理。因此，加强政府对水利的社会管理将作为本次规划的重要内容，在规划的各个层面、各专业领域的目标、任务、重点、措施等方面都要具体体现。要改变以往五年计划中单一的水利发展目标体系，建立发展与管理双重目标体系和对策措施。同时，水利发展“十一五”规划要做好各规划层面之间的衔接，做好与国家总体规划及相关部门规划之间的衔接。

（一）水利发展目标体系

1. 防洪目标

对大江大河防洪，具有全局性意义的是蓄滞洪区建设，要转变以往安全建设的理念，按照给洪水以出路的原则，分析不同蓄滞洪区的特点和功能。根据蓄滞洪区运用频率，对蓄滞洪区进行分类。对经常启用的蓄滞洪区（如20年一遇），要按照以人为本、从逃避撤退向安居工程转移的思路，优先进行建设。所谓安居工程，主要包括移民迁建、安全区建设、安全台建设。对使用频率在20～50年一遇的蓄滞洪区，要研究采取不同的安全建设措施。对使用频率在50年一遇甚至100年一遇、1000年一遇的蓄滞洪区，应把洪水风险交给社会承担，让全社会广泛树立洪水风险意识，社会综合经济能力越高，抗御灾害的能力就越高。对中小河流治理，也要遵循以人为本、人与自然和谐的理念，有重点地进行建设。

2. 供水目标

尤其是要提高城市供水能力。跨流域调水工程要按照“三先三后”的原则，先节水后调水，先治污后用水，先环保后供水。在节水治污的前提下，合理提出“十一五”供水目标和工程建设布局。

3. 节水目标

对节水工程措施，要建立城市供水管网、节水器具等节水目标；建立农业灌溉节水目标；建立工业节水目标。工业节水目标要通过采取节水型工艺来实现。如燃煤火电作为耗水大户，国家发改委要求原则上不允许使用地下水，少用地表水，主要用中水回用；耗水指标每百万千瓦不能超过0.17m^3/s。因此，要合理确定新型工业化条件下的工业节水指标。

4. 农村水利发展目标

对人畜饮水，要重点解决高氟水、高砷水、血吸虫地区饮水不安全问题，提高城乡饮用水标准。对灌区发展和改造，要与国家粮食安全结合起来。在灌区建设布局上，要与粮食主产区的粮食生产结合起来，在水土资源条件适合的地区，进一步考虑灌区发展。要在节水前提下，结合东北等一些新的水源建设，适当发展新建水库的配套灌区。牧区水利、小水电代燃料也是农村水利发展的重要内容，是帮助农村脱困扶贫奔小康的重要手段，是维系巩固退耕还林成果的重要手段，在“十一五”水利发展中也要有所考虑。

5. 水环境和水生态修复目标

要制定城市治污的目标，以达到水域纳污排放标准，达到水功能区划和水环境功能区划的标准。目前，全国有1200多个县市省实行了水务体制改革，水行政主管部门应当在规划中制定水污染治理的政策和目标。而涉及到水资源统一管理、水事务一体化管理体制改革的目标和内容，如水利资产管理问题，包括对水利公益性资产、非公益性资产、准公益性资产、流域公共资产的管理等问题，还需下一步进行专题讨论。另外，要制定水土保持目标，主要依靠自然修复能力治理水土流失。再有，对一些生态脆弱河流或河流生态生命已经濒临灭亡的河流如何进行综合治理，尤其是西北内陆河地区和华北地区，要研究提出生态修复的目标和相应的工程措施，包括调水、节水、非常规水资源利用等，以使生态遭到严重破坏的河流逐渐恢复河流的功能。对地下水超采治理的目标，如何进行保护、限采、禁采等措施，都应在“十一五”水利发展目标体系中研究考虑。有了水利发展目标体系，相应的工程布局、建设任务都可以围绕目标体系进行规划。

（二）加强政府对水利社会管理的目标体系

1. 洪水管理方面的目标，主要是建立全社会的洪水风险管理制度

通过制定主要江河的洪水风险图，建立国家洪水风险管理制度，让社会各地区、各行业、各部门认识和了解洪水风险，采取相应的防洪对策。如何建立洪水风险管理，要在规划中提出明确的目标、步骤和对策措施。

2. 水资源管理方面的目标，主要是建立国家初始水权分配制度

目前，全国水资源综合规划已经开展，水资源调查评价工作基本完成，水资源配置工作正抓紧进行。通过水资源配置，可以确定每个省水资源最大可利用量和宏观分配指标。按照《水法》，“十一五”期间国家发展改革部门和水行政主管部门应在全国水资源综合规划确定的水量分配方案的基础上，通过采取行政、法律等程序，确定主要江河水权分配制度，这也是全国“十一五”水利规划的主要目标。国家确定了各省水资源最大可利用量，即明确了各省的水权，包括经济社会发展用水及河道内生态用水。各省水利发展“十一五”规划就要建立省内不同地区、不同地市、不同行业、不同部门、不同灌区等用水指标，确定其水权指标。在实际用水过程中，还要严格履行取水许可制度，通过取水许可制度确立具有法律意义上的水权。这是政府加强水资源社会管理的重要内容，在“十一五”规划中要进行深入的研究。

3. 水资源保护方面的目标，主要是建立排污权分配制度

按照《水法》，从目前到“十一五”期间，国家水行政主管部门应会同环境保护部门，确定全国水功能区划。在全国水功能区划的基础上，根据不同水域的功能要求和水质标准要求，确定河流的纳污能力，对入河排污总量进行控制。将排污总量指标分配到各河段、各区域，再细化到各地区、各城市、各行业、各工矿企业和单位。只有建立排污权分配管理制度，才能约束人类行为，从根本上使水环境得到有效保护。

4. 建立节水型社会目标，主要是建立节水市场化管理制度

市场经济条件下，政府职能就是宏观调控、市场监管、社会管理和公共服务。在初始水权分配制度建立的基础上，运用市场化的机制，采取水价调控、水权交易、水市场监管等一系列的管理手段和措施，在全社会形成节水受益、浪费受损的节水机制，这是“十一五”政府加强水利管理的重要目标。

围绕“十一五”规划建立的两套目标体系，还需相应提出发展和管理（改革）的任务、布局、重点、实施的步骤和措施。规划水平年近期为2010年，远期为2020年，规划的重点是近期。要扎扎实实做好规划，提出一个能够真正指导水利发展、为经济社会发展提供水利公共服务的“十一五”水利发展规划，同时，又作为政府加强水利社会化管理的重要规划依据。通过今后一个时期政府及全社会的共同努力，能够切实提高防洪安全、供水安全、生态安全，促进以水资源可持续利用支撑经济社会可持续发展的目标的实现。

四、水利发展“十一五”规划编制的要求

1. 思路要转变

关键是要真正转变思维方式，认识和把握当前水利发展所处的新的发展阶段的若干要求。要处理好共性与特性的关系，对洪涝灾害、水资源短缺、水污染、水土流失4大问题，各流域、各地区既要把握共性问题，更要把握特性问题，找准解决问题的主要矛盾和手段。按照科学发展观，解决水问题更重要的是通过加强政府的社会管理职能，约束和规范人类自身的行为，防止人类对水的侵害，最终的目的是保护人类自己。因此，水利发展“十一五”规划要把握好这种特殊性，认真研究加以解决。

2. 学习要跟上

规划上的偏差，可能导致发展上的失误。因此，切忌把学习停于表

面和口号，而只关注水利建设和水利投资。要认真学习和深入理解党中央、国务院的方针政策，把握发展中新的理念、新的观点、新的理论，指导水利的全面改革和发展，指导政府对水利的社会化管理。如果不注重学习，不能把科学发展观贯彻落实到水利发展“十一五”规划中，就可能忽视政府对水利的社会管理，失去改革和发展的机遇，就难以实现水资源的可持续利用。

3. 专题要研究

做好水利发展“十一五”规划，要加强调查研究。要对以往我们不熟悉的内容，开展必要的专题研究和社会调查，把新的思路、目标、任务、重点和步骤措施把握得更准确一些。在专题研究和社会调查的基础上，首先要理清规划思路，形成合理的、科学的规划思路报告，下一步才不至于走弯路。水利部已开展水利发展“十一五”规划重大课题研究，通过招标广泛吸纳社会各方面的思路和建议。各流域、省也应有针对性地开展专题研究，提出一些切合实际、有创意的研究成果，支撑“十一五”规划的编制。

4. 领导要重视

规划不单纯是规划编制人员的事，更是各级领导的职责。领导重视，首先是要自身带头学好科学发展观，学好部党组的治水思路，学好国家发改委和水利部关于“十一五”规划的有关工作要求，正确认识和把握当前水利发展阶段，真正理解“十一五”规划的重要性和特殊性，把“十一五”规划工作做深做实，最终提出思路清晰、目标明确、布局合理、重点突出、措施可行、内容切合实际、有所创新的新时期水利发展与改革规划成果。

（作者单位：水利部）

全面建设小康社会对水利发展的需求分析

王 海 张 旺 乔根平

党的十六大确立了本世纪头20年全面建设小康社会的奋斗目标，水利在经济社会发展进程中占有极其重要的地位，关系到社会生产、生活的方方面面。审视当前我国水利事业发展的现状，研究全面建设小康社会对水利发展的需求，对于正确预测水利发展的未来走向、适应经济社会的迅猛发展、制定“十一五”水利发展规划、合理调整和安排水资源节约利用保护、解决水利事业发展中遇到的各种突出问题具有深远意义。

一、全面建设小康社会的总体目标及对水利的要求

党的十六大提出了我国全面建设小康社会的宏伟目标，要在本世纪头20年，集中力量，全面建设惠及十几亿人口的更高水平的小康社会，使经济更加发展、民主更加健全、科教更加进步、文化更加繁荣、社会更加和谐、人民生活更加殷实。

（一）重要相关指标的确定

根据中央提出的战略部署，选择与水利需求直接相关的几个重大指标，结合有关权威机构和专家的预测，确定分析基础指标。国内生产总值（GDP）和增长速度：在优化结构和提高效益的基础上，国内生产总值到2020年力争比2000年翻两番。2010年我国GDP总量要达到18万亿人民币，2020则需要达到36万亿人民币。人口增长目标：2010年人口采用社科院人口研究所预测结果，13.8亿人的数据。2020年全国人口采用国家统计局的预测数据，控制在14.6亿。城镇化目标：当2010年我国总人口达到13.8亿人时，按照当时的发展目标，以城镇化比例为48%来计算，城镇人口为6.6亿人，农村人口则为7.2亿人；当2020年总人口达到14.6亿人后，按照城镇化比例为60%来计算，则城镇人口为8.7亿人，农村人口为5.9亿人。社会生活发展目标：居民

基本生活的改善和提高是全面建设小康社会的直接体现，届时城镇和农村居民的生活更加富裕，在吃穿住行等方面全面进入新的层次。生态环境目标：通过采用转换经济增长模式及环境综合治理等措施，会使生态和环境得到明显改善。如当前我国的森林覆盖率为 16.55%，作为全面建设小康社会生态环境重要指标之一的森林覆盖率应当逐渐增加，以满足全面建设小康社会的要求。

（二）水利发展在全面建设小康社会中具有重要的战略地位

水利在全面建设小康社会中居于基础性、公共性、综合性、战略性地位。水资源是基础性的自然资源和战略性的经济资源，是生态环境的重要控制因素。水利为社会提供的是具有公共品或准公共品性质的产品或服务，在消费中具有非排他性和非竞争性；水利基础设施主要是为市场或公众提供公共服务，离不开政府的扶持水利建设牵涉到社会经济的方方面面，水利工程大多发挥多种功能，直接经济效益和间接经济效益共存，服务于各类产业和各个领域，服务于国民经济和社会发展的各项目标和任务。

水利发展在全面建设小康社会中具有不可替代的作用。50 多年的实践表明，水利发展已经成为保障经济社会可持续发展、提高人民群众生活质量、维护社会稳定和国家安全的必要条件。洪涝灾害频发、经济发达地区基本处于大江大河下游等基本国情决定了水利在维护改革成果、保护人民生命财产安全上发挥着极其重要的作用。城市化进程加快对用水需求也不断提高，需要水利发挥积极的支撑作用，为促进当地经济社会发展提供了重要的基础条件。水利在西部开大发、解决“三农”问题、振兴东北老工业基地、中部崛起等重大发展战略中发挥了基础设施支撑的重要作用。

二、全面建设小康社会对水利发展的需求分析

防洪安全保障需求。经过 50 余年的防洪建设，我国防洪能力已有很大提高，总体状况是：重要保护区对常遇洪水（中小洪水）已具有较强的防御能力，但由于人口的增加和人类活动影响的加剧，气候变化等不确定因素都将使洪水水情发生较大变化，洪水发生的分布面广且频繁，随着防洪区内的经济总量大幅增长，造成的损失也呈扩大趋势；对稀遇洪水（大洪水或特大洪水）防御能力依然较薄弱，在遇特大洪水时可能发生严重灾害，影响国家可持续发展。因此面临的防洪形势依然严峻。

防洪安全保障任务。我国防洪安全保障的目标可以确定为：到2010年，全国年均洪涝灾害损失占同期GDP的0.8%左右，发生流域性大洪水的年份，洪涝灾害损失占同期全国GDP比例在1.5%左右；到2020年，全国年均洪涝灾害损失占同期GDP的0.5%左右，发生流域型大洪水的年份，洪涝灾害损失占同期全国GDP比例的1%左右。

饮用水安全需求。综合预测结果并考虑节水效应，2010年我国城镇生活需水量为460亿m^3左右；2020年我国城镇生活需水量为620亿m^3左右。综合农村生活用水和城市生活用水总量可以计算得出，2010年我国生活用水量为725亿m^3（其中城镇居民460亿m^3，农村265亿m^3）；2020年我国生活用水量为878亿m^3（其中城镇居民620亿m^3，农村258亿m^3）。

粮食用水安全需求。我国粮食产量的2/3来自于灌溉，但我国人均水资源量少，且时空分布不均，工业和居民生活用水快速增加，灌溉用水面临严重危机。未来20~50年内农业节水任务不仅十分艰巨，而且还会影响经济社会发展和生态用水需求。参考不同方面对2010年和2020年粮食总产量及有效灌溉面积的预测，灌溉定额预测值2010年458 m^3/亩、2020年为416 m^3/亩，计算出在粮食生产用水高、中、低三种情形下的农业需水量：2010年粮食安全用水量预测为3373亿m^3、3180亿m^3、3060亿m^3，2020年粮食安全用水量预测为3244亿m^3、3158亿m^3、2998亿m^3。

经济供水安全需求。据权威机构预测，我国的第一、第二和第三产业的比重将在2010年和2020年分别逐步调整为13:47:40和9:43:48，预计2010~2020年节水率将维持在3.25%左右。因此，2010年农业需要用水3752.8亿m^3；2020年农业需要用水3684.2亿m^3。可以看到，我国农业需水量基本保持不变。这里预测得出的我国农业需水量比粮食生产的需水量要高，原因是农业用水除粮食用水以外，还包括经济作物用水和林牧渔业用水等。按照上述不同节水程度下的每万元工业增加值用水量，我们计算出2010年和2020年的工业用水预测值，如表所示。

保护和改善生态环境的需求。2010年的黄河流域片生态用水总量将达到225亿m^3；包括城市生态用水，海河流域片生态用水总量将达到90亿m^3左右；淮河流域片生态用水将为100亿m^3左右；西北内陆河片生态用水将达到415亿m^3左右；除海河、淮河外，全国地下水回补量为20亿m^3左右。2010年前后全国生态环境用水总量将达到850

亿 m^3 左右。2020 年的黄河流域片生态用水总量将达到232.5 亿 m^3；包括城市生态用水，海河流域片生态用水总量将达到95 亿 m^3 左右；淮河流域片生态用水将为 100 亿 m^3 左右；西北内陆河片生态用水将达到432.5 亿 m^3 左右；除海河、淮河外，全国地下水回补量为 20 亿 m^3 左右。2020 年前后全国生态环境用水总量将达到 880 亿 m^3 左右。

2010 年和 2020 年工业增加值、用水效率和用水量

年份	工业增加值（万亿元）	节水程度（%）	工业用水效率（m^3/万元）	用水量预测（亿 m^3）
2010	8.46	8	124	1049
		6	147	1244
		4	174	1472
2020	15.48	8	54	836
		6	79	1224
		4	116	1796

三、全面建设小康社会的水利发展保障体系建设

未来水利发展应当以开源、节流、防洪、治污和水土保持为重点，通过法律法规的完善，加大社会管理和公共服务的职能，保障水利的发展满足全面建设小康社会的要求。

（一）建立水资源安全供给保障体系。针对我国水资源短缺的状况，应坚持开源节流并重，节流优先、治污为本，科学开源，综合利用的原则，为经济社会发展和维护良好的生态环境提供水资源保障，有效建立水资源安全供给保障体系。建立水源安全保障体系；建立水资源合理的配置体系；提高城镇供水普及率，发展农村集中安全供水；提供供水安全应建立水资源监测和评价体系。

（二）建立水资源高效利用保障体系。建立节水型社会，加强节水力度，提高节水技术。通过建立以水权明晰，交易规范，制度健全，高效运转的水资源交易分配机制，利用经济手段调节水资源不断向用水效率高的单位合理流动，逐渐提高水资源的利用效率和效益。

（三）建立防洪减灾保障体系。必须采取工程措施与非工程措施相结合的方式，对洪涝灾害进行综合防治，建立适应全面建设小康社会要求的防洪减灾体系。建设适应全面建设小康社会发展的防洪工程体系；建立防洪减灾快速反应系统；建立洪水风险管理体系；建立救灾社会保

障体系；加大防灾宣传教育。

（四）建立维护和改善生态环境的水利保障体系。通过建设水利工程、保护生态措施和各种政策干预，加强对江河源头水源涵养的保护力度；加大对严重污染区的治理力度；高度重视农村的水污染；切实采取措施，遏制北方环境恶化趋势；继续推动生态环境的修复工作。

（五）建立高效、协调的水利发展体制保障。加强水资源的统一管理，完善流域管理体制；水利发展要考虑水资源、水环境和生态的协调与和谐；要根据水资源条件、制定不同的经济政策；水价改革要遵循社会主义市场经济规律，建立合理的水价形成机制和管理体制；建立稳定可靠的水利投资保障机制；完善公众参与、专家论证和政府决策相结合的决策体制；提高水利执政能力与水行政执法能力和水平，提高管理人员素质，加强和提高水利队伍的整体素质，引进专业技术人才，改善人才结构，为实现全面建设小康社会的目标，提供水利发展的组织保障。

（作者单位：水利部发展研究中心）

江苏省“十一五”水利发展思路

江苏省水利厅

江苏省位于我国东部沿海，面积10.26万km^2，2003年人口7405.8万人，地区生产总值12451.8亿元，实现财政总收入1968.9亿元。江苏省地处长江、淮河流域下游，上游汇流面积近200万km^2，境内河势低洼，河流密布，湖泊众多，其中平原洼地占68.8%、水面积占16.9%。江苏省处于亚热带向暖温带过渡性气候区，多年平均降雨量800~1100mm，降水时空分布不均，丰水年份的降水量是干旱年份的2~3倍，汛期6~9月降水量约占全年的60%，南丰北枯。春夏之交易形成江淮梅雨，夏秋之际多台风暴雨，秋冬春季常持续干旱。由于地势平缓，蓄水条件差，本地径流可利用量较小，多年平均本地水资源总量320亿m^3。但入境水量较丰，多年平均入境水量9492亿m^3，其中长江占96%，是可靠的引调水源。另外，平原洼地的水体交换周期长，自净能力差，水环境比较脆弱。

一、水利发展现状能力

“十五”期间，江苏水利继续保持和发展水利建设与改革的良好势头，积极推进水利现代化建设。“十五”前3年完成投资154亿元，其中基本建设投资额105亿元。凭借新中国成立以来不懈努力打下的坚实基础，连续战胜了2001、2002年淮北大旱和2003年淮河大水。全省已初步建成具有一定抗御能力的防洪除涝体系，流域防洪能力明显提高；初步形成跨流域、跨区域的水资源调度工程体系，基本实现流域、区域之间水资源的互调互济和综合利用；水资源保护工作得到加强，部分地区水环境有所改善；农村水利建设稳步推进，为粮食安全、农村饮水安全和农村生态环境改善提供了保障；城市防洪建设全面展开，城市水利成为水利发展新领域；水利信息化建设速度加快，部分领域效果明显；水管理进一步加强，依法管理初见成效；水利改革稳步推进，促进了水利管理市场化和现代化建设；机构能力建设得到发展，水利服务保障能力进一步提高。但在发展中也暴露出地区发展不平衡、专业领域发展不协调的问题，需要在“十一五”及今后一个时期解决。

二、经济社会发展趋势和水利发展的对策

“十一五”期间是江苏实现富民强省、实现“两个率先”的关键时期，也是水利服务领域和发展模式面临调整的重要转型期。研究水利发展思路，必须围绕经济社会发展要求，提出水管理对策。

（一）水利发展必须服务于经济社会的发展

江苏省委十届五次会议提出力争在全国率先全面建成小康社会、率先基本实现现代化。到2010年，全省地区生产总值比2000年增长1.4倍左右，人均地区生产总值超过2.8万元，苏南等有条件的地方基本实现现代化；到2020年，国内生产总值力争比2010年再翻一番，全省总体上基本实现现代化。水利是国民经济的基础设施，为经济社会发展提供保障是水利的基本任务。

（1）经济社会发展需要提高水利保障能力。本世纪初，江苏仍将处于经济高速发展时期，产业结构升级转换加快，社会持续进步，对防洪安全、水资源供给和水环境保护都提出了新的更高的要求。经济规模的持续扩大，特别是城市化进程加快，要求有高标准的防洪减灾体系作保障，需要解决防洪减灾能力发展不平衡的问题，太湖地区遇灾预期损失大，沂沭泗地区遇灾破坏性大，城市洪涝受灾影响大，都需要提高标准；产业结构调整将带来供水需求变化，可能加剧原已存在的水资源时空分布不均和行业间、地区间争水等矛盾，需要优化配置水资源，

提高水资源的利用效率；城乡居民生活要求有良好的饮水和人居环境条件，而目前全省68%监测河长水质超过Ⅲ类水标准，江河湖库的水污染问题日益突出，水环境保护更加迫切。

（2）区域经济发展需要调整水利发展布局。江苏正处于工业化和城市化加速发展期，要求城镇供水大量发展、供用水结构调整和分功能区水质保证，对水利的系统布局、综合功能、水环境条件及管理运行方式，都提出了新的要求。目前经济社会发展与水环境承载能力关系不协调，苏南地区经济比较发达，水资源和水环境承载能力问题逐渐显现，出现了水质型缺水；苏中、苏北地区经济发展逐步加快，水资源问题开始暴露，水污染程度渐趋严重。区域治理明显滞后。需要更加注重改善水环境、区域治理和城市水利建设。

（3）可持续发展需要调整水利发展模式。落实科学发展观，需要逐步改变传统的水利实现模式，强化社会化防洪减灾措施，推进节水型社会建设，提高水资源的利用效率和效益，促进全省水生态环境系统的良性循环。要逐步改变长期依靠投资扩展的发展方式，在完善体制、划分事权的基础上，从外延扩张型向内涵管理型转变、粗放型向集约型转变。

（二）水利管理必需融入经济社会的发展

水资源的自然资源和战略资源特性，决定了水在国民经济和社会发展中的特殊基础地位。经济社会发展必需遵循自然规律和经济规律，加强水利的社会管理。

（1）城市扩张与农村小城镇建设要充分考虑防洪保安条件，留足适宜水面率。加强城市防洪及水系综合整治规划，强化依法管理和规划管理，要保护河道、湖泊免遭无序侵占，维护基本功能。

（2）地区经济社会发展必须充分考虑供水格局的新变化。苏锡常等地区地下水超采严重，平原河网污染普遍，区域供水是普遍趋势；淮北地区本地水资源缺乏，要合理调整农业生产布局和种植结构。供水必须首先保障城乡居民生活需求。

(3) 产业结构与布局必须与水资源和水环境承载能力相适应。鼓励发展科技含量高、资源消耗低和环境污染少的新型产业。淮北及沿海等水资源紧缺地区控制高耗水项目发展，苏南、沿江等水质型缺水地区控制形成新污染项目建设。科学制定水资源综合规划和配置方案，加强资源管理，指导产业布局调整。

三、“十一五”水利发展的总体思路和目标

(一) 总体思路

“十一五”及今后一个时期，江苏水利发展要坚持以人为本，树立全面、协调、可持续的发展观，围绕江苏实现“两个率先”的目标，坚持人与自然和谐，坚持水利与经济社会协调发展，坚持全面规划、统筹兼顾、标本兼治、综合治理，依靠改革创新和科技进步，全面提升水利服务于经济社会发展的综合能力，保障全省经济社会可持续发展。

(1) 要按照全面发展的要求，拓展水利发展领域。根据全省经济社会全面发展的战略布局，协调水利与经济社会发展的步伐，拓展水利发展领域，确保水利服务能力和管理水平满足和适应经济社会发展的要求。要继续履行防洪、供水、水环境保护、水土保持等水利服务职能，还要搞好人居环境、血防、航运、旅游、养殖等相关服务。同时，要根据防洪保安条件、水资源承载能力和水环境承载能力等制约因素，强化水利管理，促进经济社会可持续发展。

(2) 要按照可持续发展的要求，调整水利发展模式。要围绕人类对水资源的全面、长期需求，改革传统水利发展模式，走可持续发展水利之路，推进水利现代化。要协调人、地、水的关系，给足洪水出路，确保人民安全居住。提高河湖水库蓄泄能力，优化调度，强化社会化减灾措施，保证大面积地区和重点保护对象的防洪安全和供水安全。要量水而行，合理配置水资源，提高水资源的利用效能，建设节水型社会，以水资源的可持续利用保障经济社会的可持续发展。

（3）要按照“五个统筹”的要求，确定水利发展的方向与重点。要协调区域之间、城乡之间、大中小之间、建设与管理、外延发展和内部挖潜的关系，促进经济社会协调发展。根据区域水利特点和地区不同发展阶段确定各自的发展布局，明确投资重点。苏南地区，要继续适度提高防洪除涝标准，改善水环境，优化、整治河网；苏中地区，要完善区域水利规划，改善水利基础设施条件，严格保护水资源；苏北地区，要优化配置水资源，加强水资源节约和保护，继续提高流域、区域防洪除涝标准。要合理安排工程布局，大、中、小配套，发挥工程效益。继续完善流域防洪、供水骨干工程体系，合理配置和优化调度水资源；重点推进区域治理，提高综合利用河网的标准，完善区域骨干水利工程体系，实施洪水风险管理和水资源的合理配置；持续改善小型水利设施，遏制灌排设施能力衰减势头。要协调城市与农村水利发展，既要提高城镇防洪、排水标准，改善城区水环境，也要加大农村水利扶持力度，确保粮食安全和农民生活环境的改善，同时要重视城区范围和外围农区洪涝治理的统筹规划与标准衔接。要转变治理模式。在适度提高水利工程标准的同时，重视现有河道、堤防、水库、涵闸、泵站等水利工程的除险加固和清淤清障，恢复并保持工程能力。

（4）要按照政府水利社会服务与公共管理职能转变的要求，改革水利管理与服务的模式。根据政府职能转变的要求，进一步明晰政府与市场、政府与社会职能边界，划分事权，明确水利工程分级建设和管理职责。要大力推行依法行政，加强法制建设和规划管理，研究建立适宜的流域、区域水资源统一管理模式，更加重视工程管理、资源管理，保持和提高水利工程体系的能力和资源的利用效能，协调水利与经济社会、生态环境的关系。要发挥市场对资源配置的基础性作用，完善水利建设和管理领域的市场化运作机制和长效管理机制。要实施科技创新和人才发展战略，利用现代科学技术和科学管理手段，加强机构能力建设，全面提高水利管理质量、水平、效率和效益。

（二）发展目标

到2020年，江苏水利要与全省经济社会发展相协调，实现水利现代化。建成流域、区域、城市防洪相协调的现代化防洪除涝减灾体系；水资源优化配置、运行高效，建成与生态环境保护相协调的水资源安全供给保障体系；全省水功能区达到水质目标，水土流失得到有效治理，地下水超采得到有效控制；建成简政、高效、协调的水管理体制和科学、稳定、灵活的水利运行机制。实现人水和谐、防洪安全、配置优化、供水可靠、法制健全、管理科学、运行高效的目标。

到2010年，部分经济发达地区和水利系统内部有条件的专业领域或运行系统初步达到现代化要求。具体目标是：

（1）进一步完善防洪减灾体系。沂沭泗水系防洪标准达到50年一遇；洪泽湖及淮河下游达到100年一遇以上；长江流域防御1954年型洪水，干堤重点堤段防洪标准达到100年一遇水位加10级风浪，干流河势得到基本控制、重点险工和节点岸段保持基本稳定；太湖流域防御不同降雨典型的50年一遇洪水，重点工程建设与防御流域100年一遇洪水的目标相衔接；防洪管理得到加强。

（2）形成水资源供给体系的基本框架。高耗水工业及缺水地区农业节水水平明显提高，北调灌区、东引灌区供水保证率适度提高。南水北调东线一期工程全面建成；全省生活供水保证率达到98%，重要工业供水保证率95%以上，农业用水保证率基本达75%以上。

（3）形成水环境保护体系的基本框架。水质恶化趋势基本得到遏制，大面积地区达到阶段水质目标，全省集中式饮用水水源地水质达标率95%以上，逐步恢复河湖生态系统，严格执行地下水超采区禁采规定，人为水土流失得到控制。

（4）转变政府水利社会服务和公共管理职能，事权划分基本明确，依法行政进一步加强，水行政管理、资源管理、水利工程管理、水利工程建设管理进一步规范，形成水利管理服务体系的基本框架。

四、水利发展布局与“十一五”实施重点

按照发展的总体思路和目标，科学落实规划布局和实施重点，工程建设、水利管理和机构能力建设三者必须协调发展。要全面推进保障经济社会安全的高标准防洪减灾体系、保障经济社会发展的水资源优化配置和有效供给体系、促进经济社会可持续发展的水环境保护体系、与社会主义市场经济相适应的水利发展服务体系的现代化建设。按国家对淮河、长江、太湖3个流域近期治理的部署和南水北调东线工程的安排，推进流域防洪、骨干供水工程的建设；配合区域发展战略，加快重点区域综合治理；实施水库加固、河道清淤、灌区改造、清障及退田退渔还湖、水利血防等专项治理；稳步推进城市水利、农村水利和水利信息化建设；根据国家和省的统一部署，实施政府职能改革，提高政府水利社会服务与公共管理水平。

（一）防洪减灾体系

按照给洪水出路和蓄泄兼筹的原则，继续巩固提高流域防洪标准，恢复巩固和适度提高现有设施能力，扩大流域骨干泄洪通道，突出实施重点。

（1）流域治理。淮河流域，抓紧完成1991年国务院治淮治太会议确定的19项治淮骨干工程，实施2004年国务院治淮会议确定的加快治淮新3项工程，积极推进洪泽湖周边滞洪区安全建设；长江流域，按照国务院办公厅《关于加强长江近期防洪建设若干意见》（国发［1999］12号），完善干流堤防达标工程，完成南京河段二期，起步镇扬河段三期、扬中二期、澄通段二期、河口段等河势控制和崩岸守护工程，推进滁河、水阳江治理；太湖流域，根据国务院办公厅《关于加强太湖流域2001～2010年防洪建设的若干意见》（国办发［2001］89号），实施环太湖大堤、望虞河、太浦河后续工程、新孟河、东太湖生态清淤等工程；继续实施重点段海堤达标建设。

（2）区域治理。完善区域引排水系，恢复河湖行蓄洪能力，配合流域治理着力解决因洪致涝问题。重点实施太湖湖西、武澄锡虞、阳澄淀泖、秦淮河、里下河、沂南、沂北等重点地区以及省际、市际边界地区的治理。

（3）城市防洪。依托流域、区域治理，加快推进防洪及排涝骨干工程建设。基本完成13个省辖市城市防洪工程近期建设项目。

（4）其他洪涝治理工程。继续实施山丘区和圩区治理、中小河道清淤和水库水闸除险加固工程，有计划地进行重点区域的退田（渔）还湖和清障工作。基本完成13座大中型和300座重点小型病险水库除险，完成县乡河道清淤一遍。

（5）洪水调度管理能力建设。加强工程管理和防洪规划管理，完善防汛救灾应急系统，研究建立社会化防灾减灾机制，逐步推行洪水风险管理。

（二）水资源有效供给体系

按照建立节水型社会、提高水的利用效率和效益的原则，编制完成全省水资源综合规划，推进水资源有效供给和优化配置。

（1）加强计划用水和定额用水管理，着力发展农业节水，高标准地实施工业节水，广泛推行生活节水。重点实施灌区节水改造和续建配套工程。

（2）完善跨流域、跨区域调水网络，扩大引江能力。重点实施完成南水北调东线一期工程，泰东河拓浚工程，结合流域防洪建设实施望虞河扩大和新孟河拓浚工程，增强沿海地区供水能力，改善丘陵山丘供水条件。

（3）继续完善农田灌溉和农村生活供水体系。重点实施灌区续建配套、河道疏浚、农村饮水安全、山丘区水源工程等。

（4）根据水资源的承载能力，逐步引导和调整地区产业布局和经济结构。加强水资源调度管理能力建设，制定特殊干旱期和污染突发事件的应急对策。

（三）水环境保护体系

按照发展循环经济的原则，加强水资源的保护，提高水环境管理能力。

(1) 加强污染源的预防与控制，实施节水减污，促进清洁生产，鼓励污水回用；严格实施水功能区监督管理，实行废水达标排放和污染物总量控制。

(2) 按照国家南水北调东线工程实施安排，重点实施东线一期治污工程。

(3) 加强重要水源地保护，实施重要供水水域和重要饮用水源地保护工程。

(4) 加强河湖管理，实施重要河湖生态治理工程，恢复维持河湖功能。

(5) 开展城市、农村水环境综合整治，优化水工程调度，改善水环境。

(6) 继续加强水土保持，严格控制深层地下水开采。

（四）水利发展服务体系

按照政府水利社会服务和公共管理职能转变要求，改革水利管理体制与机制，提高水利服务能力与水平。

(1) 建立高效、协调的水资源管理体制，加强涉水资源管理，改革水利工程管理和水利工程建设管理体制和运行机制。

(2) 划分事权，逐步建立规范科学的水利投入机制、公益性工程运行消耗补偿机制、节水促进补偿机制、行蓄洪区运用补偿机制、水权分配与转让机制。

(3) 完善水行政法规体系和规划体系，强化依法行政和规划管理。增加科技投入，促进科技进步，以水利信息化推进水利现代化，加强人才培养和机构能力建设，提高水利服务水平。

（五）其他重点专项工程

按照国家统一部署，完成水利血防阶段建设目标。

完善信息采集系统、网络、数据库，及防汛指挥决策支持、苏北地区水资源配置监控调度、长江河道监测管理系统等应用系统。

五、保 障 措 施

1. 切实加强领导，明确政府职责

加强各级政府对"十一五"水利规划实施的组织领导，将水利发展规划纳入国民经济和社会发展规划，划分事权，分解规划目标，明确各级政府责任，保证规划实施。

2. 积极推进改革，创新发展机制

按照水利与经济社会协调发展的要求，科学界定水利公共管理和社会服务职能，合理确定水利适宜发展速度与布局，完善并实施与水利功能、属性、规模、速度相适应的水利建设和管理政策，促进水利科学与健康发展。

3. 拓展投资渠道，增加水利投入

稳定各级政府公共财政对水利的正常投入，完善收费机制，拓展多元化的投融资渠道，形成有法制保障、稳定可靠的水利建设投入机制。继续征收防洪保安资金、农业重点开发资金和水利建设基金，建立南水北调基金，增收水资源费。同时积极引进外资，利用市场化运作，增加水利投入来源；根据水利发展的总体布局，调整投资结构，增加水环境工程、城市水利、区域治理、农村水利和现有工程更新改造与除险加固等投入规模；完善对公益性工程的水利资金管理和监督，提高投资和管理效益。

4. 加强基础工作，规范规划管理

依法加强规划管理，完善规划编制、审批、实施、评估、修订管理办法，规范规划管理程序；加大规划宣传力度，增加规划透明度，推进规划实施。

江河治理与管理

（主持人：刘宁）

新形势下流域机构要当好河流的代言人

汪恕诚

今天我重点讲一下流域机构的转轨问题，也就是流域机构在新形势下的角色定位问题。现在我国许多河流的水资源开发利用程度已经很高，像黄河几年前连续出现断流，海河流域可以说“有河皆干、有水皆污”。可怕的是，不仅仅北方缺水地区如此，有些水资源丰富的地区也出现了“有河皆干、有水皆污"的现象。对洪涝灾害、农业缺水等问题，我们历来比较重视，这些工作当然非常重要，要继续抓好。但是，河流因为被过度开发利用导致生态严重破坏，河流不会说话，生态也不会说话，谁来替河流说话呢？谁来替生态说话呢？在新形势下，流域机构要义不容辞地担起河流代言人的重任，要成为河流的代言人，成为生态的代言人，维护河流的健康生命。

中国是个缺水的国家。现在许多城市的用水保证和经济发展，是以牺牲生态用水和农业用水为代价获得的。我国华北地区为满足经济社会发展用水的需求，超采地下水十分严重，导致地下水位不断下降。如果这种地下水位下降的现象一直持续，总有一天就会下降到基岩。北京公主坟一带的地下水位已经下降到基岩了。华北地区如果继续按照现在的开采方法，再过 15 年左右，地下水就会枯竭。我们已经尝到了过度的、不科学的水资源开发利用带来的严重后果，生态平衡被严重破坏。作为流域机构，应该清醒地认识到，我们是河流的代言人，我们要保护好河流，维护好河流的生态环境。我们的治水思路需要从人定胜天转到人与自然和谐相处，从防止水对人的伤害转变为首先防止人对水的伤害。面对社会各界、企业对水资源的大肆开发利用，流域机构应该像爱护母亲河那样去爱护河流的生命。

流域机构应该把工作的思路和出发点放在作为河流代言人的立场上，从生态保护和维护河流健康生命的角度来确定工作方针、原则和规划，把工作的制高点放在维护河流的健康生命上，把保护河流的生态环境放在第一位，而不是把开发利用、修建水库、电站放在第一位。只有这样，才可以进一步促进经济社会发展，才可以使可持续发展变为现实。对于修建防洪、水库工程等具体工作要继续按规划和基本建设程序进行，不能放松。但应该认识到，在新时期，衡量一个流域机构的工作水平如何，其标准绝不是修筑水库和大坝的数量，而是看对河流河道的整治如何，看水资源优化配置得如何，看水污染防治工作做得怎么样，或者讲这条河还健康不健康。如果河流没有水了，那么这条河就没有生命可言了，流域机构也就没有存在的意义和价值了。正因为此，海委把恢复生态作为第一要务，黄委鲜明地提出了维持河流健康生命的目标。应该说，为保护好河流健康生命，近年来流域机构已经做了一些探索和实践，很有成效。下面我举几个例子作说明。

先说松辽委。松辽委到目前做了 3 件体现可持续发展的事情。第一，是水资源规划，根据松辽河三省两河的特点来进行水资源规划。例如，辽宁的许多河流上都有水库，但有的水库有水，有的水库没水，如何优化配置水资源，保障大工业城市的用水安全。首先做好水资源规划，确定当地水资源总量，确定社会各行各业节水潜力，然后对工业、农业用水逐一进行分解，从而确定各个城市用水量是多少，节水能力有多大，将来经济社会发展后用水量是多少。根据这种思路，辽宁进行了东水西调，把鸭绿江的水调到辽河里面，并利用现代化手段对辽河上十几座水库进行联调，实现了辽宁省水资源的优化配置。第二，是进行湿地补水。对齐齐哈尔的扎龙湿地进行了 4 次补水，效果非常明显。最近又对向海湿地进行补水，改善了生态，在社会上引起了很大的反响。第三，是进行初始水权分配。这是一件意义更为深远的事情。水权初始分配是水资源配置的基础，中国水的许多问题，都需要通过水权分配来解决。如果到河里已经没有水的时候再进行水权分配就晚了，要在用水还相对充足的时候赶紧进行分配。在进行分配时，要先把生态水权留下，然后再进行区域、工农业、企业的分配。在进行水资源总量分配的同时，还要确定用水定额指标。一旦初始水权分配里的两个重要指标，即总量控制指标和微观定额指标都确定了，那么以后水资源配置和节约用水工作就有了基础。这项工作最重要的是要开辟一条用水权理论来为水资源优化配置和可持续发展奠定基础的路子。目前，松辽委正在抓紧开展这项工作。

海委也做了 3 件事情。第一个工作重点是进行生态恢复研究。生态恢复要确定生态恢复的程度和目标。譬如，一个城市的生态水面大概要恢复到20%才是科学的。在历史上，北京和天津都达到过这个标准，由于过度的开发利用，现在水面已经没有这么多了。根据生态要求，北京和天津都在规划恢复水面的具体方案。海委通过做好海河流域的生态恢复规划，在大力发展节水型工业、节水型农业，建设节水型社会的同时，确定了南水北调恢复生态所需水量，这就为调水方案奠定了科学依据。第二是进行引岳济淀。白洋淀是华北明珠，有10万人生活在那里，已经连续五年干旱，去年特别旱，几乎要干涸了。海委从离白洋淀近500公里的岳城水库调水到白洋淀，现在白洋淀又恢复了以前的美丽景色，当地的旅游业得到很大发展。当地人民对这件事的反响很好，影响非常大。第三是用水权理论去解决漳河的水事纠纷。河南、河北交界地方以前长期争水，水事纠纷时有发生。为了解决这件事情，水利部和海委一起，利用水权理论，从山西的一个水库置换出水来进行计价分配，使得用水问题得到了较好解决，促进了当地的粮食丰收和社会稳定。两边都给水利部写来了感谢信。

黄委明确提出把维持黄河的健康生命作为工作目标。具体体现为四句话：第一句话，堤防不决口，指防洪；第二句话，河道不断流，指节水；第三句话，污染不超标，指水资源保护；第四句话，河床不抬高，指的是泥沙问题。黄委针对这4个方面的任务都搞了规划，现在正按照规划去实施。为了使黄河不断流，黄委搞了一个世界上最先进的调度中心，对黄河水量进行调度控制，及时、准确、快速、高效率。为保证堤防不决口，也制订了很多措施，其中一条是在黄河两岸实施淤背，使堤宽达到100m，种植经济林，现在黄河两边成了一道亮丽的风景。要让河床不抬高，只有通过调水调沙，通过调水把沙冲到海里，使黄河河床不抬高。调就是调节，等到把水沙规律完全弄清楚后，就能够有意识地去进行水沙调度，把沙子调到海里去。从水沙调节到水沙调度，需要一个过程。为治理水土流失，黄委把整个黄土高原的地形地貌全部输入到计算机里面，成为数字地图，淤地坝规划在计算机里就能完成，鼠标一点，当地的地形、数据、坝长、坝高、淤地多少方、蓄水多少方等数据可以马上显示出来。黄委的工作思路和指导思想已经触及到了根本的问题，即维持黄河的健康生命。

太湖流域涉及到浙江、江苏、上海等省市。随着地方经济的快速发展，也带来了流域的严重污染。太湖流域最大的问题就是水污染，要把防治污染和水资源保护作为太湖局工作的首要任务来抓。为此，太湖局每年从长江调10亿方水，从望虞河进去，再从太湖出来，让水循环起来，通过这种方法，太湖的水污染状况得到了改善。通过引江济太这件事情，太湖局工作的思路、理念发生了很大变化。譬如，太湖上的两个闸，太浦闸和望虞闸，以前一年只开十几天，必要的时候才打开。由于指导思想的变化，现在这两个闸长年开放，必要的时候才关起来。让水流动起来，河流就具有了生命力。去年太湖局很好地处理了黄浦江油轮漏油事件，保护了上海市的用水安全。这件事让上海市委、市政府对太湖局开始另眼相看。目前，太湖局正想办法把太湖的水往南调，以此来解决杭嘉湖的供水问题。太湖局因为思路的改变带来工作的提高，树立了威信，提升了形象，工作干劲也更大了。这种变化也带来了江苏和浙江的积极响应。南京的秦淮河污染也很严重，现在有关部门下决心调水疏通整个南京的水系，工程已经开工建设，估计今年底就能完工。

对长江委来说，现在最重要的任务是搞清楚三峡工程建成以后对长江河道生态的影响问题，要早研究、早采取措施。修大坝对生态的影响，最重要的是对河道的影响，因为在河道上建坝，阻断了天然河道，导致河道的流态发生改变。而对中国河流影响最大的是泥沙，黄河修坝时泥沙的影响一般表现在上游，长江泥沙的影响主要表现在下游。三峡修成后，下游的水变清了，水流和河床的关系会发生变化，河床有可能下切，有可能左右摇摆，危及堤岸的安全。长江委以前最重要的任务是研究三峡建设，现在最重要的任务是研究三峡建成后对生态的影响。

流域机构要根据各流域自身的特点来研究治水方案，将新的理念和实际工作结合起来，并努力找到这两者的结合点。珠委工作的结合点就在于规划，包括水资源综合规划、水资源保护规划、防洪规划、水土保持规划以及水利现代化规划等。所有这些规划一定要按照新的思路和理念来进行。在给河流做规划时，一定要先给它把脉，搞清楚流域存在的问题，然后通过规划来解决那些有碍河流生命健康的问题。比如通过做好水资源综合规划，我们对水资源的情况，地表水、地下水、主水、客水、土壤水就会比较了解，对工农业发展在不同的结构下现在和将来对水的需求量如何、节水的潜力如何、水污染状况怎样，我们就能说得清楚，我们要把新的治水理念在规划中体现出来。珠委组织的泛珠三角区域水利发展协作是一件大好事，它从整个流域的角度来考虑水资源如何配置、如何修建水利工程，不但结合了流域的水利发展，还结合了珠江三角洲的经济发展，结合了香港和澳门问题。按照这样的思路去做，我相信一定可以做出成绩来。

因此，在新形势下，流域机构应该成为河流的代言人，要研究河流本身的问题，研究生态问题，研究水资源保护问题，这就是新时期的治水思路。只要抓住了维护生态、人与自然和谐、保护河流生命这一最核心的灵魂问题，找准定位，就会发现很多新的研究课题，就会开辟出一片新天地。近年来，各级水利部门努力树立和落实科学发展观，努力实践新的治水思路，使得水利部门不断涌现出许多新事物，开辟了许多新领域，赢得了社会各界的广泛好评。按照这样的发展思路走下去，中国的水利就会有出路，就会大有希望。

［编者注：本文为水利部汪恕诚部长在珠江水利委员会干部大会上的讲话（2004 年 9 月 6 日）］

以科学发展观为指导 搞好水利建设管理工作

陈 雷

一、建管并重，水利建设与管理工作取得显著成效

近年来，水利建设与管理工作按照中央水利工作方针和水利部党组可持续发展治水思路，锐意改革，不断开拓，狠抓落实，勤奋工作，取得了显著的工作成效。

第一，全国水利建设取得巨大成就。1998 年大水后，全国掀起了新一轮水利建设高潮。长江综合防洪体系建设全面加强，长江中下游 3578km 干流堤防基本达标。松花江、辽河、海河、淮河、珠江等各大江河的干流堤防建设明显加快。全国已有 236 座城市达到国家防洪标准。继黄河小浪底、万家寨、湖南江垭、广东飞来峡、新疆乌鲁瓦提、西藏满拉等重点水利枢纽工程投入运行以来，淮河临淮岗、嫩江尼尔基、广西百色、宁夏沙坡头、四川紫坪铺等“十五”标志性工程正在加紧建设。湖南皂市、黄河西霞院、四川武都引水二期等骨干水利枢纽工程已经开工。治淮骨干工程取得进展，19 项骨干工程中，已有入江水道、分淮入沂、洪泽湖大堤加固和包浍河初步治理等 5 项工程竣工验收，怀洪新河、入海水道、汾泉河初步治理以及沂沭泗河洪水东调南下一期工程已基本完成，已建成的治淮骨干工程在近年淮河防汛中发挥了重要作用。治太骨干工程基本完成。大型灌区续建配套与节水改造、农村人畜饮水解困工程取得重大进展。举世瞩目的南水北调工程 2002 年正式开工建设，目前已进入全面实施阶段。塔河、黑河治理和首都水资源保护等生态改善工程，取得了良好的效益。黄土高原淤地坝建设、小水电代燃料生态保护工程和牧区水利建设已启动实施。

第二，建设管理工作进一步得到加强，工程建设质量全面提高。1998 年以来，各地加大了水利工程建设管理力度，在水利工程建设领域全面推行项目法人责任制、招标投标制和建设监理制，工程项目管理

得到规范，工程建设质量不断提高。

各地认真贯彻落实国务院批转的国家计委、财政部、水利部、建设部《关于加强公益性水利工程建设管理的若干意见》，全面推行项目法人责任制。新开工的临淮岗等一批重点水利工程建设项目全部实行了项目法人责任制，长江干堤等防洪工程建设项目，也及时组建或调整了项目法人。广西百色、嫩江尼尔基由中央、省（自治区）共同出资，成立部、省（自治区）联合领导小组，实行出资人代表制度，按公司制组建项目法人。长江委成立了“长江重要堤防隐蔽工程建设管理局”，作为项目法人对工程建设全过程负责。

随着《招标投标法》的颁布实施，标投标制度逐步健全，招标投标活动进一步规范，建设项目邀请招标受到了严格限制，公开招标的比例大幅度提高。目前，水利工程施工招标投标率基本达到100%，监理招标投标率在90%以上，限额以上重要设备和材料采购招标投标率在80%以上，勘察设计招标投标稳步推进，与项目建设有关的科研及模型实验等专项招标投标开始起步。与此同时，招标代理也有了长足发展，全国水利行业已有甲级工程招标代理机构53家，临淮岗、百色、尼尔基等一大批重点水利工程建设项目采用了招标代理。东深供水改造工程是广东省自《招标投标法》颁布以来的第一个大型水利工程建设项目，工程的监理、土建、机电、材料4大部分59个标全部进入省建设工程交易中心进行公开招标，使招投标工作充分体现了“公开、公平、公正、廉洁、择优”。

大中型水利建设项目普遍实行了建设监理制。水利部先后印发了《水利工程建设监理规定》等一系列规范性文件，建立了建设监理市场准入制度，规范了建设监理行为。仅2001年实施建设监理制的水利工程建设项目就达1800多项，累计投资额近1000亿元。建设监理制在控制工程造价、工期、质量，提高水利工程建设项目管理水平方面发挥了重要作用。

质量管理工作不断加强，项目法人负责、监理单位控制、施工单位保证、政府部门监督的水利工程建设质量管理体制逐步完善，建立了部、省、地（市）三级质量监督体系。质量监督、质量检测、质量事故处理以及检查、验收、优质工程和文明工地评比等配套的质量管理法规和标准体系不断健全。工程建设监督检查、纪检审计、资金管理力度加大。工程竣工验收工作得到进一步加强，水利工程质量明显提高。东深供水改造工程单元工程优良率为95.1%，分部工程和单位工程全部优良，节余资金6亿元，工程的建设与管理达到了国际先进水平。

第三，整顿和规范水利建筑市场秩序工作取得明显成效，工程建设稽察力度进一步加大。近年来，通过深化建设管理体制改革，加强法制建设，标本兼治，对施工企业资质重新就位、监理单位资质和人员资格审批等，严把市场准入关，有力地推动了水利建筑市场秩序整顿和规范工作。进一步加大执法检查力度，点面结合，有针对性地开展了在建项目招标投标等专项整治。黄委及山东、甘肃、重庆、湖北等省（直辖市）在整顿和规范水利建筑市场秩序工作中，切实加强对工程参建单位的资质管理，依法查处了无证和超越资质等级承担设计、施工和监理业务的行为，对拒不执行水利工程建设强制性标准、发生重大质量事故或安全事故、出现工程转包或违法分包等行为的单位，依法进行处罚。通过治理整顿，有关法律法规进一步落实，招标投标行为进一步规范，工程转包和违法分包现象得到有效遏制。

加大了水利工程建设稽察力度。为加强水利工程建设项目质量、进度、资金管理以及基本建设程序和“三项制度”落实情况的稽察和监督，水利部颁布了《水利基本建设项目稽察暂行办法》，并成立了水利部水利工程建设稽察办公室。几年来，以使用国债数量大、建筑市场秩序相对差的地区为重点稽察地区，以堤防、病险水库除险加固为重点稽察项目，加大了水利工程建设项目的稽察力度，保障了国债资金的使用安全，促进了水利建设项目的顺利实施。

第四，水利工程管理体制改革取得突破性进展。2002年国务院办公厅转发了国务院体改办会同水利部、财政部等8部委起草的《关于水利工程管理体制改革实施意见》。《实施意见》明确提出，力争用3～5年时间，初步建立起符合我国国情，充满生机活力的水利工程管理体制和运行机制。2004年7月，水利部、财政部联合颁发了《水利工程管理单位定岗标准（试点）》和《水利工程维修养护定额标准（试点）》，为水利工程管理单位科学定岗定员、合理核定公益性工程维修养护经费提供了标准和依据。

各地认真贯彻落实《实施意见》，加快了水管单位改革的步伐。目前，全国28个省（自治区、直辖市）出台了实施方案，有改革任务的6个流域机构提出了直属工程的水管体制改革方案，水利部已组织专家组进行了审查；水利部确定的7个改革试点联系市、县和24个试点联系单位的改革工作取得了阶段性成果。

第五，水库安全管理得到全面加强。病险水库除险加固工作力度加大，成效显著。在组织编制《全国病险水库、水闸除险加固专项规划报告》的基础上，按照轻重缓急的原则，确定了1346座首批中央补助项目。通过加强前期工作、项目申报、建设管理和资金管理，有效地规范了首批中央补助项目的管理工作，保证了项目的顺利实施。目前，首批中央补助项目安排已近尾声，第二批中央补助病险水库除险加固项目开始启动。

小型水库安全管理工作得到全面加强。水利部印发了《关于加强小型水库安全管理工作的意见》，提出了“标准内洪水不垮坝，遇超标准洪水不死人，把灾害损失降到最低程度”的管理目标，并就小型水库安全管理责任制落实、建立健全管理机构、明确管理人员、落实管理经费、推行规范化管理，以及除险加固、降等报废、管理体制改革等方面提出了明确要求。通过各方面的共同努力，小型水库安全管理得到了加强，基本实现了预期的管理目标。

第六，进一步加强了河道采砂管理，长江河道非法采砂得到有效遏制。近几年来，水利部和湖北、江西、安徽、江苏四省，加大了长江河道采砂的管理力度。2001年2月，长江中下游干流河道全线禁采，2002年1月1日，《长江河道采砂管理条例》正式实施。按照国务院领导批示精神和水利部的统一部署，长江委和沿江4省认真落实长江河道采砂管理行政首长负责制，形成一级抓一级、层层落实、层层负责的责任制体系。理顺了长江河道采砂管理体制，确立了水行政主管部门长江河道采砂管理的主体地位，明确了水利、交通、公安等各部门的职责。积极落实“四个专门”，建立健全长江河道采砂专门管理机构，充实专职管理执法人员，加强专用执法装备建设，并逐步落实专项管理经费。组织了多次清江行动，始终对非法采砂保持严打高压态势，严厉打击了非法采砂活动。通过两年多的治理整顿，长江中下游河道禁采管理取得明显成效，一度薄弱的长江采砂管理工作得到了加强，一度猖獗的非法采砂活动得到了有效遏制，一度混乱的采砂秩序得到了扭转。目前，已解禁可采区监管得力，开采有序，没有发生重大违规违纪事件，长江河道采砂正在由全面禁采向有序解禁稳步推进。

此外，水利建设与管理工作正在向规范化、法制化、现代化管理迈进。水利工程管理目标考核工作全面展开；涉河建设项目管理逐步规范；水利工程确权划界工作稳步推进；全国水库管理数据库建设和全国重点在建项目在线申报系统建设正按计划进行；各项基础工作得到进一步加强。

总结近年来水利建设与管理工作，我们的主要体会和经验是：坚持正确的思想路线，认真贯彻中央水利工作方针和部党组可持续发展的治水思路，与时俱进，开拓创新，是做好水利建设与管理工作的关键；以改革促发展，深化建设与管理体制改革，理顺体制，建立机制，强化法制，是水利建设与管理事业不断前进的动力；坚持务实高效的工作作风，深入实际开展调查研究，切实帮助基层水管单位解决困难和问题，是做好水利建设与管理工作的有效手段；社会各界的大力支持，广大水利建设与管理工作者艰苦奋斗，无私奉献，是水利建设与管理事业蓬勃发展的坚实基础；转变政府职能，坚持依法行政，健全规章制度，加强规范管理，是水利建设与管理工作顺利进行的重要保障。

在看到成绩的同时，我们必须清醒地认识到，水利建设与管理工作还面临着不少困难和问题，特别是随着社会主义市场经济体制的不断建立和完善，一些深层次的体制机制问题逐步暴露出来，改革的难度越来越大，建设与管理工作的任务越来越重。如“三项制度”改革还需进一步深化，质量管理还缺乏有效监管手段，一些地方水利建筑市场秩序还比较混乱，水管体制改革和病险水库除险加固任务较为艰巨，小型水库的安全管理依然比较薄弱，一些地方在河道管理范围内违章建设的问题严重，河道采砂管理亟待加强，水利建设与管理的基础工作还比较薄弱等。对此，我们必须高度重视，采取有效措施，尽快加以解决。

二、认清形势，加深对水利建设与管理工作重要性的认识

2004 年，党中央、国务院针对我国经济中出现的一些不健康现象，采取了一系列宏观调控措施，取得了重要的阶段性成果，保持了经济快速、稳定增长。新的形势对水利工作提出了新的、更高的要求。当前，水利改革与发展进入了一个新的阶段，面临很好的形势和机遇。

一是党中央、国务院高度重视水利工作。党的十六大又一次把水利摆在了基础设施建设的首位，从可持续发展的战略高度予以重视。胡锦涛总书记在近两年中央人口资源环境工作座谈会上全面、深刻地阐述了水利工作方针，明确了水利改革与发展的目标和任务。全社会越来越深刻地认识到水资源对经济社会发展的极端重要性，水的忧患意识大大增强。国家大幅度增加水利基础设施建设的投入。1999 ~ 2003 年，中央水利基建投资总额达 1786 亿元，是 1949 ~ 1997 年水利基建投资的 2. 36 倍，地方各级政府也采取措施切实加大了水利投入。2004

年，国家实行“双稳健”的财政政策和货币政策，共落实中央水利基建投资规模337.53亿元，其中预算内投资86.74亿元，水利国债投资达250.01亿元，利用外资0.78亿元，保持了较高的中央水利基建投资规模。

二是治水思路和水利工作重点发生了重大转变。水利部党组根据中央水利工作方针和形势的变化，提出从传统水利向现代水利、可持续发展水利转变，加强水资源统一管理，提高水资源利用效率和效益，建立节水防污型社会，实现人与自然和谐，以水资源的可持续利用支持经济社会的可持续发展的治水思路。实践表明，新的治水思路符合自然规律和经济社会发展规律，体现了与时俱进的精神。全国水利系统认真贯彻落实中央水利工作方针，积极实践部党组可持续发展的治水思路，进行了有益的探索，取得了明显的成效，为加快水利的改革与发展创造了十分有利的条件。

三是水利改革与发展实现了一系列重大跨越，依法治水迈上新的台阶。以大江大河堤防建设为重点的防洪工程建设、水利骨干工程建设、病险水库除险加固、人畜饮水解困、大型灌区续建配套和节水改造、农村水电及电气化建设全面推进，新的三项亮点工程开始启动，水利基础设施建设的步伐进一步加快；流域管理与区域管理相结合，城乡一体化的水资源统一管理体制初步建立；水利工程管理体制改革迈出重大步伐；水权、水市场的理论研究和实践探索取得新进展，节水型社会建设、水价改革稳步推进；水利投融资体制改革和水利国有资产管理体制改革正在进行探索；制定和实施了一系列水利综合规划和专项规划，前期工作力度加大，形成了新时期加快水利发展的基本格局；加强了政策法规研究和规范化管理，以新《水法》实施为标志，依法治水和依法管水取得新的重大进展。

四是夺取了防汛抗旱的重大胜利，灾后重建和治淮工程建设步伐加快。2003年汛期，淮河流域发生了1954年以来的最大洪水，黄河流域出现了多年不遇的秋汛，长江流域汉江发生了1984年以来最大洪水。在党中央、国务院的正确领导下，通过准确预报、科学防控、依法防洪，实施有效的社会管理，充分发挥水利工程巨大的减灾作用，夺取了防汛抗旱救灾工作的重大胜利。汛后，国务院专门召开了治淮工作会议，对淮河治理做出了全面部署，明确提出了2007年全部完成19项治淮骨干工程建设的任务。当前，以堤防加固工程建设为重点的一批水利建设项目已进入全面竣工验收阶段，新一轮以治淮工程建设、南水北调工程建设为重点的大规模水利建设的序幕已经拉开，水利工程建设的任务十分繁重。西部大开发、东北等老工业基地改造、中部经济的崛起和珠江三角洲、长江三角洲地区的现代化建设，对水利工作提出了更高的要求，为水利建设与管理工作提供了新的发展机遇和空间。

三、与时俱进，以科学的发展观指导水利建设与管理工作

党的十六届三中全会提出，要坚持以人为本，树立全面、协调、可持续的科学发展观，促进经济社会和人的全面发展。这是全面建设小康社会的必然要求，也是实现现代化建设第三步战略目标的必然要求。我们要深刻领会其精神实质，以这一科学的发展观来指导水利建设与管理工作。

第一，坚持以人为本，始终把最广大人民群众的根本利益放在首位。坚持以人为本，牢固树立全面、协调、可持续的科学发展观，是党的十六届三中全会在理论创新上的一个突出成果。坚持以人为本，就是要把不断满足人的全面需求、促进人的全面发展，作为发展的出发点和落脚点。以人为本，同我们党全心全意为人民服务的根本宗旨和代表中国最广大人民根本利益的要求是一致的。

水利要为经济社会可持续发展提供可靠的饮水、防洪、粮食供给、经济发展、生态环境等方面的安全保障，必须坚持以人为本，树立科学的发展观。要按照“五个统筹”的要求，积极探索符合水利实际的发展新路子，把发展经济、加强水利建设与保护资源环境结合起来；把保障防洪安全、供水安全和生态环境安全有机地结合起来；在对水资源进行治理开发、优化配置、节约保护的同时，不断提高水资源的利用效率和水环境的承载能力，维系良好的生态环境，实现人与自然的和谐发展，把可持续发展贯穿到各项水利工作中去，在可持续发展中不断加快水利的改革与发展。

目前，我国主要江河中下游地区的防洪标准还不高，洪水威胁始终是中华民族的心腹之患；水资源短缺和水土流失的问题十分突出；水污染状况尚未得到根本遏制，水环境的承载能力下降；大量病险水库的存在，对人民群众的生命财产安全构成直接威胁。解决这些问题，必须加快水利基础设施建设，必须切实把已经建成的工程管理好、维护好，使之充分发挥效益。水利建设与管理工作与人民群众的根本利益密切相关。我们必须坚持以人为本，始终把最广大人民群众的根本利益放在首

位，加强建设管理，提高工程质量，强化工程管理，确保安全运行，以对历史和人民高度负责的精神，切实把好事办实、实事办好，让人民群众放心、满意。

第二，全面体现人与自然和谐，促进经济社会可持续发展。实现人与自然相和谐，是新时期治水思路的本质特征，也是科学发展观的内在要求。水利建设与管理是实现人与自然和谐的关键环节，在水利建设与管理工作中，必须按照“五个统筹”的要求，妥善处理好开发与保护，全局与局部，重点与一般，当前与长远，除害与兴利，经济效益、社会效益与环境效益，改革、发展与稳定，防洪、抗旱与水资源综合利用等关系，促进人与自然和人与水的和谐。

水利工程建设，要充分论证、科学决策、统筹规划、合理布局，充分考虑水资源和水环境的承载能力，处理好经济效益、社会效益和环境效益的关系；要突出重点，集中力量办大事，加快重点工程建设。在江河治理开发中，要统筹兼顾上下游、左右岸，协调好不同地区、不同部门之间的关系。在防洪工程建设中，要坚持人与自然和谐，避免人水争地，保护好生态环境。在防御洪水对人类危害的同时，要注意给洪水留有出路，合理利用雨洪资源。

在工程建设中，要按照国家的有关规定，切实落实好各项环境保护措施，防止边治理边破坏。同时，工程建设要考虑运行管理的需要，为运行管理创造条件。要建管并重，建立长效管理机制，保证水利工程良性运行和效益的充分发挥。

第三，适应社会主义市场经济体制要求，进一步规范建设与管理行为。完善社会主义市场经济体制，推动经济结构战略性调整是我国本世纪头 20 年经济体制改革的主要任务。水利作为国民经济的基础设施，其建设与管理工作必须适应社会主义市场经济的要求。

从建设管理来看，贯彻落实“三项制度”，是加快水利建设适应市场经济要求，规范水利建设活动的重要措施。但在实践中，还存在着公益性项目法人责任制不到位，招投标行为不规范，监理单位还未成为完全的市场主体等问题。特别是我国加入世贸组织后，一方面，拓展了我国水利建设各类市场主体参与国际竞争的空间，有利于学习和引进国外先进的技术和经营管理理念，促进我国水利建设管理水平的提高；另一方面，水利建设各类市场主体必将面临强大的竞争压力。我们必须按照完善社会主义市场经济体制的要求，建立健全水利建设法规体系，加大市场监管力度，规范市场行为，营造诚信的市场氛围，进一步深化水利建设管理体制改革。

从工程管理来看，解决长期存在着体制不顺、机制不活、经费短缺、冗员过多、管理粗放、社会保障程度低等体制和机制方面的问题，必须进一步完善权责一致的水利工程管理体制，科学合理地确定水管单位性质，建立激励与约束相结合的水管单位管理机制，推进水利工程维修养护工作的专业化、社会化和市场化，建立有制度保障的管理养护经费渠道，建立合理的水价形成机制和收费管理机制，大力推进水利工程管理体制改革。

第四，转变政府职能，坚持依法行政。党的十六大把进一步转变政府职能、改进管理方式作为深化行政管理体制改革的重要内容。已实施的《行政许可法》对政府职能转变提出了进一步的要求。

目前，国务院已先后公布了两批取消和改变行政审批方式的行政审批项目名录，涉及到水利建设管理领域的有总监理工程师、监理工程师、监理员、造价工程师等4项行政审批项目，以后还将陆续公布。此外，对保留的行政审批项目也提出了更加明确的管理要求。

这一新的形势，要求水利建设与管理部门必须正确处理好政府与市场的关系，在对水利建设与管理各阶段的行政管理职能进行认真梳理的基础上，按照政府职能要向“经济调节、市场监管、社会管理、公共服务”转变的要求，把政府该管的事管住、管好，把该交给市场的彻底交给市场。具体地讲：一是政府职能不能丢，该由政府承担的工作不能推给事业单位或其他组织；二是属于政府职能范畴的一些具体的基础性工作，可以委托给事业单位或其他组织承担，但政府部门一定要做好组织、策划、指导、协调、把关工作；三是不该由政府承担的事，一定要坚决、彻底地交给事业单位或其他组织，政府部门要做好监督指导工作。同时，要积极培育行业协会等行业自律组织和社会中介机构，以承接政府职能转变退出领域的一些具体工作，通过行业协会来实现市场经济条件下的有关市场管理功能。

四、真抓实干，做好新形势下的水利建设与管理工作

水利建设与管理工作要以邓小平理论和“三个代表”重要思想为指导，努力实践中央水利工作方针和水利部党组可持续发展的治水思路，与时俱进，开拓创新，推进水利建设管理体制改革，深化水利工程管理体制改革，逐步建立与社会主义市场经济相适应的水利建设与管理

体制和良性运行机制，提高水利工程质量，确保水利工程的安全运行和效益的充分发挥。

第一，按照市场经济要求，进一步深化水利建设管理体制改革。要转变政府职能，加强项目管理，进一步落实“三项制度”；改变市场主体依附于政府部门的现状，建立起公平竞争的市场环境；建立市场主体和从业人员的信用体系和管理机制；进一步建立健全水利建设管理法规制度体系，从建设管理的各个环节规范建设行为，做到依法行政。

第二，采取有效措施，切实把水利工程管理体制改革的各项任务落到实处。要从落实科学发展观，贯彻中央水利工作方针的战略高度，统一思想认识，提高对水管体制改革必要性和紧迫性的认识，增强改革的主动性和积极性，高度重视和切实加强水管体制改革工作。切实做好水利部直属工程改革试点工作，通过试点，进一步验证水管单位体制改革后，按照“管养分离”的管理模式，“两定”标准以及各项管理办法的合理性，从而在总结试点经验的基础上，全面推进水利部直属水利工程管理体制改革，为全国的水管体制改革做出表率。各地的水管体制改革，要从实际出发，分别选择一些具有代表性的水管单位，作为改革的试点。对改革中出现的新情况和新问题要及时研究和处理，对改革中发现的好经验和好做法要及时宣传和推广。通过改革试点，积累经验，实现“以点带面”和“以点促面”，全面推进本地区的水管体制改革工作。要继续做好水管体制改革的宣传工作，进一步提高全社会及广大干部职工对贯彻落实《实施意见》重要性和紧迫性的认识，为改革营造良好的氛围。要切实落实好改革的保障措施，妥善处理改革、发展与稳定的关系，确保改革的顺利进行。

第三，加强水利建设管理，进一步整顿和规范水利建筑市场秩序。加快推进治淮骨干工程建设，重点实施淮干及重要支流治理、临淮岗水利枢纽、燕山、白莲崖水库、东调南下续建、蓄滞洪区建设及重点地区排涝工程建设，扩大治淮在建规模和开工项目范围。做好百色、尼尔基、临淮岗、皂市、西霞院等项目的组织协调和指导服务工作。

在水利工程建设中，要严格遵守水利基本建设程序，全面推行项目法人责任制、招标投标制、建设监理制；严格资金管理；完善和落实工程质量责任制，加大稽察力度，加强验收工作，确保工程质量。要加强纪检、监察和审计，严厉打击和严肃处理工程建设中的违法违纪行为。

进一步整顿和规范水利建筑市场秩序，开展重点在建项目及项目所在地区整顿和规范水利建筑市场秩序情况检查；继续对转包、违法分包和挂靠等行为进行专项整治；研究提出水利建设系统信用体系建设框架，着手建立水利施工企业、监理企业的行为档案，健全质量监管体系。

第四，加强工程管理，确保安全运行。水库安全运行关系到广大人民群众生命财产安全，各级水行政主管部门要充分认识抓好水库安全管理工作的重大意义，把这项工作作为一项重要政治任务来落实。按照《水库大坝安全管理条例》和水利部印发的《关于加强小型水库安全管理工作的意见》要求，明确责任主体，落实安全责任。目前，有些小型水库的安全管理工作还比较薄弱，近年个别地区发生了小型水库垮坝事故，造成了人员伤亡，据调查，有客观原因，也有管理上的原因。有关部门要认真进行反思，从中汲取教训，严格按照有关规定和要求，切实将各项措施落实到位，确保水库安全运行。

要把病险水库除险加固工作放在突出位置，在认真做好首批中央补助病险水库除险加固项目收尾工作和竣工项目验收工作的同时，重点做好第二批中央补助项目的安全鉴定核查和初步设计巡查指导工作，认真组织实施第二批中央补助项目。

进一步加强河道管理，确保河道、堤防安全。目前涉河违章建设项目大量存在，各地一定要高度重视这项工作，抓紧健全和完善有关法规、规章和管理措施，严格项目审批，加大执法力度，严肃查处违法案件。

第五，加强河道采砂管理，严厉打击非法采砂活动。长江委和沿江各省要继续加强长江河道采砂管理，进一步巩固来之不易的禁采成果，对非法采砂活动保持高压严打的态势。要做好解禁的各项准备工作，慎重稳妥地推进可采区解禁。抓紧出台《长江河道采砂管理条例》实施办法，制定河道采砂许可证审批发放办法、可采区和禁采区监督管理办法，编制出台采砂规划实施方案和可采区采砂可行性论证报告，进一步落实“四个专门”，加紧研究解禁后的各项管理措施，建立长效管理机制。长江委要加强省际边界重点河段采砂管理的协调工作，沿江各有关省要顾全大局，加强沟通，维护稳定，共同发展。

要抓好全国河道采砂管理工作，抓紧出台全国《河道采砂许可制度实施办法》。各级水行政主管部门要加强河道采砂管理，做好采砂规划等基础工作，对河道管理范围内，影响河势稳定或危及堤防安全的，要划定禁采区，规定禁采期，加大执法力度，严厉打击非法采砂活动，切实履行好采砂管理职责。

第六，加强政策法规建设，推进水利建设与管理工作向规范化和法制化迈进。要加大政策研究、法规建设和依法行政的力度，强化政府监管职能。在对水利建设与管理现行的法规、规章和技术标准进行梳理和深入开展调查研究的基础上，围绕今后一个时期水利建设与管理工作的重点，提出水利建设与管理政策法规和技术标准框架体系，制定和修订有关政策法规和技术标准。已经不适应形势要求的，该废止的要废止，该修订的要尽快组织修订。

各级水行政主管部门和水管单位要大力推进水利工程管理规范化建设，按照水利部《水利工程管理考核办法及其标准》，做好目标考核工作。要进一步加强水利工程确权划界工作，明确管理范围和保护范围，为工程管护创造条件。

第七，加快科技创新，以信息化促进水利建设与管理工作的现代化。水利建设与管理工作要顺应水利现代化建设的需要，加快科技创新和攻关，大力开发、应用和推广各种新技术、新工艺和新材料，提高科技含量，推进水利建设与管理的现代化进程。要加强水利工程管理现代化的研究，提出水利工程管理现代化的指标体系，制定具体措施，抓好试点和典型，支持有条件的地区率先实现水利工程管理现代化。要加强信息化建设，以信息化带动水利建设与管理的现代化，加快全国水利建设与管理信息系统，全国水库、河道、水闸管理基础数据库的建设步伐。

第八，加强理论学习，建设高素质的水利建设与管理干部队伍。做好水利建设与管理工作，需要一支政治素质高、业务能力强、工作作风实、勇于开拓和甘于奉献的干部队伍。要加强队伍建设，强化行业管理职能，搞好理论学习和人才培训，提高干部素质。要加强精神文明建设和党风廉政建设，建立健全内部管理制度，转变工作作风，深入基层调查研究，帮助基层解决实际问题。

[编者注：本文节录自水利部陈雷副部长在全国水利建设与管理工作会议上的讲话（2003 年 12 月）]

大力推进两个转变　提高防汛抗旱能力

鄂竟平

针对我国的防汛抗旱形势，为了使防汛抗旱工作适应国家经济社会发展的需求，经过多年的探索和实践，我们提出了“两个转变”新思路。在近两年的工作中，防汛抗旱“两个转变”得到水利部门和社会各界的广泛认同。为了进一步落“两个转变”，有必要从理论上深化对“两个转变”的认识，在实践上全面推进“两个转变”。

一、准确认识“两个转变”

党的十六届三中全会强调要坚持以人为本，树立全面、协调、可持续发展的科学发展观，促进经济社会和人的全面发展。党的十六届四中全会作出了加强党的执政能力建设的决定，确定了当前和今后一个时期要坚持把发展作为党执政兴国的第一要务，提出了科学执政、民主执政、依法执政的要求。这些都对新时期的防汛抗旱工作提出了新的任务和要求。将坚持科学发展观与坚持新时期的治水新思路结合起来，进一步深刻把握“两个转变”的精神实质，从加强党的执政能力的高度做好防汛抗旱工作，在当前和今后一段时期具有重要的意义。

1. 关于“两个转变”的定义

“两个转变”准确的定义是：坚持防汛抗旱并举，实现由控制洪水向洪水管理转变，由单一抗旱向全面抗旱转变，为我国经济社会全面、协调、可持续发展提供保障。

2002 年以来，各地紧密联系防汛抗旱工作的实际，深入思考，深化认识，实践创新，对“两个转变”的认识不断提高，“两个转变”的理念得到了认可。普遍认为，“两个转变”是对我国传统治水思路的历史总结和升华，是经济社会发展的必然要求，是防汛抗旱与时俱进的必然选择，适应了我国社会变革的新形势，体现了以人为本、全面、协调、可持续发展的原则。“两个转变”思路以唯物辩证法、科学发展观和风险理论为基础，紧密结合当前社会经济发展形势，顺应了时代发展的方向，主旨清晰，方向明确，指导性、实践性强，用“两个转变”指导防汛抗旱工作，是坚持科学发展观的具体体现。推进“两个转变”是防洪保安、水资源保障、水环境保护的迫切需要，是保障经济社会高速发展的迫切需要，是实现人水和谐的迫切需要。

2. 关于内涵实质

（1）洪水管理的内涵实质。

一是实施风险管理。在防洪工作中实施风险管理，就是要通过防洪工程建设以及体制、机制创新和法制建设，有效地防范风险、承受风险和分担风险，提高化解和承担洪水风险的能力。所谓防范风险，就是要以防为主，防患于未然，并尽可能远离洪水。所谓承受风险，就是只能将洪灾风险控制在一定程度内，控制在通过经济、社会与生态等综合效益分析、利弊平衡后我们认为合理的程度之内，即不可能也没有必要控制所有量级的洪水，并要承受大等级的洪水风险。因此，修建防洪工程时标准要适度，不能过高，因为每修建一处工程都要增加洪水风险。防洪调度同样存在承受风险问题，既要确保安全，又要让工程更多地兴利，关键是要科学把握风险度。所谓分担风险，就是要按照风险管理的要求合理确定工程的功能，因为修建防洪工程时，有可能转移风险。同时，还要公平地对待风险转移，除国家财政承担必要的责任外，要根据利害相关因素在不同区域以不同形式合理分担风险，建立洪水风险补偿救助机制和洪水保险制度。

二是规范人类活动。防洪工作中必须依法规范人类的经济社会活动，使之适应洪水的发生发展规律，避免或减少洪灾发生的社会动因，以趋利避害。洪灾是水与人相互作用的产物，这是同等重要并相关的两个方面，缺一不可。并不是有了洪水就有灾害，如果没有人、没有经济、没有财产，即使水再大，也形不成灾害。过去我们主要是对洪水进行控制，很少考虑人类行为造成的洪涝损失和影响，而洪水管理就是要更多地关注和规范人类的经济社会活动：首先，人类活动要尽可能规避风险，以免受洪水之害；其次，人的活动不要侵占洪水空间，尽可能给洪水以出路，给洪水以更大的滞蓄自由；再次，人的正常活动如受到洪水威胁，要主动采取保安措施。总之，在防止水对人类侵害的同时，要防止人对水、对自然的侵害，实现人与自然的和谐。

三是推行洪水资源化。洪水是水资源的重要组成部分，我国从总体上讲是一个水资源严重短缺的国家，并且在时间和空间的分布上存在不均衡性。国情决定了我们必须在保证防洪安全的前提下，想方设法利用洪水资源。要将洪水资源化列为防汛工作中的一项重要任务。一是在修建防洪工程时，要有洪水资源利用的功能；二是在制定江河、水库洪水调度方案时，要增加洪水利用的条款；三是充分利用现有水利工程以及河湖洼淀调蓄洪水。但是利用洪水资源必须慎重决策，必须尊重科学，决不能以牺牲防洪安全为代价。

（2）全面抗旱的内涵实质。

一是扩大抗旱领域。抗旱领域从农业扩展到各行各业，从农村扩展到城市，从生产、生活扩展到生态，这是国民经济和社会协调发展的需要，也是社会进步的需要。

二是抗旱手段的多元化。水是人类生存的基本需要，当人类面临干旱缺水威胁时，必须采取一切可能的措施解决水的问题，包括法律、行政、经济、工程、技术等手段。当前我国正在实行并逐步完善社会主义市场经济体制，抗旱工作更应注重经济与法律手段。

三是变被动抗旱为主动抗旱。采取综合措施，加强工作前瞻性，增强预案可操作性，提高抗旱工作的主动性，防患于未然，这是我国经济发展和社会进步的必然要求。

二、全面推进“两个转变”

防汛抗旱“两个转变”是一个重大的理论命题，超越传统的防汛抗旱范畴，容纳了更为广泛的经济、社会、自然、体制、机制等众多因素。科学分析各地的基础条件，选择合适的突破口，正确推动“两个转变”，在当前是一项十分重要而又迫切的工作，对此，需要着重强调以下几点：

1. 建立标准适度、功能合理的工程体系

“两个转变”必然引起传统的防汛抗旱手段的重新调整。传统的防汛抗旱手段主要是不断提高防洪工程标准和单向开发水资源。这种单纯依靠工程手段和掠夺式的治水模式，难以避免地陷入人与自然对抗的恶性循环。“两个转变”指导下的防汛工作应转向适度确定防洪工程标准及合理确定工程功能，划分洪水风险等级，合理承担洪水风险；抗旱工作应转向促进节约水资源、降低耗水量，保护水资源可持续利用，在此基础上构建应急化解干旱缺水风险的设施与工程。因此，要按“两个转变”的要求，规划设计和修建新的防洪抗旱工程，同时也要按此要求对已建的防汛抗旱工程进行反思和调整，使之都能达到标准适度、功

能合理的目标。能够通过防汛抗旱工程建设，实现对水资源的合理开发、高效利用、优化配置、全面节约、有效保护和综合治理，实现人与自然和谐相处，保障人口、社会、环境与资源的协调发展。现在突出的问题是相当一部分江河防洪抗旱工程体系不完善，需要加快建设步伐；已建的个别防洪抗旱工程，其标准与功能需尽快调整。因此，当前防汛抗旱部门要大力推进“两个转变”，促进加快防汛抗旱工程体系建设与调整。

2. 建立科学规范的管理体系

防汛抗旱工作涉及全社会的方方面面，是一项系统性、社会性和政策性极强的工作。防汛抗旱的有效管理包括对社会相关行为的管理和防汛抗旱部门的内部管理。推进管理规范化，一是要加快防汛抗旱现代化建设和加强各级防汛抗旱机构的能力建设；二是进一步健全和完善以行政首长负责制为核心的各项责任制，依法明确和细化社会各部门的防汛抗旱责任，做到统一指挥、各负其责；三是加强防汛抗旱基础工作，如洪水调度方案、抗旱预案等，为规范化管理提供依据；四是防洪抗旱的社会化管理，规范人类社会活动，增强风险意识。例如：建立洪水风险公示制度，增强人类活动的风险意识；建立洪水影响评价制度，规范人类活动；通过税收政策调节，使经营性行为尽可能避开防洪高风险区；通过价格政策，促使社会公众节约用水，提高水的利用率等。

3. 建立有效的社会保障体系

随着社会主义市场经济体系的不断完善，社会组织、人员结构、管理模式等都发生了深刻变化，抗御水旱灾害越来越需要全社会的广泛参与，共同承担防洪抗旱的责任和风险。要通过体制和机制创新，提高化解和承受洪水风险的能力。因此，要明确和落实政府及各部门、社会各行业承担的防汛抗旱责任，在依法完善各级政府行政首长负责制、加强政府社会管理、公共服务职责的同时，整合利用社会资源，建立有效的防汛抗旱社会保障体系，尤其要鼓励、扶持开展水旱灾害保险研究，通过保险手段实现风险共担，增强公众抗御水旱灾害的能力。对各级防汛抗旱部门来说，特别要加强防汛抢险队伍和抗旱服务组织建设，加强管理和培训，加大技术与设备的投入，确保在抗御水旱灾害时能够召之即来，来之能战，战之能胜。

4. 建立健全的政策法规体系

我国的防汛抗旱法制建设起步较晚，配套法规还很不完善，人们的法治意识还比较淡薄。要根据防汛抗旱工作实际需要，从法律、行政法规、部门规章和技术标准4个层次上，抓紧制订立法和制度建设的计划，并积极开展工作。当前，要通过修订和制定《防汛条例》、《抗旱条例》、《洪水影响评价管理办法》、《蓄滞洪区管理条例》等防汛抗旱法规，进一步明确和规范各级行政首长和相关政府部门在防汛抗旱工作中的管理权限、职责、任务和分工，建立工作评价和责任追究制度；推动洪泛区、蓄滞洪区、河道和防洪规划保留区的管理，规范经济社会发展的各项活动，减轻可能造成的灾害损失；规范汛期的工程抢险、防洪调度、救灾救助、防洪补偿、物资调运、宣传动员、灾害评价等行为，明确各类突发事件的处理工作程序；进一步规范台风和山洪灾害的防御工作；对已经正式实施的法律法规，要加强执法检查，维护法律的权威性和严肃性。

5. 建立先进的技术支撑体系

长期以来，防汛调度主要是凭借人的经验，抗旱工作习惯于应用传统手段，改革创新动力和接受新事物的能力还不够，从而使防汛抗旱新技术研究与应用总体上滞后，更缺乏国际交流合作。随着“两个转变”的不断推进，防汛抗旱工作领域的拓展和工作要求的提高，必须加大新技术、新材料和新设备的研究应用，努力提高灾害预测预报、信息处理、调度指挥和灾后评价等方面的科技水平。因此，要从防汛抗旱的实际出发，把防汛抗旱指挥系统建设作为实现防汛抗旱指挥决策现代化的重要支撑，作为培养防汛抗旱高级人才的重要平台。要不断引进更新防汛抗旱应用技术，实现气象、水文监测预报现代化，实现信息资源共享，信息准确，反映灵敏，传输迅捷，以防汛抗旱基础信息的数字化为防汛抗旱调度决策科学化提供支撑，提高指挥决策科学水平。要利用先进技术，制定水旱灾害评价指标体系和制度，对洪水和干旱的影响进行科学的评价，以技术设备的现代化推动防汛抗旱指挥调度决策的现代化。

三、需要澄清的几个问题

1. 强调防汛抗旱新思路，不要抛弃传统的成功经验和做法

中国几千年的文明史，从某种程度上讲，也是与水旱灾害作斗争的历史。国运的兴衰，老百姓的贫富，很大程度上取决于治水的成败。因此，长期以来我国积累了丰富的防汛抗旱经验，是中华民族的宝贵财富。有许多成功的经验和做法，我们仍然要很好地继承和发扬，绝不能简单地抛弃。推进“两个转变”，实际上就是用科学发展观来审视传统

的防洪抗旱方略，克服其局限性，传承优秀，采取工程与非工程措施兼顾、控制基础上的管理、政府加法律等综合措施，科学调度洪水和抗旱，在保证安全的前提下，适度承担水旱风险，规范人类行为，达到人与自然和谐相处。

2. 强调洪水管理，不是否定控制洪水

控制洪水是洪水管理的一个重要方面。洪水管理以控制洪水为前提和基础，克服了单纯控制洪水的缺陷和不足。洪水管理既考虑了利用工程控制洪水，又避免单纯用工程控制洪水的局限性，从而采取全方位的管理措施规范人与水的关系，两者并非对立。一些地区现阶段防洪工程体系尚不完善，应加强防洪工程建设，提高洪水调控能力，这也是实现洪水管理的重要步骤。需要强调的是，这部分地区在完善防洪工程体系时，要在“两个转变”理念的指导下，完善工程规划，既要使防洪工程达到规划设计的适度标准及合理功能，又要使工程建设为洪水管理奠定基础和条件，避免走回头路，避免重复建设。

3. 强调全面抗旱，不能削弱农业抗旱

目前，我国抗旱工作有3个“关键点”：重点在农村，因为农业是弱质产业，农民是弱势群体，即使是在城市化高度发展以后，确保农村群众饮水安全和国家粮食安全也是抗旱工作的重中之重；热点在城市，因为城市是一个地区政治、经济、文化的中心，人口密集，用水需求量大，对供水保证率、水质及水环境的要求高，一旦发生供水短缺，社会影响巨大；焦点在生态环境，要保证经济社会可持续发展，必须重视生态环境保护，目前生态抗旱正在越来越受到公众的关注。因此，全面抗旱要求在重视农业抗旱的同时，更加科学理性地做好城市的生活、生产和生态等全方位的抗旱工作，实现水资源的合理开发、优化配置和高效利用。

4. 强调洪水资源化，不可忽视防洪安全

从总体上看，我国是一个水资源短缺的国家，开发利用洪水资源是新时期防洪保安全、抗旱保供水、生态保良好的必然选择。但是，洪水资源化只是洪水管理的一个方面而不是全部，决不能片面地认为洪水管理就是利用洪水资源。并且，洪水资源利用必须以确保工程安全为前提，我们要的是安全之后的洪水资源利用最大化，因此必须建立在科学调度的基础之上。实现洪水资源化，要采取工程、预报和调度等综合措施，要科学论证，依法按规审批，严格监督。

5. 大力推进“两个转变”，不应搞一刀切

近几年来，两个转变在我国已经有了众多实践，取得了重大成效。这些成效的取得归根结底就在于能立足中国国情，立足于省情，创造性解决我国或省（自治区、直辖市）防汛抗旱中存在的实际问题。由于经济发展水平的差距，各地治水和水利工程建设所处的阶段不同，社会保障、社会管理等方面的水平不等，当前和今后一个时期，不同地区防汛抗旱所面临的任务和所要解决的问题也不同。各地要结合本地的实际大力推进“两个转变”，不应消极等待，要努力创造条件开展工作。对于经济发展水平较高，防御水旱灾害的工程和非工程体系相对完备的地区，要率先实现“两个转变”，在全国起到示范和带头作用。对于基础条件一般和较差的地区，要选择突破口，要以“两个转变”的思路审视和指导我们的各项工作，从建立“五大体系”和实现“五化”上制定计划和目标，逐步推进。各地要从本地的实际出发，既不应毕其功于一役，也不能等待观望。要合理确定防汛抗旱工作目标和任务，同时提出分阶段实施方案。

总之，推进“两个转变”一定要强调综合性，避免片面性；强调全局性，避免局限性；强调科学性，避免盲目性。要正确处理防汛与抗旱工作的关系，正确处理城市与农村的关系，正确处理经济建设与生态保护的关系，正确处理近期与长远的关系，努力提高防汛抗旱能力。

（编者注：本文节录自水利部鄂竟平副部长在2005年全国防汛抗旱工作会议上的讲话）

维护健康长江　促进人水和谐

蔡其华

长江是世界第三、我国第一大河，不仅是中华文明的发源地，更是当代中国经济社会发展的重要命脉。长江流域横跨我国东、中和西部，流域面积180万km^2，占全国的18.8%，流域涉及我国19个省（自治区、直辖市），人口、GDP都占全国的1/3，不仅经济总量大，而且地理位置优越，是我国经济发展速度最快、发展潜力最大的地区之一。长江流域水资源丰富，年均水资源量9958亿m^3，占全国的约36.5%，不仅是本流域的水源，也是南水北调东、中、西三条线路等中国水资源配置的战略水源地。长江水力资源丰富，理论蕴藏量277808MW，约占全国的40%，其中，技术可开发量256270MW，约占全国的48%；经济可开发量约占全国的60%，是当前和未来我国水电开发的主要基地。长江是我国主要内河航道，干支流航道里程5.7万多km，占全国的52.5%，其中绵延2837公里的长江干线运输能力相当于4～6条同等长度的铁路运输能力，是连接我国东中西部的"黄金水道"。长江丰富多样的生态环境条件孕育了生物物种的多样性。据不完全统计，长江中有浮游植物8门183属321种、浮游动物154属330多种、底栖动物220多种、水生植物47科123属214种、鱼类17目52科178属370种，其他动物有螺、蚌、虾、蟹、龟、鳖、大鲵、扬子鳄和白鳍豚等，是我国重要的水生生物保护区。长江是中国最重要的河流，也是近几年来中国乃至世界大江大河中人水关系变化最大、最深刻的河流。保护长江、治理长江、开发长江，为子孙后代留下一条健康的长江，不仅对长江流域，而且对整个中国的经济、社会和环境协调发展都具有十分重要的意义。以科学发展观为指导，按照可持续发展水利要求，不断加深对治江规律的认识，进一步明确新时期治江思路，努力开创治江事业新境界，是长江委肩负的历史使命，也是我们当前面临的最为重要和紧迫的任务。

一、长江健康状况不容乐观

经过半个多世纪的艰苦努力，治江事业取得了辉煌成就，洪水对流域经济社会、河流生态系统和人民群众生命的威胁得到了极大缓解；源远流长的万里大江为流域乃至全国提供了供水、能源、交通、经济社会发展和生态环境建设的重要支撑。但是，必须看到，伴随着经济社会发展和长江治理开发，长江的水量水质状况、水沙关系、水生生物生境、河道完整性、河岸河床稳定性、蓄泄能力以及服务功能，已经或正在发生许多新的变化，河流已经或正在遭受各种各样的损害。目前长江健康状况总体尚可，但是局部已有病变，并出现恶化趋势。主要表现在以下5个方面：

一是长江上游洪水来量大与中下游河道泄洪能力不足的矛盾仍然突出。在全国，没有任何一条河流的洪水像长江这样峰高量大。今天，如果洪水泛滥，对经济社会发展与河流自身生态系统的破坏将无法估量。让洪水行其道、居其所、得其安，是健康长江的基本要求。目前，长江已初步建立了以堤防为基础，分蓄滞洪区、防洪水库、河道整治相配套及非工程措施组成的防洪体系，但是这一体系还很不完善：连江支堤、湖堤还相当薄弱，没有形成完整的封闭圈；分蓄滞洪区建设滞后，计划分洪运用困难；已建水库防洪库容与防洪要求差距很大，即使三峡工程建成后，其防洪库容与长江中下游巨大的超额洪量相比，仍显不足；河势控制工程还没有按规划实施完成，河岸河床随着三峡的建成将发生新的变化；非工程防洪措施也很薄弱。

二是局部地区和时段干旱缺水、咸潮上溯。长江多年平均水资源量9958亿m^3，总量较为丰富，但由于时空分布不均，上中游滇中高原、四川盆地、湖南衡邵地区、江西吉太盆地、湖北三北区等地水资源供需矛盾较为突出。随着上中游用水量的增加，枯季长江口咸潮入侵不断加重，已影响上海和江苏沿江部分城市供水及河口生态安全。

三是水质污染有不断加重的趋势。虽然干流水质总体还好，但干支流主要城市近岸水域污染严重，干流约有600km岸边污染带，多分布于沿江重要城市；饮用水源地已受到有毒有机物的影响，部分地区有超标现象；沿江城市的多处主要取水口难以保证稳定达到水质标准；主要湖泊富营养化趋势未得到有效控制，巢湖和滇池富营养化治理效果不明显，鄱阳湖和洞庭湖也在向富营养化发展；三峡、丹江口水库等重点区域总体水质变化不大，但三峡在蓄水过程中和蓄水后局部时段香溪河等支流河口出现“水华”现象。

四是水土流失严重。在全国 7 大流域中，长江流域的水土流失面积和侵蚀总量均居首位，直到现在还有 53.07 万 km^2 的水土流失面积没有得到治理。已经开展的治理主要针对水力侵蚀，而滑坡、泥石流和崩岗等侵蚀强度大、向长江输送泥沙量大、治理难度大的特殊侵蚀类型治理尚未开展。因开发建设等造成的人为水土问题突出，每年造成新的水土流失面积达 $1200km^2$。总体上看，水土流失未得到有效控制。

五是过度、无序开发引发新的环境问题。长江流域整体上开发利用程度不高，但是，局部地区开发利用与生态保护脱节，引发部分支流河道断流干枯、湖泊和湿地萎缩、局部地区地下水超采、河口地区咸水上溯、生物多样性破坏等新的环境问题。枯水季节断流的 3 级支流以上河流约 30 条；10 km^2 以上的湖泊面积为已由 21000 多 km^2 萎缩为 15000 多 km^2，萎缩率达 30%，湿地面积不断减少；地下水超采量 1322 万 m^3，形成漏斗区面积 3185 km^2；水生生物生境破坏严重，一些重要的经济鱼类已经不能形成实际产量，有 20 多种水生动物被列入中国濒危动物红皮书。

同时，我们也必须看到，在长江河流系统的进化和演变历史上，三峡工程无论在缓解长江巨额洪水对河流生态系统的威胁，还是在中国生态环境建设中，都发挥着不可替代的重要作用。然而，三峡建成后，长江中下游水沙关系、江湖关系与河势河床稳定将出现新的变化，这些变化将会对长江河流生态系统带来新的影响。

二、维护健康长江的基本思路

长江的极端重要性和它正在遭受的各种损害已经引起社会各界的广泛关注，更是广大治江工作者必须深入思考并给予认真回答的重大课题。近年来，我们以科学发展观和可持续发展水利为指导，结合长江实际，深入调查研究，认真总结思考，不断探索创新，初步形成了《健康长江实施意见》，基本确立了新时期治江思路，这就是：牢固树立和认真落实以人为本，全面、协调、可持续的科学发展观，坚持可持续发展水利，以“维护健康长江、促进人水和谐”为基本宗旨，按照“在保护中开发、在开发中保护”的原则，统筹保护与开发，协调生态与发展，加快防洪保安、水资源综合利用、水生态环境保护、水资源管理 4 大体系建设，实现保障防洪安全、合理开发利用、维系优良生态、稳定河势河床四大战略目标。

维护健康长江的核心，是在保护中开发，在开发中保护。关于河流健康的含义，国际上有不同的说法，如联合国21世纪世界水资源委员会调查报告指出："目前世界上有两条大河可以被归入健康河流之列。这两条河流是南美洲的亚马逊河和非洲的刚果河。"也有学者认为，原始的、自然的、沉睡着的河流才是一条健康的河流。我们认为，河流健康与经济社会健康发展密不可分，一条健康的河流，既是一条造福于人类的河流，又是一条生态良好的河流。我国是发展中国家，解决我国水资源问题、能源问题、生态环境问题，保障经济社会环境协调发展，还必须进一步治理和开发利用长江。同时，我们应看到，水利水电开发也会对生态环境产生不同程度的负面影响，特别是掠夺式开发，不仅会对长江健康造成"器质性"伤害，而且可能导致长江河流生态系统的崩溃，那样，经济社会的健康发展也就失去了保证。我们必须认真对待这一问题。既不能因噎废食，停止工程建设，停止发展步伐，也不能掩盖矛盾，留下隐患。为了经济社会的健康，必须保持长江的健康。从这个角度来说，健康的长江应该是：在一定的经济社会发展条件下，具有足够的、优质的水量，供给和维持其自身的动力，保持河道和河势的基本稳定；在一定的泥沙、污染物质输入以及其他外界干扰下，河流生态系统能够承受并自行恢复；水体的各种功能发挥正常，能满足人类合理需求，不致对人类健康和经济社会发展的安全构成威胁或损害。尤其需要注意的是，我国正处在经济社会转型期，体制和机制的转轨、经济结构和社会结构的调整、利益主体和利益格局的冲突，一系列错综复杂的矛盾都将在长江上集中体现出来。我们必须义不容辞地承担起治理开发与生态保护两副重担。

维护健康长江的关键区域，是生态脆弱的源头区、水电开发主战场的上游地区、与饮水安全息息相关的重要水源区、洪水威胁严重的中下游平原区、作为重要湿地的"两湖"与河口地区。江源地区生态脆弱，特别是在气候变化和人为活动的压力下，江源区冰川退缩、草场退化、湿地萎缩、土地沙化、水土流失等正在加剧，必须加快治理与保护，修复源头区水源涵养和水土保持重要功能，确保资源的持续利用。长江上游是长江流域的重点产沙区，也是水能资源富集区。这一地区年土壤侵蚀量大部分被拦淤于中小河流、湖泊等水体和塘库堰等水利工程中，对河道安全、水利水电工程安全构成严重威胁。同时，在全国电力供应吃紧的背景下，争抢长江上游水电建设的新一轮"跑马圈水"之风愈演愈烈，水电无序开发必然破坏生态。包括三峡库区、丹江库区在内的重要水域，其保护状况不仅直接影响到该区域的经济社会发展，而且事关南水北调等中国水资源配置工程的成败。长江中下游受堤防保护的平原区，地面高程一般低于汛期江河洪水位5～6m，最低达10m多，一旦堤防溃决，后果十分严重。“两湖”（洞庭湖、鄱阳湖）与河口地区是长江流域重要湿地，具有十分重要的生态调节功能，河口地区还承担向长江三角洲地区供水任务。由于人工围垦等原因，洞庭湖、鄱阳湖面积萎缩，河口生态破坏严重，应结合综合治理切实加以保护。

维护健康长江的主要任务，是保障防洪安全、饮水安全和生态安全。经济社会的可持续发展对防洪保安提出了越来越高的要求，保障防洪安全仍然是十分重要的任务。在三峡工程即将建成和长江干流堤防按规划修完修好的新形势下，防洪工程建设重点要及时转移到分蓄洪区、河势控制、干支流重点河段整治以及连江支堤、洞庭湖、鄱阳湖和其他支流堤防工程建设上来，同时，要继续兴建水库，实施干支流大型水库联合调度，探索洪水风险管理。由于长江的特殊重要性，保障饮水安全日趋突出和紧迫，主要包括水量安全和水质安全两个方面。要在节水和防污治污的同时，在水资源供需矛盾较为突出的地区，适当兴建水源工程和调水工程，确保重点城市和重点地区的供水，解决农村人畜饮水困难；通过三峡水库、南水北调等大型水利工程的联合调度，结合实施河口整治工程，保障枯水期长江河口地区饮水需要。同时，要采取综合措施，切实加强三峡水库、南水北调中线水源地（丹江口水库）、长江口等重要水域的水质保护，实施城市和农村饮用水源保护工程，解决水质性缺水，确保中国水资源配置的需求。由于长江河流生态系统正在遭到破坏，保障长江生态安全尤为重要。除了继续推动“5531”水资源保护工程，继续抓好“长治”工程建设，还要加强重点地区水土流失治理力度，加强预防保护，有效遏制新增水土流失；加强对长江上游和西南诸河水利水电开发的管理，扭转无序开发的混乱局面。

以林一山同志为代表的老一辈治江工作者，在长期实践中逐步形成的以防洪为重点的治江三阶段方针，其主要目标任务已经基本付诸实施，但还没有全面完成，我们仍然处在第三阶段的征途中。同时，也必须看到，治江第三阶段走到今天，出现了许多新问题、新矛盾，提出了许多新任务、新要求，特别是饮水安全和生态安全所隐藏的危机，需要引起我们的足够重视。

三、当前维护健康长江的工作重点

维护健康长江，促进人水和谐，是一项需要长期艰苦探索的系统工程，需要全社会、全流域、全委上下广泛参与、共同奋斗。作为长江代言人，当前，我们要突出抓住以下几点：

一是深入开展健康长江指标体系研究制定和长江健康状况监测。经过最近一段时间的反复研究和讨论，我们根据健康长江的主要内涵，初步提出了健康长江总目标层、系统层、状态层、要素层指标体系，并设置了 16 个指标，包括水资源利用率、河道生态需水量满足程度、水功能区水质达标率、输沙模数、水系连通性、水面率、河床稳定性、河岸稳定性、河岸植被覆盖率、蓄泄能力、水生生物完整性指数、珍稀水生动物存活状况、城镇供水保证率、灌溉保证率、水能资源利用率、通航水深保证率等。对于这些指标及其评估方法，还要进行深入研究。同时，对长江委现有资料进行归纳整理，对分散在其他部门的资料进行收集，对当前工作比较薄弱的领域开展调查监测，以形成完整的健康长江指标体系。

二是修订长江流域综合利用规划。我国最近一次修编长江流域综合利用规划是在 20 世纪 80 年代至 90 年代初。10 多年来，无论是长江流域经济社会发展，还是治江事业，都发生了很大变化。同时，限于技术、经济条件，当时的规划偏重于对资源的开发和利用，例如在上游一些“以发电为主”的河段规划中，对水电开发不遗余力，对生态环境保护等重大问题研究不够。2005 年开始修订长流规，必须针对已发生、改变和发展了的情况，根据新时期治江思路来进行，使之成为维护健康长江的基本依据。

三是依法加强水资源管理。一方面，要根据法律法规的授权，根据维护健康长江的需要，进一步建立健全规划同意书、防洪影响评价、河道管理、水资源开发利用管理、建设项目水资源论证、取水许可、采砂许可、水功能区管理、排污口管理、水土保持预防监督、水利建设管理制度等各个方面的实体性法规制度体系以及决策、监督、惩处等环节的程序性法规制度体系。另一方面，要结合水资源综合规划和“十一五”规划，尽快明确流域内各区域的水量分配方案，核定流域内各河流水功能区的纳污能力，建立健全水资源利用总量控制指标和微观用水定额体系，确定各水功能区的限制排污总量，提高全社会维护健康长江的自我约束能力。与此同时，要建立健全水旱灾害、重大水污染事件、水事纠纷、水利工程遭袭破坏等危及健康长江的突发事件预警和应急机制，提高我们处理河流健康危机的能力和水平。

四是加强三峡建成后长江中下游重大问题研究与工程建设。第一，加强原型观测，增加观测内容和年内观测频次，扩大观测范围，开展湖口以下河道原型观测。第二，加强有关重大问题的研究。如三峡工程蓄水后长江中下游泥沙运动规律、河势演变规律以及演变趋势的研究；人类活动对三峡水库下游河道水沙条件影响、三峡水库运用后长江中下游干流河道再造床过程及其影响；三峡水库运用后长江中下游河势控制方案与措施研究；三峡工程的防洪实时调度方案等。第三，抓紧实施规划安排的护岸工程。对重点险工段加强治理，同时加强三峡水库蓄水运用后的河道观测，发现问题，及时抢护。第四，加强三峡建成后对中下游及河口地区生态环境影响对策研究。

五是启动一批试点项目。立足流域现实，选择适当的区域、流域和项目，深入开展试点，逐步积累经验，以点带面，扎实推进。①长江重要水域保护。包括三峡库区受损水域生态修复、大型水利工程联合调度保护长江口生态、南水北调工程水源地保护、汉江中下游水生态环境修复和保护等试点项目。②洪水风险管理。选择钱粮湖分蓄洪区作为洪水风险管理的试点。③山洪灾害综合防治对策。在金沙江中下游或嘉陵江上游的白龙江水系山洪灾害多发区，选择人口、财产相对集中的一条小流域，开展山洪灾害综合防治试点工作。④水利血防。对云南、四川两省以山丘型为主的血吸虫病疫区，以节水灌溉、人畜饮水和小流域治理项目为主，下游湖区 5 省湖沼、水网型血吸虫病疫区，以河流综合治理和节水灌溉项目为主。⑤赤水河流域综合管理。从长江流域整体生态保护要求出发，尽快研究赤水河在流域生态保护中的定位，编制生态保护规划，以维护流域生物多样性。同时研究和建立由 3 省及其多部门合作的协调机制，实施流域综合管理。⑥鄱阳湖湿地保护。包括富营养化防治与生态修复、生物多样性保护的研究与试点、鄱阳湖湿地生态功能区划与健康维护研究。

（作者单位：长江水利委员会）

践行治水新思路　当好黄河代言人

李国英

流域机构应当义不容辞地担负起河流生态代言人的重任，从生态保护和维护河流健康生命的角度确立工作方针、原则和规划，把工作的制高点放在维护河流健康生命上。我们将把黄河的治理、保护和管理作为第一要务，抓住黄河“水少、沙多、水沙不平衡”的主要症结，积极推进各项治理实践，努力提高进一步把黄河事情办好的能力。

一、有效管理黄河洪水

自古以来，黄河洪水威胁一直是中华民族的心腹之患。经过多年建设，现已初步形成“上拦下排，两岸分滞”的工程体系，基本具备了控制和处理洪水的“硬件”。同时，随着“数字黄河”工程建设的加快，“数字防汛”等一系列“软件”逐步配套，这些“硬件”和“软件”构成了较为完整的黄河防洪体系。依靠这一体系，可以针对不同量级的洪水实施有效控制和高效利用，也可以根据治黄需求，通过联合调度塑造洪水，防止河道萎缩，减少河道淤积，实现由过去单一控制洪水向全面管理洪水的转变。

第一，控制黄河洪水。对大洪水和特大洪水，要致力于提高控制能力。依据水文预报、工程布局和可控能力，拿出科学的控制方案和控制手段，通过干支流水库的联合调度和蓄滞洪区的适时启用，将洪水控制在两岸标准化堤防之间，确保大堤不决口，尽最大努力减少灾害损失。控制洪水是管理洪水的前提和基础，管理洪水是对控制洪水理念的继承与发展。

第二，利用黄河洪水。对中常洪水，合理承担适度风险，充分考虑黄河洪水的资源属性和造床功能。一是通过塑造协调的水沙关系，让洪水冲刷河槽，挟沙入海，恢复河槽的过流能力。二是将黄河洪水资源化，可对汛期洪水进行分期管理，科学拦蓄后汛期洪水，为翌年春灌和确保黄河不断流提供宝贵的水资源，支持流域经济社会发展。

第三，塑造黄河洪水。河道是洪水和泥沙的输移通道，当河道内长期没有洪水通过时，河道主河槽就会发生萎缩。事实上，20 世纪 50 年代，黄河发生的最大洪水为 2.23 万 m^3/s，相应河槽平滩流量为 0.8 万 m^3/s，20 世纪 80 年代，黄河发生最大洪水为 1.53 万 m^3/s，相应河槽平滩流量为 0.6 万 m^3/s，20 世纪 90 年代，黄河发生最大洪水为 0.76 万 m^3/s，相应河槽平滩流量为 0.3 万 m^3/s，进入 21 世纪，黄河洪水没有发生一次大于 0.4 万 m^3/s 的编号洪峰，相应河槽平滩流量已衰减至 0.2 万 m^3/s 以下。因此，要树立强烈的洪水造床及输沙意识，在河道里没有洪水且条件具备时，要通过水库群联合调度等措施塑造人工洪水及其过程，达到减少水库泥沙淤积、防止河道主河槽萎缩和携沙入海的多重目的。

需要强调指出的是，目前，控制黄河洪水的意识根深蒂固，但利用黄河洪水，特别是塑造黄河洪水的理念较为淡薄，甚至尚未建立，根据黄河的特点和存在问题的症结，今后必须建立洪水利用和洪水塑造的概念，并认真加以研究利用和塑造洪水的方法、途径及手段，通过不断探索与实践，使之逐步调整、完善，让黄河洪水为“维持黄河健康生命”服务。

二、多举措处理黄河粗泥沙

早在 20 世纪 70 年代，治黄工作者已经认识到，淤积在三门峡库区和下游河道的泥沙大部分是粗泥沙，主要来自黄河中游的多沙粗沙区。经过近期的研究确认，在三门峡水库修建之前，黄河下游河道主河槽中，粒径大于 0.05mm 的粗泥沙大约占 3/4，其中粒径大于 0.1mm 的占 1/2，这些泥沙对黄河下游河道危害最大，而直径小于 0.025mm 的细泥沙几乎可以随水流入大海。因此，治理黄河泥沙必须把粗泥沙作为突破口和关键目标，构筑控制粗泥沙的 3 道防线。

第一道防线，黄土高原水土流失治理“先粗后细”。经过多年研究，虽然在黄土高原 45.4 万 km^2 的水土流失区找到了 7.86 万 km^2 的多沙粗沙区，但治理这 7.86 万 km^2，相对于国家投入强度而言仍显偏大。在黄土高原千沟万壑之中，分散治理的效果也很微弱。因此，要千方百计找到对黄河危害最大的粗泥沙来源区，有针对性地进行淤地坝布置，同时加大对该区域开发建设活动造成的人为水土流失的监管力度，最大限度地减少进入黄河的粗泥沙。

第二道防线，小北干流放淤“淤粗排细”。在三门峡水库以上禹门口至潼关河段 660km^2 的河道滩地上，利用弯道水力学、缓流分选泥沙水力学等原理，通过设置引洪放淤闸、弯道溢流堰、淤区格堤、退水闸等工程，靠水流自然力量，人为控制泥沙的颗粒级配，达到“淤粗排细”的目的。小北干流放淤分无坝放淤试验、无坝放淤和有坝放淤三个阶段实施，首先通过无坝放淤试验取得基本参数，在此基础上实施无坝放淤，远期在黄河北干流建设以放淤为主要目的的水利枢纽，通过水库的水沙调控进一步扩大放淤区域和提高放淤效率。

第三道防线，小浪底水库等干流骨干水库“拦粗泄细”。小浪底水库是调控黄河下游水沙的关键工程。按照设计，在其 126.5 亿 m^3 的总库容中，拦沙库容为 75.5 亿 m^3，可拦蓄泥沙 100 亿 t。对小浪底水库本身的调度方案研究还要继续深化，使它以更加科学，更加符合黄河水沙运动自然规律的方式，实现水库运用水位逐步抬高，分选泥沙，“拦粗泄细”，同时延长水库拦沙使用年限。将来在古贤等骨干水库建成后，也可通过“拦粗泄细”运用，显著减少进入下游河道的粗泥沙。

上述 3 道防线，承前启后，互为联系，相互作用，是一个有机的整体，构成多举措控制黄河粗泥沙的立体防御系统。这一系统的构建，将使黄河泥沙治理的措施收到事半功倍的效果，黄河泥沙的研究和治理也将提高到一个新的水平。

三、深入研究论证，构建黄河水沙调控体系

针对黄河“水少、沙多，水沙关系不协调”的症结，解决的途径只能是“增水、减沙、调水调沙”。

第一，增水。主要反映在两个方面。一方面是相对增水，即节约用水，通过建立节水型社会，挖掘黄河现有水资源的潜力；另一方面是实施南水北调西线工程，从外流域调水到黄河，补充黄河水源。

第二，减沙。主要有 3 种措施。一是黄土高原的水土保持；二是小北干流放淤；三是骨干工程死库容拦沙。

第三，调水调沙。就是借助自然的力量，依靠控制性水利枢纽的人工调节，变黄河不协调的水沙关系为协调的水沙关系。调水调沙已经做了 3 次试验，试验结果表明，这一途径是完全可行的。

黄河协调水沙关系的塑造，靠任何单一的手段，都是无法实现的，要把上述 3 条途径有机地联系在一起，建立以龙羊峡、刘家峡、大柳树、碛口、古贤、三门峡、小浪底 7 大干流水利枢纽以及河口村等支流

水库为“硬件”，以各种水沙预报和相应调度模型等数字化系统为“软件”的完善的水沙调控体系。当然，这个体系还包括下游河道边界条件的改变以适应水沙关系的搭配。只有发挥体系的整体作用，才有可能使黄河的水沙关系由不协调变为相协调。

目前，黄河上游的龙羊峡、刘家峡水库已建成生效，大柳树水库兴建后，3 库联合调度运用，将对宁蒙河段水沙关系的调整、河道形态的改善以及防凌安全起到至关重要的作用；中游干流的万家寨、三门峡、小浪底水库以及支流的陆浑、故县水库已相继建成，加上待建的河口村、古贤、碛口等水库，将形成功能强大的水库群，有效调控进入下游河道的水沙关系，解决下游河道主河槽萎缩、河道淤积等问题；同时，这些水库的联合调度运用还可以借助塑造人工异重流的手段，减少库区泥沙淤积，延长水库的使用寿命。

黄河水沙关系不平衡，既是古已有之的历史沉疴，也深受现实中各种矛盾的影响，既有自然的原因，也有人为的因素，要完全解决它绝非一时一事之功。但我们相信，在“维持黄河健康生命”这个大的战略框架下，通过增水、减沙和调水调沙，对黄河洪水和泥沙进行有效管理，实现水畅其流，沙畅其道，并维持一定规模的河槽，从而使黄河“水少、沙多，水沙关系不协调”的突出问题逐步得到缓解，是完全可以做到的。

（作者单位：黄河水利委员会）

2004年江河治理要览与展望

刘 宁

2004年，我国大江大河治理、江河防洪和重点工程建设进展顺利，防汛抗旱工作为粮食增产和农民增收做出了积极贡献，水利投入依然保持较高水平，水利建设继续向治淮、南水北调等重点工程和农村地区、西部地区及东北老工业基地等倾斜，重点水利工程建设步伐全面加快。本文根据编写《2005中国水利发展报告》的要求，对江河治理、防汛抗旱和重点工程建设等方面有关情况进行了整理和汇总。

一、2004年工作进展情况

2004年共落实中央水利基建投资规模337.53亿元，其中预算内投资86.74亿元，水利国债投资达250.01亿元，利用外资0.78亿元，保持了较高的中央水利基建投资规模。中央水利投资紧紧围绕水利发展与改革的主要任务，优化结构，突出重点，着力解决事关人民群众切身利益的问题，加强水利基础设施建设，提高水利社会管理能力，促进人水和谐发展。安排19亿元投资，用于解决近1000万农村群众的饮水困难和饮水安全问题；安排41亿元投资，确保第一批病险水库除险加固投资需求，启动了第二批病险水库除险加固中央补助项目；加强以治淮为重点的大江大河治理，安排65.9亿元投资用于治淮骨干工程、黄河下游治理、长江重要支流及两湖治理等；安排中央投资136.1亿元，重点支持与解决“三农”问题密切相关的水利工程建设；安排中央投资135亿元，重点加强了西部地区尼尔基、百色等控制性枢纽工程、江河治理、重点水源工程、水利援藏等重点水利建设。2004年，治淮19项骨干工程除沙颍河近期治理工程外，已全部开工建设，其中入江水道、分淮入沂、洪泽湖大堤、包浍河和怀洪新河等5项工程已竣工验收并发挥效益，入海水道、汾泉河治理等2项工程已基本完成，临怀岗工程、淮干及重要支流治理工程等正在加紧实施。治太骨干工程已基本完成，太湖流域防洪除涝及水资源调控骨干工程体系框架已初步形成。长江干堤、黄河小浪底、新疆乌鲁瓦提、浙江珊溪、湖北王甫洲以及疏勒河等重点工程已基本完工，正在开展工程扫尾及竣工验收的准备工作。广西白色、嫩江尼尔基、宁夏沙坡头、四川紫坪铺等重点枢纽工程加紧建设，沙坡头主体工程已基本完成，有两台机组投产发电；尼尔基实现二期截流；紫坪铺进行了蓄水前安全鉴定。黄河西霞院、湖南皂市、四川武都二期工程开工建设，皂市、武都水库分别实现截流。长江重要支流及两湖治理、黄河上游淤地坝建设和下游及渭河治理、松嫩堤防等大江大河治理继续实施。塔河、黑河、首都水资源单项工程建设正在展开。

与此同时，流域防洪规划进入审查报批阶段；全国水资源综合规划顺利完成第一阶段工作进入第二阶段水资源配置工作；完成了长江河口综合治理规划、三峡库区经济发展水利保障规划、东北老工业基地振兴水利发展规划以及“十一五”规划的思路报告。完成了南水北调东线和中线的项目建议书，总体可行性研究报告编制进展顺利，拟开工建设的南水北调单项工程前期工作基本完成。组织修订了《永定河防御洪水方案》、《永定河洪水调度方案》、《松花江洪水调度应急方案》等江河洪水调度方案。实施了“引黄济津”、“引岳济淀”、“引察济向”和珠江三角洲“压咸补淡”应急调水或生态调水。病险水库除险加固力度进一步加大。截至2004年底，第一批中央补助项目安排已近尾声，一期规划项目1346座病险水库已接近完成，第二批中央补助项目规划已制定并开始启动。此外，引江济太扩大试验、潼关高程控制和三门峡水库运用方式研究、黄河调水调沙试验和小北干流淤粗排细实验等一批重点研究课题、项目也相应地完成或展开。国家防汛抗旱指挥系统建设的初步设计已基本完成。

2004年我国除长江、淮河局部河段和珠江流域的西江发生超过警戒水位洪水外，其余大江大河水势平稳。2004年的汛情和旱情主要有以下几个特点：一是洪涝灾害和干旱灾害总体偏轻，受灾程度和灾害损失都低于20世纪90年代以来的平均水平。二是大江大河汛情基本平稳但一些支流发生了大洪水。嘉陵江支流渠江发生200年一遇的特大洪水；洞庭湖水系沅江、西江支流柳江、淮河支流小洪河等发生20年一遇洪水。三是山丘区因降雨导致大量人员伤亡。2004年因山洪、泥石流和滑坡等山地灾害造成人员死亡数占洪涝灾害死亡总人数的70%以上。四是台风灾害严重，仅14号台风“云娜”就造成直接经济损失181亿元。2004年在我国登陆台风6个，接近常年水平。五是城市突发性降雨造成较大影响。六是干旱主要集中在冬春季和秋冬季。冬春旱主要集中在内蒙古东部和东北西部，这些地区旱情持续时间长，春耕生产受到一定影响。秋冬旱主要集中在华南地区，给工农业生产和城乡居民生活造成很大困难。

据初步统计，全国除天津市以外其余各省（自治区、直辖市）都不同程度先后受灾，全国因洪涝共有 778.2 万 hm^2 农作物、1.07 亿人受灾，其中成灾 401.7 万 hm^2，死亡 1282 人，倒塌房屋 93.3 万间，造成直接经济损失 713.5 亿元，其中水利工程水毁损失 112.7 亿元。2004 年，我国南方部分地区发生了冬春连旱和秋冬连旱，内蒙古东部和东北西部发生了严重春旱。初步统计，全国共有 2.49 亿亩农作物因旱受灾、其中绝收 2738 万亩，损失粮食 231 亿 kg，直接经济损失 315 亿元。全国一度有 79 座城市缺水，因旱先后有 2340 万城乡人口、1320 万头大牲畜出现不同程度的临时性饮水困难。在党中央、国务院的领导下，国家防总统一部署，各级党政领导深入一线、靠前指挥，各级政府和防汛抗旱指挥部把保护人的生命安全和供水安全放在第一位，及时启动预案，科学调度洪水，合理配置水量，有效地减轻了洪涝和干旱灾害损失，为粮食增产、农民增收和经济社会全面、协调和可持续发展提供了有力支持。

2004 年，水利前期工作得到进一步规范。加强了前期费用使用管理，制定了多项关于前期工作开展的管理规定，出台并实施了前期工作招投标选择承担单位办法，加大了前期工作审查、督查的力度。水利建设市场秩序得到进一步整顿。严格施工企业、监理单位和生产安全评价机构的资质管理，加强对监理人员、工程造价人员、施工安全管理人员的资格管理。启动了水利建设市场信用体系建设。开展了水利行业清理拖欠工程款和农民工工资工作。严肃查处了建设管理中的违法违规行为，对长江重要堤防隐蔽工程建设进行了专项检查整顿，依法对 8 家施工企业、2 家监理单位、14 名监理人员进行了行政处罚。重点加强了对水利部直管重点工程、病险水库除险加固和已稽查项目的整改复查等工程项目的稽查。水管体制改革工作取得了明显成效。截至 2004 年底，有改革任务的 6 个流域机构陆续提出了所属工程单位的改革方案，全国已有 27 个省（自治区、直辖市）出台了实施方案（其余也已编制完成），各地水管体制改革试点工作积极有序地展开，已取得阶段性成果。各有关单位积极深化水管单位内部改革，倡导“都江堰”运管经验，大力推进内部制度建设，努力探索小型水利工程管理模式，提高管理水平，确保水利工程的管养和维护运用。

二、2005 年工作展望

2005 年水利工作突出抓好的 4 件大事是：一是把保障饮水安全作为今后一个时期水利工作的第一任务，以水源地保护和饮用水水质改善为重点，全力做好饮水安全工作。二是把建设节水型社会作为解决我国干旱缺水问题最根本的战略举措，坚持不懈地推进节水型社会建设。三是把工作的制高点放在维护河流的健康生命上，切实保护好河流生态，为可持续发展提供保障。四是承担起水利建设与生态保护两副重担，高度重视和处理好水利水电工程带来的生态问题。为此，一是继续抓好规划和水利项目前期工作。重点是“十一五”规划和全国水资源综合规划工作，尽快完成流域防洪规划的审查报批工作，完善重点流域和区域的综合和专项规划，加强重大专题研究，为西部地区水利发展、东北老工业基地改造、中部地区崛起和东部发达地区经济社会的率先发展提供水利保障规划支撑。二是加强重点工程项目建设。继续抓好治淮骨干工程建设与管理，保障治淮工程建设按国务院确定的目标任务顺利开展。继续抓好百色、尼尔基等已开工重点工程和西霞院、皂市等新开工项目的协调、指导、监督和服务工作，努力解决影响工程建设的重大问题，保证工程建设的顺利进行。继续抓好长江干堤、小浪底、治太已基本完成项目等重点工程的扫尾和竣工验收工作，保证工程及时移交和工程效益的正常发挥。三是推动重点领域工作。支持条件较好的地区结合重点水利枢纽建设，为饮水安全和灌区节水改造项目以及水土保持项目建设加大投入、加强协调和指导。四是加强大江大河治理。做好长江河控工程、洞庭湖蓄滞洪区和鄱阳湖堤防建设、黄河下游堤防工程建设。进一步加快塔河、首都水资源保护工程等生态综合治理工程建设步伐，全面完成黑河流域近期治理规划任务，积极开展渭河综合治理工作。五是加强水资源的管理与调度。根据水源情况和旱情发展趋势，按照轻重缓急，进一步加强水资源的统一管理和调度，对地表水和地下水、当地水和过境水统筹安排，科学配置。根据经济社会发展和水利工程变化情况，抓紧修订完善大江大河和重要水利枢纽的洪水调度方案或调度运用计划。抓紧水毁工程修复、度汛工程施工和非工程措施建设，确保工程运行正常，努力提高洪水管理的能力。六是继续做好病险水库除险加固工作。全面完成列入《全国病险水库除险加固专项规划报告》的中央第一批补助项目建设，继续推进《全国病险水库除险加固二期工程规划报告》确定的中央补助项目建设步伐。

上述所列只是2005年水利工作中江河治理的概要。我们要认真贯彻科学发展观，努力提高科学行政、民主行政和依法行政能力。要结合当前大江大河治理、重点水利工程建设与管理工作实际，继续深入做好前期工作，以深化水利建设与管理体制改革为重点，加强技术标准、规章制度建设，规范建设市场秩序，加强水利工程规范化建设与管理，逐步建立与社会主义市场经济相适应的水利建设与管理体制和良性运行机制，全面提高建设与管理水平，确保水利工程质量和水利工程的安全运行。

（作者单位：水利部）

太湖高级论坛简介

编 者 注

2004年12月2日上午，由水利部科技委、中国水利学会和太湖流域管理局共同主办的太湖高级论坛在上海隆重开幕。水利部部长汪恕诚发来贺信，水利部副部长翟浩辉、索丽生出席。翟浩辉宣布论坛开幕并讲话，索丽生作了题为《我们还能为“人水和谐”做些什么？》的学术报告。上海市副市长杨雄致辞，江苏省副省长黄莉新、浙江省副省长茅临生、财政部农经司曹广生副司长到会并讲话。此次太湖高级论坛旨在全面回顾、总结太湖流域治理和管理的成就及经验，研讨流域存在的水问题及对策，以促进流域水与经济社会的协调发展，并作为对太湖流域管理局成立20周年的庆贺和纪念。论坛的主题是太湖流域水问题及对策，同时设有太湖流域防洪减灾、水资源可持续利用、水生态环境改善等研讨专题。太湖流域管理局局长孙继昌主持了今天上午的开幕式，并作了题为《人水和谐，科学发展——太湖流域水问题及对策探讨》的主旨报告。此次论坛得到了国家有关部委、流域各省市、水利部有关司局和有关科研院所的大力支持，许多长期以来关注太湖流域水利事业的专家、学者到会，他们将针对不同专题进行研讨，并作学术报告，为太湖水利的未来发展发表了真知灼见。12月3日，太湖高级论坛在上海圆满闭幕。以下为部分专家学者在太湖高级论坛的发言摘要。

施雅风院士专题发言

太湖流域存在两大问题：一个是防洪防涝问题；另一个是水资源污染、水质型缺水问题。

防洪防涝问题，我联系气候变化问题讲一下。1930 年大洪水、1954 年大洪水。1954 大洪水我国损失巨大，长江流域死了几万人，1954 年以后降水量比较少，是比较安定期，但这个因素也许使我们思想上麻痹了，对水利工作不太重视。到 1991 年大水灾以后，促使政府下决心上马治太十大骨干工程，使太湖流域防洪能力提高了一大步。1999 年大洪水，水量很大，但灾害不大，得益于水利工程建设，与 1998 年长江下游洪水相比，1999 年洪水洪峰流量要比 1998 年大，因为 1998 年洪水后长江中下游流域堤防都巩固了，1999 年的灾害就轻了。所以，人与水和谐，人必须强有力，否则的话很难战胜洪水。90 年代的降水量是过去 100 年以来最大的，比平均降水量多 100 多 mm。90 年代以后，由于全球变暖，降水量多，暴雨也增加了，同时，气候变化还有一个年代的差别，从降水量多转到以后降水量少。

21 世纪初期是长江降水量比较少的一个时期，这个时期应该把水利工作搞上去，提高防洪标准。今后 10 ~ 20 年，可能又会是降水量多的一个时期。降水量与气候变暖有关系，以前说长江三角洲受全球变暖不显著，现在看来是很显著的。八、九十年代，长江三角洲比以前的平均温度高了 0.6 ~ 0.8 °C，与二氧化碳增加、长江流域城镇化发展也有关系。根据国际气候变化变化委员会 2002 年预测，21 世纪要变暖 1.8 ~ 5 °C左右。大概 21 世纪平均提高 2 ~ 3 °C，这个速度是很快的。全球变暖带来水循环的加快，可能会使海洋蒸发增加，海洋输送到陆地的水汽估计也要增加 11%，二氧化碳倍增大概出现在 2030 ~ 2040 年，这是非常严重的。陆地上的降水量平均增加 8.5%，关键是降水量增加在哪里，那里的降水量就加重了，水灾就增加了。2010 年以后，长江下游还会增加，洪水压力可能比 20 世纪 90 年代还要严重。所以要研究把防洪标准从 20 年一遇提高到 50 年一遇，要研究全球变暖对本地区的影响以及对策措施。

水资源污染问题。现在长江水一般是Ⅱ类水，城镇的水，比如说上海每一条河流都超过Ⅳ类，不光是城市用水，农村用水污染也很严重。污染治理是不容易的，不能先污染后治理，但是很多人的思想，就是首先经济上要富，而不愿意投入力量来治污。2015年以前要改善水质，任务非常艰巨，确实要花很大力气，我希望实现这个目标。

治理污染有很多办法，源头上治理、过程中处理以及入河后治理等，各级政府、各地也想了很多种办法，但是现在看来，比较有效的、近期可见成效的可能还是引江济太。长江水量比较丰沛，经过引水几十亿方，已经起到很大作用。长江流域面积180万km^2，太湖流域在长江下游，水量很充足；包括今后可能从东坝引水，从长江取水总量与长江来水相比，是很小的，不会对长江带来影响。引江济太扩大规模从长江引水进入太湖流域，稀释污染物质，还是比较有效的，相对来说投资可能是比较节约的。所以，我希望进一步扩大引江济太。

要加强科学研究。如引长江水就有很多问题值得研究，有的研究比较成熟，变成了实际，有的还需要加强。我建议太湖流域管理局要做科学研究，要有一笔钱拿来做科学研究。比如，从安徽芜湖引水到太湖流域的西边，东坝引水，历史上有过这种说法，但是多大水量现在都不太清楚，如何引水，引水量多大等，需要有一个全面的研究。

刚才讲全球变暖以后，对这个区域的影响，洪水问题、城市化发展问题，上海有一些资料（如上海热岛效应、湿岛效应），上海城市降水要比郊区多，热岛效应各个方面问题都有。全球变暖对地区具体的影响，以及将来怎么处理、怎么适应，也需要进一步研究。我建议太湖流域管理局能够在原来的基础上设立一笔科研基金，从几百万到几千万，原来搞水利的人可以申请，不搞水利的也可以申请，通过论证答辩来得到批准。

陈吉余院士专题发言

太湖流域是江南鱼米之乡，国家财富之地，所以说，历史上对太湖流域治理都是非常重视的。从1000年以前，撩浅军专门清理河道，维持太湖水利；到宋朝，也对太湖进行了治理；到晚清、民国，太湖水利失修了。

1976年我调查钱塘江海塘，当时到海盐海边，还没有建海塘，如果这些地方来一次大台风的话，随时可能造成巨大灾害。太湖流域南边比较高，南边海塘不高的话，海水会倒灌上海、杭嘉湖地区，所以明清两朝重点是保护海塘。100多年来有一个很好的传统保留了下来，就是老百姓罱河泥，这是维持太湖流域水系非常重要的一个手段；最近一段时间没有做，所以河道和湖泊淤积比较严重。

太湖流域是长江三角洲的精华，长三角经济区15个城市国内生产总值占全国的比例今年超过20%，太湖流域占1/3多的土地，创造了长三角地区产值的2/3，所以它的重要性非常大。新中国成立后，太湖流域水利建设做了很多有成效的工程，最近20年来，特别是1987年治理太湖规划的十大骨干工程，在抗御洪涝灾害方面起到了很大的作用。1995、1996、1999年连续水灾，如果没有十大工程的话，我们受到的损失更加严重，特别是1999年大洪水可以和1954年的洪水基本上同量级，因为有了这么一个工程，才取得这么大的效益，这是很不容易的。成绩很大，但是问题也不少。防洪工程，特别是太湖环湖大堤还相对单薄，最近我到无锡沿边看了一下，堤防还是比较单薄，对堤防的加固还需要进一步努力。

另外两个突出的问题就是太湖流域水资源不足，不是一般的不足，而是严重的不足。因为本地水资源177亿m^3，已经用到316亿m^3，大大超过本地水资源。这还是现有水平，随着城市化、工业化建设进程，用水量还要进一步增加，那么将来用水量就不是316亿m^3了，而是大大超过这个数字。

第二个严重的问题就是水污染，这是非常严重的。在工业化过程中，各国差不多都有这样一个过程，污染治理总是滞后于经济发展的速度，所以说，在长江三角洲，我看能够找出优于Ⅲ类水的河道恐怕是非常少的，大多数是Ⅳ类、Ⅴ类水，水污染问题使饮水的问题在长江三角洲非常突出，作为鱼米之乡无水可吃。今天翟部长报告提到2015年喝到合格的水，这是振奋人心的，这是了不起的，要花很大的力气。

面对这样的情况，从2002年开始，进行引江济太工程，你说他是治本、还是治标？我看要充分利用长江和钱塘江的资源。但是，我在会上要强烈呼吁长江、钱塘江水在不断受到污染，我们看起来它是优良的水，实际上这个优良也是相对的；相对于太湖水是优良的，但是跟Ⅰ类水相比是不是也是优良呢？就不能这样讲了，而且污染量不断增加。

最近政协委员做了调查，据说长江污水排放今年增加了20%，不能不引起警惕。2002年我在上海开了一个东方论坛，我邀请了北京的有关专家和一些院士，我列举了从长江排到海里面的污染物情况，把长江的情况汇报了一下。1980年我主持了全国海岸带调查统计数字，在徐六泾有污水排放的记录；1986年海洋部门和法国在长江口做中法近海水质调查也有记录。1982年徐六泾基本上是Ⅰ类水，长江口1986年的水一出长江口就是Ⅰ类海水。但是，现在如果把海洋公报拿出来看的话，徐六泾以下已经是Ⅳ类水，甚至劣Ⅳ类水。但是地表水是Ⅱ类水，近岸是Ⅲ类水。这有差别，因为我们说的是基本，因为个别指标到不了Ⅳ类。比如说，高锰酸盐到了夏季就到不了Ⅲ类，国际评价为Ⅳ类水，过了长江口以外，嵊泗向东北水是Ⅳ类水。

由于生态方面发生变化，生物多样化也引起了变化，以海岸带浮游生物、动植物为例，1998年和1982年相比，浮游动物减少了69%，1998年和1993年相比，底栖生物种族减少54%，生物量减少88%，这是非常严重的。因此在2002年东方论坛上，我就呼吁东海碧海计划必须要提到日程上来。今年国家环保局委托落实东海碧海计划，在上海召开两省一市会议，让3个省市一起来做，3个省市环保局一碰头，说3个省干不了，上海贡献率是5%，江苏与浙江加起来才10%，总量不足15%，而85%是上游来的。因此要呼吁，我们只有一条长江，长江无论如何不能变成淮河，否则引江济太就完了。我看到有的报告讲在2030年以前改变不了这个状况。引江济太首先要保江，济太必须保江，这是第一个要求。

第二个要求就是引江后，水进了太湖流域，怎样将好水送到用水地区？我参加过引江济太考察，在大义镇看到污水进入到调水河道，这样很难保证水质。所以我非常赞成建清水走廊，没有清水走廊，引江济太济不了老百姓。

那么要引多少江水呢？我觉得应该有一个比较放宽眼界的规划，这个事情我想是要解决的。如果说引江量多的话，现有调水线路是不够的，要研究其他调水线路。今天徐院士说了开东坝的问题，这个起码有100年历史，这个也是需要研究的问题。

再一个问题，引进的水最后还是要排到长江口去的，引进的水到太湖流域转了一圈以后，回到长江里面去，水质要如何研究。一方面要用水调水，另外还有几方面的措施要做。第一个措施是节水，归根到底要节水，要发展循环经济，这样可以少用水。第二个治本的根本措施在于治污，对太湖流域来讲，什么叫治本，什么是治标，光引水，如果不治污的话不是一个好办法，所以我呼吁必须要加强治污的力量。在工业化前期跟不上的话，经济发展跟不上还好讲；经济发展到中等发展国家水平还没有钱治污是讲不过去的。归根到底，就是要加强流域综合治理。

徐乾清院士专题发言

近代及当代太湖流域开展了大规模的水利建设，流域水系发生了重大变化。自清朝后期至20世纪中期，新中国成立之前，国弱民贫，除上海及其附近，为了满足西方殖民统治的需要，开辟商埠，修建港口码头，整治黄浦江外，整个太湖流域很少治理，水网系统总体格局未变，很大部分河网长期处于萎缩退化之中，排水不畅，系统更趋混乱。新中国成立以后，鉴于太湖流域经济地位的重要，洪涝灾害的频繁，决心进行全面规划综合治理。至20世纪末，形成了现在太湖流域防洪、排涝、农田灌溉、内河航运体系。修建了环湖大堤，提高了太湖的调蓄能力，开辟扩大了入江、入海的排洪通道，结合圩区改造，形成了新的水网系统。这些工程在流域社会经济发展中发挥了巨大作用，但与现代工业化文明所产生的新问题不能适应。

（一）太湖流域社会经济的历史演变概述

根据考古研究，早在1万年以前太湖流域已有人类活动，六七千年以前已出现定居农业生产和手工业的发展，至4000年前农业和手工业更加普及，养蚕织丝、花生芝麻榨油以及金属冶炼、陶器制作在多数地区出现。在商周时期已出现较大的城邑、村落，主要出现在沿江、沿海较高的岗地区，逐步向中部低浅沼泽地区发展。到春秋时期（公元前770～476年），吴、越争霸，促进了太湖流域社会经济的进一步发展，青铜、铁制工具和兵器大量出现。战国初期，楚灭吴越，太湖流域为楚春申君封地，兴修水利，开垦土地，发展手工业，颇有建树。秦统一中国（公元前221年）在太湖流域设置郡县，共置11县，经两汉三国人口不断增加，农业、手工业继续发展，太湖平原已是“沃野万里”，号称“乐土”，西汉元始2年（公元2年）人口达48.37万，至东汉永和5年（公元140年）人口已达72.57万，农业、手工业，特别是丝绸、冶铁、海盐、茶叶、陶瓷各业达到了很高的水平。至南北朝时期，中原战火不断，人口大量南迁，促进了太湖流域进一步发展，太湖流域逐步成为经济发达地区，是国家粮食生产、财赋贡献的重要地区之一。唐天宝元年（公元742年）人口已达306万，土地得到大量开垦，粮食生产、赋税收入已成为唐朝中央的重要支柱。至宋室南迁（1127年），太湖流域更成为政治、经济、文化中心，是当时世界有名的富庶之区。由于唐、宋时期的积极发展，人与水争地达到了很高的程度，流域中较高的平原土地已开发殆尽，于是大量开垦河湖洲滩、沼泽湿地，促进了河网进一步发展。初期的圩田以塘浦为界，面积较大，由于小农经济的生产方式和力争土地的充分利用，大圩逐渐瓦解，普遍形成小圩，塘浦失修，洪涝灾害加重。至元、明、清三代（1279～1911年），建都北京，京师衣食均仰仗江南，一般年份也从江南调运粮食400万～500万石，干旱荒年多达700多万石，京师的丝绸、布匹、盐茶、工艺品及军饷也多取自江南，这固然促进了社会经济的发展，也极大地加重了百姓的负担，致使贫富悬殊，社会不安，生产力增长缓慢，至清中叶嘉庆20年（1820年），流域人口达到2289万人，密度达627人/km^2，成为全国人口最密集的地区。

（二）社会生产方式改变引起的太湖流域水系功能的变化

（1）定居农业产生之前，人少地广，以渔猎采摘为生活生产方式，水系的功能和演变纯属自然状态，气象地质因素的突变是自然灾害的根源。

（2）原始农业，定居农业开始至铁质农具使用以前，种植、养殖、渔猎相结合，人口稀少，无力改变自然，水系功能和演变仍属自然状态，灾害也纯属自然灾害。这一阶段在太湖流域大体延续了4000多年，直至战国时期（公元前500～220年）。

（3）传统农业时期，以使用铁器农具为标志，至化肥农药使用为主以前，在太湖流域大体延续了2000多年（至20世纪50年代）。在此期间：农业、农民、农村仍为社会的主体，种植业与养殖结合，生产规模小而分散，农田肥料主要依靠绿肥、人畜粪便、河泥及其他有机肥；城市化水平低，除少数政治经济中心城市规模较大外，均属中小城市，人口有限，农村集镇也以农业、手工业为主；村镇排出的污水、垃圾基本得到利用和“消化”，城市排出的污水和垃圾数量较少，大部分被郊区和农村利用，排入河湖的部分，依靠天然水域净化降解，除局部地区污染较为严重外，绝大部分地区保持了较好的生态环境，河湖水质良好，大部分河湖保持了Ⅰ、Ⅱ类水质。此时流域西部山地、丘陵区河湖基本保持天然状态，部分河流水系开发利用，主要为农田灌溉和城镇、农村生活用水；平原圩区河网的功能主要是农田灌溉、排水、航运、城镇乡村居民生活供水，河道塘浦和湖泊是主要供水水源，同时也是洪涝排泄通道，河网还有一项重要功能就是接纳居民生活污水、污物，由于数量有限，可由河网水系自净和水量的周期置换得到净化，长期以来农民结合农田施肥，罱泥清淤也发挥了重要作用。这种生产方式结合一定时期的河道河网治理，使太湖流域水系合理发挥了功能，除了分散的少数城镇郊区还有一定短时污染外，绝大部分地区基本保持生态环境的较好质量。

（4）近代农业，以使用化肥农药和机械化耕作为标志，结合城市化、工业化的进展，20世纪70年代以前水系河网的基本功能与传统农业后期基本相同，但由于人口剧增，城市和乡镇企业急剧发展，要求大量增产粮食，农田大量使用化肥农药，城乡供水量和排污量大幅度增加，河湖水域污染程度日趋严重，污染源以农药化肥和生活污水等有机污染物为主，仍靠河湖自净保持水质，大部分地区的水质仍能基本适应生活、生产用水的要求。

（5）20世纪80年代以来，流域城市化、工业化迅速发展，生活、生产大量排放污水、污物，而河湖水系特别是平原河网，功能未变，集供水、排水、纳污、排污于一身，已很难适应经济形势的变化。由于水域日趋缩小，河道排洪、排污能力不足，纳污量急剧增加，水质严重恶化，对流域居民生活、生产和生态环境造成极其严重的影响，制约了社会经济的快速发展和生活水平的不断提高。为了贯彻可持续发展的国策，遵照科学发展观发展，改造河网，调整河湖水域的功能，加强管理和保护已是当前急迫的任务。

（三）当代太湖流域河湖水系应发挥的主要功能

太湖流域36895km^2，其中山地丘陵区占20%，平原地区占80%，高程一般低于5m的中西部平原占流域总面积的52%，是主要的河网地区。流域2000年人口3887万，平均密度超过1000人/km^2，2/3的人口已城镇化，流域内生产总值（GDP）

9716亿元，人均2.5万元，已是全国的最高水平。现有耕地2439万亩，曾经是全国重要的粮食生产基地，现在虽然已不再是重要的商品粮基地，但农业已快速向现代化方向发展。按照流域区位、资源和经济基础的优势条件，今后将仍是我国经济高速发展的精华地带。面对当前和未来流域发展形势，流域河湖水系应发挥的基本功能主要有：

（1）保护人民生命财产安全和为社会经济可持续发展提供安全保证，防洪减灾仍是重要任务。流域受长江洪水、海洋风暴潮和本流域强暴雨洪水三重威胁，占流域总面积80%的平原地区，洪涝潮渍灾害严重。流域河道水系，特别是太湖本身和骨干河道首先必须承担排洪、排涝的任务。必须看到当代防洪减灾要求和防洪形势的变化，过去城乡界限基本清楚，防洪的任务主要是保护城市、重要集镇和交通干线的安全，城乡防洪标准可以有较大的差别；现在和今后城乡界限逐渐消失，防洪标准普遍要求提高，防洪设施要从过去保点向保面演变。

（2）农业结构有了重大调整。过去农业以种植业粮食生产为主，现在粮食生产已退居次要地位，已主要向为城市集镇居民和二、三产业服务的现代化农业发展转变，种植业与养殖业密切结合，产值高、洪涝灾害损失大，对供水量的保证程度和水质要求高。当前供水保证率低、水质严重污染已不能适应发展需要，必须提高供水安全可靠的程度。

（3）当前城乡供水急剧增加，特别是大中城市生活、生产、环境用水大量增加，并不断要求提高供水水质标准，这是迫切需要解决的问题。现在流域内西部山地、丘陵区主要靠水库供水，部分沿长江的城市直接取用江水，水量水质较好；分布在流域平原地区的众多城市依靠河网、湖泊供水，水质恶化，不能保证供水的安全。提高河网水质，使之达到合理的标准是必须解决的问题。

（4）城乡居民生活水平不断提高，对生活环境质量的要求也不断提高。现代化的生活水平必须要有清洁、优美、健康的现代化生活环境相适应。现在城乡生态环境状况与物质生活水平极不适应，一些大中城市郊区的反差尤为突出。改善河湖水系的水环境质量，是解决这一问题的根本途径。

（四）太湖流域河湖水系治理改造的设想

根据以上分析，按照以人为本、人与自然和谐共处的总体要求，在节水优先、治污为本的原则下，积极进行太湖流域的河湖水系改造，特别是河网改造，以适应现代化发展的需要，是未来治理太湖的关键所在。

1. 改造的目标是否可以设想为

（1）防洪减灾标准：涉及流域性的排洪骨干河道和起重要调蓄作用的太湖设防标准应不低于100年一遇，对历史上曾经发生过的特大洪水，如1999年洪水、1954年洪水和1991年洪水都能有效的控制，做到安全排洪和调蓄；防风暴潮的海塘工程能抗御不低于在长江口和钱塘江口之间登陆的12级台风；通江、通海较大塘浦河港的堤防防洪标准应达到50年一遇；圩区排涝标准不低于10年一遇。

（2）形成清水廊道，为大中城市和集镇提供饮用水原水的较高水质标准，如达到Ⅱ、Ⅲ类水；一般水网区的水质应不低于Ⅲ、Ⅳ类水的水质，能达到分散自来水厂、城乡环境、鱼类生存和农田灌溉的用水要求。

（3）逐步形成污水排放的专用通道。在积极防污治污的基础上，对仍未达标的污水应有专门的排污专用的排污河道，使其直接入江入海。

（4）确保山地丘陵区水库的水质安全和库下游河道的最小生态环境用水。

（5）枯水季、高潮期海水不内侵，保证入江、入海河口段水质允许含盐量的标准。

2. 可能采取的措施

（1）在继续巩固提高太湖调蓄洪水能力的基础上，进一步扩大、增加入江、入海的排洪、排涝出路，提高防洪除涝能力，达到设想的防洪、除涝标准。

（2）合并小圩区，利用骨干塘浦，加强堤防，疏浚河道，形成大圩区；进一步完善大圩区内灌溉排水系统，以适应城乡界限逐步消失后的区域防洪要求和促进现代化农业的发展。

（3）按防治风暴潮的标准加固海塘，治理并适当控制长江和众多入江、入海的河口段，减少咸潮内侵。

（4）防污、治污是解决供水水质安全和改善生活、生态环境的根本途径。要积极推行节约用水、清洁生产，加强污染源头的治理，同时切实安排污染排放末端污水、污物的处理，有效控制水质和环境污染。由于治污措施发展的不平衡，治污标准与供水原水水质标准的差异，即使做到严格防治污染，仍然会有污水排放，因此仍需考虑排污专用通道。在积极治理城市污染的同时，必须认真研究面源污染的控制和治理，要研究减少化肥、农药使用量和充分利用农村有机肥的技术措施和推行政策。

（5）充分利用长江干流充沛的优质江水，加大引江济太的力度，加速湖泊、河网水的置换速度；利用排洪排涝骨干河道形成清水走廊，形成城乡供水的原水通道。为此，建议扩大望虞河并在其西部增辟新的引江通道。

（6）建议研究从芜湖附近引水经过东坝进入太湖的引水通道，增加引江能力的可行性，改善太湖西岸水质。

（7）江南运河贯穿太湖流域的中部，对太湖流域水系湖泊的治理改造影响巨大，同时污染十分突出，建议组织有关部门，从太湖流域长远全局发展需要，研究江南运河的改造问题，使其减少对水资源的污染和防洪、排水的影响，并发挥多种综合功能，如排污通道的作用等。

（8）流域水系淤积相当严重，应下决心有计划地对河系水网进行清淤，将清出的土料填高低田或用于堤防、道路的修筑。

（9）促进中小城市和农村在修建住房和公共用房时，考虑底层承受临时淹水的措施，以适应超标准洪涝，减少损失。

(10) 完善流域水土资源的统一管理，对防洪除涝、水资源配置调配和生态环境等统一管起来。

太湖流域湖泊水系的治理和改造是支持流域可持续发展的重大措施，涉及到社会经济的各个部门、各个地区、各个层面，必须在统一领导多部门参加下开展工作，也必须打破部门和地方的局限性，通力协作，才能逐步完成。太湖流域是全国人口密度最大、社会经济发展最快水平最高的地区，人力、财力、物力资源充沛，又具有优良的区位优势和丰富的水土资源，应充分利用这些有利条件，抓紧时机，对流域水系进行科学的改造，以适应现代化和可持续发展的需要，为经济发达地区树立榜样。

江苏省水利厅吕振霖厅长专题发言

以科学发展观指导新一轮太湖流域治理

我省太湖地区面积1.94万km^2，人口1490万人。域内河流纵横交错，湖泊星罗棋布，是著名的江南水乡。该地区由于占“黄金海岸”和“黄金水道”之利，又得长江三角洲区域经济之势，成为我省乃至全国改革开放最活跃、经济社会最发达、最具有竞争优势和发展潜力的地区。太湖因水而富裕、因水而秀美、因水而文明。水利在太湖地区经济社会发展中有着极为重要的地位和作用。今天我省的太湖地区正在向现代化迅速推进，更需要现代化的水利提供支撑和保障。

1. 10多年的太湖治理取得了巨大成就

太湖流域自古并非繁华之地，也曾有过洪涝灾害频发的历史。正是由于人们找到了治水的良策，才使得这一地区逐渐成为“鱼米之乡”、“富裕之邦”。但是限于历史条件和治水技术水平，太湖地区洪涝灾害一直没有得到根本治理。新中国成立之后，特别是1991年江淮大水以后，国务院作出《关于进一步治理淮河和太湖的决定》，水利部太湖局提出了《总体规划方案》，流域3省1市齐心协力，团结治水，太湖治理取得了巨大成就。

流域防洪保安能力得到较大提升。国家批准的《总体规划方案》中确定的11项治太工程中涉及我省的6项工程已基本完成，促进整个流域形成洪水北排长江、东出黄浦江、南排杭州湾、“蓄泄兼筹、以泄为主”的防洪减灾工程体系。在抗御1995年、1996年、1998年三次常遇洪水以及1999年流域特大洪水中，发挥了显著的工程效益，为太湖地区经济社会快速持续发展提供了重要的水安全保障。

区域排涝能力得到有效改善。我省太湖地区在重点实施流域治理的同时，积极推进区域治理。通过疏浚区域骨干河道，提高河道引排能力；突出城市防洪工程建设，加快病险水库除险加固；实施圩区综合整治，加强圩口闸站建设，使区域抗御洪涝灾害能力有了较大改善。

水资源调度体系初步形成。为支持流域性水资源调配，缓解我省苏南地区在加快推进工业化、城市化过程中水资源、水环境压力，我省在水利部和太湖局的支持下，通过优化调度，充分发挥水利工程的综合功能效益。在流域大水时，向长江排泄洪水；水少时，则从长江引水补充。从2000年到2003年，我省利用沿江一线引水工程，向太湖及苏南地区引水200多亿m^3，仅常熟枢纽就引水64.6亿m^3，通过望亭立交，向太湖补水24.8亿m^3。

水环境整治始见成效。针对七八十年代苏锡常地区在大规模工业化进程中，由于盲目开采地下水而导致严重的地质灾害，我省从2000年开始在这一地区实施地下水禁采工作，经过3年努力，目前已累计封井4313眼，完成了超采区禁采的目标，使该地区的地下水位大幅回升，因地下水超采而引发的地质灾害得到有效遏制。近几年，我省又针对太湖地区水污染突出的问题，在认真分析论证的基础上，编制了调水改善太湖地区水环境规划，并实施常州澡港河整治、苏州西塘河引水和无锡梅梁湖泵站等重点水环境工程，有效地改善了苏锡常城市的水环境。

水利工程科学运行调度能力有所增强。通过编制和实施我省太湖地区水利信息化规划，对重点工情、水情监测、水利工程运行调度、防汛防旱指挥方面的信息化管理体系正在加快完善，水利工程体系的整体运行和调度能力进一步提高。

2. 新形势下太湖流域面临的新课题

进入21世纪，我省太湖地区工业化、城市化、现代化步伐进一步加快。经济社会的快速发展，必然对水安全、水资源和水环境提出了更高需求，但我省太湖流域的水利现状与区域经济社会快速发展的需求存在着明显的不适应、不协调、不和谐的问题。

（1）现状防洪排涝标准偏低，洪涝灾害仍然是流域安全的最大威胁。我省经过多年的治理，已经形成了流域防洪排涝工程体系，总体上能够防御1954年型的50年一遇洪水。但是根据流域防洪规划的研究分析及抗洪实践证明，由于流域的雨情、水情、工情发生了很大变化，致使流域防洪工程能力不足的问题更加凸现。雨情：由于全球气候的变化，明显增加了短历时、大强度降雨的出现几率。1991年和1999年实际成灾降雨均在30～60天。现状流域防洪工程按1954年型降雨设计，其最大60天降雨量不到20年一遇，最大30天降雨量只有5年一遇。水情：由于太湖地区在工业化、城市化的发展进程中，建筑面积大量增加（2000年流域建筑面积达6603km^2，比1985年增加2823km^2），耕地面积大量减少（2000年流域耕地面积减少500万亩，主要又是水稻面积），湖泊面积大量减少（2000年湖泊面积比50年代减少528km^2）。这一增两少，大大改变了降雨径流关系，使同等降雨的径流量增加，加剧了洪涝风险。工情：一方面由于城镇和工业区的规模扩张，圩区保护面积扩大，而且圩内排水动力成倍增长；另一方面，由于河湖面积大量减少，淤积增加，洪涝水量的调蓄空间进一步缩小，导致洪涝水位不断被抬高，加之由于过量开采地下水，导致大面积地面沉降，必然加剧洪涝灾害的威胁。

（2）水污染问题突出，水环境已成为制约区域经济社会可持续发展的重要因素。改革开放以来，太湖流域已成为我国经济增长最快、城市群密度最高的区域之一。但工业化和城市化的加快推进带来了工业废水和城市生活污水的大量增加，加之农业规模化经营中农药化肥的大量使用，使太湖地区水资源污染问题变得更加突出。资料表明：2000 年太湖流域总产值 18600 亿，是 1980 年的 13.93 倍，城市人口 2583 万人，比 1980 年增加 1458 万人，而 2000 年该区域的工业废水和生活污水排放量也从 1980 年的 36 亿 m^3 增加 2000 年的 53 亿 m^3。地方政府和水利、环保等部门虽然为太湖流域的水污染防治做了许多工作，包括调度水利工程“引江济太”，用长江水源冲污稀释；兴建部分水利设施，疏通水系，加快水体交换；综合整治生态环境，修复水生态系统，增强河湖自净能力，这些措施对遏制水资源污染恶化起到了积极的作用，但水资源污染、水环境恶化的总体趋势没有真正改变。这里特别需要指出的是：由于全社会缺乏节水意识（我省太湖地区工业用水重复利用率 50% 左右，相当于美国、日本 70 年代水平），水资源的超量消耗与废水、污水的大量排放，导致了水环境的恶性循环。据水质监测资料显示，我省太湖地区主要河道超Ⅲ类水的断面仍超过 80%，水源地取水合格率仅为 50% 左右。以太湖为饮水源的无锡市，因受湖泊富营养化的影响，部分时段供水水源质量超标。严重的水污染和水环境变化，使得本地的许多水资源失去使用功能，甚至威胁到居民的健康生活。

（3）流域治理与区域治理不协调，因洪致涝已成为灾害损失的主要原因。长期以来，我们把太湖治理的重点集中在流域性工程上，而且取得了很大成就，但区域治理相对薄弱，区域内部防洪排涝工程标准低，主要城市的防洪标准也只有 20～50 年一遇的标准，中小城镇防洪能力更差。历次抗洪的实践说明，虽然流域性的堤防没有出险，但区域水利工程体系不配套，排水出路不畅，因洪致涝却造成了经济社会的重大损失。这几年，一些流域的骨干河道从原来主要排泄流域洪水和区域涝水，转变到现在常年“引江济太”高水位运行，阻断了河道两侧的排水出路，导致了两岸地区污水、涝水滞留的尴尬局面。

3. 对新一轮太湖治理的几点思考

太湖流域，作为我国经济社会最发达的地区之一，已经进入加快现代化发展的新阶段。水利，作为国民经济的基础设施和基础产业，必须为太湖流域的现代化发展提供水安全、水资源和水环境保障。因此，新一轮太湖治理要认真贯彻科学发展观的要求，按照人水和谐的治水理念和资源水利的发展思路，切实解决太湖地区在工业化、城市化进展中出现的各种水问题，努力实现经济社会与水生态环境的协调发展。

（1）按照人水和谐的治水理念，优化调整治理思路。太湖流域存在的水问题，虽然有其自然地理和历史积累的原因，但主要还是由于在经济社会快速发展中人们的过度开发所带来的负面后果，是未能正确处理人水关系所付出的沉重代价。新一轮太湖流域治理，必须尊重水的自然规律，积极调整改善人水关系，在防止水对人伤害的同时，也要防止人对水的伤害，给足洪水出路，改善水的生存环境。在治理思路上，一方面要积极推进退耕还湖，恢复湿地，疏浚河道，增强流域内部的调蓄功能；建立节水防污型社会，控制污水排放和加强污水处理，减少内源污染。另一方面，也要通过实施必要的水利工程措施，缓解流域当前突出的各种水问题，是有效实施太湖治理的现实选择。

在工程措施上，提高流域防洪能力的关键在于扩大和畅通流域洪水出路；改善流域水资源供给和水环境的重点在于增强从长江引水的工程能力。因此，太湖流域治理工程的总体布局，必须做到水安全、水资源、水环境统筹规划、综合治理。从太湖流域地势低平、河网纵横的特点看，应当以治洪为龙头，通过优化布局、综合利用，带动水资源、水环境问题的治理。只有具备了流域洪水“大排”的能力，才有水资源的“大引”、“多蓄”和水环境的改善。江苏地处长江、淮河、太湖3大水系的下游，洪水穿境而过，我们一贯的治水原则，就是首先要畅通洪水出路，在此前提下，通过优化工程布局和科学调度，变洪水为资源，实现水资源的优化配置，服务经济社会发展对水资源的需求。新一轮防洪规划中提出的扩大望虞河、太浦河，开辟吴淞江排洪通道，拓浚新孟河、新沟河，扩大南排杭州湾河道的工程布局，体现了防洪保安为主、兼顾水资源、水环境综合功能的治水思路，应当积极创造条件，尽快组织实施。

（2）坚持流域与区域同步治理的原则，切实解决区域因洪致涝问题。太湖地区特点是地势低平，河网密集，区域涝水通过河网扩散。由于区域水系不完善，排涝标准不高，因洪致涝常常导致经济社会的重大损失。改革开放20多年来，太湖地区经济社会发展越来越快、社会财富积累越来越多，任何地方都淹不得，也淹不起。因此，新一轮太湖治理，必须坚持洪涝兼治的原则，在加强流域治理的同时，把区域治理摆上同等重要的位置，协调好流域泄洪与区域排涝的矛盾，兼顾区域改善水环境的要求，把重点城市的一些骨干防洪排涝工程纳入治理规划，让人民群众更切实地感受到新一轮太湖治理给他们带来的实际利益。规划提出适当做到抬高太湖正常蓄水位，有利于增加水资源可供量，但对湖西地区的防洪排涝影响很大，需要统筹考虑；望虞河在今后规划定位中，如果“引江济太”需要高水位运行，要处理好两侧地区的涝水和污水的出路问题。

（3）做到节约投资与节约资源的有机结合，进一步优化工程布局和设计。长期以来，水利工程建设往往比较注重节约投资，而不太注重节约资源，低成本大量占用农民的土地资源、拆迁农民的房屋，使农民的实际利益受到很大损害。在今天的太湖地区，人口越来越密集，村镇越来越现代，耕地越来越稀少，工业化、城市化的加速发展，使得这个地区寸土寸金。加之，国家大幅度调整了征地拆迁政策，提高了征地拆迁的补偿标准。因此，在新一轮太湖治理的前期工作中，必须把节约土地资源和减少民房拆迁作为重要的规划设计原则。在实际工作中，一要充分利用现有的工程格局，通过拓宽、浚深、增建泵站等整治改造措施，扩大工程能力；二要对新辟的河道，要兼顾水安全、水资源、水环境和航道等多种功能，做到一河多用；三要优化工程布局结构和线路选择，尽量节约土地，减少拆迁，保护群众利益。

（4）贯彻建设与管理并重的要求，规划建设全流域水情实时监测和科学调度系统。太湖地区水情复杂，防汛指挥和水资源调度要求高、难度大。但现在无论是防汛组织上分块管理、分散决策的体制，还是比较落后的水情监测调度管理手段，都难以发挥流域水利工程体系的整体功能，也不适应太湖地区经济社会现代化发展的形势要求。因此，在新一轮太湖治理中，一定要按照科学调度、科学管理的要求，把建立全流域实时的水情测报系统、科学的水资源调度系统和统一的防汛管理系统作为重要的规划建设目标，为太湖流域水系统的现代化管理奠定坚实基础。

新一轮的太湖治理，是一个复杂的系统工程，既需要借鉴经验，又需要创新思路。太湖流域管理局举办这次论坛，是体现科学决策、民主决策的重要创举，必将对推进新一轮太湖治理产生重大影响。我省将认真研究这次论坛的最新成果，深入总结我省治太的实践经验，在水利部和流域机构的指导下，认真贯彻科学发展观的要求，按照新时期的治水理念和治水思路，加快推进新一轮太湖治理的各项工作，为我省太湖地区的经济社会全面协调可持续发展提供更好的水利支撑和保障。

农村水利

（主持人：李代鑫　周英）

紧紧围绕提高农业综合生产能力　努力推进新时期的农村水利工作

翟浩辉

2004年，我国农业生产和农民增收都取得了很好的成绩，农业和农村发展出现了可喜的势头，这是党中央、国务院采取一系列更直接、更有效的支农政策的效应。胡锦涛总书记在党的十六届四中全会上指出："农业是安天下、稳民心的战略产业。纵观一些工业化国家发展的历程，在工业化初始阶段，农业支持工业、为工业提供积累是带有普遍性的趋向；但在工业化达到相当程度以后，工业反哺农业、城市支持农村，实现工业与农业、城市与农村协调发展，也是带有普遍性的趋向。"两个趋向立意高远、内涵深刻，是新形势下指导经济社会协调发展与制定农业和农村发展政策的基本依据，对于我们科学认识和把握经济社会发展规律，正确处理新时期的工农关系和城乡关系，落实统筹城乡发展方略，切实做好新阶段"三农"工作，具有重大的指导意义。

一、必须认清农村水利发展面临的新形势

新中国成立以后，党和政府高度重视农村水利工作，坚持不懈地引导广大农民群众开展农田水利基本建设，取得了巨大的成就。农村水利的发展，不仅改善了农业生产条件，基本实现了中国粮食安全，使中国以占世界9%的耕地面积养活了占世界22%的人口，解决了13亿人口的温饱问题，而且通过水资源的开发利用和发展供水事业，使广大农民群众的饮用水条件得到初步改善，同时也改善了农村环境，许多乡村出现了"沟、渠、田、林、路，桥、涵、闸、站、井"配套成龙和"田成方、渠成网、路通达、林茂盛"的新景象。

但是，我们也必须看到，随着我国社会主义市场经济体制的建立，随着工业化和城镇化在各地的兴起，随着全面建设小康社会提出的新要求，农村水利发展正面临着一些新情况、新问题，我们必须正确分析新

形势，拿出新举措，推动农村水利实现新的发展。

（一）农村人口饮水安全问题情势严峻

人应该获得所需要的洁净的饮用水，这是人权的基本体现。新中国成立以后，乡镇供水事业有了一定的发展。2000年以来，党中央、国务院又加大了农村人饮解困工作的力度，把解决人畜饮水作为农村基础设施建设"六小工程"的重要内容，建成各项农村饮水工程80多万处，使5700万农村人口告别了饮水难，取得了"小工程、大德政"的效果。但是，农村人口饮水安全问题还没有得到彻底的根本解决，还有不少农村农民群众的饮用水存在高氟、高砷、污染、苦咸及血吸虫病等水质问题。特别是由于工业化和城镇化在广大城乡的兴起，加之水污染防治工作存在诸多体制和机制上的障碍，致使农村的水源条件比上个世纪70年代前发生了重大的变化，全国70%以上的河流湖泊都遭受了不同程度的污染，有的地方甚至是"有河皆干、有水皆污"。水污染不仅加剧了水资源的短缺，而且水质的恶化严重威胁着广大人民群众的身心健康。许多群众说："现在楼房新了，腰包鼓了，但水脏了，生病多了，心里害怕了。"新闻媒体披露和曝光的一些"癌症村"，大都是因水污染严重，群众饮用不洁净甚至含化学元素的水源造成的。根据卫生部门和水利部门的调查，按照卫生部1991年制定的饮水标准准则要求，我国农村饮用水符合这一准则的人口比例仅为66%，还有34%的农村人口达不到这一准则要求。根据联合国评估和我们的初步摸底调查，全国尚有3亿多人口饮水存在不安全。

（二）农业基础设施抗御水旱等自然灾害的能力还不高，实现粮食安全战略还存在诸多困难

新中国成立后，我国在上个世纪曾掀起了3次大规模的农田水利基本建设高潮，使农业生产能力不断提高，特别是大力发展灌溉农业，建成了400多处大型灌区和5000多处中型灌区，加上党在农村执行了联产承包责任制的政策，使粮食生产能力在最高年份曾接近和突破5000亿kg。但是，应该实事求是地指出，我国农田水利基本建设发展很不平衡，东、中、西部3个地区差别很大；有很大一部分地区农田水利防洪排涝标准还相当低，不足5年一遇；有不少土地还是引不进、灌不上、排不出，是实心田；有的地方多年以来依然是"河山依旧，面貌未变"，完全是靠天吃饭。近几年来，我国粮食综合生产能力仅为4500亿kg，比过去下降了250亿～500亿kg左右。究其原因，除了因耕地减少、种粮比较效益低，使农民种田的积极性下降外，主要的原因就是

农田水利基本建设滞后和农业也包括农村水利科技储备不足、推广不够。

进入新世纪以来，党中央实行让农民休养生息的政策，采取多种措施减轻农民负担，包括取消农村主要用于水利建设的劳动积累工。但是，有的地方不能正确地把握取消劳动积累工政策，领导不力，发动不够，投入不足，农田水利正面临滑坡的危险。目前小型农村水利基本上处于“吃老本”状态，灌排设施不全，工程老化失修，运行效益衰减，不但难以支撑农业的进一步发展，而且也不利于水资源的可持续利用。根据专家预测，“十一五”末，我国粮食生产能力必须达到5000亿kg以上才能适应人口和经济社会发展的需要。因此，必须加快农村水利建设，不断改善农业生产基本条件，也包括提高农业特别是农村水利的科技贡献份额，才能在农业用水基本不增加的前提下，化解粮食安全的风险，保证不断增长的粮食需求。

（三）农村生态环境上的问题令人担忧

农村生态环境上出现的问题十分令人担忧，一方面，水土流失尚未得到有效控制，边治理边破坏的现象依然存在，目前，还有200多万km^2的水土流失区急待治理，任务十分艰巨；另一方面，农村的水环境不断恶化，不但沟渠河道遭受着工业废弃水和生活垃圾的污染，而且，化肥、农药、除草剂、农膜的大量使用造成的面污染也十分严重。许多河道发黑，河岸杂草丛生，垃圾成堆；不少田地土壤层有害元素含量超标，板结硬化。可以说，许多乡村特别是乡镇企业发达地区和近20年来开发项目比较多的地区，很难找到“一块净土”、“一方净水”。农村水环境的现状，不仅危及农民的身体健康，也影响了农产品的质量，我国不少农产品都因某些农药含量超标而使出口受到限制。同时，广大草原也由于持续干旱和超载放牧，加之牧区水利建设长期滞后，导致了草原退化、沙化严重。全国牧区饲草料灌溉面积仅占可利用草原面积的0.4%，与20世纪80年代初相比，天然草原载畜能力下降了约30%，而载畜量却增加了46%。目前，全国牧区33.8亿亩可利用草原90%出现不同程度的退化、沙化，而且还在以每年3000万亩的速度扩展。一些生态严重恶化的地区，河流断流、湖泊干涸、湿地萎缩、绿洲消失，生物多样化减少，有的地方丧失了人类基本居住条件。近5年来，牧区已有26万人不得不搬迁移居。另外，农村地区能源结构不合理，农村水电资源开发率仅为23%，农民用电水平低，大量砍伐林木、破坏森林和生态问题较为突出，直接威胁退耕还林和天然林保护成果。

总之，农村水利发展确实面临着不少新情况，存在着不少新问题，已经引起了党中央和国务院的重视。在2004年底召开的中央经济工作会议上，胡锦涛总书记进一步明确强调："我国现在总体上已到了以工促农、以城带乡的发展阶段。我们应顺应这一趋势，更加自觉地调整国民收入分配格局，更加积极支持'三农'发展。"温家宝总理也指出："要下决心合理调整国民收入分配格局，实行工业反哺农业、城市支持农村的方针。"总书记和总理的指示，使我们看到了农村水利的希望。

二、今后一个时期农村水利的发展思路和工作重点

从现在起到2020年，是我国全面建设小康社会的历史跨越时期。全面实现农村小康，必须坚定不移地贯彻中央新时期治水方针，用科学发展观统领农村水利工作。必须牢固树立"四个观念"：

牢固树立以人为本的观念。水利工作尤其是农村水利工作，涉及到广大人民群众的切身利益。作为水利工作者，一定要把最广大人民群众的根本利益作为出发点和落脚点，着眼于满足人民群众的需要和促进人的全面进步，着眼于提高人民群众的生活质量和健康，切实为人民群众创造良好的生产、生活环境。确保饮水安全，维护广大人民群众健康生命要作为水利工作的第一要务。

牢固树立节约资源的观念。水资源是稀缺资源。尽管地球与其他星球相比像个水球，但是地球上的淡水资源是有限的，我们要全面建设小康社会，要保证国家粮食安全，无论从哪一方面讲，都必须高度重视水资源的节约和利用，努力建设节水防污型社会，依靠科技进步，努力推进水资源利用方式的根本转变，不断提高水资源的利用效率和效益，以支撑经济社会的可持续发展。

牢固树立保护环境的观念。水资源为万物生存、发展之必需，良好的生态环境是社会生产力持续发展和人们生存的重要基础。我国多年来是以拼资源而发展的，特别是水的消耗是巨大的，水安全上的问题是严重的。所以我们要彻底改变以牺牲环境，破坏资源为代价粗放式经济增长方式，决不能以牺牲生态环境、牺牲老百姓子孙后代的根本利益去换取一时的经济增长。

牢固树立人与自然和谐的观念。自然界是包括人类在内的一切生物的摇篮，是人类赖以生存和发展的基本条件。我们发展经济要充分考虑自然的承载能力，尊重自然规律，建立和维护人与自然相对平衡的关系。水利作为经济发展的重要门类，作为社会发展的重要组成部分，特

别是水安全面临全面的挑战和压力的情况下，更要牢固树立和全面落实科学发展观，针对我国面临的四大水安全问题，坚持人与自然和谐原则，解决洪涝灾害，首先要给洪水以出路，努力实现从控制洪水向洪水管理的转变，从无序、无节制的人水争地向给洪水以出路，人水和谐转变；从过去"洪水入海为安"向确保安全、注意雨洪资源利用，实现洪水资源化转变；解决中国干旱缺水问题的根本出路在于建设节水防污型社会，从体制和机制入手，利用行政、工程、经济技术等手段，全面提高水资源的利用效率和效益；防治水土流失，一方面强调综合治理，一方面要充分利用大自然的修复能力；解决水污染问题，根本是发展绿色经济及加大依法治污的力度，严格排污权管理，从源头杜绝并治理水污染。维护水生态系统及水资源安全，维护河流湖泊的健康生命，我们水利工作者承担着重大使命，我们要理直气壮地做河流的代言人，做生态的代言人。

根据当前农村水利面临的新形势和新要求，今后一个阶段农村水利工作的基本思路是：以邓小平理论和"三个代表"重要思想为指导，认真贯彻中央新时期的治水方针，牢固树立和落实科学的发展观，以保障农民群众饮水安全，维护人的健康生命为第一要务，以提高农业综合生产能力和改善农村生态环境为主要目标，坚持不懈地大搞农田水利基本建设，深化体制改革，加强工程管理，推动农村社会走上生产发展、生活富裕、生态良好、社会和谐的文明发展道路。其工作重点和布局是：

（一）坚持以人为本，把解决农村饮水安全作为水利工作的第一要务

中央领导同志对农村饮水安全问题十分关心，去年以来胡锦涛总书记多次作出重要批示："无论有多大困难，都要想办法解决群众的饮水问题，绝不能让群众再喝高氟水"，"要增强紧迫感，深入调研，科学论证，提出解决方案，认真加以落实，让群众能喝上'放心水'"，"关键是抓落实，讲实效，真正为老区人民排忧解难"。最近，回良玉副总理在水利部关于人饮工作的汇报上批示："实施农村饮水解困工程，是一项深得民心的'德政'工程。工程实施以来，取得了显著成效，提前实现了'十五'规划的任务，可喜可贺。但一些地区农村饮水仍相当困难，饮水不安全问题还十分突出，农村饮水解困、饮水安全工作任重道远。望请进一步明确发展思路，突出建设重点，强化工作力度，从而推动农村饮水工作再上一个新台阶。"汪恕诚部长也对农村饮水安全

工作提出了明确要求：“保障饮水安全，维护人的健康生命，是当今经济社会发展对水利工作的第一需要”、“饮水型地方病防治工作，一定要作为水利部的重要工作来抓”。我们一定要从贯彻落实中央十六届三中、四中全会精神的高度，坚持以人为本，树立和落实科学的发展观，在巩固和提高人畜饮水解困成果的基础上，把保障饮水安全作为当前水利工作的第一要务，作为全面建设小康社会的重要内容来抓，按照“先急后缓、先重后轻、突出重点、分步实施”的原则，优先解决对农民生活和身体健康影响较大的饮水安全问题。要进一步完善由国家发改委、水利部和卫生部近期编制完成的《农村饮水安全规划》，“十一五”期间，重点解决高氟水、高砷水、苦咸水、污染水、血吸虫等饮用水水质不达标以及局部地区饮用水供应严重不足问题；到 2010 年，使无法得到或负担不起安全饮用水的农村居民比例降低三分之一；到 2020 年，使农村居民饮水达到安全或基本安全。

（二）切实把节水灌溉作为一项革命性措施，加大投入，提高农业综合生产能力，保障国家粮食安全

灌区不仅是粮食生产的主战场，也是节水的主战场。在占全国耕地 45% 的灌溉面积上，生产的粮食和经济作物分别占到全国粮食和经济作物总产量的 75% 和 90% 。1998 年以来，国家加大了大型灌区节水改造、节水示范和牧区节水灌溉项目建设的投入，发展节水灌溉面积 3.2 亿亩，实现节水能力 300 多亿 m^3、新增粮食生产能力 300 多亿 kg 的显著效益。大型灌区节水改造平均每投入 1.2 元节约 $1m^3$ 水，投入 1.3 元新增 1kg 粮食生产能力。

2004 年，温家宝总理等国务院领导同志多次对发展节水灌溉作出重要批示，指出加大节水灌溉力度，保障国家粮食安全，不仅是当务之急，也是长久之计。2004 年，国家发改委会同水利部、农业部等有关部门，编制完成了《全国节水灌溉和旱作农业发展规划》，已上报国务院；水利部结合水利工作实际，编制完成了《加快灌区建设保障粮食安全近期重点建设规划》已由国家发展改革委上报国务院，我们将努力争取国家尽快批复规划，并加大投入，明显改善现有农田水利设施状况，做到旱能灌、涝能排，大幅度提高灌溉水利用效率。各省要明晰农业用水权，抓紧颁布灌溉用水定额，并制定相应的法规和管理制度，实施总量控制、定额管理。各地要在加快灌区骨干工程改造的同时，在粮食主产区田间进行规模化节水灌溉示范项目建设，探索适宜的节水灌溉技术推广模式，并积极引导农民参与工程的建设和管理；易涝和盐碱、

渍害严重的地区，要更新改造机电设备，完善排涝设施，提高农田排涝能力。在灌区“两改一提高”的基础上，要着力建设生态型灌区，使灌区达到人水和谐、洪旱无虞、供水安全、环境优美。有条件的地区，可加快园田化建设，促进农村水利现代化。

（三）加大病险水库除险加固力度，加快中型水库建设，为农村经济社会发展提供安全保障

农村的面广量大的中小型水库，是当地城镇建设和经济社会发展的重要基础设施，在保障城镇防洪和供水方面发挥了重要作用。但是，从当前农村地区的实际情况看，一方面，一些丘陵山区由于缺少控制性的中型水库，农村包括小城镇在内的生产、生活供水保证率不高，制约农村经济发展和农民生产生活条件的改善，各地要求中央加大中小型水利工程建设补助资金的呼声日益高涨；另一方面，由于先天不足和年久失修，目前大部分变成病险水库，成为防洪体系中最为薄弱的环节和防洪安全的心腹之患，给水库下游人民群众的生命财产安全带来严重威胁，制约着水库效益的充分发挥，对农村全面建设小康社会产生十分不利的影响。

截至 2003 年底，中央已累计投资 158.2 亿元，共安排了 1217 座病险水库（包括 20 座水闸）的除险加固建设。这一工作虽然开展了，但与实际需求相差甚远。除险加固的量还不大，还有不少除险水库亟待列项。此外，绝大部分病险水库大都地处偏远山区或贫困地区，仅靠地方各级政府是无力完成除险加固艰巨任务的。因此，为保证农村生活及灌溉用水，确保人民生命财产安全，要积极争取国家尽快审批《全国病险水库除险加固专项规划报告》，继续加大中央对病险水库除险加固工程建设的投资规模。同时，积极探索建立有效的投入机制，以地方为主、中央补助为辅，抓好地方中型水源工程建设和中小河流治理。

（四）大力开展农村生态环境建设，加强水土保持，建设“碧水”工程，创建“生态乡村”

改善农村生态环境，从水利上来说着重要抓 3 项工作：一是要治理水土流失，加强水土保持。在水土流失严重的山丘区，要以小流域为单元，实行山、水、田、林、路综合治理。要重点兴修梯田、建设淤地坝和小型蓄水保水工程，保护和合理利用当地水土资源，提高土地综合生产能力，大力发展山区特色经济，增加农民收入。要加快长江和黄河中上游国家水土保持重点工程建设步伐，加大东北黑土地和珠江上游石灰岩地区水土流失防治力度，搞好南方地区崩岗治理，减少进入江河的泥

沙。要加强农村“四荒”资源的治理和开发，依靠政策并利用市场机制，调动社会力量参与水土保持生态建设。水土保持要坚持保护优先的方针，主要依靠大自然的力量修复生态。二是要抓好牧区水利，引导转变传统的牧业生产方式，实行舍饲养畜、封山禁牧等措施，依靠大自然自我修复能力，减少并遏制草原沙化、退化。要加快节水灌溉饲草料地建设。在未来的5年中，要以内蒙古中部、新疆北部、青海三江源区、环青海湖周边以及四川、甘肃等草场严重退化且有一定水资源条件的地区为重点，新增牧区节水灌溉饲草料地400万亩，为1600万羊单位提供半年补饲，为1.6亿亩天然草原依靠大自然的自我修复能力进行修复提供条件，配合草场围栏、退牧还草等工程，实现项目区草原生态保护和牧民增收“双赢”的目标。三是抓好农村河道清淤清障和水生态建设。近几年要把农村河道的清淤清障作为加强农田水利基本建设的一项重要工作，整修河堤，捞淤挖浅，清除垃圾，引水冲污，尽可能使乡村河道的水流动起来，循环起来。俗话说：“流水不腐、户枢不蠹”，只要使水循环起来，并不断引清冲污，就能改变农村水黑水臭的状况，建起一个个“碧水”工程和亮丽的农村，给广大农民群众提供舒适优美的生活环境。同时要引导农民群众结合水利工程大力植树造林，扩大农田林网，提高森林覆盖率。

（五）把发展农村水电作为增加农民收入的一项战略措施，增加投入，建立农民增收的长效机制

农村水电分布在1600多个县，与广大贫困山区、少数民族地区、革命老区的分布一致，可供农民开发利用的资源点有十几万个。实施农村水电扶贫增收工程，以农村水电站建设为载体，把中央对农民的扶持资金转化为发电生产力，量化为农民在水电站的股权，农民可年复一年按股权从电站获取收益。在国家发改委和财政部的支持下，全国5个省（自治区）26个县启动试点项目，取得了很好的试点成效，试点区有近20万农民实现小水电代燃料。2005年国家将加大投入力度，扩大小水电代燃料工程规模和范围，建立水电农村电气化建设新机制，推进农村全面建设小康社会。

（六）加强小型农村水利工程建设，不断改善农民的生产生活条件

小型农村水利工程建设一直是农田水利基本建设的一项十分重要的内容。建国以来，我国共建设了2000多万处小型灌区、田间灌排工程和非灌区抗旱水源工程等小型农村水利工程，对发挥骨干工程作用、直接改善农民生产生活条件发挥了重要作用。在新时期、新形势下，各级

政府和水利部门要加强领导，学会用民主的办法，鼓励和引导农民发扬传统，坚持不懈地搞好农田水利基本建设，加快小型农村水利工程建设。

雨水集蓄利用工程是小型农村水利工程建设的重点之一。我国是一个多山的国家，山区面积占国土总面积的69%，山区人口占全国总人口的56%。由于自然、区位、交通、通讯、资源和人口等原因，加上基础设施建设滞后，至今山区贫困面仍然比较大，贫困程度也比较深，而直接影响城乡和区域的统筹发展。影响山区发展的最大制约因素依然是水资源短缺。经过各地多年的实践，特别是近年来财政部、水利部扩大试点的经验表明，在年降水量300毫米以上的丘陵山区开展雨水集蓄利用工程建设，可以解决大工程难以覆盖的问题，是解决群众生活用水和基本口粮田补充灌溉用水的最有效途径之一，对保证当地粮食基本自给、促进山区农民脱贫致富具有重要意义。2005年，国家将进一步加大以雨水集蓄利用工程为重点的小型抗旱水源工程建设补助力度，有条件的地区，要总结经验，加快建设，为山区贫困地区发展补灌面积，改善人畜饮水条件，巩固退耕还林成果奠定基础。

三、建立和完善农村水利发展的保障体系

（一）做好农村水利“十一五”发展规划

2005年是实施“十五”计划的最后一年，也是筹划“十一五”的关键一年，做好“十一五”农村水利发展规划，是我们做好新时期农村水利工作的前提和基础。要优先做好农村饮水安全和大型灌区续建配套节水改造“十一五”规划。在编制农村水利相关规划中要特别注意两个方面的内容：第一，要注意体现社会管理的意识。社会管理是政府职能的重要组成部分。农村水利工程面广量大，直接涉及农业、农村和农民，规划过程中要增强公众的参与程度和支持力度，了解实际的需要，确保符合实际；要主动加强与政府其他部门的沟通，做好规划与当地国民经济总体规划和有关专项规划的衔接，搞好实际需要与财力可能的衔接，密切配合，协同作战，提高规划的指导性和针对性。第二，要注意采取综合措施，把一些先进的经验、先进的理念贯彻到规划中，要把规划、建设和管理作为一个完整的体系来考虑。特别是要突出农村生态环境的改善，达到人水和谐。近几年编制的牧区水利、淤地坝和小水电代燃料规划都很好地强调了这一点。如在生态系统建设与保护中，不仅要积极开展人工治理，更要注重发挥大自然的自我修复能力，开展退

耕还林、退牧还草、封山育林、生态移民等工作；积极争取社会的理解、支持和配合，切实减少人类不合理活动对生态系统的扰动和破坏等。

（二）积极探索建立农田水利基本建设稳定的投入机制

首先，切实增加政府对农村水利的财政投入力度。农田水利基本建设与“三农”问题密切相关。农业是弱质产业，农村是落后地区，农民是弱势群体，农田水利基本建设的公益性特点理应得到政府公共财政的支持。这既是理论问题，也是实践问题。从理论上说，农田水利基本建设直接为“三农”服务，公益性很强，必须纳入政府公共财政框架。从实践上来说，以农业灌溉为例，其主要受益者是政府和农民，政府通过农业灌溉增加农业产出，保障城市和社会粮食供应安全、农村社会稳定，推进了我国经济的可持续发展；农民则通过灌溉发展稳产高产农业，增加了收入，提高了生活水平。特别是农村税费改革试点以后，政府应该是农田水利基础设施建设的投入主体，农民应该是农业灌溉投入的积极参与者。要将大型灌区续建配套节水改造作为新增基建投入计划和国债投入的重点，并不断加大投入力度，在搞好骨干工程建设的同时，注重田间工程的配套；继续争取将重点中型灌区作为农业综合开发土地整治资金支持的重点，在向粮食主产区倾斜的同时，进一步扩大实施范围；鉴于地方财力困难，在事权不作调整的前提下，中央和省级财政都要加大对小型农村水利工程扶持的力度，设立小型农田水利设施建设补助专项资金，对小型水源工程和小型灌区建设给予扶持。

其次，地方各级政府切实承担起搞好农田水利基本建设的责任。各级水利部门要多做工作，多提建议，力争各地在每年的新增财力中增加对农田水利基本建设的预算，特别是抓好一系列涉农政策的落实，切实加快小型农村水利设施建设步伐。

第三，要继续动员广大农民发扬自力更生、艰苦奋斗的好传统，发挥财政资金的引导作用。在搞好村内工程“一事一议”的同时，采取民主的办法，组织农民参与直接受益的小型农村水利工程的建设和管理，不断掀起农田水利基本建设的新高潮。这一点在国务院《关于进一步做好2004年农村税费改革工作的意见》中已经初步明确，要严格区分加重农民负担与农民自愿投工投劳改善自己生产生活条件的政策界限，发扬农民自力更生的好传统，在切实加强民主决策和民主管理的前提下，本着自愿互利、注重实效、控制标准、严格规范的原则，引导农民对直接受益的小型农田水利设施建设投工投劳，国家对农民兴建小微型水利设施所需材料给予适当补助。要通过“十一五”的努力，在我国逐步建立多层次、多元化、多渠道的农田水利基本建设投入新机制。

（三）提高农村水利的科技含量

实施农业节水技术为重点的农村水利创新工程，完善农业节水技术创新体系建设，形成国家扶持，以节水材料设备生产企业为主体，科研单位、大专院校为骨干，生产单位、用水户参与，产、学、研结合的科技创新网络。加强农村水利基础研究，提高原始创新能力。引进、消化、吸收国外先进节水技术；组织科研力量对农村水利关键技术以及新材料、新产品、新设备等进行联合攻关，开发适合我国国情的多种形式的农业节水、农村供水新技术，优先研究、开发、集成出田间综合节水、微咸水淡化、灌溉水量遥感计量、激光平地等关键技术，增加技术储备。完善原有灌溉试验站，利用节水灌溉示范项目，积极探索实施灌溉用水总量控制定额管理的有效途径。不断完善农村水利技术规程规范，提高农村水利工程质量和运行效益。提高科技进步对农村水利的贡献率。

（四）加强农村水利工程管理和改革

加强农村水利工程管理，并深入改革管理体制和管理机制，是保障农村水利健康发展的关键。要继续落实好国办转发的《水利工程管理体制改革实施意见》，做好与财政部门的协调，在搞好试点的基础上深化灌区管理单位改革。要通过节水改造推动灌区改革，鼓励和引导用水户通过用水合作组织对工程管理、用水管理、水费收缴进行自主管理、自我经营，逐步建立用水户自主管理与水管单位专业化服务相结合的管理模式。要贯彻落实国办转发的《关于推进水价改革促进节约用水保护水资源的通知》精神，加快水价改革，促进节水和工程良性运行；以灌区管理和集中供水管理为主的农村水利工程管理单位要精简效能，降低供水成本。与此同时，要在这一轮乡镇机构改革中，加大与有关部门和地方政府的沟通协调，按照强化公益性职能、放活经营性服务的要求，做好乡镇水利（水保）站改革工作，尽可能组建流域水利站，以保持职能和队伍的相对稳定，为基层水利工作创造好的条件。

水利部2003年在总结各地经验的基础上，出台了《小型农村水利工程管理体制改革实施意见》。一年来，各地加快了小型农村水利工程产权改革，截至2004年5月，全国已有23个省（自治区、直辖市）出台了小型水利工程产权制度改革实施办法，有700多万处（约占现有工程总数的30%）小型水利工程实行了承包、租赁、拍卖、股份制等改革，取得了很好的效果。我们要在总结经验的基础上，继续加大改革力度。

解决“三农”问题，是社会主义现代化建设和全面建设小康社会的重点，是全社会关注的焦点，水利工作者肩负着光荣的使命。我们要坚持统筹规划，深化改革，努力奋斗，全力做好新时期的农村水利工作，为促进水资源可持续利用、保障国家粮食安全、实现农业现代化和农村全面建设小康社会做出更大的贡献。

（作者单位：水利部）

五年饮水解困成效显著

李代鑫　杨广欣

我国人口众多，水资源短缺，经济和社会发展不平衡，农村供水总体水平不高，许多地方存在饮水困难。为解决这一问题，党中央、国务院采取了多种措施，到2000年初，全国共建成各类农村供水工程300多万处，累计解决了2.16亿农村人口的饮水困难。按1984年制定的饮水困难标准，全国农村仍有5020万人饮水困难，其中2423万人属于《国家八七扶贫攻坚计划》剩下的，2600万人是由于人口增加、水源枯竭、工程老化等原因新增的。

党中央、国务院对解决农村饮水困难工作十分重视，把农村人畜饮水作为农村基础设施建设“六小工程”的重要内容，加大了农村饮水解困工作的力度。国务院领导对农村饮水解困工作做出了一系列重要批示：努力解决农村饮水困难，要统筹规划，合理安排，采取多种工程措施，兴建集中与分散相结合的饮水工程。要区分轻重缓急，把有限的资金优先用于饮水最困难的地方。要认真做好供水水源的勘测调查等前期工作，加强对饮水工程的技术指导，使建成的工程能有稳定可靠的水源，在干旱时保证群众有水喝。

水利部党组认真贯彻党中央指示精神，2000年1月，汪恕诚部长在全国农村水利工作会议上强调，“在处理生活用水和生产用水的关系时，要突出生活用水。我们应下决心在一定时期内，把生活用水困难的问题全部解决”。汪部长提出，水利工作第一位的任务就是要解决人的喝水问题，而且应该是干净的水。饮水安全在世界上都是作为第一位来考虑的。2004年12月，汪恕诚部长进一步提出，“要把饮水安全作为今后一个时期树立工作的第一任务。”明确“把保障饮水安全，维护人民群众的生命健康作为水利工作第一任务、当务之急、重中之重、抓紧抓好、刻不容缓。”

根据党中央治水方针和部党组治水思路，水利部编制了《全国解决农村饮水困难“十五”规划》，提出了分阶段解决农村饮水困难的目标，第一阶段解决《国家八七扶贫攻坚计划》剩余的饮水困难问题；第二阶段解决新出现的饮水困难问题，到“十五”末基本解决我国农村现存的饮水困难问题，保证群众基本的生活用水要求。

为了做好农村饮水解困工作，5年间，在四川、山西、北京、云南、湖南、河北召开了6次工作会和现场会，相互交流学习，不断总结各地的好经验，改进工作中存在的问题。在饮水解困工程的实施中，针对工程规模小、数量多、分布面广的特点，及时制定了1个管理办法，3个指导意见，3个技术标准。这些办法和制度对项目的顺利实施、提高工程质量、保证资金安全和发挥工程效益，都起到了非常重要的保障作用。

5年来，国家共安排国债资金98亿元，加上各级地方政府的配套资金和群众自筹，总投入约180亿多元，共建成各类农村饮水工程80多万处，使5700多万农村人口告别了饮水难。该项目覆盖了27个省（自治区、直辖市）的1992个县和新疆生产建设兵团的14个师161个团场，受益农户达1400多万户。

为了科学评价近年来全国农村饮水解困项目的执行情况，全面总结经验，进一步加强农村饮水解困工程的建设和管理，2004年7～8月，在各省（自治区、直辖市）自查的基础上，水利部组织了100多位专家对农村饮水解困项目的前期工作、工程建设、项目管理、工程运行管理、工程效益、群众的满意度、可持续性7个方面开展了调查评估。共抽查了23个省（自治区、直辖市）和新疆生产建设兵团的64个项目县和205处工程，访问了1836家农户。在调查的基础上对项目进行了总体评估，结果表明，农村饮水解困工程项目进展顺利，“十五”规划内的任务可提前完成；项目建设前期工作程序规范、扎实有效；建设管理制度健全，监管有力，完成了建设目标；项目运行管理良好，农民对饮水解困工程项目的满意度达98%。

一、农村饮水解困工作的成效

农村饮水解困工程建设取得了显著的社会效益、经济效益和生态效益，使农民真正得到了实惠，深受农民的欢迎，被农民群众誉为“德政工程”、“民心工程”和“三个代表”在农村的具体体现，取得了“小工程，大德政”的政治效果。这是一项伟大的历史性成就，是我国农村水利工作的一个里程碑。

第一，取得了巨大的社会效益。农村饮水解困工程项目区大多在山区、老区和少数民族聚居区，经济欠发达，农民不富裕，有的还很贫穷。特别是一些山区农民为了水，要翻山越岭、肩挑畜驮来回走十几里路。因此，党中央、国务院实施农村饮水解困工程符合民意，大得人心，产生了巨大的社会效益。一是增强了党的凝聚力和向心力，密切了党群、干群关系，夯实了党在农村基层的执政基础，提高了党的执政能力。群众自发地为工程立碑或向政府赠送匾牌、锦旗。“饮水解困，施政于民”、“饮水思源，不忘党恩”、“为民送甘泉，恩德大如天”等表达了农民群众对党和政府的感激之情。贵州省台江县岩脚村党支部书记、党的十六大苗族党代表、全国劳模张庭珍，给水利部送了一面绣有“饮水思源”四个大字的锦旗，她说：“我们全村群众喝上自来水，心情无比激动，村民们花了50多天，用千针万线绣成这面锦旗，以表达‘饮水思源念党恩’的感激之情，感谢水利部门把‘三个代表’真正落实到基层。”二是减少了民事纠纷，维护了社会稳定。过去不少缺水地方的农民常常为争夺水源而发生纠纷，甚至引起械斗。解决了饮水问题后，农民安居乐业。各地优先安排少数民族居住区的饮水解困项目，从而增强了民族团结。三是促进了农村民主管理。有的地方在建好饮水工程后，及时成立农民用水者协会进行民主管理，促进了乡村民主政治建设，社区可持续发展能力得到增强。

第二，提高了农民群众的健康水平。农村饮水解困工程建设首先是减少了疾病。饮水问题的解决，使农村与水有关的疾病发病率大幅度降低，特别是降低了由于水质问题引发传染病的可能性。据调查，吃上洁净水后，可使肠道传染病等发病率降低47%。四川省雅安市汉源县双溪乡卫生监测点提供的资料证明，该乡修建集中供水工程后，全乡大骨节病患病率由原来的51%下降到目前的0.5%。其次是提高了农民的生活质量。有了饮水工程，农民有适量的水洗衣服，厨房、厕所、浴室的条件也得到了改善，从而带动了与水有关的生活习惯的改变。许多农户用上了洗衣机、淋浴电器等，出现了灶台清洁、浴室整洁、厕所干净、庭院绿阴的新景象。据调查，自来水到户的地方，46%的农户购置了洗衣机，90%以上的农户生活用水量增加，农民非常满意。通过促进环境卫生和个人卫生的改善，降低了与卫生条件有关的疾病发病率，提高了农民特别是妇女儿童的健康水平。健康水平提高了，相应减少了医药费支出，减轻了农民的经济负担。据调查评估，饮水解困项目区户均年节省医药费支出207元。

第三，促进了农村经济的发展。解决饮水困难问题，缩短了取水时间，减轻了农民找水、担水、买水负担，解放了农村劳动力。据调查，全国户均年节省53个挑水工日，其中，42.6%用于外出务工，86.2%的农户增加了收入。饮水条件的改善，促进了养殖业的发展，提高了畜产品的产量和品质，同时也为适量发展庭院种植业和加工业提供了水源保障，促进了农村经济社会的发展，成为农村贫困人口脱贫致富的有效措施。水源条件较好的地区综合利用饮水解困工程，发展庭院经济、养殖业和加工业，走“井、池、园相配套，种、养、加、运相结合”的发展路子，呈现了“水兴各业旺”的新势头。四川巴州区恩阳镇有一农户过去挑水养猪，最多只能养7头，实现自来水以后，存栏养猪达70头，年增加出栏肥猪220头。青海、西藏等省（自治区）的一些项目区也充分利用饮水解困工程发展庭院经济，种植温室暖棚蔬菜，解决了高寒地区牧民吃新鲜蔬菜难的问题，同时也增加了牧民的收入。

第四，改善了农村生活环境。有的地方在建设饮水工程的同时，增加了环境卫生和健康教育的内容，通过这种“三位一体”的综合模式，全方位地改善农村的饮水卫生状况。结合修建畜圈、垃圾池、沼气池；整修乡村道路、排水沟；房前屋后植树种草养花等，改善了农村的环境卫生状况。农村生活环境的改善，为农村全面小康打下了良好基础。

二、农村饮水解困工作的经验

饮水解困工作能够取得显著成就，靠的是党和政府的正确领导，靠的是社会各界的大力支持，靠的是广大干部群众的顽强奋斗。党中央、国务院高度重视农村饮水解困工作，制定了一系列扶持政策，特别是胡锦涛总书记、温家宝总理等领导同志多次对农村饮水解困工作做出批示和指示。国家发展改革委和水利部大幅度增加了对农村饮水解困工程的投入，制定了一系列管理办法和制度，如《农村人畜饮水项目建设管理办法》、《关于实施农村饮水解困工程的意见》、《关于进一步做好农村人畜饮水解困工作的意见》，《关于加强村镇供水工程管理的意见》、《村镇供水站定岗标准》、《村镇供水工程技术规范》和《村镇供水单位资质标准》等，每个实施项目的省（区、市）都制定了管理办法或实施细则。一些地市直至县市也根据国家和省区的有关规定，结合当地实际，制定了更详细、更具体、更具操作性的管理办法和规章制度。

地方各级党委和政府把实施农村饮水解困工程作为贯彻落实“三个代表”重要思想、全面建设小康社会的具体行动。项目区省、市、县都成立了农村饮水解困工程领导小组，由党委或政府分管领导挂帅，计划、财政、水利、监察、卫生等部门参加。同时层层签订责任书，明确任务和要求，并将其列为年度考核的重要内容。在实施饮水解困这一得民心、顺民意的德政工程的过程中，各级领导干部都为之倾心尽力，付出了巨大的艰辛。山西省陵川县水务局工程科长张国旗同志，大学毕业后选择到基层工作，在饮水解困工程建设中，加班加点，认真负责。在一次井下勘测时，因意外事故牺牲在井下，献出了年轻宝贵的生命。重庆市开县温泉镇金霞村村长王汝宝率领村民打通千米绝壁，修建起7公里长的金霞水渠，使全村农民告别了世世代代背水吃的历史，使金霞村成了鱼米之乡。还有许许多多的水利工程技术人员，几年来把主要精力都放在农村饮水解困工程建设上，精心编制规划，深入实地勘察，翻山越岭，徒步跋涉，一干就是十几天、几十天，为饮水解困工程建设做出了无私的奉献。

饮水解困工作得到了社会各界的大力支持。新华社、人民日报、中央电视台、经济日报、农民日报、中国水利报社等新闻媒体多次主动进行采访报道。许多社会团体和企业家积极主动地为饮水解困工程建设捐款捐物。全国妇联组织地方各级妇联动员社会各界捐款达1亿多元，以支持西部地区建设“母亲水窖”。在革命老区工作过的老干部也主动为老区人民捐款，修建饮水解困工程。

在实施农村饮水解困工程的实践中，积累了一整套经验，概括起来，最有特点的应该是规划建卡、社会公示、资金报账、集中采购、巡回监理和明确管理责任、建立水价机制。这些成功经验，对如何参照基本建设程序管好面广量大的小型基础设施项目，具有非常重要的借鉴意义。

（1）规划建卡、社会公示。在规划的基础上，将需要解决饮水困难的人数落实到村组或农户，逐村、逐户建卡片，按卡实施，同时通过报刊等形式予以公示，有效地避免了安排计划和资金时的随意性。工程项目村登报公示，单项工程在村内设“明白墙”。公示内容包括工程规模、建设内容、工程量、工程总投资及各分部投资、材料设备价格、国家补助资金、地方配套资金及群众自筹资金等。河南省市、县水利部门组织工程技术人员，对农村饮水困难村逐一进行调查，详细掌握饮水困难村的具体情况，进行分析论证，研究制定科学合理的解困措施和实施方案，并按照项目批复计划进行实地勘测规划，召集有关人员论证实施方案。坚持“因地制宜，全面规划，统筹兼顾，突出效益”的方针和“突出重点，宜井则井，宜窖则窖，宜引（泉水、河水）则引，宜站则站，集中连片，建管并重”的原则，注重水源的可靠性和水质可饮用性，优化设计方案，同时，将项目区各工程点需要解决饮水困难的人口按村、组和农户，逐项工程建立以工程措施、投资规模、资金来源、解决饮水困难户数、人数及拟定完成时间等为主要内容的规划卡片，作为安排项目和资金的依据，从而保证项目工程建设的顺利完成，防止“半拉子”工程现象。

（2）资金报账。各项目区都设立了饮水解困资金专户，严格管理。工程建设资金实行报账制，即预付少量启动资金后，按照先干工程后付款的原则，根据工程投资规模等情况分期报账。这方面，不少地方都做了大量工作。比如，陕西省制定了资金报账制管理办法，实行国债资金市级水利部门报账，每一项支出票据要有项目受益村组负责人、实施单位负责人和县区报账负责人签字，每个项目每次报账申请必须经过计划、财政等部门审查签字，还组织有关部门到现场核查工程形象进度和实物凭证，审查工程有无变更，工程规模有无调整，资金是否拨付到位，有无挪用资金现象。陕西省实行的对报账申请进行现场核查的方法，使报账制更加完善，是防止报假账的有效措施。

（3）集中采购。工程设备材料实行集中统一采购，不仅便于管理，确保所购设备材料的质量，还能获得比较优惠的价格，降低工程造价。宁夏回族自治区出台了《农村饮水解困和氟砷改水项目建设所需管材及设备招标采购实施办法》，由 4 个地市项目办公室委托招标代理机构，通过新闻媒体公布，对塑料管材、水泵等实行招标采购。山西省水利厅成立了农村水利工程材料设备供需协作网，选择质量好、信誉高、售后服务好的生产厂家作为会员单位，对水泥、钢材、管材、设备等实行政府统一公开招标采购，当地建筑材料采取建设单位采购，施工人员检验制。四川省每年召开一次“农村供水工程材料设备用户座谈会”，对材料设备的招标采购工作进行规范。

（4）巡回监理。对规模较大的集中供水工程，按照基本建设程序要求，严格实行监理制；对小型分散工程，聘请专门的监理单位和人员，根据工程的分布情况，实行分片巡回监理，并请受益农户进行跟班监督。河北省由省财政单列监理资金，委托河北省水利水电工程监理咨询中心，按照“行政推动、巡回监理、监督质量、调控进度、技术服务”的总要求，对全省农村饮水解困项目实施监理。省水利水电工程监理咨询中心专门设立了河北省农村饮水解困工程监理部，下设 6 个监理处，有关县（市）每县至少配备一名监理员与省派出的监理人员密切配合，共同对工程项目的投资、质量、工期进行监控，对工程项目建设有关合同、信息进行管理，并协调参加建设各方关系。通过实行监理，不仅有效地保证了工程质量和建设进度，也确保了资金使用安全。

（5）明确管理责任、建立水价机制。针对不同的工程类型和规模采取不同的管理模式。对水窖、水池、水柜等微型集雨工程，采取国家补助，农户自建、自有、自管、自用的体制，由政府发产权证；对自然村或行政村为单元的小型农村饮水工程，采取国家补助，农户自筹，由受益农户在民主协商的基础上成立用水协会，实行自主管理；对跨村、跨乡的区域集中供水工程，采取专管机构、受益村和用水户协会管理相结合的办法，实行有偿供水，合理收费，促进工程良性运行。

山西省运城市盐湖区对于国家投资为主兴建的跨乡跨村集中供水工程，实行统一集中管理和分级负责经营相结合的管理模式，由受益乡村和水利部门共同组成供水管理委员会作为决策机构，成立供水站作为经营机构，同时在各村、居民点设立供水分站或村级水管员，还成立由群众代表组成的用水协会对供水工作进行监督。对于集体和群众投资为主、国家给予补助的工程，成立用水协会履行管理职责，包括核定水价、监督水量水质、监督经营者的服务质量、监督水费收支等。盐湖区的经验表明，发挥用水协会的作用，充分调动用水户参与工程管理的积极性，是保证工程正常发挥效益的重要措施。

在供水工程经营管理方面，河北肥乡县采取入股承包经营的办法，取得了较好的效果。他们对于国债农村饮水项目的自筹资金部分，不再人人摊、户户集、村里拿，而是把这一投资作为承包费，谁出这笔钱，谁就承包该工程的经营管理，承包期一般为 20 年。承包人通过管水、卖水来回收投资和获取报酬。村委会公示供水水价和收回自筹资金年限，反复讲解承包饮水工程应承担的义务和权益，最后采取公开竞争出资数额（同一水价条件下，出资多者中标；同一出资数额条件下，水价低者中标）的方式选择承包者，承包费主要用于工程配套和自来水管网建设。承包人交足承包费后，自始至终参与工程的设计、施工和质量监督，全权负责工程运行管理和水费征收。为解决工程的更新问题，确保工程良性运行，要求承包人在收回自筹资金年限（6~7 年时间）后，每年向县水利局缴纳 4000~5000 元的折旧费；为防止出现“水霸”，由县水利和物价等部门分阶段根据运行成本（包括电费、人员工资、小修费、大修费、折旧费和一定报酬），核定水价最高限额，并由村成立监督管理领导小组，对承包人的收费和服务等进行监督管理。这种方式实现了责权利的统一，保证了工程的良性运行。

（作者单位：水利部农村水利司）

新形势下农田水利基本建设的困境与出路

严家适

一、农田水利基本建设面临的形势

近年来，农田水利基本建设的形势发生了一系列变化，主要表现在以下几个方面。

（一）农业的比较效益越来越低，农业收入占农民总收入的比重越来越小，许多农户的主业已经不是农业

长期以来，我国农民的主业是农业，农民的收入也主要来自农业。近10年来，这种情况发生了很大变化。

先看农民从事农业生产收益的变化情况。据国家发改委1980～2000年全国农产品收益资料分析，改革开放以来，我国粮食生产税后净收益的变化情况大致可分为两个阶段。1980～1995年为增长阶段。到1995年，全国早稻、中稻、晚稻、小麦、玉米等主要粮食生产每亩平均税后净收益分别为192元、374元、261元、154元和263元。此后，受国际国内粮食供求关系变化的影响，进一步提高粮价受到抑制，而生产成本不断上升，造成净收益不断下降。到2000年，上述5种主要粮食生产的净收益分别降至－8元、113元、74元、－13元和36元。其中最好的是中稻，每亩不过113元；早稻、小麦的净收益均为负值。说明农民种粮基本无利可图，甚至是亏本的。

再看农业收入占农民总收入比重的变化情况。随着经济发展和社会进步，农产品占社会总产品的份额不断降低，而工业品消费占人民生活的比重越来越大。在这种情况下，如果农业人口仍然以农业为主，收入仍然维持过去的水平，结果必然是生活水平不断下降，直到难以为继。为了适应上述变化，一般农户采取了这样的生计安排：以农业保障其生活消费的基础部分，而以非农经营和劳务收入作为其他生活消费的主要来源。这种分析可以从国家统计局提供的资料得到证实。从1995年到

2001年，我国农户的农林牧渔业收入占纯收入比例从66.3%下降到38.9%，农林牧渔业现金收入占纯收入的比例从30%下降到15.8%。表明在全国范围内，农户的大部分收入已不是来自农业，农业对于农户的实际意义主要在于解决吃饭问题。

事实上，由于农业特别是粮食生产的比较效益太低，有不少地方从事农业的主要是“386199部队”，即妇女、儿童和老人。他们留守在家种田的目的仅仅在于生产自家的口粮，不愿也无力更多地增加对农业的投入，特别是对基础设施建设的投入。应该看到，这种变化是不可避免的，是改革开放和工业化不断发展的必然结果，是社会进步到一定程度的表现。无疑，农田水利基本建设必须适应这种变化，从认识和政策措施上进行一系列重大调整。

（二）农村税费改革已全面推开，取消“两工”的政策已基本到位

长期以来，我国农田水利基本建设的投入主体是农民。上世纪80年代后期，针对农村分田到户后农田水利基本建设出现滑坡的情况，国务院于1989年出台了《关于加强农田水利基本建设的决定》。《决定》要求建立和完善劳动积累工制度，规定每个农村劳动力每年要投入农田水利基本建设10～20个工日，并允许有条件的地方适当多投一些。1991年，国务院又出台了《农民承担费用和劳务管理条例》，将此前有关农民承担的劳务进一步明确为“两工”，即劳动积累工和义务工。规定每个农村劳动力每年承担劳动积累工10～20个，主要用于农田水利基本建设和植树造林；承担义务工5～10个，主要用于植树造林、防汛、公路建勤、修缮校舍等。这就是近10多年来政府组织农民投入农田水利基本建设的主要依据。

据各地上报的数字，自1991年国务院出台《条例》至2000年中央开始农村税费改革试点的9年间，全国平均每年投入农田水利基本建设的“两工”工日（含部分以资代劳）70多亿个，成为农田水利基本建设投入的主要来源。

2000年开始试点的农村税费改革，把取消统一规定的“两工”作为税费改革的一项重要内容。2001年的中央文件进一步明确，取消“两工”可以一步到位，也可以分步取消。分步取消的一般不要超过3年。为了解决税费改革后农村公益事业的发展问题，文件同时规定，村内进行农田水利基本建设等集体生产公益事业需要农民筹资筹劳的，实行一事一议，按照“量力而行、群众受益、事前预算、上限控制”的原则，由村民大会民主讨论决定；跨村的小型农田水利工程建设资金，

从地方基本建设计划中安排；大中型水利基础设施建设和维护资金，列入国家和省级基本建设投资计划。

根据中央改革方案中分步取消“两工”不超过3年的规定和各地开始农村税费改革试点的时间，部分省市的“两工”已经全部取消，最晚的省区也将于2006年全部取消。这意味着曾经作为农田水利基本建设投入的主要保障，历时15年的“两工”规定很快将全部废止，建立新的切实可行的投入替代机制迫在眉睫。

（三）机械化程度越来越高，部分劳力需求转变成资金需求

我国农村的主要特点之一是劳动力资源丰富，资金匮乏。过去农田水利基本建设正是很好地利用了这一特点，大量土石方主要是靠大规模组织农民投劳完成的。近年来，随着经济发展和技术进步，这一情况正在发生变化。多数地方劳力已越来越多地被机械所代替，一些经济较发达地区机械化程度已高达90%。从减轻劳动强度和提高工作效率的角度来说，这无疑是一大进步。但又引出了另一方面的问题，那就是随着机械化程度越来越高，过去许多可以通过农民投劳解决的问题，现在可能不行了，必须拿钱才能解决。而这恰恰是农民和农村的劣势。因为许多地方不仅农民拿不出钱来，当地政府也没有足够的财力予以支持。这也是在新的形势下研究制定投资投劳政策，组织开展农田水利基本建设时需要考虑的问题。

（四）农业综合生产能力下降，粮食安全问题再次成为关注的焦点

20世纪90年代后期，我国的粮食和主要农产品供给从过去的长期不足变成了总量供大于求，最高年产量达到5123亿kg。但近几年来，又出现了连续下滑。2003年，全国粮食总产只有4307亿kg，产需缺口超过500亿kg。由于粮食连年减产，粮食库存不断减少，已降至安全库存的底线。

出现上述问题，除了种粮比较效益低使农民种粮积极性下降外，主要原因是粮食综合生产能力下降。而粮食综合生产能力下降，除耕地减少的因素以外，最主要的因素是农田水利基本建设欠账太多，农田的生产能力下降。因此，关注粮食安全问题必然要重视农业综合生产能力的提高，而重视和提高农业综合生产能力又必然要对农田水利基本建设提出新的更高的要求。

二、农田水利基本建设存在的主要问题

（一）责任不清，主体缺位

在改革开放以前的人民公社时期，我国农村实行的是集体所有制，

三级所有，队为基础。当时农田水利基本建设的主体就是集体，即生产小队、生产大队或人民公社。尽管这样的制度安排不一定公平，但农田水利基本建设的主体和责任是明确的。

农村实行家庭联产承包责任制以后，多数地区随着集体经济的逐渐退出，农田水利基本建设主体缺位的问题开始显现，并越来越严重。至上世纪 80 年代后期，农田水利基本建设出现明显的滑坡。

进入 90 年代，虽然农田水利基本建设主体缺位的问题并未从根本上解决，但由于国务院出台了“两工”政策，政府又可以据此组织农民较大规模地开展农田水利基本建设，因而在一定程度上掩盖了这一问题的严重性。

实行农村税费改革取消“两工”后，农田水利基本建设特别是小型农田水利基本建设责任不清，主体缺位的问题凸显。在政府与农民之间，很多人认为农田水利基本建设属生产性投入，是农民自己的事；而农民特别是种粮农民则认为，种田不赚钱甚至亏本，农田水利基本建设应该由政府来办。在政府内部中央与地方之间，中央认为按事权划分，小型农田水利基本建设的财政投入应由地方政府负责；而地方认为，中央财政应该承担更多的责任。原因主要有：一是农田水利基本建设关系国家粮食安全；二是国家调整税收政策后，地方财力非常有限，财权与事权不对应。

由于认识不一，责任不清，更缺乏可操作性法律法规的指导和约束，实践中主体缺位、操作不规范等问题大量存在。就政府而言，有的地方出于政绩考虑，建形象工程有钱，搞农田水利基本建设没钱。有的部门从局部利益出发，国家已有的政策也难以落实到位。还有的人对自己的得失考虑较多，只要有权有利，是不是自己的事，都不愿放手；相反，责任大、困难多的事，该管的也尽量不管。对农民来说，种田不挣钱，农民投入的积极性就不高，农民最现实，也最需要组织；没有硬性规定，又缺乏足够的激励和强有力的组织，农民或者不想办，或者自己办不了，就只好不干。所以，从一定意义上说，责任模糊不清是当前农田水利基本建设最大的问题，也是其他许多问题存在的根源。

（二）缺乏新的投入保障机制，投入缺口越来越大

应该说，实行农村税费改革，取消统一规定的“两工”是中央在我国农业和农村发展新阶段做出的重大决策，也是发展社会主义市场经济，建立和完善公共财政制度的客观要求，对减轻农民劳务负担、规范税收征管确实起到了重要作用。从长远来看，对农田水利基本建设同样

具有重大意义。

问题在于，“两工”（含以资代劳，下同）是以往地方组织农田水利基本建设时投入的主要来源，取消之后，如果没有相应的替代措施，必然严重影响农田水利基本建设的开展。目前的情况是，村民“一事一议”因多种原因议成率不高，即使能够议成，其出资额（多数地方规定每人每年不超过 15 元）也无法弥补原来的“两工”；中央财政对农村税费改革的转移支付不可能用到建设上；地方各级政府对农田水利基本建设特别是小型农田水利建设的投入基本没有增加。所以，实行农村税费改革试点以来，农田水利基本建设总的投入水平逐年下降，原来投入不足的问题没有解决，新的投入缺口又不断出现。随着今明两年各地“两工”的全部取消，农田水利基本建设的投入缺口还会增大。

（三）工程效益严重衰减，影响国家粮食安全

我国的农田水利工程大多建于 20 世纪 60 年代前后，长期实行的是以农民投入为主，财政适当补助的投资政策。由于当时就存在工程不配套、建设标准低等问题，以后又缺乏良好的管理维护，经过长期运行，普遍存在老化失修问题，且越来越严重。目前，除大江大河等重点工程外，多数地区中小工程建设速度赶不上老化速度，工程的总体水平下降明显，效益衰减严重。

全国大型灌区骨干工程建筑物完好率不足 40%，工程失效和报废的占 26%，“有效灌溉面积”难以实现有效灌溉，个别地区可灌面积减少近 50%。1999～2003 年，全国受旱面积平均每年达 4 亿多亩，是同期粮食减产的主要原因。

一些地区大型泵站工程严重老化和设备严重损坏，急需更新改造的达 70% 以上，遇旱不能灌，遇涝不能排的情况越来越多。

中小河流大多数没有正常疏浚，淤积严重，蓄水和排泄能力明显下降。2004 年在全国各大江河都没有发生全流域大洪水的情况下，多处中小河流出现洪涝灾害并造成经济损失和人员伤亡。

一些小型灌区和大中型灌区的田间工程，由于建设和管理基本靠农民，“两工”取消后，问题更多也更严重。

应该说明，农田水利工程老化失修问题并不是农村税费改革本身带来的问题，只是实行农村税费改革后，原来就存在的问题暴露得更加充分。对此，我们要有正确的认识。需要注意的是，由于严重的工程老化失修与取消“两工”相遇，替代措施又没有跟上，使得工程总体水平

下降，效益衰减的速度明显加快。如不尽快采取有效措施，工程状况继续恶化，必将进一步削弱农业综合生产能力，进而影响国家粮食安全和农村全面小康社会建设。

三、继续推进农田水利基本建设的对策措施

解决当前农田水利基本建设存在的困难和问题，要有新思路、新办法。既要深刻认识和把握农田水利基本建设自身的特点和规律，又要认真分析和研究新形势下出现的各种情况及其对农田水利基本建设的影响。基本思路可概括为“二加一”。“二”是指发挥政府和受益农户两个积极性，“一”是指建立一套行之有效的管理制度和办法。即通过强有力的政府推动，扶持和引导受益农户积极开展农田水利基本建设。同时，要根据社会主义市场经济的要求，深化改革，加强管理，建立一套与我国农田水利基本建设特点相适应的管理体制和运行机制。具体对策措施如下。

（一）明确农田水利基本建设投入主体

明确投入主体的目的在于落实责任。考虑农田水利基本建设的影响因素较多，情况比较复杂，明确投入主体的工作既要充分利用已有的研究成果，尽可能以公共财政理论为依据，又要从当前的实际出发，以解决问题为目标。具备典型公益性或经营性特征的工程，就应根据公共财政理论，属于前者的明确政府为投入主体，属于后者的明确私人或其他经济组织为投入主体。对于大量具有准公益性特征或兼有公益性和经营性特征的工程，则还应考虑工程的实际情况，比如工程的投资规模、投资回报率、受益范围等。

以农田灌排工程为例，小型河道治理、排涝泵站改造、灌区的骨干工程建设等应明确政府为投入主体；灌区田间工程的村内部分可以农户为投入主体，跨村部分由政府和农户共同构成投入主体。对上述工程中具备经营条件的某一部分（如水库、机井等），可明确以私人或其他经济组织作为投入主体。

考虑这项工作难度较大又十分紧迫，目前重要的不是这种划分有多么科学和多么合理，重要的是要有一个权威、统一、明确、基本合理、相对稳定、便于操作和检查的规定，以便有关方面自觉履行各自的职能，一旦有了问题需要追究责任时，也有据可依。建议国务院或有关部门尽快研究出台这样的政策法规，条件成熟的地区可先行出台地方性文件。

（二）建立稳定的投资渠道

（1）切实增加政府投入。这是新形势下继续推进农田水利基本建设的一项关键性措施。做不到这一点，任何其他措施都难以达到预期效果。一是要针对目前存在大量政府扶持空白区的问题，尽快提高政府投入的覆盖面，所有以政府为投入主体的工程，都应安排政府专项资金的支持。二是要大幅度提高政府投资比例，力争在几年内把政府投入农田水利基本建设的比例从总体不足20%（不含大江大河治理，下同）提高到50%左右。三是政府投入要以中央和省（自治区、直辖市）两级政府为主，其中中央政府投入比例，可根据工程规模和地方财力情况区别对待。

（2）充分调动受益农户投入的积极性。这是在现阶段各级政府财力有限的情况下，解决农田水利基本建设投入的一条重要渠道。调动的办法，一是交政策，二是还权，三是服务。交政策就是把国家对农田水利基本建设的政策交给群众，明确政府对各类工程的投资或补助标准。还权就是把需要农户投资投劳的决策权还给农民。具体做法是，村内工程实行“一事一议”，跨村工程可借鉴“一事一议”的做法，实行“一渠一议”、“一河一议”、“一库一议”、“一圩一议”，成立用水合作组织的可在其范围内一事一议。服务就是对群众在工程规划、设计、施工和管理中遇到的技术难题提供咨询和帮助。上述3个方面的工作做好了，就能有效地解决群众的投入问题。

特别需要说明的是，还权应该是全部的，而不是部分的。既然村一级是农民的社区自治组织，那么村级范围内的工程建与不建，投入与否，投入多少等，只要不违反有关法律法规，都是村民自治组织的权力。既不能代替村民决策，也不应对其决策进行干预，包括对其投资投劳数额的限制。考虑目前群众的实际承受能力还很低，为了避免少数干部不顾群众意愿而自行其是的做法，可根据当地需要和可能，提出每人每年投资投劳的建议值，供村民自治组织参考，而不应作为硬性规定。

（3）注重吸纳社会资本。这是在市场经济条件下，对建立稳定的农田水利基本建设投资渠道的有益补充。社会资本可以是私人资本，也可以是其他经济组织的资本。投入的工程可以是经营性工程，也可以是非经营性工程，只要民间资本愿意进入，就应该为其创造良好的投资环境。条件是必须符合水利规划和有关法律法规，尊重当地群众的意愿，不能自行改变工程的性质和功能，不能降低服务标准和服务质量。

（三）进一步明确县乡政府对农田水利基本建设的组织指导职能

农田水利基本建设面广量大，公益性强，离不开基层政府的指导和组织协调。特别是在当前村民的民主意识和自我管理能力尚不适应，合作组织参与管理还需完善和规范的情况下，政府的作用更是不容忽视。要按照分级负责的原则，进一步明确县乡政府在农田水利基本建设中的职能。县级政府负责编制县级农田水利基本建设规划，研究落实上级有关政策法规的具体实施办法，组织实施跨乡的农田水利基本建设项目，指导和监督检查乡村农田水利基本建设的开展情况。乡级政府负责协助编制县级农田水利基本建设规划，组织实施跨村的农田水利基本建设项目，指导和监督检查村组的农田水利基本建设开展情况。根据当前存在的问题，既要强调政府不能越位和侵权，同时也要采取有效措施，避免政府缺位和行政不作为。这也是新形势下继续推进农田水利基本建设的一项重要保障。

（四）加强对国家资金的协调和规范管理

由于部门职能划分等原因，目前国家用于农田水利基本建设的资金渠道较多，但管理分散，往往导致有限的资金起不到应有的作用。因此，应逐步理顺国家资金管理关系，做到统筹安排，协调管理，规范操作，合理使用。考虑目前在中央和省一级做起来比较困难，可以采取或试行两项措施。

一是在中央级对部门资金投向进行协调和分工。如国家发改委安排的基本建设投资主要用于大型灌区，国家农业综合开发办掌握的农业综合开发水利资金主要用于中型灌区，财政部安排的农村小型水利设施建设资金主要用于小型灌区（含非灌区的集雨工程）。

二是在县级统一编制农田水利基本建设规划，作为指导和开展农田水利基本建设的依据。没有统一规划的县，上级不应安排项目和资金；反之，有了统一规划后，无论从哪个渠道申请的项目和资金，都必须按照统一规划的内容和优先次序，由县政府统一组织实施。这样，在中央级既能发挥各部门的积极性，又减少了协调的难度；在县级由于有了统一规划和政府协调，可有效保障各类资金的合理使用。

（五）加快农田水利基本建设管理制度改革步伐

从一定意义上说，改革比解决投入问题更为重要。因为如果没有一个好的体制和机制，有了钱也用不好，建了工程也管不好。我国小型农田水利工程管理体制与运行机制改革已进行多年，收到了一定效果。改革主要集中在具备经营性特征且经济效益明显的工程，对非经营性工程涉及不多。在新的形势下，要求改革和深化改革的呼声更高，认识也基本一致。尽管进一步改革的难度很大，但不改不行，不改就没有出路。因此，要全面系统地总结和评估多年来改革的成效和经验，分析存在的问题、困难和原因，有针对性地研究提出解决问题的办法。

由于各地的情况不尽相同，既有共性问题，也有个性问题，需要结合当地实际，加强调查研究，提出可行的改革方案，包括改革的目标、原则、内容、重点和实施步骤。从全国来看，下步改革的重点应是明晰工程产权、鼓励组建适宜的用水合作组织、大胆引入市场机制等，特别是要积极探索非经营性工程的改革办法。为了保证改革的健康发展，一是要继续加强基础工作，完善规章制度，规范运作程序，注重配套改革。二是要加强对一些重点和难点问题的研究，用以指导改革实践。如怎样确定各类工程的产权主体？如何界定产权主体的权力、责任和利益，使之达到“对称组合”？怎样保证产权主体有能力去有效行使所界定的权利，包括履行职能、承担责任和实现利益的行为能力？等。三是要把深化改革与加强管理结合起来，通过深化改革不断加强管理，通过加强管理保障改革的不断深化。

（作者单位：水利部农村水利司）

加快灌区建设与改造是保障国家粮食安全的重要途径

闫冠宇　王　欢

“民以食为天”。粮食安全对13亿人口的中国始终是个大问题，也始终是关系经济社会发展的全局性问题。新中国成立以来，党和政府努力发展粮食和农业生产，成功解决了亿万人民的温饱问题。但近几年我国粮食总产量和单产出现下降趋势，特别是去年，粮食总产量下降到4500亿kg以下。究其原因，除了耕地面积减少、粮价过低、农民种粮积极性不高、结构调整等因素外，农田水利基础设施陈旧、灌排条件差、抗御自然灾害能力减弱是主要原因之一。随着人口增加和社会发展，粮食需求将不断增长，耕地资源减少的势头难以逆转，粮食安全形势日趋严峻，必须不断扩大高产稳产、旱涝保收的灌溉面积，提高粮食生产能力。

一、2004年粮食生产形势明显好转，但仍不容乐观

为扭转粮食产量连续几年下滑的趋势，2004年，党中央、国务院采取了一系列恢复和发展粮食生产的政策措施。我国粮食生产在政策好、人努力，气候好、粮价高等各种有利因素的作用下，实现了4650亿kg的预期目标。

但是应当看到，粮食安全形势仍不容乐观，我国粮食生产既有近虑，更有远忧。目前的粮食增产带有明显的恢复性质，供需缺口仍然高达250亿kg以上。从长远看，一是我国人增地减，粮食紧张的总趋势没有变。据专家分析预测，到2030年左右，我国人口总数将达到16亿，比现在增加2.7亿，耕地将从目前的18.5亿亩减少至不到18亿亩，按照人均占有400kg，自给率95%左右估算，与现状粮食生产能力4500亿kg相比，粮食缺口将达1580亿kg左右。二是农田水利基础设施薄弱，农业生产靠天吃饭的局面没有改变。我国18.5亿亩耕地中，有8.3亿亩为灌区，1.5亿亩有抗旱水利措施，其余8亿多亩为“望天

田”。由于长期投入不足，老化失修严重，我国旱涝保收面积只有5.92亿亩，灌溉水利用系数只达到0.45，无法满足粮食生产安全的需要。如果不继续采取有效措施，今后我国粮食自给率有可能会降到90%以下。

二、保障国家粮食安全必须加快灌区建设和改造

中国是人口大国，也是粮食消费大国。据预测，到2030年我国粮食总需求量将达到6.4亿t以上，灌溉面积必须达到9.4亿亩左右才能满足农业生产的需求。要保障国家粮食安全，必须一方面在水源条件较好地区规划和建设一批新灌区，进一步扩大灌溉面积，另一方面加大现有灌区的续建配套节水改造力度，进一步提高灌溉保证率和粮食产出效益。

从历史看，灌排事业的发展为解决广大人民的温饱问题做出了重要贡献。中国人口和耕地、气候、水资源等自然条件，决定了水利是农业的命脉，农业必须走灌溉农业的发展道路。有了可靠的灌排设施，粮食产量成倍地增长；在不少地区，没有灌溉就没有农业。新中国成立以来，党和政府十分重视灌排事业的发展，经过几十年的努力，全国灌溉面积由2.4亿亩增加到2002年的9.1亿亩，其中农田有效灌溉面积8.38亿亩。每年在占全国耕地面积45%的灌溉面积上生产的粮食占全国总量的75%，生产的经济作物占90%以上，灌溉面积上的粮食平均亩产是全国平均的1.8倍，是旱地的2.9倍。灌溉事业取得的巨大成就，使中国能够在水资源总量不足、时空分布不均、水土资源组合不协调的条件下，取得用不足世界9%的耕地养活世界上近22%人口的辉煌成就，为保障中国农业生产、粮食安全以及经济社会的稳定发展创造了条件。

从现状看，灌区存在的问题已严重制约粮食生产能力的进一步提高。我国灌区大多修建于上世纪五六十年代，已经运行几十年，设备老化破损严重，大型灌区老损率达70%以上。近几年，国家加大了对大型灌区的节水改造力度，但每年资金缺口仍在20亿元以上。目前，全国已完成规划工作的402个大型灌区，只有255个开展了续建配套和节水改造，按现在的投入水平要30~40年才能完成节水改造任务。此外，尽管我国的灌溉事业取得了举世瞩目的成就，但我国灌溉农业规模不大，人均灌溉面积只有0.6亩左右，距保障国家粮食安全的要求还有差距。我国灌区存在的诸多严重问题，造成灌排保证率低、抗御自然灾害

能力弱，农业干旱缺水呈现越来越严重的态势，已经无法满足粮食稳产高产和发展现代农业的要求。20 世纪 70 年代，全国农田受旱面积平均每年约 1.7 亿亩，到 80 年代和 90 年代平均每年分别约 3 亿亩和 4 亿多亩。近 5 年来，全国受旱面积平均每年达 5 亿亩左右，是近几年我国粮食减产的主要原因之一。高效现代农业对灌溉的依赖性更强，只有灌排自如，才能满足作物多样化要求，满足提高作物复种指数和单产的要求；"订单农业"需要有较高的灌溉排水保证率，否则，农民和"订单农业"相关的产业要承担太大的风险。因此，加快灌区建设与改造步伐，既是稳定和提高粮食生产能力的需要，也是现代农业发展和支撑农业结构调整的需要。

从未来看，灌区建设与改造对保障国家粮食安全有十分重要的意义。目前，全国灌溉水利用系数仅为 45%，粮食作物的平均水分生产效率仅 1.0kg/m^3 左右，改善灌溉效益还有较大发展空间，在灌溉面积上提高粮食生产能力还有很大潜力。如果到 2010 年全国再新增 1 亿亩农田灌溉面积，使全国农田灌溉面积达到 9.4 亿亩，按每亩增产 400kg，75% 种粮，可新增粮食生产能力 300 亿 kg 左右。通过对现有灌区进行续建配套节水改造和现代化建设，恢复和改善灌排条件，提高单产水平，其中 3 亿亩中低产粮田每亩可增产 100kg，其余 3 亿亩粮田每亩可增产 50kg，还可新增 450 亿粮食生产能力。两项措施共可新增 750 亿 kg 粮食生产能力。我国大型灌区的粮食生产比重大，但单产水平较低，粮食增产潜力相对较大，对大型灌区进行续建配套节水改造，费省效宏。1998～2002 年，国家累计投入资金 120 亿元，对 255 个大型灌区进行了续建配套节水改造，平均每投入 1.1 元节约 1m^3 水，投入 1.3 元新增 1kg 粮食生产能力。全面完成全国 402 处大型灌区续建配套节水改造后，可新增粮食生产能力 500 亿 kg。因此，加快灌区建设和重点对大型灌区进行节水改造，可以明显增加粮食生产能力，对保障国家粮食安全有十分重要的意义。

三、灌区建设和改造的重点是粮食主产区大型灌区的建设和改造

从几年来我国粮食生产状况来看，国家粮食安全的保障在粮食主产区。粮食主产区有效灌溉面积占全国的 71%，粮食产量约占全国粮食总产的 67% 以上，达 3000 多亿 kg，商品粮占 80% 以上。抓好粮食主产区，就掌握了全国粮食安全的主动权。

粮食主产区的大型灌区是我国粮食生产骨干中的骨干，其粮食产量占到了全国粮食产量的17.5%，占13省（自治区）粮食总产量的26%，占全国大型灌区粮食产量的72%，是目前我国播种水平和单产水平较高、农业生产条件优越、集约化程度高的地区，是保障我国粮食安全的重要基地。根据水土资源平衡分析，粮食主产区的大型灌区尚可以在灌区的规划设计范围内增加3277万亩灌溉面积，按每亩生产350kg粮食计算，每年可以增加粮食115亿kg，另外，通过改善现有灌溉面积，每亩也可增产50~100kg，根据规划，13个粮食主产区的大型灌区在节水改造完成后，粮经比在6.5:3.5时，每年可增加粮食生产产量200亿kg以上。

为保持和提高基本农田粮食产出能力，发挥我国大型灌区粮食生产集约化的优势，需要从以下两个方面入手：

一是在13个粮食主产省（自治区）内选择水土资源条件相对丰富的地区，集中力量重点建设一批与水库枢纽配套的大型灌区，不断增强农业水利基础设施抗灾减灾能力。新建水库配套大型灌区不仅可增强我国粮食的潜在供给能力，并将成为国家大型灌区的后备资源。同时这些水库配套大型灌区的建设实施还可有效拉动区域经济发展和促进当地农民就业和增收。

二是在13个粮食主产省（自治区）选择一批水土资源条件好、投资少、工期短、粮食增产潜力大的重点灌区进行大型灌区续建配套和节水改造。粮食主产区的大型灌区是灌排基础条件较好、增产潜力大的粮食基地，其规模化生产相对稳定、集约，且粮食运输方便快捷，首先对其进行节水改造，可以较快实现增产效益，并能维持粮食的稳定，使农民看到国家对主产区粮食生产的重视，稳定其种粮积极性。

加快灌区建设与改造必须从我国国情出发，以提高水的利用率和效益为核心，以保障粮食安全、建立节水高效农业为目标，坚持五项基本建设原则。

坚持以水资源可持续利用保障粮食安全的原则。紧紧围绕发展粮食综合生产能力，综合分析论证流域、区域和灌区水资源承载能力，合理配置和高效利用，科学确定灌区规模和粮食生产能力，保证粮食生产的可持续发展。

坚持开源节流并重，节水优先的原则。针对我国水土资源开发潜力有限且开发难度越来越大、成本越来越高，以及现有灌溉水利用率普遍偏低的现实，必须坚持开源节流并举，以节水为先；在水土资源有潜力的地区，开发新的灌溉面积以满足我国粮食未来的需求。

坚持因地制宜的原则。我国幅员辽阔，各地区自然地理条件、社会经济条件、农业生产发展水平差异较大，灌区建设和节水改造要因地制宜地采取不同的策略和方法，建立适合当地粮食生产的农田水利灌排体系。

坚持科技进步的原则。推广先进的节水灌溉技术、采用先进的防渗、补强、加固、抗冻等新技术、新材料和施工新工艺，以及健全先进适用的量水测水、测墒设施设备，同时采用先进的设计思想、经济的改造思路、科学的研究成果来指导灌区建设和节水改造。

坚持工程措施与管理措施相结合、骨干工程与田间工程相结合、水利措施与农艺措施相结合的原则。在重视灌排工程措施的同时，完善节水法规和政策，推进水价改革，加强灌溉用水总量控制和定额管理，发挥法律、政策和经济杠杆在推行节水中的作用；在重点进行骨干和“卡脖子”工程改造的同时，重视田间末级渠系工程建设，发挥整体效益；重视水利与种子及农业先进科学技术运用和推广的结合，提高综合效益。

四、采取强有力的保障措施，加快灌区建设和改造

总结几年来灌区建设和改造的经验，确保项目的顺利实施，必须切实加强领导、提高认识，同时要建立稳定的投入机制，在建设和改造的同时，深化灌区体制和运营机制改革、建立良性发展机制。

一是制定项目管理办法，加强项目建设管理。制定严格的灌区建设与改造项目管理办法，强化项目的规范化、制度化、科学化管理，做好项目的可研和实施方案。建立项目公示制，对已完成改造配套建设的工程及时进行验收和公布。在项目区积极推行项目法人制、招标投标制、工程监理制、合同管理制，做到建设单位、施工单位、监理单位、质检单位层层把关，坚决避免“豆腐渣”工程，确保项目工程质量符合有关规定和要求。同时加快新建灌区的前期工作，在保证前期工作质量的前提下，加快审批进度，尽快实施，以尽快发挥效益。

二是建立稳定的投入保障机制，加强项目建设资金管理。灌区是准公益性工程，服务对象为农业、农民、农村，保障的是国家粮食安全，按照建立公共财政框架的要求，应将其纳入基础设施建设计划。灌区骨干工程建设资金应主要由中央财政性资金解决，田间工程建设应主要由地方各级财政性资金解决。中央政府及地方各级政府应建立稳定的财政

投入保障机制，稳定并持续加大对大型灌区续建配套与节水改造的投入，加大中央对新建灌区工程的投资比例。加大国有土地出让资金、农业开发资金、扶贫开发资金等其他农业水利类资金用于灌区骨干工程改造与完善末级渠系的投入比例，做到骨干与田间工程同步建设实施，同步发挥效益。积极引导东部经济发达省到中西部投资，开发新建灌区。要采取多种措施，调动全社会尤其是广大农民建设农田水利基础设施的积极性，尽快建立多元化投资体系。此外，还必须高度重视项目的资金管理，保障建设资金的安全。切实加强中央财政资金、地方配套及自筹资金到位、拨付和使用管理，同时，通过采取中期检查、临时抽查等方式，及时发现问题并加以纠正。在项目竣工验收时，对项目资金的使用管理进行专项审计。通过采取这些措施，不断加强和规范项目建设资金的管理，减少和杜绝违规违纪现象的发生。

三是积极推进灌区管理体制和运行机制改革。按照国务院办公厅转发的《水利工程管理体制改革实施意见》的要求，结合项目的建设实施，进一步深化灌区管理体制和运行机制改革，建立科学的管理体制和运行机制，使工程能够长期发挥效益。一是开展灌区管理单位的定岗、定员工作，加强工程管护工作，落实管护责任制。财政部、水利部已共同编制完成了《水利工程管理单位定岗标准》和《水利工程维修养护定额标准》，并发文在试点试行；二是推行用水户参与灌溉管理。通过用水户民主自愿组建用水合作组织，将国家补助形成的田间工程资产交给合作组织管理和运营，合作组织代表全体用水户参与灌区的建设管理、用水管理、水费计收等工作，节水、增收、减负效果显著。目前，全国用水户协会等用水合作已有5000个左右，管理着6000万亩左右的灌溉面积。水利部在2004年开展了全国范围的用水户参与灌溉管理的调研，并准备在此基础上出台关于推进用水户参与灌溉管理改革的指导意见；三是按照《水利工程供水价格管理办法》的有关规定精神，建立合理的灌溉水价形成机制，推广“终端水价”，加强水费计收。

四是依靠科技进步，充分发挥工程效益。依靠科技进步，提高灌区建设与改造的科技含量。在项目建设前期，对每一处灌区的改造配套方案，要充分发挥专家作用，进行全面的评估论证，做到方案最优化；在项目建设中，要鼓励采用新技术、新材料、新工艺、新方法，努力降低工程造价；在灌区管理中，要大力推进信息化建设，不断提高灌区管理水平；在技术推广上，要加快节水灌溉技术及设备的研制和开发，建立适合国情的节水灌溉设备研制、开发、生产和推广应用体系，不断提高我国节水灌溉的技术水平。

五是加强灌溉用水管理。依法加强农用水资源的统一管理和调度，实行地表水和地下水的联合调控，统筹灌区的城乡用水、各部门用水、生产、生活用水以及生态环境用水。在粮食主产区重点大型灌区中积极推进节水型社会建设，实行灌溉用水总量控制和定额管理制度，做到科学灌水、适时适量灌水。水利部已组织完成了全国主要农作物灌溉用水定额的编制工作，初步提出了167种作物4555组相关数据，为下一步实施农业用水总量控制和定额管理奠定了基础。加强水费计量设施建设，推行“按方收费，超用加价”政策，同时促使灌溉用水户节约用水，在不突破核定的灌溉用水总量控制的前提下，改善和发展灌溉面积。积极稳妥地开展农业灌溉用水水权转让试点，以促进节水和加快节水工程的建设。加强水质监测，控制污染物排放总量，力争灌溉水源地的水质达到国家规定的水质标准。加强农用地下水资源的管理，在北方地下水严重超采地区，应根据地下水资源情况规定禁采区并研究制定单眼井的年允许抽取水量，建立地下水预警机制，发布警示性公告。

（作者单位：水利部农村水利司）

山西省积极探求农村税费改革中农村水利建设的新途径

李乾太　龚孟建

农村税费改革中“两工”使用与逐步取消、“一事一议”和财政转移支付等政策的规定，为农村水利建设既带来了发展机遇，又使其面临着挑战。为此，笔者对实行农村税费改革中开展农田水利建设的情况进行了专题调研。

一、正确估价税费改革对农村水利建设的积极作用

以“四个取消、一个调整和一项改革”为主要内容的农村税费改革试点工作，是我国在农村继土地改革、实行家庭联产承包经营之后的又一重大改革。这场改革的主要目的在于切实减轻农民负担，为广大农民群众提供休养生息的机会。这一目的在税费改革中体现得非常明显。据对山西5个试点县的调查分析，改革后，5个试点县的农业两税及其附加为7768万元，比改革前的12784万元（农业税、农业特产税、乡统筹和村提留中的公益金、管理费）减少5016万元，减幅达39%，加上取消的屠宰税和各项集资，农民总的税费负担减少11252万元，减幅达59%。改革后农民人均负担已由126.8元减少到51.8元，人均减少75元，减幅达59%。农民人均负担的“两工”也由上年的15.3个减少到10个以下，减少34.6%。据测算，这项改革到位后，全省农民人均可以减轻税费负担50元。

农村税费改革工作的重要内容之一，就是逐步取消过去统一规定的劳动积累工和义务工（以下简称两工）。“两工”取消

后，村内进行农田水利基本建设、修建村级道路、植树造林等集体生产公益事业所需劳务，严格实行“一事一议”，由村民大会或村民代表会议民主讨论决定，并实行上限控制，每个劳动力每年最高不得超过10个。除遇有特大防洪、抢险、抗旱等紧急任务，并经县级以上政府批准可临时动用农村劳动力外，任何地方和部门不得无偿动用农村劳动力。如何正确估价这一政策对农村水利建设的积极作用，这不仅关系到农村税费改革工作目标的整体实现，而且关系到农村水利建设在新形势下的持续推进。从对政策规定本身内涵的理解和山西税费改革的实践来看，我们认为，“取消两工”、“一事一议”政策的实施，对农村水利建设至少有以下3方面的积极作用。

1. 从水利投入的规定上把握，有利于农村水利建设的健康发展

在农村税费改革试点的推进中，中央在水利建设的资金投入上，已经作出了相应规定，凡属大江大湖治理和大中型水利基础设施建设，所需资金在国家和省级基建投资计划中予以重点保证，对较大的农田水利建设项目，应从地方基建计划中安排资金，坚决取消基建投资中要求农民出资进行配套的做法。这一规定，一方面把农村较大的水利建设项目，作为地方基建计划列入计划之中，取消农民出资配套；另一方面广大农村可以集中精力办好以农户直接受益为主的小型、微型水利建设项目。从这个意义上说，国家的规定，明确了不同规模水利建设项目的投资主体，可以保证项目资金的真正落实，这是对农村水利建设的强有力的政策支持，从而可以确保农村水利建设的健康发展。

2. 从“一事一议”的内涵上解读，有利于农村水利建设的制度创新

《国务院关于全面推进农村税费改革试点的意见》规定，要严格执行村内“一事一议”筹资投劳政策，这是农村基层民主政治建设的重要内容，必须长期坚持。“一事一议”的精神内涵

在于，坚持量力而行的原则，充分考虑农民的经济承受能力，有多少钱办多少事，充分尊重农民的民主权利，多数农民同意的事就办，不同意的就不办。就山西大多数地区而言，十年九旱是制约农业发展、影响农民生活最关键的问题所在，所以，农村水利建设，成为“一事一议”的主要内容之一。这样，“一事一议”是在新形势下加快农村水利建设的重要的制度创新，这一制度将在很大程度上杜绝形式主义和“花架子”、“劳民伤财”工程的产生，将会使农村水利建设好事办好，充分发挥其在农业增产、农民增收和农村发展中的作用。临猗县2002年全县农田水利基本建设投资总额为7432.1万元，其中，通过村内“一事一议”制度，集资2390万元，个人投劳折资3811万元，占到投资总额的83.4%。代县近两年通过村内“一事一议”制度建设小型、微型水利建设项目，群众非常满意，原来时有发生的因为建设水利工程的上访、告状事件再也没有发生过。临猗县和代县的实践说明，只要充分尊重群众意愿，实施的工程符合大多数村民的利益，就能够最大限度地调动群众参与的积极性，使“一事一议”制度得以有效地贯彻执行。

3. 从明晰产权的改革上审视，有利于农村水利建设主体的确立

“一事一议”制度，不仅体现了农民是受益主体，而且体现了农民是新形势下农村水利建设的投资主体。平遥县和太谷县，在农村税费改革的推进中，以“明晰产权”为主要内容的水利改革呈现良好的发展势头，民营办水已成为改革中的亮点，涌现出大户投入，农户融资、村户合作、联户合股、拍卖发展等多种办水模式，农民已经成为农村水利建设的生力军。平遥县农户独资新建水利工程139处，扩大和改善灌溉面积20810亩。太谷县侯城乡共有11个村进行了水利改革，占到全乡18个村的2/3多，共拍卖水井160眼，原定底价161万元，总拍卖回收200万元，净增值39万元。这种办水模式体现了“谁投资、谁经营、谁受益”的水利改革方向，从而促进了农村水利建设主

体的进一步确立。

二、客观分析税费改革对农村水利建设的多重影响

税费改革后，运用“一事一议”制度组织开展农村水利建设，无疑是推进农村民主政治建设的一大举措，同时也为进一步加快农村水利建设，提供了坚实的政策支撑。但是，在逐步取消“两工”的过渡时期、“一事一议”的探索阶段和财政转移支付政策的实验初期，对开展农村水利建设也带来了一定影响。我们认为，集中反映在3个方面。

1. 认识方面

当前，部分基层干部和群众对税费改革与开展农村水利建设两者之间的关系，在认识上存在的不一致和片面性，给开展农村水利建设带来了一些人为障碍。一是部分农民群众认为，国家明令要取消“两工”，就是不让农民出工出劳出资，从而把取消“两工”与“一事一议”制度割裂开来，使许多农村水利工程无法正常开展。二是部分干部认为，“两工”逐步取消后，再加上多数县级财政属“吃饭”财政，农村集体经济薄弱，今后农村水利建设主要靠国家投资，存在等、靠、要的思想，这种认识与国家税费改革政策有偏差。三是部分干部认为，当前正处于取消“两工”和“一事一议”的交错时期，对一些有发展潜力急需办的农村水利工程，抱着“走着看，慢慢来，不急于开工建设”的思想，以致贻误建设工期。这种认识的片面性在一定程度上影响了农村水利工程建设的进展。

2. 组织方面

税费改革以后，乡、村各项经费明显减少，特别是一些边山地区和贫困乡镇，甚至连乡村干部的工资支出也出现很大缺口，致使乡、村干部组织和发动农民群众开展农村水利建设的积极性下降。太谷县范村镇20多个村的村干部年均工资仅400元都保证不了，从而直接影响到了农村水利建设的组织工作。同时，组织力度的不同，也使一些经济强镇与贫困乡镇开展农

村水利建设的差距进一步拉大。临猗县投入最多的孙吉镇达到840万元，而最小的庙上乡投入只有184万元。尤其是在组织落实“一事一议”制度上表现的“三难”问题，更应引起足够重视。一是“一事一议”决策难。由于水利工程自身存在投资投劳并举、受益农户有限的特点，加之“议”的程序复杂，很难获得半数村民同意而决策。据调查，除一些经济较发达的县市、乡镇和集体实力较强的村能够较好执行“一事一议”制度外，经济欠发达县市和贫困乡村很难通过“一事一议”来开展农村水利建设工程。二是统一组织协调难。集中表现在跨村、跨乡水利工程的组织、协调和实施上。三是部分领导有畏难情绪。在税费改革期间，有些领导抱着不愿“碰钉子”、“找麻烦”的心态，能上的工程不上了，必须干的工程也由大工程变成小工程了。这些新情况和新问题的出现，不可避免地要影响到农村水利建设的有效组织开展，从而给农业和农村经济的发展带来不可忽视的影响。

3. 投入方面

税费改革后，在农村水利建设的投入上发生了变化。从山西来讲，以900万农村劳力每人投入15个“两工”计算，“两工”取消后，每年相当于减少农田水利基本建设投入近7亿元(以每工5元折算)，从而使得过去国家支农资金部分补助、农民投工配套的水利工程也无法开展。以山西实施饮水解困工程为例，3年中，国家和省级投入资金5亿多元，而市县配套和农民投工折资等达到6亿多元，才解决了353万人的饮水困难问题。现在“两工”取消了，无疑会加大这类工程的实施难度。同时，根据国家目前的财政政策，多数项目都是需要农民投资投劳完成的。如山西省节水园区建设，国家级园区为国家投资50%，农民投劳50%；省级园区国家投入只有30%。水保生态环境建设中，黄河流域治理重点项目要求农村投资20%，海河流域治理重点项目为30%。国家淤地坝建设项目，2003年山西省规划总投资10822万元，需农民自筹4160万元，范围涉及12

个乡、24个村，劳力2.88万人，每个劳力年需投工72个。国家七大流域治理项目，山西两片规划总投资9300万元，需农民自筹1800万元，涉及范围内的每个劳力年需投工23个。防洪工程和清淤清障等公益、社会性工程也都需要农民投劳才能完成。那么，税费改革后，这些项目的实施将面临困难。从先行税费改革试点的太谷、代县、襄垣等县情况看，农村水利建设进度与往年相比明显减慢，而且工程规模大都很小，其主要原因之一就是投入上不去，尤其是农民投劳的减少，对此产生了较大影响。

三、积极应对税费改革后农村水利建设的全新实践

实行农村税费改革，其根本目的就是减轻农民负担，让农民休养生息。但是就山西而言，农业基础脆弱，农村经济发展后劲不足的问题仍然客观存在。如何妥善解决这个问题？尤其是作为政府部门、特别是财政部门，如何在保护农民利益的前提下，使农村水利建设坚持不懈地开展下去？这是摆在我们面前一个非常严肃的课题。根据山西试点县的实践，我们认为，必须制定和完善相关配套政策，从而确保税费改革后农村水利建设的健康推进。

1. 进一步提高对山西农村水利建设极端重要性的认识，切实加大农村水利的投入力度

十年九旱，水资源贫乏，这是山西的基本省情，兴水治旱是全省农村水利建设的永恒主题。这两个基本点，任何时候都不能忽视。据统计，2002年省级以上水利建设资金达到11.5亿元，比2001年增长22%，但与全省农村水利建设的任务相比，水利投入明显不足。全省农田水利工程，特别是大中型灌区多数老化失修，效益衰减，渠系利用系数只有0.45，节水改造任务艰巨；全省农村还有近100多万人饮水十分困难，还有500多万人饮用氟砷水；全省还有6万km^2水土流失面积和大多数河流未得到治理，生态环境恶化、洪水威胁依然存在；农村小型

水利工程、节水灌溉工程以及山区水利建设仍然相对滞后，以及已建工程的管护维修问题等等。这些都需要在认真规划、科学决策的基础上，加大投入力度，进而从根本上改善全省农业基础脆弱的状况。特别是在税费改革初期，针对部分干部群众认识还不到位，集体经济力量薄弱，水利工程建设和管理还存在诸多矛盾和问题的情况，国家加大投入力度，对引导、规范和加强农村小型水利建设更具现实意义。

2. 进一步改革财政支农资金的投入重点，千方百计调动农民投入的积极性

从山西的实际情况来看，今后财政支农资金的投入重点应放在3个方面：一是农业灌溉工程。特别是要把节水灌溉作为一项革命性措施来对待，抓紧进行现有灌区的改建、提高渠系水和田间水的有效利用率。积极推广农业节水新技术，建立健全用水总量宏观控制和田间用水定额管理微观控制双控指标，推广IC卡变频智能收费系统，强化计量设施建设，控制配水权，实现强制节水，以减少水费开支，降低农业生产成本、实现减轻农民负担的目的，以保护和引导农民节约用水，达到节水与增产双赢效果，调动农民建设节水工程的积极性。二是农村饮水解困。省委、省政府决定，从2003年开始，用3年时间解决全省剩余的247万人饮水困难。同时今后还要解决500万人饮用氟砷水问题。这类工程应该列为今后支农资金投入的重点。此类工程，农民乐意投工投资，相对容易组织。通过实施，也可为今后开展农村水利建设积累经验。三是水保生态建设。此类工程建设，可以利用国家已有的“四荒”拍卖治理、退耕还林等政策，实施相对容易，关键在于政府组织。我们认为，上述三个重点，与农民利益息息相关，与改善农业条件密不可分，只要这3个重点的投入上去了，农民投入的积极性也会调动起来。这也是在新形势下对开展农村水利建设途径的一个重要探索。

3. 深化水利投融资体制改革，积极拓宽新形势下农村水利投入渠道

一是政府部门要调整财政支出结构，妥善解决好财政的越位与缺位问题。国家投资的重点应逐步向公共水利工程转移，如水利骨干枢纽、干渠防渗，农村集中供水、中小型河道治理、生态环境建设以及防汛抗旱应急工程等。以户为受益单位的田间工程等则应以民办水利的方式为主。二是财政和水利部门可以从农田水利事业经费中，安排一定比例的资金，用于信贷贴息，吸引各类信贷资金支持水利工程建设，调动群众和社会投入的积极性。三是深化水利产权制度改革。对小、微型农村水利工程要按照“谁投资、谁所有、谁受益”的原则，搞活经营权、放开建设权，广泛吸纳社会资金；对大中型水利工程，按照“管养分离”的政策，明确投资主体、管理主体或法人主体。特别是对大户治理水土流失和民营水利工程等公共、公益和生态效益投入部分，应逐步探索投资到户的补助政策。如对生态效益明显但经济效益特别是近期经济效益不明显的水保生态建设项目，可由国家投资改善道路、水利等基础设施，以此吸引社会资金进一步治理。或者由国家投资，统一治理，然后租赁或拍卖到户经营管理。也可以实行生态建设补偿制度，也就是对于民间投资建设的，以生态效益为主的项目，国家给予一定的补偿，以此调动和保护民营办水的积极性，保证财政资金的支出效益。

4. 对较大的水利工程，全力创新“一事一议”制度的实现形式

农村水利建设是一项群众参与度高的综合性系统工程，除村内微小型水利工程实行“一事一议”制度外，要千方百计创新“一事一议”制度的实现形式，特别是对跨村、跨乡水利工程亦要按照“一事一议”制度来加以实施。一是政策引导。用政策说服教育和引导农民放弃一时一户的小利益，树立长远意识和大局观念，也可采用“推磨转圈，轮流受益”的办法，由县、乡政府出面组织和协调。二是政府要加大前期投入的引导资金，进而调动农民群众的投入积极性。三是注重效益，珍惜

民力，先易后难，尽量多办“事半功倍”的事情。四是民主决策。在遵循“量力而行、群众受益、民主决策、上限控制”的原则上，按照水利部门的统一规划，年初上交县、乡人代会进行审议，经村民大会或村民代表大会讨论通过，由县、乡政府批准后实施。

5. 正确把握政策界线，妥善处理好农村税费改革与水利建设的关系

农村税费改革是一项系统性工程，牵涉面广，政策性强。搞好了，受益于农民和国家，搞不好，会影响基层组织建设和社会稳定。为此，各级政府和财政、水利等相关部门，一定要服从和服务于党中央和国务院的这项重大决策，工作上要积极，措施上要具体，妥善处理好3个方面的关系。

一是要正确处理好政府组织引导与协调的关系。取消“两工”，实行“一事一议”，绝不是说政府对农村水利不管不问，放任自流，而是要改变过去的指令性干预方式为指导性引导方式。政府必须事先把群众一家一户办不了、办不好、需要政府和基层组织出面协调的事情考虑周全、计划周全，包括农民需要的资金筹措、政策服务、技术指导、市场信息等等。对财政部门而言，就是必须改革水利投融资体制和支农服务机制，研究制定相应的配套政策，确保国家水利投资安全和充分发挥效益。

二是要正确处理好农民积极投入水利建设与加重农民负担的关系。不能错误地把农村水利建设与加重农民负担混为一谈，农村水利建设的目的是改善农村的生产和生活条件，是属于生产性投入范畴，受益的主体是农民群众。而加重农民负担的根源是一些不合理的“乱收费、乱集资、乱罚款和乱摊派”，绝不是因为组织农民搞农村水利建设造成的。我们的各项工作只要建立在尊重农民意愿的基础之上，就能切实保证农民的合法权益和利益。只要有利于农村经济发展，有利于农民受益，农民心甘情愿地自觉投入，就应当给予支持和鼓励。

三是要正确处理好适度建设与农民休养生息的关系。发展才是硬道理。要使农村社会和农村经济得到发展，就必须加强农村基础设施，坚持不懈地开展农村水利建设。我们的政策应主要体现在“多予、少取、放活”6个字上，让农民休养生息并不是不让农民自愿投入，而是从政策上给予宽松和放活。历史经验告诉我们：对水利稍有忽视，哪怕出现1~2年的停顿，都会给农村经济和增收带来严重的影响。

同时，要在认真调查研究的基础上，出台一些与税费改革相配套的政策和办法。我们认为，当前急需的，一是应加紧出台今后开展农村水利建设的指导性意见。二是尽快研究出台农村水利工程建设资金筹集、用水户参与水利工程管理和水价改革等有关政策。三是出台继续稳定和加强基层水利服务体系建设的政策性指导意见。四是积极探索出台组织农民参与国家水利工程建设直接增加农民收入的办法。

总之，农村税费改革试点工作是一项非常严谨的系统工程，涉及面广、政策性强；而与之关系十分密切的农村水利建设，又是一项非搞不可，而且非搞好不可的“民心事业”。各级政府只有以情为民所系、责为民所负、利为民所谋的博大胸怀，才能真正找准农村税费改革与农村水利建设的最佳结合点，从而探索出一条与农村税费改革相得益彰，相互促进的农村水利建设的新途径，为农业和农村经济的健康发展和全面建设小康社会提供可靠的支持与保障。

（工作单位：李乾太，山西省水利厅；
龚孟建，山西水利发展研究中心。）

节水型社会建设

（主持人：高而坤）

建设节水型社会是树立和落实科学发展观的重要方面

索丽生

（2004 年 7 月）

树立和落实科学发展观，努力建设节水型社会，是基于我国国情、水情的必然选择和必由之路。

（一）建设节水型社会是解决我国干旱缺水问题的战略举措

我国是一个水资源短缺的国家，人均水资源量不足 $2200m^3$，约为世界人均值的 1/4。水资源时空分布不均及水污染严重更加剧了水资源短缺。上世纪 90 年代年以来，平均每年因旱受灾耕地面积占全国耕地总面积的 1/5，平均每年因旱减产粮食 280 多亿 kg；全国 660 座城市中有 400 多座城市缺水，城市、工业年缺水近 60 亿 m^3。北京已连续 5 年干旱少雨，出现了新中国成立以来最严峻的供水形势，给首都工农业生产和人民生活带来很大隐患。2030 年左右，我国人口将达到峰值 16 亿，人均水资源量只有 $1750m^3$，在充分考虑节水的情况下，预计用水总量为 7000 亿 ~ 8000 亿 m^3，逼近可利用水量的上限，如不采取有力措施，很可能出现严重的水危机。

与水资源短缺的现实相比，我国用水效率不高，水量浪费严重，节水潜力巨大。2003 年我国万元 GDP 用水量 $465m^3$，是世界平均水平的 4 倍，工业万元增加值用水量 $218m^3$，是发达国家的 5 ~ 10 倍，农业灌溉水有效利用率为 40% ~ 50%，发达国家为 70% ~ 80%，城市供水管网漏损率达 20% 左右，污水处理回用、海水、雨水利用等方面也处于较低水平。

我国严峻的水资源形势与目前节水水平的矛盾说明，传统的主要依靠行政措施推动节水的做法已不适应形势的要求。按照科学发展观和“五个统筹”的要求，总结节水实践经验，创新节水工作模式，是现实的选择。通过把节水工作贯穿于国民经济发展和群众生产生活全过程的节水型社会建设，能够提高资源利用效率和效益，促进经济、社会、环境协调发展，从而推动整个社会走上生产发展、生活富裕、生态良好的文明发展道路。

（二）建设节水型社会的核心是形成有利于节水的体制和机制

2001 年，水利部分别与甘肃、四川、辽宁 3 省政府联合在张掖市、绵阳市和大连市开展节水型社会建设试点，为全国节水型社会建设摸索经验。目前，试点工作已初见成效。张掖市以水权、水市场理论为基础，形成了“总量控制、定额管理、以水定地（产）、配水到户、公众参与、水量交易、水票流转、城乡一体”的运行机制，通过调整经济结构，提高了水资源利用效益；通过推广各种节水技术，提高了水资源使用效率，保障了黑河流域近期治理规划的顺利实施，初步实现了下游生态修复与张掖经济社会健康发展的双赢，为全国节水型社会建设积累了经验。

宁夏回族自治区和内蒙古自治区在水权转让方面也进行了可贵的探索。他们的做法是由政府和企业投资对灌区进行节水改造，以提高水的利用效率，把节约的水量有偿转让给新建电厂。通过水权转让，调整用水结构，以节水促进城乡、行业、部门之间的水资源优化配置，从宏观上提高水资源的配置效率，从微观上提高水资源的利用效率，以确保当地经济社会发展对水的需求。

节水型社会建设试点的初步经验表明，与传统的主要依靠行政措施推动节水的做法不同，节水型社会的本质特征是建立以水权、水市场理论为基础的水资源管理体制，充分发挥市场在水资源配置中的导向作用，形成以经济手段为主的节水机制，不断提高水资源的利用效率和效益。建设节水型社会主要措施有：通过制定流域和区域水资源规划，明晰初始用水权；确定水资源的宏观控制指标和微观定额指标，明确各地区、各行业、各部门乃至各单位的水资源使用权指标，确定产品生产或服务的科学用水定额；综合运用法律、行政、工程、经济、科技等多种措施，保证用水控制指标的实现；特别注意运用经济手段，发挥价格对促进节水的杠杆作用；通过制定规则，建立用水权交易市场，实行用水权有偿转让，引导水资源实现以节水、高效为目标的优化配置。建立政府调控、市场引导、公众参与的节水型社会管理体制，实现流域水资源统一管理和区域涉水事务的统一管理，是建设节水型社会重要的体制保障。

（三）节水型社会建设需要政府大力推动，更需要全社会的广泛参与和支持

节水型社会建设是一项涉及全社会各层面的综合性系统工程，需要

政府的大力推动，更需要全社会的广泛参与和支持。建议在以下方面为节水型社会建设提供切实的保障。

1. 加强领导，落实责任

加强对节水型社会建设的组织领导，建立相应的领导协调机构，负责全国节水型社会建设的规划、协调、监督和检查。把节水型社会建设作为各级人民政府的任期目标，纳入各单位日常管理和工作考核之中，做到层层有责任，逐级抓落实。

2. 编制规划，完善法规，加强宏观指导和监督检查

抓紧编制《全国水资源综合规划》、《全国节水型社会建设规划纲要》，加强宏观指导。加快制定《节水管理条例》、《水资源费征收管理办法》等节水法规，将节水型社会建设纳入法制化轨道。

3. 加快水资源管理体制改革，推进水资源统一管理

进一步深化水资源管理体制改革，建立符合自然规律和经济社会发展规律的水资源统一管理体制。借鉴国外经验，以流域为单元实行水资源统一管理，统筹区域范围内水资源管理和城乡涉水事务，建立全过程节水管理制度。

4. 加大投入力度，拓宽投融资渠道

将节水型社会建设列入各级政府国民经济和社会发展计划，保障节水型社会建设的投入。对农业节水灌溉、工业节水改造、城市管网改造、节水器具推广、监测计量设施等重点领域以及节水制度建设给予扶持。通过制定财政、税收、价格等激励政策，鼓励、吸纳多种资本投入节水项目，拓宽投融资渠道。

5. 依靠科技创新，推进节水型社会建设进程

大力研发先进实用的节水技术和产品，通过发布目录、组织现场会、举办展览、技术交流等方式加快推广应用。建立信息发布制度，及时发布国内外各类水耗信息、先进技术和管理信息。培育和发展节水技术服务体系，为企业提供节水技术服务。

6. 加强教育和宣传，提高全社会对节水型社会的认识

各地区、有关部门应将节约水资源纳入教育、培训体系，加强教育和宣传，利用广播、电视、报刊、杂志、互联网等多种形式，倡导节俭文明的用水方式，形成积极主动参与节水的良好氛围。加强舆论监督，建立健全举报机制，对浪费水资源、破坏节水设施的不良行为公开曝光。

（作者单位：水利部）

节水型社会建设工作展望

高而坤

水资源是人类生存和发展的基础，是经济社会可持续发展的重要物质保障。我国人均水资源占有量远低于世界平均水平，缺水已经成为经济社会可持续发展的重要制约因素，节水是我国必须长期坚持的战略方针和基本国策。建设节水型社会，把节水工作贯穿于国民经济发展和群众生产生活的全过程，是解决干旱缺水问题、保障经济社会可持续发展、实现全面建设小康社会战略目标的重要措施，是落实科学发展观、促进人与自然和谐发展的必然要求。

一、现状与形势

（一）节水工作现状

我国水资源人均占有量不足2200m^3，约为世界人均水资源占有量的1/4，北方地区只有990m^3，不到1/8。水资源空间分布不均，与土地、矿产资源分布和生产力布局不相适应，降雨年内年际变化大，造成一些地区旱灾频现、水资源供需矛盾突出等问题，水污染严重更加剧了水资源短缺。为了保证经济社会发展的用水需求，我国在开发水资源的同时，逐步加大节水力度，全国节水工作取得了一定的成绩。万元GDP用水量从1980年的3158m^{3}降至2003年的448m^3。在农业节水方面，从1996年开始，在全国开展了节水增产重点县、大型灌区续建配套与节水改造项目、节水灌溉示范项目和节水灌溉示范市建设工作，建成了一批节水重点县及示范项目，对255个大型灌区进行了节水改造，在近3亿亩农田中推广了各种形式的非工程节水技术措施，农田灌溉面积亩均用水量从1993年的529m^{3}降为2003年的430m^3，农业综合生产能力得到显著提高。在工业节水方面，通过加强计划用水、节水工艺改造，大力提高水的重复利用率，近几年万元工业增加值取水量大幅度下降，2003年下降到222m^3，五年来年均下降8.0%。在城市节水方面，以城镇供水管网改造和推广城市生活节水器具为主，加强各类节水示范区建设，年均实现节水 35 亿 m^3。总的来看，节水使单位产出用水量减少，用水效率提高，延缓了总用水量的增长势头。

（二）存在的问题

目前我国节水水平与严峻的水资源形势相比还很不相称，从 1980 年到现在，我国总体缺水形势未得到缓解，水资源质量总体呈恶化趋势未得到有效控制。资源型、水质型和工程型缺水在我国不同地区存在。按现状需水和不超采地下水测算，全国正常年份缺水量近 400 亿 m^3，其中农业灌区缺水约 300 亿 m^3。1991 年以来，耕地平均每年因旱受灾面积 4.12 亿亩，占全国耕地总面积的 1/5 强，平均每年因旱减产粮食 280 多亿 kg，旱情严重时，全国农村有上千万人和数千万头牲畜发生临时性饮水困难，许多地区农村居民因水贫困、因水返贫。全国 660 座城市中有 400 多座城市存在不同程度的缺水问题，其中 100 多座严重缺水，城市、工业年缺水约 60 亿 m^3。部分地区过度开发利用水资源，导致河道干涸断流、地下水位急剧下降，出现大面积地下水位降落漏斗、地面沉降、海水入侵、土地荒漠化等严重的生态问题。据预测，我国人口在 2030 年左右将达到峰值 16 亿，届时人均水资源量只有 1750m^3，估计用水总量为 7000 亿 ~ 8000 亿 m^3，而全国实际可利用的水资源量约为 8000 亿 ~ 9000 亿 m^3，预计的用水量已经接近可利用水量的上限，水资源进一步开发的难度极大，水资源形势将更为严峻，生态系统也将会面临更大的压力。如果不采取有力措施，我国有可能在未来出现严重的水危机。

与水资源短缺的现实相比，我国水资源利用方式粗放，用水效率不高，节水潜力巨大。目前，我国水资源利用的效率和效益与国际先进水平相比有较大差距，在生产和生活领域存在严重的结构型、生产型和消费型浪费。2003 年我国万元 GDP 用水量为 448m^3，约为发达国家的 4.5 倍。农业灌溉水有效利用系数为 0.4 ~ 0.5，发达国家为 0.7 ~ 0.8；全国工业万元增加值取水量是发达国家的 5 ~ 10 倍，水的重复利用率为 55%，发达国家已达 85%；全国城市供水管网漏损率接近 16%，仅城市便器水箱漏水每年损失上亿 m^3。每年排放的大量废污水，更加剧了水资源供需矛盾，而我国在污水处理回用以及海水、雨水利用等方面也处于较低的水平。

（三）建设节水型社会是保障经济社会可持续发展的战略举措

我国节水工作滞后的现实说明，传统的主要依靠行政措施推动节水的做法已不适应形势的要求。一是节水的战略地位、全民的节水意识不高，公众参与程度不够，与水资源形势不相适应。二是主要由政府靠行政措施推动节水，经济手段运用不够，没有从根本上解决节水的动力问题，没有形成自主节水的机制，与节水发展的要求不相适应。三是节水管理体系不健全，节水管理制度建设滞后，与实现全面、全过程节水管理的需要不相适应。四是经济结构调整和节水工程建设的力度较弱，与经济社会可持续发展需要不相适应。

为全面建设小康社会提供水资源安全保障，必须按照科学发展观的要求，总结节水工作实践经验，创新节水工作方式。2002 年以来，甘肃省张掖市、四川省绵阳市和辽宁省大连市先后开展了全国节水型社会建设试点工作。张掖市以水权、水市场理论为基础，积极探索新的水资源管理体制，初步形成了“总量控制、定额管理、以水定地（产）、配水到户、公众参与、水量交易、水票流转、城乡一体”的运行机制，通过调整经济结构，提高了水资源利用效益，通过推广各种节水技术，提高了水资源使用效率。张掖节水型社会建设，保障了黑河流域近期治理规划的顺利实施，实现了下游生态修复与张掖经济社会发展的双赢，为全国节水型社会建设积累了经验。目前各省（自治区、直辖市）节水型社会试点工作正在展开。宁夏回族自治区和内蒙古自治区在用水权转让方面也进行了探索，由政府和企业投资对灌区进行节水改造，以提高水的利用效率，把节约的水量有偿转让给火电厂。通过用水权转让，调整用水结构，以节水促进城乡之间、部门之间的水资源优化配置，从宏观上提高水资源的配置效率，从微观上提高水资源的利用效率，确保当地经济社会发展的用水需求。

实践证明：在水资源问题日益成为我国经济社会可持续发展重要制约因素的情况下，坚持以水权水市场理论为指导，积极开展节水型社会建设，改革水资源管理体制，建立健全全面和全过程的节水管理制度，形成以经济手段为主、促进全社会自觉节水的机制，综合采取行政、经济、科技和工程等措施，把节水贯穿于国民经济发展和群众生产生活的全过程，是社会主义市场经济体制下解决我国干旱缺水问题最根本、最有效的战略措施。通过建设节水型社会，使资源利用效率得到提高，生态环境得到改善，可持续发展能力得到增强，对实现人与水和谐相处，促进经济、社会、环境协调发展，推动整个社会走上生产发展、生活富裕、生态良好的文明发展道路，具有十分重要的意义。

二、指导思想、基本原则与目标

（一）指导思想和基本原则

建设节水型社会的指导思想是：以党的十六大、十六届三中全会精神和中央水利工作方针为指导，树立和落实科学发展观，以水权水市场理论为基础，以提高水资源的利用效率和效益，促进经济、资源、环境协调发展为目标，以水资源统一管理体制为保障，综合采取行政、经济、科技和工程等措施，建立政府调控、市场引导、公众参与的节水型社会管理体系，形成以经济手段为主的节水机制和自觉节约水资源的社会风尚，实现水资源可持续利用，为全面建设小康社会提供水资源保障。

建设节水型社会的原则是：

（1）坚持以人为本，促进人水和谐。正确处理生活、生产经营和生态用水的关系，优先保障公民基本生活用水，合理保留生态水，彻底改变对水资源掠夺性的开发和浪费，通过提高用水效率和效益满足经济社会用水增长。

（2）坚持制度创新，促进自觉节水。建设节水型社会是对生产关系的变革，重在制度建设。要在政府主导下，通过合理的制度安排来规范水资源供需关系变化所带来的经济利益关系的变化，形成以利益主导的节水机制，使节水成为全社会的自觉行为。

（3）坚持政府主导，促进公众参与。发挥政府的宏观调控和引导作用，加强建设节水型社会工作的组织领导和政策、资金支持；同时要鼓励社会公众广泛参与，通过成立用水户协会等形式，参与水资源管理，使建设节水型社会成为全社会的共识。

（4）坚持统筹协调，促进优化配置。统筹考虑供水用水排水与治污，统筹考虑城乡用水、部门用水，把节水与水资源优化配置，与经济结构的战略性调整和经济增长方式的转变有机结合起来，实行全过程与全面节水。

（5）坚持科技进步，促进高效用水。充分发挥科技的先导作用，开发推广节水新技术、新材料、新产品、新工艺，把先进节水技术与常规节水技术相结合，提高用水效率和效益。

（6）坚持流域统筹，促进区域推动。以流域为单元明晰和分配初始用水权，为区域用水权分配提供依据；根据区域水资源和经济社会发展状况，从实际出发，流域统筹，区域推动，分类指导，分步实施，全面推进节水型社会建设。

（二）目标

全国节水型社会建设目标是通过节水型社会建设，建立起与用水权管理为核心的水资源管理制度体系、与水资源承载能力相协调的经济结构体系、与水资源优化配置相适应的工程技术体系；切实转变全社会对水资源的粗放利用方式，提高水资源的利用效率和效益；促进人与水和谐相处，改善生态环境，实现水资源可持续利用，保障国民经济和社会的可持续发展。

近期目标。到2010年，初步建立起我国节水型社会的法律、行政、经济技术政策、宣传教育体系。初步建立起重要河流初始用水权分配机制，明晰初始用水权，规范用水权交易；建立水资源的总量控制和定额管理制度体系；建立有利于促进节约用水和水资源保护的水价形成机制。力争全国总用水量不超过6000亿m^3，万元GDP用水量降低到330m^3以下。

远期目标。到2020年，建成与小康社会相适应的节水型社会。建立以用水权管理为核心的全过程和全面节约的用水管理制度体系，建立完善的用水权分配机制和用水权交易市场；建立与水资源承载能力相协调的经济结构体系，形成合理的用水方式；建成与水资源优化配置相适应的水利工程体系；全社会自觉节水的机制基本形成；在维系生态系统的基础上实现水资源的供需平衡。力争全国总用水量控制在6500亿m^3以内，万元GDP用水量降低到180m^3以下。

三、重　点　任　务

（一）建立与用水权管理为核心的水资源管理制度体系

建立节水型社会，重在制度建设，建立完善的水资源管理制度体系，形成自觉节水的机制，实现全过程和全面节水。

1. 建立政府调控、市场引导、公众参与的节水型社会管理体制

充分发挥政府在节水型社会建设中的主导作用，保证公共利益和水资源可持续利用。加强组织协调和政策、资金支持，做好经济社会发展规划、水资源优化配置方案、总量控制和定额管理、水市场交易规则等制度体系建设，并通过法律手段和行政措施予以落实，为节水型社会建设提供体制和机制保障。切实保障公民特别是困难群体的基本生活用水权利和用水安全，保障基本的生态用水和环境用水。

坚持发挥市场机制的作用，促进水资源高效利用。通过明晰用水

权，控制用水总量，规范用水户权益，为市场配置水资源奠定基础；完善水价形成机制，制定由资源成本、工程成本和环境成本构成的完整水价，按照不同用户的承受能力，建立多层次供水价格体系，实行阶梯水价，充分发挥水价的经济杠杆作用，激发人们节约用水的积极性；允许用水权交易，培育和发展水市场，用水权拥有者可以将节约的水转让给其他用水户，形成“超用加价，节约有奖，转让有偿”的利益机制，引导用水户自觉节水，转变全社会水资源利用方式，实现水资源优化配置和高效利用。

鼓励社会公众广泛参与。成立用水者组织，参与用水权、水价、水量的分配、管理和监督。用水者组织实行民主决策、民主管理、民主监督，充分调动广大用水户参与水资源管理的积极性。

2. 建立和完善全过程和全面的用水管理制度

以制度建设为核心，建立水资源取、供、用、排、回用全过程的用水管理制度体系。

（1）建立健全用水总量控制和定额管理制度。确定水资源的宏观控制指标和微观定额指标，明确各地区、各行业、各部门乃至各单位的用水指标，确定产品生产或服务的科学用水定额，同时完善设备用水标准和限额，通过控制用水指标实现节水。

（2）建立用水权分配、转让和管理制度。制定流域水资源规划，明晰初始用水权，确定各区域的用水权指标。在各流域或区域分配初始用水权时，统筹生态用水和环境用水；统筹好上下游、左右岸，特别是行政区划之间的关系，协调好经济发达地区和相对落后地区、城市和农村、工业和农业之间的关系；促进经济结构和产业结构调整，优化水资源配置，提高水资源承载能力。建立健全用水权登记、公示、调整、中止等管理制度，制定用水权交易市场规则，建立用水权交易市场，实行用水权有偿转让，促进水资源的高效利用和优化配置。

（3）建立健全科学的水价制度。建立充分体现我国水资源紧缺状况，以节水和合理配置水资源、提高用水效率、促进水资源可持续利用为核心的水价机制，扩大水资源费征收范围并适当提高征收标准，逐步提高水利工程水价，合理调整城市供水价格，合理确定再生水价格。居民生活用水实行阶梯式计量水价制度，工农业生产用水根据用水定额和用水计划，实行定额内用水平价、超定额超计划累进加价。完善农业水费计收办法，推行到农户的终端水价制度。在水源丰枯变化较大、用水矛盾突出的地方，要实行丰枯水价。规范用水权交易价格，实行有偿转让，充分发挥价格对促进节水的杠杆作用。

（4）健全取水许可制度和水资源有偿使用制度。在取水许可审批和年检时要求取用水户做到用水计划到位、节水目标到位、措施到位、管理制度到位，保证各个用水户按计划用水和节约用水。制定水资源费征收使用管理办法，在水资源费和用户水价之间形成合理的比价关系。

（5）健全水资源论证制度。统筹经济社会发展和水资源开发利用节约保护，国民经济和社会发展规划以及城市总体规划的编制、重大建设项目的布局，应当与当地水资源条件相适应，进行科学论证，使区域发展战略和经济布局与水资源条件相适应。

（6）建立健全排污许可制度和污染者付费制度。将排污总量控制与排污浓度控制相结合，严格排污许可管理，控制排污单位及排污口的排污量。加强排污监管，对超标准排污的企业要采取更加严厉的惩罚措施。各地区要限期开征污水处理费，优先提高城市污水处理费征收标准。

（7）建立节水产品认证和市场准入制度。强化节水设施和节水器具、设备质量的监管；扩大节水产品的认证范围，实行市场准入制度，建立强制性标识制度，引导用户和消费者购买节水型产品。

（8）建立用水计量与统计制度。加强用水计量管理，普及取、用水计量设施，要求取水单位或个人的取水设施上安装符合标准的计量设施；把用水统计纳入统计系列，规范企事业单位用水统计报表制度，做好各行业的用水量、用水效率和效益的统计工作。积极支持供水企业推行抄表到户工作。

（二）建立与区域水资源承载能力相协调的经济结构体系

各地区应根据水资源承载能力，逐步调整经济结构和产业布局，建立与区域水资源和水环境承载能力相协调的经济结构体系。

1. 充分考虑水资源条件，科学制定区域社会经济发展规划

严格执行建设项目水资源论证制度和用水总量控制制度，实现从“以需水能力定供水能力”到“以供水能力定经济结构”的转变，量水而行，建立与区域水资源承载能力相适应的经济结构体系。区域经济发展要以流域水资源综合规划作为重要依据，兼顾上下游、左右岸的利益；城镇发展要充分考虑区域水资源承载能力，与水资源条件相协调，在水资源不足的地区，对城市规模加以限制。城市绿化和景观建设应与当地水资源具体条件相适应。

2. 发展清洁生产，调整工业布局

加大以节水为重点的企业技术进步力度，限制和淘汰浪费水资源、污染水环境的落后工艺、技术、设备和产品。从产品设计、生产过程中原材料使用和能源利用、污染物处理等各方面实现清洁生产，把推行清洁生产同结构调整、技术进步、节能降耗、资源综合利用和加强企业管理结合起来，实现从末端治理为主向源头治理为主转变。提高工业用水重复利用率，循环用水，一水多用。缺水地区限制发展高耗水工业，火电、纺织、石油化工、造纸、钢铁等高耗水行业应逐步向水资源丰富地区或沿海地区转移。丰水地区高耗水工业的布局和规模与当地水环境相协调。

3. 发展高效节水农业和生态农业

根据区域水资源条件进行农作物布局和种植结构调整，以节水、高产、高效为核心，加强农作物品种选优工作，采取节灌技术和农艺节水技术相结合的综合节水措施，注重提高灌溉水分生产效率和农业水利用效率。发展高效节水农业和生态农业。控制化肥和农药的使用，重视使用高效、无污染的绿色肥料，推广生物农药，控制农药、化肥、地膜等污染，逐步减少化肥施用量，减少农业面源污染。在缺水地区减少水稻、冬小麦等耗用水多的农作物种植比重。加强作物品种改良，积极培育耐旱的优质高效农业品种或发展雨热同期作物，大力发展节水型农业。

4. 保护与修复水生态系统

实行退田还湖，退耕还林，退牧还草和必要的退蓄还流，修复水生态系统。根据各地的水资源条件和经济社会发展实际，宜林则林，宜草则草，宜荒则荒，因地制宜选择树种、草种，量水而行，科学确定造林面积，也包括依生态规律的调水，按自然规律建设水生态系统，保证基本生态用水。

5. 实施水资源替代战略，提高高耗水产品的进口比重

部分农产品和工业产品是水资源耗用大户，从全球范围来看，我国的自然资源组合并不具有生产高耗水产品的优势，在不威胁国家安全的前提下，可考虑通过国际贸易的方式，多进口一些高耗水产品，替代国内水资源消耗，以缓解水资源短缺的压力。

（三）建立与水资源优化配置相适应的节水工程和技术体系

建立与水资源优化配置相适应的节水工程和技术体系，为制度建设和经济结构调整提供技术和工程保障。

1. 开发与推广先进实用的节水技术

开发水资源系统分析技术、合理配置技术与实时调度技术，科学规划水利工程建设，实现全方位和全过程的水资源优化配置。

推广农业节水灌溉技术、工业节水技术、废水资源化技术和“零”排放技术、生物治污技术、中水回用技术、海水和雨水利用技术，开发与推广节水材料、工艺、器具、设施。

2. 建设水资源管理硬件设施体系

建设水量水质监测、地下水位监测和取水计量设施，为实施水资源管理制度、保护水生态环境提供硬件支撑。建设地表、地下水量水质自动监测系统，实现包括水质在内的水文数据自动采集、传输、处理和预报，实现实时在线自动监测。加强取水用水监测与控制设施建设，在取水、输水、净水、配水和用水各个环节安装计量设施，实行计量用水。大中型灌区建设自动化监控中心，监控输水网络。

3. 建设生产、生活节水工程

积极推进农业节水工程建设，因地制宜地发展多种模式的节水农业，建设不同的节水灌溉工程，实施大中型灌区节水改造和渠系配套工程、节水灌溉示范工程、农业综合开发节水灌溉工程、集雨节灌工程。

加快高耗水行业（火电、石油化工、造纸、冶金、纺织、建材、食品）节水技术改造，推广节水工艺，大力推进清洁生产，利用高新技术提高循环用水能力，加大节水减污。

加快城市供水管网技术改造，降低输配水管网漏损率，全面推行节水型用水器具，发展“节水型住宅”。节水设施应当与主体工程同时设计、同时施工、同时投产。新建和改扩建的公共和民用建筑，不得继续使用国家明令淘汰的用水器具，凡达不到节水标准的，经政府批准，不予供水。

4. 建设非传统水源开发工程

治污与节水结合，努力挖掘污水资源化的潜力。建设中水利用系统，建立污水收集、处理和回用管网系统，使处理后的污水用于厕所冲洗、园林灌溉、道路清洁、车辆冲洗、基建施工、景观及设备冷却水、工业用水以及可以接受其水质标准的其他用水，实现水资源在一定范围内重复使用。

在滨海地区和苦咸水资源丰富地区，通过政策引导，建设海水直接利用和海水、苦咸水淡化工程，积极推进海水直接利用和海水、苦咸水淡化发展，利用海水和苦咸水替代淡水资源。

（四）建立与节水型社会相符合的节水文化，形成节水的社会风尚和文明消费方式

坚持节水教育与制度约束相结合，将节约用水纳入基础教育，在教育思想和教育实践两方面反映并体现可持续发展的要求，使全体公民树立起水的忧患意识和节水意识。加强节水宣传，坚持依法管水与自觉节水相结合，建设具有中国特色的节水文化，形成“浪费水可耻、节约水光荣”的社会舆论氛围，树立自觉节水的社会风尚，提倡节约用水的文明消费方式，在全社会逐步形成节约用水的社会行为规范。

四、总 体 布 局

根据水资源的自然特点和经济社会发展的总体布局，我国节水型社会建设必须坚持流域统筹、区域推动，做到分期建设、分步实施、突出重点、整体推进。

流域统筹就是按照流域人口、资源和社会经济发展水平制定流域水资源综合规划，以流域为单元进行水资源综合评价，确定流域水资源和水环境承载能力，明确水资源的宏观控制指标和各地区、各行业、各部门的水资源使用指标；充分考虑到调水工程建成后的水资源配置格局，统筹考虑各区域经济发展水平、经济结构等因素，按照流域水资源开发利用和生态保护等目标，明晰和分配流域初始用水权；各流域全面规划、统筹兼顾，建立与水资源优化配置和节水型社会建设相适应的水利工程体系。

区域推动就是在流域总量控制和初始用水权配置的基础上，各区域根据用水总量控制指标和各自特点，制定管理措施落实总量控制和定额管理目标，调整经济结构、建设水资源配置工程，推进节水型社会建设。

（一）东北地区

东北地区水资源总量为1150亿m^3，人均水资源占有量为1073m^3，是全国人均水平的1/2。区内水资源分布不均，北丰南欠，东多西寡，部分地区水资源供需矛盾突出。

东北北部地区重点抓好用水定额管理，通过用水定额和水价制度降低单位产品用水量；南部和西部强化用水总量控制，通过城乡之间、工农业之间用水权交易解决城市、工业和生态用水问题。

东北老工业基地围绕技术进步和产业结构调整，推广直流水改循环水、空冷、循环冷却水高浓缩、稠油污水处理回用、污水处理深度回

用，发展清洁生产、循环经济，普及节水型器具；粮食主产区要大力推广农业节水技术，水稻区推广节水灌溉制度，地广人稀的大田作物推行坐水种等抗旱补水技术，有条件的地方逐步采用喷灌技术；沿海城市应当抓好海水利用等非传统水源的开发利用。建设水资源配置工程，解决流域内水资源分布不均问题，确保城市的供水和水环境安全。

辽河中下游地区和辽宁沿海城市群水资源短缺，水污染、地下水超采和海水入侵等问题集中，是东北地区节水型社会建设的重点，要在大连节水型社会建设试点的基础上，扩大试点范围，率先建成节水型社会。

（二）华北地区

华北地区水资源总量为500亿m^3，人均水资源量仅为337m^3，是全国人均水资源量最少的地区。水资源开发利用程度高达90%左右。由于过量开发水资源以及超采地下水，造成大面积地下水漏斗、平原区河道干涸、湖泊湿地萎缩、地表和地下水污染等生态环境恶化问题，水资源紧缺、水环境恶化已成为华北地区经济社会发展的重要制约因素。建设节水型社会，既是华北地区经济社会发展与环境保护的需要，也是南水北调工程受水区实行“三先三后”原则的现实要求。华北地区是全国节水型社会建设的重点，应该在全国率先建立节水型社会。

实行严格的用水总量控制制度，明确各级行政区划的用水权；各区域在总量控制前提下，根据先进用水定额和发展要求，层层分解用水量控制指标，做到用水有定额、有控制；建立用水权制度，培育用水权交易市场，通过用水权交易促进水资源优化配置。大幅度提高水资源费，尽快实行超定额累进加价制度。强化排污许可制度，控制污染物排放总量。

加大产业结构调整力度，重点发展电子工业等低耗水高附加值产业，严格控制高耗水和高污染工业项目，对火电、石化、冶金等高耗水行业进行节水技术改造，发展清洁生产，加大治污的力度；压缩耗水量大的作物种植比例，井灌区全面推广管道输水，渠灌区做好渠道防渗，发展生态农业，减少农业面源污染；大力发展城市污水再生利用，沿海地区推行海水淡化和海水直接利用；合理调整地下水开采布局，严格控制地下水过量开采，在南水北调工程建成通水后，采取措施逐步实现地下水采补平衡，维护和修复地下水生态系统。

京津唐城市群是华北地区节水型社会建设的重点，北京、天津应当在南水北调东中线受水区节水型社会建设中起到表率作用。

（三）西北地区

西北地区水资源总量 2045 亿 m^3，人均水资源占有量为 2205m^3，与全国平均水平相当。大部分地区生态环境脆弱，环境容量有限，经济发展与生态环境的矛盾比较尖锐，土地荒漠化以及水土流失问题比较严重。

以水资源的安全供给和维系生态相对平衡为基本前提，实行严格的水资源管理制度，以水资源定发展，控制经济社会发展用水量，保证基本生态用水量，加强长江、黄河源头区原生态系统的保护。建立用水权管理制度，培育用水权交易市场。经济社会发展新增用水量，除少数地区由外流域适当调水外，主要依靠提高用水效率和不同行业之间用水权交易解决。城镇和工业发展必需增加的用水量，应在加大农业节水投入、提高农业用水效率的基础上，通过由农业用水向城市和工业有偿转让解决。

严格控制高耗水和高污染工业项目，重点在造纸、纺织、石油、冶金等高耗水行业进行节水技术改造，推广先进节水工艺、技术、设备和产品，提高工业水重复利用率。调整农业种植结构，压缩水稻种植面积，建设渠道防渗、管道输水和田间节水工程，在农业用水不增加并逐步减少、耕地和灌溉面积总体上不增加、草原生态环境逐步恢复改善的条件下，稳定提高农业综合生产能力。加快退耕还林还草，控制水土流失，促使生态自然恢复。

内陆河地区和长江、黄河源头区是西北地区节水型社会建设的重点，应当积极推广张掖试点经验，加快节水型社会建设进程。

（四）华东地区

华东地区水资源总量为 5652 亿 m^3，人均水资源量 1538m^3，水污染较为严重，湖泊富营养化问题突出，部分地区已危及城乡居民用水。华东地区各省之间的水资源条件相差较大，经济发展差距较大，应当根据各地水资源条件和经济社会发展实际建设节水防污型社会。

长江三角洲地区经济发展水平最高，水污染严重，以水利现代化为支撑，建设节水防污型社会。加强用水定额管理，制定合理水价，控制单位产品和服务的用水量，降低社会用水成本。实行严格的排污总量控制制度，完善排污许可制度，提高废污水处理标准，建立与排污许可制度相配套的水环境容量有偿使用制度，探索排污权交易机制。加大城市和工业排污治理力度，工业废水实现全面达标排放，在全国率先开展农业面污染源的监控和治理。山东及安徽北部地区属于缺水地区，要加强用水总量控制，明确用水权，层层分解用水指标；提高水资源费，推行超定额累进加价制度。山东省位于黄河下游，用水效益高于上游，在黄河水资源分配方案既定的前提下，应建立流域用水权交易机制，通过上下游用水权交易解决用水增长问题。福建和江西水资源相对丰沛，水环境相对较好，重点加大工业和城市污染防治力度；发展农业节水灌溉，水田地区推广浅、湿、晒控制灌溉技术，丘陵山区利用小水源或提水发展旱作物喷、微灌技术。

长江三角洲地区、山东及安徽北部地区是华东地区节水型社会建设的重点地区。

（五）中南地区

中南地区水资源总量为8626亿m^3，人均水资源量为2415m^3，高于全国平均水平。但降水时空分布不均，某些区域和时段缺水严重，珠江三角洲水污染问题比较突出。

中南地区各省之间的水资源条件不同，产业结构不同，经济发展速度也有较大差异。不同地区要因地制宜加强用水定额管理，完善水价制度，提高单位用水的产出，积极推广节水技术和节水设施，提高公众节水意识，改变用水行为，降低社会用水成本和水污染治理成本，提高用水效率和效益。

珠江三角洲地区是改革开放以后经济增长速度最快的地区。由于供排水设施建设相对滞后，排污管理控制不严，缺少有效的污水处理设施，导致河流严重污染，水环境恶化。该地区要加强水污染治理，建立水利与环保部门联合防污机制，逐步改善水环境，建设节水防污型社会。河南位于黄河中游，水资源相对紧缺，需调水满足用水需要，加强用水总量控制和定额管理，提高水价，对耗水量大、排污严重的产业进行调整和改造，发展节水农业、节水工业和节水服务业。湖南、湖北位于长江中游，水资源相对丰沛，但发生水污染对下游影响很大，要在长江流域用水权分配基础上，根据用水量指标，健全管理制度，调整经济结构，布置用水量大、污染少的工业企业。

珠江三角洲地区和河南省是中南地区节水型社会建设的重点。

（六）西南地区

西南地区水资源丰富，水资源总量为10281亿m^3，人均水资源量为5086m^3，居全国之首。该地区多属高山与高原，水多而地少，石灰岩分布广泛，岩溶现象普遍，水资源开发难度大，有效利用率低。

加强用水定额管理，调整水价，降低单位产品用水量，提高用水效率。加强排污总量控制和排污许可管理，提高污水处理标准，采取多种措施降低污水处理成本，建立水利和环保联合防污机制，加强执法监督。

合理布局工农业生产，在江河上游要严格限制高耗水特别是有污染的工业的发展，实行退耕还林还草，加强水土流失的治理和生态环境保护。控制污染物排放总量，加大工业污染源治理力度，推行清洁生产；发展生态农业，使用高效、无污染的绿色肥料，控制农药、化肥、地膜等污染，逐步削减化肥施用量，减少农业面源污染，实现从末端治理为主向源头治理为主转变。积极发展电子信息、新材料等高科技产业，对化工、冶金等高耗水行业进行节水技术改造，加强化学工业水处理技术的研制和开发，增加循环冷却水的浓缩倍数，提高循环率。水源条件较好的丘陵区和山间平原，可利用自然水头发展自压喷灌、微灌，水稻区推广以渠道防渗为主的节水灌溉技术，完善田间节水工程措施；在贫穷的山丘区积极推广集雨节灌。

重庆市、四川成都平原、云南滇中地区是西南地区节水型社会建设的重点。

五、保 障 措 施

建设节水型社会与经济社会发展、水资源开发利用、生态建设、环境保护的多个方面密切相关，涉及全社会的多个行业和部门，关系到千家万户，要采取有效措施，调动全社会的力量，加快建立与社会主义市场经济体制相适应的节水政策法规支持体系、投资保障体系、技术服务体系和监督管理体系。

（一）加强领导，落实责任

建设节水型社会是一项全社会参与的系统工程，涉及面广、任务重大，必须加强对建设节水型社会的组织领导，中央制定原则，地方负责落实，部门指导协调，加强监督检查，共同做好工作。健全领导机构，以全国节约用水办公室为基础建立节水型社会建设领导机构，负责全国建设节水型社会的规划、协调、监督和检查。有关部门要合理分工，加强协调，建立节水型社会建设协调机制，研究制定政策措施，协调、指导和推动节水型社会建设工作的深入开展。

全面推进各种节水措施，是各级政府的重要职责。加强水资源管理，提高水的利用效率，建设节水型社会，是水利部门的一项基本任务。各级政府要从战略的高度认识建设节水型社会的重大意义，把节水型社会建设纳入政府的重要议程，加强节水型社会建设工作的组织领导和指导协调。要把建设节水型社会作为各级人民政府的任期目标，建立健全水资源节约责任制，把节水型社会建设的责任纳入各工作岗位的职责之中，纳入各单位日常管理和工作考核之中，做到层层有责任，逐级抓落实。

（二）完善法规，制定规划

贯彻落实我国的《水法》、《水土保持法》、《水污染防治法》，制定《节约用水管理条例》，加快节水型社会的法律法规体系建设，将节水型社会建设纳入法制化、规范化的轨道。

各省（自治区、直辖市）应当编制当地节水型社会建设规划，明确规划目标，落实责任，通过行政、法律、经济、技术等措施，调动社会各界的积极性，鼓励社会公众广泛参与，推进节水型社会建设的健康发展。各地区、有关部门应当把制度建设和实施作为节水型社会建设的关键环节，结合本地区、本行业实际，抓紧制定配套法规，依靠制度建立节水长效机制，约束取水用水行为。

（三）加快水资源管理体制改革，推进水资源统一管理

深化水资源管理体制改革，建立符合自然规律和经济社会发展规律的水资源统一管理体制，为建设节水型社会提供体制保障。以流域为单元实行水资源统一管理，统一规划，统一调度，统筹协调上下游、左右岸、干支流之间的关系，分配行政区域用水权；统一管理区域范围内地表水与地下水、水量与水质、城市与农村水资源，分配城乡和各行业用水权；统筹考虑水的多种功能，统筹蓄水、供水、用水、排水、污水处理及中水回用等各环节，科学合理配置水资源。

（四）制定财政、税收等激励政策

有关部门应当抓紧制定并不断完善节水设备（产品）目录，在投资和税收上采取优惠政策，鼓励生产、销售和使用节水设备（产品），发展节水产业；研究制定鼓励生产和使用再生水的技术支持与税收优惠政策，降低再生水生产和使用成本；各级财政应当积极支持节水工作，将节水设备（产品）纳入政府采购目录，对重大节水技术开发和改造项目给予投资、资金补助和贷款贴息支持。

（五）加大投入力度，拓宽投资融资渠道

各级政府应当把建设节水型社会列入同级国民经济和社会发展计划，保障节水型社会建设的稳定的投入。积极鼓励民间投资，拓宽融资渠道，鼓励民间资本投入节水设备（产品）生产、农业节水、工业节

水改造、城市管网改造、污水处理等项目。

（六）建立节水科技服务体系

通过发布目录、组织现场会、举办展览、技术交流等方式，加快先进成熟节水技术的推广应用。建立信息发布制度，采集、管理和发布供、用、排、节水及用水权交易信息，及时发布国内外各类水耗信息、先进技术和管理信息。培育和发展节水技术服务体系，为用水户提供节水技术服务。

（七）加强监督检查

建立由综合评价指标、行业用水评价指标和节水管理评价指标组成的节水型社会建设的评价体系，通过一系列量化指标来衡量用水效率和用水效益状况，综合考核各地区节水型社会建设的进程和成果。把节水型社会建设的绩效指标纳入干部考核体系，保证节水型社会建设责任到位、措施到位、投入到位。政府有关部门应当组织节水执法和监测机构，对高耗水企业和城市公共设施的用水和节水情况，定期进行督促检查，对不符合要求的，限期进行整改。

（八）加强教育和宣传，提高全社会对节水型社会的认识

节水型社会建设是全社会共同参与的系统工程，要提高全民的水危机意识与节水意识，积极参与节水型社会的建设。做好水资源节约的教育培训工作。各地区、有关部门应当将水资源节约纳入中小学教育、高等教育、职业教育和技术培训体系，加强水资源节约教育。利用广播、电视、报刊、杂志、互联网等多种形式，广泛、深入、持久地开展宣传，倡导节俭文明的生活方式，形成“节约光荣，浪费可耻”的良好社会风尚，使人们树立正确的用水观念，自觉节约用水、爱护水和保护水，形成人人节约用水并积极主动参与节水型社会建设的良好氛围。加强舆论监督，建立健全举报机制，对浪费水、破坏节水设施的不良行为公开曝光。

（作者单位：水利部）

对水生态系统保护与修复工作的思考

石秋池　高而坤

近年来，水生态系统保护和修复工作成为水利工作者认真研究和探索的焦点。海河流域开展了《海河流域生态环境恢复水资源保障规划》的编制工作；太湖流域开展了引江济太试验项目，在黑河、塔里木河流域，《黑河流域近期治理规划》和《塔里木河水资源综合规划》的编制与实施，始终将保护和修复黑河和塔河下游生态系统作为主要目标，为改善那里的生态环境做出了贡献。2005 年在珠江流域实施的调水压咸工程，总增调水量约 8.43 亿 m^3，为改善广东、澳门的供水环境，提高供水水质起到了积极的促进作用。在脆弱生态系统区域，如扎龙湿地、向海湿地、南四湖等都开展了很多水生态系统保护与修复的工作。

开展这些工作的水域，其生态系统大多处于不稳定或者趋向恶化状态，有些生态系统恶化严重，因此，这些水生态系统保护与修复的工作都具有以下特点：

一是以应急快速见效为目标。突出表现在以下几个方面：

形势急迫：如在扎龙湿地，湿地的面积从多年平均的 800 多 km^2 萎缩到 100 多 km^2，2000 年曾发生火灾。急需要采取措施，抢救濒危生态系统；

决策迅速：应急性的措施往往不是规划或计划时间内的内容，因此采取的对策措施具有临时性和短期有效的特点。比如南四湖应急生态补水，借用了江苏省的江水北调工程；从启动到完成，仅用了 86 天。

二是以提供水源为主要保护或修复措施：扎龙湿地、向海湿地、南四湖生态补水，都是以提供应急用水为主要措施。

三是工作范围相对较小：比如对湿地和湖泊的抢救性补水，工作的重点集中在一个比较小的水域范围内。

四是衡量修复效果的指标单一：水生态系统保护与修复工作已经取得了明显成效。但是直到目前为止，评价成效的指标单一，即水量，用水位、水面面积来描述生态系统的变化。

综合分析上述特点，目前的水生态系统保护或修复工作还处于探索阶段。现就深入做好水生态系统的保护或修复工作作出如下思考：

一、转变观念，把水生态系统的保护与修复作为水利工作的主要目标之一

从人类出现到现在，人与自然的关系大致可以分为3个阶段：

第一阶段是人类完全屈服于自然的阶段。这个阶段的人类和地球上的其他生物一样，对自然界的变化没有任何抵御的手段。对自然生态系统不了解，往往借助鬼神以迷信的方式来解释或处理对自然界发生的事情，如，“河伯娶妻”就是土豪劣绅与巫婆勾结对发生洪水的解释。即便是一些为治理水而作的努力往往也冠以“神”的力量。

第二个阶段：主动利用和征服阶段。随着人类社会的发展，人们不断地开发和利用自然，逐渐掌握了许多自然生态系统的规律。并运用这些规律开发和利用自然资源。直到现在，人类仍然在依靠和利用自然资源并力图趋利避害。

在这一历史阶段，水利的主要目标是以满足人类自身的需求为中心，“兴利除害”。不断发展的科学技术，生产力水平不断提高，使人类征服自然和利用自然能力和效率也在不断提高。人们也曾由对自然界的迷信和崇拜演变为盲目的自大，从“人定胜天”、“让高山低头，叫河水让路”这些口号中透视出人们对自然的征服心理。

这些口号的提出，反映出人们对自然生态系统认识的不完整，也就是说，我们并没有完全掌握自然界所有规律，对已经了解的规律认识不足。在关注开发自然的同时，漠视维系人类生存的自然生态系统的规律。在一些地方，过度开发利用、污染和破坏自然资源如水资源，造成生态系统失去平衡并向不利于人类生存的方向发展。

第三个阶段：人与自然和谐共处的阶段。自然生态系统总是按着其规律运转的。大自然的报复给人类敲响了警钟。迫使人类认真地思考，在开发利用自然资源的同时，必须保护自然生态系统，“兴利除害”也要尊重自然规律。人类在实践中不断提高对自然规律的认识，不断回顾和评价自己的行为结果，提出了“可持续发展”的重要理念。

可以说，我们正处在从第二阶段向第三阶段逐步过渡的时期。

水利工作者面临着前所未有的挑战，我们不能不从自然生态系统获取水资源，同时我们必须保护生态系统，使人类赖以生存的生态系统不

因人类活动的干扰而不利于人类生存和发展，要使水资源可持续地支持人类经济社会的可持续发展。与此同时还要对已经失衡的水生态系统采取抢救性措施。

要实现上述目标，一个重要的问题就是转变观念。转变观念的一个重要方面就是要对开发利用的客体加以保护，在保护中开发、在开发中保护。在保护中开发，就是要确立适度开发的原则；对那些已经出现生态恶化趋势的区域或者流域，要确立保护优先的原则。目前许多流域提出的健康河流的概念就是基于在保护中开发的原则。保持生态系统的良性循环是“健康河流”生态学理论基础。在开发中保护就是在上述原则下确定的开发利用活动，其过程也要遵循保护原则，尽可能减少对自然生态系统的干扰或破坏。

这就是说，水利工作不仅要服务于人类经济社会，还要服务于自然生态系统。保持生态系统的动态平衡与良性循环是保证水资源可持续利用的基础。水生态系统的保护与修复将是水利工作者一项长期和重要的工作。

二、创新水利工作体系

为达到上述目标要求，实现水资源的可持续利用，需要创新水利工作体系，增加水生态系统保护具体要求，修正原有以开发利用为主要目的的具体工作要求。

（1）从水到水生态系统：水只是生态系统中一个因子。也是其中重要的因子。单纯的研究水或水资源不能达到保护水生态系统的目的。我们的工作要从平面向立体转变。分析我们过去所犯的错误，更多的是因为只考虑了水，或者生态系统中的其他某个因子，很少考虑水与其他因子之间的关系和相互影响。比如，希望获得更多的土地资源就围湖造田，希望获得更多的水就拦河筑坝，希望迅速泄洪就裁弯取直河道。这样的例子可以举出很多，根本原因在于其工作体系建立没有基于生态系统的视角，只见树木、不见森林。过去我们的关注点在水量，现在扩展到水量和水质，还应以生态系统为基础来考虑资源的规划、配置、利用和保护水资源，至少应在水生态系统的基础上。虽然部门有分工，但是生态系统内在联系不会因为这些人为的分工而分开。因此建立新型的工作体系，一方面需要用生态学的眼光研究水问题，将宏观管理的要求建立在维护生态系统良性循环的基础之上；另一方面，要加强部门之间的沟通和协调配合，以弥补分工带来的缺陷。

（2）从概念化到多样化：生态系统是多样的，气候的差异、地理位置的差异等外在和内在因素都可能导致某一生态系统与另一生态系统之间的差异。可以通过大量的调查和评价找出规律性的东西以便更深入的研究，但是不必苛求所有看似相同的生态系统使用同一标准。抛开生态系统单独研究某一因子，就可能导致概念化的模式。因此，创建新的水利工作体系，每一个流域可以提出自己的目标，确定流域内某一生态系统保护目标和开发利用的目标；除目标差异外，对策措施也应各具特色。不是在甲地奏效的措施，在乙地也会得到同样的效果。生物的多样性正是因为生态系统的多样性，只有认真研究各自水生态系统的特性，才能确定符合实际情况的既适度开发又有效保护的工作目标和对策措施。在这方面，需要做大量的工作。一方面要改变过去概念化、统一要求的习惯思维方式，另一方面要在保持特殊性的基础上，寻找一般性的规律和特点。

（3）从纠正错误到预防为主：目前许多水生态系统保护行动可以形象地比喻为急诊室工作。因为我们处于这样一个特殊时期，“救急”在许多时候变成了首当其冲的任务。“急诊”不能不出，但是水生态系统保护与修复工作绝不仅仅是出“急诊”。从“急诊室”到“门诊部”，从“门诊部”到“防疫站”才是我们的工作追求。“健康河流”的理念之所以重要，首先就在于它将河流作为一个生态系统，或者说将水资源的管理纳入到生态系统中；第二，有了“健康”的概念，衡量其健康与否的指标体系将成为水利工作体系中的重要指标。第三，维护河流的“健康”就是将工夫用在“防病”上。如果我们能够在“防病”这一环节上认真下工夫，就会逐渐少出“急诊”。

“防病”就是在水利工作的体系中，将水生态系统的保护目标与水资源的开发利用目标有机地结合在一起，通过建立一整套新的技术体系，使水资源的开发建立在保护水生态系统良性循环的基础上。

因此，实现人与自然的和谐相处，还需要做大量的具有开创性的工作，比如建立水资源合理开发利用的生态学指标体系等。只有这样，人与自然和谐相处的目标才能够逐步实现。

三、我们急需做好的工作

水生态系统保护与修复工作与以往水利工作有很大不同，当我们将水或者水资源置于生态系统中后，需要考虑的因素更加复杂，可供选择的方案也会很多。水生态系统的保护工作还具有工作周期长、工作效果不明显的特点，需要我们以更宽的视角、更强的责任心和更大的耐心从事这项工作。任何短视的行为都会带来不良的后果。因此，做好水生态系统保护或修复工作还应有良好的心理准备，树立正确的政绩观，许多荫及子孙后代的伟大事业，但是当代人未得到眼前的实惠。

从水利部门目前所做的工作看，最需要做好的准备工作是具有水利和生态学方面知识的人才和完整的监测系统。

具有复合型知识的人才是做好水生态系统保护工作的关键。目前水利系统急需培养这方面的人才。2004 年，水资源司举办了两期水生态系统保护的培训班，取得了良好的效果。但是仍远远不能满足工作的要求，一方面要求我们水利院校增加关于生态学方面的专业知识教育，另一方面，在引进人才方面也要考虑多渠道、多学科或边缘学科，只有多学科的交叉融合，才能保持工作在立体层面上的开展。

监测系统是水利系统目前最需要整合完善的。一方面传统的水文监测正面临着下垫面在大尺度上变化的严峻挑战；另一方面，当对水的管理逐步扩展到水生态系统时，监测系统尚未做好应对的准备。在黑河治理中，我们只能用单一的水因子衡量其治理效果，在塔里木河治理中，我们借用了新疆维吾尔自治区某大学的生态学监测力量。除地面水环境质量标准规定项目中所包含的个别生物学项目外，我们还没有建立更多的指标，急需提高这方面的监测能力。做好这些准备工作，已是当务之急。

水生态系统的保护与修复工作是实现人与自然和谐相处的一项重要的、长期的工作，也是需要我们用开拓的精神不断探索和完善的工作。只有建立完整的工作制度、工作体系，将合理开发水资源与有效保护水生态系统有机结合起来，才能达到人与自然的和谐相处，达到水资源的可持续利用。

（作者单位：水利部水资源司）

黄河水量统一调度效果初步分析

苏茂林

（一）统一调度实施背景

黄河是我国西北、华北地区的重要水源，以其占全国河川径流总量2%的水资源，承担着全国12%人口、15%耕地和50多座大中城市供水任务，同时还要向流域外天津、青岛和河北等地远距离调水。黄河水资源在我国国民经济和社会发展中具有极其重要的战略地位，支撑了9%的GDP，是流域及相关地区经济社会可持续发展的基础性资源。自20世纪70年代以来，随着黄河两岸广大地区经济社会的发展，社会各方对水资源的需求量急剧增加，黄河水资源供需矛盾日益突出，加上超量无序用水，缺乏统一调度管理，每年春夏之交灌溉用水高峰之际，黄河下游时常断流。进入90年代，几乎年年断流。1997年情况最为严重，距河口最近的利津水文站全年断流达226天，河口地区330天无水入海，断流河段曾上延至河南开封附近，断流河段长达704km。断流不仅造成局部地区生活、生产供水危机，影响社会安定，破坏生态系统平衡，并带来巨大经济损失。

黄河日益严峻的断流问题引起了国内外普遍关注和忧虑，党中央、国务院对此高度重视。1997年，国务院及有关部委先后两次召开黄河断流及其对策专家座谈会，寻求解决黄河断流问题的良策；1998年元月，中国科学院、中国工程院163名院士联名呼吁：行动起来，拯救黄河，同年7月，两院院士、专家对黄河中下游山东、河南、陕西、宁夏四省（自治区）20余个市、地、县进行了实地考察，向国务院报送了“关于呈送‘关于缓解黄河断流的对策与建议’的报告”；中央电视台和经济日报社也在同年的4月15日~7月1日，联合组织了“黄河断流万里探源”大型采访活动，以增强全社会水忧患意识，动员各行各业参与解决黄河断流、缺水问题。

为缓解黄河流域水资源供需矛盾和黄河下游频繁断流的严峻形势，经国务院批准，1998年12月国家计委、水利部联合颁布实施了《黄河水量调度管理办法》，授权黄河水利委员会统一调度黄河水量。为切实作好黄河水量统一调度工作，黄河水利委员会专门成立了水量调度管理局，从 1999 年 3 月开始正式实施黄河水量统一调度。

（二）统一调度实施

黄河水量统一调度的首要目标是确保黄河不断流，缓解黄河流域水资源供需矛盾；其次是以国务院 1987 年批准黄河可供水量分配方案为基础，在保证黄河防洪、防凌安全的前提下，最大限度地发挥黄河水资源的综合效益，统筹上中下游用水，促进各地区、各部门公平用水；最终目标是实现水资源优化配置，维持黄河健康生命，以水资源可持续利用支撑流域经济社会的可持续发展。

黄河水量调度实行总量控制，以供定需，分级管理、分级负责。总的调度原则是：国家统一分配水量，流量断面控制，省（自治区）负责用水配水，重要取水口和骨干水库统一调度。各省（自治区）年度用水量实行同比例丰增枯减，用水量按断面进行控制，并实行年度水量分配和干流水量调度预案制度以及月调节的调度方式。

黄河水量调度的范围，从地域角度包括流域内的青海、四川、甘肃、宁夏、内蒙古、山西、陕西、河南、山东等 9 省（自治区），以及国务院批准的流域外引用黄河水量的天津、河北两省（直辖市）；从资源角度包括黄河干支流河道水量及水库蓄水量，并考虑地下水资源利用情况；当前，黄河水量调度的河段是刘家峡水库以下至河口干流河段；水量调度时段为当年 11 月～翌年 6 月。

实施统一调度的 6 年来，黄河流域连年干旱少雨，主要来水区来水严重偏枯。据水文资料统计，2000～2002 年，黄河花园口站天然径流量都低于断流最为突出的 1997 年，特别是 2003 年 1～7 月，来水比多年同期均值偏少近五成，是有实测资料以来的最小值，龙羊峡、刘家峡水库都逼近死水位。面对空前巨大防断流的形势，黄委“精心预测，精心调度，精心监督，精心协调”，并严格贯彻国务院 1987 年批准的黄河可供水量分配方案，综合运用行政、法律、工程、科技、经济等手段，保障了水量调度工作的顺利开展，初步遏制了黄河连年断流的局面。

健全的组织管理体系和协商机制，保证了水量调度计划的落实。为做好工作，1999 年 2 月黄委成立专门水量调度机构，加强协调管理和督察，在 2003 年旱情紧急情况下，还首次实行了以省（自治区）际断面流量控制为主要内容的行政首长负责制。调度过程中严格调度指令，除按时下达黄河干流各年、月、旬水量调度预案和计划外，还根据情况适时下达实时水量调度指令，仅 2003 年旱情紧急调度期的 4～7 月上旬就发布指令性文件147份。在水量调度的工作中，切实加强协商、沟通，在调度关键期或遇到较大分歧时，及时通过座谈、召开协调会等形式处理纠纷、化解矛盾。统一调度以来，共召开了50余次黄河水量调度协调会，较好地处理了各方用水矛盾。不断加大督查力度，采取普遍督查、突击检查、巡回督查、驻守督查和联合检查等方式和手段，逐渐形成日常督查、全面督查和强化督查三个梯次。

水库的联合调度调节了水资源时空分布，工程措施发挥了巨大作用。通过黄河干流龙羊峡、刘家峡、万家寨、三门峡、小浪底水库和支流陆浑、故县、东平湖水库的联合调度，合理地安排水库蓄泄，最大限度兼顾各种用水需求。2001年7月下旬~8月份，利用小浪底水库、小花区间来水保证孙口以上河段不断流；利用东平湖水库退水入黄的流量保证孙口站以下河道不断流的联合调度措施，力挽了黄河多次濒临的断流危机。2002年9月和10月，为完成黄河下游及引黄济津应急供水，实施了从上中游到下游的全河大跨度接力式调水，采取了依次挖掘小浪底水库、万家寨水库水量，然后从上游龙羊峡、刘家峡水库向下游补水的措施，既满足了山东的秋种用水，又保证了引黄济津应急供水的要求。同时，在情况紧急时，调度拦河工程、关闭引水口门都对化解断流危机起到至关重要的作用。实施统一调度6年来，多次利用工程手段保不断流。1999年6月17日24时距离河口400余km之遥的孙口断面只有$28m^3/s$，2000年6月17日14时利津断面流量仅$5m^3/s$，关键时期都是在采取了关闭断面以上所有引水涵闸，才避免了即将发生在孙口、利津等断面断流的发生。

法律规章制度规范了依法调水行为。根据我国的《水法》，制定了更具可操作性的《黄河水量统一调度条例》，目前已由国家发改委和水利部联合上报国务院待批。有关单位根据工作需要制定了大量规章制度，仅黄委就印发实施了《黄河下游水量调度工作责任制（试行）》等10余个办法。为快速、有效应对黄河水量调度突发事件，2003年制定并颁布实施了《黄河水量调度突发事件应急处置规定》和《黄河重大水污染事件应急调查处理规定》等，快速处理了发生在头道拐、潼关、泺口等断面的13起水量调度突发事件，以及发生在兰州、内蒙古自治区等河段的6次水污染突发事件。2003年5月19日兰州河段的污油干管严重漏油事件，从事件发生到核实上报至黄委仅用了十几分钟时间。

科技手段提升快速反应能力和决策水平。水量统一调度靠传统调度手段远不能满足水量调度时效性和现代化的要求。为此，积极开展黄河水量调度管理系统建设，目前一期工程已经完成并投入使用，能够在线监视全河水雨旱情和引水信息，快捷编制各类水量调度方案，为下游河道逐日流量演进提供预警预报，增强了水量统一调度精度和科学性。2002 年黄河下游沿黄地区发生百年不遇的大旱，水资源供需矛盾异常突出，通过运用黄河下游枯水调度模型计算，实时调整小浪底水库下泄，仅冬季就节约水量 14 亿 m^3。已经建成的黄河下游引黄涵闸远程监控系统使 63 座远离郑州的涵闸运行时刻处于监控之中，大大提高了水资源配置监管精度和化解断流风险的控制能力。同时通过对水文低水测验设施改造和补充预报接收系统，提高水文测报、预报的时效性和精度。统一调度以来，年度径流总量预报精度都在规定范围之内；2003 年旱情紧急调度期的 4 月～7 月 10 日，黄河流域主要来水区径流总量预报误差仅 1%。为保证供水水质安全，水资源保护部门增加了实验设备，购置了移动实验室，在重要河段建成了两处水质自动监测站，提高应付水环境突发性、随机性的水污染事故的信息采集和样品处理能力。

经济手段推动了节水型社会的建设。为确保按计划用水，各地在抓好节约用水的同时，一方面征收水资源费，另一方面调整供水价格。根据实际情况，采取了灵活多样水价，包括分段定价，超用水加价等。黄河下游还推行“订单供水、退单收费”，以及工农业用水分开计量、分开收费的制度。为积极探索利用市场手段优化配置黄河水资源的途径，颁布实施了《黄河水权转换实施管理办法》。超耗水量较多的省（自治区），在明晰初始水权的前提下，通过有偿转让方式将灌区农业节水转给工业项目，促进了水资源向高效益产业转移。

（三）统一调度效果

黄河水量统一调度战线长，涉及区域广、部门多，问题复杂。通过采取综合有效措施，实现了黄河连续 5 年不断流，使国务院“八七”分水方案得到进一步落实，保障了区域之间公平用水，最大限度地发挥了黄河水资源综合效益，取得了流域经济社会和生态环境双赢。这是黄河水利委员会落实科学发展观，实践水利部治水新思路，由传统水利走向可持续发展水利的又一生动体现。

1. 水资源配置效果

统一调度优化了水资源配置，耗水开始呈下降趋势。据水资源公报统计，统一调度前（1988～1998 年）黄河年均地表水耗水量为 290.27 亿 m^3，统一调度后为 271.51 亿 m^3，年平均减少 19.76 亿 m^3。

据统计，统一调度以来龙羊峡、刘家峡、万家寨、三门峡、小浪底 5 大水库年均补水量为 40.9 亿 m^3。统一调度前，龙羊峡、刘家峡和三门峡水库在相似来水情况下的平均补水量为 33.9 亿 m^3。统一调度后年均增加补水量 7 亿 m^3（补水量问题上游省区特别是电力部门敏感，建议不提）统一调度还增加了非汛期入海水量，利津水文站非汛期平均水量为 23.0 亿 m^3，增加了 5.5 亿 m^3。

2. 社会效果

通过实施黄河水量统一调度，依法管水，统筹各地区、各部门用水，落实了国务院 1987 年分水方案，在全流域范围内初步建立了公平、规范的用水秩序，水资源开发利用从走向规范、有序。

统一调度基本遏制了黄河断流加剧局面。据初步分析，1999 以来，黄河持续枯水，特别是 1999 年之后的连续三年，黄河花园口站天然径流量都比断流最严重的 1997 年少，2003 年上半年表现更为突出，同期来水只有多年的一半，供需缺口达到 50 亿 m^3，但是，通过加强监督管理，不仅死保了黄河不断流，还维持了河道一定基流，利津断面平均最小流量增加 $16m^3/s$。由于统一调度确保黄河不断流，保证了流域特别是河口地区供水安全，改善了部分供水区的人畜饮水水质条件，优化这些地区投资环境，有力促进了当地经济和社会稳定发展。

统一调度兼顾了各省区、各河段、上下游、左右岸供水，各地区的供水保证程度趋于均匀，超耗水省区的用水量得到有效遏制。统一调度后，有关省、自治区耗水得到有效减少，统筹了地区用水的合理性，协调了上下游、左右岸用水关系。

通过依法管水，合理配置水资源，促进流域省区加大节水和产业结构调整力度，提高了用水效率，各种生产用水定额明显下降。据测算，实施统一调度前的 1997 年，黄河流域平均 GDP 耗水定额为 $560m^3$/万元，到 2003 年降至 $309m^3$/万元，幅度达 45%。水量统一调度还促进水权水市场的建立，目前，已经出台实施了《黄河水权转换实施管理办法》。水量统一调度前，部分省（自治区）在“水从门前过，不引都是过”的传统用水观念束缚下，以需定供，自由引取黄河水；而今，面对总量控制，计划用水，以供定需的水量调度指导方针，一些超耗水量较多的省（自治区），为解决制约区域经济社会发展的“瓶颈”，优化配置已有水权，通过调整产业用水结构，压缩农业用水，将农业节余水量有偿转让给工业项目，不仅扶植了弱势群体农业的节水，还明晰了水权，培育了黄河的水市场。宁夏回族自治区、内蒙古自治区把投资节水与水权转换有机结合起来，目前已有 8 个大型工业项目与灌区签订了水权转换协议，促进了水资源在行业间的优化配置。

3. 生态环境效果

黄河连续5年不断流，初步遏制了流域生态恶化的趋势，流域特别是河口三角洲地区生态环境开始向好的方向发展，黄河生命得到呵护，人与自然关系趋向和谐。

统一调度改变了黄河干流水量的时空分布，使重点河段水质有所改善，水体功能得到提高。兰州断面满足Ⅲ类水质标准的月份统一调度前为75%，统一调度后提高到92.5%，小浪底以下河段各断面满足Ⅳ类水质标准的比例普遍提高10%以上。此外，还避免了黄河复流时下游水污染事件的发生。

水量统一调度的6年间，累计在非汛期增加河道内生态环境水量35亿m^3，平均每年增加入海水量7亿m^3，在一定程度上保证了下游河流生态系统功能的发挥，使黄河真正起到了连通流域内各种生态系统斑块及海洋的“廊道”。据初步估算，由于统一调度后黄河下游具备基本正常的水流条件，受黄河断流破坏的200多km^2的河道湿地得到修复，加上沿黄各地对河道湿地保护，黄河下游河道湿地能够稳定发育。由于统一调度保证了鱼类产卵育幼期的生态环境用水，水生生物的多样性正得到恢复。20世纪80年代消失的黄河鲤鱼又重新在下游成群出现，多年未见的黄河刀鱼也重新出现。

由于河口地区的水量增加，初步扼制了三角洲湿地面积急剧萎缩的势头，对三角洲湿地生态系统完整性、生物多样性及稳定性产生了较为积极的影响。据2004年调查，山东黄河三角洲国家级自然保护区的鸟类数量由统一调度前187种增加到283种；在第二大自然保护区—贝壳与湿地系统自然保护区内，发现有野生珍稀生物459种，比4年前增加了近1倍。三角洲地区植被也呈良性演替。同时3~6月份的营养盐入海通量得到均化，降低了赤潮的发生几率，改善了河口近海水域浮游植物生长条件及鱼类的生存环境，对黄河河口的近海环境生态系统修复起到了一定的积极作用，有利于渤海渔业生产力的恢复。

统一调度使得济南、太原等地地下水位得到恢复，地下水环境明显改善。2003年9月，济南市有“天下第一泉”盛誉地趵突泉从1976年3月停喷后首次恢复喷涌。2003年黄河水首次引水太原后，各个水源地水位均有不同程度上升，与往年同期相比，最高上升了3.23m。

4. 经济效果

统一调度提高了供水安全保障程度，改善了黄河流域经济带的经济发展环境，支撑GDP快速、稳定增长，有力支持了国家西部大开发和中部地区崛起的战略实施。根据中国水科院和清华大学的宏观国民经济分析，如果不实行统一调度，则这 5 年黄河流域及相关地区将累计减少 1544 亿元的 GDP，年均减少 GDP 高达 309 亿元。

随着河道外经济生活用水的增加，河道断流在世界上并不罕见，如科罗拉多河、尼罗河、阿姆河、墨累—达令等著名河流都发生了断流，目前惟有黄河解决了这一难题，解除了世人的忧虑，充分体现了社会主义制度的优越性，表明中国政府有能力在人与自然和谐中实现科学发展，治理好大江大河。这也是流域机构贯彻中央科学发展观的重要体现，也是践行水利部治水新思路的成功实践。

（四）存在问题与建议

黄河水量统一调度尽管取得了显著成效，但由于黄河流域是资源性缺水地区，随着经济社会发展，水资源供需矛盾将更加尖锐，水资源调度任务与难度将越来越高。

为适应经济社会发展对黄河水资源调度与管理的要求，需要不断完善行政、科技、法规、经济等多种措施和手段，建立水量与水质相协调的调控体系，有计划、有重点地逐步实施黄河主要支流水资源统一调度。

建议尽快颁布《黄河水量统一调度条例》，进一步规范水量调度行为。同时呼吁进一步增强流域全社会节水意识，并尽快实施南水北调西线工程，以解决资源性缺水问题，维持黄河健康生命，以水资源的可持续利用支撑黄河流域及相关地区经济社会的可持续发展。黄河是资源性缺水的河流，从长远看，解决黄河断流问题，维持黄河流域永续发展，必须实施南水北调西线工程。

（作者单位：水利部黄河水利委员会）

黑河流域实施水资源统一调度

乔西现　石国安

摘要：黑河是中国第二大内陆河，长期以来，由于人口增长，经济发展，中游地区人类活动用水量增加，致使进入下游水量急剧减少，导致森林死亡、草场退化、沙漠化扩展，成为中国北方地区沙尘暴的主要沙源地之一。为保护人类赖以生存的生态环境，国家决定加大黑河流域治理力度，实施流域水资源统一管理。在水利部、黄委会的正确领导和流域各省（自治区）积极配合下，历经艰苦努力，使进入下游地区水量由7.3亿m^3逐年增长，并如期实现了国务院的分水目标，于2002年7月和9月两次调水进入干涸10年之久的东居延海，2003年9月调水进入干涸42年之久的西居延海，使这片已成为沙漠的老湖区再现生机，取得了水量调度的阶段性进展和显著的生态环境效益。同时，探索了内陆河流域治理和水量统一调度的模式，配合了社会的建设和水权制度的建立。本文简述了黑河水量统一调度的必要性，重点介绍了实施调度的技术路线、行政措施和调水效果等。

一、实施黑河水量统一调度的必要性

黑河是我国第二大内陆河，发源于青藏高原北部祁连山北麓，流经青海、甘肃和内蒙古3省（自治区），干流全长约821km，流域面积14.29万km^2。流域分为东、中、西3个子水系，其中西、中部子水系与干流已脱离水力联系。东部子水系——即干流水系流域面积11.6万km^2，包括梨园河等20多条支流在内，通常所说的黑河流域即指东部子水系。黑河在祁连山出山口莺落峡以上为上游，河道两岸山高谷深，河床陡峻，气候阴湿寒冷，植被较好，多年平均气温不足2℃，年降水量350mm，干流莺落峡断面多年平均河川径流15.8亿m^3。莺落峡至正义峡为中游冲积平原区，光热资源充足，自古以来就是重要的农业灌区，但干旱严重，年蒸发能力达1410mm，年均降水量为140mm，年际变化大，年内分配不均，主要集中在6~9月，占全年降水量的72%。正义峡以下为黑河下游，属阿拉善高平原荒漠干旱区和极端干旱亚区，降水量极少，多年平均降水量为47mm，年蒸发能力高达2250mm，干旱指数最高达82；下游河道自狼心山断面以下分为东河和西河，两河分别通向其尾闾湖泊——东、西居延海。

由于受气候和人类活动的影响，流域水资源与当地人口、经济社会发展和生态环境需要极不相称。据历史记载，黑河中游地区汉代仅8万~9万人，灌溉面积约7万亩，到2001年，中游地区总人口增加到121万人，灌溉面积增加到334万亩，总人口和灌溉面积分别是建国初的2.2倍和3.2倍。伴随着中游地区人口的增长和经济的发展，用水量也迅速增长，致使进入下游的水量由建国初的11.6亿m^3减少到90年代后期的7.3亿m^3，加之沿途灌区用水和河道水量损失等，实际进入下游额济纳绿洲下段的水量仅有3亿~5亿m^3。黑河下游额济纳绿洲是西北地区重要的生态屏障，进入绿洲水量的锐减直接造成了绿洲的退化、沙化，造成下游地区河道断流加剧，湖泊干涸，地下水位下降；1958~1980年间，胡杨、沙枣、梭梭和柽柳等面积年均减少约3.9万亩；80年代~1994年间，下游地区覆盖度大于70%的林灌草地面积减少了约78%，覆盖度介于30%~70%的湖盆、低地、沼泽草甸及4、5级草地减少了约40%，覆盖度小于30%的荒漠草地和戈壁、沙漠面积却增加了68%；土地沙化导致了沙尘暴危害加剧，1993年5月5日，以阿拉善地区为重要沙源地的特大沙尘暴，致使农作物受灾560万亩。1987~2000年间，黑河下游植被覆盖率减少了28%，植被不仅在数量上减少，而且质量也在下降，其中以湿生植被、梭梭林退化最为严重，这与进入黑河下游的水量急剧减少是密切相关的，黑河下游植被的演替表现为显著的逆行演替特征，生态系统的生命支持能力逐渐下降，如果不加强黑河流域的综合治理和水量统一调度，黑河下游将进一步向荒漠化方向发展。2000年我国北方发生8次沙尘暴天气，该地区即为重要沙源之一。

为遏止下游生态环境不断恶化趋势和解决突出的水事矛盾，1992年国家计委批准了黑河干流水量分配方案，1997年在1992年方案的基础上，经国务院同意，水利部批准了不同来水年份黑河干流水量分配方案，但由于没有相应的管理机构和管理办法，也没有进行综合治理以确保水量分配方案的实施的工程措施，因此，国家批准的水量分配方案并未得到真正的落实，黑河下游生态环境继续恶化。1999年中编班批准成立黑河流域管理局，2000年黄委正式组建了黑河流域管理局，2001年国务院批复了《黑河流域近期治理规划》，提出用三年时间实现国务院批准的黑河流域分水方案，尽快遏止生态环境恶化的趋势，黑河干流水量统一调度就是确保国务院批复的《黑河流域近期治理规划》的重要管理措施之一，是遏止黑河下游生态环境继续恶化、配合黑河流域近期治理目标实现的重要措施。因此，2000年6月19日黑河流域管理局进驻张掖水量调度工作现场，正式启动干流水量统一调度工作。

二、黑河水量调度情况

实施黑河水量统一调度5年来，在流域内各省（自治区）大力支持和配合下，根据近期治理工程建设情况，按照分步实施、逐步到位的原则，连年完成分水任务，2003年实现了国务院批准的黑河分水目标，连续3年6次输水进入干涸10年之久的东居延海，2003年还将宝贵的黑河水调入干涸42年之久的西居延海。特别是2004年，不仅超额完成了年度调水任务，实现了“两个确保”的工作目标，而且两次调水入东居延海，累计入湖水量5220万m^3，最大湖面面积35.7 km^2，入湖水量和湖面面积均达到了12年来最大值。

（一）水量调度方案的制定

1. 方案编制与调度的依据

编制黑河水量调度方案，实施黑河水量调度的依据是“九二”、“九七”黑河干流水量分配方案、《黑河干流水量调度管理暂行办法》和《黑河干流省际用水水事协调规约》。

(1)“九二”水量分配方案。

所谓“九二”黑河干流水量分配方案，是指1992年12月，国家计委以计国地［1992］2533号文“关于《黑河干流（含梨园河）水利规划报告》的批复”，即：“在近期内，当莺落峡多年平均河川径流量为15.8亿m^3时，正义峡下泄水量9.5亿m^3，”其中分配给鼎新片毛水量0.9亿m^3，东风水库0.6亿m^3。远期要采取多种节水措施，力争正义峡下泄10亿m^3。

(2)“九七”水量分配方案。

所谓“九七”黑河干流水量分配方案，是指1997年12月，经国务院审批，水利部转发的“关于实施《黑河干流水量分配方案》有关问题的函”（水政资［1997］496号），即：“在莺落峡多年平均来水15.8亿m^3时，分配正义峡下泄水量9.5亿m^3；莺落峡25%保证率来水17.1亿m^3时，分配正义峡下泄水量10.9亿m^3。对于枯水年，其水量分配兼顾两省（自治区）的用水要求，也考虑甘肃省的节水力度，提出莺落峡75%保证率来水14.2亿m^3时，正义峡下泄水量7.6亿m^3；莺落峡90%保证率来水12.9亿m^3时，正义峡下泄水量6.3亿m^3。其他保证率来水时，分配正义峡下泄水量按以上保证率水量直线内插求得。”同时指出：“重大问题决策以后，由地方政府负责具体贯彻执行，并纳入行政首长负责制。”

(3) 黑河干流水量调度管理暂行办法。

水利部于2000年6月14日颁布了《黑河干流水量调度管理暂行办法》（水资源［2000］221号），这个办法对黑河水量调度的范围、原则、权限及监督检查，都作了具体规定，明确指出，黑河干流年内各时段水量调度方案，由黄河水利委员会黑河流域管理局制定，两省（自治区）负责实施。该办法自为维护黑河水量调度的正常秩序，发挥了重要作用。从几年来的调度实践和当前水调工作的发展需求来看，急需对该办法进行补充、修改和完善。

（4）黑河干流省际用水水事协调规约。

《黑河干流省际用水水事协调规约》，是黑河流域管理局会同甘肃、内蒙古两省（自治区）水利厅，经过充分协商，共同制定的。规约要求成立水事协调小组，小组成员实行代表制，首席代表是各方水量调度的全权代表。规约对代表的组成、任命及协调会议的组织形式做了明确的规定，使省际用水水事协调工作有了基本的行为规范。

2. 年度水量调度预案的编制

（1）上年度水情分析。

根据上年度来水总量及正义峡年实际下泄水量，计算正义峡年下泄水量偏离值，并按照水量结算规则，先行结算上年度正义峡年下泄水量偏离值。

（2）莺落峡年来水量预估。

编制年度水量调度预案时，前期莺落峡断面来水量按实测值结算，余留期按多年平均值预估。依次计算莺落峡年来水量预估值。

（3）确定正义峡年度下泄水量及6～11月控制指标。

根据预估的莺落峡年来水量，确定正义峡年度下泄水量。同时确定6～11月各月正义峡下泄水量和偏离值的控制指标。

（4）鼎新片等用水户分配水量。

按照正义峡下泄水量，同比例计算各用水户年度水量。

年度水量调度预案，由黑河流域管理局负责编制，并经流域有关省（自治区）和有关单位协商、讨论后，报请水利部批准实施。

3. 月水量调度方案的编制

依据水利部批准的年度水量调度预案和实时水情，关键调度期，每月5日前发布当月水量调度方案，并根据莺落峡实际来水情况，按旬进行调整，滚动修正各月调度指标。

（1）正义峡前期下泄水量偏离值估算。

正义峡前期下泄水量控制指标与实际下泄水量的差值，即为前期下泄水量偏离值。当来水偏丰时，前期应下泄水量比重较均值情况下偏小；当来水偏枯时，前期应下泄水量比重较均值情况下偏大。其比值变化一般为±10%。

（2）莺落峡年来水量滚动预估。

基于6月底以前实测资料，余留期来水按多年均值考虑；基于7、8月底以前实测资料，应根据前期来水情况及对未来天气形势的分析，确定余留期来水量预估值，一般情况下，余留期来水可按均值考虑；但应根据实际情况，随时采取调整措施。

（3）余留期各月下泄水量指标。

根据莺落峡年来水量预估值，确定正义峡年下泄水量预估值；估算的正义峡年下泄水量减去前期实际下泄水量，其差值按多年平均情况下正义峡下泄水量过程分配到余留期各月，即为余留期各月正义峡下泄控制指标。

月水量调度方案，由黑河流域管理局负责编制，并经流域有关省（自治区）和有关单位协商、讨论后，由黑河流域管理局负责发布实施。

（二）水量调度的基本原则

1. 年总量控制原则

根据国务院和有关部门批准的分水方案，对正义峡下泄水量和鼎新片等各用水户用水量实行年总量控制下的水量结算方法。在实时调度中，各时段水量分配关系仅作为参考。

2. 平行线原则

实施黑河水量分配，按照分步实施、逐步到位的原则，在正义峡分配下泄水量指标到位以前，年度分水采用平行线原则，即按1997年国务院批准的水量分配方案，莺落峡～正义峡年度分水关系线向下平移，作为逐步到位时当年的分水关系线；当莺落峡多年平均来水量为15.8亿m^3，相应正义峡下泄指标四年按8.0亿m^3、8.3亿m^3、9.0亿m^3、9.5亿m^3逐步到位。

3. 逐月滚动修正原则

根据调度年内已发生时段的来水和断面下泄情况，对余留期的调度计划进行滚动修正，逐步逼近年度分水方案。

4. 年际间调度水量偏离值“多退少补”原则

中游水量调度采用断面水量累计结算的基本方法，同时遵循允许误差规则，即对于方案中确定的正义峡年下泄水量指标，实时调度中少下泄水量允许存在不大于2%的误差，对于多下泄水量造成的误差不作明确界定，调度误差值在下一调度年应先行结算，多退少补。特殊情况，少下泄水量允许存在不大于5%的误差，但需报请水利部批准。

（三）水量调度主要措施

目前，黑河水量调度主要是依靠单一的行政手段。在工程手段、法律手段、经济手段和科技手段还不完备的情况下，必须进一步明确流域各省（自治区）、有关单位和流域机构的职责，强化行政管理措施，充分发挥行政手段在调水中的作用。

1. 明确各单位、各部门的职责，实施并强化地方行政首长负责制

作为流域机构，其主要职责是：方案编制、组织协调和监督检查。即：负责编制流域的水量调度方案，组织协调省际水量调度用水矛盾；负责组织流域内重要水文控制站的监督工作，及时发布水情信息；监督检查流域省（自治区）、有关部门的水量调度方案执行情况。

黑河水量调度，实施的是地方行政首长负责制。甘肃省、内蒙古自治区人民政府的行政长官，对黑河调水负责。按照分级管理、分级负责的原则，各级人民政府应层层签订目标责任，加强监督管理，确保调度任务的全面完成。地方水行政主管部门，应依据上级主管部门批准的《年度水量调度方案》，编制本辖区的黑河干流调度方案实施意见，并具体组织实施。在实施过程中，要加强管理，强化监督检查，确保调度任务和各项调度措施落到实处。

2. 在黑河水量调度关键期，适时采取“全线闭口、集中下泄”措施

每年的7月1日~11月10日，是黑河水量调度的关键期。在目前情况下，在关键调度期，适时采取“全线闭口、集中下泄”措施，是完成年度任务的重要保证。因此，在兼顾中游用水的同时，必须全面落实闭口时间和要求，保证闭口效果。

根据黑河干流年内径流分布特点，为确保完成调度指标，从9月1日起，实施“全线闭口，集中下泄”措施，直至完成当年调度任务。

3. 加强水文测报工作

水文测报是水量调度的依据和支撑。流域内有关水文部门在制定工作预案的同时，采取切实有效措施，进一步加强水情测报工作，及时做好上下游水量对比分析，提高测报精度，满足水量调度的要求。

根据水量调度工作需要，莺落峡、正义峡、哨马营、狼心山4站，关键调度期水情每日1报；“全线闭口、集中下泄”期间和洪水过程的水情，莺落峡、正义峡两站每日按6段制拍报，哨马营、狼心山两站每日按4段制拍报。同时，要加强东居延海入湖水量及湖区水情的测报工作。当有水进入东居延海时，每日报告一次入湖流量、累计入湖水量及湖面面积；无水进入时，每10日报告1次蓄水量及湖面面积。

4. 坚持电调服从水调的原则，并落实具体措施

上游梯级电站蓄水和运行，直接影响到黑河水量调度工作。为确保调水任务的完成，维持水量调度正常秩序，要坚持电调服从水调的原则，强化对上游梯级电站开发的管理，认真落实“电调服从水调”的具体措施，严格执行水量调度指令，为黑河调水服务。

在调水期间，西流水电站、龙首电站、龙渠电站等应将调度计划（水调部分）及与水量调度相关的资料及时报送黑河局。

5. 强化协商协调机制，加强监督检查工作

通过黑河水资源统一管理与调度实践，逐步建立了黑河水量调度协调机制。出现问题，要严格按照协调机制的要求进行，凡经协调会议议定的事项，各方均不能单方面做出改变。协调

未果的报上级主管部门继续进行协调。具体执行中要加强协商、协调与沟通，严肃水调纪律，严格执行流域机构调度指令，自觉维护黑河水量统一调度严肃性。为确保调度指令的贯彻实施，地方各级部门要落实专人，加强辖区用水的管理和监督检查，采取有效措施，减少“跑冒滴漏”，杜绝违规引水。关键调度期，黑河流域管理局，要对有关省（自治区），有关单位和部门，重要引水枢纽和引水口门的水量调度执行情况，进行重点检查和不定期抽查，检查及抽查情况应及时通报。同时，要进一步建立健全水量调度法规体系，进一步完善监督检查管理办法，加大对水量调度违规事件的查处力度，维护黑河水量统一调度的正常秩序。

三、调度效果

5 年的黑河干流水量的统一调度，使随着进入下游地区水量的逐年增加，产生了巨大的生态环境效益和社会效益，遏止了黑河下游生态环境不断恶化的趋势，生活、生产、生态用水得到合理的配置，探索了内陆河水资源统一管理与调度模式，配合了内陆河干旱地区节水型社会的建设和水权制度的实施。

（一）探索了内陆河水资源统一管理与调度的模式

全面完成年度水量调度任务具有重要的现实意义，这不仅是黑河 3 年综合治理成效的具体体现，而且是黑河流域成功践行水利部党组治水新思路、以水资源可持续利用支撑区域经济社会可持续发展的重要标志。实施黑河水量统一调度以来，初步建立了流域统一管理与区域管理相结合、统一管理与分级负责相结合的管理体制，在国内河流的流域管理中创新性的实行了水量调度首席代表制，制定了《黑河干流省际用水水事协调规约》，对代表的组成、任命及协调会议的组织形式等做了明确的规定，使省际用水水事协调工作有了基本的行为规范，明确了流域管理机构和地方各级水利部门在水量调度中的责任和权利，强化了协商协调机制，通过成立联合督查组和加强与高层协商协调，为建立流域有效协调协商机制积累了新经验，也为探索内陆河流域水资源统一管理新模式进行了有益的尝试。

（二）黑河下游来水量明显改善

1. 下游河道过水长度增加

5 年的水量统一调度，使黑河下游河道过水长度显著增加。2000 年 8 ~9 月份实施的 3 次调水、2001 年实施的二次调水，都使额济纳腹地达赖库布镇以上河段全线过水，枯水年份实现这一目标，在近 10 年从未出现过；2002 年 7 月和 9 月实施了两次调水，使干涸已久的东居延海两次进水，并使东居延海以上全干流过流时间长达 43 天；2003 年 7、8 月和 9 ~10 月 3 次调水，不仅使干涸的东居延海两次进水，全河段过流时间达 29 天，而且使干涸 42 年之久的西居延海进水，全河段过流时间达 27 天。河道过水长度的显著增加，使得黑河下游河道两岸在宽度和长度上有更多的区域进水，地下水位得到补充和恢复。

2. 下游河道过水量明显增加

1992 年、1997 年和 2001 年，莺落峡断面年来水量分别为 13.2 亿 m^3、13.8 亿 m^3 和 13.1 亿 m^3，均属枯水年，年来水过程也基本相似；狼心山年过水量分别为 1.84 亿 m^3、2.09 亿 m^3 和 2.17 亿 m^3，其中关键调度期，过水量分别为 0.20 亿 m^3、0.27 亿 m^3 和 0.88 亿 m^3。以 2001 年与 1992 年比较，时间经过 9 年，在中游地区人口增加、需求增长的情况下，进入额济纳旗的年水量不仅未减少，反而增长 18%，其中调度期增长更为明显，达 4 倍以上。

3. 下游河道断流天数显著减少

1995 ~1999 年，平水或偏枯年份黑河下游狼心山断面断流 230 ~250 天左右，实施统一调度后，2000 年断流 212 天，2001 年断流 203 天，断流天数减少近 40 天；2002 年断流 176 天，断流天数减少近 70 天；2003 年断流 157 天，断流天数减少 90 天。在来水极为不利的 2004 年，狼心山断面断流 158 天，断流天数减少 89 天。

4. 使干涸多年的东、西居延海形成一定的水面

5 年统一调水，6 次调水进入到干涸 10 年之久的东居延海并

形成一定的水面，入湖水量累计达1.4391亿m^3，特别是2004年8、9月份，在来水极为不利的情况下，连续两次输水进入东居延海，累计入湖水量约0.5220亿m^3，最大水域面积约35.7km^2，入湖水量和湖面面积均为12年来最大值。同时还根据水情情况，2003年使得干涸42年之久的西居延海进水，累计入湖水量约0.2723亿m^3。

（三）有效改善了下游生态环境

实施黑河水量统一调度以来，随着正义峡断面下泄水量的增加，下游生态环境得到了有效改善。

1. 草场退化趋势得到遏制，植被种类增多，覆盖度提高

据草原动态监测数据显示：额济纳河上游巴彦宝格德苏木胡杨、沙枣和柽柳草场，2004年植被覆盖度较2000年的40.6%提高了18.3%，达到58.9%，植株高度平均增长了4.63cm；原有退化草场已大面积得到恢复，牧草品种增多，100m^2牧草种数增加了5种；额济纳河下游的人工沙枣林也比未灌溉前有明显改观，郁闭度达到0.9以上，100m^2内植物种数有12种，草场植株个体高度由原来的42cm增长到75cm，植被覆盖度由原来的40%提高了28%，达到68%。

2. 濒临枯死的胡杨柽柳开始复苏

额济纳旗境内黑河19条支流总长约1105km河道得到浸润，沿河两岸约30万亩濒临枯死的胡杨柽柳得到了抢救性保护，胡杨林面积由39万亩增加到44万亩，怪树林内部分枯死多年的胡杨、红柳根部也吐出了幼苗。围栏封育的30万亩胡杨林更是得到了复壮更新的机会，胡杨根蘖苗日渐繁盛，经调查，200m^2的抽查区域新生幼苗41株。

（四）促进了流域节水型社会的建设和水权制度的建设

实施黑河水量统一调度，有效的配合了流域内节水型社会试点的建设，使得以“总量控制、定额管理、以水定地、配水到户、公众参与、水票运转、城乡一体”的水权制度建设的运行机制和体制的得以建立，促进了干旱缺水地区节水型社会的

开展。

（五）使生活、生产和生态用水得到了合理配置和保证

黑河水量调度工作在基本保障沿河地区工农业生产用水的基础上，有效缓解了中游地区下段和鼎新灌区农业灌溉用水紧张状况；下游地区生态环境恶化趋势得到改善。据统计，2000～2004年进入狼心山断面以下额济纳绿洲的水量达到21.43亿m^3。

四、展　　望

5年的黑河水量统一调度，取得了阶段性进展和显著的生态环境效益，积累了一定的经验，但按照“维持河流健康生命”新理念的要求，黑河水量统一调度依然面临着严峻的形势和困难：一是调度手段单一；二是干流缺乏骨干调蓄工程；三是引水缺乏有效的监控手段；四是水文测验、预报手段落后；五是基础条件差、基础研究薄弱，难以满足“精细调度”的要求等，黑河水量统一调度任重而道远。

展望未来，黑河水量统一调度工作将会实现更大的突破，取得更加有效的业绩。一是黑河水量调度的管理体制和运行机制将会进一步健全和完善，流域统一管理与区域管理相结合的内陆河流域管理模式得到进一步完善；二是随着“先进、实用、可靠、高效”的黑河水量调度管理系统建设，将进一步提高黄河水量调度科技水平和现代化手段；三是黄河水量调度的法律法规体系将不断健全，流域协商协调机制将更加规范依法管理、依法调度将进一步加强；四是随着黑河流域二期规划的实施和黄藏寺、正义峡等水利枢纽的建设，有效的黑河水量调度工程体系将进一步完善；五是随着流域内节水型社会建设的深入和水权制度的建立，水量调度的综合手段将进一步得到加强；六是各项基础工作深入开展，水量调度的科学水平将会进一步提高。黑河流域综合治理和水量统一调度，正向健康、科学、合理的方向迈进。

（作者单位：水利部黄河水利委员会黑河流域管理局）

塔里木河流域加强水资源统一调度管理

（2004 年 2 月）

塔里木河是我国最大的内陆河，流域位于新疆南部，总面积 102 万 km^2。塔里木河流域水资源开发利用和生态环境保护，不仅关系流域自身的生存和发展、民族团结、社会安定、国防稳固的大局，也关系到西部大开发战略的顺利实施，战略地位十分重要。加强流域水资源的统一调度、管理，是确保全流域经济、社会和生态环境协调发展的重要保证。2000 年起自治区在流域全面开展了限额用水工作，2002 年又第一次实施了塔里木河流域水量统一调度。几年来，在自治区党委、人民政府的正确领导下，在水利部、黄河委、水利厅的关心、支持下，在流域各地（州）、兵团师和有关部门积极配合下，流域水量统一调度工作取得了实质性进展，2003 年全流域首次从总体上完成了年度水量调度任务；促进了流域管理与区域管理相结合的水管理体制的建立和完善；抓住有利时机，先后成功地实施了 5 次从博斯腾湖向塔里木河下游应急输水；较好地协调了源流与干流，干流上、中、下游之间的用水矛盾，按计划保证了生活、生产用水，补充了生态用水，最大限度地发挥了流域水资源经济、社会与生态环境的综合效益。

下面，就几年来塔里木河流域水量统一调度管理工作情况汇报如下：

（一）实施流域水资源统一调度管理是确保流域经济、社会与生态环境可持续发展的必然选择

塔里木河被誉为新疆各族人民的母亲河。塔里木河流域是

环新疆塔里木盆地的阿克苏河、喀什噶尔河、叶尔羌河、和田河、开都河—孔雀河、迪那河、渭干河与库车河、克里雅河和车尔臣河等9大水系144条河流的总称，流域总面积102万km^2（国内流域面积99.6万km^2），其中山地占47%，平原区占20%，沙漠面积占33%。流域内有5个地（州）的42个县（市）和新疆生产建设兵团4个师的55个团场。1998年，流域总人口825.7万人，其中少数民族占流域总人口的85%，是以维吾尔族为主体的少数民族聚居区。流域多年平均天然径流量398.3亿m^3（国外入境水量63亿m^3），主要以冰川融雪补给为主，不重复地下水资源量为30.7亿m^3，流域水资源总量为429亿m^3。塔里木河流域深居内陆，气候干旱，降雨稀少，蒸发强烈，水资源相对贫乏，生态环境脆弱。随着人口增加，经济社会的发展，水资源的无序开发和低效利用，致使源流向干流输送的水量逐年减少，水质不断恶化，下游近400km的河道断流，1972年尾闾台特玛湖干涸，大片胡杨林死亡，生态环境日趋恶化，已成为制约流域经济社会和生态环境可持续发展的主要因素。

塔里木河流域生态环境劣变的问题，得到了党和国家的高度重视。按照国家实施西部大开发战略的要求和朱镕基总理关于在5~10年期间要使塔里木河流域的生态环境建设取得突破性进展的指示精神，2001年6月27日，国务院正式批准实施了《塔里木河流域近期综合治理规划报告》，提出了把生态建设和环境保护作为流域综合治理的根本，以水资源的合理配置、高效利用和有效保护为中心，源流与干流、上游与下游、左岸与右岸统筹考虑，工程措施与非工程措施紧密结合，强化流域水资源统一管理和调度，突出抓好节约用水，全面进行流域综合治理的指导思想。计划用5~6年时间，投资107亿元，通过源流灌区工程改造，节约用水，干流河道治理、退耕封育保护、流域水资源统一管理和调度等措施，增加各源流汇入塔里木河的水量，在多年平均来水情况下，保证塔河下游大西海子断面以下断流河段年下泄 3.5 亿 m^3 的生态水量的近期综合治理指标。

国务院在《关于塔里木河流域近期综合治理规划报告的批复》中明确提出："加强流域水资源统一管理和科学调度是塔里木河流域近期综合治理的关键"。目前，塔里木河流域近期综合治理的各项工程已经全面展开，在加快工程治理措施的同时，我们也进一步加强了水资源的统一管理，这是实现流域水资源合理配置，改善塔河下游生态环境，维护整个流域经济、社会和生态环境可持续协调发展的重要手段，是塔里木河流域近期综合治理重要的非工程措施之一。塔里木河流域水量统一调度是一项全新的、开创性的工作，关系重大，意义深远。同时实施流域水量统一调度是一个复杂、艰难的过程。主要表现在以下几个方面：

一是塔里木河流域属综合型缺水，流域既有工程型缺水、管理型缺水，同时也存在资源型缺水问题，且水资源时空分布不均，水资源主要集中在西部，东部稀少，水量主要集中在 7、8、9 三个月。全流域气候干旱，降雨稀少，蒸发量大，加之控制性调蓄工程不足，致使水资源供需矛盾尤其突出。

二是多年来，人们已经形成了根深蒂固的用水观念，总认为，水是天上下来的，想什么时候用，就什么时候用，想用多少，就用多少，"水自门前过，谁引都没错"。而且用水粗放，灌溉方式落后，习惯于"大水漫灌"，水资源浪费严重，对计划用水难以接受。没有考虑生态用水，生产用水挤占了生态用水。

三是塔里木河流域地跨自治区 5 个地（州）和兵团四个师，国民经济与生态系统之间、地区间和部门间用水矛盾尖锐，但长期以来在管理体制上存在部门分割、条块分割、各自为政的弊端，且法规不健全，流域内整体与局部以及上下游关系协调和利益调整极为复杂，流域管理问题较为突出，水资源统一调度管理难度很大。

四是流域范围大，自然条件恶劣，交通不便，许多地方车辆难以到达。流域基础工作薄弱，1321km 的塔河干流仅有 2 座国家水文监测站，从而给水资源统一调度管理带来了极大的困难。

正是由于存在着上述问题，要实现流域水资源的合理配置、高效利用，确保完成国务院确定的近期综合治理目标，加强流域水资源的统一管理、统一调度就成为了历史的必然选择。

（二）制定流域水量分配与调度方案，精心组织，精心调度，确保实现流域水量调度任务

1. 制定科学、合理的流域水量分配与调度方案，为流域水量统一调度与管理提供基本的依据

水量分配方案和年度水量调度预案是进行流域水量统一调度的基础，也是水资源管理的一项十分重要的工作。依据国务院批准的《塔里木河流域近期综合治理规划报告》及水利部审查通过的《塔里木河工程与非工程措施五年实施方案》，按照自治区的安排，塔管局成立了专门的水量分配与调度工作小组，负责具体编制水量分配方案等工作。为使编制成果科学合理、操作性强，工作组先后赴黄河、黑河流域进行考察、学习其水量分配与调度经验，对阿克苏河、叶尔羌河、和田河进行实地调研，了解水利工程和用水状况。经过认真分析研究，借鉴黄河和黑河流域水资源调度管理的成功经验，同时结合塔里木河流域的实际情况，相继制定、编制完成《塔里木河流域水量统一调度管理办法》、《塔里木河流域“四源一干”地表水水量分配方案》、《塔里木河流域“四源一干”水量调度方案》等，并已经自治区人民政府批准实施。

塔里木河流域确定的水量统一调度原则是统一调度，总量控制，分级管理，分级负责，分步实施，逐步到位。水量调度的总体思路，就是依据自治区批准的塔里木河流域水量分配方案，结合目前流域各地州、兵团师的现状耗水量均超出规划年分配水量的实际，通过加强管理及实施流域综合治理工程措施，确定年度节水指标，每年 12 月份，由塔管局代表自治区提出下

一年度水量调度预案，经塔委会常委会审批后发布执行。执行过程中再根据实际来水、用水情况，进行月旬调整，关键调度期6～9月份按旬进行调度。水量分配方案和水量调度预案是流域水量调度与管理的重要依据。

2. 建立健全流域各级水量调度机构，完善规章制度

根据流域水量统一调度工作的需要，塔管局成立了水量调度领导小组，由主管副局长任组长，并按照“专人、专办、专职、专责”的要求，成立了专门的水量调度办公室，抽调熟悉情况的业务骨干、配备调度专用设备负责具体调度工作。流域各地州、兵团师根据塔管局的要求，也都成立了水量统一调度领导小组及水量调度办公室，安排专职技术人员负责本辖区的水量调度，做好水量调度指令的上传下达及引水量实测资料的上报。初步建立了水量调度制度，加强水调管理，逐步理顺了水调程序，从组织和制度上保证了水调工作的正常开展。

3. 加强和完善水量监测工作，为水量调度提供科学依据

为了确保流域水量调度工作的顺利实施，塔里木河流域水利委员会执委会专门下发“关于加强塔里木河流域重要水量控制枢纽（闸）统一监测、监督管理的通知”，明确了各源流及干流由塔管局监测、监督管理的重要水量控制断面或水利工程枢纽（闸）。塔管局按照水文测验规范对涉及有关地方和兵团分水、源流向干流输水的重要水量控制断面下达了监测任务书，委托水文部门进行监督、监测，同时派人进驻现场监督、检查，监测数据由水文部门、用水单位、塔管局3家共同签字后生效。

在塔里木河干流上、中游，塔管局设立了26个引水口水量测验断面，安排专职人员驻点测水。在地处偏远，环境艰苦，点多战线长等不利条件下，克服重重困难，全年度开展监测工作，结束了长期以来塔里木河干流引水无法准确计量，无人管理的历史，控制了塔里木河干流上、中游90%以上的引水量，真正摸清了塔里木河上中游的实际引水量，为编制科学合理的塔里木河干流水量调度预案，调整和下达调度计划提供了准确

可靠的实测数据。

4. 严格按调度预案实施调度，加强调度管理

塔里木河流域水资源统一管理和水量统一调度是一项十分重要且艰巨、复杂的工作，流域水量调度一开始，我们结合流域的实际，提出了“坚持原则，顾全大局，科学调度，公正协调”的指导思想，并按照“科学预测，精心调度，强化监督，加强协调”的要求，开展水量调度工作。塔里木河流域水量实行年计划月调节旬调度的调度方式，按照水量调度预案的规定，汛期需逐旬调度水量。每旬初，各用水单位克服重重困难，按照调度预案的要求及时向塔管局上报上一旬引水量实况，塔管局根据水文部门上报的上一旬断面实测水量和用水单位上报的引水量，结算上一旬水账，然后按照滚动修正、多退少补的原则，依据当旬断面预报来水量情况，制定当旬水量调度计划，于当旬的前两天下达调度指令。对于下达的调度指令，各地州、兵团师各级水量调度部门都能及时分解计划指标，并能认真执行用水计划，保证了调度工作按计划正常进行。

在2003年实时调度期，密切关注各流域水情变化，严格按照《塔里木河流域2003年6~9月水量调度预案》，进行滚动分析计算，调整当旬计划并下达调度指令。实时调度期共下发月、旬调度指令70份，针对不同时段出现的具体调度问题，下发调度文件27份。同时，为了增加水量调度工作透明度，加强社会舆论监督，编发《塔里木河水调简报》4期，上报水利部、自治区，下送到各用水单位，及时通报水量调度工作进展情况，反映调度中存在的问题，使各级领导及时掌握塔里木河流域水调工作动态，大大增强了用水单位执行调度指令的自觉性和积极性。

通过几年来流域水调工作的实践，我们认识到作好以下3个方面工作是实现流域水量统一调度管理的重要保证：

一是各级领导高度重视，是做好水量调度管理工作的首要前提。水量统一调度工作是塔里木河流域近期综合治理重要的

非工程措施之一，关系到近期综合治理的成败，国家及自治区领导对此高度重视，多次对流域水量统一管理和调度工作做出重要指示和批示。2003 年 9 月，钱正英同志到新疆考察在与自治区领导座谈时明确提出："要强化流域水资源的统一管理，塔管局要对流域内的用水单位实施用水总量的管理"。中共中央政治局委员、自治区党委书记王乐泉在听取塔河综合治理工作汇报时指示"塔管局要像黄委会一样，把沿河的闸都管起来，设一些自动监控的设施，把水量控制起来"。自治区副主席熊辉银多次针对水调工作中出现的具体问题及时作出批示。水利部、黄委会多位领导和有关司局领导到塔河调研、考察时，也都对流域水调工作进行了指导、协调。领导的关心和支持为顺利完成水量调度任务起到了关键作用。

做好水量统一调度工作，还需要各地州、兵团师的共同努力、密切配合。在近期综合治理已建工程尚不能充分发挥节水效益的情况下，各地（州）、兵团师领导能够顾全大局，站在讲政治的高度，服从流域水量统一调度管理，严格执行调度指令。多数地（州）、兵团师主管水利领导亲自担任水量调度领导小组组长，亲自抓用水协议执行和水量调度工作，为水量调度提供了强有力的组织保证。

在加紧组织实施流域近期综合治理工程建设的同时，几年来塔管局始终把水量调度管理作为一件中心工作来抓，要求全力以赴，抓紧抓好。指派一名副局长专职负责水量调度工作，同时针对不同的调度阶段和调度要求，局党委多次及时组织召开水量调度专题局务会议，研究调度方案和调度措施，及时决策，并进行总体部署和详细安排。各级领导的高度重视，是做好水量调度工作的首要前提。

二是推行责任制，实行目标考核是实现水量调度管理目标的有效措施。为确保完成年度水量调度任务，每年年初，自治区都要召开塔里木河流域水利委员会常委会会议，全面安排部署流域水量调度工作，并由自治区副主席与流域各地州、兵团师签订年度用水协议书，明确目标与责任。各地州、兵团师也都将年度用水指标层层分解，层层落实，由地、州、兵团师一级主管领导与所辖各县、市、团场签订责任状，县、市、团场与所辖各乡场签订责任状，并将完成目标的好坏作为各级党政领导年终业绩考核的一项内容，进一步促使各级领导积极采取措施落实年度用水指标，从制度上保证了调度目标的实现。同时，在自治区每年召开的塔委会常委会会议上，及时总结流域水调执行情况，对超用水的地、州、兵团师在全流域予以通报批评，给予经济处罚，并追究有关领导的责任。

2003 年阿克苏地区在执行水调工作中，为确保水调工作的顺利实施，地区行署先后召开了四次会议，就水调工作进行专题安排部署和研讨，地区与各县市，地区水利局与各县市水利局都分别签订了用水协议，并建立了责任追究制度。2003 年 9 月在水量调度关键期，对延误执行水量调度指令的乌什县水利局局长，及时将其调离水利工作岗位并降级使用，保证了水量调度指令的贯彻执行。和田地区水利局抽调 7 人，成立了专门的水调办公室，并加强了各级水管人员的培训、学习。建立严格的岗位责任制管理，推行各级水管人员执行水调计划与年底工资、职称评定、提级相挂钩，增强了各级水管人员的责任感，极大地调动了工作积极性。2003 年，国家级贫困地区和田地区从事水量调度的几名工作人员，在资金没有到位的情况下，自己先垫钱购买了部分水量监测仪器和设备，保证了监测工作的正常进行。

三是加强水量监督、检查，及时采取关闸闭口等调度管理措施，是实现水量调度管理目标的有效途径。监督检查是确保水量调度预案付诸实施的重要环节，没有有效的监督检查手段，统一调度同样是一句空话。水量调度期间，为保证水量调度指令的贯彻执行，塔管局成立了督查组，采取驻点督查、巡回督查、突击检查等方式，适时督促检查有关用水单位执行水量调度指令情况。据统计，2003 年水调期间塔管局派出巡回、突击检查督查组赴流域各地（州）进行检查工作达40余人次，总计天数多达120天。

针对塔里木河流域来水以冰雪融水为主，非汛期来水很少，以灌溉用水为主，汛期6~9月共4个月为实时调度期的特点，对调度前期的超用水情况，及时进行通报，并调减下一旬调度指标，在用水单位的重要引水断面及时扣减水量。实时调度期，一些超调度计划用水的单位，按照塔管局的要求，积极采取关闸闭口等措施，扣减超用水量。2003年阿克苏地区分别在4月25日~5月31日和8月15日~9月30日，两次采取全灌区关闸闭口，及时扣减了超计划用水量，近10年来首次实施了春季关闸闭口。在9月份水量调度的关键时期，阿克苏地区率先制定了倒计时限额用水方案，实行倒计时逐日控制引水流量，有效地控制了用水。兵团农一师和农二师也按照塔管局下达的水量调度指令要求，2003年首次实施了关闸闭口措施。和田地区在4月底春季水量最为紧缺的时期，在保证计划用水的前提下，按规定从两河渠首向下游河道放水。这些在塔河流域水调历史上都是首次。

（三）抓住有利时机，组织实施了5次向塔里木河下游应急输水，实现了输水到塔里木河尾闾台特玛湖的目标

塔河综合治理是一项长期复杂的系统工程，需要一个过程，依据目前塔河下游生态恶化趋势严重的现状，不采取一些应急措施，很有可能会因为流域治理的工程措施跟不上环境恶化的速度，而最终无法实现逐步恢复塔河生态、保护绿色走廊的目标。所以，当务之急是想方设法把水输往大西海子水库以下，提高地下水位，遏制劣变生态，保证在必要的工程实施完成前维持和保护现有植被，打好“时间差”。为此，在充分利用塔河流域水资源的基础上，从大流域的角度出发，抓住自1999年以来开都河来水偏丰、博斯腾湖持续高水位的有利时机，成功地实施了5次向塔河下游绿色走廊应急输水，水头到达预定目标塔里木河的尾闾——台特玛湖，由此结束了塔河下游大西海子水

库至台特玛湖350余km河道近30年断流无水的历史。既为塔里木河的治理提供了1:1的模型试验，又为塔里木河下游濒临死亡的胡杨林等生态植被补给了水源，也为全面实施塔里木河流域近期综合治理赢得了宝贵的时间并积累了重要的经验，更为重要的是，这5次输水是对塔里木河流域真正实施水资源统一调度、统一管理的成功尝试，坚定了我们加强流域水资源统一调度、管理和治理好塔里木河的信心和决心。

为了巩固前4次向塔里木河下游应急输水成果，扩大输水效益，2003年利用开都河来水偏丰，博斯腾湖持续高水位的有利时机，塔管局、巴州和农二师再次共同组织实施了第5次向塔里木河下游应急输水工作。应急输水工作自2003年3月开始，历经两个时段，共8个月。此次输水的特点是对断流30余年，风沙侵蚀严重，多处河道已被大沙丘阻断的145km的老塔里木河河道进行疏浚，开挖土方100余万m^3，打通了老塔里木河河道，实现了由其文阔尔河和老塔里木河双河道输水。为了扩大受益范围，还实施了大西海子以下河道沿线拆坝灌汉、汉流疏通等工程。输水期间，完善了输水监测基础设施，加强了对各监测断面地表水、地下水、土壤水监测工作。新建了测桥2座设置了地下水监测井40眼，土壤水监测井6眼，安装自记水位计18台，监测井保护箱50个，监测河道来水和地下水、土壤水情况，为评估和研究应急输水对塔里木河下游生态环境影响，提供了大量数据信息和分析成果。第5次向塔里木河下游应急输水，共计从博斯腾湖调出水量4.91亿m^3，加上塔里木河干流来水，共向大西海子水库以下输水6.23亿m^3。

据统计，自2000年5月~2003年11月，先后5次向塔里木河下游应急输水，共计从博斯腾湖调出水量22.22亿m^3，加上塔里木河干流来水，共向大西海子水库以下输水16.6亿m^3。

5次输水的成功是党和国家的正确决策，是水利部和自治区党委、政府的正确领导，是有关地、州和兵团师的积极配合、各级水利部门精心策划和组织实施、广大人民群众理解和支持的结果。输水的成功以雄辩的事实告诉我们：转变观念、顾全大局，以优化配置为手段，实施水资源统一调度管理是可以促进水资源可持续利用，促进流域经济、生态、社会协调发展的。

（四）流域水量统一调度工作取得明显成效

通过几年的工作，流域水资源统一管理力度不断加大，各地州、兵团师计划用水、节约用水意识进一步增强，塔河下游来水量增加，开创了塔里木河流域水量统一调度管理的新局面：

（1）流域各地州、兵团师的各级领导对加强塔里木河流域水量统一调度管理的认识大大提高，进一步地推进了由区域水管理模式向流域统一管理与区域管理相结合模式的转变进程。

长期以来，流域水资源统一管理并没有得到真正地认同与落实，“多龙管水”的体制和模式愈来愈显示出其弊端和不足。实施水量统一调度的关键，就是水资源按流域统一配置，按区域用水配水，改变原有用水、管水的格局，这样有利于形成完善的流域管理和区域管理相结合的新体制。通过几年的水量统一调度工作，流域各级领导干部的思想认识有了较大的转变，认识逐步统一到必须强化流域水资源统一管理和调度，统一到节约用水、计划用水、高效用水，努力实现近期综合治理目标上来。在调度过程中，各地州、师也大多能认真组织领导，服从塔管局对全流域水量的统一调配与管理，按照水调指令，具体实施用水配水，并加强了对所属各用水单位的监督、管理。只有实行流域管理与区域管理相结合的新体制，充分发挥两方面的优势，才能真正把水管好、用好，才能把流域水量统一调度工作做好。

（2）通过实施水量统一调度管理，初步实现了流域水资源的合理配置，确保了源流向干流泄水，协调了源流与干流，干流上、中、下游用水矛盾，保证了各用水单位计划指标内的生产和生活用水，协调了地方与兵团的用水关系，补给了部分生态用水，最大限度地发挥了流域水资源的社会、经济和生态环境的综合效益。

（3）通过加强塔河流域水量统一调度管理，结合塔河干流输水堤防等工程建设，2002～2003 年度干流下游来水控制站恰拉仅塔里木河来水就达到了 6.78 亿 m^3，比 90 年代以来的平均来水量 2.63 亿 m^3 多出 4.15 亿 m^3，创下 1979 年以来的最高来水量纪录。塔里木河干流来水在大西海子水库下泄生态水量约 3 亿 m^3，为塔里木河下游生态恢复做出了贡献。

（4）实施了 5 次应急输水，再加上车尔臣河来水，2003 年塔河尾闾台特玛湖湖区形成 200 余 km^2 的湖面面积，创下近百年来的湖区历史最大水面面积纪录。通过 5 次应急输水，塔河下游两岸生态出现不同程度的恢复。沿河水质明显改善，矿化度呈现下降趋势；下游河道各断面地下水位普遍回升，最高抬升 5～7 米；河道两侧约 800km^2 的胡杨林及各种衍生植物等植被生存条件大为改善，台特玛湖湖区湿地芦苇开始复苏，整个下游天然植被恢复面积达 27 万亩；野生动物如水鸟以及对生态变化有着特殊敏感的马鹿、塔里木兔、野猪等又在林中重现了矫健的身影，塔河下游生态重现生机。

（五）水量统一调度管理存在的问题及下一步工作思路

塔里木河流域水量统一调度只是流域水资源优化配置的初步尝试，从长远看，要从根本上解决塔里木河流域资源紧缺以及经济社会发展与生态环境保护的矛盾，要促进流域经济、社会和生态环境协调发展，就必须实行开源、节水和加强水资源的统一管理、科学配置。即需要在塔里木河源流山区建设大型骨干控制性工程、全面开展节水以及跨流域调水工程，但就目前来看，大型骨干控制性工程未建之前，主要还是通过加强管理来解决缺水问题。所以我们必须立足于流域水资源的合理开发、优化配置、高效利用和有效保护，加强流域水资源的统一调度管理，从目前的情况看，流域水资源统一调度管理工作还面临不少问题，主要表现在：

一是流域法规尚不健全，1997 年自治区人大虽然制定了《塔里木河流域水资源管理条例》，但《条例》的规定较为原则，部分条款在实际工作当中难以操作，配套规章、制度不完善。流域机构责权不明确，缺乏切实可行的行政监督和处罚权，流域机构在流域执法的主体地位不明确。

二是流域管理体制不健全，水资源区域管理与流域管理的关系未理顺，塔里木河流域管理局的流域管理地位并未真正落到实处，部门分割、条块分割、各自为政的管理体制不适应水量统一调度的需要，影响了以流域为单元的水资源的合理配置和综合效益的发挥，流域统一管理工作虽取得了一定成绩，但仍步履维艰、困难重重。

三是在机制上，仅靠协调缺乏约束力，市场机制尚不健全，特别是水价形成机制、超限额用水补偿机制、节约用水激励机制还没有建立，节水经济政策还不落实。

四是水资源统一管理调度技术手段落后，水量统一调度管理手段单一，目前主要依靠行政指令实施调度，源流控制性工程归属各用水单位管理，塔管局对这些工程既没有管理权，又没有直接调度权，缺乏工程调控措施，不能对用水进行实时控制。

五是流域基础工作比较薄弱，水量监测设施较为落后，国家基本水文监测断面较少，同时对影响水量调度的一些关键技术问题和深层次的水资源转换规律等还没有掌握；对实施统一管理和调度中的技术、经济、法律、政策措施和手段等问题研究不够。

塔里木河流域水量统一调度也只是刚刚起步，今后我们要继续探索，不断实践。随着流域近期综合治理工程的逐步实施，节水力度的加大，各地限额用水量的减少，流域水量统一调度工作将会面临更大的挑战。要真正实现流域水量统一调度，合理配置，还需要做许多工作。

第一要尽快修订《塔里木河流域水资源管理条例》，建立与完善权威、统一、高效的流域管理体制及以《条例》为核心的流域配套法规体系。制定流域取水许可管理、河道管理、水资源分配与统一调度管理、工程建设与资金管理以及流域水权市场的建立与管理等各项配套规章、制度，为统一管理、统一调度奠定坚实的法律基础。

第二要积极协调流域管理机构与地州、兵团师的各方关系，精心编制水量调度预案，精心组织实时调度。

第三要加快塔里木河流域水量调度系统建设和水文监测站网建设，加强水文预报和测验，提高质量和精度。建立一套具有快速接收处理各类水调信息，为科学编制水量调度预案和监督方案的实施提供决策支持的调度系统，为流域水量调度决策提供科学依据，提高现代化的水量调度水平。

第四要充分发挥经济杠杆的调节作用，适时调整水价。充分发挥市场机制作用，在全流域建立和完善水价形成机制、超限额用水补偿机制、节约用水激励机制。同时，塔里木河流域近期综合治理是以生态环境保护为根本，因此大量的水用于生态保护，考虑到生态环境保护工作的可持续发展问题，国家应考虑能否建立一种生态用水补偿机制，用于水利工程的维护和管理。

第五要继续推进供水到户，强化公众参与，不断扩大农民用水者协会组织，加大节水力度。做好建设节水型社会的试点工作，以后逐步在塔河流域推广，努力把塔河流域建设成为节水型社会。

（新疆塔里木河流域管理局）

虚拟水交易是解决中国水资源短缺与粮食安全的一种选择

柳长顺　陈献

（一）前言

水资源短缺是我国长期面临的问题。根据《21世纪中国水供求》的预测，2010～2050年我国缺水量在100亿～318亿m^3之间。中国工程院重大咨询项目《中国可持续发展水资源战略研究》预测2030年中国缺水130亿m^3，2050年基本平衡。缺水是中国21世纪一个亟待解决的问题。本研究引入虚拟水交易，以其对解决中国水资源短缺与粮食安全提供一点新思路，供大家参考与进一步探讨。

（二）虚拟水及虚拟水交易的概念

虚拟水是Tony Allan于20世纪90年代提出的新概念，是指以“虚拟”的形式内含于工农业产品中的水，其数量上相当于生产产品时所消耗的水量。产品交易引起虚拟水的转移就是虚拟水交易。许多缺水国家或地区从富水国家或地区购买水密集型工农业产品——尤其是粮食，来获得水和粮食的安全。如果一个国家向另一个国家出口高耗用水量的产品，那么实际上是在以“虚拟”的形式出口水，从而满足了缺水国家的水需求。由于距离远、费用高，丰水地区与贫水地区之间的实体水交易几乎是不可能的，但是高耗用水量产品交易（虚拟水交易）却是可以实现的[1]。

虚拟水概念的提出为水资源短缺或贫乏的国家和地区缓解其缺水问题提供一种可能途径，即通过在国际市场上购买部分本国所需粮食来保障水资源与粮食的安全，而不是将国内极为稀缺的水资源大量投入农业生产来满足自身的粮食需求。事实上，很多水资源短缺国家生产粮食的成本远远高于世界粮食价格。因此，虚拟水交易在缺水国家或地区具有重要的战略意义，在一些国家和地区得到了应用，如约旦、以色列、南非、日本、埃及、摩洛哥等。

传统上，人们对水和粮食安全都习惯在问题发生的区域范围内寻求解决问题的方案，虚拟水战略则从系统的角度出发，运

[1] Hoekstra, A. Y. and Hung, P. Q. Virtual water trade: A quantification of virtual water flows between nations in relation to international crop trade. Value of Water Research Report Series No. 11, IHE, Delft, the Netherlands, 2002.

用系统思考的方法从问题发生的范围之外寻找解决内部问题的应对策略，提倡缺水地区进口高耗用水量的粮食来解决水资源短缺与粮食安全问题。国内学术界对虚拟水也十分关注，程国栋等较系统全面地介绍了虚拟水、虚拟水交易的概念及国际水交易状况，并对我国西北内陆地区虚拟水交易进行了研究。张敦强计算了我国虚拟水进出口总量，认为我国粮食在基本依靠自给的同时，应该实施虚拟水战略，如每年进口2000万~3000万t粮食，但是对进口粮食的可行性没有展开研究。

目前，《21世纪中国水供求》和《中国可持续发展水资源战略研究》预测的缺水量，都是在采取传统方法基础上尚不能解决的水资源缺口，而虚拟水交易则提供了解决此问题的新思路。

（三）中国水资源与粮食问题

目前，我国水资源供需矛盾比较严重。在全国668个城市中，缺水城市400多个，其中严重缺水的城市114个，日缺水1600万t，每年因缺水造成的直接经济损失达2000亿元，全国每年因缺水少产粮食700亿~800亿kg。在满足正常需要并不超采地下水的情况下，全国年缺水总量约为300亿~400亿m^3。水资源短缺已经成为我国尤其是北方地区经济社会发展的严重制约因素。

从粮食生产与安全角度来看，全国北方产粮区水资源条件并不富余，随着粮食需求的增长，必将导致北方水资源短缺的形势更加严峻。主要产粮区水资源难以保障，这将可能影响到中国的粮食安全。1998年布朗在《世界观察》上发表了题为“中国的水资源短缺将影响世界粮食安全”，2000年布朗认为中国不断下降的地下水位可能很快引起世界粮食价格的上升。布朗先生多次对中国粮食问题发表评论，尤其从农业的根基水资源短缺、地下水位下降方面质疑中国粮食安全不是没有道理的。

由于中国南北水资源分布差异极为悬殊，长期以来形成了“南粮北调”的格局。进入20世纪80年代这种格局已发生根本性的变化。从统计资料分析来看，50 年代，中国长江以北 15 个省（自治区、直辖市）的粮食生产总量占全国粮食生产总量的 40%，而水资源只占全国水资源总量的 19%，长江以南的 15 个省（自治区、直辖市）粮食生产总量占全国粮食生产总量的 60%，而水资源却占全国水资源总量的 81%。进入 90 年代，长江以南地区的粮食生产总量的比重已下降到 52% 左右，长江以北地区粮食生产总量的比重上升到 48% 左右。如果从粮食生产的增量来看，50 年代，北方地区的粮食生产增量只占 42% 左右，南方地区要占 58% 左右。1984 年以来，北方地区的粮食生产的增量比重已上升到 66%，其中华北地区占 42%，而南方粮食生产增量却下降为 34%。其中 1984～1993 年，东南地区的粮食生产出现负增长，北方地区粮食生产增量的比重曾高达 97%，其中华北地区占 62%。华北地区粮食生产增量的比重始终占北方地区粮食生产的增量的 2/3。这种格局的急剧变化，对未来 50 年粮食生产总量的增长将产生重要的影响。目前北方地区水资源短缺的矛盾已十分尖锐，如果未来年粮食生产总量的格局不发生根本性的变化，那么，未来北方尤其是华北地区水资源短缺的矛盾将更加尖锐，水资源短缺对粮食生产的制约作用将更加显著。在水资源短缺的情况，中国要在 30 年左右的时间增加 1.5 亿 t 粮食生产能力的难度是可想而知的。

（四）虚拟水交易分析

1. 粮食单位产品虚拟水含量估算

根据国外的研究，小麦的虚拟水含量约为 $1000m^3/t$，玉米的虚拟水含量约为 $1200m^3/t$。此外，可以根据灌溉水生产率估算出虚拟水含量。

灌溉水生产率为单位灌溉面积单位水量生产的粮食量，单位 kg/m^3。根据 SL207—98《节水灌溉技术规范》，灌溉水生产率计算式如下：

$$I = \alpha I_1 \quad (1)$$

$$I_1 = \frac{y}{m} = \frac{I_0}{v} \qquad (2)$$

式中：I 为灌溉水生产率，kg/m³；α 渠系水利用率；I_1 为田间灌溉水生产率，kg/m³；y 为作物生产量，kg/hm²；m 为净灌溉水量，m³/hm²；I_0 为田间水分生产率，kg/m³；v 为灌溉需要系数。

根据苏人琼、高弋绢研究，在华北平原田间灌溉水生产率为2.00kg/m³左右，主要与灌溉用水、生产技术等相关[1]。根据石玉林等调查研究，全国主要粮食作物田间水分生产率为1.10 kg/m³，北方主要缺水区域位于不稳定灌溉带，灌溉需要系数一般在0.5左右。因此，北方主要缺水区域的田间灌溉水生产率约为2.20kg/m³，这与苏人琼等人的试验结果相近。所以，本文取田间灌溉水生产率为2.00kg/m³。目前北方主要缺水区域的平均灌系利用系数，大型灌区为0.4～0.5，中小型灌区为0.45～0.55，井灌区为0.6～0.7，平均灌溉水灌系利用系数不到0.6，因此，灌溉水生产率约为1.0 kg/m³，即生产1kg粮食需要增加灌溉用水1m³，反过来，少生产1kg粮食，减少灌溉用水1m³。如果进口1kg粮食，相当于进口1m³水。张敦强测算我国主要农产品的虚拟含水量，大米为2000m³/t，小麦为1400m³/t，玉米为1000m³/t，大豆为3200m³/t，略高于本研究测算的结果，从安全的角度，本研究取北方主要缺水地区粮食的虚拟水含量取1000m³/t。

2. 虚拟水交易战略

对我国未来缺水量的预测研究比较多，结果各不相同。我国现在缺水约300亿m³，不同研究预测的未来30～50年缺水量在130亿～318亿m³之间。综合这些研究预测结果，本研

[1] 苏人琼，高弋绢．缺水地区农业灌溉用水替代与农业发展．中国水情分析研究报告，2003.3

究认为取缺水量300亿m^3进行虚拟水交易研究，对中国现在和未来解决水资源短缺都具有一定的指导意义。

根据北方主要缺水地区粮食单位产品虚拟水含量估算结果，如果300亿m^3缺水量全部通过虚拟水交易解决，需要增加进口粮食3000万t。

3. 可行性分析

中国增加粮食进口会不会动摇世界粮食市场和中国外汇资金情况是中国是否采取虚拟水交易缓解水资源短缺问题的主要影响因素，而虚拟水交易对农民收入的影响也是必须关注的。

（1）对世界粮食市场影响分析。中国人口数量大，任何时期中国粮食供给的90%以上要靠自己，20世纪80年代以来，中国粮食自给率98%，高于俄罗斯、日本等国。中国人多、地少、水土资源不匹配，进口部分粮食是必然的，也是合理的。为了水资源的持续利用和粮食安全，在外汇资金、国际环境和港口储运许可的情况下，多进口一些粮食是有利的。把外贸依从度控制在8%～10%，也还是中国人养活自己，不会动摇世界粮食安全。总之，在保证粮食安全的前提下，应增加粮食进口来缓解水资源短缺的压力，从而提高水资源利用率。

1986～1997年中国进口粮食的基本情况见表1。据表1，世界谷物出口量约为2亿t，中国进口谷物波动较大，1995年净进口谷物最多，为0.18亿t，不过仅占当年世界谷物出口的7.79%，谷物自给率仍达到96%。IISA（The International Institute for Applied Systems）研究认为，中国为了达到较高的自给率而让农民生产谷物是毫无意义的，应该使用高质量的农田生产高附加的出口农产品；同时，进口部分谷物[1]。IISA认为中国进口0.3～0.5亿t谷物不会扰乱世界粮食市场，贾大林研究的结论与IISA一致。俄罗斯、日本分别只有3亿人和1亿多

---

[1] IISA. Can China feed itself? Asystem for evaluation of policy options. 1999. CD－ROM version.

表 1　　1986～1997 年中国进口粮食基本情况

Table 1　Basic information of food import in China from 1986 to 1997

年份	1986	1987	1988	1989	1990	1991	1992	1993	1994	1995	1996	1997
世界粮食产量(亿 t)	22.24	21.53	21.02	22.47	23.22	22.39	23.51	22.89	23.59	22.97	24.28	24.3
世界谷物产量(亿 t)	18.61	17.82	17.42	18.65	19.47	18.78	19.61	18.89	19.4	18.84	20.33	20.19
世界谷物出口量(亿 t)	2.05	2.21	2.32	2.36	2.26	2.35	2.5	2.31	2.38	2.31	2.18	
中国粮食产量(亿 t)	3.92	4.03	3.94	4.08	4.46	4.35	4.43	5.56	4.45	4.67	5.05	4.94
中国谷物产量(亿 t)	3.55	3.64	3.55	3.7	4.08	3.98	4.02	4.05	3.94	4.16	4.33	4.28
中国谷物交易量(亿 t)	0.20	0.27	0.26	0.27	0.24	0.29	0.25	0.23	0.1	0.18	0.12	0.12
中国谷物净进口量(亿 t)	0.05	0.16	0.16	0.17	0.16	0.11	-0.02	-0.08	0.07	0.18	0.1	-0.04
中国粮食产量/世界粮食产量(%)	17.63	18.72	18.74	18.16	19.21	19.43	18.84	24.29	18.86	20.33	20.80	20.33
中国谷物交易量/世界谷物出口量（%）	9.76	12.22	11.21	11.44	10.62	12.34	10.00	9.96	4.20	7.79	5.50	
中国谷物净进口量/世界谷物出口量（%）	2.44	7.24	6.90	7.20	7.08	4.68	-0.80	-3.46	2.94	7.79	4.59	
谷物自给率（%）	99	96	95	95	96	97	100	102	98	96	98	101

数据来源：朱杰，聂振邦，马晓河．21 世纪中国粮食问题．北京：中国计划出版社，1999：273～274。

人，每年进口粮食3000万t。中国人多、地少、水缺，进口部分粮食是必然的，也是合理的。况且1996以后中国谷物进口量小于0.05亿t，出口超过进口（表2）。因此，增加进口3000万t粮食不会动摇世界粮食市场。当然，增加进口3000万t粮食是一个中长期战略，不过应逐渐增加粮食进口，减少对世界粮食市场的影响。

（2）外汇能力分析。近年来中国进口谷物及谷物粉的基本情况见表2。据表2，进口谷物单价约为1526元/t，进口3000万t粮食费用为500.2亿元。占2002年进口总额的2.05%，占2002年外汇储备的2.11%。从1995~2002年进口及外汇储备来看及增长趋势分析（表3），随着中国综合国力的增加，进口粮食费用占进口总额和外汇储备的比例会更小。布朗（1998）认为如果中国打算用出口收入来进口粮食，就算以现在的价格进口2亿t甚至3亿t粮食，也不会超出其经济能力。因此，从外汇资金而言，进口粮食是可行的。

表2　　1995~2002年中国进出口粮食基本情况

Table 2　Basic information of food import in China from 1995 to 2002

年度	谷物及谷物粉进口					谷物及谷物粉出口量（万t）
	数量（万t）	金额（万美元）	汇率	金额（亿元）	单价（元/t）	
1995	2051.61	373157	8.351	312	1497	214
1996	1112.25	295350	8.314	246	2008	198
1997	417	91964	8.29	76	1828	834
1998	388	71602	8.279	59	1528	889
1999	339	52414	8.278	43	1280	738
2000	315	59375	8.278	49	1560	1378
2001	344	63426	8.277	52	1526	876
2002	285	49350	8.277	40	1404	1482

数据来源：中国统计年鉴（1996~2003）。

（3）对农民收入的影响分析。尽管目前我国粮食的商品率很低，但粮食生产仍然是农民的主要收入来源，在粮食主产区一般占农民家庭收入的60%~70%。有专家担心虚拟水交易

表 3　1995～2002 年中国进口及外汇储备情况

Table 3　Basic information of import and foreign exchange reserve in China from 1995 to 2002

年度	进口总额（亿元）	进出差额（亿元）	外汇储备（亿美元）
1995	11048.10	1403.70	735.97
1996	11557.40	1019.00	1050.49
1997	11806.50	3354.20	1398.90
1998	11626.10	3597.50	1449.60
1999	13736.40	2423.40	1546.75
2000	18638.80	1995.60	1655.74
2001	20159.20	1865.20	2121.65
2002	24430.30	2517.60	2864.07

数据来源：中国统计年鉴（1996～2003）。

后，我国的一部分粮食市场将被外来的粮食挤占，这对本来就存在有卖粮难和以粮收入为主的农民来说，无疑是雪上加霜。据美方估计，目前我国每年进口美国小麦200万t，今后可能增至500万t，增加500万t小麦进口，将使我国农民损失54.6亿元人民币，农民卖粮难，生产投入得不到补偿，收入受到影响势必影响持续进行粮食生产的积极性。但是，我国是粮食生产大国，也是粮食消费大国。粮食问题必须立足于自给，这是我们一贯的政策。而虚拟水交易是在充分发挥国内农民生产粮食仍不能满足粮食需求情况下的一种解决水资源与粮食安全的战略，进口的一部分粮食是农民因水资源短缺无法生产的，如果没有进口粮食，种粮农民也不会由此受益。相反，进口粮食可以使农民使用有限的水资源生产高附加值的农产品。所以，虚拟水资源对改变种植结构是有利的，对农民增收也是机遇。因此，虚拟水交易对农民收入的影响并不大。

对农民的影响主要与进口粮食的结构有关。我国是粮食消费大国，如果按人均消费粮食400kg计算，到2030年我国需求量在5.6亿～6.0亿t粮食，即使采用相应的措施，生产全部粮食的难度仍然较大，况且水资源短缺的问题越来越突出，水资源对粮食生产的制约越来越明显。因此，我们提倡以水定产、适水种植，北方缺水地区压缩小麦的种植面积。近年来，我国主要出口大米、玉米，进口小麦和大豆。大米生产主要位于长江以南地区，水资源相对丰富，玉米生长期与北方降雨基本一致，灌溉定额相对较低，因此，南方生产大米、北方种植玉米与我国水资源时空分布是一致。而我国进口的小麦大豆主要消费区域和生产区域在北方，水资源短缺问题比较突出。从虚拟水含量看，大米为 $2000m^3/t$，小麦为 $1400m^3/t$，玉米为 $1000m^3/t$，大豆为 $3200m^3/t$。进口粮食的小麦与大豆虚拟水含量远高于玉米虚拟水含量。大米虽然虚拟水含量高，但是生产区域水资源相对比较丰富。因此，从水资源禀赋条件和维护世界粮食市场安全来看，我国粮食进口结构是合理的。这种合理性决定了虚拟水交易对农民收入的影响不大。

（4）与其他方案的比较。本研究所指缺水量是指在南水北调规划调水量的基础上的缺水量。如果不采用虚拟水交易而采用加大南水北调调水量来解决，需加大南水北调调水量 300 亿 m^3，且不论调水是否可行，就南水北调水的成本而言，南水北调的水用于生产粮食是不现实的，生产者和消费者都难以接受。因此，用南水北调增大调水量来发展北方缺水地区的粮食，在经济上是难于运行的。而虚拟水交易，则成本可大大降低，在经济、环境和粮食安全方面都是有利的。

（五）结论与建议

（1）虚拟水概念的提出为解决中国水资源短缺和粮食安全提供了一个非传统的全新的思路。通过分析，认为虚拟水交易解决中国水资源短缺和粮食安全是可行的。中国增加进口 3000 万 t 粮食可以解决目前和将来 300 亿 m^3 的水资源缺口及由此导致的粮食安全问题，不会动摇世界粮食市场，所需资金占中国进口总额和外汇储备在 2% 左右，对农民的影响不大。

（2）增加进口 3000 万 t 粮食是解决中国水资源短缺和粮食安全的一个中长期战略，应逐渐增加粮食进口量。

（3）解决中国的水资源短缺和粮食安全问题是一个系统工程。应在科学发展观和可持续水利理论的指导下，采取系统的工程措施和非工程措施（包括虚拟水交易）来解决目前和未来中国水资源短缺问题。

（4）虚拟水交易战略应建立在中国粮食生产基本自给的政策基础之上。中国是粮食生产大国，同时也是粮食消费大国。在水资源短缺情况下，要在未来30年左右的时间增加1.5亿t粮食生产能力，必须依靠自己。虚拟水交易只能解决一部分，而且是在水资源不能满足粮食生产导致粮食增产能力不足的情况下的应对战略。

（作者单位：水利部）

水利改革

（主持人：张红兵　周学文）

中国的城市水务市场化改革

水利部水资源司

一、城市水务市场化改革的背景

新中国成立以来，我国一直把城市供水、排水为主的城市水务行业作为公益性事业，由政府进行集中统一管理。政府既是政策制定者和监督者，又是具体业务的实际经营者，这就在行业内形成了一种典型的行政性垄断。目前，按照国家的发展目标，还需要投入上万亿元资金，兴建大量供水设施、排水设施和污水处理设施及相应的管网系统。水务建设需要的巨额资金，仅靠政府投入难以为继，发展水务市场，通过市场化的方式进行城市水务工程的建设、运营与维护是城市发展的必由之路，中国加入世贸组织也要求转变水务管理政府职能，加快开放水务市场。这就是城市水务行业市场化改革的宏观背景。

各地在推进水务市场化改革中经历了以下主要阶段：

（1）以水务建设项目招商引资为代表，20 世纪 80 年代末期开始了城市第一阶段水务投资改革，城市政府通过直接或间接担保，获得政府间贷款或国际金融组织贷款。在这一轮引资中涉及了主要大城市的 100 多个项目，引资未涉及产权关系。

（2）20 世纪 90 年代中期开始了第二阶段投资探索，外资开始以合作经营并且保证固定回报的形式投资城市水厂项目（基本不包括城市管网），同样回避了产权关系的明晰问题，只是明确了投资回报。

（3）20 世纪 90 年代后期开始以大量的 BOT（建设—运营—移交）方式为代表的第三阶段改革探索，BOT 针对单个新建项目（主要是水厂项目），放开了一定期限的有限产权，实现了项目的有效融资，但是回避了城市水业的原有资产的产权处置。

（4）随着城市水务企业改制的全面展开，政府公共管理职能与资产出资人职能的分离，尤其是党的十六大以后，水务企业的产权改革真正拉开帷幕，上海、深圳、三亚等城市水务企业的部分股权转让，标志着水务行业市场化进入了产权制度改革的阶段。

二、城市水务市场化改革的类型与经验

随着改革的深化和市场经济的不断发展，全国城市水务企业在产权制度和经营管理模式上的改革逐步深化，同时也正逐步实现着质的突破。

(一) 经营模式改革

1. 集团化模式

通过改制组建供排水集团公司，以资本运作实现城市水务企业外向型规模拓展和管理、经营、技术、综合服务水平的提高。这种模式成为当前我国水务企业经营模式改革的主流方向。

深圳市水务集团有限公司是城市水行业中最早实施“产权清晰，权责明确，政企分开，管理科学”的现代企业制度改革的国有供排水企业。深圳市水务局于2001年12月，将污水处理厂及排水管网30多亿元资产整体并入自来水集团公司，组建了我国首家资产达60亿元的大型城市水务集团，提高了企业的整体经济效益。

2. 建管分离模式

2000年12月，上海市水务局进行水务运营体制改革，在原上海市排水公司的基础上，实行投资、建设、运营三分离，成立上海水务资产经营发展公司、上海城市排水公司、上海环境建设公司、上海城市排水市北、市中、市南运营公司等单位。上海水务资产经营发展公司负责供水和排水国有资产的管理，为水务建设项目融资。以资产为纽带，水务资产公司拥有下属排水公司、3个排水运营公司、3个供水公司等全资子公司，以及环境建设公司、原水股份等控股子公司，并且拥有浦东威望迪供水公司50%的股份。上海排水公司是水务资产经营管理公司的子公司，主要负责排水设施有偿使用费的收缴，并受水务资产公司的委托对3个排水运营公司进行监督管理。3个排水运营公司，主要负责污水处理厂和管网的运行和维护。排水运营公司作为上海水务资产公司的全资子公司，没有对外投资权，主要领导由水务资产公司委派。

这种模式的特点是在供水和排水服务方面，打破垄断，形成区域性竞争。但只适用于上海这种特大型城市。

3. BOT和TOT模式

BOT即建设、运营、移交。TOT即转让、经营、转让，政府投资建设的项目，在一定时期内有偿转让与非政府投资主体经营，政府回收

资金用于新项目建设，并最终拥有项目所有权。

北京桑德集团将国际上基础设施建设方面常用的融资方式 BOT 模式运用到城市给水及污水处理等工程项目中，以 BOT 方式每年承建 20 个城市污水处理厂或给水厂。2000 年 3 月桑德承接了北京肖家河污水处理厂，按 BOT 模式操作。

4. 多渠道筹资模式

苏州市水务局自 2001 年成立以来，将城市污水处理费由 0.50 元提高到 1.15 元/t，使得污水处理由政府投入的公益事业变成为微利的市场，吸引了各方面的资金投入污水处理厂及管网建设，一是外资多次洽谈以 BOT 的方式建设污水处理厂；二是私人投资整体收购已建污水处理厂；三是水务局以污水处理费为抵押，向银行贷款。通过以上措施，苏州市水务局筹集了 26 亿元资金。利用这些资金，水务局实施了市区北部供水工程，日供水能力达到 5 万 t；全面开工建设污水管道入户工程，已完成排污支管建设 150km；完成了市区淮阳河整治工程；新建 22 万 t 日处理能力的污水处理厂；启动了市区水环境综合治理工程，解决了水务基础设施投资不足的问题。

（二）产权制度改革

1. 股份制公司模式

目前，通过上市融集资金进行股份制产权制度改革的水务企业有原水股份、凌桥股份、南海发展、创业环保、三峡水利、武汉控股等，然而水务市场巨大的潜力、稳定的投资回报正吸引多家上市公司涉足水务领域，甚至将主业向水务领域转移。浙江省上市公司钱江水利，在取得杭州市赤山水厂 30 年经营权基础上，提高供水市场占有率，逐步向原水、供水、污水处理的水务产业链拓展。北京上市公司首创股份 2001 年斥资 10 亿元收购北京高碑店污水处理厂，2003 年与北京市排水集团成立京城水务有限责任公司，2003 年与威立雅环境集团合资成立首创威水投资有限公司。漳州发展、泰达股份、金路集团等上市公司也陆续进入水务行业。

2. 区域收购模式

这种改革模式的代表是北京市水务局。北京市自来水集团公司充分发挥自身优势，实施低成本扩张，投资 1.93 亿元，先后购并了延庆、密云、怀柔、房山自来水公司，拓展了供水领域，总资产增加了 3 亿元，日增供水能力 15.3 万 m^3，供水管线增加 504km，销售收入增长 5500 万元。集团经营规模迅速扩大，经济实力进一步增强。

3. 引进外资组建新公司模式

它的特点是通过部分股权转让来引进利用外资。2002年5月23日，上海水务资产公司与法国通用水务公司正式签订了自来水浦东公司50%股权的转让合同，法国威望迪通用水务公司以23亿元的溢价成为合作伙伴，组建了全国供水行业第一家中外双方共同投资、共同经营、共担风险、共享经营成本，不设固定回报的水务合资公司。

三亚市水务局下属的天涯水业集团公司是三亚市以提供自来水为主业的老国有企业，由于当初设计的供水规模偏大，管网不配套，负债高达3.65亿元，濒临破产。天涯水业与法国苏伊士集团下属的中法水务投资有限公司经过几年谈判，于2002年底签署了30年的合作合同。根据合同，组建新的三亚中法供水有限公司，双方各占50%的股份。三亚市政府将供水特许经营权授予新公司，独家经营三亚市内的所有供水业务，包括建设水厂、管网改造、销售饮用水等。合同还规定，政府对新公司有监管权，包括水价、水质及供水安全等。三亚中法供水有限公司已经于2004年3月17日正式开业，这是全国第一个整座城市的城市供水行业整体对外合作。通过合作，天涯水业置换回2.688亿元，用于偿还债务，并利用优惠政策，成功核免了1.06亿元的银行利息，使公司债务从3.65亿元降为零，甩掉了沉重的债务包袱，原有的923名职工也全部得到安置，大部分进入新的公司。

4. 出让部分股权，引入战略投资者模式

深圳水务集团为改善股权结构，优化经营机制，引入战略投资者，2003年11月，深圳市政府与法国威立雅环境集团、首创威水投资公司正式签约，转让深圳水务集团45%的股权，引进资金4亿美元，这个合同在世界水行业并购中排名第二，在中国所有企业并购中排名第一。转让后深圳市政府占深圳水务集团55%的股份，威立雅环境集团持有5%，威立雅环境与首创股份合资的首创威水投资公司持有40%的股份。深圳市与重组后的深圳水务集团签署特许经营协议。

5. 资产整体转让模式

浙江上市公司钱江水利整体收购舟山自来水公司。通过清产核资，原舟山自来水公司全部资产21100万元，由钱江水利一次性交付；然后，舟山市政府又以国资管理部门的名义，把其中的3400万元投资参股。新的合资企业，注册资本24500万元，钱江水利占86.12%，舟山国资部门占13.88%，由钱江水利控股。

6. 以存量换增量模式

宿迁市水务局为缓解水务建设资金短缺的突出问题，成立了宿迁市水务建设投资有限责任公司，盘活城乡水务设施存量资产，实现水务建设资金筹集的市场化、多元化。水务局对宿迁市自来水公司实施产权制度改革，对其进行资产评估，依照国家和省市有关产权制度改革的法律法规和改制程序，依法对企业进行产权置换，对外转让自来水公司全部国有净资产产权、50 年土地使用权和 50 年特许经营权，成交价 3800 万元。

市政府将中运河和古黄河沿岸的 28890 亩国有土地确权给水务投资公司后，经评估作为资本金注入宿迁市水务建设投资有限责任公司，用作贷款抵押，靠拍卖土地和土地经营升值。目前已售出地块到账资金 4100 万元，形成“综合整治—创优环境—提升地价—开发经营—回笼资金”的良性循环机制。

三、进一步推进城市水务市场化改革的对策措施

（一）建立有利于水务市场健康发展的公共管理体制和市场运行机制

建立政企分开、政事分开、政资分开的水务管理体制，明确界定政府、企业、事业单位和社会中介组织在城市水务中的职责，形成以政府为主导，赢利性企业、公益性组织、社会公众等多元主体参与，政府、市场、社会有机结合的水务管理模式，建立起所有权、经营权、监管权相互制约的城市水务发展模式。是推进水务产业化与市场化发展的前提和基础。

在市场经济条件下，政府的职能主要是经济调节、市场监管、社会管理和公共服务。城市水务局既是市政府的水行政主管部门，也是供水、排水、污水处理与回用的行业主管部门，其主要职责是：统一法规、统一规划、统一调配、统一管理、统一标准、统一确定水价、统一分配水权、统一监管、统一市场准入。具体为：

（1）制定水务行业的政策法规与行业政策；制定水务行业技术标准并监督实施。致力于建立公平竞争的市场环境。

（2）编制水务发展战略规划、水资源综合规划和专项规划并组织实施。要在区域水资源综合规划和城市总体规划指导下，编制城市水资源配置规划、供水水源规划、供水规划、排水规划、污水处理与回用规划、城市水生态建设规划等专项规划。

（3）统一管理水资源，包括空中水、地表水、地下水，统一配置和调度水资源；统一发放取水许可证，统一征收水资源费。

（4）进行水权初始配置，建立水市场。

（5）建立科学合理的成本评估体系，协助价格主管部门制定供水、污水处理等价格政策。

（6）负责水务企业经营资质的审核认证以及特许经营权的发放与收回；严格市场准入制度，规范水务企业的经营行为，保障公众用水的合法权益和水务市场各投资主体的合法权益。

（7）监管水务企业服务质量，监察水量、水质、水压、水价等主要指标，查处违法行为。监督水务国有资产的保值增值。

对于水务企业，要进一步推进供水企业所有权与经营权的分离，建立产权明晰、权责明确、管理科学、监督有力、激励有效的法人治理结构。使水务企业成为自主经营、自负盈亏、自我约束、自我发展的法人主体和市场竞争主体，在政府的监管下合法经营，以获取经营利润为目标，建立严格的成本费用核算体系和有效的监督激励机制。在改革进程中，应该实现水务资产管理的观念转变：实现从管企业到管资产的转变；实现从静态管理到动态管理的转变；实现从实物形态的管理到价值形态管理的转变；实现从前置性审批管理向全过程监督管理的转变；实现从管理领导班子向委派产权代表的转变。

对于水务企业协会等社会中介组织，可以接受政府委托，起草技术标准，进行行业调研，组织技术交流和培训等；同时可以接受企业委托，进行项目评估与咨询，提出企业管理咨询报告，提供各种信息与技术等。中介组织要逐步发展成为联系政府主管部门与水务企业的桥梁与纽带。

在界定政府与企业职责时，要特别注意将政府资产所有权与公共管理权相分离，建立起所有权、经营权、监管权相互制约的城市水务发展模式。在现有水务企业中，都存在国有股一股独大的问题，更有一大部分水务企业是国有企业，政府实际上扮演了国有企业出资人和公共管理人的双重角色。上海市成立水务资产经营发展公司，承担水务国有资产的管理，为新建项目融资，剥离了水务局原承担的国有资产管理职责，分离了管理权与所有权；武汉市由市城市投资公司管理水务国有资产，只赋予水务局公共管理权。随着国有资产管理体制改革的进一步深化，各级国有资产监督管理委员会将行使国有资产出资人和监管人的职能，在新形势下，水务管理的模式也需要进行先期研究。

（二）完善政策，深化城市水务投融资机制改革

1. 区分公益性项目与经营性项目，确定不同的投资机制与运营模式

城市水务涵盖城市防洪、水源保护、水源、供水、排水、污水处理及回用等诸多领域。其中城市防洪、水源保护、城市供排水管网等公益型项目，由于没有明确的产出或即使有产出也不可能完全走向市场化，因此政府作为公共利益的代表者，应该承担起建设、运行维护以及更新改造的责任，主要目标是建立稳定的投资来源和可持续的运营模式，逐步建立起政府投资、企业化运行的新路。对于城市供水等经营性项目，资金来源应该市场化，主要通过非财政渠道筹集，走市场化开发、社会化投资、企业化管理、产业化发展的道路。污水处理由于不以盈利为目的，且受制于污水处理费偏低，产业化程度不高，但随着污水处理费征收范围的扩大和标准的提高，也要解决多元化投入和产业化发展问题，起码要建立国家投入、依靠污水处理收费可持续运行的机制。

2. 划分事权，形成分级投入机制

城市水务基础设施建设是城市政府负责的建设项目，但由于资金需求巨大，单靠市级财政投入远远不够，因此，应适当划分事权，市级政府主要负责全局性的重点水务工程，如水源工程、骨干管网工程、防洪工程、河网整治工程等。区域性的水务工程，则按照“谁受益，谁负担”的原则，由受益地区和部门投资，分级管理，逐步形成市、区、镇分级投入机制。

3. 运用政策手段，加大利用信贷资金力度

为了鼓励更多的社会资金投入城市水务行业，国家采用政策手段，如贷款贴息、长期开发性低息贷款等，使银行信贷资金向城市水源工程、供排水管网工程、污水处理厂等兼具社会效益和经济效益，具有稳定投资回报的经营性项目倾斜。

4. 拓宽筹资渠道，利用资本市场发展直接融资

在资本市场直接融资有利于提高企业筹资能力，优化企业资本债务结构，在发行股票融资之外，应该大力发展水务企业债券，尤其对于没有改制的国有水务企业，债券应该成为银行贷款之外的一个新的筹资渠道。在美国、德国等发达市场经济国家，供排水管网、污水处理厂等水务基础设施主要依靠地方政府的市政债券、水务债券或污水公共机构债券等形式筹集建设资金，我国现行政策不允许地方政府发债，应该积极研究通过市政或水务收益债券融资。地方水务等市政设施建设可以通过

收益债券融资，美国的市政债券主要有两种形式：以发行机构的全部信用即税收收入作为担保的一般责任债券和以项目收益来偿还的收益债券，我国也曾发行过城市公用设施建设的具有收益债券性质的企业债券，当前应总结经验，推出相对规范的地方市政企业或水务企业收益债券，作为水务企业融资的主要模式。

5. 推进产权制度改革，增加水务投资

城市水务市场化所依托的中国市场经济体系，其资源以及功能分属多元主体和多个层次，因此产权制度改革、产权多元化是社会资本和海外资本进入城市水务行业的桥梁，成为解决城市水务行业投资不足的主要手段。同时只有多元持股，才能真正明确股东会、董事会、监事会和经理层的职责，形成各负其责、协调运转、有效制衡的公司法人治理结构，有力地约束企业内部成本，提高效率。

（三）加强政府对水务市场的监管

城市水务企业生产的产品和提供的服务是人民群众生活所必须且不可替代的，具有很强的公益性质和自然垄断特性。城市水务企业的公益性和自然垄断性要求企业承担普遍服务的义务、连续服务的义务、接受监督的义务等，并且只能在经营中获取合理利润。政府主管部门必须履行对城市水务企业的监管责任，并且与一般竞争性领域比较，这种监管应该更为严格。政府的行业监管是水务市场化的重要组成部分。市场化程度越高，监管责任就越大。对水务发展而言，没有严格监管的市场化比传统计划体制更加有害。

政府的供水行业监管主要包括以下 4 个方面：第一是监管供水服务质量；第二是监管价格；第三是监管供水安全，这关系到国计民生和社会稳定；第四是监管企业对国有资产的运营和管理。要达到以上方面的有效监管，要为行业监管的建立提供系统的法律保障；要求和鼓励地方城市出台可操作性强的、符合地方经济社会特点的政策体系；建立完善相应制度，并配套相应的规范性条例文本，标准化合同文本。健全相关技术标准、管理和服务规范使其成为行业监管的重要依据和标尺。

（四）在水权配置和统一规划的前提下开放水务市场

水资源属于国家所有，是一种特殊的资源，具有明显的公益性、基础性、垄断性和外部经济性，对流域与区域水资源的统一规划、统一调度、统一管理是政府的重要职责，政府必须牢牢控制水资源的分配权、调度权、资产处置权和收益权。为明晰水权，把水资源总量控制和定额管理制度落到实处，通过水市场上水权的有偿转让解决城市化与工业化进程中对水资源的需求问题，水行政主管部门进行水权初始配置，建立水市场是必须采用的有效手段。

城市主要是一个集中的用水系统，城市范围内的水资源不能满足城市用水要求，必须流域或区域范围内进行水资源统一规划和配置，保障城市供水。政府制定流域或区域水资源综合规划，确定水资源配置方案和相应的工程措施，在水资源综合规划确定的水资源配置方案和城市总体规划指导下，城市人民政府水行政主管部门编制《城市供水水源规划》、《城市供水规划》、《城市排水规划》、《城市水生态建设规划》、《城市水系综合整治规划》、《城市污水处理厂建设规划》、《城市中水回用规划》等专业规划。这些专业规划提出今后水务工程建设总体布局和分步实施方案，在政府主管部门制定的规划指导下，区分公益性项目与经营性项目，推进工程建设、运营、维护的市场化，使水务市场化健康有序地发展。

(五) 改革水价形成机制，推进水务产业化、市场化进程

现存供水价格体系具有局限性，政府往往过多地注重了社会效益，忽略了利用价格杠杆调节需求和推进供水基础设施建设，使城市供水的价格机制不甚合理。为达到吸引投资和为市民提供长期优质公共服务的目的，政府必须要对城市涉水行业的产品和服务制订有吸引力的价格，公开价格调整程序，实行价格听证会制度，在既保证投资者通过提高生产效率和降低成本获得合理收益的同时，也要使用户在一段不太长的时期内享受到竞争和科技进步带来的实惠，最终维护用户的长远利益。因此要根据市场规律的要求，综合考虑供水企业制水成本、居民承受能力和物价指数，建立合理的城市供水水价形成机制和水价调整机制，对居民用水实行阶梯式计量水价，对非居民用水使用计划用水和定额管理，以及超计划、超定额加价方法。

污水处理费用过低是制约污水处理设施建设和正常运行的关键因素。应该加大污水处理费的征收管理力度，尽快实现所有城市开征污水处理费；已经开征污水处理费的城市，要把污水处理费的征收标准尽快提高到保本微利的水平。

(六) 构建有利于水务行业市场化改革的宏观政策环境和配套改革措施

1. 确立规范的城市水务市场准入与退出规则

城市水务市场的准入规则，应对投资者的投资实力、技术水平、管理机制、管理人才有明确的规定。城市水务市场的退出规则，应该分为

强制退出和自愿退出。强制退出是对不能实现政府监管最低要求的投资者实行惩罚性处理措施。自愿退出是对经营不善或其他原因不愿经营的投资者，予以解除经营合同。确立规范的城市水务市场准入与退出规则，有利于经营者发挥自身优势，达到合理的利润回报，否则要承担责任和损失。

2. 建立完善特许经营管理办法

目前，水务行业特许经营的合作形式是由政府向考核合格的企业授予项目建设经营的授权书，授权该企业在特定的时间，做特定项目的经营建设；而企业向政府递交承诺书，承诺在建设经营期的义务。建设部已于2004年3月出台了《市政公用事业特许经营制度》，各地水务系统可以结合当地情况和水务工作实际，出台地方性的水务特许经营管理办法或条例。

3. 建立水价调整与听证程序，建立产品与服务价格审核程序

在水价调整上，价格听证制度初步形成，水价的调整日趋规范化，2001年7月，国家计委出台了《政府价格听证暂行办法》，使水价听证有了法律依据，各地可以根据当地实际情况，建立水价调整的程序与方法。鉴于水务行业的垄断性，政府必须负责企业产品与服务价格的审核，主要是审核水务企业成本、费用的合法性与合理性及提出的调整价格要求是否合理等，需要建立规范化、标准化的产品与服务价格审核程序。

4. 建立政策性损害的利益补偿机制

水务企业成为真正的企业后，应当在政府的监管下合法经营，以获取经营利润为目标，而不应再承担与企业身份不相符的职能，如向困难企业和家庭提供免费水，为城市提供免费的消防绿化水等。政府作为社会公众利益的代表，承担着政治责任，如维护社会稳定、增进社会福利、照顾弱势群体等，所以由于政策性原因造成的水务企业的损失，不应由企业承担，而应依法建立起相应的补偿机制。

5. 统一内外资进入城市水务行业的待遇和政策

外资企业与国内企业，尤其是民营企业在政策上的不统一，不利于国内水务企业的发展。外资企业净资产回报率高达15%以上，而政府给予国内企业的净资产利润率仅为7%～8%；在水价制定上，国内企业的水价调整需经过严格的审批，并需由社会各界代表参加的听证会一致通过，而政府给外商承诺的回报或水价却不需通过听证会而由政府直接确定。

6. 统筹考虑职工安置与国有资产保值增值

在水务企业市场化过程中，尤其是产权制度改革中，必须妥善处理职工安置问题，维护社会稳定，同时要保证国有资产的保值增值，最大限度地维护国家和公众利益。

（七）整合水务产业结构，培育跨区域的大型水务集团

城市水务的产业结构目前不能适应城市水业市场化的需要，表现在3个方面：一是产业分散、规模不足。二是缺乏能适应新的产业特征和市场需求的市场主体。三是产业链发育欠缺。

传统水务企业的产权多元化改革为产业整合的突破创造了机会。应利用投资主体的多元化变革，在行业传统企业改制的基础上，以市场为主导，以资本结构的调整拉动产业整合的进行。传统水业主体的产权多元化，将从体制和机制上激活和优化传统的行业主力。有扩展实力、具有一定规模的水务企业，要充分利用当前水务行业市场化、特别是产权制度改革的机遇，通过并购、整体收购、交叉持股等多种形式，培育跨区域的大型水务集团，在竞争中做大做强。

中国水价改革现状与发展态势

水利部财务经济司

2004年4月19日，国务院办公厅印发了《关于推进水价改革促进节约用水保护水资源的通知》（国办〔2004〕36号），第一次把水资源费、水利工程供水价格、城市供水价格、污水处理费、再生水价格作为一个有机的水价体系，确立了水价改革的目标，对水资源从开发、利用、治理到配置、节约、保护各个环节的水价改革进行全面部署。

一、水价改革进程的总体判断

改革开放以来，特别是建立社会主义市场经济体制以来，一系列推进水价改革的法律、法规和政策措施陆续出台，推动水价改革不断深化，总体上，当前我国水价已经完成，由传统计划经济体制下无偿或福利型向有偿或商品型的历史性转变。

1. 水价体系逐步健全，水价总体水平逐步提高

（1）开征水资源费，实现了从无偿取水到有偿取水的转变。20世纪80年代初期，我国北方一些地区开始探索对部分工矿企业和事业单位直接从地下和江河湖泊取水征收水资源费。1988年颁布的《中华人民共和国水法》规定："对城市中直接从地下取水的单位，征收水资源费；其他直接从地下或江河、湖泊取水的，可以由省、自治区、直辖市人民政府决定征收水资源费。"随后地方水资源费征收工作逐步展开。1995年国务院办公厅印发《国务院办公厅关于征收水资源费有关问题的通知》（国办发〔1995〕27号）后，地方开征水资源费的工作进展迅速。目前，除西藏自治区外，其他30个省（自治区、直辖市）均征收了水资源费，有29个省（自治区、直辖市）颁布了有关水资源费征收使用管理办法（或相关法规）。据统计，地表水水资源费平均为0.06~0.09元/m^3左右，其中，北京、济南较高，约为0.6元/m^3，海口、南昌地下水水资源费较低，约为0.01元/m^3；地下水水资源费平均为0.30~0.35元/m^3。其中，济南、北京、天津较高，济南为1.8元/m^3，

天津市公共管网覆盖范围内为 1.9 元/m^3，覆盖范围外为 1.3 元/m^3，北京为 1.5 元/m^3。海口、杭州等地较低，约为 0.04～0.05 元/m^3，全国年实收水资源费达到约 22 亿元。

（2）确认了水利工程供水的商品属性，实现了由费向价的转变。1980 年国务院提出“所有水利工程的管理单位，凡有条件的要逐步实行企业管理，按制度收取水费”，水费工作开始起步；1985 年国务院印发了《水利工程水费核定、计收和管理办法》，水费改革工作全面展开。1997 年国务院发布的《水利产业政策》明确提出水价制定的原则，水费由行政事业性收费转为经营性收费提供依据，有力地推动了水利工程供水的商品化进程。2002 年颁布的新《水法》进一步明确规定“供水价格应当按照补偿成本、合理收益、优质优价、公平负担的原则确定”，从法律层面确认了水利工程供水的商品属性。2003 年国家发展改革委、水利部联合发布了《水利工程供水价格管理办法》，彻底完成了由“水费”到“水价”的转变。1980 年以来我国水利工程供水价格标准逐年提高，1980、1985、1997 年，全国平均分别为 0.1 分/m^3、0.3 分/m^3 和 2.4 分/m^3，2003 年提高到 3.3 分/m^3，比 1980 年上涨了 30 倍左右。全国 2003 年水利工程水费总收入达到 140 亿元。

（3）城市供水价格完成了福利型向商品型的转变。1998 年原国家计委与有关部门下发了《城市供水价格管理办法》，明确了城市供水价格分类和构成、水价制定原则等，启动了城市供水价格改革。2002 年，原国家计委、财政部、建设部、水利部、国家环保总局联合下发了《关于进一步推进城市水价格改革工作的通知》，极大地加快了城市供水价格改革进程，城市供水价格逐年上升。目前，我国 35 个大中城市居民生活用水价格（不含污水处理费）为 1.26 元/t，比 1988 年上涨了 9 倍，年均涨幅为 16.4%。目前，居民生活用水价格最高的是北京市 2.3 元/t，最低的是兰州市，0.70 元/t。35 个大中城市平均售水成本为 1.18 元/t，大部分城市供水价格已基本达到保本水平。

（4）建立了污水集中处理收费制度。1999 年，原国家计委会同有关部门下发了《关于加大污水处理费的征收力度建设城市污水排放和集中处理良性运行机制的通知》，在全国实行污水处理收费制度。截至 2003 年底，除西藏自治区外，全国其余 30 个省（自治区、直辖市）建立了城市污水集中处理收费制度。660 多个城市中共有 325 个城市开征了污水处理费，约占 50%；其中，有 84% 的地级市、17% 的县级市开征了污水处理费；除拉萨市外，其余 35 个大中城市开征了污水处理费，

35 个大中城市平均污水处理费标准，居民生活用水为 0.41 元/m³，比 2000 年提高了 2 倍多；其他用水为 0.58 元/m³，比 2000 年提高了 4 倍。

2. 有利于节水和水价制度得到初步推行

（1）水利工程供水方面，实行了超定额累进加价制度。一些地方积极探索和推行“超定额累进加价”、“丰枯季节水价”、“两部制水价”等科学的计价制度，充分发挥价格杠杆对水供求关系的调节作用。山西省政府规定，农业用水超过定额部分的水量按原水价 2 倍收费；工业和生活用水超过计划的 10%、20%、30%、40%、50% 以内的，超过部分的水量分别按原水价的 2、4、6、8、10 倍收费，对严重浪费水资源的单位（超过定额用水 50% 以上）限量供水直至停止供水。宁夏为鼓励农民节约用水，规定凡超出定额的水量每立方米加价 50%。河北、云南、广西等 10 多个省、自治区开始实施超定额累进加价制度。包括上海、江苏、浙江、湖北、重庆、四川等南方省份在内的 17 个省（自治区、直辖市）制定了本区域的用水定额，为实施超定额累进加价创造了条件。

（2）城市供水方面，推行了居民生活用水阶梯式水价和非居民用水超过计划超定额加价制度。截至 2004 年 6 月，全国有河北、山西、内蒙古、辽宁、吉林、黑龙江、浙江、福建、河南、广东、广西、云南、宁夏、新疆等 14 个省（自治区、直辖市）的 50 多个城市、10 多个县（市、区），36 个大中城市中有呼和浩特、沈阳、大连、福州、厦门、深圳、南宁、昆明、银川、乌鲁木齐等 10 个市实施了阶梯式水价。非居民用水超过计划超定额加价制度在全国范围内已经得到普遍施行。

3. 全面实行了有利于用水户合理负担的分类水价

水资源费分为地表水水资源费和地下水水资源费，地下水水资源费标准高于地表水水资源费标准，一些地区为控制城区内地下水的开采，对地下水水资源费又区分公共管网覆盖范围内和覆盖范围外，公共管网覆盖范围内地下水水资源费标准高于覆盖范围外地下水水资源费标准。

根据取水单位的用途，又分为工业取水、生活取水、发电取水、其他取水等，各类水资源费的征收标准有所不同。水利工程供水价格总体上分为农业用水和非农业两类。城市供水价格分为居民生活用水、工业用水、行政事业用水、经营服务用水、特种用水等 5 类。分类水价的实施，统筹考虑了不同用水户的承受能力，分类水价的比价关系日趋合理。

4. 水价管理形式多样化，水价决策程序规范化

长期以来，水利工程水价制定权高度集中，不利于水价的及时调整。为建立灵活的调价机制，近些年来全国各地积极探索适合本地的水价管理方式，取得了成效。比如，山东省下放审批权限，实行按单个工程审批水价；吉林、新疆、四川等省实行了分地区水价。一些地主改变单一的政府定价方式，试行政府指导价或民主定价，使定价方式更加灵活。一些成立农民用水者协会的地区，逐步实行政府指导价，末级渠系实行民主定价。当前，全国绝大部分省（自治区、直辖市）改革了集中统一定价的模式，适当下放了水价审批权，实行按区域定价和按单价工程定价相结合的管理办法。城市供水价格实行了听证会制度，水价决策走向规范化、民主化轨道，透明度不断提高。水利工程供水价格的决策，也初步建立了供水成本核算、审核制度，水价决策日益规范。

二、水价改革态势分析

2005 年是“十五”计划的最后一年，是全面实现“十五”计划目标的重要一年，也是改革之年。《中共中央关于制定国民经济和社会发展第十个五年计划的建议》提出，要“改革水的管理体制，建立合理的水价形成机制，调动全社会节水和防止水污染的积极性”。2004 年 4 月，国务院召开在全社会深入开展资源节约活动电视电话会议，提出要经过 3 年努力，在水资源方面，使万元国内生产总值取水量下降 10%，水的重复利用率提高 5 个百分点。国务院办公厅印发的《关于推进水价改革促进节约用水保护水资源的通知》明确提出水价改革目标，要“建立充分体现我国水资源紧缺状况，以节水和合理配置水资源、提高用水资源可持续利用为核心的水价机制”。从水价改革存在的问题和节约用水保护水资源的要求两方面看，实现水价改革的目标，时间紧、任务重。

1. 水价改革现状与节水保护水资源的要求还不相适应

（1）水价总体水平偏低，不利于充分发挥水价促进节约用水保护水资源的引导作用。一是在水资源费方面，水资源费标准还没有充分体现水资源的紧缺状况和内在价值。全国地下水水资源费平均水平约为 0.3 元/t，地表水水资源费标准更低。由于地下水水资源费标准过低和实际征收率低导致自备水源的大量存在和不合理超采，部分地区出现地面沉降，地下水位急剧下降；二是水利工程供水价格方面，水价长期低于供水成本，全国平均现行水价仅达到平均供水成本的一半左右。由于

水价远低于成本，加之水费实收率低，造成水利工程管理单位亏损经营，工程维修费用得不到保障，工程老化失修，致使渠道渗漏严重；三是城市供水价格还没有达到促使用水户树立强烈节水意识的水平。据初步测算，2000 年的水费支出一般占城镇居民可支配收入的比例约为 1.14%，大大低于水价可有效发挥调节作用的敏感比例；四是污水处理费收费标准偏低，现行污水处理收费难以满足污水处理设施的正常运转。据初步测算，在不考虑管网建设和维护的情况下，污水处理厂运行成本约为 0.5~0.7 元/t，现行收费标准只有 0.38~0.51 元左右，总体上不能保证污水处理设施的正常运转，由于经费不足，部分污水处理设施建成后甚至不运行。

(2) 水费计收困难，科学的计价方式还没有得到全面的推行。水资源费、农业水费、污水处理费征收困难，同时又存在乱收费问题。农业用水方面，由于农供水末级渠系大多没有衬砌，缺少必要的量水设施，实际操作中绝大部分地区只能按田亩收费，计量收费和超定额加价制度难以得到实施，水费与水多少没有直接关系，导致农民节水积极性。另外，乡村管水组织乱收费搭车收费和水利工程管理单位水费实收率低的现象并存。城市用水方面，由于相当一些地区没有实行抄表到户，致使阶梯式水价难以迅速推广，不利于在兼顾居民承受能力的基础上促进节约用水。在污水处理费征收方面，一些自备水用户千方百计拒交、拖欠。在水费的使用方面，水利工程水费、污水处理费长期以来作为行政事业性收费管理，管理不规范，不严格，被挪作他用的现象时有发生。

(3) 水价法规框架有待于进一步充实和完善。当前，我国形成了以《价格法》等法律为核心，以《水利工程供水价格管理办法》和《城市供水价格管理办法》等部门规章为主要内容，以及大量政策性文件为重要补充的水价法规体系和制度框架，为水价改革与管理工作沿着法制化、制度化和规范化向前发展提供了制度保障。但是，与水价改革实践相比，水价法制体系建设相对滞后，主要体现在：水资源费、污水处理费、排水费还没有国家层面的法规规章，供水和污水处理的成本监审没有具体的办法。

2. 着力推动水价改革，加快建设节水型社会，是应对水资源严峻形势的重要举措

改革开放 26 年来，我国经济取得了前所未有的持续快速增长，这种经济增长是建立在资源的过度消耗和环境透友的基础之上的，导致许

多自然资源的严重短缺和环境的污染，造成资源约束矛盾愈加突出、环境压力加大。水资源是基础性的自然资源和战略性的经济资源，是生态环境的控制性要素，当前我国水资源面临着更大的压力。主要表现为水资源供需矛盾突出。我国人均水资源量为2200m^3，仅为世界水平的1/4，而且地区间和年际间分布严重不均衡，全国669座城市中有近2/3供水不足，其中严重缺水的有110座。与此同时，在生产和生活领域存在严重的用水浪费，全国平均单方水GDP产出仅为世界平均的1/5；1m^{3}水粮食增产量不足1kg，远低于发达国家已达到的1.5~1.8kg的水平。

我国水污染严重，2003年全国污废水排放总量达到680亿t，我国每年约有1/3的工业废水和2/3的生活污水未经处理直接排入水体，90%流经城市的河段受到严重污染，75%湖泊的水环境退化，近岸海域Ⅳ类海水水质占21.5%。用水浪费、水污染加剧了水资源的供需矛盾。另外，污水处理回用，海水、雨水利用等方面也处于较低水平。水资源的严峻形势要求我们必须把水资源的节约和保护放在突出的位置。

建设节水型社会是解决我国干旱缺水问题最根本、最有效的战略举措和根本出路。与传统的主要靠行政措施推动节水的做法不同，节水型社会的本质特征是建立以水权、水市场理论为基础的水资源管理体制，形成以经济手段为主的节水机制，不断提高水资源的利用效率和效益。建设节水型社会，要求十分注意经济手段的运用，最重要的是制定科学合理的水价政策，“超用加价，节约有奖，转让有偿”，充分发挥价格对促进节水的杠杆作用。总体上看，我国现行水价水平、水价制度推行的力度与建设节水型社会的要求还有相当大的差距，水价改革还有很长的路要走。总之，着力推进水价改革，加快建设节水型社会是建立资源节约型社会的重要内容和具体行动，是缓解水资源供需矛盾的必然要求和有效途径。

三、今后一段时期水价改革的重点

国务院办公厅印发的《关于推进水价改革促进节约用水保护水资源的通知》是指导我国今后一段时期水价改革的纲领性文件，《通知》提出了水价改革的原则和具体要求。在2005年及今后一段时期水价改革的重点和方向是：在水价调整方面，适当提高水资源费标准，逐步提高水利工程供水价格，合理调整城市供水价格，优先提高污水处理费标准，合理确定再生水价格。在计收和计价方式改革方面，扩大水资源费征收范围，着力推行超定额累进加价等科学合理的水价制度和推进农业用水终端水价，继续推行居民生活用水阶梯式水价制度，加大污水处理费征收力度。在水价法规体系建设方面，研究制定国家层面的水资源费征收使用管理办法，制订规范农业供水末级渠系水价、推行终端水价的政策，制订水利工程供水价格监审办法，督促地方加快制订落实国家水价法规政策的具体办法。

1. 适时适度调整水价，促进水资源的优化配置

一是适当提高水资源费标准。水资源费是水价组成中最重要、最活跃的部分，在水资源的优化配置中起着重要的作用，为充分发挥水价的引导作用，要适当提高水资源费标准，按照“先开发地表水，严格控制地下水”的原则，综合考虑用户承受能力等因素，提高地下水的水资源费的标准，尤其是提高城市供水管网覆盖范围内取用地下水为自备水源的水资源费标准，遏制地下水的超采；二是逐步提高水利工程供水价格。非农业供水要尽快调整到补偿成本、合理收益的水平；农业供水价格，要在清理整顿乱加价、乱收费，整顿水价秩序的基础上，分步达到保本水平；三是合理调整城市供水价格。在加强供水企业成本监审的基础上，综合考虑水源价格、水资源费等因素，合理调整水价；四是优先调整污水处理费。将污水处理收费标准调整到保本微利水平是城市供水价格的调整时要优先考虑的因素。暂时达不到保本微利水平的，要制定污水处理费最低收费标准，确保污水处理设施的正常运行；五是合理确定再生水价格。再生水价格以补偿成本和合理收益为原则核定，结合再生水水质及用途等情况，与自来水价格保持适当差价，原则上按自来水价格半价安排，鼓励使用再生水。

2. 强化计收，着力改革计价方式，推行科学合理的水价制定

水资源费方面，要扩大水资源费征收的范围，目前未开征水资源费的城市要尽快开征，恢复对中央直属电厂征收水资源费，研究对农业用水开征水资源费的方案。

水利工程农业供水方面：一是推行农业终端水价，将农业供水末级渠系水价纳入政府定价范围，核定农业用水的终端价格；二是改革农业水费计收办法，创造条件逐步改变按调平摊水费的做法；三是全面推行水价公示制度，建立有效的监督机制；四是着力推行超定额累进加价、两部制水价、丰枯季节水价等科学合理的水价制度。

全国水管体制改革稳步推进

徐元明

2002年9月17日，《水利工程管理体制改革实施意见》（国办发［2002］45号）出台后，水利部党组高度重视，及时对贯彻落实工作作出全面部署，部机关有关司局密切合作，采取一系列措施大力推进水管体制改革工作。各地对《实施意见》的贯彻落实工作也提高重视，普遍成立了改革领导小组，制定改革实施方案，对水管单位进行分类定性，开展人员和经费测算，积极推行管养分离，大力开展改革试点等工作。经过近两年的共同努力，各项改革工作取得了明显成效，目前总体进展顺利。

一、水利工程管理体制改革进展情况

1. 各地贯彻《实施意见》的实施方案陆续出台

各地根据《实施意见》精神，采取有效措施，积极稳妥地推进改革工作。据统计，截至2004年9月底，全国有26个省（自治区、直辖市）和3个计划单列市成立了省、市级水管体制改革领导小组并明确了专门办事机构；31个省（自治区、直辖市）和5个计划单列市在本行政区域范围内转发了《实施意见》；19个省（自治区、直辖市）建立了水管体制改革信息通报和交流专门渠道。截至2005年1月底，江苏、重庆、黑龙江、湖北、山西、河北、云南、广西、四川、吉林、山东、湖南、海南、福建、青海、新疆、江西、内蒙古、贵州、陕西、广东、浙江、河南、安徽、宁夏、天津、甘肃等27个省（自治区、直辖市）出台了实施方案，其他各省（自治区、直辖市）的实施方案也已编制完成，正与有关部门协调。有改革任务的6个流域机构也陆续提出了所属性工程的改革方案，并经过了水利的初步审查。

2. 水利工程管养分离稳步推进

积极推行管养分离，精干管理机构，提高工程养护水平，降低运行成本，是国务院《实施意见》提出的明确要求，也是我们实际工作的迫切需要。各地按照《实施意见》规定，明确了管养分离的具体措施和步骤，积极创造条件，稳步推进管养分离工作。黄委会所属工程管理单位全部实行了内部管养分离，其他流域机构也在试点单位中实行了内部管养分离。浙江省杭州市制定堤防工程定员、定额标准的基础上，在市级所属水管单位中大力推行管养分离。市下沙江堤河道管理处、余杭区苕溪堤防河道管理所等单位的堤塘绿化养护、堤身保洁和防汛道路养护等任务，全部通过招标形式委托具有一定资质的保洁公司和养护单位承担，同时还制定了考核标准和奖惩制度，既提高了养护效果，又降低了养护成本。吉林省长春市石口门水库在改革中积极推行管养分离，以水库管理单位控股的形式组建建筑、渔业、绿化三个股份公司，分别承担工程的维修养护、水产养殖和水库管理范围内的环境卫生和绿化等生态建设，水利工程维修养护工作正逐步走向专业化、市场化。

3. 改革试点工作总体进展顺利

为保证改革工作的稳步推进，本着“试点先行、以点带面、全面推进”的原则，各地积极有序地开展了水管体制改革试点工作。2003年8月，水利部确定了山西省晋中市等7个市（县），辽宁省柴河水库管理局等24个水库、水闸、河道堤防、灌区、泵站管理单位作为全国水利工程管理体制改革试点联系市（县）和单位，并对试点工作提出了具体要求。同时，多数地方也确定了省级改革试点单位。如江苏省确定的省级改革试点单位已通过省级验收，试点取得的经验正在全省推广；甘肃省确定了31个省级改革试点单位，并专门以省政府名义出台了《水利工程管理体制改革试点工作指导意见》。财政部和水利部也在流域机构所属工程管理单位中，选择了47个单位作为改革试点单位。各试点市（县）和单位充分认识试点工作的重要意义，党委、政府高度重视，试点单位主动开展各项工作，及时制定改革方案，落实各项改革措施，目前改革试点工作总体进展顺利，已取得阶段性成果。

4. 注重与相关部门协调，落实各项配套政策

《实施意见》的重要配套性文件，《水利工程管理单位定岗标准（试行）》和《水利工程维修养护定额标准（试行）》，已于2004年7月下旬由水利部、财政部联合印发，为水管单位定岗定员以及核定各项财政补助经费提供了依据。同时，水利部、财政部还确定了46家直属工程管理单位作为“两定”试点，在2004年底落实了试点方案，现“两定”工作已全面展开。各地十分重视与相关部门的沟通协调工作，主

动与计划、体改、财政、编制、人事、劳动、税务、社保等部门进行沟通协调，争取理解与支持，以落实各项改革措施。山西省晋中市财政并不富裕，在市委市政府的高度重视和相关部门的大力支持下，已全部落实了公益性单位的财政补助资金，同时妥善解决确权划界、水价调整、分流人员安置等难点问题；江苏省通州市全部落实水管单位财政资金的同时，加强分流人员思想政治工作，积极与有关方面沟通，落实了内部退养待遇，妥善安置分流人员；云南省元谋县积极探索水价改革，初步建立了全县较为合理的水价形成机制；广西荔浦县合理并灌区管理单位，并将灌区管理单位作为准公益性水管单位，纳入财政预算，实行“收支两条线”管理；杭州市在相关部门的支持下，对以防洪、排涝等公益性任务为主的水管单位，将其经费供给由原来的财政定额补助改为全额拨款，实行收支两条线管理，市直属的5家公益性、准公益性水管单位全部纳入了全额拨款的事业单位，同时对以水力发电、城市供水等经营性任务为主的水管单位实行撤并或转制，实行市场化运作。

5. 大力推进水管单位内部运行机制改革

各地普遍把完善水管单位内部制度建设，深化内部管理体制改革纳入水管体制改革的重要内容，积极探索水管单位内部改革，大力推进内部制度建设。长春市石头口门水库结合兴利增容工程建设，重新分析评估和定位水库功能，兼顾社会、经济和环境效益确立水库管理目标，精简内部机构和人员，建立和完善各项内部管理制度，科学设岗，公开竞聘上岗，建立了工资加资金的薪酬制度。杭州市狠抓水管单位内部改革，在制定内部人事分配制度的基础上，大力推行岗位责任制、人员聘任制，以及分配制改革，优化了队伍结构，调动了干部职工的工作积极性。针对小型水利工程面广量大、管理分散的特点，一些地方在改革试点工作中，积极探索小型水利工程集约化管理模式，即整合原分散的水管单位人才、技术和设备等资源优势，建立专业化和维修养护队伍，实行分散管理、集中养护，提高了水管单位的工程管理水平和市场竞争力。江苏省通州市成立了“河南堤闸管理中心”，将辖区内江堤、海堤及河道建筑物统一划归所辖的3个水管单位管理。浙江省嘉湖兴市对杭嘉湖南排4个出海排涝站及河道实行集中管理，乐清市对3座中型水库、2座小（1）型水库、1座（2）型水库实行集中管理。通过推行小型水利工程的集约化管理，大大降低了管理成本，有效地提高了管理水平。

二、遇到的困难问题及原因

目前改革工作已取得阶段性成果，但我们清醒地认识到改革进程中还面临着不少困难和问题，具体表现为：

1. 一些地方对改革的认识不到位

一些地方对改革的认识不到位，阻碍了改革工作的全面展开。归纳起来，认识问题主要表现在：一是有“小富即安”的思想。认为本地区、本单位目前经济状况不错，水管单位日子还过得去，安于现状，缺乏长远眼光，改革意识不强；二是有畏难情绪和等待观望思想。有的地方和单位认为水管单位存在的问题是多年形成的“慢性病”，解决难度很大，对改革缺乏信心存在畏难情绪；有的地方和单位认为国家事业单位改革刚刚开始，担心率先改革吃亏，存在等待观望思想；三是有急于求成的思想。有的地方和单位想把长期以来水管单位积淀的问题通过这次改革一下子全部解决，改革方案“求大”、“求全”，不切实际，缺乏可操作性；四是有“只向钱看”的思想。有的地方和单位片面认为改革仅仅是落实经费，以偏概全，只重视向财政要钱，不重视分类定性、定岗定员、管养分离、内部人事分配制度改革等各项改革工作的全面推进，在财政、计划等部门中造成了一定的负面影响；五是缺乏正确的“政绩观”。有的地方和“重建轻管”思想严重，认为“建设”出政绩，是硬任务，“管理”见效慢，是软任务，不重视水管体制改革工作。

2. 两项经费落实难度大

《实施意见》规定，事业性质水管单位承担公益任务的人员工资等基本支出，应纳入财政预算并在3～5年内足额到位。改革前，水管单位大多未纳入财政预算。一些地方特别是中西部地区，财政比较困难，现有预算内单位的人员工资发放都很困难，再把水管单位的基本支出纳入财政预算并予以落实，难度更大。按照《实施意见》，要合理调整水利支出结构，从水利建设基金和河道工程管理费中切出一定比例，用于水利工程维修养护。但有的地方水行政主管部门内部存在“重建轻管”思想，认为当前水利建设的任务很重，建设资金缺口还比较大，不愿意通过调整水利支出结构，来解决工程维修养护资金缺乏的问题。

3. 基础工作比较薄弱

水管体制改革涉及到计划、财政、编制、社保等多个部门，需要协调解决经费、编制、水价调整、人员分流、社会保障等诸多复杂问题。在与相关部门沟通协调时，需要提供水管单位人员、资产、收支状况等大量基础数据，而一些地方管理粗放，家底不清，没有按照规定开展“两定”测算工作，拿不出有说服力的分析数据，影响了与有关部门沟通协调的效果，致使实施方案不能及时出台，改革措施难以到位，一定程度上阻碍了水管体制改革的过程。

4. 安置分流人员和落实养老保险政策难度大

一些水管单位地处偏远，受当地条件限制，兴办的学校、医院等社会辅助职能机构剥离难。一些水管单位经济实力不强，水土资源缺乏，开展多种经营的条件有限，安置分流人员的能力较弱。水管体制改革中，从事经营性资产管理和管养分离后从事维修养护的人员不再核定事业编制，将从事业编制转为企业人员。按照《实施意见》，中央直属水管单位转制人员的基本养老保险，可参照国家对转制科研机构，工程勘察设计单位的有关政策规定执行，同时要求各地也要做好转制前后离退休人员养老保险待遇的衔接工作，而这项政策在各地落实难度较大。

三、进一步推进水管体制改革工作的措施

目前，《实施意见》的贯彻落实工作已进入关键阶段，我们将一如既往地与有关部委密切合作，做好以下几项工作：

1. 继续加强宣传，进行跟踪调研和督促检查

继续利用各种渠道加强宣传，提高认识，一方面向政府及其有关部门加强宣传、沟通和汇报，取得政府领导和有关方面的理解和支持，为改革营造良好的氛围，另一方面对各级水行政主管部门和水管单位加强宣传教育，统一思想，提高对改革必要性和紧迫性的认识，增强改革的主动性和积极性。继续组织有针对性的调研活动，进一步加强对各地《实施意见》具体实施方案制定工作的指导与督促，加快各地实施方案的出台步伐，推进改革进程。对尚未出台实施方案的省份，要督促其认真分析实施方案未出台的原因和主要制约因素，找准突破口和切入点，保证实施方案尽快出台。对于财政比较困难的地区，建议在做好测算工作的基础上，财政资金可以分步到位。

2. 继续认真抓好水管体制改革试点工作

目前，水利部确定的 7 个试点联系市（县）和 24 个试点联系单位工作取得了阶段性成果，但进展还不平衡。要继续加强对试点单位改革工作的指导和督促，帮助这些单位总结经验，解决改革中出现的各种问

题，做好试点经验的总结和推广工作，“以点带面”、“以点促面”，进一步推进全国的水管体制改革工作。

3. 做好中央直属工程管理体制改革工作

我部将抓紧对流域机构直属工程改革方案的审查，在征求财政部、中编办意见后，尽快批复实施。同时做好直属水利工程管理单位的改革试点工作，并在此基础上全面推进部直属水利工程管理单位的改革工作，率先完成改革任务，为全国的改革工作树立典范。

4. 同步推进水管体制改革与病险水库除险加固

要求各地在进行病险水库除险加固的同时，要大力推进水管体制改革，理顺管理体制，建立良性运行机制，落实工程管理和维护经费，加强水管单位内部制度建设，努力提高水库管护水平。今后，凡申请中央补助资金的病险水库除险加固项目，必须同时上报经地方政府或政府有关部门（水利、财政等）批准的水库管理体制改革方案。从2005年开始，对省级水管体制改革实施方案尚未出台、改革工作严重滞后的省（自治区、直辖市），将视情况相应酌减中央水利投资计划安排。

（作者单位：水利部建设管理司）

准公益性水管单位国有资产管理体制改革研究

水利部准公益性水管单位国有
资产管理体制改革调研组

准公益性水利工程管理单位（以下简称"准公益性水管单位"）是指承担既有防洪、排涝等公益性任务，又有供水、水力发电等经营性功能的水利工程运行管理任务的水管单位。我国90%以上的大中型水利工程管理单位是准公益性水管单位。

从资产的本质特征上看，准公益性水管单位占有使用的水利国有资产（以下简称"准公益性水管单位国有资产"）具有经营性国有资产的营利性和行政事业性国有资产公益性的双重特征。当水利工程履行公益性功能，为社会提供公共服务时，准公益性水管单位国有资产不以营利为目的，资产本身不具有增值和积累的功能；当水利工程履行经营性功能，为社会提供私人物品时，准公益性水管单位国有资产以营利和增值为目的。

水利国有资产管理体制改革是我国国有资产管理体制改革的重要组成部分。准公益性水管单位国有资产管理体制改革是水利国有资产管理体制改革的重点和难点。

为进一步推进水利国有资产管理体制改革，有关部门于2004年8月至10月，联合开展准公益性水管单位国有资产管理体制改革调研活动，联合调研组对33省（自治区、直辖市）和86家水管单位开展了调研。通过典型汇报、现场考察和问卷调查。调研组了解和掌握了各地在推进准公益性水管单位国有资产管理体制改革的经验和好的做法，分析了改革中存在的问题和原因，并提出了深化改革的思路与工作建议。

一、准公益性水管单位国有资产：现状与存在的主要问题

根据联合调研组对33个省、86家准公益性水管单位进行的典型调研和对55份调查问卷的分析，准公益性水管单位国有资产的基本情况

如下：

（一）大中型准公益性水管单位的类型分布、隶属关系和单位属性

在被调研的55家大中型准公益性水管单位中，水库管理单位35家，占总数的64%；灌区管理单位15家，占总数的28%；其他类型管理单位4家占总数的8%。有17家单位的上级主管部门为省级水行政主管部门，占30.9%；33家单位的上级主管部门为地（市）或县级水行政主管部门，占60.0%；5家单位的上级主管部门为水利部所属流域机构，占9.1%。

55家准公益性水管单位，性质为事业单位的54家，占总数的98.2%；其中，按照事业单位管理的18家，占32%；性质为事业单位，实行企业化管理的36家，占65%。

从典型调研反映的情况看，大中型准公益性水管单位以隶属于市（地区）、县管理的水库管理单位居多，多数实行事业单位企业化管理体制。

（二）大中型准公益性水利工程投资来源、资产总量和资本构成

据统计，55家准公益性水管单位管理的水利工程投资总额158.56亿元。其中：中央投资88.32亿元，占55.70%；地方投资36.56亿元，占23.06%；贷款4.40亿元，占2.77%；群众投工投劳折算29.29亿元，占18.47%。调研中还发现，由于工程建设的地方配套资金不到位等原因，有36%的水利工程没有达到设计规模。

截至2003年末，55家准公益性水管单位资产总额210.10亿元；所有者权益174.84亿元，其中实收资本97.67亿元，资本公积91.93亿元，盈余公积2.89亿元，未分配利润-17.65亿元。

从典型调研反映的情况看，大中型准公益性水管单位投资来源以中央投资为主；资本构成相对合理；资产负债率不高。

（三）大中型准公益性水管单位的收入结构状况

实现收入总额20.61亿元。其中：财政补贴收入占收入总额的6.67%；供水、水力发电收入占73.16%；水利旅游、种养殖等收入占5.06%；其他收入占15.11%。

从典型调研反映的情况看，大中型准公益性水管单位收入结构以供水和水电为主。

（四）大中型准公益性水管单位的对外投资与效益

在55家准公益性水管单位中，有30家水管单位利用自有资金对外投资兴办经济实体78个，注册资本金4.65亿元。平均每家水管单位兴

办2.6家经济实体，最多的一家水管单位兴办8家经济实体。截止到2003年底，上述实体资产总额7.92亿元。2003年实现收入总额5.34亿元，比上年增加0.75亿元；实现利润总额 -84万元，比上年减少212万元。

从典型调研反映的情况看，大中型准公益性水管单位对外投资较多，投资效益较差。（详见附表1~附表3）。

二、准公益性水管单位国有资产管理体制与运行机制：主要弊端与原因分析

准公益性水管单位国有资产管理体制与运行机制是水管单位可持续发展的“牛鼻子”。现行的管理体制与运行机制中存在很多弊端，必须尽快通过改革加以解决。

（一）以行政隶属关系为主线，水利工程与国有资产分部门管理的行政管理体制，导致管理主体缺位、管理边界不清晰、权力与责任不对称，是现行准公益性水管单位国有资产管理体制存在的主要弊端

调研中发现，现行的准公益水管单位国有资产总体上实行的是工程管理与资产管理相分离的行政管理体制。大多数准公益性水利工程的运行都是由水行政主管部门按行政隶属关系进行管理。而准公益性水管单位国有资产则名义上归财政部门管理。如防汛抗旱、供水发电、除险加固和运行维护等水利工程的运行管理由水行政主管部门负责，而对准公益性水管单位的国有资产却按照行政事业性资产的管理模式，由各地各级财政部门负责管理。这是一种割裂的资产管理体制。这种管理体制由来已久，产生于计划经济时代并沿用至今。

随着经济的转轨和体制的转型，这种管理模式暴露出两个缺陷：一是行政管理模式僵化，难以适应准公益性水管单位面临的市场经济运行环境。因为用行政管理而不是用产权管理的模式来管理准公益性水管单位国有资产客观上造成产权不能顺畅流动，与市场经济体制所要求的现代产权制度格格不入；二是割裂的资产管理体制造成资产管理主体缺位、管理边界不清晰、权力与责任不对称，以至于出现有人运行管理准公益性水利工程，却无人对准公益性水管单位国有资产承担运营和管理责任的现状。现行的管理体制将准公益性水管单位的管理责任人为地分为水利工程的运行管理与水利国有资产管理两部分，并同时赋予水行政主管部门和财政部门分别履行管理职责。由于没有统一明确的管理主体，导致资产管理部门与工程管理部门的管理边界不清晰，权力与责任

不对称。结果是负责运用水利国有资产进行防汛抗旱、除险加固和运行维护，享受供水发电等水利国有资产收益的水行政主管部门不管资产的运行质量和资产状况，不承担水利国有资产的管理和运营责任；而财政部门作为名义上的水利国有资产管理部门却因机构设置和人员缺乏，不能有效地履行管理责任。

调研中了解到，1998 年机构改革以后，在省、地两级财政部门一般都有行政事业资产处来管理行政事业资产。通常，准公益性水管单位的资产均由这个处履行监督管理的职责。由于一个处配备的人员只有 3 ~4 人，人手不足再加上各级政府的行政事业性资产的数额巨大，管理任务繁重，工作量大，对准公益性水管单位国有资产的监管充其量也只能部分履行资产监管的权责如产权的登记和产权证的年审、限额以上的资产处置审批等。根本无暇顾及准公益性水管单位的国有资产管理的核心问题如提高资产的运行质量和运行效率、降低运行成本、保证资产的完整性、优化配置和调整资产结构与资本结构，规范准公益性水管单位的投融资行为等。调研中经常发现准公益性水管单位对外投资的案例。其投资规模少则数 10 万元，多则上亿元。查阅相关的审批手续，要么未经批准，要么是由水行政主管部门批准，几乎没有发现经国有资产管理部门批准后才进行对外投资的案例。而事实上，未经授权，水行政主管部门是无权履行准公益性水管单位对外投资审批职能的。

调研中发现，由于管理体制不顺，导致准公益性水管单位国有资产管理的日常工作中存在许多问题。

（1）准公益性水管单位国有资产管理基础工作薄弱、家底不清。财务账面数经常既与工程实物状况不吻合，也不反映工程实物的实际价值。如新疆兵团的工程实际资产量可能为财务资产数量的10倍多。河北省 2001 年进行了清产核资，结果全省水利国有资产增值额达到100多亿元，翻了一番。

（2）建设管理与资产管理脱节。许多水利工程运行几年或几十年未作竣工决算，工程投资长期挂账。如湖北省装机容量最大的凡口泵站已建成运行 40 多年了，到现在仍没办理竣工决算，至今仍然按在建工程挂账处理。察尔森水库、龙风山水库、飞来峡水利枢纽等工程也都存在类似情况。

（3）水利工程运行成本不实。许多水管单位在成本核算时不提或部分计提折旧，造成水利工程运行成本严重不实。据统计，55 家准公益性水管单位中 9 家没有提取折旧，15 家单位部分提取折旧，31 家单位全额提取折旧，其中22家单位折旧率小于3%。由于水利工程运行成本不实，导致准公益性水管单位深化改革缺乏真实基础数据。比如，在水价改革中，有些单位只能采用“倒推水价法”来核定水价，即先确定年供水量、成本和收入，再确定供水价格。

（4）准公益性水管单位公益性支出财政经费来源不足、维修养护资金严重短缺，导致工程老化失修甚至积病成险和工程效用衰减、各类效益降低。据了解，55家准公益性水管单位中，有28家公益性支出没有财政经费支付，其他27家水管单位除江苏省江都水利枢纽管理处等个别单位外，公益性支出财政经费也是象征性的，仅占收入的14%左右。山东省聊城市位山灌区管理处公益性支出财政经费仅占其收入的0.72%。湖北省三道河水库是以防洪、灌溉等公益性事业为主的大型水利枢纽，没有公益性支出没有财政经费支付，近5年年平均亏损608.93万元。

（5）水管单位国有资产监管内控制度不健全，没有形成有效的激励与约束机制，管理水平低下。准公益性水管单位的运行机制与市场机制相脱离，“领导守摊摊、职工混天天”和“等、靠、要”的现象较为普遍。

（二）准公益性水管单位国有资产缺乏激励与约束相容的运行机制和有效的绩效管理，与市场经济体制的外部环境不适应，导致履行经营性功能的水利资产不能有效发挥效益

由于大中型准公益性水管单位性质均为事业单位，并且其公益性资产和经营性资产在实物形态上具有不可分的特征，因此，对准公益性水管单位占有使用的国有资产的监管模式以行政管理为主。即实行与行政事业性国有资产一样的监管体制来监督和管理准公益性水管单位的国有资产。

调研中发现，由于按行政事业性资产的监管方式来管理准公益性水管单位的国有资产，使大部分准公益性水管单位处于外部监管低效、内部缺乏激励（奖）与约束（惩）、没有合理的绩效评价体系。比如，对现有准公益性水管单位一般由水行政主管部门负责进行业务考核。名义上的国有资产监管部门即各级财政部门基本没有对准公益性水管单位进行年度的考核。在考核指标的设计上，以工程管理指标来考核准公益性水管单位的工作成果；以公务员的考核评定办法来考核水管单位领导的年终绩效；在薪酬制度上，以事业单位职工的法定工资来为主要经营管理人员和普通职工付酬。调研组查阅了许多水管单位与上级主管部门签

订的经营责任状和内部制定的管理制度，发现一个普遍的现象即工程管理和精神文明建设考核指标较详细，经营考核指标较粗或没有，公益性资产的运行成本、运行质量、资产的完好性指标都没有列入领导班子的考核内容。因此，准公益性水管单位的经营者既无资产保值增值的压力，也无挖潜节约加快发展的动力。

由于缺乏激励与约束相容的运行机制和有效的绩效管理，大中型准公益性水管单位经济效益普遍较差，经营状况不容乐观。本次调研收回的调查问卷分析结果证明了这一点。2003 年，55 家水管单位有 41 家水管单位经营亏损，占总数的 74%；总亏损额为 1. 90 亿元，平均每家水管单位亏损 400 万元。通过对报表的分析发现，体现盈利的 14 家水管单位中有 12 家没有按财务规定提足折旧。如果提足折旧，则有 53 家水管单位出现亏损。亏损面达 96%。

调查问卷分析结果还表明，由于缺乏激励与约束相容的运行机制和有效的绩效管理，准公益性水管单位人员严重超编。据统计，55 家准公益性水管单位核定编制 20363 人，实际在职职工 23055 人，离退休职工 7848 人。有 34 家水管单位人员超编。每家水管单位平均超编 79 人，超编最多的一家水管单位核定编制 40 人，实际在职职工 254 人，超编 214 人，超编 5. 35 倍。

由此可见，缺乏激励与约束相容的运行机制和有效的绩效管理，是导致绝大多数准公益性水管单位存在内部管理粗放、人员富余、亏损严重和“等、靠、要”等问题的重要原因。

三、准公益水管单位国有资产管理体制与运行机制改革：主要做法和成效

近年来，各级水利部门按照中央关于深化国有资产管理体制改革的有关精神，积极推进准公益性水管单位国有资产管理体制改革，取得了进展。特别是国务院《水利工程管理体制改革实施意见》（以下称实施意见）颁发后，各级政府积极推进水利工程管理体制改革，取得初步成效，水利工程管理体制进一步理顺，水利工程履行公益性功能的经费得到基本保障。许多水管单位初步摆脱困境，步入良性运行轨道。

（一）认真贯彻《实施意见》，积极推进水利工程管理体制改革

调研过程中我们发现，国办《实施意见》颁布实施后，在水利部、财政部等国务院相关部委的宣传推动与统一部署下，大部分省（自治区、直辖市）出台了配套的水利工程管理体制改革实施方案。调研的

33 省（自治区、直辖市）中，有 21 个已经制定颁发了实施方案，有 9 个制定的实施方案送审待批，有 3 个正在研究制定实施方案。

大多数地方政府都开展了水管体制改革试点工作，一般省（自治区、直辖市）是选择 1 ~6 个试点单位，一些省（自治区、直辖市）试点单位较多。如甘肃省选择了 31 个试点单位，四川 51 个。各地试点单位均开展了清产核资、分类定性和费用测算等工作。新疆头屯河、博河、石城子 3 个试点单位，经测算均定性为事业性质的准公益性水管单位，这 3 个单位公益性资产平均占总资产的 42%，平均需财政补贴为 338 万元/年，平均维修费需 457 万元/年（占全年总支出的 25.5%）；甘肃省平凉市 3 个试点单位的改革方案经政府批准并且落实公益性支出财政经费 90 万元/年（3 个单位测算的财政经费为 319 万元/年）。

江苏、重庆、山西、广西、四川、甘肃等省（自治区）的部分准公益性水管单位的财政资金已落实或部分落实。江苏省政府从 2003 年起建立了用于省属水利工程的维修养护以及流域性水利工程维修养护经费的维修养护专项资金，明确 2003 年安排 3000 万元，2004 年安排 6000 万元，2005 年以后每年安排 8000 万元。目前，2003 年经费已经到位，2004 年经费正在落实。山西省晋中市采取确定财政差额补贴数额和落实财政供养人员两种方式落实了财政经费。有 7 个水管单位确定财政补贴金额为 93 万元；有 5 个单位的 53 名管理人员经费由同级财政负担，两项合计 170 余万元。

（二）积极推进国有资产管理体制改革，努力探索准公益性水管单位国有资产管理新体制

1. 大胆探索，建立政府授权（或委托）的准公益性水管单位国有资产统一管理体制

调研发现，一些地方根据准公益性水管单位工程运行和资产管理的具体情况，实行了基于产权管理的政府授权或委托水行政主管部门履行水利国有资产监管运营主体职责的管理体制。即政府明确授权或委托水行政主管部门，统一履行水利工程运行管理与水利国有资产监管运营责任。

实行水利工程与国有资产统一管理体制，管理主体比较明确，管理边界清晰、权力与责任基本对称。在日常工作中，水利工程的运行管理如防汛抗旱、供水发电、除险加固、运行维护和水利国有资产的运行质量、运行效率、运行成本、资产的完整性、资产的优化配置、结构调整、投融资行为等，统一由水行政主管部门负责。如辽宁省政府授权水

利厅经营和管理省直水库的全部水利国有资产。取得了很好的效果。2000～2002年全省水库供水收入平均每年增长35%，2002年达到13.2亿元。重庆市成立了水利投资公司，履行水利国有资产出资人职责。江苏省部分市县成立了水利资产经营开发公司，对水利资产进行统一运营管理，不仅保证了水利国有资产保值增值，还为城市水利建设筹集了大量的资金。广西南宁市成立威宁资产经营有限责任公司，将市本级党和国家机关、人民团体、事业单位占有使用的行政事业性资产委托威宁公司进行企业化管理与运作，在国内被称为"南宁模式"。目前，威宁公司已接收3批该市行政事业单位的资产，占应移交资产总额的60%(但水利国有资产还未移交，威宁公司现认为这一块资产完全按企业运营管理有难度)，运营管理已取得初步成效。最近，广西壮族自治区也明确由各级政府授权本级水行政主管部门作为本级水管单位国有资产的出资人代表行使出资人职能，负责授权范围内国有资产重组、优化、配置和运营，开始实行水利工程与国有资产统一管理体制。

2. 积极实践，推进准公益性水管单位"收支两条线"的管理体制改革

为规范财务收支行为，保证准公益性水管单位承担着防洪、排涝等公益性任务能够圆满完成，建立准公益性水管单位公益性支出经费保障机制，探索公共财政体制下准公益性水管单位的资产监管模式，从2004年4月1日起，广东省政府对飞来峡水利枢纽工程实行"收支两条线"的改革。即飞来峡水利枢纽管理局的所有收益全部上缴省财政厅，枢纽运行和维护所需的经费纳入年度部门预算，由省财政审核批准后全额核拨。

改革后，飞来峡枢纽管理局作为全额拨款的事业单位，收入全额上缴，支出有预算，自身不承担还贷压力，枢纽运行维护经费有保障，枢纽管理层潜心于枢纽的运营管理。水利国有资产公益性功能得到很好的发挥。"收支两条线"的管理体制改革取得了好效果。

（三）加强制度创新和组织建设，为建立准公益性水管单位国有资产新管理体制和运行机制打好基础

（1）建立健全水利国有资产管理制度建设，完善监督管理的法规体系。调研中发现，一些省、自治区的水利主管部门积极主动配合财政、国资管理部门制订水管单位国有资产管理办法，取得了很大的进展。如云南省先后出台了《云南省水利国有资产管理暂行办法》、《云南省水利单位国有资产划分和核定暂行办法》、《云南省大中型水利工

程各级国有投资产权界定实施暂行办法》、《云南省水利单位经营性国有资产占用费征收使用管理暂行办法》等，明确了各级水利主管部门国有资产管理职责，初步建立健全了国有资产监督管理的法规体系。四川省于2003年10月颁发《四川省大型水利工程委托管理实施办法》、《关于加强水利工程经营性资产改革与管理工作的意见》等，广西等省、自治区还制定了准公益性水管单位多种经营项目投资管理办法，为准公益性水管单位投资决策科学化、规范化和经营性资产保值增值提供了制度保障。

（2）加强国有资产管理组织体系建设和人员配备，为进一步深化准公益性水管单位国有资产管理体制改革提供组织保证。如江苏、重庆、四川、云南、广西、新疆兵团等省（自治区）水利主管部门专门设置或指定了国有资产管理机构，设专、兼职人员对准公益性水管单位国有资产进行管理；江苏省江都水利枢纽管理处、四川省都江堰管理局等少数大型准公益性水管单位在内部指定了国有资产管理部门并配有相应的专、兼职人员。

（四）深化水价改革，逐步调整水价，不断提高准公益性水管单位生存发展的能力

继国家发改委和水利部2003年联合发布《水利工程供水价格管理办法》后，各地积极行动，认真贯彻落实《水价办法》，积极制定本地的水价办法和水价改革政策。湖南、云南、湖北、广西、黑龙江等省、自治区相继出台了本地的水价管理办法或实施细则。一些地方正在积极研究和协调水价调整的具体方案。

目前，准公益性水管单位水利工程供水水价综合平均为3.3分/m^3。水费实收率近几年来有所提高，尤其是非农业用水水费收取情况较好。

随着《水价办法》的颁布实施，各地水行政主管部门和水管单位，主动协调物价部门，积极推进水价改革工作。据了解，2004年，重庆市对10个中型水利工程水价进行了测算和调整，农业水价最高的0.30元/m^3，最低的0.09元/m^3。河北省农业水价由0.03元/m^3，调整到0.10元/m^3；非农业用水水价由0.03元/m^3调整到0.50~0.85元/m^3。水价调整逐步到位不仅有效地促进了节约用水，也提高了水管单位供水收入，提高了水管单位生存发展的能力。

四、构建适应社会主义公共财政体制的监管运营模式：准公益性水管单位国有资产管理新体制的思路与建议

随着我国市场经济体制的不断完善，现有准公益性水管单位国有资

产管理体制弊端产生的后果也日益显现：工程老化失修、积病成险、管理粗放、效用衰减、经费短缺等问题一直没有彻底解决，有些地区还越来越严重。《实施意见》的颁布实施，拉开了全面推进水利工程管理体制改革的序幕，各地积极贯彻落实《实施意见》精神，极大地推动了水管单位国有资产管理体制改革的深入开展。但由于目前正在进行的水管单位体制改革没有触及准公益性水管单位国有资产管理体制的核心，因此，如何实现准公益性水管单位国有资产公益性与经营性双重目标的核心问题并没有得到有效解决。

我们认为：当前准公益性水管单位国有资产管理体制与运行机制存在的问题是发展和改革过程中出现的问题。是暂时的，也是可以解决的问题。解决的思路是强化创新意识，继续深化改革。通过改革，构造适应社会主义公共财政体制的监管模式，建立新的准公益性水管单位国有资产管理体制，实现全面的绩效管理是实现准公益性水管单位国有资产社会效益和经济效益最大化的有效途径。

（一）构建公共财政体制下准公益性水管单位国有资产监管模式的主要原则和基本框架

随着我国社会主义市场经济体制改革的深入，我国的财政体制从原来无所不包的国家财政逐步转向以纠正市场失败、提供公共产品和公共服务的现代公共财政体制。在这种体制框架下，凡是市场能够解决的问题交由市场办，凡是市场机制失效的领域由政府来干预和调控。水利是公共产品，准公益性水管单位国有资产既提供水利公共产品和公共服务，也提供一定的私人物品。理论上讲，对以提供公共产品和公共服务为主要目标的非经营性资产的监管是公共财政职能的组成部分，其职责应由政府来履行。而在准公益性水管单位国有资产提供私人物品，追求利润最大化时，其经营与管理完全以市场为导向。由于准公益性水管单位国有资产在实物形态上的不可分性，因此，新建立的准公益性水管单位国有资产管理体制必须体现3个基本原则：

1. 以提供公共服务为主和兼顾经济效益的原则

准公益性水管单位国有资产是公共财政体制下国家为社会提供水利公共产品的重要基础。因此，为社会提供公共服务和公共产品是第一位的。同时，准公益性水管单位国有资产也是水管单位在市场经济条件下参与市场竞争，谋求自身良性运行与可持续发展的经济资源，其利益的追求也应该得到尊重。因此，作为新的准公益性水管单位国有资产监管运营模式，必须能提供一种有效激励，使准公益性水管单位国有资产既不能以提供公共服务为借口来淡化对经济效益的追求，也不能单纯追求经济利益而忽视对社会提供水利公共产品的基本职责。做到有效提供公共服务和适当兼顾经济效益，满足准公益性水管单位国有资产非营利性与经营性功能的价值取向。

2. 追求水利工程效用最大化的原则

所谓的追求水利工程效用最大化原则是指准公益性水管单位国有资产在提供水利公共产品时，应该追求政治效用和社会效益最大化；在提供私人物品时，追求经济效益最大化。在两种功能发生矛盾与冲突时，以追求社会效益最大化为首位。新的监管模式必须能使公益性水管单位国有资产在提供水利公共产品时运行成本最低，公共产品质量最高，公共服务最优；在提供私人物品时经济效益最佳。

3. 实行全面绩效管理的原则

提高公共领域和公共事务的治理能力是政府履行公共管理职能始终追求的重要目标。提高准公益性水管单位国有资产的水利公共产品和公共服务的供给能力，是提高政府执政能力的重要体现。根据调研掌握的典型案例，借鉴市场经济国家公共领域管理成功的经验，结合我国准公益性水管单位国有资产的实际情况，我们认为，在管理层面，新的监管模式必须树立现代管理意识，贯彻全面绩效管理的原则。从根本上解决水利系统“重建轻管”的老大难的问题。

（二）进一步深化水利国有资产管理体制改革，建立“分级管理，授权运营，责权明确，补偿合理”的准公益性水管单位国有资产管理新体制

我们认为，辽宁、南宁实行了基于产权管理的政府授权或委托水行政主管部门（或专业资产运营公司）履行水利（行政事业性）国有资产监管运营主体职责的管理体制至少有 4 个优点：一是资产运营管理的责、权、利边界清晰；二是所有者与责任主体到位；三是促进了准公益性水管单位国有资产的优化配置；四是促进了从资产经营向资本经营转变，拓宽了水利建设资金的渠道。因此，必须尽快建立基于产权管理的准公益性水管单位国有资产管理新体制。

1. 明确管理层次、规范管理范围、实现分级管理

水利工程大部分既提供公益性功能，又提供经营性功能。因此，准公益性水管单位国有资产量大面广。按照党的十六大关于国有资产管理体制改革“国家统一所有，政府分级履行出资人职责”的精神，结合准公益性水管单位的实际情况，尽快明确各级政府对准公益性水管单位

国有资产的管理层次和管理范围，实现中央、省（自治区、直辖市）、地（市）分级管理。

分级管理的主要原则是根据公共产品提供的受益性原理来确定准公益性水管单位国有资产的管理层次和管理范围。如大江大河、重要流域和跨省界行政区域的大型准公益性水管单位国有资产提供的水利公共产品，其受益范围辐射全国、全流域（或几个省级行政区域）以及对全国、全流域有重大影响的，应由中央政府或派出机构直接管理。而水利公共产品的受益范围涉及部分地区的准公益性水管单位国有资产则交给相应级别的地方政府进行管理。

2. 明晰“国家、政府、水管单位”三者的产权关系，授权统一运行与经营管理

“授权运营”就是通过政府授权，明确水行政主管部门作为准公益性水管单位国有资产监管与运营的责任主体。即通过资本监管运营的责任化来弥补所有者缺位的问题。

从资产监管运营的角度讲，准公益性水管单位国有资产体现的基本权利有3个：一是所有权；二是监管权；三是运行与经营权。在所有权层面，准公益性水管单位国有资产的所有权归国家享有，这一点在理论上和现实中答案是肯定的；在监管权层面，长期以来名义上由各级财政部门或各级水行政主管部门来履行或部分履行；而运行与经营权则实际上一直由水管单位在行使，只是没有明确界定而已。所谓明晰“国家、政府、水管单位”三者的产权关系，就是通过各级政府的明确授权给本级水行政主管部门，作为准公益性水管单位国有资产监管与运营的责任主体，代表国家和本级政府履行监管与运营管理的责任；而水管单位则承担具体的国有资产运行与经营管理的职能。彻底解决有人运行管理准公益性水利工程，却无人对准公益性水管单位国有资产承担运营和管理责任的体制弊端。

3. 明确“三者”责权，规范监管与运营行为

新的准公益性水管单位国有资产管理体制的核心是通过授权，达到“责权明确”。即通过授权，明确国家、水行政主管部门和水管单位三者的责任、权利和义务，规范三者在具体运营管理过程的各自行为，履行各自应该履行的责任和权利，承担各自应该承担的相应义务。

按照党的十六大关于国有资产管理体制改革的有关精神，国有资产由各级政府履行所有者的职能。因此，各级政府作为准公益性水管单位国有资产的所有者最重要的权利有两项：一是必要时对准公益性水管单

位国有资产进行调整或统一配置资源；二是掌握最后处置权。其最主要的职责是明确准公益性水管单位国有资产责、权、利的边界。

水行政主管部门作为准公益性水管单位国有资产监管与运营的责任主体，其职责是：依法制定准公益性水管单位国有资产的各项制度；协调同级财政、国有资产管理部门、人事、劳动与社会保障等相关部门，建立准公益性水管单位国有资产绩效管理办法，保证水利工程安全运行，充分发挥社会效益和经济效益；规范准公益性水管单位国有资产的配置、使用、处置行为。

水管单位作为水利国有资产的运行与经营主体，享有独立的法人财产权，依法占有、使用、运行水利国有资产，承担为社会提供公共产品和公共服务的义务。保证水利国有资产的完整和有效运行。同时享有依法经营水利国有资产并享有经营收益的权利，承担水利国有资产保值增值的责任等。

4. 拓宽渠道，建立“补偿合理”的公益性支出补偿机制

准公益性水管单位国有资产不同于经营性国有资产的主要原因是其提供的水利公共产品和公共服务具有非排他性和非竞争性。因此，准公益性水管单位国有资产的公益性支出的补偿不足一直是制约水利工程良性运行的关键因素。新的管理体制要拓宽公益性补偿渠道，从3个方面解决资金，建立稳定可靠、“补偿合理”的公益性支出补偿机制。一是争取部门支持，建立公益性支出的财政资金补偿的主渠道；二是提高经营水平，建立经营性资产收益的补偿渠道；三是加强政策研究，规范行政事业性收费行为，建立行政事业性收费的公益性支出补偿渠道。

（三）树立现代管理意识，推进全面绩效管理

1. 树立现代管理意识

管理是所有水管单位永恒的主题。要提高准公益性水管单位的管理水平，关键是观念要不断更新。必须根据经济全球化的发展趋势、知识经济的兴起和水利工作面临形势，任务和外部环境的变化，结合准公益性水管单位的实际状况，尽快树立起两个新的观念。一是“全面价值”观念。所谓的全面价值观念包括衡量经营性资产经营成果的经济增加值观念、公益性资产提供水利公共产品和公共服务的用户所得价值观念、履行道德自律，树立诚信至上、保护生态环境的社会责任价值观念。是否树立全面价值观念是准公益性水管单位开展全面绩效管理能否成功的前提；二是创新观念。管理的真谛在于创新，21世纪的管理是创新的管理。树立创新观念，提高管理创新能力是每一个水管单位必须高度重

视的关键问题。水管单位只有不断推进管理创新，才能不断提高管理水平，不断增强综合竞争力，不断追求卓越，最终实现水利工程良性运行。

2. 推进全面绩效管理

长期以来，水利系统一直存在“重建轻管”的普遍现象，无论是水行政主管部门对水管单位的监管还是水管单位内部的管理现状都不容乐观。要彻底解决准公益性水管单位国有资产运营管理中的问题，除了进一步深化水利国有资产管理体制改革，建立准公益性水管单位国有资产管理新体制以外，还必须对准公益性水管单位国有资产实施全面的绩效管理。

所谓的全面绩效管理，就是运用科学的方法、合理的评价标准和规范的程序，对准公益性水管单位国有资产运行与经营业绩、成就和实际工作尽可能准确地评价，在此基础上对准公益性水管单位国有资产的管理绩效进行改善和提高的一种先进的管理工具。

推进准公益性水管单位的全面绩效管理要把握好4个关键环节：一是绩效管理范围要全面。要把大中型准公益性水管单位全部纳入绩效管理的范围；二是绩效评价指标要全面。既能反映提供公共产品和公共服务的成本与质量，也能客观评价经营效果和经济效益；三是监督管理要全面。既要有来自产权所有者和责任主体的监管，也要有来自于法律法规体系和用户的外部监管；四是绩效管理内容要全面。既要对每年的运营成果开展规范的绩效评价，也要积极进行管理意识，管理方法，管理手段的创新、改进和提高。

（调研组组长：张红兵、郑通汉、王晓东、王海；
调研组成员：李朝阳、吴雪峰、张永安、王韶华、马宁、叶建桥、江桦、陈献、柳长顺、赵国庆、吴海广、陈平安、穆范椭、陈玉秋、冯林生、刘燕珍；
主要执笔人：郑通汉、穆范椭、江桦）

创 新 与 变 革

——关于宁夏内蒙古水权转让情况的调研报告

水利部财务经济司调研组

为了解决内蒙古、宁夏沿黄地区经济社会快速发展中的水资源制约问题，内蒙古、宁夏两区分别于2003年4月、9月开始了水权转让试点工作。为了深入了解宁蒙水权转让情况，我们于近期深入宁夏、内蒙古沿黄地区进行了专题调研，通过与黄委、宁蒙两区各级水行政主管部门、水管单位、企业、灌区农户的座谈，调研组深深体会到：宁蒙水权转让的成功实践为节水型社会的建设开创了一条新途径，标志着部党组可持续发展治水思路指导治水实践进入了一个崭新的阶段。宁蒙水权转让的成功实践具有重大的现实意义和深远的历史意义。

一、宁蒙水权转让的背景

随着黄河流域经济社会的不断发展，黄河水资源短缺形势日趋严重，成为宁蒙两区经济社会快速发展最重要的制约因素。

（一）大力发展能源项目，将资源优势转化为经济优势，是宁蒙两区实现经济社会快速发展的主要途径

与东中部省区相比，宁蒙两区是经济后发地区，依托优势、抢抓机遇、加快发展是两区的中心任务。宁蒙两区煤炭资源丰富，人均占有量居全国前列。发展火电，将煤炭资源优势转化为经济优势，是宁蒙两区推进经济社会快速发展的主要实现方式。宁蒙沿黄地区是两区实施经济发展战略的重点地区。按照区域经济发展战略和生产力布局，宁夏沿黄地区规划建设工业基地，规划至2020年新建7座大型火电厂，新增总装机容量1500万kW。在内蒙古，仅鄂尔多斯市与全国各大电力公司拟建的火电项目总装机就高达4000万kW。可以预见，随着煤炭等资源优势不断转化为经济优势，宁蒙的经济社会将步入快速发展的轨道。

（二）水资源短缺是宁蒙经济社会快速发展最重要的制约因素

(1) 经济社会发展需要水资源的支撑。随着宁蒙两区经济社会的不断发展，水资源短缺日益成为经济社会快速发展最重要的制约因素。宁蒙两区加快发展的主要途径是利用自然资源优势吸引资金，大规模建设能源项目。但能源项目大部分都是高耗水的项目，例如采用湿冷方式冷却的火电厂，一台30万kW机组每年需水约450万m^3。按内蒙古近期拟建设的大型工业项目测算，年用水量将增加2.2亿m^3，宁夏东部能源重化工基地规划至2010年需增工业用水1.9亿m^3，其中电厂新增用水0.9亿m^3。可见，如果没有水资源的有力支撑，宁蒙两区经济社会的快速发展是难以实现的。

(2) 宁蒙两区水资源短缺，经常超指标使用黄河水。宁蒙两区年平均降水量300mm左右，是全国地表水资源最缺乏的省区。黄河是宁夏全区和内蒙古中西部地区的主要客水资源。2002年宁夏引用黄河水量占全区总用水量的98%。自黄委会对黄河干流实施水量统一调度以来，宁夏每年均超指标用水。内蒙古1998～2000年平均耗水量64亿m^3，超过分配指标5.4亿m^3。黄河的开发利用现状已不允许宁蒙两区新增黄河干流用水指标。

(3) 用水结构不合理，灌溉用水浪费严重，加剧了水资源短缺的矛盾。宁蒙两区用水比例严重失衡，农业用水占总用水量比例高达90%～96%。而渠系水利用系数仅为0.4左右，有一半多的水在输水过程中浪费掉。宁夏引黄灌区和内蒙古黄河南岸灌区亩均毛用水量高达1000多m^3，是全国平均水平的2.4倍。

农业用水结构不合理，灌溉浪费严重，加剧了水资源短缺的矛盾。特别是2003年4～7月上旬，黄河流域春夏大旱、来水锐减，黄河干流可分配水量只有64.48亿m^3。其中，宁夏分配水量16.1亿m^3，内蒙古分配水量17.88亿m^3，比同期多年平均减少30.2%和33.5%。旱情减少了水资源的有效供给，经济快速发展增加了对水资源的有效需求，实施区域经济发展战略形成了对水资源承载能力的巨大压力，用水结构不合理，水资源的利用效益和效率不高等，都加剧了水资源短缺的紧张局势，水资源短缺日益成为宁蒙两区经济社会快速发展最重要的制约因素。

二、宁蒙水权转让的实践探索

面对水资源短缺的严峻现实，惟一的出路是建设节水型社会。根据部党组可持续发展治水思路，黄委，宁夏、内蒙古水利厅应用水权理论对水资源进行有效配置，通过“投资节水、转让水权”的方式，成功地解决了宁蒙经济社会发展中水资源短缺的难题，为我国建设节水型社会开创了一条崭新的道路。

宁蒙水权转让的实践是在水资源短缺形势异常严峻、解决水资源短缺的传统办法难以奏效、水权理论日趋成熟的条件下应运而生的，具有客观必然性。

（一）增加黄河取水——传统的解决办法走入死胡同

按照以往习惯，宁蒙沿黄地区发展工业项目需要增加用水时，几乎都把眼光盯住黄河，希望增加黄河取水。所以，当宁夏、内蒙古近几年面临新的增长契机，需要增加水资源来支持区域经济社会发展时，仍然习惯于向黄委申请增加取水指标。例如，内蒙古水利厅曾于2002年6月为达拉特电厂（四期）向黄委申请增加取水。宁夏水利厅曾在2003年5月为大坝电厂（三期）和马莲台电厂申请增加取水指标。鉴于宁蒙近几年从黄河取水已超过了国务院黄河水量调度方案确定的取水量和黄河水资源日益紧张的现实，黄委从2001年起，再未同意宁蒙从黄河干流增加取水的要求。增加水资源供给的传统办法走入了死胡同。

（二）通过农业节水取水——资金短缺成为重要制约因素

解决水资源短缺的出路是节水，而节水的重点在农业。宁蒙两区用水结构不合理，农业灌溉用水浪费严重。理论上讲，节约农业用水的潜力巨大。根据大型灌区续建配套与节水改造规划，对宁夏青铜峡灌区、内蒙古河套灌区进行节水改造，年节水量可达到40.4亿m^3。但农业节水灌溉工程所需资金量很大。根据宁夏节水规划，至2020年，要节水18.4亿m^3，需投资32.98亿元。现有依靠财政投入的资金渠道根本不足以解决如此巨大的投资。资金短缺成为农业节水最重要的制约因素。

（三）水权理论的启示——水权转让新思路的诞生

经济要发展，发展要用水，农业节水投资缺口大，向黄河要水黄委不增加取水指标，没有水就没有经济发展。2002年6~12月，整整半年的时间，内蒙古自治区向黄委申请取水指标一直得不到批准，水资源短缺的问题无法解决，项目投资方为此十分着急，各级地方政府特别是各级水行政主管部门面临巨大的压力，多方寻找对策但苦无良策。2002年12月，在水权理论的启示下，黄委针对内蒙古引黄灌区灌排工程老化失修严重、渠道砌护率低、渠系渗漏严重、渠系水利用系数低、田间灌溉定额偏大、农业用水浪费、节水潜力巨大的实际情况，提出了由项目业主投资农业节水工程，把灌溉过程中渗漏蒸发的无效水量节约下来，通过水权转让的办法，转移到拟建能源项目的工业用水上来的思路。这一“投资节水、转让水权”的新思路立即得到相关各方的积极拥护。2003 年 4 月 1 日，黄委印发了《关于在内蒙古自治区开展黄河取水权转让试点工作的批复》，同意在内蒙古开展黄河干流水权转让试点，通过对磴口扬水灌区（后更换为杭锦灌域）的节水改造，把节约的水量有偿转让给达电四期工程用水。

在宁夏，为缓解近两年缺电局面，自治区政府准备支持大坝电厂（三期）项目和马莲台电厂项目上马，于 2003 年 5 月向黄委提出取水许可变更申请，7 月 28 日又向黄委报送了《宁夏回族自治区人民政府关于请求调整 40 亿 m^3 黄河用水结构的函》，提出通过产业结构调整、灌区节水工程改造、节水技术推广等措施，从国家分配的 40 亿 m^3 黄河用水指标中调剂出 8 亿 m^3 作为工业发展的后备水源。

黄委根据内蒙古水权转让试点的情况，向宁夏水利厅提出投资节水、转让水权的建议。9 月 3 日，宁夏水利厅正式向黄委报送了《关于近期工业项目用水开展水权转让试点工作的请示》，黄委于次日发文同意宁夏通过对青铜峡河东灌区和河西灌区进行节水改造，把节约的水量有偿转让给大坝电厂（三期）和马莲台电厂。

至此，“投资节水，转让水权”这一运用水权理论实施水资源优化配置的新思路在水资源短缺的困境中诞生了。

（四）水权理论的新应用——新思路指导新实践

在黄委批复宁夏开展黄河取水水权转让试点工作后，宁夏水利厅迅速制定了水权转让方案。于 2003 年 10 月编制完成《宁夏引扬黄灌区调整农业用水结构、保障工业发展用水实现水资源可持续利用规划》。同时，组织编制了《宁夏青铜峡河东灌区汉渠灌域向大坝三期扩建工程转让黄河取水权可行性研究报告》、《宁夏青铜峡河西灌区惠农渠灌域向马莲台电厂工程转让部分黄河取水权可行性研究报告》、《宁夏大坝电厂三期扩建工程水资源论证报告》和《宁夏马莲台电厂工程水资源论证报告》等报告并通过审查。2004 年 1 月 2 日，宁夏水利厅（后准备改为宁夏水利厅灌溉管理局）分别与宁夏大唐大坝第二发电有限责任公司、宁夏发电集团有限责任公司就大坝电厂三期扩建、马莲台电厂工程签订了黄河取水权转让协议。2004 年 3 月 21 日，经黄委批准的 3 个试点企业已分别拨付启动资金 500 万元给宁夏水利厅灌溉管理局，目前汉渠灌域和惠农灌域水权转让的节水改造工程项目已经动工。至此，宁夏水权转让的两个试点方案进入实施阶段。

在内蒙古，自治区水利厅专门成立了水权转让项目办公室，负责管理水权转让资金和组织水权转让节水改造工程的设计、施工及监督等招投标工作，并于2003年4月就达拉特发电厂四期扩建工程取用黄河水相关问题进行批复，要求蒙达发电有限责任公司尽早开展水资源论证报告书编审和试点前期工作。蒙达发电有限责任公司于5月起委托编制了《水资源论证报告》、《内蒙古杭锦旗向蒙达发电有限责任公司转让部分黄河干流取水权可行性研究报告》和《鄂绒集团硅电联营项目水权转让可行性研究报告》，并于9月通过黄委组织的审查。

目前，这两个用水企业都已与水权转让方内蒙古黄河工程管理局和鄂尔多斯黄河南岸灌溉管理局签订了水权转让协议。按照协议的规定，3月底前相关电力企业应投入500万~800万元的资金，启动节水改造工程。据了解，鄂尔多斯市的其他7个工业项目也已与水利部门达成水权转让的意向。

黄委结合宁蒙两区经济社会发展情况和水资源条件，应用水权理论对缺水地区水资源进行优化配置的新实践，成功地解决了宁蒙经济社会发展中水资源短缺的难题，形成了以农业节水支持工业发展用水，以工业发展反哺农业，促进经济、社会、资源、环境协调发展的良性轨道，为我国建设节水型社会开创了一条崭新的道路。

三、宁蒙水权转让的特点和预期效果

（一）宁蒙水权转让的特点

2000年10月，汪恕诚部长在中国水利学会2000年年会上指出："水权水市场是实现水资源优化配置最重要的经济手段。""水权转让和出售，使水的利用从低效益的经济领域转向高效益的经济领域，提高了水的利用效率。""水权的转让并不是放弃农业灌溉，而是通过高效节水和加强管理，把农业节余下来的水权让给城市，做到农业和工业的协调发展。"此后，水利系统乃至全社会对建立水权水市场制度进行了一系列的实践和探索。从最早东阳—义乌的水权转让，到甘肃张掖农民用水户转让水票，再到宁蒙两区"投资节水，转让水权"的大规模、跨行业的水权交易，水权水市场制度对提高水资源利用效率和效益，实现水资源优化配置，缓解水供求矛盾的巨大作用日益显现出来。

从制度绩效分析，东阳—义乌的水权转让将农业灌溉水权转让给城市供水水权，这种转让提高了水资源的利用效益，但水资源的利用效率并没有得到明显提高。甘肃张掖农民用水户通过转让水票，进行微观层面上的水权交易，强化了农民用水户节水意识，推动了农业种植结构调整，但这种交易主要在农业内部进行，农户对农户的水权转让提高了水资源的利用效率，但水资源利用效益并没有得到明显提高。宁蒙两区目前正在实施的水权转让试点工作，是以投资节水来提高水资源的利用效率，以大规模、跨行业水权转让来提高水资源的利用效益，是水权水市场制度对水资源优化配置第一次完整的体现。归纳宁蒙水权转让的特点，主要是：

（1）高强度的节水投入，大规模、跨行业的水权转让，提高了水资源的利用效率和效益，推动了区域水市场的初步形成。宁蒙水权转让是在不增加黄河分水指标的前提下，强化节水激励，通过高强度投资，在两方面强行节水：一是对农业灌溉工程进行节水改造，目的是节约农业用水；二是新建项目采用零排放新技术，目的是提高工业用水的利用效率。在强化节水的同时，积极运用水权交易等市场规则，大规模、跨行业调整引黄用水结构，引导黄河水资源有序地由水资源利用效率与效益较低的农业用水向水资源利用效率与效益较高的工业用水转移。通过水权交易，实现了同一区域内不同行业之间水资源的优化配置。据统计，宁夏水权转让水量0.39亿m^3，占全区现状引黄工业耗水量0.994亿m^3的40%。内蒙古拟议中的水权转让水量0.6亿m^3，占全区现状引黄工业、生活耗水量1.6亿m^3的38%。到2004年3月，两区8个大型工业项目已经签订了水权转让协议，转让资金总额已达3.6亿元。宁蒙两区通过一批项目的水权转让，初步建立了区域水市场的雏形。

（2）突出了政府在水资源优化配置中的宏观调控作用。水权转让是在政府宏观调控下利用市场机制对水资源进行优化配置的一种有效方法，水权转让的目的是提高水资源的利用效率和效益。由于水权转让涉及政府、企业、农民用水户、水管单位等多个主体，影响面广，必须加强政府在水权转让工作中的宏观调控作用。黄委，两区政府、水利厅等政府部门在水权转让试点工作中切实加强了宏观指导和组织协调。在试点初期就制定四条政策：一是把控制宁蒙黄河用水总量不增加作为水权转让的基本原则；二是切实加强水资源规划、水权转让试点的可行性研究等基础性工作；三是加强水权转让工作的监督管理，严把审批关；四是严格资金管理，确保水权转让资金全部用于农业灌溉工程节水改造。实践证明，这4条政策对正确引导、保证试点工作顺利进行发挥了极其重要的作用。

（3）把“投资节水、转让水权”有机地结合起来，初步形成了符合市场规律的节水激励机制和投入管理体制。实施水权转让前，宁蒙两区农业灌溉工程节水改造的投入主要靠国家无偿投入和农民投工投劳，节水资金缺口大。宁蒙两区引黄灌区节水改造工程建设需资金109.6亿元，近6年投入仅7.92亿元，其中，国家投入5.47亿元，地方自筹2.45亿元，这些投资远远不能满足宁蒙两区节水工程建设、实现黄河水资源供需平衡的需要。

宁蒙水权转让以投资节水为受让水权的前提，同时建立水权转让领导小组，加强项目审批和资金管理，确保水权转让的资金全部用于农业灌溉工程的节水改造。由于把投资节水、转让水权有机地结合起来，建立了符合市场规律的节水激励机制和投入管理体制，改变了农业节水工程投入历来依靠国家无偿投入的传统模式，拓宽了农业灌溉工程节水改造的投资渠道，极大地弥补了农业节水资金缺口。

（二）宁蒙水权转让的预期效果

水权转让试点破解了宁蒙两区水资源短缺的瓶颈，改善了当地经济发展的基础和招商引资环境，加快了能源基础工业项目的申请立项和建设步伐。宁蒙水权转让创造了一条建设节水型社会的有效途径。可以预期，宁蒙水权转让将取得巨大的成功：

（1）区域经济将快速发展。大量的投资将带动当地财政收入快速增长。火电企业是利税大户，随着火电项目的建设和运行，当地的财政收入将大幅度增长。据测算，一座2×60万kW的火电项目投入运行以后，每年可为当地财政带来1亿元以上的财政收入。

（2）投资者将获得可观的经济效益。宁蒙水权转让为投资者在宁蒙地区拓展市场提供了水资源的保证。初步测算，在宁蒙沿黄地区建立一座2×60万kW的火电厂，企业每年将获得2亿元左右的利润。

（3）拓宽了农业灌溉工程节水改造的投融资渠道。宁蒙两区已签订了3份水权转让协议，为农业灌溉工程的节水改造引进了1.7亿元的项目资金。如果宁蒙两区发展工业项目所需的4亿m^3用水全部通过投资节水、转让水权的方式加以解决，将有10亿元左右的资金投入农业灌溉工程的节水改造，将超过近6年国家和地方对宁蒙引扬黄灌区的节水改造工程的总投入。

（4）有利于灌区农业增收和减轻农民负担。水权转让后，灌区输水渠道特别是末级渠系的输水条件将得到极大的改善，随着农业灌溉条件的改善，农作物产量将稳定增长。同时，农民承担的末级渠系输水损失的水费将大大减少。根据内蒙古鄂尔多斯南岸灌域水权转让可行性研究报告，渠道全部衬砌后，农民每年每亩可减少水费支出 12 元左右。

四、宁蒙水权转让的启示

水权水市场制度是市场经济条件下提高水资源利用效率和效益，实现水资源优化配置，缓解水供求矛盾最有效的制度。宁蒙两区应用水权理论，通过投资节水，转让水权的方式，将农业用水权转让给火电厂，开创了水权理论在我国跨行业、大规模配置水资源的先例，给人们的启示是多方面的，我们择其要者归纳如下：

启示之一：水权转让已成为我国许多地区社会经济发展的必然选择。随着经济的快速增长，水资源已难以支持社会经济的快速发展。水资源短缺已经成为社会经济发展最重要的制约因素。这就迫使人们不得不通过水资源的优化配置来提高用水效率与效益。水权转让方式也就成为社会经济发展的必然选择。当然，通过跨流域调水也可以缓解水资源短缺的危机，但相比之下，水权转让的投资较少，成本较低，效果更好。

启示之二：水市场是一个准市场，水权转让应实行政府宏观调控和市场调节相结合的办法，不能完全由市场调节。由于缺乏有效的宏观调控，我国个别地方的水权转让已经出现了损害第三方利益的情况。黄委及宁蒙两区水利厅在这次水权转让过程中加强宏观调控，水权出让方和受让方也进行了多次平等友好的协商，这是宁蒙水权转让工作较之前几年的水权转让案例的重大进步。

启示之三：要做好水权转让工作，节约用水至关重要。在水资源短缺的情况下，所转让的水权必须是通过厉行节约获得的水权才有可能转让。否则，原有用户不节水或节水较少，新用户又大量增加用水，这种情况下的水权转让只会加剧当地水资源的紧张状况，造成事与愿违的结果。正因为深刻地认识到了这一点，黄委及宁蒙两区水利厅才狠抓节水工程的落实。

启示之四：通过水权转让，提高水资源的利用效率与效益，实现水资源的可持续利用，将成为水资源紧缺地区水利工作者的一项十分重要的任务。在这次调研中，我们充分感到两区水利厅及黄委从事水权转让工作同志肩上的重担，项目区内的地方领导、广大农民及数家火电厂的代表都认为水权转让工作是直接关系到当地社会经济能否快速发展，相关各方的经济利益能否统筹兼顾的大事，对水权转让工作寄予了厚望。水权转让是实现水资源优化配置的重要经济手段，随着经济社会不断发展，水资源短缺的矛盾将日趋尖锐，大力推进水权转让，提高水资源的利用效率与效益，将成为各级水行政主管部门今后的一项重要工作。

启示之五：从流域的角度明确各区域的初始水权是水权转让工作的前提。在这次调研中，我们多次听到宁蒙两区水利厅的同志说，如果没有黄委同志的指导，如果没有“87分水方案”明确了区域的初始水权，水权转让将很难进行。明晰水权是水权管理的重要环节，如果一个流域内的各地区水权不明确，且没有进行初始水权分配，这个流域的水权转让工作将会遇到极大的困难，即便勉强实行，也会引起种种矛盾甚至利益冲突。因此，无论流域大小，都必须先进行初始水权分配，然后才有可能开展水权转让工作。

启示之六：水权转让需要因地制宜，大胆实践。水权转让是我国水资源紧缺及社会经济发展到一定阶段的必然产物，尽管相关的法律规章还近于空白，但只要有利于当地社会经济的发展，就应该去大胆地实践。各地尤其是水资源紧缺地区应该大胆地去进行水权转让的实践。

启示之七：水权理论需要广泛宣传。正确的理论一旦被人们所掌握，将会转化成巨大的生产力。在水权理论不为人们所知晓的时候，宁蒙地区尽管有丰富的煤炭资源优势，却无法解决水资源的难题。在这次调研中，黄委和宁蒙两区水利厅的同志都对我们说，是因为了解和认真学习了水权理论才豁然开朗，找到了破解水资源短缺困境的办法，也正因为两区水行政主管部门对相关各方进行了水权理论的宣传，才使相关方认可并拥护水权转让方案。相信随着宁蒙水权转让取得成功，水权理论将日益被社会各界认可和拥护，而且将对全国产生重大的影响。

五、对水权转让工作的几点建议

为了更好地发挥水权水市场制度对水资源优化配置的重要作用，结合调研中了解到的情况，提出以下几点建议：

（一）积极推进制度创新，尽早出台《关于水权转让工作的指导意见》，加强对水权转让工作的宏观指导。尽快建立适应我国国情，以水权水市场为重要手段的水资源配置制度

从浙江“东阳—义乌”水权转让到黄河宁蒙河段大规模、跨行业的水权转让实践，水权理论在指导水资源优化配置、提高水资源利用效率和效益等方面起着越来越重要的作用。相对于水权转让的实践，水权水市场的制度建设滞后，必须积极推进制度创新，尽快建立适应我国国情，以水权水市场为重要手段的水资源配置制度。

目前，由于水权转让仍处于实践探索之中，立即建立起完善的法律法规体系来规范水权转让行为尚不成熟，但是，通过水权转让解决经济社会发展的水资源约束这项工作不能等。因此，急需制订相应的政策措施对水权转让的实践予以指导和规范。建议水利部尽早出台《关于水权转让工作的指导意见》，对水权转让的重要原则如转让期限、转让价格、水权持续获得的保证机制、特殊时期供水保证率和取用水优先顺序等进行规范。同时，加快水资源综合规划与节水改造规划的编制工作，建立并严格执行水权转让的可行性评价与审批制度等，以保证水权转让有序进行。

（二）充分发挥流域机构的作用，强化流域水资源统一管理，稳步推进流域内区域之间、区域内行业之间的水权转让，正式建立黄河流域和沿黄区域两级水市场

黄委强化流域水资源统一管理，是宁蒙两区水权转让试点工作顺利进行的重要前提。从近期看，宁蒙的水权转让主要在区域内行业之间进行。从长远看，这种转让是有限的。据了解，在内蒙古鄂尔多斯市内，用水权转让方式解决达特拉电厂 80 万 ~ 100 万 kW 机组的用水就遇到了困难。在座谈会上，电厂主要领导向调研组明确提出，愿意出资购买水权，请水利部协调有关部门以水权转让的方式从黄河流域的其他省（自治区）获取水权。鉴于跨区域的水权转让将成为水资源优化配置的重要方式，必须进一步发挥流域机构在水权转让中的作用，切实加强流域水资源的统一管理，加快流域水市场建设的步伐，尽快制定流域和区域水权交易规则，构建流域和区域两级水市场体系。

（三）加强理论研究，尽快形成科学合理的水权转让价格机制

目前宁蒙两地在确定水权价格时，采用的是以节水工程的投入推算水权价格的方法。即：

水权转让价格 = 节水工程投入/年实际用水量 × 转让期限

这种推算方式既没有考虑水资源的使用价值和机会成本，也没有考虑持续获得水权的运行成本，造成水权转让价格不尽合理。

实施水权转让，应建立较为科学的“节水投入 + 更新与运行维护支出（或经济、生态补偿）”的“两部制”定价模型，合理地确定水权转让价格。

（四）建立水权转让、水价改革与供水管理体制改革的良性互动机制，以农业节水支持和促进工业的节水与发展，探索建立中国特色“节水型社会”的多种实现途径

渠系节水改造解决的是不良的水利工程渗漏引起的用水浪费，为农业水价改革创造充分的条件；农业水价改革解决的是用水户不良的用水观念引起的用水浪费并为节水改造工程的持续运行提供资金支持；供水管理体制改革是维系良好的工程状况和确保水价机制发挥作用的基础。只有三者良性互动，共同推进，才能有效促进农业节水。如果脱节或单边推进，势必造成已转让的水权不可持续获得。

（五）水权转让协议是水权转让得以实施的重要法律文书，协议条款要规范，内容要全面，以利于实施

一是水权转让协议要体现相应的保障机制。如连续特枯年，流域同比例削减引水指标，水权用水如何保证；水权转让获得的资金如何确保应用于灌区的节水改造，取得预期的节水效果等内容应在水权转让协议中得到完整的体现。

二是水权转让协议应有水权转让的补偿条款。妥善考虑水权转让后水管单位水费收入减少，运行成本增加或者连续特枯年，流域同比例削减引水指标，因保证水权用水影响农业用水造成损失的补偿等。

三是对不可抗力引起的无法履行协议取水量给水权受让方带来的损失应如何解决等都要在协议中明确。

（调研组成员：张红兵、郑通汉、黄秋洪、穆范椭、龚真军）

水权不同阶段对比分析

李　晶　王晓娟　胡昌明

目前，我国水权的实践虽然已经取得初步的成果，但是水权的理论建设还处于探索阶段，理论界和实务界对水权、水权分配、水权转让以及水市场等问题的观点不尽一致，特别是对水权各阶段的划分、各阶段的关系等问题争论较大。这些争论在目前一些流域进行的初始水权分配研究中已经突出地表现出来。

水权不同阶段的划分，直接关系到建立和实施水权制度中相关主体的事权划分，以及相应的制度建立和政策的制定。水权的取得及流转过程是一个客观存在的过程，将这个过程划分为若干个阶段是人们对这个过程的主观认识。只有主客观相一致，才能制定出正确的政策与制度。因此，搞清楚这个问题对搞好流域水权制度建设具有十分重要的意义。

一、水权的取得及流转过程分析

水权作为一种水资源的使用权，从与所有者分离到市场流转、实现水权的价值，需要经历一个从宏观到中观，再从中观到微观的过程。依据我国现行的法律框架和水资源管理体制的分工，在一个流域内，水权的取得及流转需要经历下列步骤：

（一）区域水权分配阶段

具体包括：①国家将水权分配到省（自治区）；②省（自治区）将水权分配到市（地区）；③市（地区）将水权分配到县（市、区）。

（二）用水户水权取得阶段

将水权落实到用水户，即用水户通过某种法定方式取得水权（用水户的用水问题是在取得水权后的下一个层次问题，本文不予讨论）。区域通过取水许可或其他法定方向用水户授予水权。

（三）水权流转阶段

根据市场的需求，用水户对自己拥有的水权可以通过出售或转换方式进行交易。

从上述过程，不难看出，虽然对区域水权的分配，与用水户水权的取得是完全不同的两个层次，但是，无论是相对于区域还是相对于用水户，都是第一次取得水权，因此，我们可以将其统称为初始水权分配。相对于初始水权分配来说，根据市场的需求，用水户可以通过出售或转换方式对自己拥有的水权进行交易，这是水权的二次分配，因此，我们可以称之为水权的流转阶段。

需要说明的是，现阶段用水户取得的法定方式是通过取水许可申请。但是由于现行的取水许可制度是在20世纪90年代初建立的，有些规定已经满足不了当今建立水权流转制度的要求，需要作进一步的修改和完善。

二、对水权不同阶段的认识

（一）区域水权分配阶段

区域水权分配阶段是水资源开始与其所有者分离的第一步，是国家行使水资源所有权，向各行政区域分配水资源的行政配置权或者行政管理权的过程，也是水资源的配置从宏观到中观的过程。这个过程是在各地区之间自上而下逐级进行和完成的，是以公权力配置为特征的一个阶段。这一阶段结束后，各级水行政部门取得了基于资源配置权而衍生出来的行政审批权或行政许可权，至此，才可以进入水权的下一个阶段，即用水户水权取得阶段。

（二）用水户水权取得阶段

用水户水权取得阶段是水权真正落实到用水户手中的关键一步，是行政机关依照国家法律、法规，按照行政管理权限审批水权申请人的资格，赋予用水户以水权的过程，也是水资源的配置从中观到微观的过程。这个过程的完成使得水资源使用权与所有权真正实现分离。在这个阶段中，行政机关需要通过法定形式将水权落实到用水户，有明确的可用水量、用水类型、权利年限等权利义务。用水户只有在依法取得水权后，才可以进入水权的另一个阶段，即水权的流转阶段。

（三）水权流转阶段

水权流转阶段是依法取得水权的用水户（水权人）在法律规定的条件下，将依法取得的水权出售或者转让，以实现水权市场价值的阶段。这一阶段是通过市场交易的方式，在水权出让人和受让人即水权主体之间进行的。水权的交易有利于水资源从低效益的产业向高效益产业流动，并促使各用水户提高节水能力、节约用水，最终实现水资源的优化配置和高效利用。

三、水权不同阶段的差异

水权的3个阶段不仅先后顺序不同，各自体现的性质、取得方式、依赖的手段、参与的主体也都不尽相同。

（一）各阶段性质不同

区域水权分配阶段是国家行政机关行使资源配置的行政职能的过程，是行政机关内部行政授权的过程，涉及的是单纯的国家公权力。

用水户水权取得阶段是国家行政机关行使行政审批职能，从而将公权力转化为私权利的过程。这一过程既涉及公权力，又涉及私权利。

水权流转阶段是用水户之间在水市场中根据各自的需要，按照一定规则出售或者转换水权的过程，涉及的是单纯的私权利。

（二）各阶段水权取得方式不同

水权的3个阶段因其性质不同，水权取得的方式也不同。

区域水权分配阶段，各地区都是无偿取得这部分水权的再分配权，并不需要向授予其权力的上一级主管部门缴纳水资源费或其他费用。

用水户水权取得阶段，除了一些特殊规定外，一般必须向国家交纳水资源费。

在水权流转阶段，用水户获得水权也是有偿的，但却是通过交易的方式向其他有富余水权的用户手中购买或交换得来的。

（三）各阶段水权的处置方式不同

区域水权分配阶段各地区得到的权力是不可转让的。首先，各级政府享有的是水资源的行政配置权或者行政管理权，公权力不能够通过市场进行交易；其次，政府享有的这些权力是无偿取得的，不应该拿这些无偿配给的权力拿来做交易；第三，政府的职能是管理国家事务，包括经济调节、市场监管、社会管理和公共服务，因此，政府不能够作为利益集团，参与市场的交换，否则会造成政府既是运动员，又是裁判员的局面，不能保障水市场的公平性和自主性。但是，政府可以从有利于经济和社会发展的角度来引导、组织和支持不同地区或不同行业之间拥有水权者进行水权转让，如提供政策信息和必要的服务等。但转让的主体一定是拥有水权的用水户，而不是政府。

用水户水权取得的阶段的水利是可以转让的。用水户在依法取得水权之后成为水权的合法拥有者，作为民事主体，在法定条件下，可以将自己拥有的水权出售或者转让给其他用水户。

水权流转阶段获得的权利也是可以转让的。在这个过程中，交易双方完全站在平等的地位上，不仅从政府取得水权的用水户可以转让各自的水权，从水市场购得水权的买受人也是水权的权利人，可以通过水市场再次将水权转让出去。

（四）各阶段依靠的手段不同

因其取得方式的不同，水权3个阶段侧重的手段也颇为不同。

区域水权分配阶段以行政手段为主，是行政授权阶段。该阶段虽然也要在法律范围内进行，并辅以一系列的协商、谈判手段，但其过程主要通过行政组织方式进行。特别是在利益各方协商无法达成一致时，最终结果是由主持水权分配的共同的上一级水行政主管部门或上一级政府加以行政裁决。以行政手段为配置水权是与水资源的国家所有以及这一阶段作为公权力分配的性质密不可分的。

用水户水权取得阶段则是以法律手段为主，行政机关必须依照法定程序和法定方式将水权落实到用水户。因为这一阶段关系到公权力和私权利的相互关系，只有以法律形式将两者的权利义务确定下来，才能保证权力的行使和权利的实现。

水权流转阶段应当以市场手段为主，通过市场博弈，可以充分实现水资源的高效配置。在市场能够良性运转的领域，政府应当避免行政的干预。但是以市场手段为主，仍需配合一定的行政和法律手段。例如，对于难以由单个用水户完成的水权交易，政府应当发挥桥梁和纽带的作用，实施社会管理和公共服务职能，通过组织建设相应的水利工程或采取其他措施，积极推动水权交易；此外，水权流转必须遵循市场经济的基本法则，遵守《民法通则》和《合同法》的相关规定。

（五）各阶段参与主体不同

区域水权分配阶段,其参与的主体是国务院及其水行政主管部门、流域机构和地方行政及其水行政主管部门,各主体之间具有行政从属关系。

用水户水权取得阶段，其参与的主体是审批水权的水行政主管部门与申请水权的用水户，两者之间是不平等的行政主体（管理人）与行政相对人（被管理人）之间的关系。

水权流转阶段，其参与的主体是不同的用水户，两者之间是平等的民事主体关系。

四、水权各阶段的关系

水权经历的3个阶段虽然在许多方面都存在着差异，但却是一环扣一环进行的。它们之间不仅相互依存、互相关联，而且存在严格的时间和逻辑顺序，各阶段循序渐进，不能够颠倒和跳跃。

（一）三个阶段互为因果

区域水权分配阶段是用水户水权取得和水权流转的基础和前提，在建立区域水权分配制度之后再谈用水户水权取得和水权流转才有理有据。而且只有在公平公正地进行区域水权分配的基础上，用水户水权取得和水权流转制度才能够顺利地进行下去，亦即只有将水权合理合法地配置到各个行政区域，各区域才能够明确自己审批给用水户水权的最大权限，据此合理合法地进行行政审批；在此基础上，取得水权的用水户也才能最终实现水权的交易。

（二）三个阶段要依次进行

水权的第二阶段用水户水权取得阶段是承上启下的一个关键阶段。它一方面以第一阶段区域水权分配为前提，将水权真正落实到用水户；另一方面，它又是第三个阶段水权流转阶段的前提。各个用水户只有在获得了水权，才有资格进入水权市场，将自己富余的水权通过市场交易的方式转让给其他需要水权的用水户，实现水权的市场价值。

五、当前是建立水权制度的工作重点

水权流转的相关实践，如东阳—义乌的“水权转让”、甘肃张掖农民的出售水票、宁蒙跨行业水权转换等，为处于理论探讨和实践起步的水权制度的建立积累了经验，同时对流域初始水权的分配和用水户水权取得及水权流转的法定方式及合法性等问题也提出了迫切的要求。

根据以上对水权不同阶段的对比分析，可以看出，当前建立水权制度应当重点加强以下几个方面的工作：

（一）加强流域初始水权分配的制度建设

水权的所有者是国家，但是水权最终要分配到用水户手中，水权的分配一头连着公权力，一头连着私权利；流域初始水权分配既涉及政府职能的行使，又涉及各个行政区域及具体的用水户的利益的取得。因此，建立比较完善的流域初始水权分配和管理体制，推动流域初始水权分配工作的开展具有重要的意义。建议水利部尽快出台流域初始水权分配工作指导意见，特别要明确流域初始水权分配的指导思想和原则，在此基础上确定流域初始水权分配的范围、程序、类型、期限、行业用水定额等。同时，还要建立初始水权分配的一系列配套制度，包括民主协商制度、用水户参与制度、听证制度、公示制度、争议解决制度等，以建立一整套符合中国国情的水权制度。

（二）加强用水户水权取得法定方式的研究与制定

水权既然是一种资源使用的权利，就不单单是水量的概念，它已经具有了法律的内涵，赋予了更多的权利、义务内容。在权利方面，除了要有明确的可使用水量之外，还包括水的用途、使用期限、使用方式、使用地点以及是否可以转让等权利。在义务方面，应当明确缴纳有关费用、采取节水措施、保证排污符合水质要求、服从水量统一调度等。但现行的一些方式都满足不了建立真正意义上的水权制度的要求。

现行的《取水许可制度实施办法》，是目前将用水权落实到用水户的法定方式。但它与初始水权分配制度不同。它只是证明取得许可的用水户可以使用的最大水量，并没有规定和这一水量相联系的其他权利与义务，而且明文禁止取水许可证的转让。这就使得水权流转受到了限制，因此有人对已经发生的水权流转的合法性提出了质疑。初始水权分配制度则不但明确申请人可用水量的权利，同时还要明确授予和这一水量相联系的其他权利义务，如转让转换的权利、节水防污的义务等。可见，现行的取水许可制度不能满足建立水权制度的要求。

现行的水量分配方案，也不能满足建立水权制度的要求。

一是现行的水量分配方案是按照计划经济的方式，将水量分配到地区或行业，并没有考虑市场机制的作用与影响，而且也没有分配到用水户，用水户的水权不能通过现行的水量分配方案得到落实，因而也谈不上流转；

二是水量分配方案，分配的是水量，不是水权。水量分配方案是水权制度的组成部分，也是落实水权制度的核心内容，但不是水权制度的全部，更不能代替水权制度。除可用水量以外与水量密切相关的其他权利义务只能在水权制度中加以明确。

因此，加强用水户水权取得的法定方式的研究与制定是当前建立水权制度的另一个工作重点。包括尽快修订和完善现行的取水许可制度或建立和完善其他的落实用水户水权取得的方式，如现状用水权的确认制度和未来发展需水的水权分配制度等。

（三）加强国家作为所有者对水资源控制力的研究

水权的 3 个阶段表明了水资源作为国家所有的重要资源已经完成了从所有权到使用权的分离、落实、流转的过程，但是这不等于国家对水资源的控制力的减弱。相反，在水权分配中应当从以下几方面加强国家对水资源的控制力：第一，保留国家预留水量或者紧急调水的权力；第二，进行水权分配备案，及时掌握和监控各流域水权分配和使用的情况；第三，发挥政府宏观调控职能，积极推动水权交易，促进水资源的优化配置。第四，完善相应法律法规，通过法律手段来监督管理水权的分配和流转。

深化水价改革的对策研究*

温桂芳　钟玉秀

一、我国水价及其管理改革的总体判断

（一）水价形成机制改革情况

我国水价形成和管理制度，大体经历了公益性无偿供水、政策性低价供水、按供水成本核算计收水费、商品供水价格管理等阶段。水价形成机制的改革已经有了突破性的进展。截至目前，已经实施的改革主要有以下几个方面。

1. 水资源从无偿使用到有偿使用，使用水资源要交纳水资源费

2002 年通过的《水法》明确规定："直接从江河、湖泊或者地下取用水资源的单位和个人，应当按照国家取水许可资源有偿使用制度的规定，向水行政主管部门或者流域管理机构领取水许可证，并缴纳水资源费，取得水权。"目前，全国已有 26 个省、自治区、直辖市出台了水资源费征收办法。

2. 对水利工程供水，从无偿使用到有偿使用，水商品的属性得到确认

国务院提出"所有水利工程的管理单位，凡有条件的要逐步实行企业管理，按制度收取水费，做到独立核算，自负盈亏。"1985 年国务院颁布《水利工程水费核定、计收和管理办法》，1988 年颁布的《中华人民共和国水法》规定："使用供水工程供应的水，应当按照规定向供水单位缴纳水费。"1992 年 8 月，国家物价局将水利部直属水利工程供水从"行政事业收费"转为"商品价格"管理。2002 年 10 月 1 日开始实施的新《水法》再次明确规定："使用水工程供应的水，应当按照国家规定向供水单位缴纳水费。""水法"的实施，有力地推动了供水工

---

* 本文为中国社会科学院重大课题（B 类）《我国水价形成机制和管理制度深化改革研究》的最终成果，全文 4 万多字，课题主持人：温桂芳。

程向企业化、供水商品化的进程。

3. 确定水价制定原则

国务陆军、国家发改委和水利部颁布的一系列文件，对水价的制定规定了以下一些原则：①供水价格应当按照补偿成本、合理收益、优质优价、公平负担的原则制定；②供水价格由从水生产成本、费用、利润和税金构成；③按水的用途实行分类定价；④实行还本付息水价，对新建水利工程供水价格按成本加合理利润的原则定价；⑤按单个供水工程定价；⑥确定合理的盈利水平；⑦放开小型水利工程供水价格；⑧实行用水计量和超定额累进加价制度；⑨逐步推行两部制水价；⑩逐步推行分时（季节）水价和动态水价；等等。

4. 区分原水利工程和新建水利工程确定不同的价格形成办法

1997 年，国务院发布了《水利产业政策》，规定“新建水利工程的供水价格，按照满足运行成本和费用，缴纳税金、归还贷款和获得合理利润的原则制定。原有工程的供水价格，要根据国家的水价政策和成本补偿、合理收益的原则、区别不同用途，在 3 年内逐步调整到位，以后根据供水成本变化情况适时调整。”新《水法》进一步明确，水工程供水水价应当按照补偿成本、合理收益、优质优价、公平负担的原则确定。从此，我国的水价改革步入快速前进的新时期。

5. 逐步提高水价，建立有利于节约用水的科学水价制度

在城市供水方面：随着水价改革的逐步深入，城市供水价格也逐步得到提高，初步改变了城市供水价格偏低的状况。36 个大中城市居民生活用水价格（不含污水处理费），到 2001 年底已由 1988 年的 0.14 元/t提高到平均 1.27 元/t，平均涨幅 19.3% 左右；平均供水成本为 1.18 元/t，多数城市供水价格已经基本达到保本水平。

在水利工程供水方面：自 1994 年以来，我国水利工作供水水价每年都有不同程度的提高，2001 年与 1994 年比，农业用水、工业用水和生活用水分别提高 1.21、1.77 倍和 1.76 倍。水费的收取状况有了明显的改变，2002 年对百家大中型水管单位调查结果表明，农业水费实收率已达到 70% 左右，而非农业水费平均综合实收率在 90% 以上。

（二）水价管理制度改革情况

1. 规定了水价管理权限

按照 1985 年的《水费办法》规定，水利工程供水价格的管理权限为：国务院统一制定水价办法，确定水价的核定原则，具体价格水平按分级管理的原则由省、自治区、直辖市以上人民政府负责审批确定。

2001年8月1日起实行的《国家计委和国务院有关部门定价目录》规定：中央直属及跨省水利工程供水的出库（渠首）价格，由计委定价。地方水利工程供水价，统一由省、自治区、直辖市水行政主管部门会同价格、财政等有关部门申报水价方案，省、自治区、直辖市人民政府负责审批。2002年颁布的新《水法》规定：

实施取水许可制度和征收管理水资源费的具体办法，由国务院规定。水利工程供水水价由省级以上人民政府价格主管各部门会同同级水行政主管部门或者其他供水行政主管部门依据职权制定。这表明水工程供水水价的管理权限基本上在中央和省、自治区、直辖市两级。

2. 将水利工程供水价格纳入国家商品价格管理体系

改革主要做法是：

(1) 下放水价审批权限。一些地方已将水价的审批权下放到县级以上的物价主管部门，有些省还对一些自筹资金、自行建设管理的“五自”工程和已经产权制度改造的小型水利工程实行由供用水双方民主协商定价。

(2) 因地制宜、实事求是地调整水价管理权限。如有的对省直管的大水库实行联合调度、联合运用，统一定价；有的对县以上政府部门定价实行限制；有的对工业水价和生活用水采用了按单个工程审批水价；有的实行本省范围内的分地区水价。

(3) 延伸政府水价管理，直接定价到户。许多地方积极推进末级渠系水价管理改革，主要包括实行政府定价到户、实行政府最高限价和实行用水者协会民主定价，明确了末级渠系水价管理权限，规范了定价原则，简化了收费程序，避免了中间环节的加价和水费截留，有效地减轻了农民的负担，收到很好效果。

(4) 在政府指导下，实行合同供水，民主定价。

3. 改革城市供水价格管理办法

主要措施有：

(1) 实行分类水价，根据使用性质分为居民生活用水、工业用水、行政事业用水、经营服务用水、特种用水5类。

(2) 明确城市供水价格由供水成本、费用、税金和利润构成，并对成本、费用、税金和利润作出具体规定。

(3) 制定城市供水价格应遵循的原则：补偿成本、合理收益、节约用水、公平负担。

(4) 把调整水价与改革水价计价方式相结合，逐步实行容量水价和计量水价相结合的两部制水价或阶梯式计量水价。

（5）针对不同城市的特点，实行季切性水价。

（6）建立鼓励使用回用水替代自然源和自来水的价格机制，合理确定回用水价格与自来水价格的比价关系。

（7）建立城市供水价格申报和审批制度，在供水价格的制定或调整过程中引入价格决策听证制度、专家评审制度和公告制度，积极推行供水成本定期审核制度，加强对调价收益使用的监管。

4. 征收污水处理费

在供水价格的基础上加收污水处理费。目前全国已有200多个城市开征了污水处理费，北京、天津、上海、广东、河北、江苏、四川、内蒙古、新疆等省（直辖市、自治区）规定在全省的城市范围内收取污水处理费。

5. 将水费管理由事业性收费管理变为经营性收费管理

1997年国务院发布的《水利产业政策》规定："新建水利工程的供水价格，按照满足运行成本和费用，缴纳税金、归还贷款和获得合理利润的原则制定"。2000年财政部两次发文明确将水利工程水费转为经营性收费管理，不再作为预算外资金纳入财政专户管理，这是我国水价改革的一个重要转折点。2003年8月，国家发改委与水利部联合发布的《水利工程供水价格管理办法》，规定从2004年1月1日起，供水价格纳入商品价格范畴，规范了水利工程水价形成机制以及核价的原则和方法。

6. 改革水费计收方式

长期以来，供水水价实行单一方式，无法体现价格杠杆作用。为了发挥价格对于配置水资源的作用，随着水价改革的逐步深入，我国各地正在推行"累进制水价"、"季节性浮动水价"、"两部制水价"等科学的计价制度。此外，改革农业用水水费计收方式。针对原来"计收实物"或"实物计价、货币结算"计收方式存在的问题，进行如下改革：实行水费计收"货币计价、货币结算"方式；实行按供水量计收水费；实行按合同计收水费；实行开票到户和委托农民用水者协会代征等方式。

二、目前我国水价形成机制和水价管理存在的主要问题

我国的水价改革取得了可喜的进展，但改革的任务仍然十分艰巨。在改革过程中，虽然已经出台了一些水价形成机制和水价管理方面的规

章制度，已经出台的规章制度，或者落实不力，或者本身还不完善，从而导致目前在水价管理方面仍存在一些不合理之处，主要表现为：

（一）水价管理体制方面

1. 水价管理权限仍过于集中

许多省尚未进行水价管理事权划分，仍实行全省统一的供水价格。如南方许多省农业水价仍执行统一标准，而且许多省水价制定和调整的具体方案仍需要报省政府同意才能执行。这种做法，一方面由于水价形成主体单一，不能反映供需双方对水价的意见，不利于水价形成主体的培育；另一方面大范围统一供水价格，造成供水价格制定周期长，年度间缺乏需求调节杠杆，价格难以根据情况的变化及时进行调整，难以发挥配置资源、调节市场供求的作用，影响供水工程更新改造和良性运行，更不能保证新水源工程收回投资。

2. 政企不分

供水企业还未成为真正的市场主体，不能完全企业化经营，经营性亏损与政策性亏损相混的问题没有得到有效的解决。

3. 对水价的执行监管不力

管理权下放后，省级相关部门对基层水价改革工作缺乏足够的监督和指导，导致基层水价改革明显滞后。如有的省近年来已几次调整省直属水利工程水价，而市、县两级所管水利工程却仍然执行1996年的水价标准。

4. 价格主管部门和水行政主管部门分工不明确，存在一定程度的行政不作为和过于作为现象

导致水利工程供水价格管理一方面缺乏必要的指导，另一方面改革意见又难以出台，影响水价改革的进程。还有一些大型水利工程，由于供水环节多且隶属关系不同，各供水环节水价协调难度大，造成下游水管单位清算水费扯皮、互相挤压调价空间，最终水价难以合理确定，水利工程的水费计收变得十分困难。

5. 用水户参与水价管理不够

一是水价调整听证的透明度不够。二是政府价格主管部门公布供水成本和价格信息的工作尚需改善。目前，各省市及地区并没有实行这一制度，已经实行这一制度的地方，公布的信息还不够充分，或只公布价格信息，但其成本及具体构成却无人知道，大多数地方政府及价格管理部门的网站查不到水利工程供水价格的信息。

6. 末级渠系水价秩序混乱，中间加价和搭车收费现象严重

表现为供水水价普遍偏低，供水工程亏本运行，但相当一部分地区农民实际负担水费却居高不下，政府的政策调控目标没有得到实现。

（二）价格形成机制方面

1. 水资源费征收不到位，造成水资源的价值补偿不足甚至得不到补偿

改革中存在的问题主要有：①还有部分省（自治区、直辖市）没有征收水资源费。对这些地区来说，国家事实上并未获得水资源的所有权。②尚未制定征收和管理水资源费的法规和全国统一的征收办法，水资源的性质不明确，难以规范地方办法的制定和实施。③由流域机构管理的跨省取水不能收费，导致国家对水资源的财产权益不能体现。④没有建立水资源价值核算体系，也缺乏科学的预算办法。⑤水资源费征收标准普遍较低，不利于节约用水和水资源的合理配置。如全国地下水资源费平均约为0.3元/t；地表水资源费平均约为0.06～0.09元/t左右，远远低于城市自来水价格，导致地下水的大量超采。⑥目前我国对使用自然资源的征税，还仅限于矿产资源，对于大部分非矿藏品资源包括水资源没有作出征税规定。而世界上多数国家的资源税已经涵盖了矿产、土地、水、森林、草原几乎所有的资源形态。

2. 水价补偿机制不健全、补偿渠道不畅，补偿严重不足

在水利公益性耗费补偿方面，表现为水管单位事权不清，成本分摊不明确，应由国家财政拨款或向社会收费补偿的部分不明确，水管单位公益性服务出现的亏损与生产经营的亏损相混淆。在水价补偿机制方面，表现为补偿渠道不畅，补偿额严重不足。其中，农业用水尤其突出。

3. 供水成本不实的问题依然远未解决

由于缺乏有效的成本约束，目前在供水成本中仍有不少问题，例如，由于管理不善造成的管网漏失、水管单位人员超编、成本分摊不合理、折旧提成、盲目建设等原因导致的不合理成本，至今仍未有相应的有效解决办法，使消费者承担着不应承担的重负。

4. 供水价格没有反映供水成本的变动，导致执行水价往往达不到供水成本

由于远距离调水、污水回用、环境污染、制水的主要原材料价格大幅度上升等方面的原因，导致供水成本增加。但供水价格并没有随着成本的合理增加而相应调整，或是调整力度不足，导致供水价格偏低。

5. 在定价办法方面也存在问题

其一，按《水费办法》规定，一省范围内的水利工程的水价由省统一制定、调整，实行统一的水价。这就使审批的水价难以符合大多数水利工程的实际情况，使绝大多数水利工程的供水价格低于供水成本。其二，由于供水属于自然垄断行为，很难形成竞争，也就很难进行企业间的横向比较，城市供水主要采取成本加定价法，政府进行价格管制的依据主要靠供水企业提供的成本资料即个别成本，而非合理的社会平均成本或行进成本；由于成本信息不对称，难以对供水企业的成本进行必要的约束，政府对供水价格的管制在一定程度上取决于政府与企业间的讨价还价。

（三）水价水平方面

水价依然偏低，主要表现在以下几方面：一是工程供水价格远低于供水成本。目前中央水利工程干渠首供水价格平均只有 1.5 分/m^3，亏损 1.8 分/m^3；地方水利工程半渠出口供水价格平均也只有 3 分/m^3，亏损 1.7 分/m^3。供水越多，超损越大。二是农业用水价格普遍较低。目前在 0.6 ~ 7.5 分/m^3，平均为 3.57 分/m^3，多数灌区现行水价只有供水成本的 30% 左右，供水成本为 4 ~ 7 分/m^3。现在引黄灌溉的水价从 0.006 元/m^3 到 0.56 元/m^3，平均不足成本的 25%。三是从水价占工农业产值和成本的比重看。据计算，全国工业供水的水费占工业用水户产值的 5‰以下，占用水户成本的 1% 以下；农业用水按成本定价，水费只占供水效益的 1/5 到 1/8，占亩产值的 1/20，占亩成本的 1/10。再从用水支出占收入的比重方面看。在发达市场经济国家，水费支出一般占家庭收入的 4% 左右，而我国目前这一比重仅为 1.2%。据专家分析，水费支出占居民家庭可支配收入的 2% 以上时，居民可以承受并有较强的节水意识。据此测算，居民用户的终端水价平均应达到 2.2 元/t，而目前 36 个大中城市用水平均价格仅有 1.27 元/t。可见，我国水价仍有较大的调整空间。

（四）水价体系方面

主要表现为以下五方面：

一是由于水价总体水平偏低，导致水价与其他商品的比价不合理。

二是不同种类用水的比价不合理。按现行水价政策，工业和城市居民生活用水的价格应高于农业用水价格。但有的省、市采用以粮折款计收，农业水价随着粮价的升降而升降，而工业和生活用水水价却变化不大，结果出现农业水价高于工业水价和生活水价的不合理现象。

三是原水（指水利工程供水）与成品水差价不合理。原水作为成品水源泉，是成品水的重要组成部分。但由于原水价一直低于成本，导致水利供水工程管理单位普遍处于亏损状态。

四是水利工程供水与地下水的比价不合理。全国地下水资源费平均水价格为0.3元/t，而城市自来水价格在0.7~2.9元/t，后者为前者的2.3~9.3倍，比价明显不合理。

五是季节差价不明显。现行水价不能反映供水丰枯差别，不能调节不同季节用水量，导致枯水期用水需求的大量增加，加剧了供求矛盾。

（五）水价计价方式方面

主要是计价方式单一，计量收费方式没有得到普及。

一方面，两部制水价和超定额用水加价只在极少数灌区农业供水中试行，在城市居民生活用水中基本没有实行。单一的计价方式，不能保证供水工程的基本运行和维护，但部制水价、超定额用水累进加价和丰枯季节水价等科学的计价方式又得不到很好的实施。两部制水价早在国务院《水费办法》中就有明确规定，可是却一直没有制定两部制水价的相关实施意见，全国各地缺乏统一规范的规章制度，有些地方因宣传不到位造成了用水户和社会对两部制水价认识上的误区，这都在很大程度上阻碍了两部制水价的推行。

另一方面，在实践中存在一些问题。一是我国城市供水中实行的两部制水价，容量水价中只考虑供水设施的折旧和投资利息，并没有体现水资源的稀缺程度，历而是不完全的容量水价。二是推行超定额用水累进加价的办法，其前提和基础是必须制定科学、合理的用水定额，但这方面工作显然滞后于水价改革进程。三是由于缺乏简易、经济和有效的计量设施，目前绝大部分地区农业水费仍实行按亩收费办法，“货币计价、货币结算”的改革还处于试点阶段。

三、深化我国水价形成机制与管理制度改革的建议

进入21世纪以来，我国因水资源短缺带来的水源性缺水和因水污染恶化造成的水质性缺水日益严重，随着经济不断发展、城市化进程逐步加快和人民生活水平不断提高，用水需求将随之增大，水资源供需矛盾更加突出，节水型社会建设也迫在眉睫，从而需要更好地发挥水价对水资源合理配置和促进节约用水的作用。基于此，深化水价改革的重点应放在建立以节约用水为核心的合理的价格形成机制上。主要任务：一是要完善水价形成机制，改革水价管理体制。二是改革水价计量方式。

大力推行用水定额管理，超定额进加价制度。进一步研究和推广“两部制”水价，推广丰枯季节性水价或季节浮动水价。三是实行按区域平均供水成本定价。四是建立农业供水末级渠级水价制度，积极推行“终端水价”制，规范末级渠系水价。五是要逐步完善农业供水计量设施，加强计量管理。六是要协调好水价改革与相关改革。

（一）完善水价形成机制，夯实水价改革的基础

1. 完善水资源费（税）的征收

全面征收水资源费，提高地下水资源费标准，促进水资源的合理配置。目前对水资源费的征收，存在缺项（没有征收）和征收标准太低的问题。为此，首要的是应建立水资源费征收管理的法律法规，尽快出台国家的《水资源费征收管理办法》，依法强化、规范水资源费的征收和管理。其次，要加大水资源费的征收力度，逐步实现用水补偿的合理化。再次，针对农业用水浪费和盲目开采地下水的现实，国家应择机对农业用水恢复征收水资源费。复次，要加强水资源的统一管理，在制定水资源费标准时要根据当地的水资源状况，按照“优先开发地表水、严格控制地下水”的原则，大幅度提高地下水的水资源费的标准，用经济手段坚决遏制地下水的超采。最后，目前我国采取固定收费的办法，难以真正反映资源水的价值，其收费也难以补偿对资源水的消耗。因此，应该把如何计算资源水价值和如何计收，作为水资源理论研究的重要课题。

2. 建立供水成本评价体系和约束机制

现行的供水价格确定办法存在两个问题：一是水商品及其生产企业固有的特殊性，供给缺乏必要的和合理的竞争，导致在一个区域内，没有一个社会平均成本可作为参照和比较，供水企业的个别成本表现为整个行业的社会平均成本，它的成本和费用往往难以实行市场评价和约束。二是实行成本加成的定价方法，对企业节约成本的激励很差，只会使企业通过增加成本来增加利润。加上成本信息存在明显的不对称性，物价部门据此制定或审批的价格，难免不产生偏差。因此，建立供水企业成本约束机制十分必要和迫切。

主要内容包括：

（1）建立成本考核指标体系，规范水价成本的核算方法。

通过实行按区域平均供水成本定价，解决按企业个别成本定价的不合理问题。为此，政府物价和水行政主管部门应主持建立区域供水平均成本核算模型，做好区域水利工程供水社会平均成本的测算工作；适应

情况的变化修订供水工程供水生产成本费用核算管理的相关规定，制定供水工程公益性资产界定办法和水管单位定员定编标准，使供水成本和水价的核算规范、合理。目前，这方面亟待解决的问题是：应按照国家相关规定，一方面，要把没有打入成本的构成因素打入成本。另一方面，则要把不应打入或应打入而多打入成本的部分删除。

（2）建立供水企业成本预审制度，对供水企业的成本构成进行长期的监管和控制。

为此，要相应建立供水企业成本台账。物价部门可以据此实现“关口前移”，对供水企业成本定期进行全方位稽核审查，以保证供水成本的合理。对供水企业凭借垄断地位获取的超额利润进行有效控制，以便物价部门能够主动进行水价的审批。

（3）实行供水企业成本认证制度。依据国家的有关政策法规，对成本资料的合理性进行认证。

明确哪些费用项目可以计入成本，哪些不能计入成本；企业的管网漏失率、产销差率等都应以全国供水行业的平均水平或先进水平为依据确定。为此，应相应建立供水行业平均成本统计、核算制度，建立成本与价格信息库和信息发布制度，每半年或1年发布1次，以便为物价部门审核和论证企业供水成本是否合理提供依据。

（4）实行专家评审制度。即在调整供水价格前，组织经济、水利等方面的专家、学者，对供水企业的经营和管理进行全面的、科学的论证，并把评审结论作为定价的重要依据。

（5）借鉴国外经验和做法，实行以绩效为基础的规制。即依据供水成本、产出、投资回报以及服务水平设定价格上限，企业惟有降低成本，才能增加利润，从而起到激励企业提高经济管理水平、降低成本的作用。

3. 改进地方水价政策

（1）应实行统一定价与按单个工程定价相结合，改变目前一省范围内所有水利工程供水统一一个价格的做法。对在同一区域内工程状况、地理环境和水资源条件相近的水利工程，供水价格按区域统一制定；对其他水利工程供水价格则应按单个工程核定，尽量使供水价格能够反映各供水工程的实际成本。

（2）应保证新供水工程投资者的合理回报。《水费办法》规定，农业、生活用水水价保本微利，工业用水水价中的利润率只有4%～6%。现行利润率不利于吸引投资者对新的水利工程进行投资。为此，应该允许对规定的利润率有所突破，以吸引投资者的向新水利工程投资。

（3）应放宽大小水利工程的水价。如对已实地拍卖、承包和租赁经营的小型水利工程，其供水价格可放开由生产经营者与用水户协商确定，但政府要进行一定的监控，以维护双方的权益。目前，有的省、直辖市、自治区已经这样做了，对于维护小型水利工程和促使农业用水的节约，都起到好的作用。

（二）完善水价管理体制

1. 建立科学的政府对水价的调控制度

由于水的非完全商品属性和供水带有一定的自然垄断性，因而水价形成不能完全实行市场价，需要政策实行一定程度的调控。水价管理的目标是支持公平、公开、公正的市场竞争，维护正常的水价秩序，有效发挥水价机制对水资源合理配置的作用。为了特定的社会发展目标和社会保障目标，在不同地区、不同时期，针对不同的水资源稀缺程度，不同级政府往往需要通过相应的价格补贴、投融资政策、财税信贷优惠等多种形式，对供水进行相应的合理补偿或者强制供水垄断的利润来调控水价。具体可以通过成本补偿或价格补贴两种形式进行调控。成本补偿办法是，减免水资源费（税）、增加国家建设拨款、降低建设贷款利率、延长还贷期限及减免税收等措施。价格补贴，则可通过减免经营者的税收负担或对一定范围内的用户直接进行社会福利价格补贴或价格转移支付等方式加以实施。

2. 统一管理与分级管理相结合的管理体制

一是正确划分水价管理权限。即国务院统一制定水价格办法，确定水价格核定原则。具体水价格标准按分级管理的原则确定，即根据不同地区、不同流域，不同的供水工程，实行不同的水价。

二是实行水价的分级管理体制。即水利工程水价要根据工程规模、隶属关系和供水对象实行分级管理。中央直属水利工程和跨省、自治区、直辖市水利工程的供水价格由中央政府价格主管部门审批；省、自治区、直辖市对本区域内经济、社会发展有重大影响和跨地（市）的水利工程供水价格由省、自治区、直辖市价格主管部门审批；一般中、小型水利工程供水价格由市、县两级价格主管部门进行管理；对于已实行产权制度改革的小型水利工程和民营的中小型水利工程，水价逐步放开，由经营者与用水户协商定价。由农村集体经济组织的水塘和由其组织修建管理的水库水的收费，由其自行决定。对于通过河道和水库取水，实行分级管理的灌区，应精简中间管理机构，减少定价环节，斗渠以上的国有水管单位供水由国家统一核定一个价格，斗渠以下按渠系管理的实际需要按年核定维护管理费的方式：有条件由国有水管单位直接管到农村田头的，也可实行到农户的“一口价”模式。

三是实行多种价格形式，逐步推行政府指导价和最高限价。对于一些中小型工程可由当地物价部门会同水利部门制定最高限价，水利工程管理单位可根据年度来水量变化情况与用水户协调确定结算价格，并建立起根据市场供求和成本变化及调整的水价机制。

3. 对不同类型的水利供水工程实行不同的价格管理

目前，我国的水利企业供水可分为公益性和经营性两种类型，由于性质不同，其价格形成或价格决定也有很大差别，需要实行不同的价格管理方式。对于公益性供水，其价格由政府直接制定，而且一般都比较低，仅能补偿成本，难以进行扩大再生产甚至连简单再生产也难以维持。对此，政府必须对这类供水给予相应的补贴。对于经营性供水，其价格由市场竞争形成，但政府必须对其进行一些监督，以免出现扰乱水价市场的情况。

4. 建立管理决策的民主协商和决策机制

主要包括：

（1）按照《价格法》的有关规定，用户参与“听证会”，充分发表自己的意见，供决策层参考。

（2）建立供水公司 + 用水者协会的管理模式，用水者协会作为用户的代表直接参与水价的谈判。

（3）推行“终端水价”制。

末级渠系水价实行用水者协会民主定价，保护农民的利益。具体是，由当地价格主管部门确定农民用水的到户价，农民按照该价格交纳水费。终端水价按国有水利工程管理单位供水价格加末级渠系水价确定。末级渠系水价根据末级渠系供水成本确定。通过终端水价的核定，增加了水价的透明度，可有效避免各种形式的乱加价、乱收费等不合理现象发生。

（4）推行供用水双方的契约管理，明确供用水双方的权利、义务和责任，避免不必要的纠纷。

5. 分级设置管理机构

中央一级应组建由中央政府、流域内地方政府、流域内大用水户代表、供水单位等方面的代表及有关专家组成的流域水价管理机构，负责对流域控制性水利工程供水价格、相关工程的排污费和水资源费进行审议，提出审议意见报政府有关部门批准，由供水单位负责执行。由于绝大部分工程的价格是由地方管理的，因而对于各省来说，需要建立专门的价格审议机构。而对于市、县两级管理的、对本地经济和社会发展不具有重大影响的中小型工程，其价格的管理应更多地引入市场机构，直接由供水双方协商确定，政府则主要负责对价格的宏观调控及监督，防止交易中的不平等和不正当现象。

6. 整顿水价秩序，加强水价管理

尤其是农业水价的计收管理，要实行“水价、水量、水费”三公开，规范计收手段，完善计量设施，清理整顿一切不合理的加价和搭车收费，减轻农民负担。

（三）建立合理的科学的水价体系

水价体系是由水价形式、水价种类、不同水的差价、比价形成的各种关系的综合。科学的水价体系对于合理地配置水资源有着十分重要的作用。

建立科学合理的水价体系，必须做到两点：一是水价必须反映水商品的价值、水的供给与需求等多种因素的作用。这是合理水价体系的基础。二是各种水的比价、差价必须合理。这里的比价关系包括两个方面：一方面是水商品价格的自身比较关系，其目的是理顺水商品内部的价格关系，包括理顺不同用途用水、丰枯季节用水、不同水质、不同用水量、地表水与地下水、外来水与本地水、工程水与自来水以及不同价格形式而形成的价格关系，实现合理的价格差别或差额。另一方面是水商品价格与其他商品在交换中的价格比较关系，目的在于理顺水商品与其他商品的交换关系，实现水商品与其他商品在交换中实现平等、互利、公平。合理的差价，指由于季节、峰谷、地区、环境、功能、用途、质量、政策、行为等种种原因而形成的价格差别或差额。

（四）改革水价计价方式，推行科学的水价制度

1. 大力推行超定额累进加价制度，积极推广“两部制”水价

我国新颁布的《水法》明确规定要实行超定额累进加价制度。这是以价格杠杆促进水资源优化配置的有效办法。实践已经证明这一措施行之有效。实施中存在的主要问题是，由于需要实行抄表到户，不仅会加大管网运营和抄表工作量，而且涉及到对现有的一些楼房内的管网和计量设施进行改造，需要较多的资金。而在实现节约用水后，又将导致

企业销水量下降，与企业目标利益相矛盾，因而企业的积极性不高，需要研究制定相应的激励措施。

在两部制水价制度的实施中，也存在一些亟待解决的问题：一是如何科学地确定容量和计量的比例，尤其是容量部分究竟应多大比例合适；二是计量、监控设施落后，不适应实施两部制水价制度的需要。为了保证水利工程的可持续运行，应积极推广“两部制”水价制度，加大对“两部制”水价的研究。从国外的情况看，各国对基本水价和计量水价的经济含义和划分标准，不尽相同。如日本，基本水费以各用户进水口口径大小为依据分为若干数段。其基本水费实际上是水工程设备费，不论用水与不用水，基本水费按月收取；计量水费则按用水量分成6个数段，用户按用水量交纳水费。瑞士苏黎世供水局，基本水价占总水价的60%，基本水价包括3部分：①加入水网的管道联通费，一次性收取；②经常性的基本费，每年收取；③用户供水房屋设施费，按房屋总价值的2.5%一次性收费。水量水价占总水价的40%，技水表计量，一般每年收取一次。在基本水价的标准确定中，国内外有将水利工程固定资产折旧费计入基本水价的案例，如我国的引黄济青工程的基本水价中，包括40%的固定资产折旧费。至于固定资产折旧费是否计入基本水价，按多少比例计入基本水价合适，需进一步研究确定。

2. 因地制宜实行丰枯季节水价或季节浮动水价

供水水源受季节影响较大的水利工程，要按照资源稀缺程度定价，因而对缺水地区应实行丰枯季节水价或季节浮动水价，加大水价的激励和约束作用，促使用户调整用水结构和作物种植结构，调整用水户在丰枯期的消费行为，从总体上提高水资源的利用效率。要做好相应的基础性配套工作：第一，加强水情的预测；第二，加强信息披露，使用户了解水资源等相关情况，实现科学规划用水，以免对企业尤其是生产周期长的农业生产带来不利的影响和损失。

3. 逐步完善农业供水计量设施，改进水费收取制度

加大供水计量设施的建设，逐步实行用水按方收费，这是推行科学的水价制度的基础。具体为：统一水费票据，实行“一票到户”；实行按水量计收水费；实行水价、水费、水量三公开，从政策上堵死搭车收费的漏洞；加强对水费收取的监督检查。

4. 开展全成本水价的试点工作

水利工程供应的水是商品，水商品的理想价格应该反映全部社会成本，包括同水资源保护、开采、水污染防治和其他与水环境相关的成

本。实行全成本定价，将导致水价较大幅度的提高，影响用水户的承受能力，目前条件尚不具备。因而，可选择一些地区或工程进行全成本水价核算的试点工作，并对试点情况进行跟踪监测和评价，分析出现问题的原因和及时改进不足，为深化水价改革提供科学指导依据。

（五）逐步提高水价，使水价趋向合理化

水价合理，既包括其形成原则上的科学，又包括价格水平的合理，即使水价既能起到促进节约用水，有利于水资源的开发利用，实现水资源的可持续发展，又与消费者的经济承受力相适应。现行水价不合理，既有其偏低的一面，也有其成本不合理的一面，还有水价不能随着合理成本的提高而调整。可见，提高水价，必须同时解决不合理的供水成本，认真清理、整顿随水价一并收取的各种收费，制止乱收费和乱加价行为，坚决取消不合理和不合法的收费，做到在科学合理的成本制约的基础上提高水价。

随着国民经济的发展、人口增加、居民生活水平的提高，对水的需求将不断增加，而水资源的稀缺，加上日益严重的对水资源的污染，使对水的供需矛盾日趋尖锐。为了解决这一矛盾，需要通过长距离调水、海水淡化、生态环境的恢复、污水治理等措施来增加水的供给，但为此需要大量的投资，从而使单位供水成本不断提高，最终使供水价格也要相应地不断提高。这是一个不可逆转的趋势。从目前的实际情况看，除少数经济发达地区外，多数地区的水价不可以一步到位，因而需要通过逐步提高水价的办法，使水价形成逐步实现科学、合理。

（六）加大污水处理费征收力度，尽快将污水处理费提高到保本微利水平

污水处理关系到有限的水资源的充分利用和生存环境的保护问题。目前，我国污水处理能力跟不上污水排放的增长，致使水污染每年递增5～6个百分点。处理污水的工作越来越繁重。而目前我国的污水处理率仅有39.97%，离建设部2005年“所有城市的污水处理率达到45%”的规划也还有较大距离。而污水处理费的征收也不令人满意。一是目前全国只有200多个城市开征了污水处理费，还有相当数量的城市没有征收污水处理费。二是已经征收的城市，其征收标准也较低。据测算，现行收费标准只有0.38～0.51元/t左右，而在不考虑管网建设和维护的情况下，仅污水处理厂运行成本就需约0.5～0.7元/t，已建的污水处理设施相当部分不能正常运转。因而，应该把污水处理当作一项重要水资源再生和开发利用的政策强制推行。建议中央尽快以立法的形式把污

水处理和征收污水处理费确定下来，强制推行，以确保污水的回收利用和环境的净化。对仍未开征污水处理费的城市应限期开征；已开征的，应逐步提高征收标准。已实行阶梯式计量水价的城市，其污水处理费也可相应实行阶梯式计量收取，做到用水越多，支付的污水处理费也越多。

（七）充分利用WTO规则，建立农业供水补偿机制

按照WTO规则，一国政府对农业的扶持“不影响农业生产者，不引起贸易扭曲”，即不能直接对农业生产者进行补贴。因此，加强财政对农业生产基础设施、技术推广、科学研究等的补贴力度，将是今后较长一段时期内我国政府扶持农业发展的最优选择。从国外的情况看，为了促进农业的发展，各国政府对农业灌溉用水一般都实行补贴政策，工程投资和维护管理费用主要依靠政府补助。如，日本由国家和地方政府负担约70%；欧洲各国对灌溉供水的补贴大约40%；印度补贴大型工程费用的80%；澳大利亚和马来西亚补助全部工程投资和部分运行费用。可见，补贴农业灌溉用水，既是WTO规则所允许的，也是必须的。为此，我国财政对农业生产基础设施的补贴应尽量向灌区灌溉工程设施的配套建设和更新改造倾斜，加大力度，改善灌溉基础设施，建设和完善必要的供用排水量测设施，建立农业供水补偿机制。同时，为了增强我国农产品的国际竞争力，农田水利建设等农业基础设施投资应该主要由国家负责，农民不应该承担过多的基础性公益性任务，因而在水利工程供水价格的制定和计算上，国家投入资金的部分不应该再记入农业水价范围，即国家对农业水利设施建设的投资，不应打入农业供水的成本中。

（八）规范水费使用管理，鼓励用水户对供水单位的水费收支进行监督

水费是供水生产者从事供水生产取得的经营收入，水费收入如何分配是供水企业能否走上良性发展道路的关键问题。毋庸置疑，目前在水费的使用上存在一些问题值得注意，一些企业将提价增加的水费收入仅部分用于管网设施的维护与改造，以及完善企业内部管理等的投入不足，其他收入则用于增加工资、提高福利待遇、添置非生产用车。致使供水的基础设施长期得不到维修和更新，管理水平低下，导致管网漏失现象越来越严重，广大消费者和用水单位的不合理负担越来越重。随着超额累进、两部制水价计量办法的实施，这类问题更应引起重视。国家有关部门要制定水费使用办法，建立水费收入尤其是调价收入的监管制

度，由各级政府组织物价、财政、水务（建设部门）等部门共同对水费收入使用进行必要的监督管理，加强水费的支出管理，规范水费的用途，确保水费收入“取之于水，用之于水”，逐步形成自我积累、自我发展的良性运行机制。供水单位要自觉接受用水户的监督，开展水费收入和支出的公示制度，增强水费收支的透明度，便于用户进行监督。

（九）对供水要确定合理的投资回报率和企业净资产利润率

商品价格的构成一般包括成本、税金和利润等要素。在其成本和税赋相对确定的情况下，定价的关键就在于利润水平的确定。自来水的价格及其所体现的利润水平，必然要限制在政府认可、社会和居民可以承受的合理限度内，同时也应考虑到这种合理水平也是供水企业正常运营和自我发展所必须的，表现在：一是对城市供水设施开发建设投资的回报率水平，不应低于社会固定资产投资收益的平均水平；二是供水企业通过利润积累所形成的资本公积应该满足与城市发展相适应的供水设施开发建设的投资需求；三是供水企业的公益公积人均占有不应与社会其他企业有过大差距。按照《城市供水管理办法》规定，“城市供水价格中的利润，按净资产利润率核定。……供水企业合理盈利的平均水平应当是净资产利润率的8% ~10%。”而要做到盈利的合理，除了解决前述的供水成本核算要合理之外，还要解决目前存在的闲置资产折旧和投资失误而产生的成本问题。由于前期盲目规划，目前我国大城市普遍存在供水设施能力供大于求的现象，有50%以上的大中城市供水设施能力的供需比例大于1.5，超过80%的大中城市的供需比例大于1，导致许多城市固定资产的折旧成了最大一笔成本。如果将这些大量闲置的资产的折旧也均摊入制水成本，使错误的投资也能得到同样的利润回报，显然是不合理的。此外，各城市供水企业的利润率水平应当结合当地实际，综合考虑城市经济社会发展对用水需求的增长强度、城市供水设施开发建设规划项目投资预期、城市企业员工的一般公益水平和居民收入状况等因素，同时根据政府对供水企业规定的经营范围和投资责任，选择不同的净资产利润率档次，让供水企业自行运营和发展。

南水北调水市场的水合约交易模式研究

张　郁

前　言

水是人类社会发展的基础性自然资源、战略性经济资源和公共性社会资源。水资源的可持续利用，是实现经济社会可持续发展极为重要的保证。我国水资源人均占有量不足2200m^3，约为世界人均水资源占有量的1/4，北方地区只有990m^3，不到世界人均值的1/8。据2004年水利部发布的公告显示，水资源短缺的问题，已经成为未来20年我国实现全面小康社会目标所面临的重大挑战。为此，国家实施南水北调工程以缓解华北地区的水资源危机。随着中线、东线工程的加紧实施，如何对所调之水进行合理配置的问题越来越受到人们的关注。美国、日本、英国、墨西哥、澳大利亚等国家管理水资源的经验表明，面对有限的供水能力和日益突出的水需求，有良好的政策支持、设计合理的水市场是重新配置水资源的有效机制。作为重新配置水资源的一种有效机制，水市场的优势在于：①通过市场作用，使水资源从低效益的用户转向高效益的用户，从而提高水资源的利用效率；②市场交易具有动态性，以价格来真实反映水的供求关系，反映总水量的变化和用水需求的变化，通过市场重新分配现有水资源来满足城市化与工业化对水资源的需求；③地区总用水量通过市场得到强有力的约束，必然会带动其内部各区域水资源配置的优化，进而拉动基层各部门用水优化，促进节约用水。

华北地区作为我国重要的经济中心，由于气候干旱、人口众多、需水量大等因素，水资源短缺很严重，工业用水作为基础性的生产原料已成为区域经济社会发展的重要制约因素，有限的水资源如何在众多的用水企业间合理分配始终是一个至关重要的问题，尤其在我国加入世贸组织后，如何优化配置水资源以提高国力、增强企业的国际竞争力显得极其重要。为此，南水北调工程将首开中国大规模跨流域调水市场化运作的先河，在调水沿线建设世界最大的水权交易市场。目前，在南水北调工程中将按照水权理论和现代企业制度的理论来构建其建设和经营管理体制，走国家宏观调控、准市场运作、企业化经营、用水户参与的道路已成为水利部等领导层及专家学者的广泛共识。但是，究竟采取何种可操作性的水市场交易模式是大家正在努力探索的问题，也是困扰我国水市场建设进程的问题。因此，探讨南水北调水市场交易模式，是关系国民经济发展的具有全局性、战略性和前瞻性的问题，可直接服务于国民经济建设，具有重要的实践意义。

本文结合南水北调工程的跨流域、大市场、大流通等特点，应用现代经济学中的合约理论，针对水资源的流域性和稀缺性，以水权明晰为前提，吸取国内外相关资源及产权交易机制的优点，采用科学的管理方法和网络化的信息系统，建立具有可操作意义的基于水合约的水市场交易模式。

一、水合约交易的内涵

南水北调工程的调水量是根据城市生活用水和工业用水确定的，因二者具有不同的特点和用途，对所调之水进行分配及管理的办法也有所不同。对于生活用水，可实行定额管理、超额加价的节水管理措施。对于工业用水，因其需求量大、保证率高、竞争性强而且具有产品附加值高等特点，适宜实行市场化的分配机制。为此，对于这部分工业用水，本文建议采用基于水合约的水市场配置模式（参见表 1）。

南水北调的水市场地点可以选择输水经过区如郑州出水口，或受水区中的某一出水口，水合约交易是采用互联网技术和电子化手段作为其交易平台而设计开发的一种交易方式，通过水市场指定的网络交易系统公开买卖水合约，进行工业用水的交易活动。水合约交易实行会员制，即所有交易主体必须是供水企业、用水企业，不允许个人参与，并且交易方式采用集中竞价制，设置最高、最低限价，超过限价申报无效，交易系统自动对报价按地域优先、价格优先、时间优先的原则排序，买卖报价符合成交条件即行成交。但供水方在卖出前须向水市场出具有水证明，避免买空卖空。供水和用水企业达成的水合约，可以转让，也可以实物交割。水市场提供结算和履约监督服务。通过水合约交易机制，一方面，为供水企业和用水企业提供公平、公正、公开的便捷的交易场所，大大降低了交易成本，有助于形成权威性的水市场价格；另一方面，实现了商流与物流的分离，以商流促进物流，有利于提高水市场中水权流转的规范化、组织化、现代化程度，从而实现受水区水资源合理配置的目标。

表 1　　工业用水水合约样本

交易品种	工业用水
水质	Ⅰ，Ⅱ，Ⅲ
水量	$500m^3$
计价方式	指定分水口水价（含工程成本，输水成本）
基准价	由水市场主管部门在交易前公布
合同交割月份	即期；远期（3 个月）
最后交易日	即期；远期合同交割月份的 15 日
交割日期	即期；远期合同交割月份的 16 日至 20 日
保证金	水合约价值的 3%
交割地点	各流域、各城市分水口

水合约是南水北调水市场指定的工业用水水商品的供水凭证，是现代经济学中合约理论在水市场中的具体体现。它一般包括：水量、水质、计价方式、基准价、保证金、到期日、交割期、交割地点等。水合约分即期水合约和远期水合约。即期水合约当日上市，当日到期，成交之后不能转让，从第二天起开始按交易规则及合约条款履约。远期水合约的期限为 3 个月，在到期日前可以转让，到期日后开始按交易规则及合约条款履约。

二、水合约交易机制

南水北调水市场的水合约交易流程如图 1 所示。

1. 水市场的管理

南水北调水市场负责水合约交易的组织、管理工作，水合约交易可实行半日制，因某些因素影响交易正常进行时，水市场可以推迟开市、提前收市或暂停交易等；当条件允许时，做出上述决定应提前公告。

水合约交易细则明确规定，供水方应提前向水市场提供有水证明，并申请卖出限额。卖出限额申请应标明水量、水质和有效期，有效期最长不超过三个月。供水方应对其提供的有水证明和卖出权限的真实性负责。

2. 定单

定单是供水企业与用水企业通过交易系统的下单窗口提交的交易意向，分买水定单和卖水定单两种。定单买卖方向、数量和价格由供求双

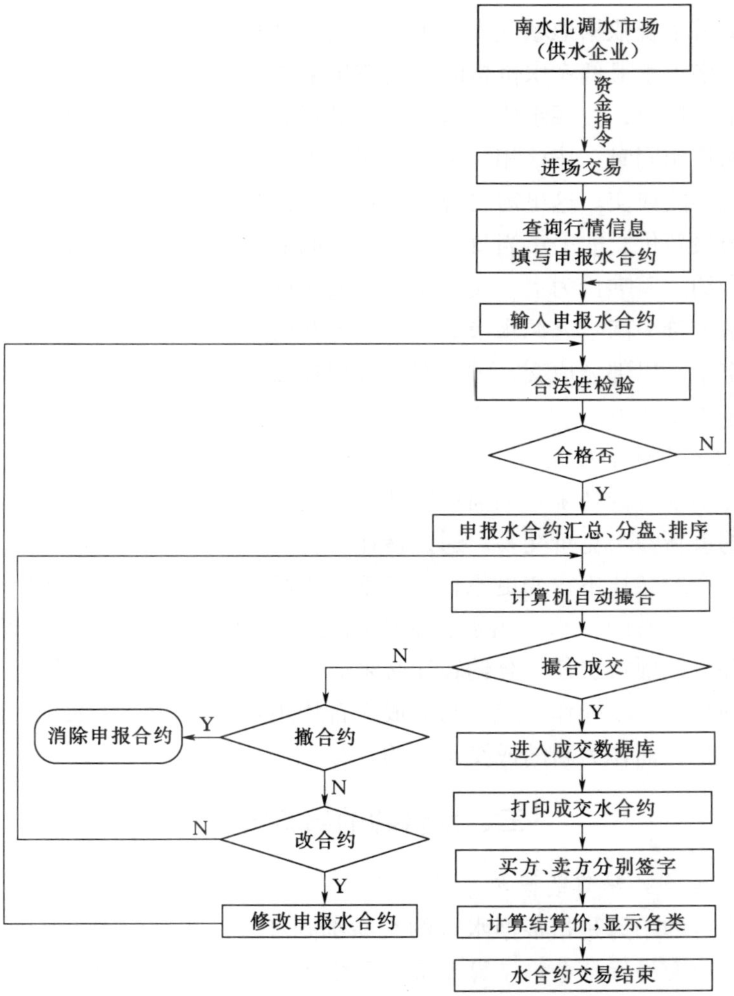

图 1　水合约交易流程图

方确定，其数量应为水合约规定数量的整倍数，报价应符合最小变动价位，以及最高、最低限价不超过基准价的 ±5% 等。定单当日有效，成交之前可以撤销。

交易系统对买卖定单进行统一编号并分别排队。买水定单按地域优先（是否为同一流域内）并按价格由高到低排列，价格相同时按定单进入交易系统时间的先后顺序排列；卖水定单同样在地域优先的前提下，按价格由低到高排列，价格相同时按定单进入交易系统时间的先后顺序排列。

3. 水合约交易

交易系统依据地域优先、价格优先、时间优先的原则成交。当最高买水价格等于最低卖水价格时，按该价格成交；当最高买水价格高于最低卖水价格时，按买水价、卖水价和最新成交价三价的居中价成交；三价有两价相同时，按该相同价格成交；当最高买水价格低于最低卖水价格时，不能成交。这里需要说明的是，水合约上市当日第一笔成交取基准价为最新价，非上市当日第一笔成交取上一交易日均价为最新价。即期水合约的基准价为上一交易日全天成交价格的加权平均价；远期水合约的基准价为南水北调水市场公布的最新履约价。

定单可以部分成交，剩余部分继续在队列中等待成交。交易系统自动记录买卖双方的一一对应关系。

4. 水合约的转让

远期水合约在未到期前可以转让，包括全部转让和部分转让。转让水合约重新参与竞价交易。通过转让，合约出让方将权利义务转让给受让方。合约转让不得变更原合约条款。为便于合约转让的顺利进行，参加水合约交易的供水、用水企业应同意合约相对人将合约转让给第三方，并继续履行责任。合约转让必须通过合约转让专项操作进行；不通过合约转让专项操作达成的与原成交合约买卖方向相反的合约，不视为合约转让，而作为新的成交水合约。

三、水合约的结算方式

1. 水合约结算的概念

水合约结算是指根据水合约交易细则和合约规定，水市场对供水、用水企业交易保证金、结算差价、手续费、交割货款、违约金及其他有关款项进行计算、划拨的活动。在南水北调水市场成交的水合约必须通过南水北调水市场结算。

2. 水合约结算管理

南水北调水市场在指定银行开设结算专用账户，对供水、用水企业的水合约交易结算资金进行核算时设立水合约交易专户。供水、用水企业应提供本单位银行账户，买卖双方的出金只能通过该账户划转。

南水北调水市场定期向供水、用水企业提供《资金结算对账单》，作为供水、用水企业与南水北调水市场核对结算账目和记账的依据。供水、用水企业应及时查询账户资金及结算数据，如对资金及结算数据有异议，应在下一交易日与南水北调水市场核对，否则视作认可。水量供应后，南水北调水市场凭买方出具的验收报告或双方商务处理协议书及时结清货款。

3. 保证金

水合约交易实行保证金制。南水北调水市场制定并公布各水合约的保证金标准，即期水合约保证金收取标准为成交价的一定比例，远期水合约保证金收取标准为基准价的一定比例。

4. 差价结算

远期水合约成交或转让时，按基准价进行差价结算。价格低于基准价时，由卖方向买方支付差额部分；价格高于基准价时，由买方向卖方支付差额部分。

5. 手续费

南水北调水市场按照水合约交易细则规定向成交双方收取一定数量的手续费。

四、水合约交易的特点

水合约交易特点参见表2，具体包括以下5个方面。

1. 水合约条款标准化，增强了水商品的流动性

在传统的现货贸易中，每一笔合同条款都不尽相同，甚至千差万别，因而，当实际需要进行合同转让时，转让却无法实现。而水合约交易以其标准化的特点，很好地解决了这一问题。这种标准化体现在两个方面：一是水合约的标准化，即对水合约的水量、水质、计价单位、交割地点等项目有严格界定；二是对水合约的条款进行标准化规范。在水合约交易中，惟一需要确定的是价格。这一特点增强了企业市场竞争的主动权和生产经营的灵活性。

2. 交易成本低，方便快捷，效率高

水合约交易是基于互联网技术而设计开发的一种新的交易机制，具有成本低、方便、快捷、效率高等优势。以较少的保证金确定交易关系，不仅履约有了可靠的保障，而且提高了资金使用效率，降低了资金成本，相应地，可以提高利润率，增强市场竞争力。

3. 交易意向集中，价格真实透明，成交机会多

水合约交易采用网上集中竞价的交易方式，在固定的交易时间内，可集中大量的交易信息，扩大了企业的成交机会，增强了水市场的流动性，企业的交易目的易于实现。且由于竞争公开、公平、公正所形成的价格真实、透明，有效解决了传统交易中信息分散、交易规模小及暗箱操作的弊端。

4. 成交双方身份明确，便于水商品交割

南水北调水市场作为水合约交易的组织方，为交易双方提供信息、交易、结算和交割等多项服务。水合约交易的买卖双方从开始成交，到合约转让，一直到交货履约，始终保持一一对应关系，合同双方的法律明确。水合约交易的这种特质有利于买卖双方实现企业供水、用水的交割。

5. 参与者限制

水合约交易的参与者为会员制，即流域内水市场的所有供水企业和用水企业，个人不允许参与水合约交易。

表 2　　水合约交易的特点

基本功能	组织水商品流通	基本功能	组织水商品流通
标的物	工业用水	合同相对人	一一对应
交易主体	供水企业、用水企业	成交结算	一次性结算
合同期限	即期、远期（3 个月）	履约方式	实物交收
计价方式	出水口价格	卖空行为	禁止
履约保障	保证金	市场风险	以保证金为限
结算方式	代办结算	违约处理	支付保证金

五、水合约交易的作用

南水北调水市场具有规模大、范围广、交易量大等特点，因此，为满足大市场、大流通的要求，适宜采用基于水合约的电子商务交易模式，同时它还可以起到以下几个方面的作用：

（1）有利于稳定工业用水的供求，促进工业用水的合理配置。传统的贸易方式大都是企业间一对一的行为，买卖双方面对的是有限的业务伙伴，很难确定合理的成交价格，往往导致价格波动较大，给企业的生产经营造成很大不利，同时也带来一系列社会问题。水合约交易集中了主要工业用水的供求信息，可以给企业带来更多的交易机会，大幅度降低流通成本。同时，规范化的水合约便于转让，实现工业用水的合理配置。

（2）水合约交易模式超越了传统的、分散的、单一的有形市场的诸多局限，有利于供水企业增强信息化管理水平，转变经营观念和管理模式，提高行业整体素质。

（3）有利于促进工业用水商品流通的组织化、规范化和现代化程度，形成全流域统一的大市场。水合约交易借助互联网技术，以快捷、方便的方式，集中众多的买卖意向，通过公开、公平、公正的竞争达成交易，从而实现工业用水商品流通的组织化、规范化和现代化程度，促进有序、统一开放的工业用水大市场的形成。

当然，水合约交易模式的成功实施，还需要许多外部条件：一是需要政府有关部门的大力支持，出台相应的管理法规，推动企业进场交易，并为进场企业提供税收优惠；二是加快供水企业的市场化进程，增强企业的竞争意识；三是通过制定有效的游戏规则，加强国家对南水北调水市场的宏观调控及监管力度，同时还应增强南水北调水市场的行政执法力度，在不违反国家法律和国家政策的前提下，南水北调水市场可出台必要的管理制度，成立仲裁委员会。

水利部关于水权转让的若干意见

水利部

健全水权转让（指水资源使用权转让，下同）的政策法规，促进水资源的高效利用和优化配置是落实科学发展观，实现水资源可持续利用的重要环节。在中央水利工作方针和新时期治水思路的指导下，近几年来，一些地区陆续开展了水权转让的实践，推动了水资源使用权的合理流转，促进了水资源的优化配置、高效利用、节约和保护。为进一步推进水权制度建设，规范水权转让行为，现对水权转让提出如下意见。

一、积极推进水权转让

（1）水是基础性的自然资源和战略性的经济资源，是人类生存的生命线，也是经济社会可持续发展的重要物质基础。水旱灾害频发、水土流失严重、水污染加剧、水资源短缺已成为制约我国经济社会发展的重要因素。解决我国水资源短缺的矛盾，最根本的办法是建立节水防污型社会，实现水资源优化配置，提高水资源的利用效率和效益。

（2）充分发挥市场机制对资源配置的基础性作用，促进水资源的合理配置。各地要大胆探索，勇于创新，积极开展水权转让实践，为建立完善的水权制度创造更多的经验。

二、水权转让的基本原则

（3）水资源可持续利用的原则。水权转让既要尊重水的自然属性和客观规律，又要尊重水的商品属性和价值规律，适应经济社会发展对水的需求，统筹兼顾生活、生产、生态用水，以流域为单元，全面协调地表水、地下水、上下游、左右岸、干支流、水量与水质、开发利用和节约保护的关系，充分发挥水资源的综合功能，实现水资源的可持续利用。

(4) 政府调控和市场机制相结合的原则。水资源属国家所有，水资源所有权由国务院代表国家行使，国家对水资源实行统一管理和宏观调控，各级政府及其水行政主管部门依法对水资源实行管理。充分发挥市场在水资源配置中的作用，建立政府调控和市场调节相结合的水资源配置机制。

(5) 公平和效率相结合的原则。在确保粮食安全、稳定农业发展的前提下，为适应国家经济布局和产业结构调整的要求，推动水资源向低污染、高效率产业转移。水权转让必须首先满足城乡居民生活用水，充分考虑生态系统的基本用水，水权由农业向其他行业转让必须保障农业用水的基本要求。水权转让要有利于建立节水防污型社会，防止片面追求经济利益。

(6) 产权明晰的原则。水权转让以明晰水资源使用权为前提，所转让的水权必须依法取得。水权转让是权利和义务的转移，受让方在取得权利的同时，必须承担相应义务。

(7) 公平、公正、公开的原则。要尊重水权转让双方的意愿，以自愿为前提进行民主协商，充分考虑各方利益，并及时向社会公开水权转让的相关事项。

(8) 有偿转让和合理补偿的原则。水权转让双方主体平等，应遵循市场交易的基本准则，合理确定双方的经济利益。因转让对第三方造成损失或影响的必须给予合理的经济补偿。

三、水权转让的限制范围

(9) 取用水总量超过本流域或本行政区域水资源可利用量的，除国家有特殊规定的，不得向本流域或本行政区域以外的用水户转让。

(10) 在地下水限采区的地下水取水户不得将水权转让。

(11) 为生态环境分配的水权不得转让。

(12) 对公共利益、生态环境或第三者利益可能造成重大影响的不得转让。

（13）不得向国家限制发展的产业用水户转让。

四、水权转让的转让费

（14）运用市场机制，合理确定水权转让费是进行水权转让的基础。水权转让费应在水行政主管部门或流域管理机构引导下，各方平等协商确定。

（15）水权转让费是指所转让水权的价格和相关补偿。水权转让费的确定应考虑相关工程的建设、更新改造和运行维护，提高供水保障率的成本补偿，生态环境和第三方利益的补偿，转让年限，供水工程水价以及相关费用等多种因素，其最低限额不低于对占用的等量水源和相关工程设施进行等效替代的费用。水权转让费由受让方承担。

五、水权转让的年限

（16）水行政主管部门或流域管理机构要根据水资源管理和配置的要求，综合考虑与水权转让相关的水工程使用年限和需水项目的使用年限，兼顾供求双方利益，对水权转让的年限提出要求，并依据取水许可管理的有关规定，进行审查复核。

六、水权转让的监督管理

（17）水行政主管部门或流域管理机构应对水权转让进行引导、服务、管理和监督，积极向社会提供信息，组织进行可行性研究和相关论证，对转让双方达成的协议及时向社会公示。对涉及公共利益、生态环境或第三方利益的，水行政主管部门或流域管理机构应当向社会公告并举行听证。对有多个受让申请的转让，水行政主管部门或流域管理机构可组织招标、拍卖等形式。

（18）灌区的基层组织、农民用水户协会和农民用水户间的水交易，在征得上一级管理组织同意后，可简化程序实施。

七、积极探索，逐步完善水权转让制度

(19) 各级水行政主管部门和流域管理机构要认真研究当地经济社会发展要求和水资源开发利用状况，制订水资源规划，确定水资源承载能力和水环境承载能力，按照总量控制和定额管理的要求，加强取水许可管理，切实推进水资源优化配置、高效利用。

(20) 鼓励探索，积极稳妥地推进水权转让。水权转让涉及法律、经济、社会、环境、水利等多学科领域，各地应积极组织多学科攻关，解决理论问题。要积极开展试点工作，认真总结水权转让的经验，加快建立完善的水权转让制度。

(21) 健全水权转让的政策法规，加强对水权转让的引导、服务和监督管理，注意协调好各方面的利益关系，尤其注重保护好公共利益和涉及水权转让的第三方利益，注重保护好水生态和水环境，推动水权制度建设健康有序地发展。

苏州市水务改革初见成效

苏州市水务局

苏州市地处太湖、长江下游，是长江三角洲地区经济发达的地区之一。全市总水面积为3609.4 km^2，占全市总面积8488.42km^2的42.5%。苏州雨量充沛，水网发达，水资源丰富。古城区“水陆并行、河街相邻”的双棋盘格局和“三纵三横一环”的河道水系构成了东方水城特有的格局，富有流水之秀，水城之美。改革开放以来，随着经济的快速发展，工业化和城市化进程的迅速推进，水问题日益突出，逐渐成为制约经济社会进一步发展、人民生活质量进一步改善的“瓶颈”。苏州市委、市政府决定倾城市之力，全面改善水环境，保护水资源，治理水污染，解决水问题，促进苏州的可持续发展。

一、水务一体化体制优势初步显现

苏州市水务局成立以来，我们积极调整治水思路，不断加大治水力度，加快建设步伐，努力解决苏州水问题，为苏州经济社会快速发展打下基础。与原来分割的管理体制相比，新体制已初步显现出强大的优势。

1. 城市防洪能力有了一定提高

通过前几年的水利建设，苏州已形成了长江堤防、望虞河东岸、环太湖大提、太浦河北岸、淀山湖堤防5条防洪控制线，进入城市水务后，进一步加快城市防洪工程建设力度。一是淮阳河综合整治工程全部完成。淮阳河地区原是苏州著名的易涝区，沿河居民侵占河道、搭建房屋，导致河道狭窄，常常一雨就涝，暴雨受淹。为彻底解决这一问题，对该地区实施综合整治，拆除建筑物，拓宽河道，修建驳岸，翻建桥梁，敷设雨水管道，建设绿化带，防洪排涝能力大大提高，人居环境得到显著改善。二是辛庄地区防洪综合整治工程加快实施。沟通城区一批断头河、断头浜，建设亲水生态型河道，有效增强引排功能，改善生态、旅游环境。三是全面实施苏州城市中心区防洪工程，包括建设10大水利枢纽、12座小型水闸，改造14座老闸以及建设沿运河防洪堤防四个子项，目前青龙桥枢纽已基本完工，其他工程也将陆续开土建设，全部工程完成后，苏州城市中心区防洪能力将达到200年一遇标准，城市防洪安全将得到有效保障。

2. 水环境面貌正在不断改善

市政府通过关、停、并、转，已经基本解决了重污染企业的严重污染问题，通过城乡河道清淤、长效管理、水面保洁等一系列工作使河道环境提到了改善。一是西塘河引水工程已经建成通水。通过建立清水通道，既改善了环城河水质条件，又保护了环古城风貌。二是治污工程加快实施。相继建成了福星、娄江污水处理厂一期工程，市区污水处理能力达到19.25万m^3/d。

实施污水支管到户工程，将污水管网辐射到每家每户，实现雨水、污水分流，市区日处理污水量由2001年的5.87万m^3发展到现在的18万m^3，生活污处理率从2001年的24%提高到现在的近50%，有效地提高了市区污水处理能力和综合利用率。同时，配合市政道路建设、环古城风貌保护、历史街区保护等工程，对老污水管网进行改造，提高截污能力。三是加强城市河道综合管理。从2003年1月1日起，苏州城区河道保洁采用“统一领导，分类保洁，社会招标，强化考核”的办法，实行市场化运作，将城区80km河道分为16个标段，向社会公开招标选择保洁队伍，彻底改变了过去城区河面脏、乱、差的局面。同时，科学调度城区水利工程，在不影响防汛安全的前提下，对城区河道分片换水，城区水环境有了显著改善。

3. 供水安全得到有效保障

水务一体化后，通过供水统一规划，不仅保障了农业灌溉需要，保障了农村生活用水、工业用水和环境用水，解决农民饮用水问题，而且保障了城市、小城镇的生活用水、生产用水和环境用水需要，促进了水源地保护和供水设施建设相配套、相协调，有效保障城乡供水安全。一是加大了供水源保护力度。对集中式供水水源地划定保护区，在保护范围内禁止建设有污染的项目和开展有污染的活动。对水源地水质长年进行监测，并定期公布，一旦发现有异常情况，及时采取措施，确保水源地水体质量。二是提高区域供水能力。完成了市区北部供水工程。该地区过去由于规划、体制等方面的原因，居民只能喝地下水，不但水质得不到保障，而且造成了地面严重沉降。实行水务一体化管理后，全面实施市区北部供水工程，共敷设84km主管道，3000多km二、三级管网，使10多个镇38万居民用上了洁净的自来水。三是加快供水管网改造。为解决自来水一个单元一只总表、住户轮流抄表、共同分摊水费的问题，我们下决心全面实施市区自来水一户一表改造，现已全部完成。共改造20多万户水表，同时改造了一批屋顶水箱和供水管网，保证了供水质量，方便了居民生活。

4. 投融资体制取得突破

为了加快城市水务工程建设，解决水务设施重复建设、水资源多头管理、经济效益低下的问题，组建了水务投资发展有限公司，负责城市水务项目建设资金的筹集、融通、管理、使用，目前已经融通资金8.8亿元。今后根据相应的水务建设任务，逐步达到水务经营性项目不需政府投资，公益性项目为政府筹资的目标。对于供水和污水处理类经营性工程通过成本、利润等核算，提高供水和污水处理价格，如污水处理费提高到1.15元/t的价格，为污水处理设施建设创造投资收益条件，实现“谁耗费水量谁补偿、谁污染水质谁补偿、谁破坏水生态环境谁补偿”的目标，有利于促进全市节约用水工作。此外，我们还充分发挥市场配置资源的基础性作用，在城市水务工程建设中积极引入市场机制，促进涉水资源的优化整合，在市区河道保洁、北部供水工程中都采用市场化办法操作，从而逐步建立起政府购买公共产品、市场公开竞争、科学规范管理的新机制。

二、水力管理体制改革体会

组建水务局，实行水务一体化管理，不是几个管水部门的简单归并，而是治水思路和发展战略的重大转变；也不是部门权力的相互竞争，而是责任的承担和工作方式的转变。回顾水务一体化以来取得的成绩，我们有以下几点体会。

1. 改革是关键

有“水天堂”美誉的苏州，江河湖汇储集，降水丰富，但洪涝灾害时有发生；水量充沛，但水质型缺水日益严重；水网密布，但水环境污染治理缓慢。这些问题的产生，有多方面的原因，但根本上是体制的不适应。过去沿用的管理体制的弊端很多：部门“多龙治水”，管理职责交叉；城乡相互分割，资源难以统筹；规划速度缓慢，不适应经济社会发展；投资渠道单一，涉水事业发展不快等。这些弊端从根本上阻碍了涉水事业的快速发展，影响到了苏州经济社会的发展，影响到了苏州在国内、国际的形象。因此，根除传统体制的弊端，建立顺应水资源自然循环客观规律、符合城乡经济社会持续协调发展的水资源管理体制迫在眉睫，这不仅是水务自身发展的内在要求，也是苏州创建园林城市、健康城市、最适宜人居和创业城市，实现“两个率先”目标的客观要求，改革势在必行。为此，苏州市委、市政府借鉴了上海、深圳市水务局成功改革的经验，决定改革苏州原来的涉水管理模式，于2001年底建立了水务一体化管理体制，开创了苏州水务管理的新格局。改革以来取得的成绩充分说明，水务统一管理体制是水资源自然属性的客观要求，是经济社会发展到一定阶段的必然产物，是城市管理的必然趋势，是解决好水问题的必然选择。

2. 规划是龙头

水是维系国民经济和人民生活的基础性资源，水务建设是城市建设的有机组成部分，规划则是沟通两者联系的主要桥梁。但过去受部门、行业、城乡分割体制的局限，各涉水部门有的根本就没有规划，有的虽然有规划，但研究单一的功能多，兼顾的功能少，致使苏州市在过去相当长的一段时间内，没有一个城乡一体、全行业、全覆盖的水规划。规划的局限性和滞后性，不但影响了涉水行业内部的建设协调，而且直接制约城市功能、形象的提升。水务一体化管理体制的确立，为弥补这一缺陷提供了体制保障。为提高水在促进城市经济和社会发展中的贡献率，水务局成立后，我们首先树立规划意识，统盘考虑，把规划作为实现水务建设与城市建设协调发展和“龙头”工作来抓，处理好水务工程建设与历史文化名城保护、水环境保护、旅游资源保护等之间的关系，实现人与自然的和谐统一。在广泛深入调查研究的基础上，出台了《苏州市区水资源综合治理工程实施方案》；制定了《苏州市城市防洪规划》；完成了《苏州市城市中心区河道整治工程近期规划研究报告》、《苏州市城市中心区防洪工程建设实施意见》；目前正在抓紧编制《苏州市水资源保护规划》和《苏州市城市中心区防洪工程建设规划》。专业规划出台后，我们严格按照规划进行工程建设，力争达到规划设计要求，把每一条河道建成景观河道，把每一个水系建成景观水系，优化供水、排水格局，实现城乡区域供水设施共建共享，从而使苏州水城再现昔日风采，彰显水文化特质，全面提高城市生活质量。同时，在城市建设过程中，我们积极主动参与涉水工程的规划，组织编制“三新城”供排水规划，河道水系规划，参与涉水管线的定位，努力把“三新城”建设成为基础设施配套、环境优美的现代化城市。

3. 法制是保障

随着苏州城市化进程的加快和水务一体化的到位，原有的一些涉水法规及规章已经不能适应经济社会和水务事业发展的需要，迫切需要建立比较完善的涉水法规体系，大力推进依法行政、依法治水。一是制定《苏州市城市排水管理条例》，明确了水行政主管部门是城市排水行政主管部门，负责城市排水的监督管理。对城市的产业废水、生活污水和大气降水的接纳、输送、处理、排放行为，以及对公共排水设施和自建排水设施的建设、管理等行为，都通过法律形式予以明确。二是制定了《苏州市河道管理条例》。《条例》对河道的规划与整治、管理与保护、开发与利用等相关活动进行了明确的规定。三是抓紧制定地方性规章。《苏州市供水管理办法》、《苏州市蓝线管理办法》已经完成，不久将予颁布。

今后，还将制定《苏州市节水管理办法》、《苏州市长江采砂管理办法》等规章。通过建立健全涉水法规规章体系，为强化涉水事务依法管理提供了依据和保障。为了加强城市水行政执法工作，我市还专门在城区设立了河道、排水、供水、节水4个水政执法大队，依法行使城市水务管理权力，加大了对水资源保护、水污染防治和水环境治理的监察力度，实现了水行政执法工作由农村水利向城市水务的延伸。

三、奋发有为，不断开创苏州水务建设新局面

面对苏州城市化、现代化建设的新形势，我市水务发展的任务更加艰巨，为政之要在于治水，我们将继续以“三个代表”重要思想为指导，充分发挥水务管理的体制优势，不断营造有利于水务事业发展的外部空间和内部环境，开创苏州水务建设与管理的新局面。

1. 逐步构筑覆盖全市城乡的防洪保安体系

争取到2007年，全面完成长江堤防加固工程任务，干堤全面达到50年一遇、主要控制建筑物达到100年一遇的防洪标准；基本完成环太湖堤坝加固工程，达到50年一遇的防洪标准；苏州城市防洪基本形成大包围控制格局，城市达到100年一遇、中心城区达到200年一遇的防洪标准，初步形成苏州城市、县级城市和农村3级防洪保安体系和城乡防洪、抗潮、灌溉、治涝、抗旱、降渍6防灾减灾系统。

2. 逐步构筑以市区为重点的水环境保护体系

到2005年，铺设384km各类污水支管到新村、街坊、学校、医院，使污水处理率和污水管网覆盖率达到或超过70%；全面完成87km河道的疏浚整治任务，打通古城区内的部分断头河浜，古城区外的河道完成驳岸整治和沟通水系，环古城河道水景观建设基本完成，河道水质初步达到景观用水标准；建设项目水环境影响评估、防洪影响评价形成科学治理和制度，保证水资源、水环境、水生态不受建设影响，形成全区域、广覆盖、多层次的水环境保护体系。根据到2007年市区中心区污水集中处理率75%、县级城区70%、中心镇50%，2010年城市中心区污水处理率85%、中心镇70%，2020年城市中心区污水处理率90%、中心镇75%的要求，编制完善污水处理专业规划。超前考虑城市扩大带来的城市面源污染问题，研究城市初期雨水对水环境影响，根据国际先进城市雨水排放与处理规划的经验，规定城市雨水规划。

3. 逐步构筑满足生活生产的供水保障体系

全面完成长江引水工程,增加河湖“活水”总量;全程控制和保护长江、太湖、阳澄等水源地,有计划地增加来水和供水数量,逐步优化城市和农村、生活和生产水资源的科学合理调度和配置;全面封填地下水深井,实现地下水有计划的涵养和综合开发利用;完成市区供水管道更新和扩建,大幅度地降低自来水的管道漏失率和污水渗入率;整合重组市区供水资源,组建市区范围内供水资源统一配置、生产能力统一调度、供水服务统一经营的自来水公司;改造城市供水管网、提高供水水质,实现自来水直饮目标;完成农村乡镇供水管网改造,农村自来水入户率达100%。只有这样,才能全面扩大城乡生活用水、工业用水和环境用水的供水数量和供水半径,保障城乡供水安全。

4. 逐步构筑开放有序的水利、水务建设管理市场化运行体系

今后苏州市的水利水务工程,将区分不同性质,公益性的工程由财政投资,经营性的工程由市场化运作、多渠道筹措发展资金;将通过自来水厂、污水处理厂等单位国有资本的退出和原有承担行政管理职能的事业单位转制后,存量设施资产出让盘活,加快涉水事务社会化融资、市场化发展的步伐;逐步建立符合苏州实际的用水和水处理的价格形成机制和政府宏观调控手段,积极培育和规范、引导水利水务市场发展;进一步健全、完善水利水务建设管理的有关责任制度,促进水利水务市场健康有序发展。

管养分开　收费与管理双赢

——狮树套闸管理体制改革情况

连云港市水利局

锦屏套闸(狮树套闸)是2003年新建成的我市城市防洪外围的一个控制工程,具有防汛、排涝、截污、通航的功能,其中通航有着较

大的经济效益，对该工程收费还贷、持续发展有重要意义。

该闸原来隶属于市区水工程管理处，在管理中该处也有收过闸费的船闸，但都为小型船闸，在管理上存在着人员经验不足，收费不到位的情况。为确保锦屏套闸综合效益的充分发挥，2003 年 11 月下旬新航道全部贯通后，我局对锦屏套闸的管理体制进行了大胆改革。决定对该管理单位不设一个编制，上级每年不拨任何管理经费，完全进入市场化运作。工程的防汛、排涝、截污等仍由市区水工程管理处管理，通航收费及日常维护按照“管养分开”的原则在全系统内招标。招标结果，具有丰富的船闸管理经验、人员素质较高的市盐东管理处以每年上交市局净利润35 万元的价格中标。这是取长补短、优势互补的结合，盐东管理处具有丰富的管理船闸的经验和应对措施，而市区水工程管理处在工程管理上具有独到的经验和优势。

为了保证日常管理中双方明确责任，由市局牵头，双方在管理和经营方面明确各自职责，确定了责任和义务，各自制定了详细的管理制度，签订了协议。由于是市场化的运作，两个单位都没有进一个人，人员都从原来的单位进行人事调整。由于实施管养分开的管理制度，中标单位的经济压力转化为管理动力，在 7 个月的运行中，锦屏套闸已经根据规定收取过闸费近60 万元，提前完成全年闸费的收缴目标，同时没有一项违反国家政策的事件发生，没有一个船民举报违章现象，效益显著。

为了使该管理所拥有一流的软、硬环境，市区水工程管理处和盐东管理处都拿出部分经费，抽调专业人员集中精力全面完善了该工程的站区美化、绿化和扫尾工程，建成了园林式管理单位，改善了管理条件，使工程管理和收费相得益彰，而且从中汲取了较好的收费经验和收费管理模式，既为市局水管处今后的管理水平提高创造了条件，也使该闸的过闸费收取了较高的起点。 这必将更好地促进我市水利行业的改革和发展， 可以说该管理单位的市场化运作是三方都赢的好局面，市区水工程管理处从中不仅得到了经验，利用改善管理所的环境，还得到了10万元的纯收入；盐东管理处不仅解决了部分职工的工资，还得到了年近70万元的经济收入，同时也利用收入改善了该闸的办公条件；我们市局没有对该闸进行任何的投入，但却使该闸拥有了一流的环境和管理。如果采用老的管理方法，锦屏套闸需要设人员编制30人左右，人员和管理开支年不低于100万元，年收入不会超过30万元，市局年补贴不低于70万元，还得考虑人员的退休等其他问题。但实施了这样的改革和运作方法后，我局不仅没有投资任何管理经费，还得到年25万元的上交利润，管理上也发生了质的改变，给两个管理单位的管理带来的深远的影响。

锦屏套闸管理体制改革取得的成功经验，为我市今后水管体制改革树立了典型，为全面推进水管体改革奠定了基础。

漳河灌区两部制水价的实践与探索

赵金河　杨平富　郑　国

（湖北省漳河工程管理局）

一、基本情况

位于湖北省江汉平原西北部的漳河灌区，地跨荆门、荆州、宜昌3市，二干渠二支渠农业水价改革试点位于荆门市沙洋县十里镇，自漳河二干渠48+670处取水，灌溉范围包括6个村23个组，共有用水户820户，实际灌溉面积近6000亩。灌溉范围内有中小型水库2座，属多水源供水灌区。

漳河灌区农业供水水价标准为基本水价5元/亩，计算水价3.3分/m^3，基本水价按受益区内的有效灌溉面积计收，计量水价按支渠进水口的实际供水量计收。考虑支渠口以下供水环节，在两部制水价基础上，另加末级水价2分/m^3，主要用于支渠口以下渠系斗口计量设施安装、支分渠维修以及水损、群管费开支等。实质上漳河灌区水价改革试点实行的是两部制终端水价。

二、推行两部制终端水价改革的步骤

（一）加强领导，建立水价改革组织保障体系

为了加强对农业用水水价改革工作的领导，省水利厅、漳河工程管理局、二干渠管理处分别成立了农业用水水价改革工作专班，具体研究和落实漳河灌区二干渠二支渠的水价改革试点工作。从上到下健全的组织保证体系，确保集中人员，集中时间，从而有力地保证了水价改革工作的顺利开展。

（二）制定切实可行的操作方案

为了切实做好农业用水水价改革试点工作，我们依据农业水价改革有关文件精神，结合二支渠试点的实际情况，通过工作专班的认真调研，征求省水利厅、荆门市水利厅以及相关县、镇、村组和农民用水者协会的意见和建议，制定了《漳河灌区二干渠二支渠水价改革实施方案》，明确了水价改革的指导思想、目标和具体实施步骤。

（三）抓住关键，探索落实两部制水价的具体途径

1. 积极开展多种形式的宣传工作

宣传水价改革相关文件精神始终是试点工作的重点，为了使水价改革工作能够顺利实施，我们组织召开了二支渠水价改革宣传动员大会，翻印宣传小册发放到灌区，召开灌区镇、乡、村组干部和村民学习动员大会。同时协会、处和管理段都制作了宣传牌、公示栏，张榜公示有关水价改革的信息和涉及老百姓切身利益的水量、水价、水费、田亩等数据。

2. 狠抓工程配套建设，增添计量设施

完善的工程配套设施是顺利推进两部制水价改革的基础。工作专班通过调研，发现二支渠试点工程老化，渠道淤积、杂草丛生，险工险段多，水浪费严重，严重影响了老百姓用水的积极性。在多方努力下，一方面发动受益农户上渠清淤，另一

方面多方争取筹措资金予以支持，共投资18万元整治渠道8km，修建配套计量设施22处，基本解决了渠道输水不畅、无计量设施等问题。

3. 核定有效灌溉面积

核定并落实有效灌溉面积是确保基本水费征收的重要环节。实际工作中，由于农村现状和多水源供水等多种原因，有效灌溉面积的田亩数不统一，工作专班根据实事求是的原则，明确三个结合，即结合农户用水习惯、结合计税面积、结合协会近几年用水田亩的统计情况，层层明确责任制，核定有效灌溉面积并进行公示，接受评议、监督，截至目前，二支渠农民用水者协会已核定受益农户508户，农户签字认可的有效灌溉面积2918亩。

4. 坚持实行合同供水、定额管理

坚持合同供水、定额管理是实现水价改革目标的关键措施。漳河灌区灌溉用水定额依据《湖北省用水定额（试行）》，中稻灌溉用水定额选用370m^3/亩。供水合同签订包括两个层次，一是供水单位和农民用水者协会签订；二是农民用水者协会和村组的协会首席代表签订，受益农户签字盖印。合同除明确双方权利、义务和基本水价、计量水价标准，还明确了收费时间、有效灌溉面积和按灌溉用水定额核定的年度供水量，并附协会范围内各村组农户有效灌溉面积核定明细表。

三、漳河灌区推行两部制水价改革的成效

（一）促进了灌区农业节水

漳河灌区试点地区实行计量到户的水费计收方法后，农民缴纳水费与灌溉水量直接挂钩，农民的节水意识明显提高，灌区再也见不到大水漫灌、淹路、冲毁田埂的现象。同时，由于渠道得到了清修，输水能力增强，过水时间大为缩短，如二支渠2004年第二次开闸放水由原来的5个小时缩短为现在的1.5小时，减少水量损失25%。

（二）增强水费收取的透明度，农民交纳水费积极性大为提高

漳河二干渠二支渠试点通过制度、合同等多种形式约束水费计收全过程，实行“三公开”，接受群众监督，让老百姓用明白水、交明白钱，增强水费计收和使用的透明度。灌区农民反映，通过用水者协会的有效沟通，他们现在能充分了解到水价政策，对水费的收取工作表示理解。目前试点地区农民交纳水费的积极性大为提高，水费收取率达到了100%。

（三）供用水管理实现了较大突破

漳河灌区试点地区的基本水费以有效灌溉面积实行按亩计收，计量收费方面，在支渠口计量交水。目前灌区试点供用水管理基本实现了计划用水、计量用水、合同供水、超定额加价收费的办法。从试点情况看，这些供用水管理办法的实施突破以前单一的、缺少合同约束机制的供用水管理模式，通过合同制定对水管单位的供水和服务、用水户的用水和交费等方面都提出了明确要求。

依法行政与依法治水

（主持人：赵伟）

坚持依法行政 推进依法治水

熊向阳 武媛媛

依法行政就是政府机关和政府工作人员以宪法和法律为活动准则，行政行为纳入法制轨道，做到行政权依法获得，行政权依法行使，行政权力和行政责任相统一。

我国水行政管理走上法制化轨道是以1988年《中华人民共和国水法》（以下简称《水法》）颁布实施为标志的。经过十几年的努力，水利依法行政取得巨大进步，社会对水资源的开发利用行为也逐步得到规范，全社会的水法制意识得到普遍提高，为全面推进和谐社会的建立，实现人水和谐做出了贡献。

一、水行政主管部门推进依法行政基本情况

与我国积极推进依法治国、依法行政的要求相适应，水行政主管部门在开展水行政管理过程中努力加强政府法制建设，不断提高依法行政能力。这一过程大体上可分为3个阶段。

（一）1988～1997年是水利依法行政的第一个阶段

1988年是水利法制建设具有里程碑意义的一年。这一年《水法》得到颁布实施。《水法》的颁布实施不仅为强化水管理提供了法律依据，而且使水行政主管部门意识到开展管理工作必须要依法而行，依法行政的观念逐步得到树立。同年，在新一届政府机构改革中，国务院重新成立水利部作为水的行政主管部门，地方各级人民政府也先后明确水利部门是各级政府的水行政主管部门，改变了过去“多龙治水”而没有水行政主管部门的状况。在1989年5月召开的全国水利工作会议上提出：“各级水行政主管部门要认真履行《水法》所赋予的职权，依法承担起水行政主管部门的职责”，“要加强水政建设，自上而下建立执法体系，保障《水法》的贯彻执行。”随后的一段时期，在各级政府的领导和有关部门的配合下，水行政主管部门坚持以宣传教育为先导，以建立水法规、水管理和水行政执法3个体系为中心，大力加强水政建

设。地方性水法规大量出台，水行政执法队伍普遍建立。

（二）1997~2004 年是水利依法行政第二个阶段

1997 年党的十五大提出：依法治国是党领导人民治理国家的基本方略。九届全国人大二次会议于 1999 年 3 月 15 日通过的宪法修正案规定“中华人民共和国实行依法治国，建设社会主义法治国家”，从而使依法治国基本方略得到国家根本大法的保障。

依法行政是依法治国的重要组成部分。江泽民同志在党的十五大报告中明确要求：“一切政府机关都必须依法行政”。1999 年 7 月，国务院召开全国依法行政工作会议，会议以邓小平理论和党的十五大精神为指导，总结了政府法制建设的基本经验，明确了新形势下全面推进依法行政的任务和要求。这次会议对于认真贯彻依法治国方略，提高政府依法行政水平，从严执政，建设廉洁、勤政、务实、高效政府，起到了重要作用。为了贯彻会议精神，全面推进水利系统依法行政工作，水利部下发了全面推进依法行政的通知。2000 年 1 月召开的全国水政工作会议上，水利部部长汪恕诚作了《加强水利法制建设，全面推进水利行业依法行政》的书面讲话。他在讲话中强调，依法行政、依法治水不是水利部门诸多业务工作中的一项，也不是水政部门的任务，而是治水的基本方略，反映了国家行政机关运作的基本特征，是领导我国水利事业的基本方式，是从全局上、长远上统管水利部门各项工作的、关系水利改革与发展的根本性的大事，是从严治政，建设廉洁、勤政、务实、高效的水行政主管部门的根本要求。这一时期是水利系统全面推进依法行政的重要阶段，水利系统的立法、执法、普法、水事纠纷协调处理都取得了长足进步，水利部门依法行政能力和水平有了很大提高。

（三）2004 年以后是水利依法行政第三个阶段

2004 年 3 月，国务院制定并颁布了《全面推进依法行政实施纲要》。《纲要》以邓小平理论和“三个代表”重要思想为指导，总结了近年来推进依法行政的基本经验，确立了建设法治政府的目标，明确了今后十年全面推进依法行政的指导思想、基本原则、具体任务和措施要求，对全面推进依法行政工作作出了部署。2004 年 7 月 1 日《中华人民共和国行政许可法》正式施行，这是继国家赔偿法、行政处罚法、行政复议法之后又一部规范政府共同行为的重要法律。国务院对贯彻实施这部法律十分重视，多次召开会议研究部署实施行政许可法，进一步推进依法行政，加快政府管理行为和职能的转变。

为贯彻落实《纲要》和行政许可法，水利部先后下发了《关于贯彻落实〈全面推进依法行政实施纲要〉的通知》、《行政许可法》等文件。2004 年 9 月，党的十六届四中全会召开，作出了加强党的执政能力建设的决定。加强党的执政能力，落实到政府就是要推进依法行政。因此，可以说贯彻依法治国基本方略，全面推进依法行政工作又进入了一个新的阶段。2004 年 12 月，水利部汪恕诚部长在全国水利厅局长会议上指出，随着社会主义市场经济体制的不断完善和政府行政管理体制改革的逐步深入，做好水行政管理工作，必须切实转变职能，推进依法行政工作，加强社会管理和公共服务，进一步提高水行政管理能力和水平。依法行政是提高政府管理和水平的关键。要按照《中华人民共和国行政许可法》和国务院发布的《全面推进依法行政实施纲要》的要求，全面推进水利部门的依法行政。

二、水行政主管部门推进依法行政取得的成绩

党的十一届三中全会以来，党和国家在大力推进改革开放和社会主义现代化建设的同时，不断加强社会主义民主与法制建设，取得了重大进展。作为社会主义法制建设重要组成部分的水利法制建设，同样取得了显著成绩。

（一）各级水行政主管部门的法律意识和法制观念逐步增强

通过水利法制建设，水行政主管部门的管理观念和管理方式得到逐步转变，依法行政观念得到普遍增强。各级水行政主管部门的领导干部认识到水利依法行政是从全局上、长远上统管水利的方略，在水利各个方面、各个环节都积极落实。不少地方的水利部门领导干部带头学法，开始形成制度。不少地方水利部门在发布新的重要文件前，领导先将文件交法制工作机构依据法律、法规协助审查把关，防止出现不符合法律法规规定的内容。不少地方水利部门的领导遇到问题和矛盾，越来越重视运用法律手段加以解决。

（二）积极开展水利立法，充分反映人民的利益，符合水的自然规律，立法成效显著

依法行政、依法治水立法是基础。各级水行政主管部门深入贯彻《水法》等法律法规，不断适应水管理从广度和深度上推进的需要，加强立法，使水法规逐步得到丰富和健全。

为适应经济社会的快速发展和水资源状况的变化，各级各地水行政主管部门都将法律法规的调整和修订作为立法的重要任务。1994 年起《水法》修订列入八届人大立法规划，1998 年大水后，在全国人大和国

务院的领导下，水利部加快了对《水法》的修订工作，并根据党和国家新的治国方略、治水方针和国内外新的水管理理念指导修订。经过8年努力，新《水法》于2002年颁布。新《水法》在水资源管理方面增加了许多制度，具有较强的可操作性，社会普遍认为新《水法》的修订是成功的。为贯彻落实新《水法》，各地将水法实施办法的修订作为立法的重中之重，积极开展研究、协调工作，目前已有20个省（自治区、直辖市）出台了新的实施办法。

与《水法》以及其他法律法规相配套的法规规章的制定和修订也是立法工作重点。《黄河水量调度管理办法》、《蓄滞洪区运用补偿暂行办法》、《长江河道采砂管理条例》等法规的出台填补了管理工作中的空白。《取水许可制度实施办法》修订工作已经接近尾声，它的出台将为强化水资源管理提供重要保障。近两年内，各地也出台了如《安徽省抗旱条例》、《河北省水文管理条例》、《北京市城市河湖保护管理条例》、《广东省河口滩涂管理条例》、《山东省节水办法》、《江苏省长江防洪工程管理办法》、《辽宁省地下水资源保护条例》等一批针对性和可操作性强、有自身特点的法规、规章，为我国的水法规体系增添了新的内容。

到目前为止，已经制定实施的水法律有《水法》、《水污染防治法》、《水土保持法》、《防洪法》，水行政法规有《取水许可制度实施办法》等19部，部规章近90件；省级人大及其常委会颁布的地方水法规已有近百件，省级政府发布的规章有200多件，水法规体系得到初步建立。

立法工作的蓬勃开展，有力促进了水管理工作，改变了管理工作无法可依状况，管理工作的合法性得到确立，为水行政主管部门依法行政提供了依据。同时在近年来的立法工作中，贯彻“三个代表”重要思想，确立以人为本的理念，逐渐向公民权利本位和政府责任本位转变，不仅在立法项目的内容上注重了对公民、法人和其他社会组织利益的维护，而且强调了政府责任，努力做到政府权力和责任的统一，立法质量不断提高。

（三）建立健全水行政执法体制，严格执法，文明执法，水事秩序逐步好转

《水法》的颁布实施对水行政执法提出了要求。1989年水利部在水利系统推行水行政执法体系建设试点，并确定了试点——扩大试点——全面铺开的执法体系建设步骤，至1992年底，全国水利执法体系基本

建立，形成了省、地、县、乡四级执法网络，拥有水政监察人员达6万多人，为水行政执法提供了组织保障。与此同时，各流域机构也积极探索水行政执法队伍建设的途径，执法队伍基本得到建立。1995年，为深入推进执法体系建设，强化执法力度，水利部提出在水利系统按照“八化”（执法队伍专职化、执法管理目标化、执法行为合法化、执法文书标准化、考核培训制度化、执法统计规范化、执法装备系列化、检查监督经常化开展水政监察规范化）要求开展水政监察规范化建设。通过规范化建设，各地水政监察队伍素质有了明显提升，行政执法责任制以及执法过错责任追究制、评议考核制等执法监督制度得到落实，文明执法的形象得到初步建立，执法效能进一步提高，在水利依法行政方面发挥了重要作用。

党的十六届三中全会提出，要“改革行政执法体制，相对集中行政处罚权，推进综合执法试点”。为适应新形势的要求，水利系统积极探索综合执法途径。一些地区在系统内部集中行政处罚权，解决了系统内统一执法问题；在一些实施城市综合执法的地区水行政主管部门注意水行政执法与综合执法的衔接，提高了执法的系统性和整体效能。

水行政执法队伍建设有力推进了水法规的贯彻执行。各地结合管理实际探索执法机制，提高执法力度，查处水事违法案件，打击破坏水利设施的犯罪活动。抓住执法重点，开展了多种形式的执法活动，一些专项执法活动对违法行为进行了有力查处，扭转了长期以来的秩序混乱局面。据不完全统计，“九五”期间，全国共查处水事违法案件15.14万件，挽回直接经济损失10200万元，全国违反水法规的案件年均比1990年下降了近50%，水事秩序明显好转。

（四）建立防范、调处机制，妥善处理水事纠纷，维护社会稳定

水资源开发利用的利益涉及广泛，出现各种各样的社会矛盾不可避免。为了保障社会稳定，各流域机构、各级水行政主管部门都把调处水事纠纷作为一项重要的任务，以高度的政治责任感，深入现场，耐心工作，化解矛盾，理顺关系，许多迁延日久的水事纠纷得到了正确调处，一些重大的水事纠纷得到有效控制和处理。近年来影响较大的漳河上游地区水事纠纷、江浙水污染纠纷、苏鲁边界水事纠纷、京津张坊、杨庄水事纠纷、冀津宁河水事纠纷、浙闽边界大岩坑水事纠纷等都得到较好处理，为维护社会稳定作出了贡献。

防范和化解社会矛盾是政府工作的重要职责，水行政主管部门在开展该项工作中不断创新工作机制：各流域机构和各地各级水行政主管部

门目前都建立了专人负责制度，落实了工作责任，有些地区水行政主管部门的一、二把手亲自负责，对水事纠纷重点多发地区进行常规性排查；调整了工作思路，建立预警机制，变事后调处为防调并重，以防为主。淮委、海委、太湖局分别与流域所在地区共同制定了《省际边界水事协调工作规约》，建立了协调机制和水事纠纷预防机制；从界定用水权利和规划入手，使各区域和水资源开发利用者明确自身权利边界和内容，加强自我约束，减少利益纠纷。各地实践为指导全国水事纠纷调处提供了丰富经验，水利部在总结这些经验的基础上于2004年颁布了《省际水事纠纷预防和调处办法》。

（五）推进管理体制改革，强化水资源管理；理顺关系，提高水行政管理能力

《水法》颁布前，我国水资源管理体制是多部门分割管理的格局，存在许多弊端。1988年《水法》规定，国家对水资源实行统一管理与分级、分部门管理相结合的制度。国务院水行政主管部门负责全国水资源的统一管理。为贯彻水法，改变水资源分割管理状况，各级水行政主管部门积极理顺资源管理与开发利用的关系，通过体制改革等多方努力，使水资源统一管理得到持续推进，并使水资源统一管理局面在全国得到基本确立。通过总结水资源管理的经验和教训，2002年新修订的《水法》进一步明确规定，实施水资源统一管理，国务院水行政主管部门负责全国水资源的统一管理和监督工作。

为深化水资源的统一管理，进一步提高水资源开发利用效率，一些地区还探索建立水务体制，明确提出将涉水事务纳入到一体化管理体系中，实现涉水事务政策统一、规划统一和管理部门统一，将水资源统一管理真正落到实处。这种新型的管理体制客观上符合水资源自然规律的内在要求，在实践中取得显著成效，提高了管理效能，发挥了水资源的综合功能，城乡兼顾、水质水量兼顾，在推进水资源的合理配置和高效利用方面显现出明显的优势。到目前为止，涉水事务实施一体化管理的省级区域有4个，副省级区域有5个，地市级102个，县级有833个，覆盖了全国50%以上的区域。

为贯彻落实《水法》确定的流域与行政区域管理相结合的水资源管理体制，各级水行政主管部门努力探索流域与行政区域相结合的结合点及结合机制。流域机构在水法规和水利部赋予的职责范围内积极发挥自身作用，近年来在流域规划、水资源调配、河道管理、区域用水利益协调等多方面发挥越来越重要的作用。地方各级水行政主管部门依法履

行自身职责，发挥自身优势，为建立《水法》确立的水资源管理体制作出了贡献。

随着市场经济体制改革的不断深入，社会对政府管理市场的行政行为提出了新的要求。一方面政府要逐渐摆脱与市场的直接关联，将自主经营的空间让给社会；另一方面政府又要加强市场监管，提供公共服务。在水务改革较为成功的部分地区如上海、北京、深圳等，水行政主管部门按照经济体制改革要求，推进政企分开、政事分开，剥离水利资产经营职能，突出对水务经营的监管；转变管理方式，将水务经营权的配置由行政配置转变为符合市场机制的特许配置。政府管理职能和管理机制的转变不仅逐渐理顺了政府和社会的关系，培育了市场，发挥了市场的能动性，而且为提高政府依法行政能力，维护公共利益提供了保障。

（六）积极推进行政审批制度改革，规范行政行为

行政审批制度改革是推进依法行政的重要措施。水行政主管部门将行政审批制度改革和贯彻《行政许可法》紧密结合，共同推进。

从2002年开始进行行政审批项目的清理，目前已告一段落。国务院审查后分别于2002年11月、2003年2月和2004年5月发布决定，其中对我部报送的行政审批项目取消12项、转变管理方式11项。2004年6月，国务院发布《国务院对确需保留的行政审批项目设定行政许可的决定》，其中决定保留我部报送的13项行政审批项目并设定为行政许可。2004年8月，国务院办公厅公布了保留的非行政许可审批项目，其中包括水利部报送的13项。

《行政许可法》颁布后，水利部按照国务院的统一部署，开展了对行政许可清理工作。在行政许可实施主体的清理中，初步确认水利部以及7大流域管理机构为水利部实施行政许可的合格主体，国务院将在适当时候公布；各地水利行政许可实施主体也陆续由地方人民政府公布。对法律法规中涉及行政许可的规定进行了初步清理，部分涉及水利行政许可的规章和规范性文件将进行修改、废止。

为规范水利行政许可行为，水利部根据水利行政许可工作的实际，组织制定水利行政许可实施办法、水利行政许可听证规定、水利行政许可评价管理办法、水利部实施行政许可工作管理规定等规章和规范性文件。各地在实施行政许可的制度建设方面也作了多方面工作，促进了行政许可法的贯彻实施。

（七）反映群众意愿，提高行政效能；加强行政监督，规范行政

行为

近年来，各级各地在水利政策法规的制定中贯彻“三个代表”的重要思想，注重公众参与、专家论证。水利部在涉及人民群众的相关政策法规的制定中，改变了轻论证、重制订的做法，将前期研究和论证作为重要一环，积极组织多方专家参与，提出意见。在条文制定过程中，严格按照立法和相关规定，广开参与渠道，以多种方式吸纳各方意见。《水法》、《取水许可制度实施办法》等法律法规规章的制订、修订以及水权转让有关政策的制定都充分体现了公众参与、专家论证的要求。

在具体行政行为中，以人为本和执法为民的理念越来越得到重视。水利部从1997年在全行业推行精神文明窗口建设活动，涌现了张家港水政监察大队等一批依法行政、文明执法的典型。在最近两年行政审批制度改革过程中，各地为满足提高效率、政务公开、便利群众的要求，对行政审批和行政运作方式进行了改革，加快了电子政务建设，加大了政府信息公开力度，开展行政审批一站式办公，完善了受理、审查、听证等各项工作制度，行政工作面貌发生了巨大变化，普遍受到群众的欢迎。

为促进水法规的贯彻落实，各地水行政主管部门注重对行政行为的监督。水利部密切配合全国人大开展对水法规贯彻落实的专项检查，近年来《水法》的专项检查开展了3次，《水土保持法》的专项检查开展了10余次。水利部也组织专门的执法检查，推动各地执法工作。各地配合当地人大和政府法制部门针对水法规贯彻实施中的问题开展检查，对水法规贯彻实施的推动作用是明显的，不仅使立法机关和地方政府对此引起了高度重视，而且推动了一些实际问题的解决。

水行政主管部门注重行政监督制度的建立。各地普遍建立和落实了执法监督机制，并自觉接受监察、审计等专门监督机关的监督检查。近年来，驻水利部监察、审计部门积极围绕整顿和规范水利工程建设市场秩序开展监督检查，加大水利工程建设案件的查办力度。行政监督制度的落实到位，使各级水行政主管部门行政行为更为规范，体现了行政权力与责任挂钩、与利益脱钩的原则。

（八）加强宣传教育，强化依法行政意识，提高全社会水法制观念

干部学法、懂法、守法是提高依法行政能力和水平的关键途径。各级水行政主管部门带头学习宪法和其他法律法规，领导干部坚持实行中心组学习制度并定期举办法律讲座、开办培训班。每至《水法》及其他法律法规的颁布之际，水利部还要举办厅局长以上干部培训班。《行

政许可法》颁布后，水利部组织全体公务员和在京直属单位处级以上干部行政许可法讲座，并决定把《行政许可法》作为今明两年普法教育和干部培训的重点内容，部属有关单位举办了面向全国的行政许可法培训班。各地、各流域机构也先后举办了各种形式的培训班，强化了干部职工对依法行政的认识。水利行业还积极开展普法教育，制定了详细的学习宣传工作计划，编辑出版了普法教材，制作了音像制品，开展了形式多样的学习宣传和普法教育活动。重点加强了《水法》、《防洪法》、《水污染防治法》、《水土保持法》、《行政处罚法》、《国家赔偿法》、《行政复议法》以及《水利产业政策》的宣传教育，并针对执法人员和普法骨干分期分批安排重点培训。

每年的 3 月 22 日是“世界水日”，其后的一周是“水法宣传周”。各级水行政主管部门抓住这一机会进行集中、重点的宣传。水法宣传周主要对象是社会，为搞好宣传，做到确实有效，每年水利部都要确定宣传主题，各地围绕主题抓住重点，创新宣传形式，做到了点面结合、城乡结合、上下结合，有重点的开展了向领导宣传、向其他行业宣传、向用水户开展经常性宣传。经过十余年来不懈努力，社会水法制意识大大提高，水法规贯彻实施的法制环境已大为改善。

三、水行政主管部门在依法行政方面存在的主要问题

当前，我国改革进入攻坚阶段，出台的改革措施多、力度大，经济生活、社会生活中越来越多的深层次矛盾需要用法律手段来解决。同时，随着依法治国基本方略的实行，人民群众的法律意识和法制观念不断增强，全社会对依法行政的要求也越来越高。这种新的形势对各级政府和政府各部门依法行政提出了新的更高的要求。站在这个高度审视水利部分依法行政状况，仍存在一些问题，需要在改革和发展过程中逐步加以解决。

（一）对全面推进依法行政的重要性和紧迫性认识有待提高

全面推进依法行政无论是从建设社会主义法治建设的需要看，还是从当前政府机关依法行政状况和面临的建设法治政府的新形势看，都要求我们必须坚决地全面推进依法行政。但是，由于长期以来受传统的计划经济观念影响，我们在水行政管理方面还存在一些薄弱环节，习惯于靠投资带动发展，习惯于用行政手段去管理行业，习惯于工程建设，不善于运用法律手段，不善于运用市场机制，不善于社会管理。这些问题在一些地方还很突出。

（二）水管理的法律制度不健全，制约了水管理的深化

当前在水管理方面的制度不健全，主要体现在水资源管理方面。社会经济发展对水资源形成了越来越大的压力，用水粗放和水污染加剧的问题愈加突出。市场经济条件下，通过明确权利和义务，开辟市场配置渠道是缓解乃至解决这些问题的重要措施。但目前我国在水权的界定、权利保护、权利和义务的实现、水权流转等方面还没有系统有效的法律制度。

制度不健全还突出地表现在与市场衔接的相关管理领域。如水资源开发利用的各种相关权利的配置方式、配置内容、监管机制，体制变革中的管理制度的衔接，公民利益表达和参与监管的制度等在目前还处在建立和探索的初步阶段，与蓬勃开展的发挥市场机制配置资源的基础性作用的形势相比，滞后严重。

（三）水管理体制改革不到位，部门间、流域与区域间的权力责任关系尚未完全理清

从全国来看，还有部分地区没有实行水资源统一管理，机构职能冲突的情况时有发生。在管理内容上，地下水管理、水环境管理、河口管理、河道管理等方面造成的管理部门权力和责任不统一状况严重制约了水管理的推进。在流域管理体制建设中，行政区域和流域管理机构在管理职责和运作机制上没有完全理清。从体制上实现了水资源统一管理的地区在面临调整政府与社会、政府与市场的关系问题上步子迈得不够大，特别是政府管理部门在代表公共利益、反映公共利益、接受社会监督方面还缺乏有效的体制保障。

（四）贯彻落实现行的政策法规不平衡，一些有效的法律制度没有执行到位

一是地区间的不平衡。一些地区在落实现行政策法规方面制度创新意识强，在立法、执法等各方面成效明显，而一些地区相对落后。二是不同法律制度的贯彻落实情况不平衡。从整体上看，取水许可制度贯彻落实最全面、最有效，各地在配套法规的制定、日常管理和执法工作中力度较大。河道采砂管理和河道内建设项目的审批次之，而防洪法中规定的一些制度配套及部分规费政策的执行明显滞后。三是立法与执法之间不平衡，有重立法轻执法的现象，一些制度设定后没有用好、用足，执法过程中的执法不严现象仍然存在。

（五）执法队伍建设面临新的形势，水行政执法从广度和深度上亟待新的突破

在水务体制改革地区水行政执法队伍面临着在执行其他相关法律法规时的局限性问题，在实施城市综合执法改革地区，水行政执法队伍也存在执法领域、执法机制方面与之相衔接的问题。目前，执法队伍建设和执法效能的提升已进入了一个平台区，深入推进的方向和机制尚处在探索阶段，亟待突破。

（六）化解社会矛盾的机制还不完善，应对突发性事件的预警机制还没有全面建立起来

部分水资源开发利用行为在法律法规中体现的权利和义务不统一，造成的外部性往往是社会矛盾的诱发因素；一些地区特别是边界地区由于没有制定规划，涉水权利界定不清，也成为矛盾的主要诱因。为协调处理水事纠纷需要上的项目，由于没有固定的经费渠道，大大增加了协调难度。新的形势下，原有的社会矛盾解决机制不能完全适应要求，需要从制度、体制、机制等多方面探索解决社会矛盾的新方法。

水事突发性事件特别是群体冲突事件是影响社会稳定的重要因素。围绕着控制、解决这方面的问题水行政主管部门近年来积累了不少经验，但是许多好的经验还没有形成制度，没有形成有效的预警、监控、解决机制。因此，在控制水事突发性事件方面还存在较大的不确定性。

（七）科学化、民主化的行政决策机制不健全，行政监督效能有待进一步提高

一些水法规明确提出公众参与、专家论证、民主决策的要求，但需要有体制保障，社会在利益表达、参与和监督等方面的渠道仍然需要进一步扩大；水行政主管部门对社会提供信息服务还需更加全面、准确和及时；围绕着便民、高效的行政要求，还需继续学习和探索现代办公技术，按照行政审批改革要求，健全工作制度；以保证行政机关依法行政的行政监督体系有待进一步健全。

四、进一步推进水利依法行政的思路

为深入贯彻落实《全面推进依法行政实施纲要》，全面推进水利依法行政，2004 年 9 月，水利部发出《水利部关于贯彻落实〈全面推进依法行政实施纲要〉的通知》，对推进水利依法行政作出了部署。根据纲要精神，水利系统将制定落实纲要的规划，注重纲要实施的配套制度建设，加大宣传力度，加强对各级水利部门依法行政的督促检查。全面推进水利部门依法行政要做好以下几个方面的工作。

（一）提高制度建设质量

围绕制度建设的基本要求，按照条件成熟、突出重点、统筹兼顾的原则，制定水利立法近远期规划和年度工作计划，做到立法决策与改革决策相统一，立法过程与改革进程相适应。要进一步加快水利立法进程，继续推进地方立法，加强流域立法。

改进水利立法工作方法，扩大水利立法工作的公众参与程度，实行立法工作者、实际工作者和专家学者三结合。建立健全专家咨询论证制度、立法征求意见制度。逐步建立有关听取和采纳意见情况的说明制度。重视立法的基础性工作，加强立法前期研究，做好立法储备。

与贯彻实施行政许可法工作相结合，加快政府职能转变和管理创新，建立健全行政法规、规章修改和废止的工作制度以及规章、规范性文件的定期清理和定期评价制度。

（二）建立健全科学民主决策机制

研究界定各级水利部门的行政决策权，完善水利部门内部决策规则、决策程序以及行政决策的监督制度和机制，按照“谁决策、谁负责”的原则，建立健全决策责任追究制度。建立健全公众参与、专家论证和政府决定相结合的行政决策机制。

（三）转变政府职能，深化水行政管理体制改革

进一步理顺与其他行政主管部门在涉水管理事项上的职能交叉关系；科学、合理地调整内部工作部门的主要职责、机构设置，逐步做到机构编制工作的规范化。

继续推进水资源统一管理，规范水务一体化管理，强化资源管理，转变水资源开发利用经营权的配置方式，将注意力转移到对社会开发利用水资源的监管上来，做好全国水利工程的行业监管，完善中小河流开发、民营资本进入水利投资领域等监管制度，制定相应管理办法。

理顺政府和市场、政府和社会的关系，推进政企分开、政事分开，实行政府公共管理职能与政府履行出资人职能分开的具体措施。积极引导水利行业组织和中介机构发挥作用，同时对水利行业组织和中介机构的行为进行规范。

（四）提高防范化解社会矛盾的能力

建立健全各种预警和应急法律制度及机制，提高各级水利部门应对突发事件和风险的能力。妥善处理各种突发事件，维持正常的社会秩序，特别是依照防洪法规定，做好防汛预警和依法防洪工作。

探索高效、便捷和成本低廉的防范、化解社会矛盾的机制。完善信

访法律制度，层层落实信访责任制，畅通信访渠道，加大督查督办力度，建立健全矛盾纠纷排查调处制度。切实解决人民群众通过信访举报反映的问题，保障信访人、举报人的合法权利。

（五）创新政府行政管理方式

贯彻实施行政许可法，规范行政许可行为。积极探索相对集中行政许可权，依法做好水利规划并加强对规划实施的监督管理；依法完善规划同意书、规划保留区、洪水影响评价报告等制度；完善水资源论证制度、水资源有偿使用制度、取水许可监督管理制度、节约用水管理制度；落实开发建设项目水土保持方案编报规定，执行"三同时"制度，严格开发建设项目的审批管理；严格实行水利建设项目法人责任制、招标投标制和建设监理制。

加快电子政务体系建设，推进政府上网工程的建设和运用，扩大政府网上办公的范围，逐步实现网上信息互通和资源共享。

（六）理顺水行政执法体制，规范行政执法行为

按照相对集中行政处罚权的要求，推进水利系统内部综合行政执法，完善行政执法机关的内部监督制约机制。逐步建立权责明确、行为规范、监督有效、保障有力的水行政执法体制，完善相关法规制度和工作机制。

建立健全有关行政处罚、行政许可、行政强制等行政执法案卷评查制度，对公民、法人和其他组织的有关监督检查记录、证据材料和执法文书进行立卷归档。

建立健全水行政执法人员资格制度，严格执行水政监察人员考核培训上岗制度，形成能上能下的良性机制；完善以行政执法责任制、评议考核制和执法过错或错案责任追究制、执法巡查制度为主要内容的水政监察制度；探索行政执法绩效评估、奖惩机制和办法。

（七）完善行政监督制度和机制，强化对行政行为的监督

建立健全政府信息公开制度。及时把政府决策程序、办事方法和相关法律法规向社会公布，实行办事公开制度，及时发布各项公报、报告。

完善对规章和规范性文件的监督制度和机制，做到有件必备、有备必审、有错必纠。建立依法对公民、法人和其他组织对规章和规范性文件提出异议的处理机制和办法。

贯彻行政复议法，完善有关行政复议程序和工作制度，加强行政复议机构的队伍建设，提高行政复议人员的素质，做好行政复议工作。探

索提高行政复议工作质量的新方式、新举措。完善行政复议责任追究制度。

建立健全上级行政机关对下级行政机关的经常性监督制度，探索层级监督的新方式，强化上级行政机关对下级行政机关的监督。完善相关法律制度和机制，确保专门监督机关切实履行职责，依法独立开展专门监督。

（八）提高行政机关工作人员依法行政的观念和能力

完善领导干部学法制度，建立领导干部任职前实行法律知识考试的制度。建立行政机关工作人员学法制度和依法行政情况考核制度。

加强普法和水法制宣传，增强全社会尊重水法律、遵守水法律的观念和意识，逐步形成与建设法治政府、依法治水相适应的良好法制环境。

切实加强水利部门法制机构和队伍建设的具体措施和办法，确保充分发挥法制机构在依法行政、依法治水方面的参谋、助手和法律顾问的作用，并为他们开展工作创造必要的条件。

（作者单位：水利部政策法规司）

水利系统实施行政审批制度改革综述

付永杰

一、行政审批制度改革的背景

从2000年以来，国务院着手开展行政审批制度改革。2001年9月，国务院决定成立行政审批制度改革工作领导小组（以下简称“国务院领导小组”）办公室（以下简称“国务院审改办”）设在监察部。2001年10月，国务院召开行政审批制度改革工作电视电话会议，正式启动行政审批制度改革。新中国成立以来首次大规模的行政审批制度改革就此拉开帷幕。2001年11月，水利部成立行政审批制度改革工作领导小组，办公室设在政法司，承担日常工作。地方水利部门的行政审批制度改革也在同级政府的组织领导下同步开展。

（一）行政审批的基本含义

行政审批是一项重要的行政权力，是行政机关依法管理社会政治、经济、文化等方面事务的一种事前控制手段，它涉及政府与市场、政府与社会、公共权力与私人权利的关系，涉及行政权力的配置及其运作方式等诸多问题。

说明行政审批的基本含义，有必要对照行政许可的概念。行政许可法第二条将行政许可界定为：行政机关根据公民、法人或者其他组织的申请，经依法审查，准予其从事特定活动的行为。原国务院法制办主任杨景宇在全国人大常委会作行政许可法草案说明时指出，行政许可就是通常所说的行政审批。据此，可以用行政许可的概念来说明行政审批的基本含义。在行政审批制度改革过程中，国务院审改办把行政审批事项分为两种类型，即行政许可事项和非行政许可审批事项，由此可以推导出这样的结论：行政审批包含行政许可（外部管理事项）和非行政许可（相对于行政许可，主要是指行政系统的内部管理事项）两种基本型，行政审批与行政许可相比较，内涵更加丰富。

（二）行政审批制度改革的基本起因

行政审批作为一项重要的行政权力和行政管理方式，在我国行政管理活动中被广泛运用，对于保障、促进经济和社会发展发挥了重要作用。但是，由于缺少法律规制，实践中存在不少问题，有些已经成为生产力发展的体制性障碍，主要表现在：第一，行政审批范围不清、数量过多。行政审批在某些领域甚至成了行政管理的代名词，行政机关凡事必批，公民、法人和其他组织的自主权得不到应有的尊重，市场机制在资源配置中的基础性作用得不到充分发挥。第二，行政审批的设定权限不明确，随意性很大。从中央到地方，各级行政机关都在用红头文件设置行政审批事项。一些地方和部门甚至利用行政审批搞地区封锁、行业垄断，妨碍统一市场的形成和公平竞争。第三，行政审批环节多、周期长、手续繁琐，缺少必要的程序规范，群众办事很难。有时办一件事要跑几十个部门，盖几十个公章。第四，重审批、轻监管或者只审批、不监管的现象比较普遍，进入市场很难，一旦进入后却又缺乏监管。其结果是，实施行政审批后该管的事仍然没有管住、管好。第五，行政审批时常成为一些单位和个人借机乱收费和权力寻租的手段。从一定意义上说，不规范的行政审批已经成为一个腐败源。第六，行政机关实施行政审批，往往只有权力、没有责任，缺乏公开、有效的监督制约机制。这些问题的存在，严重影响了政府职能转变，影响了社会主义市场经济的健康发展。

（三）行政审批制度改革的重要意义

行政审批制度改革是我国经济和社会发展到特定阶段的产物，其提出、推进和巩固有着重要的意义和影响。

第一，改革行政审批制度是建立社会主义市场经济体制的必然要求。建立和完善社会主义市场经济体制，要求充分发挥市场对资源配置的基础性作用。而过多过滥的行政审批妨碍了市场机制的有效发挥，在一定程度上成为阻碍社会生产力发展的体制性障碍。

第二，改革行政审批制度是转变政府职能、深化行政管理体制改革的迫切需要。当务之急是对政府机关的角色进行重新定位，减少行政规制，尊重和保障社会主体的自主权，集中精力履行经济调节、市场监管、社会管理和公共服务职责。

第三，改革行政审批制度是从源头上预防和解决腐败问题的重要举措。行政审批过多过滥、实施的随意性和缺少监督制约，是滋生腐败的土壤和条件。改革行政审批制度，是从源头上规范制约权力行使、遏制腐败的一项治本之策。

第四、改革行政审批制度是适应加入世贸组织、优化市场环境、提高国际竞争力的需要。按照世贸组织协定的要求和我国的对外承诺，行政许可应当以透明和规范的方式实施，行政许可的条件和程序对贸易的限制不能超过必要的限度。中国政府履行入世承诺、优化市场环境、提高国际竞争力，迫切要求改革旧的行政审批制度。

（四）行政审批制度改革的重要推动力

行政审批制度改革能够稳步推进，至少得益于两个重要的推动力。一是国务院领导小组及国务院审改办制定出台了一系列有重要指导意义的政策文件，对改革的基本原则、目标任务和实施步骤作出安排和部署。二是全国人大常委会在行政审批制度改革过程中审议通过了行政许可法，规范了行政许可的设定和实施，以法律的形式巩固了改革的初步成果，为深化改革提供了法律保障。行政许可法于 2004 年 7 月 1 日实施后，行政许可全面步入了法制轨道。

二、水利系统实施行政审批制度改革的措施和成效

（一）行政审批制度改革的基本措施

水利系统实施行政审批制度改革主要从 3 个方面着眼：一是削减、优化行政审批项目；二是清理行政审批的实施主体；三是修改、完善涉及行政审批的规范性法律文件，加强行政审批制度建设，依法规范行政审批事项的设定和实施。具体措施可以概括为：

（1）以教育培训为先导，实现认识上的破旧立新。2001 年 10 月 24 日国务院召开行政审批制度改革工作电视电话会议后，水利部和地方水利部门认真学习和领会行政审批制度改革精神，解放思想，重新审视多年形成的各项行政审批制度，梳理工作中遇到的实际问题，增加改革观念。《行政许可法》颁布后，水利部机关、流域管理机构、地方各级水行政主管部门举办了多种形式的讲座、培训班、宣传活动以及法律知识考试，结合水利行政许可项目的实际，普及了《行政许可法》的基本知识，增强了水利系统各级干部和职工依法实施水利行政许可的观念，提高了工作能力和工作水平。水利部把《行政许可法》作为 2004 年和 2005 年“四五”普法教育和干部培训的重点内容。水利部审改办于 2004 年 4 月在京组织召开了各省（自治区、直辖市）水行政主管部门和流域管理机构参加的水利部贯彻实施《行政许可法》座谈会，总结和交流了水利系统贯彻实施《行政许可法》的经验、做法、问题和

思路。

（2）以行政审批项目清理为主线，从源头上解决行政审批事项过多过滥问题。水利系统实施行政审批制度改革是从全面清理行政审批事项开始的。由于此前中央和地方均没有对设定行政审批事项的主体和形式作出明确规定，因此，行政审批事项的设定依据有法律、法规、规章、规范性文件甚至非规范性文件，种类十分广泛，并且对审批事项的表述非常不规范，清理难度很大。经过清理和分析汇总，水利部于 2001 年 12 月底向国务院审改办报送了行政审批项目 102 项，并提出了初步处理建议，后又补报 4 项，共计 106 项。其后，水利部配合国务院审改办对上报项目按照取消、改变管理方式、保留等方式进行了审核处理。国务院审查后分别于 2002 年 11 月、2003 年 2 月和 2004 年 5 月发布决定，其中对水利部报送的项目取消 12 项、转变管理方式 11 项。2004 年 6 月，国务院发布《国务院对确需保留的行政审批项目设定行政许可的决定》，其中决定保留水利部报送的 13 项行政审批项目并设定为行政许可。2004 年 8 月，国务院办公厅公布了保留的非行政许可审批项目，其中包括水利部报送的 13 项。需要说明的是，根据国务院的决定，有法律法规依据的行政审批项目依法继续实施，国务院没有公布项目目录，水利部上报项目中有 17 项属于这种情况；其余 40 项行政审批项目国务院没有作出处理，应理解为不属于行政审批事项。至此，国务院对清理上报的行政审批项目已经处理完毕。地方水利部门也在同级政府的组织下对有关行政审批项目进行了清理。

（3）以行政审批实施主体清理为重点，着力解决非法行使审批权的问题。此项清理主要体现在行政许可实施主体的清理方面，对非行政许可审批项目实施主体也有所涉及。按照《行政许可法》的规定，水利部配合国务院法制办对水利部实施行政许可的主体进行了清理，初步确认水利部机关以及 7 大流域管理机构为水利部实施行政许可的合格主体，国务院将对国务院组成部门和所属机构作为行政许可实施主体的情况统一公布。地方水利部门作为行政许可实施主体的情况由同级政府进行公布。总起来说，水利系统有权实施行政许可的主体为县级以上人民政府水行政主管部门、流域管理机构以及其他法律法规授权的机构。实践中主要存在着两种非法行使行政许可权的情况：一是有公共管理职能的组织未经法律法规授权行使行政许可权；二是有行政许可权的行政机关或者组织的内设机构以自己的名义行使行政许可权。经过清理整顿，以上两种情况基本上得到纠正。

（4）以行政审批规定清理完善为基础，依法规范行政审批事项的设定和实施。在对行政审批项目分别进行了取消、改变管理方式或者保留的处理后，为建立长效机制，有必要以立法的形式巩固改革成果。具体来说，对于保留的事项，通过制定或者修改有关法律、法规、规章和规范性文件，明确行政审批的实施主体、条件、程序、期限、费用等内容；对于改变管理方式和取消的事项，修改或者废止有关法律文件，停止行政审批，并根据需要规定后续监督管理措施。目前，水利部正在配合国务院法制办审议《取水许可和水资源费征收使用管理办法》，正在组织起草《河道采砂许可制度实施办法》，正在抓紧修订《河道管理范围内建设项目管理的有关规定》、《开发建设项目水土保持方案编报审批管理规定》、《水利工程建设监理规定》等30余件规章和规范性文件。《入河排污口监督管理办法》已由水利部令第22号公布施行。上述行政法规、规章和规范性文件按照立法程序和进度安排，有望陆续出台。地方水利部门也依据行政审批项目的处理情况对有关地方性法规、地方政府规章和规范性文件进行了清理完善。

（5）以行政审批制度建设为保障，构建水利行政审批的良性运行机制。此处所说的行政审批制度建设，不同于一般的行政审批规定，是指普遍适用于各个行政审批事项的专门制度。行政审批制度建设以行政许可制度建设为重点。水利部根据水利行政许可工作的实际，正在组织制定水利行政许可实施办法、水利行政许可听证规定、水利行政许可评价管理办法、水利部实施行政许可工作管理规定、水利行政许可法律文书示范格式文本等规章和规范性文件，全面规范水利行政许可的受理、审查、决定、监督、听证、评价等环节，保障申请人的合法权益，加强对水利行政许可的监督管理，构建公开、公正、透明、高效的水利行政许可实施机制。地方水利部门也相应制定了实施行政许可的有关制度，有些已经出台。

（二）行政审批制度改革的主要成效

2001年以来，水利系统实施行政审批制度改革取得了明显成效，简要概括为以下几个方面：

（1）行政审批项目得到大幅度削减。以水利部为例，在清理上报的106项行政审批项目中，除去不作为行政审批项目的40项，有66项行政审批项目，国务院决定取消和改变管理方式23项，占34%。

（2）行政审批项目的设定和实施更加规范有序。通过严格执行行政许可法、完善行政审批规定和制度，行政审批活动在规范、高效、科学、便民、廉洁等方面有明显改善。

（3）水利系统干部职工依法行政的能力和水平明显提高。通过教育和培训，广大干部职工的观念更新了，认识统一了，在依法行政、贯彻实施行政许可法方面迈出了一大步。

（4）各级水利部门和流域管理机构在转变政府职能，实施市场监管、经济调节、社会管理和公共服务方面有了明显进步。以投资带动发展、以审批代替管理、重行业管理轻社会管理、重工程建设轻资源配置的作法正在逐步调整。

三、对行政审批制度改革若干问题的再思考

（1）关于面对改革的各种思想认识。行政审批制度改革的出发点在于精简行政审批项目，制约和监督行政权力的行使，转变政府职能，这就不可避免地与一些政府机关的习惯思维、既得利益相冲突。表现在思想认识上，有的积极配合，有的消极应付，有的徘徊观望，有的甚至设法抵制，改革越深入，思想障碍就越多，难度就越大。因此，行政审批制度改革的关键在于观念更新，只有观念更新了，改革才能变成自觉的行动。下一步深化改革，仍然需要把扫除思想障碍作为先决措施，以改革的思维推进改革，否则，改革难免要流于形式。

（2）关于行政审批项目清理的方法。按照国务院审改办的通知要求，国务院各部门要对所有行政审批项目，包括本部门实施的行政审批项目和由本部门设定但由其他部门或下级行政机关实施的行政审批项目进行清理，并提出处理意见。从设定和实施两个视角着手清理，优点是比较全面、不易遗漏，但缺点是容易发生重复。以国务院各部门为例，有些法律、行政法规设定的行政审批事项多个部门都在分别实施，在统计时应当视为 1 个行政审批项目。但如果按照上述清理方法，各部门可能都将其作为 1 个独立的行政审批项目予以上报，并且可能因统计口径不同等原因造成填报的名称等事项不尽相同，造成汇总部门难以判别，往往把这些项目简单相加，产生重复，影响项目清理的准确度和协调性。再如，省级行政机关对由法律、行政法规或者国务院部门设定，但由其实施的行政审批项目，由于是上级机关设定的，无法提出真正的处理意见。同时，由实施机关清理行政审批项目，因对统计口径把握的不同，省级行政区之间清理出的项目数量差异很大。就水利行政审批项目而言，对于在全国范围内普遍实施的行政审批项目，省级水利部门的清

理结果从十几项到几十项不等。因此，重新审视项目清理的方法，似以行政审批项目的设定为主线进行清理更加高效和协调，前面所述问题会得到较好解决。即由行政审批项目的设定机关负责清理，由于设定机关是唯一的，不会造成重复，避免国务院部门和地方、地方与地方之间在清理结果等方面的不协调。当然，设定机关在清理时可以征求实施机关的意见，对项目进行妥善处理。

（3）关于对改革具体工作的指导与协调。行政审批制度改革是一项政策性很强的工作，仅仅明确改革的基本原则是不够的，在操作环节上需要有针对性的指导、沟通与协调。例如，对行政审批事项的判别，对行政审批事项的审核处理，对取消和调整的行政审批项目的后续监督管理等问题，都可能存在一些疑惑，能否得到正确及时的指导，直接关系改革的顺利推进。反思几年来的改革工作，应当说上级机关对下级的指导和协调总体上是有欠缺的，因此，对一些问题的理解出现偏差，对个别项目的处理在不同的部门和地方之间出现不一致、不协调。

（4）关于水利行政审批项目的合理设置。经过前一阶段的清理，国务院和地方政府已经公布了保留的水利行政审批事项目录。但这仅从形式上解决了水利行政审批事项的合法化问题，并不意味着保留下来的项目在设置上没有问题。事实上，由于过去缺少规范，一些水利行政审批项目在设置上存在不同程度的重叠、交叉，水利部门内设的各个职能机构从不同的管理要求出发对相同或者类似的管理对象提出不同的要求，相互之间缺少必要的整合，增加了不必要的审批环节，与以人为本的理念不相协调。更重要的是，这种行政审批项目设置的不合理已经体现在有关的立法中。如河道管理范围内建设项目审查、水工程规划同意、洪水影响评价报告审批等事项就存在着一些重复和交叉，需要本着便民和效率的原则适当整合。今后，水利部门设置行政审批项目时应把统一、协调、高效作为一个优先考虑的因素。

（5）关于水利部门实施行政审批的技术审查费用。按照行政许可法规定，行政机关实施行政许可的费用，由财政部门列入预算予以保障。水利行政审批项目的一个突出特点是，一般都存在技术审查环节，行政决定需要技术支撑。但技术审查费用是否应当归入水利部门实施行政许可的费用，一直不太明确。目前，技术审查有从行政审批中逐渐分离出来的趋势，成为一种提供技术支持和咨询的中介服务。因此，从技术审查的发展趋势出发，比照国际上的一些类似作法，笔者倾向于认为技术审查费用不属于行政审批费用的当然组成部分，应由行政审批的申请单位或者个人合理负担。

（6）关于改变管理方式的基本含义。国务院对清理上报的行政审批项目处理方式之一是改变管理方式，即行政机关不再进行行政审批，交由有关行业组织或者中介机构实施自律管理。但对于如何正确理解改变管理方式的含义、怎样改变管理方式、如何处理好行政管理与自律管理的关系，曾有一些争论。笔者经梳理后认为，改变管理方式的基本含义应把握3点：首先，行政机关对特定的事项不再采用行政审批的管理方式；其次，有关行业组织或者中介机构可以通过一定的方式对从事上述行业的单位或者人员实施自律管理，实现自我约束、自我发展；第三，行政机关停止行政审批行为后，仍然可以根据需要采取事后监督管理等其他方式对原来的管理对象实施管理，这是改变管理方式的难点，应当引起行政机关的重视。行业组织和中介机构实施自律管理的运作方式与行政管理完全不同。行政管理与自律管理应该是互动的，二者各司其职，互相补充，互相为用。

（7）关于流域管理机构实施行政审批的具体问题。这里主要谈行政许可问题。行政许可法的实施促使行政许可的实施程序发生一些变化，申请人一般直接向有许可权的机关递交行政许可申请。流域管理机构作为法律法规授权的行政许可实施主体，承担着多项行政许可工作。但一般认为水法所称的流域管理机构仅指国家设在重要江河、湖泊的管理机构，即目前的7大流域机构，不包括其下属管理单位。因此，流域管理机构的下属单位不能以自己的名义实施行政许可。由于流域管理机构管辖范围广，有时与行政许可申请人相隔万里，给行政许可的申请、受理、审查等带来很大的不便。笔者认为，流域管理机构的下属单位尽管没有行政许可权，但可以流域管理机构的名义承担诸如受理、审查、告知等工作，作为联系流域管理机构和申请人的纽带，具体方案可由有关流域管理机构根据实际情况确定。

（8）关于非行政许可审批项目的设定和实施。行政许可法实施后，行政许可的设定和实施应当依照该法规进行，非行政许可审批项目显然不适用行政许可法。在行政审批制度改革中，国务院领导小组和国务院审改办制定的有关政策文件曾对包括非行政许可审批项目在内的行政审批项目作出一些原则性规定，但不具有可操作性，法律效力等级不高，规范非行政许可审批项目的设定和实施的问题仍然没有解决，国务院有必要对此专门予以规范。

四、深化行政审批制度改革的建议

水利系统实施行政审批制度改革任重道远，急功近利和放任自流都是需要克服的倾向。今后深化改革，建议坚持以下 4 点：

（1）坚持以观念更新推动改革发展，务使改革的观念和意识入心入脑。

（2）坚持以政策研究支撑改革举措，打破制度和机制难以创新的僵局。

（3）坚持以法律制度建设和依法行政作为保障改革的主导力量，建立长效机制。

（4）坚持以群众的关注度、满意度作为评价改革成效的惟一标准，强化社会监督。

（作者单位：水利部政策法规司）

北京市水务局全面推行全程办事代理制

北京市水务局

为贯彻落实《行政许可法》，提高行政效率，方便群众办理许可审批项目，北京市探索建立全程办事代理制，取得了初步成绩。

1. 设立全程代办式大厅

2004 年 5 月 20 日，北京市水务局在机关办公楼一层大厅开辟专区，设立了“北京市水务局全程办事代理工作区”。工作区装备有触摸式信息公开查询电脑和打印输出设备，4 台工作电脑和方便申请人临时使用的便民电脑、传真机以及打印输出设备，硬件装备齐全到位，延伸全系统各单位。设立了《北京市水务局行政许可事项公告栏》、《北京市水务局全程办事代理工作人员纪律》、《北京市水务局全程办事代理工作规则》，公布监督举报方式，印制了告知材料摆设在大厅门口公告架上，方便申请人索取。此外，还设立了申请人休息间，内设查询电脑、沙发、饮水机、空调等。

工作区的工作人员主要负责申请人申请事项的受理、咨询、送达法律文书、转达群众对全程办事代理工作中的建议和意见。工作人员及时将受理的申请转发各业务处室和纪检组监督处，由主办处室负责协商相关单位、现场勘验、组织听政、具体办理并在规定的期限内作出决定。最后由工作区的工作人员将决定书送达申请人。申请人只需将申请材料递交工作区的工作人员即可，不需楼上楼下来回奔波，等到给定的期限届满后，申请人即可领取或者由工作人员送达结果。如果申请材料不全，工作人员会在5 日内通知申请人补齐。工作制度规定如果逾期不通知申请人补齐造成申请事项耽误的，将依据《全程办理工作规则》给工作人员相应处分，并责令其他工作人员登门协助申请人补齐材料。

“统一窗口”除了受理行政许可申请事项以外，还接待业务咨询、群众建议、防汛和供、排水等方面的服务。

为全面推开这一制度，6月12日，水务局正式下发通知，要求局属各单位仿照水务局模式，设立全程办事代理的服务窗口，接待、受理除行政许可事项以外的其他服务事项。7月7日，我局召开了全局落实全程办事代理工作会议，要求各单位按照局机关的模式设立服务窗口。到2004年底，全程办事代理制在全市14个区县的水行政主管部门也得以推广实施，其中实施比较好的区县有怀柔、海淀、房山、门头沟和朝阳区。

2. 编制工作流程，及时向社会公布

根据北京市政府的统一部署，水务局组织人员完成了办理行政许可事项的依据、程序、期限、督察等工作流程，并通过网络等方式向社会公布。

国务院核定的国家法律、行政法规设定的行政许可事项，涉及北京市水务局的有25项；北京市政府公布的行政许可目录中涉及市水务局的行政许可事项有15项，两项相加涉及水务局的行政许可项目总共有40项。这40项的具体办理业务部门涉及到计划处、建管处、水资源处、节水办、农水水保处和排水处6个处。

根据局班子会的要求，在6月30日之前，全部完成了行政许可事项的受理、审查、听取行政许可申请人和利害关系人意见、听证、招标、拍卖、考试、检测、登记等实施行政许可的具体工作程序和有关制度，办理行政许可的时限，收费制度，办理负责人等对外公示告知事项的起草工作，并汇编成《北京市水务局全程办事代理工作手册》。7月1~5日，根据市政府公布事项的具体要求集中作了修正。7月5日将所有需要公示的材料通过办理大厅前的触摸电脑、公示告知栏以及《首都之窗》等方式对社会全部公示。

3. 建立投诉中心，完善监督机制

在明确纪检监察处负责“落实全程办事代理制监督工作”的基础上，北京市水务局建立了以纪检监察处为主的全程办事代理投诉中心。

首先，将投诉中心的举报电话、意见留言簿、网上投诉的网址和电子信箱通过报纸、电台广告和网络等方式向社会公布。其次，运用局内的网上办公设施，设立了一个专门窗口，如果相关业务处不遵守《北京市水务局全程办事代理工作手册》，纪检组监察处立即通知部门负责人，提出警告。如果该处继续不履行自己的职责，纪检组监察处将通过网上办公网络和机关明显处予以通报批评。如果继续不改正的，按照公务员条例等规定给予责任人纪律处分。凡是在本年度得到警告等处理的，取消本年度所有评奖评优。

从7月1日到11月底，北京市水务局共受理了行政许可事项226项，办结205项，待办21项。受理的226项都是按照《北京市水务局全程办事代理工作手册》进行办理，未办结的21项也正在按照流程进行办理中。

纪检监察处对每一个申请项目都进行了监督，没有发生投诉、复议和诉讼事件，没有收到群众的投诉、举报。投诉中心对各业务处室的监督检查中，也没有发现违反工作程序、超越工作权限、逾期办理的情况。通过对办结许可项目的群众回访表明，大家对水务局的办事效率和服务质量均较满意。

崇遵公路水事违法案件查处

遵义市水政监察支队

崇遵公路是国家重点规划建设项目，是贵州省目前投资最多、规模最大、施工难度最大的公路建设项目。招标投资额约

69 亿元人民币。建设业主为贵州省高速公路开发总公司。

由于崇遵公路在勘测设计中未充分遵守《水法》、《水土保持法》、《防洪法》、《河道管理条例》的有关规定，未经水行政主管部门审批，将道桥建筑设置于河道主河床及河滩地中，严重侵占、挤占河道过洪断面，从而造成重大的防洪隐患。根据《防洪法》规定，桐梓县水利局于崇遵公路开工时就对桐梓境内的建筑物侵占河道以及道桥建筑物未执行水法规的情况多次与崇遵公路项目办协调，督促其按水法规的有关规定办理审批手续，并同时将崇遵公路侵占河道可能产生的后果上报县人民政府和遵义市水利局。崇遵公路项目办接桐梓县水利局通知后，未到水行政主管部门办理建设审批等手续。

根据桐梓县水政监察人员的汇报材料，遵义市水政监察支队对崇遵公路水事违反事件进行调查。经过对全路段 118km 施工情况的了解，选出了具有代表性的 13 个水事违反案件作为案件资料整理上报市水利局。据调查，建设业主既未将工程建设方案报水行政主管部门审批，亦未编报水土保持方案、办理相关行政许可手续，在施工中侵占河道作施工场地，修建涉河建筑物和构筑物。整个项目涉河施工部分均无防洪预案，建筑工地大量向河道弃渣，违反水法规现象十分严重。

针对崇遵公路的实际情况，遵义市水利局指示市水政监察支队采取积极有效处理措施。一是向建筑业主及施工企业进行水法规宣传，使其对违反事实有深刻认识。二是要求下属水利部门充分为崇遵公路建设方及施工部门出谋划策，做好技术服务。三是依法行政、严格执法，按照执法程序进行查处，对造成违法事实的责任人实施行政处罚。四是向各相关部门通报该工程的违法情况，求得人大、政府及相关职能部门的理解和支持。

省水利厅法制部门在对崇遵公路水事违法事实充分了解后，肯定了遵义市水行政执法部门的做法，并要求市水利局再次对案件资料进行复查，并将复查结果上报水利厅，由水利厅报省人大。

2003 年 11 月，省人大环资委组成检查组到实地检查，认定崇遵公路建设施工单位在工程建设中存在多方面问题，并提出了处理要求。根据省人大检查组检查报告的精神，遵义市水政监察支队及桐梓县水政监察大队对崇遵公路沿线各处的水事违法行为进行了查处，下达了停止违法行为通知书、清障令和限期整改及罚款通知。

为妥善解决技术问题，2004 年遵义市水利局组成专家组两次对崇遵公路进行了现场技术咨询，帮助施工单位找出工程隐患并提出解决办法，汛前检查时针对崇遵公路项目全路段存在的防洪隐患又作出了整改意见书。

经过整改，崇遵公路大部分施工地点均采取了工程措施纠正违法行为。建设方和施工单位在全路施工部门还组织了执行水法规的自查和互查，崇遵公路大部分违法行为得到了纠正和整改。

水土保持与生态建设

（主持人：刘震）

加快水土流失防治步伐
促进人与自然和谐发展

刘 震

一、2004年水土保持工作在科学发展观指导下稳步推进

2004年，各级水土保持部门坚持科学发展观，抢抓机遇，开拓创新，各项工作取得了新进展：国家水土保持重点工程建设稳步推进，生态修复取得突破性进展，预防监督工作向纵深发展，监测网络与信息系统建设启动实施，水土保持各项基础性、综合性工作得到全面加强。同时，通过强化宣传、警示教育和科技示范带动，全民的水土保持意识逐步增强，全社会参与水土流失治理的积极性显著提高。据统计，全年共实施水土流失综合防治15.5万km^2，其中在长江上游、黄河中游、东北黑土地、珠江上游石灰岩地区等水土流失严重地区实施重点治理1.5万km^2，地方、其他行业和社会力量实施治理3.0万km^2。全国共改造坡耕地、沟滩地1100万亩，营造水土保持林草4300万亩，兴建小型水利水土保持工程70万处，黄土高原地区新建淤地坝1675座。这些水保工程的实施将有效地改善水土流失区的农业生产条件和生态环境，并对促进农村产业结构调整、农民增收和增强区域经济发展后劲发挥重要作用，同时减少进入江河湖库的泥沙。在地广人稀、降雨条件适宜和水土流失轻微地区，积极实施水土保持生态修复，大范围禁牧舍饲、封育保护，依靠大自然的力量恢复植被，改善生态。发挥生态的自我修复能力是水土保持工作在认真总结过去经验教训的基础上，贯彻中央关于加强生态建设和环境保护，促进经济社会协调发展而采取的重大战略举措。近几年各地的实践证明，这一决策是非常正确和成功的，不仅带来了大面积植被的快速恢复，减轻了水土流失，而且促进了区域经济的可持续发展。2004年，全国新增封育保护面积11万km^2，有950个县全部或部分实施了封山禁牧，所有国家水土保持重点工程区全部实现了封育保护。在贯彻《水土保持法》方面，进一步加强了对开发建设活动全过

程的水土保持监管力度，2004 年全国共审批水土保持方案 2.5 万个，其中国家大型开发建设项目 268 个，比上年增长了 105%，其中电力项目 152 个，公路项目 38 个，铁路项目 22 个，煤炭、天然气和矿业项目 23 个，水利和水电项目 33 个，开发建设单位投入水土流失防治经费 230 多亿元，涉及水土流失防治责任范围超过 12 万 hm^2，可减少人为水土流失近 2 亿 t。全国累计在 7000 多 km 的公路、1 万多 km 的铁路沿线实施了水土保持防护工程，有效控制了开发建设过程中的人为水土流失。

（一）水土保持重点治理稳步推进

一是以长江、黄河上中游、东北黑土区、珠江上游和京津周边等水土流失严重地区为重点的国家重点治理工程，坚持以小流域为单元综合治理的技术路线，坚持生态、社会、经济三大效益统筹兼顾的原则，极大地改善了水土流失地区农村生产条件和群众的生活条件，奠定了项目区农村产业结构调整和农民增收的基础，增强了区域经济发展的后劲，减少了进入江河湖库的泥沙，有效改善了生态环境，促进了区域人口、资源、环境与经济的协调发展。二是黄土高原地区水土保持淤地坝工程起步良好，共新建淤地坝 1675 座，对促进当地农业增产、农民增收、农村经济发展，巩固和扩大退耕还林成果，有效减少流入黄河的泥沙等方面发挥了重要作用。三是东北黑土区、珠江上游水土流失综合防治试点工程实施一年来取得重大进展，在东北黑土区实施综合防治 600km^2，珠江上游南北盘江石灰岩地区实施综合防治 290km^2，加快了黑土区和石灰岩地区的土地资源保护。四是各地“四荒”治理发展很快，一大批企业、个人投资治理开发“四荒”资源，不仅给水土流失治理带来了新的观念和先进的管理方法，而且在水土保持生态建设中吸纳了大量社会资金，加快了水土流失防治。五是长江、珠江上游水土保持世行贷款项目和东北黑土地亚行水土保持贷款项目的前期工作正在有序开展。

（二）水土保持生态修复的效果逐步显现

目前，全国正在实施的生态修复试点县已达 155 个，效果显著：一是生态修复区的生态环境明显改善。各地通过基本农田、农村能源、生态移民、舍饲养畜等配套工程建设，为生态自我修复创造了有利条件，灌草萌生的速度明显加快，裸地自然郁闭，植被覆盖度大幅度提高，土壤蓄水保土、涵养水源能力提高，水土流失减轻，生态环境趋于良性循环。黄土高原、长城内外农牧交错区的广大草原，在连续 3 年大旱的情况下，林草植被得到了恢复，其长势是多少年来从未有过的。福建省永泰县封育治理后，植物种类增加三成，森林覆盖率由23%增加到43%。二是实现了生态环境和畜牧业发展的良性互动，很多地方出现了土地增绿、农业增效、农民增收的良好发展局面。内蒙古自治区在大规模推行生态修复，舍饲半舍饲牲畜比重达71%的情况下，畜牧业不但没有滑坡，而且实现了稳步发展。三是促进了群众的传统观念和生产方式的改变。通过试点示范带动和广泛的宣传推动，各地对依靠生态自我修复能力加快水土流失防治步伐的认识明显提高，水土流失地区的广大群众对封山禁牧的措施逐步接受，“小治理、大保护”、“小开发、大封禁”的观念逐渐深入人心，生态修复工作也逐渐得到社会各界越来越多的支持，年内与农业部联合发出了《关于加强水土保持促进草原保护与建设的通知》，共同加强水土保持生态修复，促进草原保护与建设工作。

（三）预防监督工作进一步向纵深发展

为深入贯彻实施《水土保持法》，保护和合理开发利用水土资源，维护国家生态安全，我部采取一系列重要举措进一步加强了对开发建设全过程的水土保持监督管理力度。一是印发《全国水土保持预防监督纲要（2004～2015年）》，明确了21世纪初期我国水土保持预防监督工作的指导思想、目标任务、总体布局和对策措施。二是与国土资源部联合发布了《关于进一步加强土地及矿产资源开发水土保持工作的通知》，要求各级水行政主管部门和国土资源行政主管部门认真落实《水土保持法》，通过在办理土地使用、征用和采矿登记、许可时严把审批关，加强对土地及矿产资源开发导致人为水土流失的控制，进一步提高保护水土资源的认识，坚决抵制以牺牲环境为代价获取短期经济利益的行为，从源头上防止人为水土流失的产生和生态环境的破坏。三是进一步强化方案的编制与实施的监督检查。发出《关于加强开发建设项目水土保持监督检查工作的通知》，明确各流域机构的水土保持监督执法职责，建立方案实施督察、汛前检查、项目公告、管理数据库等4项制度，有效监控开发建设可能造成的水土流失。四是积极争取各级人大、政府和有关部门的支持，先后牵头组织有关部门和单位对黄河干流拉西瓦水电站、云南省境内的高速公路建设等开发建设项目中的水土流失防治工作进行了联合执法检查，推动了开发建设项目水土保持“三同时”制度的落实，形成了水行政主管部门监督管理、有关部门各负其责、共同防治水土流失的局面。

（四）监测网络与信息系统建设一期工程正式启动实施

一期工程率先建设了水利部水土保持监测中心、长江和黄河两个流域机构监测中心站，以及山西、内蒙古等西部的13个省级监测总站及其100个监测分站，并配备了数据采集与管理设备，重点开展了18个典型监测站的建设，完成投资7000多万元。开发了水土保持管理信息系统，开展了监测技术和网络技术培训工作。同时，水土流失动态监测全面展开，对嘉陵江流域、金沙江流域、黄河源头区、黄河中游多沙粗沙区和海河流域的重点流域、重点地区实施了水土保持重点监测；对黄土高原地区淤地坝建设工程、21世纪首都水资源可持续利用规划的水土保持工程、东北黑土区水土流失综合防治试点工程和珠江上游南北盘江石灰岩地区水土保持综合治理试点工程等国家重点生态建设项目开展了动态监测；对水土保持生态修复工程开展了效益监测；对开发建设项目进行了水土流失监测，据不完全统计，年内对50多个开发建设项目开展了水土保持监测；开展了长江上游第二次滑坡泥石流普查，普查范围包括重庆、湖北、四川、云南、贵州、陕西和甘肃6省1市27个地（市）。

根据监测成果，年内首次发布了全国水土保持监测公报。

（五）基础性、综合性工作全面加强

水土保持规划和标准体系得到进一步梳理。“水土保持‘十一五’规划思路报告”编制完成，《全国生态修复规划》、《南水北调中线工程水源区水土保持规划》、《陕北大示范区水土保持规划》、《珠江上游南北盘江水土保持生态建设规划》的编制工作有序进行，《全国坡耕地水土综合整治规划》、《南方崩岗防治规划》等规划的编制工作顺利启动。《水土保持术语》和《水坠坝技术规范》、《黑土区水土流失防治技术规范》、《西南石漠化地区水土流失防治技术规范》等标准编制工作进展顺利。

试验示范工作逐步推开。全国第一批水土保持生态建设示范区开始建设，首批62个示范区涉及全国27个省（自治区、直辖市），项目区范围5.89万km^2，计划用两年左右治理水土流失1.91万km^2，成为全国生态建设的示范样板。水土保持科技示范园区建设起步良好。经过摸底调查，目前全国已建和在建的水土保持科技示范园区100多处，涌现出了广东小良、江西德安、福建金山、青海长岭沟和云南大春河等一批质量高、效益好的集生态、科研、示范、推广、科普教育、休闲观光为一体的水土保持生态科技示范园区。这些园区不仅成为展示当地水土流失防治水平、提升水土保持科技含量的有效平台，而且成为水土保持人才培训和技术推广的基地、面向社会公众尤其是广大青少年的科普教育基地，发挥了巨大的典型带动和示范辐射作用，产生了良好的生态效益和社会效益。水利部还制定了《水土保持科技园区建设实施方案》，进一步加快全国范围内水土保持科技示范园区创建步伐。

二、当前水土保持生态建设面临的形势

（一）我国水土流失的基本情况

我国的可持续发展正面临许多重大问题和严峻的挑战，人口、资源和环境矛盾日益突出，资源与环境的瓶颈约束日益加剧。我国是世界上水土流失最为严重的国家之一，由于特殊的自然地理和社会经济条件，使水土流失成为主要的环境问题。全国的水土流失具有以下特点：

一是分布范围广、面积大。根据全国第二次遥感调查结果，我国水土流失面积356万km^2，占国土面积37%，其中水力侵蚀面积165万km^2，风力侵蚀面积191万km^2，水蚀风蚀交错区面积26万km^2。西部地区水土流失最严重，分布面积最大，中部次之，东部流失相对较轻。水蚀面积，东部10省（直辖市）为9万km^2，中部10省为49万km^2，西部12省（自治区、直辖市）为107万km^2。水土流失严重地区主要分布在长江、黄河、珠江、海河、松辽河等7大流域的上中游地区，尤以长江、黄河上中游分布面积最广。

二是侵蚀形式多样，类型复杂。水力侵蚀、风力侵蚀、冻融侵蚀及滑坡、泥石流等重力侵蚀特点各异，相互交错，成因复杂。西北黄土高原区、东北黑土漫岗区、南方红壤丘陵区、北方土石山区、南方石质山区以水力侵蚀为主，伴随有大量的重力侵蚀；青藏高原以冻融侵蚀为主；西部干旱地区风沙区和草原区风蚀非常严重；西北半干旱农牧交错带则是风蚀水蚀共同作用区。同时由于过伐、过垦、过牧，开发建设时忽视保护，水资源不合理开发利用等原因导致人为水土流失呈加剧趋势。

三是土壤流失严重。据统计，全国每年流失的土壤总量达50亿t。长江流域年土壤流失总量24亿t，其中上游地区达15.6亿t；黄河流域黄土高原区每年进入黄河的泥沙多达16亿t。河口至龙门区间的18条支流，面积7.86万km^2，水土流失最为严重，每平方公里土壤侵蚀模数都在5000t以上，局部地区高达30000多t。

严重的水土流失，给我国经济社会的可持续发展和人民群众的生产、生活带来多方面的危害。

一是耕地减少，土地退化严重。近50年来，中国因水土流失毁掉

的耕地达4000多万亩，平均每年100万亩以上。因水土流失造成退化、沙化、碱化草地约100万km^2，占中国草原总面积的50%。进入20世纪90年代，沙化土地每年扩展2460km^2。

二是泥沙淤积，加剧洪涝灾害。由于大量泥沙下泄，淤积江、河、湖、库，降低了水利设施调蓄功能和天然河道泄洪能力，加剧了下游的洪涝灾害。黄河年均约4亿t泥沙淤积在下游河床，特别是来自黄河中游多沙粗沙区的粒径大于0.05mm泥沙多数淤积在下游河床，导致河床每年抬高8～10cm，形成著名的"地上悬河"，增加了防洪的难度。1998年长江发生全流域性特大洪水的原因之一就是中上游地区水土流失严重、生态环境恶化，加速了暴雨径流的汇集过程。

三是影响水资源的有效利用，加剧了干旱的发展。黄河流域3/5～3/4的雨水资源消耗于水土流失和无效蒸发。为了减轻泥沙淤积造成的库容损失，部分黄河干支流水库不得不采用蓄清排浑的方式运行，使大量宝贵的水资源随着泥沙下泄，黄河下游每年需用200亿m^3左右的水冲沙入海，降低河床。

四是生态恶化，加剧贫困程度。植被破坏，造成水源涵养能力减弱，土壤大量"石化"、"沙化"，沙尘暴加剧。同时，由于土层变薄，地力下降，群众贫困程度加深，资料显示，中国90%以上的贫困人口生活在水土流失严重地区。

（二）保护水土资源和生态环境是当前水土保持工作最重要的使命

水土流失既是资源问题，又是环境问题。从科学发展观对水土保持的要求来看，新形势下水土保持工作中心任务是着力解决两个问题：一是促进水土资源的可持续利用，使水土资源高效、持久地开发利用，满足经济社会发展的需要；二是促进生态环境的可持续维护，使生态系统能够稳定、良性地循环，为经济社会发展提供保障。主要包括以下8个方面：

一是有效保护、科学配置和高效合理开发利用水土资源。从近期来说，使水土流失地区的群众能"有粮吃、有柴烧、有钱花"，稳定解决温饱和脱贫；从长远来说，使土地能稳定地为社会提供各具特色的农副产品，满足人们不断增长的物质需要，让水土流失地区群众富起来，不断提高他们的生活水平。

二是确保水土资源永续利用和生态环境的持续维护。不仅为当代人生存提供生存环境，满足当代人的需要，而且为子孙后代留下可耕作的土地，留下生存发展的空间，满足子孙后代的需要。避免那种"吃祖宗饭、断子孙路”的做法。

三是形成有效的水土流失综合防护体系。改善土壤理化性状，促进土地健康，避免或减轻干旱、沙尘暴等生态灾难的发生；减少进入江河湖泊的泥沙，减轻由水土流失引发的洪涝、滑坡、泥石流等各种自然灾害；确保水利设施的安全运行或延长其使用寿命。

四是改善生态环境。逐步修复和改善受损生态系统的结构和功能，提高环境容量；加快大面积植被恢复，为经济社会发展和人们生活提供优美的外部条件。

五是提高人们的生活质量和生活水平。为人们提供促进身心健康的良好的休闲、观光、旅游场所和生态环境；对城镇和农村生活区周边进行水土整治，为城镇和农村提供良好人居环境。

六是促进用水安全。提高土地的水源涵养能力，减轻农药、化肥等面源污染物进入水体，减少进入江河湖库的泥沙，改善河流、湖泊的水质和生态环境。

七是促进生物多样性。有效提高单位面积土地上的生物量，改善动植物栖息环境，为生物多样性发展创造条件。

八是加快社会进步。有效促进水土流失区与外界的沟通，推动科技的应用推广，促进农村和农业产业结构调整，为严重水土流失区“三农”问题解决创造条件，从而加快社会进步。

三、坚持人与自然和谐发展的水土保持生态建设理念

（一）总体思路

今后水土保持工作总的思路是：以科学发展观为指导，树立人与自然和谐相处的理念，坚持从我国国情出发，紧紧围绕水土保持生态建设面临的突出矛盾和问题，以改革开放为动力，以科技为先导，遵循自然规律和经济规律，预防为主、防治结合；人工治理与生态修复并重，强化生态修复；搞好监测预报，加强社会服务；与时俱进、求真务实，研究新情况，提出新对策，开创新局面，加快水土流失防治步伐，以水土资源的可持续利用和生态环境的可持续维护促进经济社会的可持续发展。其实质是树立人与自然和谐相处的理念，推进人与自然和谐发展，促进人与社会的全面进步。其核心是坚持以人为本，为经济社会可持续发展服务，以最大限度地满足人民群众日益增长的物质、精神和文化生活的需要。

第一，牢固树立人与自然和谐的理念。

这是科学发展观的内在要求，也是新时期治水思路的本质特征。在水土保持工作中落实这一理念，主要有3条：一是要处理好开发与保护的关系。在发展经济、满足人的需要的过程中，既要关注人，也要关注自然；既要满足人的需要，也要维护自然的平衡；既要关注人类当前的利益，也要关注人类未来的利益。真正善待自然，让生态系统保持在良好的状态，良性地循环，更好地造福于人类。二是尊重客观规律，按照客观规律办事。在生态建设中，充分考虑水资源的承载能力，因地制宜，因水制宜，适地适树，宜农则农、宜林则林、宜灌则灌、宜草则草、宜荒则荒。三是充分依靠生态系统自我修复的力量恢复植被。处理好人工治理和生态修复的关系，改变过去过分倚重人工力量的做法，使二者有机结合，共同促进，实现生态环境更快、更好的发展。

第二，坚持以人为本的原则。

水土保持直接面向广大农村和农民，面向经济欠发达地区，坚持以人为本尤为重要。在水土保持工作中落实以人为本，主要有3条：一是要着眼于充分调动人民群众的积极性、主动性和创造性，着眼于满足人民群众的需要和促进人的全面发展，着眼于提高人民群众的生活质量和健康素质，切实为人民群众创造良好的生产生活环境，为中华民族的长远发展创造良好的条件。二是把解决群众生产生活实际问题，作为水土保持生态建设的前提和手段，下大力气解决制约生态建设的突出矛盾。当前，在全面推进生态改善的同时，要特别重视解决水土流失区粮食生产问题。山区对外交通不便，农民经济实力很有限，从外部大量调粮非长远之计，靠外地供应口粮是远水难解近渴。农民没有饭吃，还是要毁掉林草来种粮的。必须实施基本需求先行战略，稳定当地粮食生产，提高区域粮食自给率。同时，要找准治理水土流失与增加农民收入的最佳结合点，把水土流失治理与农业增产、农民增收和农村经济发展紧密结合起来，让农民在工程实施中得到更多的实惠。三是要尊重民意，爱惜民力，科学决策。在规划设计、工程建设、建后管理等全过程，加大群众参与力度，充分倾听意见，尊重群众意愿，真正实现好广大人民群众的利益。

第三，继续坚持以往成功经验。

长期以来，我国水土保持工作积累了十分宝贵的经验。主要包括：一是坚持预防为主，依法防治，健全法制，规范程序，加强管理，搞好服务。这是水土保持工作的基本方针和确保水土保持事业顺利推进的重要保障。二是坚持以小流域为单元，全面规划，工程措施、生物措施和耕作措施优化配置，综合防治。这是经过长期实践检验、具有中国特色的水土保持技术路线。三是坚持实事求是的思想路线，尊重自然规律与经济规律，妥善处理生态效益、经济效益和社会效益的关系。这是确保水土保持生态建设取得实效的关键。四是坚持群众路线，尊重群众意愿，调动广大群众的积极性和创造性。这是搞好水土保持事业的基础。五是坚持与时俱进，积极探索，锐意改革，开拓创新。这是水土保持事业蓬勃发展的不竭动力。这些经验，是水土保持工作的“传家宝”，是我们继续取得成功的基石，要继续坚持和发扬。

（二）主要任务

当前和今后一个时期内，水土保持工作重点要抓好“预防监督、综合治理、生态修复、监测预报”4项主要任务，以实现“情况明、管得住、恢复快、效果好”。

（1）预防监督。就是加强对主要水源地、水库库区、生态环境脆弱区和能源富集、重点开发区等区域的预防保护和监督管理，把项目开发建设过程中造成的人为水土流失减少到最低程度。对有潜在侵蚀危险的森林区、草原区、植被覆盖度在40%以上的沙区以及已经形成一定规模的治理成果区实施保护，尤其是对“三江”源区、内蒙古草原区、重要水源地库区和生态环境良好的区域要实施重点预防和保护。对晋陕蒙接壤区、豫陕晋接壤区及西部开发建设等重点区域实施重点监督，全面落实开发建设项目水土保持方案报批制度和“三同时”制度，防止人为造成新的水土流失。

（2）综合治理。在经济比重大、人口密集、水土流失治理任务紧迫的区域，要按照以小流域为单元综合治理的技术路线，加强以小型水利水保工程为建设重点的水土综合整治，减少进入江河湖库泥沙，改善农业生产条件，促进农村产业结构调整，促进退耕和大面积封育保护。黄河中游地区重点是搞好以治沟骨干工程及淤地坝为主的坝系工程建设，以及砒砂岩区沙棘生态建设；长江上中游地区重点搞好坡改梯、坡面水系建设；农牧交错区重点是搞好小型水利水保工程建设，蓄水保土，发展高效农牧业，促进草原的恢复与保护；太行山区、沂蒙山区、大别山区等水土流失严重地区，也要开展重点治理，加快防治步伐。

（3）生态修复。就是在地广人稀、降雨条件适宜和水土流失轻微的地区，积极实施水土保持生态修复工程，大范围禁牧舍饲、封育保护，依靠大自然的力量恢复植被，改善生态。近期主要抓好内陆河生态绿洲区、“三化”草原区、重要水源区、“三江”源区、长城沿线农牧交错区等生态修复重点工程。重点放在人们思想观念的转变和生产方式的转变上，为生态修复创造条件，将人工治理和生态修复有机结合起来，从根本上解决以往水土流失防治步伐缓慢的问题。力争用比较短的时间，使水土流失面积减少，程度减轻，大范围生态环境得到改善。

（4）监测预报。就是加强水土流失监测和管理信息系统建设，搞好水土流失调查评价和监测预报，不断提高水土保持管理、决策的科学化和现代化水平。今后工作的重点，一是加快全国水土流失监测系统和管理信息系统建设，搞好水土保持数据库建设，为水土保持信息化奠定基础；二是建立健全监测工作管理制度，定期发布水土流失公告或公报；三是完善监测技术标准体系，为监测工作健康发展提供技术支撑；四是开展监测技术培训，不断提高监测人员的业务素质。

（三）战略布局

我国地域辽阔，区域差异很大，水土保持生态建设也应根据不同地区自然地理条件和社会经济发展水平，采取相应的防治对策与措施。东部、中部、西部各自的布局为：

东部地区：总体上水土流失轻微，应以预防保护为主，首要目标是实现良好的生态环境。该地区植被覆盖度高，降雨条件好，不少地方处于沿海地区，地势相对平坦，经济相对发达，城镇化发展快，陡坡耕地较少，社会经济发展对良好的生态环境提出较高的要求，人们的生态环境意识逐渐增强。应当充分利用这些有利条件，促进水土流失轻微地区的保护工作，力争用比较短的时间，使目前东部9万km^2水土流失中的绝大部分，降低到土壤允许流失量范围内，率先实现山川秀美的目标，为东部的经济发展创造更加良好的生态环境。东部局部水土流失严重地区，如东北黑土地、沂蒙山区等要加快治理。

中部地区：中部地区人口密度大，水土流失程度最为严重，要防治兼顾、防治并重。重点地区治理要坚持以小流域为单元，综合治理、综合开发。除现有重点治理区外，要逐步加大对韩江上游、四水流域、大别山区、太行山区等地区的治理。中部地区经济相对落后，水土保持生态建设要同区域经济发展、产业开发有机结合起来，改善当地生产条件，促进山区、老区人民脱贫致富。水土流失相对轻微、降雨条件较好的地区，要充分发挥生态自我修复能力，实行封山育林，大力发展沼气、小水电等能源，解决好燃料问题，尽快恢复植被。

西部地区：西部地区处于大江大河上中游，水土流失面广量大，水蚀、风蚀、重力侵蚀和冻融侵蚀并存，治理难度最大，保护任务繁重。

同时，该区经济相对落后，贫困人口比重大，水土保持肩负着治理江河泥沙、改善农业生产条件和生态环境等多重使命。大江大河源头地区和生态环境十分脆弱的区域，重点是强化预防保护，特别是西部地广人稀的森林草原地区、内陆河流域，要大力实施封育保护，减少人为干扰，转变农牧业生产方式，退耕还林，休牧还草，合理利用水资源，充分发挥生态的自我修复能力，加快植被恢复。人口相对密集的地区，要把水土保持与群众脱贫致富结合起来，以基本农田建设为突破口，实施以小流域为单元的山水田林路综合治理，改善贫困地区群众的生产条件，实现粮食基本自给。

四、2005 年水土保持生态建设重点工作

2005 年是全面实现“十五”计划目标的关键一年，任务十分艰巨，2005 年水土保持生态建设的工作重点是：

（1）深入贯彻《水土保持法》，强化依法行政。配合全国人大对开发建设项目落实《水土保持法》情况开展检查，推动省、地、县的执法检查工作。以落实“三同时”制度为重点，加强审查、监督和验收工作，加强执法队伍能力建设，加大培训力度，严格水土保持方案资质管理，提高编制单位的设计水平。联合开发建设项目行业主管部门开展专项检查，重点加强对矿产资源开发和城市周边开发的检查。组织开展《水土保持法》修改的调研工作。

（2）继续推进水土保持重点工程建设。实施好在建的长江上中游、黄河上中游、京津风沙源、首都水源区、淤地坝工程等国家水土保持重点建设工程和黑土地、珠江上游南北盘江水土流失防治试点工程。组织开展国家重点工程年度专项检查，对“长治”工程、国家水土保持重点建设工程等进行评估。大力推行项目建设公示制、报账制、产权确认制、监理制以及群众投劳承诺制等，规范工程建设管理，增强工程建设的透明度，调动群众参与治理的积极性，确保国家投资的使用效益。积极拓展水土保持新领域和新内涵，加强水源保护和面源污染防治试点工作。

（3）积极开展水土保持生态修复工作。借助当前实施退耕还林、退牧还草、以电代柴、农村能源建设、小城镇建设等有利条件，在各级政府的统一领导下，协调有关部门共同推动生态修复，加大各方投入力度，进一步推动县级以上政府发布封山禁牧令，坚决禁止违法开垦活动，为大面积封育保护创造条件。要进一步完善配套法规、管理办法和

乡规民约，强化监督管理。编制完成《全国水土保持生态修复规划》以及各级水土保持生态修复规划。继续组织水土保持生态修复试点示范工作，开展全国第一批生态修复试点验收。有针对性地开展生态修复机理、关键技术、效益监测指标体系研究，制定生态修复技术标准和规范，推动生态修复工作取得新进展。

（4）建立和完善水土保持监测网络，推进监测预报工作。实施好全国水土保持监测网络和信息系统建设一期工程，同时力争启动二期工程建设。做好水土保持监测规划，完善水土保持常规监测点建设，开展水土流失及其防治效益的监测预报试点。加强监测制度建设，完善监测技术体系，严格监测资质管理，保证监测质量。继续做好水土流失防治重点区、水土保持重点建设项目和开发建设项目的水土保持监测工作，实现以项目带监测。加强与水文网站等国家生态环境监测网站的合作，实现优势互补，信息与资源共享。加强监测技术培训、科学研究与推广，提升监测预报工作的技术水平和科技含量。大力建设水土保持基础数据库，促进水土保持现代化。全面开展国家、省（自治区、直辖市）等不同层次的水土保持监测公报，及时向全社会发布“三区”划分公告。

（5）创新机制，探索和建立政府主导、部门协调、市场运作与社会参与的新机制。通过进一步深化产权制度改革，制定优惠政策和管理办法，加大“四荒”地水土流失防治力度，鼓励社会力量参与水土流失治理。在充分利用国家投入资金的同时，积极吸纳民间资本、外资等参与水土流失治理，不断探索水保多元化投入新机制。要探索水土保持生态补偿机制，重点落实《国务院关于加强水土保持工作的通知》（国发［1993］5号）中“在已经受益的大中型水利、水电工程中提出一定比例的水费、电费用于库区及上游水土保持”的政策。

（6）加快水土保持示范工程建设。要推动和规范全国水土保持生态建设大示范区的建设，加大投入力度、总结经验。加快全国水土保持科技示范园区建设步伐，宣传典型，做好验收标准制定和命名工作。

（7）进一步做好基础性工作。组织制定《全国坡耕地综合整治工程规划》、《全国重要水源区水土保持规划》、《珠江上游石灰岩地区水土流失防治规划》、《黑土地水土保持规划》、《南方崩岗防治规划》、《全国水土保持科技发展规划》等。推动云贵鄂渝4省（直辖市）世行贷款项目、黄土高原世行贷款三期项目、黑土地保护以及青海宁夏亚行贷款项目的有关前期工作。积极开展矿区及城市周边人为水土流失防治、坡耕地改造潜力与效益、重要水源区面源污染防治及其效果、贫困地区、革命老区、少数民族地区水土流失问题等重大课题的专题调研。进一步完善水土保持技术标准体系，作好水土保持信息管理技术标准体系的制定工作。

（8）大力开展宣传教育和培训。推动黄土高原淤地坝建设等国家重点工程的宣传工作，加大对南水北调水源区水土保持工作的报道力度。联合共青团中央青少部开展“保护水土资源，建设美好家园”活动，通过共建水土保持生态警示教育基地，加强科普教育。联合教育部门开展中小学生的水土保持教育工作，采取切实措施增强青少年的水土保持意识。按照《全国水土保持从业人员培训纲要》要求，加大培训力度，全面提高水土保持从业人员的理论水平、业务素质和服务能力。

（作者单位：水利部水土保持司）

发挥生态自我修复能力 全面加快水土流失防治

佟伟力

近年来，水土保持工作认真贯彻落实水利部党组新的治水思路，在加强人工治理的同时，积极探索并大力推进生态自我修复工作。很多地区充分依靠大自然的力量，加快地广人稀、降雨条件适宜和水土流失轻微地区的植被恢复，有效防治水土流失，取得了实质性进展。据统计，2004 年全国新增封育保护面积 11 万 km^2，有 950 个县全部或部分实施了封山禁牧，封育范围达到 60 多万 km^2；北京、河北、陕西、青海、宁夏 5 省（自治区、直辖市）人民政府发布了实施封山禁牧的决定；所有国家水土保持重点工程区全部实现了封育保护。在经济社会快速发展的新形势下，对于贯彻落实党的十六届三中全会提出的科学发展观，促进人与自然和谐相处，具有十分重要的意义。

一、生态自我修复是促进人与自然和谐相处的重要手段

由于特殊的自然地理状况和社会经济条件，水土流失是我国主要的生态环境问题。长期以来，人们为了生存和发展，无节制地向大自然索取，掠夺式经营，导致植被破坏，水土流失加剧，生态环境恶化，洪涝干旱、滑坡泥石流、沙尘暴等自然灾害频繁发生，不少地区土地严重石化、沙化和退化，昔日许多山清水秀地区变成了不毛之地。生态恶化的结果，导致人类遭到大自然的无情报复，经济社会发展受到严重制约，人与自然的矛盾越来越突出。在这种情况下，采取大范围的生态自我修复方法，有效防治水土流失、改善生态环境和减轻自然灾害，成为协调人与自然关系的重要手段。

在长期的生产实践中，我国广大劳动人民一直在自觉和不自觉地运用人工治理与生态修复这两种手段协调人与自然的关系。如造林、种草、修梯田、建谷坊，修淤地坝等人工治理措施，在改善人类自身生产生活条件的同时，也有效地缓解了人与环境的矛盾，协调了人与自然的

关系，促进了生态环境的改善，避免了自然对人的严重危害。而封山禁牧、轮封轮牧等生态自我修复措施，更是直接、主动保护生态，协调人与自然关系的措施和行为，对保护生态和促进被破坏了的生态系统向良性发展发挥了重要作用。

从我国水土流失问题的严重性、防治任务的艰巨性、改善生态环境的紧迫性来看，必须进一步采取大规模的生态修复措施，加快治理步伐。新中国建立以来，在党中央、国务院和各级党委、政府的高度重视下，组织和发动广大群众进行了长期不懈的水土流失治理，国家和地方政府在财力比较紧张的情况下，投入上百亿元资金，群众付出了大量的劳力，累计治理了水土流失面积 90 多万 km^2，应该说成绩是巨大的，效果是显著的。特别是按照小流域综合治理、集中治理、连续治理的地区，水土流失得到有效控制，农业生产条件和生态环境大为改善，提高了群众生活水平，促进了社会经济发展。但是我国水土流失具有面广量大的特点，再加上长期以来人口增长、粮食、燃料、饲料等问题，以及开发建设等导致对生态系统的压力不断加大，水土流失加剧、生态恶化的状况未能有大的改变，给社会经济发展和群众生产生活带来多方面的危害。第二次遥感普查结果表明，全国亟待治理的水土流失面积仍有 210 万 km^2 左右，每年人为造成水土流失 1.5 万 km^2，大江大河中上游地区、风沙区水土流失严重，生态恶化的趋势尚未得到有效控制，水土流失防治任务依然十分艰巨，生态建设目标任重道远。据测算，按现在的人工治理速度和治理方法，仍需要近半个世纪才能得到初步治理，而且需要数千亿元资金。

从经济社会发展对水土保持的要求来看，大范围、大面积改善生态，利用大自然的自我修复能力恢复植被势在必行。一是随着我国农业综合生产能力上了几个台阶，粮食及其他主要农产品由长期供不应求转变为阶段性供大于求。采取退耕还林还草，保护生态环境，创造更加适合于人们生存与社会经济发展的自然环境，提到了突出的位置。二是随着人口增加和经济发展，洪涝灾害造成的损失成倍增加，在加强江河整治、筑坝修堤的同时，迫切要求在上中游地区加快水土流失防治，减少泥沙危害。三是随着人民生活水平的不断改善和提高，人们开始把环境的优劣作为衡量生活质量的一个重要标准。生态环境的质量成为一个比较敏感的社会问题，全社会对加快改善生态环境高度关注，要求迫切。

从水土保持面临的发展机遇来看，采取大面积封育保护，条件成熟。一是党中央、国务院高度重视生态建设，新世纪提出新目标，要求

15 年初见成效，30 年大见成效，经过半个世纪的努力实现山川秀美的宏伟目标。国家确定的西部大开发战略，要求生态建设 5 ~ 10 年内取得突破性进展。二是国民经济的快速发展，国家和地方经济实力增强，生态建设的投入力度不断加大，中央提出“退耕还林还草”的政策措施，全社会生态保护意识普遍提高。三是农业产业结构调整，农村能源结构变化，城镇化发展等改革措施向着有利于生态保护的方向变化，有条件在大范围内实施封育保护。

二、重新认识和确立人与自然和谐共处的关系

长期以来，在人与自然的关系上，人类为了生存和发展总是无休止地与大自然做斗争。人以技术为武器，以征服者自居，无限制地索取自然资源，对土地过度开垦，草原超载过牧，森林过度采伐，湖泊、沼泽及湿地的过度围植利用，以及开发建设过程中乱挖乱采、乱弃乱倒，严重破坏植被和生态环境。其结果导致生态恶化、水土流失、洪旱灾害、河道断流、绿洲消失、沙尘暴肆虐等一系列生态灾难发生，大自然开始向人类报复和惩罚，反过来对人类生存和发展构成严重威胁。历史的教训非常深刻，黄土高原在历史上大都为森林覆盖，但由于长期的破坏，森林植被已经很少，地貌支离破碎，千沟万壑，生态环境脆弱。古丝绸之路南道的塔克拉玛干沙漠南缘，古代曾是水草肥美的绿洲，由于植被破坏，绿洲消失，成为沙漠；长江上游的金沙江流域过去都是原始森林，由于过度采伐，植被破坏，不少地区岩石裸露，大面积石化，泥石流频繁发生。全国水土流失加剧，沙漠化扩展，生态恶化的趋势十分严重。

恩格斯在《自然辩证法》一书中明确指出：“我们不要过分陶醉于我们对自然界的胜利。对于每一次胜利，自然界都报复了我们。每一次胜利，在第一步都确实取得了我们预期的结果，但是在第二步和第三步都有了完全不同的、出乎预料的影响，常常把第一个结果又取消了。美索不达米亚、希腊、小亚细亚以及其他地方的农民，为了想得到耕地，把森林都砍完了，但是他们梦想不到，这些地方今天竟因此成了荒芜不毛之地。”

人来自于大自然，是大自然的有机组成部分，人与自然万物唇齿相依、息息相关，人是自然界的主体，是地球万物的灵长，但人又是地球生态链条中的一个环节，人类对自然资源的获取只能遵守自然法则。人与自然的关系只能是和谐共处，大自然才能造福人类，为人类提供良好的生存和发展环境，提供可持续利用的自然资源。在新的世纪，要重新

确立人与自然的关系，必须在认识上有一个新的提高，树立尊重自然、保护自然、人与自然和谐相处的思想。尊重自然是新世纪的必然选择，人在改造和利用自然的同时，必须高度重视保护自然，充分发挥生态的自我修复能力，依靠大自然的力量恢复良好的生态环境，尽可能保持生态系统的自然性。通过封山禁牧、退耕还林还草，使人类的活动从生态脆弱区、水土流失区逐步减少或退出来，是实现人与自然和谐相处的一个具体行动。

很多专家认为，生态修复符合恢复生态学和陆地生态学，符合植被自然演替规律，是治理水土流失、改善生态环境切实可行的途径。中科院水利部水土保持研究所的专家认为，目前对黄土高原地区生态环境的破坏，还没有从根本上破坏该区域植被演替的基础，只要保护得力，完全有可能依靠自然力量恢复当地植物群落。中科院成都山地灾害研究所的研究也表明，西北、华南花岗岩丘陵、南方岩溶山地和西南干热河谷的大部分地区，都可以依靠生态修复的方式恢复植被。中科院高寒干旱与沙漠研究所在北方沙漠化生态修复研究中，提出植被覆盖度在25%以上的半流动沙丘，封禁一定时期后可以实现植被恢复。这些研究成果为开展生态修复提供了可靠的科学依据和技术保障。

三、发挥生态的自我修复能力是费省效宏、快速治理水土流失的有效途径

很多地区的实践证明，实行封育保护，加强管护，依靠生态的自我修复能力恢复自然植被，不仅能加快水土流失治理的速度，尽快改善生态环境，而且省钱、省工、效果好。内蒙古自治区乌兰察布盟1994年开始实施大面积封山禁牧，到2000年，已治理水土流失面积8477km^2，林草植被覆盖率由1994年的20%提高到40%，6年治理面积比前45年的总和还多1354km^2。据有关专家典型调查，在毛乌素沙地以油蒿为主的固定沙丘和平缓沙地区域，凡撂荒的风蚀地上，一般封育4～5年，植被覆盖度可达60%～70%。鄂托克旗年降水量300mm左右，开垦的沙化草原，风蚀强烈，但一经弃耕撂荒，天然植被恢复很快，弃耕1～2年，就生长了画眉草、狗尾草、藜、蒺藜等杂草，覆盖度达到60%～70%，继续封育3～5年，顿草、白草等根茎型植物繁生，6～10年恢复到开垦前的原生植被状况，以冷蒿、兴安胡枝子、草木樨状黄芪、沙生针茅、短花针茅等植物占优势。在甘肃腾格里沙漠南缘绿洲周围封育5年，生长的油蒿、盐瓜瓜、碱蓬、白刺等植物覆盖度达50%。从实行

封禁治理的情况来看，在降水量丰沛的南方地区，实行封禁治理效果更好，利用光、热、水等自然资源优势，对水土流失区实行封禁治理，3~5年即可恢复植被，大大提高生物量，有效控制水土流失，改善生态环境。福建省从20世纪80年代中期开始对中、轻度水土流失区采取封禁治理，取得显著效果，1984年遥感普查水土流失面积为2.13万km^2，2000年普查下降至1.31万km^2，减少8000多km^2，其中2/3是通过封禁后，依靠生态的自然修复能力实现的。据监测，一般对侵蚀劣地封禁3年后，植被覆盖度可由原来的40%左右提高到60%~70%。

另一方面，采取自然封育比人工造林种草大大节省投资。据调查，一般围栏封禁治理只需225~300元/hm^2，而人工种树、草需1050~2250元/hm^2。据国家长江上中游水土保持重点防治工程统计，通过10年治理，采取封禁治理的面积是小流域综合治理面积的1/3，而投资仅是总投资的7.68%。

生态修复与人工治理相比，还有另外一个特点，就是人工治理形成的生态系统对人为环境依赖性强，抗干扰能力弱，其稳定性与适应性比自然生态系统差，且对于改善大面积生态环境的作用相对有限。而采取生态自我修复的方法，投入少见效快，形成的生态系统更符合自然选择，符合自然规律，其结构和功能稳定可靠。

四、因地制宜，多种措施并举，为生态的自我修复创造条件

依靠大自然的力量，实现生态的自然修复，关键是一个"封"字，但能否封得住，关键又在于能否解决好群众的生活问题、收入问题和经济发展问题。实施这样宏大的生态修复工程是一项社会性、群众性、综合性的工作，要多种措施并举，才能封得住、有效果、不反复。

全国不同地区自然地理、社会经济条件差别很大，要因地制宜，分区采取不同的措施，促进封育保护工作。在地广人稀的西北农牧交错区，"三化"草原区，内陆河流域等水土流失严重地区，首先要退耕还林还草、退牧还草，实施大面积封育保护，制定管护制度，落实管护人员，严格封禁。一要"以改促封"。改传统畜种为优良畜种，改本地山羊和绵羊为适合圈养的小尾寒羊，改传统的分散放牧为舍饲或轮封轮牧，改粗放的饲养方式为科学的饲养方式，积极发展集约化养畜产业。二要"以建促封"。在农牧交错区，建设好稳产高产基本农田，合理利用水资源，提高单位面积土地的产出效益，提高水资源利用效率，切实

压缩耕地，改广种薄收为精耕细作，保证群众的吃饭问题。在“三化”草原区，要搞好草库建设，发展基本草场，减轻植被压力。三要“以调促封”。调整农林牧生产结构，以发展畜牧业为主。调整种植业结构，大力发展经济作物和特色产业，不断增加群众经济收入。四要“以移促封”。在一些居民分散的边远地区，生态环境恶劣，应该采取生态移民，实行移民并村，结合小城镇建设，基本农田建设，集中安置移民，有利于恢复生态。要因地制宜发展小水电，利用风能、太阳能发电，对用煤户在价格上给予适当补贴等，实行以电代柴、以煤代柴，解决好能源问题。要加强部门协作，齐抓共管，严格禁止乱砍滥伐、滥挖中草药等违法活动，实行大面积封育保护。

在人口密度较大的长江上游、黄河中游的一些水土流失严重地区，要结合小流域综合治理在部分区域实行封禁治理。在综合措施中加大封禁治理的比重，除了必要的基本农田和经济林外，要尽可能采取封育措施，在尽量不破坏原生地貌植被情况下进行人工造林种草，大力推行“猪—沼—果”的生态治理模式，推广沼气和节柴灶，解决好能源问题。

对于水土流失轻微地区、重要水源型水库库区、江河源头地区，要坚决实施封禁保护，在黑河、塔里木河等内陆河流域和湿地，要合理安排生态用水，依靠生态自然修复能力，促进生态的良性循环。

大面积实施生态修复工程，除了因地制宜采取上述措施外，更要重视解决好投入、政策、机制和人们观念上的问题。封山禁牧是一次大的农林牧结构调整，是传统农牧业生产方式在观念上的一次革命。围绕这一重大措施，国家和地方需要加大投入力度，创造好“封”的必要条件；制定优惠政策，包括税收政策、扶持政策；不断深化改革，适应市场机制，明晰产权，落实管护责任，充分调动广大群众参与的积极性。

五、发挥生态的自我修复能力应当注意处理好几个关系

要处理好依靠大自然力量与依靠人工治理的关系。不能认为一讲依靠大自然的力量，发挥生态的自我修复能力治理水土流失，就认为是不要人工治理，这是片面的，也是消极的。在坚持发动广大群众积极治理水土流失的同时，应当更要注重封育保护，促进大面积的植被恢复。强调依靠大自然的力量恢复植被是因为过去在这个方面重视不够，条件也不完全具备，现在通过努力，能够创造出让生态发挥自我修复能力的条件，有可能用比较短的时间，在大范围内使生态环境得到改善。应当看

到，人工治理的重点和依靠自然力量的生态恢复，在措施上、区域上、效果上是不完全一样的。有的地区应以人工治理为主，有的地方以自然恢复为主，人工治理离不开自然的作用，自然恢复也离不开人工治理的作用。二者各有侧重，又相互结合，不能对立起来。

处理好小流域综合治理与大面积封育保护的关系。小流域综合治理应在人口相对密集的水土流失区开展，如长江上游、黄河中游等地区，采取工程、生物、农业措施综合治理，同时在小流域内进行综合开发，解决好群众的粮食和收入问题，小开发、大保护，为大面积实施封山禁牧创造条件。我国许多地区人多地少，土地开发利用强度大，水土流失严重，必须采取小流域综合治理。其特点是治理标准高，小范围内治理速度相对快。但投资强度大，需要劳动力多，治理范围相对较小。而在地广人稀地区更适合封育治理，费用低，所需劳力相对少，恢复范围大，整体改善生态效果好。大面积封育保护，可以大大加快治理恢复的速度，短时期内，可以扩大治理面积，达到初步治理，这是当前形势下，加快治理水土流失的一项重要措施。因此，水土保持在治理和恢复方面要抓“一小一大”，坚持开展以小流域为单元的综合治理，积极实施大面积上的封育保护。

要处理好封与育的关系。封山禁牧在依靠大自然的力量恢复良好的生态环境的同时，要注意在封禁区采取人工育林育草，快速提高封禁区的生物量，而不是单纯地“封”，还应因地制宜地补植、抚育、防治病虫害，采取飞播、合理安排生态用水等，以期尽快恢复植被，改善生态，提高防护功能。

要处理好封与用的关系。封山禁牧是为了恢复良好的生态环境而采取的手段，并不是目的。在一些降水量大植被恢复快的地区，应该合理而有限度地利用生物资源。在条件比较好的草原区应实行轮封轮牧，建立合理利用牧草的制度，控制好牧草利用量，严格限制过牧，掌握其生长利用的规律。牧草利用的规模和强度应限制在资源再生产的速率之下，不能导致生态破坏和过度利用资源，应以可持续的方式开发利用资源，从而使封育保护的成果能够为群众脱贫致富所利用，实现生态改善和经济效益双赢。

六、要抓好生态修复的观念转变和各项基础性工作

生态自我修复是一项新的工作，目前人们在认识上、观念上还有很大差距，组织实施生态自我修复的技术路线和相关的政策措施还需要进

一步完善，各方面用于生态自我修复的资金投入、综合协调、监督管理还远没有跟上。为此，今后应从以下几方面入手，推进这项工作。

第一，转变观念，统一认识。要通过好的典型事例，广泛宣传生态自我修复的作用和途径，让全社会进一步增强尊重自然、保护生态环境的意识，主动减少在生产建设活动中对自然的干扰和破坏，大力转变生产方式，积极创造条件，通过生态自我修复的方法使广大水土流失区的生态环境逐步进入良性循环。

第二，制定规划，加强协调，增加投入。水土保持生态自我修复规划是一个综合性规划，既要突出自我修复的特点，又要统筹考虑相关的措施，如退耕还林、草原建设、小流域综合治理、小水电代燃料、沼气、牧区水利、生态移民、水资源优化配置等。要把解决群众生产生活实际问题与恢复生态兼顾起来，为生态修复创造条件。要通过科学的规划，明确生态自我修复的分区、目标、任务与措施，并按照规划有步骤、有重点地开展工作。要重视在各级政府的组织协调下，加强部门配合，多渠道增加生态修复投入。

第三，抓好试点和示范工程。近几年，全国各地已经开展了很多试点地区、试点县工作，取得了初步的成果，应认真地总结经验，积极引导，不断探索新的路子，使试点示范能起到更好的辐射推广作用。

第四，制定配套政策法规，强化监督管理。过去国家已经制定了许多保护生态、防治水土流失的法律，如《水土保持法》、《森林法》、《草原法》、《环境保护法》等，但有关条款比较宏观，对生态自我修复针对性不强，不易操作。为此，各地应因地制宜地加强配套政策法规的建设，强化监督管理。要以现行法律法规为依据，针对生态自我修复的特点，提出封山禁牧、围封轮牧、舍饲养畜等明确的规定。要积极出台相关法律法规、管理办法和乡规民约，落实管护责任，限制不合理的生产建设活动。同时，要制定优惠政策，保障群众在实施生态修复中的利益，对转变生产方式、生态移民等要给予支持和补偿，调动广大群众参与生态建设和保护的积极性。

第五，开展生态修复监测工作。监测是一项非常重要的基础性工作，只有通过监测，才能准确反映生态修复的效果和作用，才能更扎实地指导修复工作向深入开展。对已开展生态自我修复工作的地区，应及时开展全面监测。监测内容包括植被恢复状况、控制水土流失效果、生物量增加以及修复区群众生产生活方式转变后产生的影响等。

（作者单位：水利部水土保持司）

强化科学研究　加大水土保持生态修复力度

刘国彬　杨勤科　陈云明

一、实施水土保持生态修复的意义

随着人口的急剧增长、水土资源的日渐匮乏与生态环境退化，导致水土流失、土地沙化加剧与生产力下降，资源—环境—人口矛盾对区域经济社会可持续发展的影响，成为全球性问题并受到各国高度的重视。基于对全球生态退化后果的认识，世界各国纷纷制定有关生态保护、生态建设的政策与措施，并组织科研机构和专业人员进行系统研究。自20世纪80年代以来，退化生态系统的恢复重建、生态系统健康、生态系统保育的理论技术已成为生态学研究的热点。

水土流失是我国的头号环境问题。我国水土流失虽然经过多年连续防治，取得了显著成绩，但是需要治理的面积仍然多达200多万km^2，治理进度满足不了经济社会发展需求，尤其是国家西部大开发对生态环境建设的需求。水利部提出“加强封育保护，充分发挥生态自我修复能力，加快水土流失防治步伐”的水土流失防治新思路，是水土保持生态建设的深化和发展，也是水土保持生态建设思路的重大战略调整。而水土保持生态修复新思路的科学有效地实施，必须以人们对自然环境及生态系统演化规律不断认识为前提，因此需要对有关生态修复的科学与技术问题进行深入系统的研究。

二、我国水土保持生态修复的若干科学问题

几十年来，我国在水土保持科研实践中虽然积累了较为丰富的观测试验数据和示范样板，并创造了许多成功的经验，但远远不能满足全国大规模实施生态修复的需求。近几年对生态修复范畴、区划、机制和评价等有不少文章发表，但目前的研究仍然缺乏系统性和定量分析。因此，需要深刻认识由于水土流失造成生态系统退化的特殊性，了解水土

保持生态修复的特点，从退化生态系统修复的恢复生态学基础包括生态系统修复理论，生态修复的驱动因子及调控机制，生态修复的潜力、生态修复的布局、修复的标准和技术措施、生态系统健康评价等等进行系统研究，为以保持水土为目标的生态修复工程实施提供科学支撑。

1. 生态修复的潜力及驱动因子

要了解生态修复的潜力，需要对生态系统退化程度进行诊断，这是生态恢复的基础与前提。目前对于退化程度的诊断研究大多处于定性阶段。如有的研究者把退化生态系统分为受害轻微的生态系统（可逆的）和受害严重的生态系统（不可逆的）等。一般来说，诊断的参照物是生态恢复的基本目标。生态退化程度的诊断，包括诊断的参照系统、退化程度的表达、诊断的途径、方法指标等。水土流失区生态系统退化的直接结果是水土流失加剧、土地资源丧失和质量下降、植被破坏、生物生产力降低。土壤侵蚀强度和生态系统功能的丧失是诊断的重要标准。

水土保持生态修复是指在水土流失区，通过一定的人工辅助措施，促使自然界本身固有的再生能力得以最大限度地发挥，促进植被的持续生长发育和演替，保护和改善受损生态系统的功能，加快水土流失防治的步伐，建立和维系与自然条件相适应与经济社会可持续发展相协调并良性发展的生态系统。水土保持生态修复的核心是通过减少人为干扰，使植被自然恢复，从而恢复生态系统功能，实现改善生态环境的目标。植被的正向演替是生态修复的驱动因子，植被恢复能力及条件是关键。因此，需要针对不同地区水土流失、植被破坏现状，根据生态学、植被群落学等理论深入研究生态自我修复的主要影响因子，建立生态自我修复潜力评价指标体系，从生态系统自我更新与修复能力、生态系统主要生活因子的代谢与供应能力、生态系统自我修复与环境生活因子的协同适应能力等进行分析，对不同地区的退化生态自我修复潜力进行评价。在此基础上，研究不同类型区植被演替动力机制及承载力，包括植被演替阶段及其主要植被类型的生态、群落学特征；植被生态系统自我修复机理及生物多样性；不同类型区植被演替的土壤与水资源承载力等。

我们在黄土丘陵区对尚未治理的县南沟流域和已经进行了20年的水土流失综合治理的纸房沟流域植物多样性进行比较研究发现，两流域的物种丰富度、植被类型几乎没有差别，但两流域同一类型的群落相比，在种的多度、种的生活力、群落面积、群落盖度、群落高度以及群落内部优势种群的物种多样性指数等方面差别却很大。纸房沟流域经过自然恢复后群落的物种多样性、优势群落的盖度、高度和植被总体盖度均大于未治理的县南沟流域。纸房沟流域10年封禁使植被类型和种类由封育前4科8种增到12科26种，地带性物种数量明显增加。这说明目前在黄土丘陵区，生态环境破坏还没有从根本上破坏该区植被演替的基础，只要保护措施得力，完全有可能依靠自然力恢复当地植物群落。由此可见，在该区实施生态修复是可行的。

2. 生态修复的布局

生态修复的布局是规划的基础。生态修复布局包括全国生态修复分区，区域布局、中小流域的空间布局。蔡建勤、张长印等根据影响生态修复和植物生长的水分条件作为一级类型区主导因子，把全国水土保持工作分区为二级分区。依区内相似性、区间差异性和社会经济条件确定生态修复的措施布局。这种分区考虑了影响生态修复的关键因素，具有可操作性。在区域尺度，生态修复的关键是植被的自然恢复与正向演替。分区可以按照中国自然植被地带的分布来布局。同时，生态修复作为水土保持的重要措施，也是一项社会经济活动。布局的关键是土地利用格局。从区域角度，需与该区的生态建设和经济社会发展战略相结合。尤其是水土流失严重地区，从建立该区的生态安全体系、食物安全体系和生态经济出发，以生态环境改善和社会经济可持续发展目标（图1）布局生态修复的重点地区。以黄土高原为例，土地资源类型可以分为生产用地、生态保护地两大类型。生态保护地的特点是：①生产力低、难治理；现有技术条件不能用于生产，开发将导致本地和相邻地段土地退化。②以生态保护为主要功能，包括封禁生态保护和防护林。生态保护地将是生态修复，尤其是自我修复的重点区域。

我国在不同尺度流域水土流失综合治理模式布局方面积累了大量的经验，建立了多种示范样板。尤其是以小流域为单元的综合治理是我国

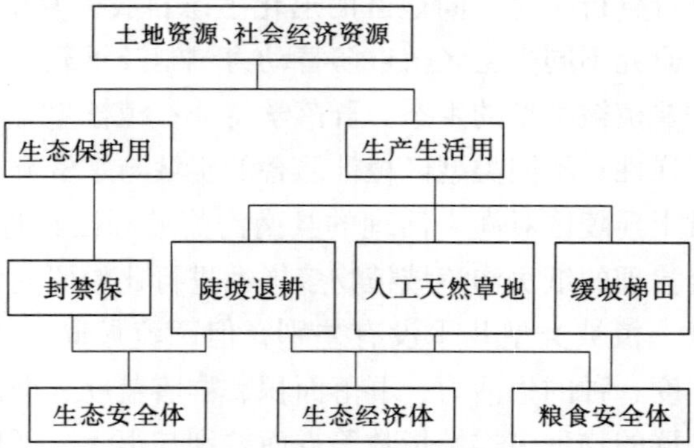

图1　黄土高原土地资源类型及生态修复

一条成功的经验。在新的治理水土流失思路下，不同尺度流域治理模式及尺度转换是急需解决的关键问题。例如在黄土高原，小流域的面积一般是 $10km^2$ 左右，县域尺度 $1000km^2$ 以上。在特定的流域中，实施生态修复的面积比例应该是多少？在流域中如何布局？需要考虑的因素不仅是水土保持措施，而且需要与该区的经济发展需求和目标相结合。根据我们对安塞纸坊沟小流域研究，以流域土壤容许侵蚀量（$1000\ t/km^2 \cdot a$）的植被覆盖率为标准，流域内有效植被面积应该大于流域面积的 43% 以上。

目前，在全国各主要流域，有大量的不同尺度的成功的综合治理模式及示范样板。有力地推动了当地水土保持生态建设。对于一个区域，所有小流域模式的结合不等于区域模式。对于同一区域不同尺度模式间的关系，模式的尺度转换，从地理到生态经济目标角度，仍然是今后大规模实施生态修复需要解决的重要科学问题。

3. 生态修复技术措施及标准

尽管恢复生态学在近 10 年间取得令人瞩目的进展，但仍有不少问题有待解决。其中之一就是生态系统恢复的不可确定性，虽然已提出了许多恢复的标准，但对于生态系统服务功能的恢复程度尚不清楚；生态修复要求综合考虑生态经济和社会因素，但对于时间、空间上异质性的生态系统而言往往非常困难，尤其是在持续干扰的情况下，很难恢复到理想状态。由于生态系统的复杂性，生态系统退化程度和干扰因子很难简单概括到一些易测定的指标；生态系统恢复的时间问题，仍然需要可重复的和长期的试验和观测。生态恢复的机理尚不完全清楚，尤其是重新引进当地消失的物种或外来种在恢复中的定位。

从人类与自然的关系看，水土保持作为人类与水土流失做斗争的一门科学，其基本目标是实现人类与自然的协调发展，这种协调既包括人类活动要适应自然规律，也包括人类主动利用自然规律达到人类发展的目的。水土保持作为社会公益性工程，需要巨大的人力和资金的投入。目前的治理速度和规模很难满足国家经济发展对环境的要求，生态修复作为一种低成本的措施，将水土保持概念进一步扩展，充分发挥利用大自然的生态自我修复潜力，达到生态改善的目的。尽管水土保持生态修复的关键是植被的恢复，但在我国水土流失类型多样、社会经济条件千差万别的条件下，它仍然是一项复杂的系统工程。修复措施包括了退耕还林还草，封山禁牧、舍饲养殖及综合治理等。对水土流失轻度区通过封育保护，尽快遏制水土流失，大面积地进行生态修复，加快治理进度；对地广人稀土地利用率不高的区域，指轻度或部分中度但人口较少的区域，进行灌草补植、封育保护；在强度水土流失的区域，因投资力度的限制，无法进行大面积的治理，先进行简单的治理措施，控制大的水土流失，再进行生态修复。但这些措施实施中尚有许多问题没有解决。如就植被恢复方面，目前对人工恢复途径研究的比较深入，研究结果具有很好的操作性，在实践中得到广泛应用；但对以生态自我修复为主的恢复途径的研究较少，且主要集中在封禁的效果上，在生态自我修复的途径、方法、关键技术、区域差异、动态监测与评价等方面研究极少，缺乏操作性；从研究尺度上，对封育措施的研究，由不同研究单位分散进行，缺乏区域的系统的比较研究，不能对大范围的生态自我修复工程的实施提供可靠依据；而且缺乏同一种方法同样的评价指标的分析。因此在生态修复工程的实施中，需要了解不同地区修复措施怎样配置，技术措施的相互关系是什么？生态自我修复能达到什么程度？在哪些地区或区域依靠生态自我修复还不能完全实现生态改善的目标，还需要人类的有序干预及干预的程度如何？这些问题的科学解答，对于充分发挥生态自我修复能力、加快植被恢复与生态重建，具有重要的实践意义。

4. 生态系统健康评价

与生态系统修复关系最为密切的是当前国际上兴起的生态系统健康研究。它是研究人为活动、社会组织、自然系统及人类健康之间相互关系的领域。所谓“健康”即指系统在各种不良环境影响中结构和功能保持相对稳定状态，并可持续发展不断完善的特性。健康的生态系统应该具有以下特征：不存在失调症状，具有很好的恢复能力和自我维持能力、对邻近的其他生态系统没有危害，对社会经济的发展和人类的健康有支持推动作用。Rapport 认为生态系统健康是指一个生态系统所具有的稳定性和可持续性，即在时间上具有维持其组织结构、自我调节和对胁迫的恢复能力，并认为生态系统健康可以通过活力、组织结构和恢复力 3 个特征来定义。生态系统健康是保证生态系统功能正常发挥的前提。结构和功能的完整性、具有抵抗干扰和恢复能力、稳定性和可持续性是生态系统健康的特征。由此可见，建立健康的生态系统是水土保持生态修复的最终目标。

生态系统健康包括从短期到长期的时间尺度、从地方到区域空间尺度的社会系统、经济系统和自然系统的功能，从区域到全球胁迫下的地球环境与生命过程。其目标是保护和增强区域甚至地球环境容量及恢复力，维持其生产力并保持地球环境为人类服务的功能。以流域为单元的水土保持生态修复，其健康评价需要基于生态系统的结构、功能过程来确定指标，包括生态系统的完整性、适应性和效率。它来源于水土保持治理，但又不同于综合效益评价。

无论是广义的生态修复还是水土保持生态修复，目前对于评价生态系统健康尚无成熟的理论和方法，一般是首先根据区域特征、生态系统的服务功能确定评价的目标及生态健康的标准，通过对反映系统水、土、气、生各要素特征的指标敏感性及其相关性分析，选择健康诊断指标，然后建立生态系统健康诊断指标体系及诊断模型。就评价指标的类型而言，生态系统健康评价主要可分为指示物种法和结构功能指标法。指示物种评价生态系统健康，主要是依据生态系统的关键物种、特有物种、指示物种、濒危物种、长寿命物种和环境敏感物种等的数量、生物量、生产力、结构指标、功能指标及其一些生理生态指标来描述生态系统的健康状况。指示物种评价法比较适用于一些自然生态系统的健康评价。虽然采用生物类群指示生态系统健康的研究取得很大进展，成为生态系统健康研究常用的基本方法，但是仍然存在着一些问题。例如，指示物种的筛选标准不明确，以及标准不一致等。

刘国彬等以黄土丘陵区安塞纸坊沟小流域为对象，利用层次分析法，选取林草覆盖度、基本农田面积、土壤抗冲性、土壤有机质含量 、农业产投比、粮食单产、人均纯收入和综合治理减沙效率等反映流域生态经济系统功能评价指标，初步建立了小流域生态系统健康评价指标，但这些指标在其他地区的适应性仍有待于研究，综合评价方法也需要完善。虽然不同的研究者提出了各种生态系统健康的标准，但对于生态系统的健康状态评价仍有许多不确定性。由于水土流失因素的复杂多样性，评价流域生态系统很难用一些易测定的指标简单概括，目前尚没有成熟的理论和模型。今后对于水土保持生态修复的健康评价需要深入研究生态健康诊断与生态安全理论；生态系统健康评价指标的识别及提取；生态经济系统健康标准与阈值；生态系统健康诊断方法及趋势预测等。

5. 生态修复及环境效应

由于水土流失区生态环境的复杂性、恢复的多目标性以及目前技术的局限性，现有的恢复理论及技术措施在生态系统演替的长的时间序列中对生态环境的效应有正面的，也有不确定的甚至会是负面的。近年来生态恢复的环境效应引起了国内外科学家的高度重视。如美国自开始实施了自然生态保护项目（Conservation Reserve Program，CRP），学者们便对其可能带来的环境效应，包括项目对于土壤性状、土壤侵蚀、地表径流、河流污染状况和野生动物栖息地等方面的影响进行了研究。有关研究表明，CRP 项目实施后对环境产生的影响主要表现在土壤理化性状被明显改善，土壤侵蚀明显减少；明显控制土壤退化；野生动物生境得到改善。然而在项目结束以后，随着土地再度垦殖（种植牧草和作物），在一定程度上带来了负面影响。如保护地被耕种以后，有机碳和氮将明显减少，生物营养储存量将明显降低，预示着土壤质量的退化。以小流域为单元，研究土地利用变化引起的水文生态过程的变化强调了流域植被类型和土地利用结构与水行为要素间的关系，是植被重建水文效应研究的热点。

水土保持生态环境建设，特别是植被建设的水环境效应研究中，最富有意义的成果是“土壤干层”现象的发现和研究。黄土丘陵区土地利用结构变化对土壤水分的影响研究表明，林地土壤水分含量相对较低。黄土丘陵区营造人工林，将使之向干燥化发展的趋势。一些多年生人工林草使深层土壤含水量接近于凋萎湿度，形成土壤干层甚至出现人工草地的衰败或死亡。土壤干燥化被认为是一种普遍存在的现象，是当前黄土高原土地利用结构调整和植被建设中普遍关心的热点问题之一。如何维持不同利用类型（林、草、农田等）有效生态用水的平衡，较少或消除区域土壤干燥化的不利影响等，有待更深入的研究。

目前在对环境要素的影响方面，较多注意了土壤水分、侵蚀产沙和养分的分析研究，对于区域性侵蚀土壤的抗侵蚀性变化、植物多样性等方面的影响却缺乏系统的分析。所以不能形成植被建设和土地利用结构调整对环境影响的全面认识。对环境的影响，较多注意了短期、正面影响（水土保持效益）的分析评价，中长期和负面影响基本尚未涉及。研究的空间尺度较多地集中于径流小区、自然坡面和小流域等，而众多点状研究中普遍没有得到时空连续数据（如土地利用图、遥感影像等）的支持，致使研究结论不能适于较大尺度的区域。

总之，生态修复对环境的影响是深远的，多方面的。研究的方面应该包括对流域、区域生态水文过程的效应；包括不同修复措施下水分行为及其调控机制；生态修复过程中物质迁移与养分循环。对土壤质量及侵蚀产沙的影响；对植被演替及生物多样性影响；对农村产业结构、经济和人文的影响；对全球变化的影响及环境效应的综合评价与预测。

三、水土保持生态修复建议

水土保持生态修复是一项目复杂的系统工程。做好这项工作，必须坚持科学发展观，从水土保持生态修复科学问题研究和行动计划制订，到组织管理与实施都要加大力度。以便推动我国水土保持科学发展与生态治理进程，为新时期实现小康，生态经济可持续发展提供可靠的环境保障。

1. 深化水土保持生态修复科学问题研究

水土保持生态修复新思路的科学有效地实施，必须以人们对自然环境及生态系统演化规律不断认识为前提，需要对有关生态修复的科学与技术问题进行深入系统的研究，包括：退化生态系统修复的恢复生态学基础，包括不同类型区植被演替动力机制及承载力，植被演替阶段及其主要植被类型的生态、群落学特征；植被生态系统自我修复机理及生物多样性；不同类型区植被演替的土壤与水资源承载力等。生态修复的驱动因子及调控机制。生态修复的潜力和布局，包括不同区域、不同尺度的生态修复空间布局、时间进程及规模，生态修复模式的尺度转化。生态修复的标准和技术措施，如生态自我修复的区域差异、关键技术等。生态系统健康评价如健康评价理论体系，评价指标体系及综合模型等。

2. 坚持科学发展观，加大水土保持生态修复力度

在总结过去水土保持生态自我修复试点工程经验的基础上，按照水土保持生态修复规划，在全国分区分期实施。要将生态修复纳入类似退耕还林还草环境工程计划，纳入财政计划，加大投入力度。生态修复必须由水利、林业、农业、畜牧、科技、财政、扶贫、执法等部门相互配合，共同推动，由水土保持的行业部门统一组织实施。同时研究制定解决农民长远生计和将农业劳动力从土地上转移出来的配套措施。

3. 加强水土保持生态修复组织管理与法律法规政策体系建设

除了完善生态修复法律法规外，面对生态脆弱区的农民和经济欠发达的地方政府，需要建立一套完善并能延续的政策体系，确保水土保持生态修复这一长期计划顺利实施。此外，用经济手段实施修复工程也是一项重要手段。如国家退耕还林还草工程中的以粮代赈政策，体现了政府运用经济手段，而不是纯行政手段进行生态建设的转变。延安市2004 年制定了地方退耕补贴政策，每退耕 1 亩坡地，政府补贴 50 元，收到良好效果，保证了退耕措施的持续进行。

（作者单位：中国科学院水土保持研究所）

大力加强预防监督 依法防治人为水土流失

沈雪建

1991年6月29日，第七届全国人民代表大会常务委员会第二十次会议审议通过《中华人民共和国水土保持法》，标志着水土保持工作从此步入法制化轨道。10多年来，水利水保部门在各级人大、政府的重视、支持下，加强与相关部门的合作，推进依法行政，认真履行法律赋予的职责，完善制度，规范管理，强化执法，主动服务，水土保持预防监督工作从无到有、从小到大、从弱到强，不断发展壮大，成绩卓著。

一、主要进展和成效

（一）“预防为主”的方针进一步得到贯彻落实，增强了全民的水土保持意识和法制观念

各级水利水保部门通过广泛宣传水土保持法律法规，严格执法，规范开发建设单位和个人在生产建设活动中的行为，普遍增强了全民的水土保持意识和法制观念，一方治理、多方破坏的局面正在改变，“预防为主”的水土保持工作方针逐步得到贯彻落实。具体表现在“三多两少”上，“三多”一是社会各方面关心、重视、支持和参与水土保持的多了，行政领导、专家、建设单位、普通群众关注水土保持的程度比以往任何时候都高，水土保持已成为社会各界关注的热点、焦点；二是开发建设单位和个人能够依法履行防治责任的多了，大部分开发建设单位能够遵守水土保持法律法规的规定，在项目前期工作的可行性调研阶段组织编报水土保持方案，并将水土保持内容落实到主体工程技施设计、招投标文件和工程监理中，控制和减少因工程建设可能造成的水土流失。西部大开发中的西气东输、西电东送、青藏铁路等一批国家重点工程都能高质量、按程序完成水土保持方案的编报工作并认真组织实施。国家重点建设项目的水土保持方案编报率达到90%以上，大型水利水电项目编报率达到了100%；三是部门行业围绕水土流失防治协作配合

的多了，铁路、公路、电力等行业主管部门大力配合，积极做好本行业开发建设项目的水土流失防治工作，主动要求本系统编报水土保持方案，做好开发建设中的水土流失防治。“两少”一是社会各界的阻力、干扰少了，特别是行政干预明显减少；二是严重违法案件少了，过去每年都有很多大案要案需要通过查处才能解决，现在造成严重水土流失后果的案件明显减少。

（二）人为水土流失得到了有效遏制

随着国民经济的快速发展，我国水利、交通、铁路、电力等基础设施建设规模不断扩大，每年都有数百个国家级大型开发建设项目开工建设，还有成千上万的地方项目以及群众性采石、挖沙、取土等生产建设活动，造成大面积的植被破坏，弃土弃渣数亿 t。各级水利水保部门以开发建设项目水土保持方案实施为核心，加强监督检查和执法力度，督促开发建设单位积极履行防治义务，推动了开发建设项目水土保持“三同时”制度的落实，初步形成了水行政主管部门行业监督管理、有关部门各负其责、共同防治水土流失的局面，使人为水土流失在一定程度上得到遏制。到目前为止，全国共审批水土保持方案 21.5 万个，开发建设单位投入水土流失防治经费 600 亿元，防治面积 7 万 km^2，减少水土流失量 16 亿 t。2004 年全国共审批水土保持方案 2.5 万个，其中国家大型开发建设项目 268 个，比 2003 年增长了 105%，开发建设单位投入水土流失防治经费 230 多亿元，涉及水土流失防治责任范围超过 12 万 hm^2，可减少人为水土流失近 2 亿 t，实现了历史性突破。全国有 7000 多 km 的新建公路、1 万多 km 的新建铁路实施了水土保持方案。凡是认真实施水土保持方案的项目，拦渣率在 95% 以上，植被恢复系数、扰动土地治理率在 90% 以上，有效地控制了人为水土流失，减轻了河道淤积，减轻了防洪压力。

（三）美化了环境，改善了生态

过去修建公路、铁路，没有水土保持方案，结果岩石裸露，满目疮痍，污泥浊水横流，弃土弃渣乱倒，河道沟渠淤积，环境恶化，危害很大，主体工程自身的安全也得不到保障。现在按照水土保持“三同时”制度，开发建设项目力求做到开发与保护并重，在防治水土流失、保障工程设施和生产安全的同时，注意与美化环境相结合，与改善生态相结合。实现修建一条公路、铁路，整治一条水系，建设一条绿色的通道，形成一条生态防护带，成为一道亮丽的风景线。开发一处工程，就美化一处环境，使其成为人们休闲、观光的好去处。小浪底建管局高度重视工程建设中的水土保持工作，投资1亿多元，建成后成为风景旅游胜地。江苏泰州24km长的引江河宛如一幅美丽画卷，绿草如茵，奇树成林，温家宝总理2001年在参观中给予了高度评价，目前已成为展示泰州形象的重要窗口，成为人和自然和谐协调的示范工程。四川成南高速公路按照打造精品工程、建设绿色走廊的指导思想，建设过程中重视景观，体现美学，讲究艺术，形成特色，减少了挡墙数量，增加了乔灌比重，公路沿线形成良好的公路景观，改善了沿线地区的生态环境。

（四）建成一批高质量、高水平的示范工程

各地在抓好面上开发建设项目水土流失防治工作的同时，特别注意培养典型，发挥示范带动作用，取得了显著成效，得到了社会各界的广泛好评。一是严格按照“两费”征收使用管理的有关规定，将收缴的水土流失补偿费、防治费用于水土流失综合治理。据统计，全国共实施返还治理示范工程项目6761个，综合治理水土流失面积5406km^2，投入资金8.82亿元。河北省近5年来共征收“两费”3163万元，投资2548万元返还示范工程治理，共建设示范工程292处，省、市、县各有示范工程窗口，既有效防治了人为造成的水土流失，也使水土保持法的宣传更加现实和深入人心。山东省滕州市收取京福高速公路水土保持补偿费80万元返还到公路沿线，综合治理取土坑、弃土堆放地，建成鱼塘、水窖等蓄水工程100多个，交通部门给予了高度评价。二是与有关部门协同抓好工程建设的人为水土流失治理工作，主要是加强督促检查和技术服务工作，培养先进典型，树立示范样板。2004年2月在全国第四次水土保持预防监督工作会议上水利部命名了30个开发建设项目水土保持示范工程，这些工程都做到了开发建设与环境保护“双赢”，树立了良好的行业形象。

（五）城市水土保持取得新进展

城市水土保持是水土保持工作的新领域。大规模的城市化、初期无序的过度开发带来经济社会迅猛发展的同时，也使许多城市沦为人为水土流失的重灾区，因此，城市水土保持工作的中心内容是在城市改扩建过程中依法落实水土保持规定，防治人为水土流失。1997年9月水利部在大连等10个城市开展水土保持试点，取得了丰富成果。为进一步推动城市水土保持工作，2000年11月，水利部根据地域分布、类型特点和工作基础等因素，选定承德等30个城市，开展了第二批全国城市水土保持试点工作，截至2004年底共有26个城市通过验收。这些城市开发建设项目水土保持方案编报率、水土保持补偿费征收率均达到

90%以上，“三同时”制度落实率均达到95%以上，对开山采石、取土、挖沙等实施了有效监管，有效遏制了人为水土流失；市区人均公共绿地达到12m^2，最高达到18m^2，城市水系得到绿化，绿化率达到85%以上，人居环境明显改善，提高了城市环境质量，促进了城市水土保持与城市经济的协调发展。通过两批城市水土保持试点，水土保持走进城市，建立了城市水土保持工作机制，保护了城市自然植被、景观，加强了城市周边开山采石和各类开发区开发建设活动的管理，建立了一批集休闲、观光、科普功能的郊区型精品小流域，推动了城市水系保护和绿化美化工作。

二、主要做法和经验

（一）健全和完善水土保持法规制度，加强水土保持监督管理机构和队伍建设

贯彻落实《水土保持法》，关键在于要有一套健全的法律法规体系和监督执法体系。各级水利水保部门在法律法规体系方面重点抓配套法规的完善。水利部先后制定出台了“开发建设项目水土保持设施验收管理办法”、“水土保持监测资格证书管理暂行办法”、“关于加强大中型开发建设项目水土保持监理工作的通知”等规章、文件。各省（自治区、直辖市）在水土保持法实施办法和“两费”征收使用管理办法的基础上，围绕水土流失案件查处程序、水土保持方案编报审批、水土保持“两费”征收使用和“三区”划分等出台了有关管理规定和规范性文件，水土保持配套法规建设进一步完善、细化。据统计，结合各地实际，制定、出台的操作性更强的办法、细则、规定和规范性文件总计3000多件，这些管理规定和规范性文件指导了水土保持监督执法工作的开展，为规范执法创造了条件，为落实“三权一案”和“三同时”制度，提供了更加具体、更有针对性和操作性的依据。

在监督执法体系方面重点抓执法能力建设和提高执法水平。一是依法发展监督管理队伍。目前，全国有200多个地（市）、2400多个县（市、区）经编委批准成立了水土保持监督管理机构，明确职能，确立执法主体地位，依法行使水土保持“三权”，现有监督执法人员7.4万人，其中专职人员1.8万人，兼职人员5.6万人，此外，还在村级配备群众水土保持管护员约10万人。全国流域机构、省、地、县分级管理的监督执法体系基本形成。二是加强培训，提高素质。各地以建立“稳定、高效、廉洁”的执法队伍为目标，通过举办监督执法培训班、

水土保持方案编制培训班、城市水土保持培训班，开展知识竞赛，向基层分发案例学习资料等方式，充实监督执法人员水土保持和行政执法基础知识，掌握水土保持实用技术，提高了监督执法人员的综合素质、业务能力和执法水平。据统计，全国参加各种培训班的基层监督执法人员达2万多人次。三是抓队伍管理和机构能力建设。实行执法公开制度，将水土保持法律法规、监督管理制度、水土保持方案合格证办证程序装框上墙，执法人员照片、证号和职责，规费费种、征收标准、使用范围专栏公示，设立了监督人员监督岗及举报电话，规范执法行为，自觉接受社会公众的监督，树立了良好的执法形象。四是1999年6月，水利部在全国60个地（市）、1166个县（市、区）组织开展了规范化建设。各地按照法制化、规范化、制度化的要求，精心组织，加强管理，扎实工作，推动了全国水土保持预防监督工作的深入开展，实现了执法工作有制度、有标准、有程序。

（二）完善技术服务体系

开展好预防监督工作，离不开有力的科学技术和完善的服务体系建设。水利部先后颁布了开发建设项目水土保持方案编报审批管理办法和编制资格证书管理办法等，使方案编制、审批、实施、验收等各个环节逐步规范。一是制定和完善相应的技术规程规范，明确了方案编制的深度、标准等，方案内容进一步细化、深化。二是加强了对资质单位的考核和对技术人员的培训，完成了1300多个甲、乙、丙级水土保持方案编制资格证单位的资质审查和审批工作，水利部先后举办了16次编制水土保持方案人员上岗培训班，培训人员2800人次。各省也开展了监督执法人员和编制方案人员培训班。三是聘请300多名水土保持知名专家作为全国水土保持生态建设咨询专家，加强了水土保持方案审查的技术力量。

（三）严格依法办事，敢于执法

为了维护水土保持法律的严肃性，从源头上、制度上控制和预防人为水土流失，各地水土保持监督管理部门严格执法，坚决查处破坏水土资源、违反《水土保持法》的重大案件，做到有法必依、执法必严、违法必究，不管单位有多大、级别有多高、关系有多复杂，只要违法，一查到底，决不手软，树立了水土保持监督执法的权威，杜绝了有些单位的侥幸心理。贵州省六盘水市水电局查处乌蒙山水泥公司案，历时5年，法院一审二审判决维持行政处罚决定，即缴纳水土保持补偿费125万元、罚款1万元，此案终以胜诉结案，社会反响强烈。据统计，全国水利系统立案查处水土流失违法案件近万起。这些案件的查处，使破坏水土资源的行为得到有效控制，维护了法律的尊严。

（四）通过执法检查推动法律法规的贯彻落实

执法检查是《水土保持法》赋予各级水行政主管部门的一项重要权力，运用好执法检查权是依法履行职责的重要手段。为了进一步推动《水土保持法》的贯彻落实，2002 年水利部与国家计委、国家经贸委、环保总局、铁道部、交通部开展了水土保持联合执法检查，取得了比较好的效果。各省积极贯彻 6 部委执法检查通知精神，联合转发该文件并组织实施。为了贯彻 6 部委执法文件精神，水利部会同有关部委，对陕西省铁路建设、岷江上游水利水电建设、青藏铁路以及新疆、四川的开发建设项目进行了执法检查，黄委会组织了对西气东输工程西段的执法检查，长江委组织了对西气东输东段、渝怀铁路、瀑布沟水电站的执法检查。四川、江西、贵州、河南、重庆、福建、深圳等省（市）按照 6 部委执法检查文件要求，开展了联合执法检查。据统计，近 5 年来全国水利系统就组织《水土保持法》执法检查近 5 万次，其中省级检查 1043 次，地级 4518 次，县级 42183 次，检查项目 6 万多个。2004 年 7 月 12 日，水利部发出了《关于加强开发建设项目水土保持监督检查工作的通知》，要求各流域机构要切实履行好水利部授予的流域水土保持管理职责，建立部批水土保持方案督察、汛前检查、公告和管理数据库等 4 项制度，确保各项工程在建设的同时有效控制可能造成的水土流失。通过检查，水行政主管部门不仅了解很多情况，更重要的是学会了用执法检查这个方法推动工作，树立了水行政主管部门的权威，促进了开发建设单位认真落实水土保持方案、履行防治义务。

（五）争取各方支持，搞好部门协作

各级水利水保部门在执法过程中积极寻求人大和政府以及有关部门的支持，有力地推动了《水土保持法》的实施。全国人大有关专门委员会先后组织了 4 次《水土保持法》专项执法检查，水利部和全国人大农委多次联合召开《水土保持法》实施情况座谈会。地方各级人大也通过不同形式开展监督检查活动，深入基层、深入办案现场指导工作，推动了监督执法工作。水利部先后同国家计委、环保、铁路、交通、电力、煤炭、有色、三建办等行业主管部门联合发文规范开发建设项目水土流失防治工作，各地转发并制定了比较详细的实施细则，各部门通过联合行动，提高了认识，统一了思想，增强了防治开发建设过程中水土流失的自觉性。

三、认清形势，增强做好预防监督工作的责任感

预防监督是水土保持工作的一个新领域，仍然处于探索和发展阶段，随着国家可持续发展战略的实施和依法治国基本国策的深入贯彻，水土保持预防监督在保护生态环境、减少自然灾害、提高人民生活质量、促进经济社会发展中的地位和作用越来越重要，也是一项越来越重要的政府职能，是水利部门一项大有作为的事业。

（一）加强预防监督是国家实施可持续发展战略的必然选择

根据有关资料，我国每年平均搬动和运转的土石方量达到382亿t，占全世界总搬运量的28%，远高出国土面积占全球7%和人口占全世界22%的比例。这样大规模的开发建设活动对自然生态系统扰动很大，极容易导致严重的生态灾难。这些年沙尘暴、洪涝灾害加剧，滑坡、泥石流等山地灾害频繁发生，与人为破坏植被、生态恶化有着密切的关系。为了遏制生态环境严重恶化的局面，党中央、国务院做出了一系列建设和保护生态环境的重大决策，实施了一系列重大生态建设工程，退耕还林、防治风沙、开展水土保持重点工程建设等，目的都是为了经济社会的可持续发展，促进人与自然的和谐相处。水土保持预防监督就是通过法律、行政、经济和技术等手段控制人为造成的水土流失和生态环境破坏，使开发建设过程和人类活动中对生态环境的破坏降低到最低限度，协调好开发建设和保护生态环境的关系，保障生态建设与修复实现预期目标，从而保障经济社会健康发展。因此，我们必须从维护国家生态安全和可持续发展的高度认识加强水土保持预防监督工作的重要性和迫切性，增强做好这项工作的责任感和使命感。

（二）加强预防监督是实践新时期治水思路的重要内容

水利部党组根据中央水利工作方针和形势的变化，提出从传统水利向现代水利、可持续发展水利转变的治水新思路。而实现可持续发展水利就必须解决我国面临的十分突出的防洪问题和水资源短缺的矛盾。由于特殊的自然气候和地理条件，我国水土流失十分严重，特别是人口的迅速增加，土地资源的过度开垦，以及大规模的开发建设，破坏植被，人为加剧了水土流失。根据调查，每年因人为活动新造成的水土流失面积达1.5万km^2，开发建设造成的水土流失是一般情况下的几十甚至几百倍，而且后果非常严重，在山区修建1km的公路、铁路如不采取防护措施将流失几万t的弃土弃渣，并且直接进入江河湖库。在生态脆弱地区大规模的油气田和矿产开发，导致植被破坏、土地沙化，很难恢

复。这些不仅恶化了生态环境，破坏了水土资源，许多水利工程由于泥沙淤积大大降低了工程效益，缩短了使用寿命，加重了洪涝干旱灾害。因此，按照人与自然和谐相处的要求，走可持续发展水利之路，就要坚持在生态脆弱的地区，加强预防监督，同时转变经济增长方式，避免人类活动对生态系统的破坏，充分发挥大自然的自我修复能力，实现人与自然和谐；在生态良好的地区，要搞好水土保持和水资源保护，建设和维护良好的水生态系统；加大对建设项目的管理力度，防止在开发过程中造成新的水土流失。

（三）加强预防监督是依法行政的基本要求

水土保持预防监督工作是《水土保持法》赋予水行政主管部门的一项行政管理职能，随着社会主义市场经济的发展，依法保护生态环境越来越成为政府该管的事情，必须真正管好，只能加强，不能削弱。特别是《行政许可法》的发布，对依法行政提出了新的要求，同样，对水土保持预防监督工作也会产生直接影响。一是《行政许可法》把生态环境保护纳入行政许可的范围，明确水土保持预防监督工作是法律规定的行政行为，要充分发挥好预防监督在保护生态环境中的重要作用。二是《行政许可法》特别强调负责执法的部门对贯彻法律负有法律责任，贯彻不好就是失职，同样要追究责任，也就是有权必有责，用权受监督。《行政许可法》的制定有利于政府职能的转变，有利于政府管理方式的创新。因此，各地要认真学习《行政许可法》并加强人员培训以及宣传工作，认真做好行政许可清理和规范工作，加强有关配套的工作制度建设，积极主动应对挑战，增强信心，继续做好水土保持预防监督管理的各项工作。要以贯彻实施《行政许可法》为契机，进一步履行好法律赋予的职责，增强责任意识，全面推进依法行政、依法决策、依法管理，提高办事效率，改进机关作风。

（四）要清醒认识预防监督工作面临的困难

尽管水土保持预防监督工作取得了很大成绩，积累了丰富的经验，面对新的形势要求，我们要清醒地认识到预防监督工作还有很大差距，一是人们的水土保持意识和法制观念还不够强，是预防监督工作中最大的障碍。重经济利益忽视生态环境保护，重建设轻保护，急功近利，以牺牲环境为代价换取一时经济利益的现象屡见不鲜，掠夺式地利用资源和环境的生产方式仍然十分普遍，这是导致长期以来一边治理、一边又造成新的破坏，生态环境恶化的趋势始终没有从根本上扭转的重要原因。此外，有些地方存在行政干预、有法不依问题，给执法工作带来很大的障碍。二是落实《水土保持法》的具体规定遇到阻力，是预防监督工作中最突出的难题。在水土流失重点防治区的管理上，在治理成果的管护、生态良好区域的保护和对农业开发、林木采伐的监督上，在对开山采石等小型项目的管理上，我们落实的结果都与《水土保持法》规定的要求存在很大差距；还有，"三同时"制度还没有得到全面贯彻落实，有的建设项目没有按照法律规定报批水土保持方案，有的建设项目虽然编报了方案但没有认真组织实施等，这些问题仍是今后工作中的难点。三是目前水土保持监督执法能力不够强，是预防监督工作中最亟待加强的薄弱环节。一些地方仍然存在重治理轻监督、重要钱轻执法的思想，更突出的是机构能力建设不到位和执法人员素质不够高，这是当前最急需解决的问题。

四、加大力度，扎实推进水土保持预防监督工作

（一）提高认识，全面贯彻"预防为主"的方针

水土保持预防监督工作是《水土保持法》赋予水行政主管部门的一项重要职能，贯彻好"预防为主、保护优先"的方针，控制人为水土流失，关键在执法，各级水利水保部门必须给予高度重视，只有认真履行职责，才能不辱使命。对水行政主管部门来讲，这个工作抓得好与不好，取决于水行政主管部门领导的认识水平高低，取决于思想观念、工作方式、职能定位等正确与否。各级水行政主管部门，一定要从坚持科学发展观，一定要从依法行政，一定要从保护生态环境就是保护生产力、改善生态环境就是发展生产力的高度来认识监督执法工作的重要性，必须把预防监督工作当作大事来抓，摆上水利工作的重要议事日程，列入年度目标考核，明确责任，及时研究和解决监督执法工作中遇到的问题，为监督执法机构和人员创造好的工作环境和条件。水利部门的建设项目要率先执行好水土保持"三同时"制度，防洪工程要率先全面落实好水土保持方案，小水电不能成为破坏的恶劣典型。国家重点治理地区，尤其要抓好预防监督工作，防止"边治理、边破坏"现象的发生。今后安排国家重点治理项目时要进一步把预防监督作为先决条件来考虑。从事预防监督工作的同志要敢于执法、善于执法，履行好法律赋予的职责，推动监督执法向前发展。同时，要继续抓好宣传工作，进一步增强全社会的水土保持意识和法制观念。

（二）加强监督执法队伍建设和能力建设

《水土保持法》及其实施条例都明确了水土保持监督机构的执法地

位，现在关键是建立健全水土保持监督执法体系。有防治水土流失任务而没有水土保持预防监督机构的地方要依法建立专门的机构。执法队伍是贯彻好《水土保持法》的组织保障，必须要有一支关系顺畅、组织严密、纪律严明、运行有力的专职执法队伍，并且要把它建设成一支思想好、业务精、作风正、素质高的队伍。因此，要严把入口关，选拔那些思想作风好、具备专业水平、精通法律知识的人员充实和加强监督管理队伍；要定期组织培训，严格执行考核上岗的录用制度，建立各项执法责任制，提高素质，提高服务质量和水平；要加强管理和思想教育，依法持证上岗，树立良好执法形象，防止执法腐败，树立服务意识，文明执法，在执法中服务，在服务中守法；要加强监督执法机构能力建设，保证监督执法活动有稳定充足的经费来源，加强监督执法队伍的装备；要完善技术规程规范，积极引进推广先进适用技术，提高服务的技术水平。只有这样，才能依法行政，更好地服务于国家经济建设。

（三）进一步加强面上的监督管理

按照《水土保持法》的规定，根据新形势发展的要求，防治人为水土流失，需要在广阔的范围开展监督执法，而不能仅停留在点和线上，预防监督工作要从5个方面来扩大领域。第一，在生态良好的区域和特殊的生态功能区落实保护工作，如“三江”源区、重要的水源库区、林区的保护。第二，治理成果区的管护。保护好治理成果，重点是落实产权和管理责任，对其生态效果、经济效果要进行维护，实现良性循环。第三，加强生态修复的管理和保护工作，严格限制人们不合理的生产建设活动，促进生产方式的转变，为发挥生态的自我修复能力、恢复植被创造条件，实现人与自然和谐。第四，加强城镇化过程中的水土保持工作，保护和绿化、美化水系，做好开发区的水土流失防治工作。第五，加强开山、采石、取土等矿产资源开发的管理，落实水土保持“三同时”制度。同时，要加强“四荒”资源开发的监管，严格控制农业开发中的生态破坏和水土流失。

（四）继续开展监督执法规范化建设工作

水土保持监督工作是一项政策性很强的工作，涉及面宽，影响广泛，代表政府的形象，必须规范管理，要把规范化建设作为一项长期工作来抓，不断提高执法效率和执法水平，减少执法的随意性，树立良好的执法形象。通过规范化建设，做到：执法主体、执法行为、执法程序和执法形式“四合法”；水土保持方案审查审批工作公开、透明、高效，保证公众的知情、参与和监督权；行政执法文书和档案资料标准化；执法检查经常化、制度化；继续规范开发建设项目水土保持“三同时”制度，按程序严格把关，对有法不依的单位和个人要依法严肃查处；对执法单位和人员管理实行资质管理和准入制度，按照优胜劣汰的原则严格管理；水土流失防治费和水土保持补偿费的收缴和使用管理，严格按国家规定执行收支两条线和专款专用。同时，还要推行政务公开，推进电子政务建设。

（五）加强协调，调动社会各方面的积极性

这些年的监督执法实践证明，水土保持监督必须注意发挥社会各方面的积极性，才能取得比较好的效果。因此，要积极争取各级人大、政府的支持，加大对法律执行情况的检查力度，督促政府和各有关部门贯彻水土保持法律法规。要加强同相关行业部门的协作，理顺工作关系，明确行业主管责任，巩固和完善水土保持方案制度，组织开展联合检查活动，解决项目建设中的水土流失问题。要围绕矿山开采、城市水土保持等，加强同有关部门的协调，争取达成共识。水土保持方案的资质管理，仍然应面向有关行业部门，开放式搞水保，发挥各专业部门设计单位的技术优势。在监督执法中，要同环境保护、矿产管理、草原、森林等执法队伍加强配合，要取得公检法部门的支持。同时，要发挥群众监督、社会监督和舆论监督的作用，配合做好水土保持预防监督工作。

（作者单位：水利部水土保持司）

扎实推进我国水土保持监测预报工作

郭索彦

一、深刻认识水土保持监测工作的重要性

我国是世界上水土流失最严重的国家之一，水土流失成因复杂、面广量大、危害严重，对经济社会发展和国家生态安全以及群众生产、生活影响极大。及时、全面、准确地了解和掌握全国水土流失程度和生态环境状况，科学评价水土保持生态建设成效至关重要；而这些，只有通过科学的水土保持监测才能掌握，才能做出正确的判断和决策。水土保持监测的重要性主要表现在以下几个方面：

一是国家生态建设宏观决策的依据。回顾我国水土保持生态建设的发展历程，可以看出，我国先后开展的3次大规模的全国性水土保持普查，都为国家生态建设宏观决策发挥了极其重要的作用。20世纪50年代，水利部组织了全国范围的水力侵蚀人工调查，完成了全国第一次水土流失普查，为确定黄土高原等地区为我国水土保持治理重点提供了基本依据，有力地推动了建国初期我国的水土保持工作。第二次是20世纪80年代末，利用遥感技术，结合地面监测，开展了全国水土流失遥感调查，查清了水土流失主要类型及分布，发布了第一次公告。第三次是20世纪90年代末，利用最新信息源和最新成果数据，立足于高起点、高水准、高技术，全面查清了20世纪末我国水力侵蚀、风力侵蚀和水风蚀交错区的面积、分布状况和侵蚀强度，是现代高新技术应用于水土保持的一次重大尝试。调查成果经国务院批准公告后，得到了社会各界的广泛关注。这两次重要成果，为国家制定《全国生态建设规划》和《全国生态保护规划》，以及明确长江上游和黄河中游、珠江上游为重点治理地区，加大投入力度，决策实施一系列重大生态建设工程，提供了可靠、权威的依据。尤其是当前按照科学发展观的要求，要求科学测算国民经济和社会发展的绿色GDP指标，要分析环境资源成本，水土保持监测预报将具有更加重要的作用。

二是水土保持事业的重要组成。水土保持事业的发展离不开监测预报。只有通过监测预报，才能准确掌握水土流失动态，反映水土保持效果，进而有效地防治水土流失。我国水土保持事业正是伴随着监测预报工作的开展而逐步发展起来的。20 世纪 30 年代，我国首先在福建长汀、重庆北碚、甘肃天水及陕西西安等地，建立了水土保持试验站，开始进行水土流失定位观测。建国以后，全国范围内陆续建立了 100 多个水土保持所（站），开展水土流失规律、防治措施、效果评估及预报模型等方面的试验研究，取得了一批成果，为大范围、区域性水土流失动态监测奠定了基础。黄土高原地区通过多年的监测和试验研究表明，黄土高原综合治理每年至少可减少入黄泥沙 3 亿 t，充分说明了建国以来水土保持工作的成效。水土保持监测预报是水土保持生态建设一项重要的基础性工作，开展预防监督，查处违法案件，需要监测提供定量的数据；实施水土流失综合治理，编制项目规划和进行设计，评价取得的效果，都需要监测来支持；开展水土保持科学研究和制定水土保持规范、标准，也都离不开长期系统的监测。

三是提高水土保持现代化水平的关键基础。我国的水土保持工作在预防监督和小流域综合治理方面，所采取的措施和取得的效果，得到了国际社会的认可；但我国水土保持的基础性工作，特别是监测预报远落后于发达国家，差距比较大。主要表现在监测站点布局不合理、覆盖程度低、监测因子少，没有形成网络；观测方法仍是采用传统的人工观测取样，数据可比性和时效性较差；预测预报模型适用性差，不能满足监测预报的要求，难以有效反映水土流失动态变化。因此要实现水土保持现代化，就必须通过加快建设和进一步完善全国水土保持监测网络和信息系统，以更好地服务于国家经济建设和生态环境建设。

二、全国水土保持监测工作取得显著进展

1991 年《中华人民共和国水土保持法》的颁布，各级水行政主管部门认真贯彻落实水土保持法，制定了一系列规章制度，积极开展水土流失动态监测，狠抓监测网络和信息系统建设等工作，推动了水土保持监测工作的发展，主要体现在以下 6 个方面：

一是机构和队伍建设方面。截至 2004 年底，经各级编制委员会批准，全国自上而下成立了水土保持监测机构。其中水利部成立了水土保持监测中心，长江、黄河等 7 大流域机构成立了监测中心站，27 个省（自治区、直辖市）成立了监测总站和 130 个监测分站。各级水利水保

部门为了充分发挥监测机构的作用，在明确职责、加强管理的同时，重点加强了人才培养和队伍建设。据统计，全国各级监测机构现有专职人员2100多人。其中，博士35人，硕士96人，高级工程师450多人，工程师1100多人，专业涉及水土保持、水利、农业、林业、地理、遥感和计算机等，基本形成了一支专业配套、结构合理的水土保持监测队伍。而且各级监测机构采取走出去、请进来等多种方式，举办遥感、地理信息系统、全球定位系统、径流泥沙观测、计算机网络和专业应用软件等各类培训班，提高专业技术人员业务水平。

二是规章制度和技术标准体系建设方面。2001年，水利部以12号令发布《水土保持生态环境监测网络管理办法》，明确了监测站网的建设和资质管理、各级监测机构的职责，以及监测成果的发布制度等。2002年，水利部16号令《开发建设项目水土保持设施验收管理办法》明确规定了开发建设项目水土保持监测报告制度。2003年，水利部颁布了《水土保持监测资格证书管理暂行办法》，据此，组织开展了全国水土保持监测资质认证工作，加强了对水土保持监测工作的行业管理。到2004年年底，共有62个单位获得了甲级资格证书，49个单位获得乙级资格证书；经培训考试，有351人取得了上岗证书。2003年，水利部出台了《全国水土保持监测网络和信息系统建设项目管理办法》，明确了项目的建设管理机构和职责、实施方式、检查验收等。一些流域机构和省、自治区、直辖市也相应制定了有关规定和办法。在建立健全规章制度的同时，监测技术标准体系建设也逐步得到加强。2002年，水利部发布了《水土保持监测技术规程》，规定了水土保持监测的方法、步骤、内容、范围和技术要求，以及数据处理、资料整编和质量保证的标准。2004年，根据水土保持监测工作的要求，正在组织编制《水土保持信息管理技术规范》、《水土保持监测设施通用设备条件》、《水土保持试验技术规范》、《土壤侵蚀分类分级标准》和《开发建设项目水土保持方案技术规范》等技术标准也正在抓紧修订。

三是全国水土保持监测网络和信息系统建设方面，取得突破性进展。2004年3月，水利部批复了全国水土保持监测网络和信息系统建设一期工程初步设计报告后，水保监测网络一期工程即进入了全面建设阶段，到2004年12月底，招标工作全部结束，1个中心、1个中心站、13个总站和100个分站的设备采购与系统集成、监测车辆采购的任务基本完成，网络调试基本完成；软件开发已取得阶段性成果。一些省（自治区、直辖市）根据全国水土保持监测和信息系统建设的要求，结合当地实际和监测任务，积极推进观测场所和监测点的建设，为网络系统的数据采集和运行奠定了基础。

四是水土保持动态监测方面，在开展全国水土流失普查的基础上，开展了长江三峡库区、嘉陵江流域、南水北调中线水源区和黄河流域黄土高原地区等重点地区的水土保持监测；7 大流域水土保持重点防治工程的水土保持监测正在逐步开展；水土保持生态修复项目的效益监测也取得初步成果；开发建设项目水土流失监测取得突破性进展。2004 年，水利部发布了《2003 全国水土保持监测公报》，这是水利部首次向全社会公告全国水土保持监测情况。公报全面系统地反映了 2003 年度全国水土流失状况和水土保持进展情况，具有很强的权威性、指导性和实用价值。公报发布后，人民日报、中央电视台、光明日报、经济日报、中国水利报等几十家新闻媒体予以了报道，引起了社会的广泛关注。

五是基础数据库和信息化建设方面，各级按照水利部党组提出的“以水利信息化带动水利现代化”的发展思路，积极推动水土保持基础数据库和信息化建设。初步建立了以县为单位 1∶10 万的全国水土流失空间数据库和长江三峡库区、黄土高原区、环京津风沙源区、东北黑土区、珠江上游、新疆塔里木河下游等重点地区水土流失数据库，据初步统计，目前全国建成的水土保持基础数据库数据总量达 870GB，初步形成了不同空间尺度的数据库系统，为实现水土保持信息化、现代化奠定了坚实的基础。

六是在预测预报模型建立、3S 技术应用、信息系统研发、重大专题研究，以及技术合作与交流等方面做了大量工作，有 18 项成果获得省级以上科技进步奖。

三、全国水土保持监测工作的目标和任务

（一）指导思想和原则

全国水土保持监测工作的指导思想是坚持科学的发展观，认真贯彻《水土保持法》。通过建立和完善全国水土保持监测网络和信息系统，健全水土保持监测管理体系和技术标准体系，推进监测工作走上规范化、制度化轨道。以地面观测为基础，以遥感、地理信息系统、全球定位系统和计算机网络等现代信息技术为手段，形成快速便捷的信息采集、处理、传输和发布体系，全面掌握水土流失状况及其防治效果，为国家水土保持生态建设决策提供科学依据，以信息化带动水土保持现代化，为实现国民经济和社会的可持续发展服务。

全国水土保持监测工作的基本原则：一是坚持统筹规划、突出重点的原则。按照7大流域和行政区域统筹规划，分步实施；突出抓好重点地区和重点项目，力争在短期内有所突破。二是坚持分级管理、分类指导的原则。监测工作实行分级管理，明确责任，逐级落实；按照水土流失类型区，结合生态建设工程和开发建设项目特点，加强指导，因地制宜开展监测工作。三是坚持科技创新、注重实效的原则。依靠科技，不断创新，加快监测关键技术和预测预报模型研发；面向社会，注重时效，解决生产实践中急需解决的问题。四是坚持宏观微观结合、多种方法并举的原则。以地面观测为基础，遥感、地理信息系统和全球定位技术相结合，长期定位观测、周期性普查与临时性监测相结合，定性评价与定量分析相结合，保证监测结果的科学性。五是坚持广泛协作、信息共享的原则。加强与大专院校、科研单位的合作，同农业、林业、环境保护及国土资源等部门的协作，促进信息共享。

（二）总体目标

全国水土保持监测目标是建成覆盖全国范围的水土保持监测网络，实现对水土流失及其防治效果的动态监测与预报，推动水土保持信息化与现代化，提高水土保持综合防治和国家生态建设的决策能力，为全面建设小康社会提供支撑和保障。

至2006年目标：初步建成覆盖全国的水土保持监测网络，初步建立全国水土保持数据库与信息管理系统，初步形成水土保持信息共享与服务体系，实现对水土流失严重地区、重点防治区、大型开发建设项目区的动态监测预报和公告。

至2010年目标：建成覆盖全国的水土保持监测网络，建立健全的监测技术标准体系和管理运行制度，建成完善的水土保持数据库和信息管理系统，形成高效便捷的信息采集、处理、传输和发布体系，实现对全国水土流失及其综合防治的动态监测、预报和定期公告。

（三）主要任务和要求

1. 编制水土保持监测规划

在充分调查、利用现有资源的基础上，依据全国生态环境建设规划、水利发展规划等，编制全国、7大流域和行政区域水土保持监测规划，明确监测的指导思想、目标、任务，确定总体布局、重点监测对象和内容，提出具体的保障措施。按照不同水土流失类型区、重点防治项目和开发建设项目的特点，因地制宜布设监测场地和监测点，配置监测设施和设备。

2. 监测网络和信息系统建设

到2006年建成由水利部水土保持监测中心、7大流域机构监测中心站、31个省（自治区、直辖市）监测总站及其175个水土流失重点防治区监测分站等4级监测机构构成的水土保持监测网络。

3. 健全监测工作管理制度

建立行之有效的行政管理体制和业务运行机制，保证水土保持监测网络的高效运作、数据交换的安全畅通、业务合作的协调一致。建立水土保持生态建设项目水土保持监测方案审查制度。健全监测年报制度，下级监测机构应及时向上级监测机构报告年度监测数据及其整编结果，开发建设项目单位应及时向当地水土保持监测管理部门报告监测数据和结果。健全水土流失监测定期公告制度，国家水土保持公告每五年发布一次，重点省、重点区域、重大开发建设项目的监测成果根据实际需要适时发布。健全监测成果审核制度。生态建设工程、开发建设项目和其他项目的监测专项报告须经上级监测机构或同级监测管理部门审查同意，并作为项目竣工验收的重要依据之一。

4. 完善监测技术标准体系

在总结经验、引进先进技术的基础上，确立监测技术标准的分类、要求和范畴，完善数据采集、信息管理、设施设备条件等监测技术标准。数据采集应明确不同空间尺度的监测指标，以及获取方法、记录方式和更新周期等。信息管理重点是控制监测成果质量、整（汇）编监测数据、规范信息管理技术等。制定监测设施设备通用条件、完善水土保持试验规范和土壤侵蚀分类分级标准。

5. 实施水土流失动态监测

定期开展全国水土流失普查，建立水土流失、水土保持设施及其影响因子数据库，掌握水土流失面积、分布状况和流失程度，预测水土流失危害及发展趋势，评估综合防治效果。加强重点地区和重点工程水土保持监测，适时发布公告。长江中上游、黄河中游、环京津风沙源、东北黑土区、珠江上游等国家重点水土保持生态建设项目，要做好水土保持措施数量、质量及其防治效果的监测。水土保持生态修复区、重点预防保护区和塔里木河、黑河等引水调水、退耕还林等工程，重点监测水土流失、植被以及生物多样性等内容。开发建设项目重点监测开发建设活动造成新的人为水土流失、对地形地貌和水系的扰动以及植被的变化等。建立不同水土流失类型区的土壤流失预测预报模型，争取在2010年初步建成区域水蚀土壤流失预测模型，形成我国水土流失预测模型体系。

6. 开展监测技术培训

大规模、全方位、多渠道、分层次开展监测网络管理技术、水土流失观测技术、“3S”（遥感、地理信息系统和全球定位系统）技术及水土保持信息系统技术等培训，不断提高监测人员的业务素质，建立一支作风优良、业务熟练、技术过硬的监测技术队伍。有计划、有步骤地培训一批高、精、尖的技术人才。

四、2005 年水土保持监测工作的主要任务

一是全面完成全国水土保持监测网络和信息系统建设一期工程的各项建设任务，按照《全国水土保持监测网络和信息系统建设项目管理办法》的规定，完成一期工程的验收工作，并保证网络系统的正常运行。完成全国水土保持监测网络和信息系统建设二期工程的各项前期工作，确保在 2006 年开始实施二期工程。

二是发布全国水土保持监测纲要，以确定全国水土保持监测工作的指导思想、原则、目标、任务及保障措施，推动全国监测工作。在此基础上，编制全国水土保持监测规划。

三是进一步加强水土保持监测行业管理。认真贯彻落实水利部令第 12 号《水土保持生态环境监测网络管理办法》，积极推进水土保持监测行业管理工作。首先，根据水利信息化要求，按照完整性、统一性、科学性和实用性原则，研究和制定水土保持监测技术标准体系，以规范和推动水土保持监测工作。争取年内出台《水土保持监测设备通用技术条件》和《水土保持监测信息管理技术规范》两个规范，研究《水土保持信息分类及编码规定》、《水土保持数据库字典与表结构》、《土壤侵蚀调查与监测技术标准》等规范的编制。第二，推行水土保持监测报告制度，各级监测机构要对管辖范围内的水土流失和水土保持实施动态监测，并向同级人民政府和上级业务主管部门报告；第三，全面开展国家、省（自治区、直辖市）等不同层次的水土保持监测公报，满足广大群众的知情权，提高水土保持信息的社会共享程度。

四是做好长江中上游、黄河中游、环京津风沙源、东北黑土区、珠江上游等水土流失重点防治区的水土保持监测工作；大力推进开发建设项目的水土保持监测工作，出台开发建设项目水土保持监测成果认证制度（成果报告格式）和规范性文件，以规范开发建设项目水土保持监测工作和全面科学地评价开发建设项目水土流失状况和防治效果。

五是大力推进水土保持基础数据库建设，为水土流失防治与监测打下良好的数据基础，全面推动水土保持信息化和现代化。进一步加强监测技术培训、科学研究与推广，提升监测预报工作的技术水平和科技含量。

五、保 障 措 施

（一）加强领导，规范管理

各级主管部门要从战略的高度充分认识水土保持监测工作的重要性，把监测工作作为水土保持生态建设的一项主要内容，列入重要议事日程，加强组织领导，建立目标责任制。采取切实有效措施，抓好机构建设，配备强有力的技术力量。要认真贯彻《水土保持法》及其实施条例，各级水土保持监测管理部门要明确监测机构责任，实行严格的责任考核制度。搞好协调，督促各类开发建设项目法人履行水土保持监测义务。严格水土保持监测资格证书审批制度，监测单位和从业人员持证上岗。各级监测机构要建立科学、严格、行之有效的管理和运行制度，保证监测工作持续有效地开展。

（二）落实经费，保障工作正常开展

积极落实全国水土保持监测网络和信息系统建设资金，确保工程顺利实施。监测网络运行费要争取纳入各级财政预算，保障监测工作正常开展。要安排专项经费，用于监测技术人员业务培训。水土保持生态建设项目监测费，要在工程建设总费用中足额列支，专款专用。各类开发建设项目水土保持监测费用，要足额落实。

（三）加强科学研究，提高监测水平

要大力推广实用技术，积极采用高新技术，采用自动化程度高的观测设备、数据管理系统和地理信息系统，进一步提高遥感信息自动处理水平，提高数据采集、分析和为决策提供支持的能力。

（四）积极合作，促进国内国际交流

进一步加强与大专院校、科研单位的技术合作与交流，开展技术培训，试验和推广监测新技术、新成果，研究和开发水土流失预测和水土保持效益评估模型。发挥水土保持监测专业委员会的作用，积极参与其他相关学术团体的学术交流活动。加强与其他部门广泛合作，推进信息共享。积极参与国际技术合作，推动国内、国际间的水土保持监测技术交流。

（五）加强宣传，提高公众意识

采取政府组织、媒体宣传、教育介入、公众参与等多种方法，广泛开展水土保持监测的宣传工作，提高水土保持监测公众意识。编写水土保持监测科普教材，利用互联网进行信息交流，积极鼓励和支持社会和民间团体参与水土保持监测的各项活动。

（作者单位：水利部水土保持监测中心）

水利科技发展战略

（主持人：高波）

贯彻治水新思路　为水资源的可持续利用提供科技支撑

索丽生

一、牢固树立科学发展观，认清水利科技工作面临的新形势

党的十六届三中全会强调要坚持以人为本，树立全面、协调、可持续发展的科学发展观，促进经济社会和人的全面发展。这是我们党对社会主义现代化建设规律认识的深化，是我国全面建设小康社会的根本指导方针。党的十六届四中全会进一步提出了科学执政、民主执政、依法执政的要求。这些都对新时期水利工作提出了新的任务，也对水利科技工作提出了新的要求。水利工作必须树立和落实科学发展观，坚持人与自然和谐共处的理念，实现水资源的合理开发、高效利用、优化配置、全面节约、有效保护和综合治理，以水资源的可持续利用支撑经济社会的可持续发展。坚持科技创新，以科技进步促进水资源的可持续利用，以水利信息化带动水利现代化是当前水利科技工作的重要课题。

当今世界，科技进步日新月异，科学技术作为第一生产力，对一个国家、一个民族现在和未来的发展具有决定性意义。党中央、国务院高度重视科学技术工作，实施“科教兴国”战略，加大科技投入，深化科技体制改革，推动国家创新体系建设，使我国科技工作进入高速发展的时期。目前正在集中全国科技力量，组织编制国家中长期科学和技术发展规划，从全局性、战略性、前瞻性的高度，对未来 20 年我国科学和技术发展进行总体设计和统筹安排。规划将水资源问题作为重要内容予以高度重视。这些都为水利科技的发展提供了良好的机遇。

近年来，在中央水利工作方针的指导下，水利部门认真总结历史经验，转变观念，进行一系列理论创新和实践探索，逐步形成了可持续发展水利的新时期治水思路，取得了一个又一个举世瞩目的新成就。水利科技工作紧密围绕水利建设主战场，勇于创新，为实践新的治水思路提供了坚强的科技支撑。通过对科学防洪策略的探索，为防洪理念的转变提供了理论基础；通过科学的洪水预测预报技术与防洪抢险手段的综合

运用，实现了对2003年淮河特大洪水的科学防控；通过对水资源优化配置理论和技术的探索与实践，实现了黄河水资源统一调度和科学管理，保障了黄河连续4年不断流；通过对塔里木河调水前后水环境、生态环境的跟踪、分析与科学评估，为生态调水工程的科学决策提供了技术支持；通过对节水型社会建设理论和保障技术的探索与实践，为节水型社会试点建设提供了科技支撑；运用生态、生物技术治理修复水体污染，利用大自然自我修复能力治理水土流失，探索了水污染治理和水土保持工作的新理念和新方法；三峡工程的蓄水发电通航、南水北调的开工建设都充分证明了我国水利工程技术水平已经走在了世界的前列，具备了建设世界一流水利工程的能力和水平。

同时，我们必须清醒地认识到，当前水的问题依然是经济社会发展的重要制约因素，洪涝灾害、干旱缺水、水土流失和水环境恶化的问题远没有解决，化解我国4大水问题的关键在于科技创新。坚持和落实科学发展观，实践新时期治水思路，全面推进可持续发展水利，离不开科学探索。科学执政、民主执政、依法执政，要求我们不断推进决策的科学化、民主化和制度化。以信息化推动水利现代化，必须坚持不懈地用高新技术改造水利传统行业。

综上所述，水利科技工作迎来了千载难逢的历史机遇，同时又面临严峻的挑战。我们必须认清形势，抓住机遇，开拓创新，牢固树立科学发展观，积极实践治水新思路，努力开创水利科技工作新局面。

二、明确目标，全面推进水利科技工作跨上新台阶

当前和今后一个时期，水利科技工作的总体要求是，全面贯彻落实科学技术是第一生产力的重要思想，实施“科教兴国”和“可持续发展”战略，树立科学发展观，坚持依法治水、科学治水，为实现水利现代化提供强有力的科技支撑。

（一）始终不渝地坚持科学治水方针

胡锦涛总书记在今年的院士大会上强调，我们必须大力推进科技进步和创新，进一步发挥科学技术对经济社会全面发展的关键作用。温家宝总理在今年国家科技奖励大会上指出，经济和社会发展要靠科技，科技进步要依靠创新，科技创新要依靠人才。新时期的水利工作必须全面落实科学技术是第一生产力的思想，实施科教兴国战略，坚持科学治水方针。要围绕水利改革和发展实践，积极探索新理论、新方法，创造新技术、新工艺。围绕治水实践中的重大战略问题、热点难点问题、体制

机制问题，组织开展一批水利重大课题研究。要按照科学规律和经济规律，依靠科技进步，统筹解决水利与国民经济和人文社会的协调发展关系，统筹处理洪涝灾害、水资源短缺、水环境、水土流失等问题，统筹协调不同治水措施之间的关系。要积极推进决策的科学化、民主化，尊重科学、尊重知识、尊重人才，对重大项目和关键问题，要广泛听取各方面专家意见。

（二）加大水利科技工作创新力度

科学的本质在于创新，创新是一个民族进步的灵魂，是一个国家兴旺发达的不竭动力。我们要大力倡导科学探索和勇于创新的精神，加大水利科技工作的创新力度。

一是要加强思想理念的创新。水利部门以 1998 年大水反思为契机，对水利发展的思路进行了深刻系统的总结，及时提出在治水中要坚持人与自然和谐相处，从传统水利向现代水利、可持续发展水利转变，以水资源可持续利用支撑经济社会可持续发展的治水新思路。新的治水思路是科学发展观、科学执政思想在水利工作中的具体体现，也是新一代水利工作者对治水实践的重要理论创新和成功实践。水利科技工作，要密切跟踪当代水利科技前沿，科学判断发展的新趋势、新动向，不断探索新理念、新思路，对重大战略性、前瞻性问题要超前研究，大胆创新。特别要加强治水思路中人与自然和谐相处理念、防洪减灾方面洪水管理理念、水资源优化配置的市场理念、水土保持生态建设中大自然的自我修复能力等思想理念的创新。

二是要加强管理体制和运行机制的创新。生产力决定生产关系，生产关系反作用于生产力，当生产关系适应生产力时，将会促进生产力的发展，反之，将阻碍生产力的发展。目前科技管理体制与运行机制不顺，依然是影响水利科技快速发展的重要制约因素。近几年，按照国家科技体制改革的总体部署，水利科技体制改革已取得明显成效。但是总体上看，水利科技计划经济色彩仍较明显，创新活力不够，“开放、流动、竞争、协作”的运行机制尚未完全建立。我们必须加大改革力度，理顺体制，创新机制，逐步建立既符合水利科技特点和科技发展规律，又与社会主义市场经济体制相适应的，包括科学研究、技术开发、科技推广与技术服务在内的新型水利科技创新体系。

三是要加强管理方法和管理手段的创新。要不断改进科技管理方法和手段，健全管理制度，促进水利科技管理的制度化、规范化。在科技项目立项过程中，引进招标投标等手段，建立科学、客观、公开、公平、公正的机制。要以国家推进科技计划信用管理制度建设和科技评价体制改革为契机，逐步建立、健全水利科技计划信用管理制度，改进科技评价办法。进一步加强科技项目的全过程管理。要充分利用现代先进科技手段，进一步提高管理效率和管理水平。

四是要不断拓宽科技领域，加强组织方式的创新。水不仅具有自然属性，而且具有社会属性，21 世纪的水利科技问题不仅涉及水利工程技术范畴，而且涉及到自然科学、社会科学等范畴，因此，水利科技工作要充分考虑水的多元化属性，要改变脱离社会、经济和自然环境"就水论水"的研究方法，把水问题放到大自然中去考察、去研究。要不断拓宽水利科研的领域，特别要注意水资源优化配置理论、节水型社会、生态水利、城市水利、数字水利等新领域的拓展。在组织方式上，要实行跨行业、跨领域的联合攻关研究，不断促进学科的交叉、综合和渗透。

(三) 正确处理水利科技工作中的几个关系

第一，正确处理基础研究与应用研究的关系。基础研究是应用技术创新的源泉。重大突破性科技创新要从基础研究抓起，不断形成新思想、新理论、新方法、新工艺，为应用研究和技术开发提供新的方向。水利科技工作不仅要重视应用技术的研究开发，也要加强前瞻性的重大基础性问题的研究。要重视基础研究，加强应用开发研究，使二者做到有机结合。国家级公益性科研队伍要跟踪国际发展前沿，瞄准国家目标，围绕水利发展中心工作，有选择地开展全局性、前瞻性、战略性基础研究。流域、地方水利科技队伍要紧密结合本流域、本地区需要，积极开展具有本地特色的应用技术研究与推广转化工作，共同促进水利科技的全面发展。

第二，正确处理自主创新与技术引进的关系。近年来，我们通过国家"948"计划引进了一批国际先进实用的水利技术，为提升水利科技水平发挥了重要作用，要继续利用好这一窗口，不断学习借鉴国外水资源管理和大江大河开发治理的新思路、新经验、新技术、新设备。同时，我们要加大自主创新的力度，通过自主创新水平的进步，不断提高引进技术的层次，降低引进技术的成本。要加强引进技术的消化吸收，尽快实现引进技术的本土化，要把自主创新与引进国外先进技术有机结合，注重技术集成，形成更多自主知识产权。

第三，正确处理科学研究与转化推广的关系。科技创新不能简单理解为获取科研成果的科研过程，科技创新不能仅仅关心科技成果的技术创造性和水平，还应关注其在水利建设中所发挥的作用，应用效果是判断水利科技创新成功与否的最终标准。科技创新应包括科研、转化、推广、应用的全过程。在注重加强水利科技研究的同时，一定要高度重视科技成果的转化与推广，不断完善水利科技推广体系，健全推广机制，促进水利科技成果尽快转化为生产力。

第四，正确处理科技创新与人才培养的关系。科技创新，以人为本。造就一批德才兼备、国际一流的科技创新带头人，建设一支高素质的水利科技创新队伍，是实现我国水利科技跨越式发展的关键。高质量的科研工作、高层次的国际合作交流和良好的科研条件，是培养和凝聚高质量创新人才的必要条件。要在创新实践中培育人才，在公平竞争中识别人才，在事业发展中凝聚人才，在工作生活中关爱人才，形成多层次、全方位、系统化的人才开发格局。

三、采取切实有效措施，确保水利科技工作落到实处

（一）加强组织领导

水利行业各级领导干部要进一步统一思想，提高认识，把水利科技工作放在重要位置。党政一把手要亲自抓第一生产力，将水利科技工作作为实现治水新思路的关键环节来抓，要从战略的高度充分认识加速科技进步、加强科技创新的重要性和紧迫性。要把水利科技工作列入重要议事日程，制定规划，组织实施，督促检查，狠抓落实，形成长效有序的工作机制。要建立目标责任制。做到认识到位，领导到位，机构到位，人员到位，措施到位。特别是部分流域机构和地方水利部门还没设科技管理部门的，要指定专门部门和专人承担起科技管理的职能。要对在推进科技进步工作中做出显著成绩的单位和个人给予表彰和奖励。

（二）加大水利科技投入

科技投入是科技创新和科技进步的必要条件。近年来，国家加大了科技工作的投入力度，水利科技研究与开发、引进与推广的经费逐年增加。今后要继续积极争取国家各部委相关科技计划的支持。同时，水利部也将进一步加大对水利科技创新工作的资金支持。各流域机构、地方各级水行政主管部门要采取各种切实有效的措施，多方开辟经费渠道，加大对水利科技工作的资金支持力度。要积极引导企业和各种社会力量加大对水利科技的投入。坚持行政推动与市场运作相结合的办法，逐步建立政府补助、企业和社会力量共同投入的多元化机制，形成多层次、多元化、多渠道的水利科技投入体系。

（三）强化水利科技行业管理

要充分发挥行业管理优势，加强行业科技管理工作，促进全国水利科技工作的协调发展。部国科司作为水利部科技主管部门要会同有关司局，站在宏观、全局、战略的高度，制定好水利科技发展规划，保障水利科技投入持续增长，构建政策与制度规范，创造公平竞争环境，推动水利全行业科技进步。各地区、各流域水利科技部门要结合本地区、本流域水利发展实际，制定本地区、本流域水利科技发展规划。科技管理部门要按职责加强科技项目立项和科技成果的统一归口管理工作。要积极引导和鼓励科研、勘测、设计、施工、管理、教育等各方面的科技人员投入到水利现代化建设中来，进行创造性的工作。要进一步加强对本地区、本流域水利发展的宏观战略问题和关键技术问题的研究，提高科技进步对水利可持续发展的支撑力度。

（四）加强国际科技合作与技术交流

继续拓宽与世界各国和国际组织的交流渠道，进一步扩大国际科技合作与技术交流的范围，积极吸收引进国外先进技术、科技成果和资金。要针对水利发展的需要，重点加强高新技术领域的科技合作。要为科技人员，特别是中青年科技骨干出国进修、短期培训和参加国际学术交流创造条件。鼓励和引导留学人员、留居海外人员回国工作或以多种形式为祖国水利事业服务。要增强国际水利科技合作与交流的主动性，全面提升国际科技合作与技术交流水平。

［编者注：本文选自水利部副部长索丽生于2004年全国水利科技工作会议上的讲话］

加强科技创新　深化体制改革
努力开创水利科技工作新局面

高　波

一、近年来水利科技工作简要回顾

近年来，水利科技工作紧紧围绕水利建设主战场，开展科学研究、技术开发和推广转化工作，用高新技术改造水利传统行业，以科技进步推动水利现代化，为水利可持续发展提供了强有力的科技支撑，主要体现在以下7个方面：

（一）制定发布科技发展规划

在广泛调研、充分论证的基础上，我部制定发布了《水利科技发展规划（2001－2010）》，明确了21世纪初期水利科技发展的指导思想、原则和目标，论述了发展方向与10大优先领域，对水利科技工作做出了总体部署。全国绝大部分地方水行政主管部门和流域机构，都依据这个规划，结合本地区、本流域的实际情况，制定了相应的科技发展规划，指导本地区、本流域水利科技发展。

配合正在编制的国家中长期科学和技术发展规划，我部举办了水利科技发展战略高层论坛，启动了水利科技发展战略研究课题。

（二）增加水利科技投入

近年来，水利投入一直保持着较高的水平，水利科技投入也取得了较大突破，多元化、多渠道、多层次的水利科技投入体系逐步形成。据初步统计，2001年以来，我部主持和参与的国家级科技计划重大项目10余项，经费约3.3亿元，承担社会公益、科技基础条件平台、农业科技成果转化资金等项目100余项，经费约7500万元，远远超过“九五”期间的投入。2001～2004年，我部共安排水利部“948”计划经费1.78亿元，科技创新计划经费3500余万元，水利科技推广专项经费1600万元，科研基建经费约2.4亿元。各流域和地方水利科技投入也都有明显的增加。

（三）深化科技体制改革

作为第一批启动的社会公益类改革试点部门，我部科研机构改革工作自2001年启动以来，按照“分类指导，稳住重点，推动转制，促进发展”的思路，在结构调整、机制转换、人员分流、制度创新等方面进行了积极的探索和实践，取得了阶段性成果，并顺利通过科技部、财政部、中编办组织的联合验收。

改革前部属19个科研机构，改革后保留中国水利水电科学研究院、南京水利科学研究院、长江科学院、黄河水利科学研究院4个科研机构为非营利性科研机构；南京水利水文自动化研究所、农村电气化研究所等4个科研机构将整体转制为科技型企业；2个科研机构转为中介单位；其余科研机构进行撤并、整合。目前，已经平稳地完成了结构性归并工作，科研力量布局得到进一步优化；4个非营利性科研机构初步建立了“开放、流动、竞争、协作”的运行机制，稳步向创建现代科研院所的方向迈进。2001、2002、2003年4院的总科研合同额分别达到2.77亿元、3.67亿元和4.54亿元，综合实力显著提高。整体转企的4个科研机构科技产业得到较好的发展。为实现与国家工程技术研究中心和重点实验室的衔接，结合水利学科建设与发展，我部先后组建了1个国家级、1个部级工程技术研究中心和5个部级重点实验室，逐步成为进行高层次学术交流、高水平科技创新和高技术研究开发的基地。

流域属科研机构的改革工作，与流域机构改革同步进行。地方水利科研机构的改革根据地方科技体制改革的规划和步骤统一实施，目前已基本完成。

（四）加大科技创新力度

2000年10月，在南京召开的全国水利科技工作会议上，汪恕诚部长在讲话中强调要坚持科学治水方针，强调必须依靠科技进步解决我国面临的水问题，加强水利科技创新，坚持用高新技术改造水利传统行业。各级水利科技部门认真贯彻落实会议精神，取得丰硕成果。据统计，2000~2003年，水利部归口管理的重大科技成果中，有8项获国家科技进步二等奖，50项获大禹水利科学技术奖，其中一等奖3项，二等奖12项。

在水资源开发利用方面。通过科技攻关研究，在水资源合理配置、分区域生态用水标准技术体系建立以及洪水资源化等方面取得了一系列重要成果。提出了内陆干旱区“天然—人工”二元水循环模式，揭示了水资源、社会经济、生态环境三者间相互依存的定量关系与转化规律，为西部大开发战略的实施提供了科学决策依据。

在水资源优化配置方面。水利部启动了江苏、辽宁、黄河、海河、太湖流域5个水资源实时监控系统试点建设，并组织进行了关键技术研究。系统建设为实现试点区域、流域水资源优化配置发挥了重要作用，取得了显著的经济、社会和生态效益，同时也为其他地区、流域提供了示范。在实施塔里木河、黑河、扎龙湿地应急生态调水过程中，运用高新技术手段，对输水效果进行监测、评估和分析，为评价调水的社会和生态环境效应提供了可靠的科学依据。

在水资源节约、保护方面。节水技术及设备研究、开发取得重大突破，为推进张掖等节水型社会建设起到了积极的促进作用。近年来，水利部组织了“生物方法水体修复技术”研究与示范，安排了多个试点建设，通过生物慢滤、人工湿地、生物浮岛等技术，修复污染水体，恢复水体自净能力，目前已取得阶段性成果。

在大江大河综合治理方面。加大了对现代防洪保安理念、防洪抢险技术及设备的研究开发力度。防洪策略研究取得重大突破，从控制洪水向洪水管理转变。堤防隐患探测技术、除险加固技术获得了长足的发展。在坝工技术方面，混凝土面板堆石坝筑坝技术、碾压混凝土筑坝技术、坝体抗震、坝体优化设计理论等方面都处于国际领先水平。

在利用高新技术改造传统水利行业方面。通过引进国际先进技术和自主研究开发相结合，在灌区管理、水资源和水环境监控、水旱灾情监测评估、水土流失监测等领域，3S技术、计算机技术、信息技术等现代高新技术已经得到广泛应用。

各流域机构、地方厅局在科技创新方面也做了大量的工作，取得了丰硕的成果。

通过持续不断的科技创新，目前我国水利科技的总体水平已基本上达到了国际先进水平，一些领域已处于国际领先水平。

（五）加强科技人才队伍建设

“十五”期间，我部在科技人才的培养、选拔、使用等方面作了很多工作：第一是抓住科研机构体制改革的良好机遇，积极进行人事、劳动、分配制度改革，努力创造一个有利于培养人才、吸引人才、用好人才的良好环境；第二是利用国际人才培养专项经费，选派科研骨干人员到国外相关机构工作、培训。同时，组织科技管理干部赴国外考察学习；第三是在科技计划安排等方面，设立专项，支持青年科技人才的成长；第四是通过会议、培训班等形式，培训科技管理人员，不断提高科技管理人员素质。通过以上努力，水利科技队伍人才辈出。部属科研机构不仅从其他行业引进了一批优秀人才，还从其他国家吸引了一批留学人员、外籍科技人员担任学科带头人，彻底扭转了水利行业人才外流的局面。

1996年，我部进行了首次水利青年科技英才的评选表彰工作，隆重表彰了10名青年科技英才和20名先进青年科技工作者。这些青年英才现在都已经成为水利各条战线的栋梁之材。时隔8年之后，我部再一次开展了青年科技英才的评选、表彰，并出台了《水利青年科技英才评选奖励和管理办法》，把这项工作作为落实“人才强国”战略的重要措施纳入规范化管理轨道，今后将进行定期评选，并在申请科技项目及出国进修、培训、参加国际学术活动、出版学术著作等方面给以优先支持。

地方各级水利部门也认真贯彻“科教兴国”和“人才强国”战略，采取切实措施，加强了科技人才队伍建设。

（六）加大科技推广工作力度

“十五”计划以来，水利科技推广主要做了以下工作：以政策法规建设为先导，发布了《水利科技推广重点计划项目管理办法》；以机构体系建设为支撑，科技推广机构建设得到加强；以科技推广计划为依托，水利科技推广投入有较大增长。农业科技成果转化资金、水利科技推广专项等科技计划相继设立，有力地促进了水利科技成果的推广转化；以市场为导向，突出市场的引导和带动作用，一批先进实用的技术成果，如水资源优化配置技术、水环境修复技术、堤防隐患和险情快速探测技术、节水灌溉和农村供水技术、堤防除险加固技术、水土保持、防风固沙综合技术等方面的新技术、新材料、新设备，已经得到推广应用，取得了良好的经济效益。

（七）积极开展国际科技合作与技术交流

“十五”计划期间，水利系统积极实施“引进来、走出去”战略，大力开展国际科技合作和技术交流。据统计，水利部已同世界5大洲60多个国家和地区建立了水利合作关系，与其中近30个国家签订了水利科技、经济合作协议或谅解备忘录。

在国际科技合作方面，随着我国水利科技水平的不断提高，以科技为主导的国际合作与交流越来越多、越来越频繁、领域越来越广阔。充分利用外国政府和国际组织贷款、赠款，广泛开展长江防洪管理及泥沙研究、长江黄河水土保持与水环境保护、海河流域水资源保护等国际科技合作。其中，世界银行贷款长江干堤加固技术研究项目贷款金额达2.1亿美元。主办和筹办国际水利学大会、国际水土保持大会、河流泥沙国际学术讨论会、国际灌排大会等一系列国际会议，积极开展国际科技交流、研讨。同时，积极创造条件，把我国优秀的水利专家推向国际舞台。目前，我国一些水利专家已经在一些重要的国际组织中担任重要职务，如国际大坝委员会副主席、国际灌排委员会副主席、国际水文计划政府间理事会副主席等，在国际水事活动中发挥着重要作用。

在技术引进方面，通过水利部“948”计划的实施，加强了我国与国外发达国家的水利技术交流，使我国水利科技对世界先进水平具有灵敏反应并基本保持同步。2001～2004年，共安排引进、创新与转化项目225项，支持重点领域包括水资源优化配置、节约保护及管理，防洪减灾，水环境治理保护，施工关键技术装备等。

流域机构和地方的国际科技合作与技术交流活动也开展得有声有色。如都江堰借建堰2260年之机，举行了都江堰国际学术论坛，国内外专家学者同聚古堰，进行学术交流。2003年10月，来自32个国家和地区的水利专家、学者参加了首届“黄河国际论坛”，围绕黄河研究，进行广泛深入的交流、研讨。

（八）地方水利科技创新成效显著

在实现从传统水利向现代水利、可持续发展水利转变的过程中，各流域机构、地方厅局积极探索，勇于实践，重视科技，依靠科技，认真贯彻落实“第一把手抓第一生产力”的方针，把依靠科技进步作为做好本地区水利工作、支撑本地区经济社会可持续发展的重要手段和措施。

黄河水利委员会高度重视科技工作，提出了维持河流健康生命的治河理念和“三条黄河”战略构想，开展了调水调沙、人工塑造异重流及小北干流放淤等重大科学试验。连续3年的调水调沙试验是世界上规模最大的人工调控泥沙原型科学试验，通过对干流骨干水库的联合调度，使小浪底水库出库流量与含沙量适应下游河道的输沙能力，三次试验共输送泥沙入海约2.6亿吨，效果明显。通过几年的探索，对黄河的治理开发有了新的认识，科技治黄已在全河上下形成共识。北京市水务局围绕二十一世纪初期首都水资源综合规划的目标，在恢复官厅水库水源地功能、密云水库水环境保护、城市河道整治等方面，统筹考虑人与自然和谐发展，采用生物技术等新技术修复污染水体，取得很好的效果。新疆水利科技工作“十五”期间实现了较大跨越。通过对塔里木河调水前后水环境、生态环境的跟踪、分析与科学评估，为生态调水工程的科学决策提供了技术支持。结合引额济乌工程沙漠输水渠道修筑、软岩地区长隧洞施工等开展了关键技术研究。围绕乌鲁瓦提水利工程混凝土面板堆石坝砂砾石料的工程特性、面板防裂及止水结构等开展的关键技术研究，获2003年度国家科技进步二等奖。山东省针对水资源紧缺矛盾不断加剧的现实，提出“积极拦蓄地表水、合理开采地下水、科学调引黄河水、大力开展节约用水”的水资源开发利用总体思路，建立了以水资源高效利用和保护生态环境为目标的节水灌溉工程技术、农艺节水技术、节水灌溉运行管理技术为一体、完整的农业节水综合技术体系，成果获2003年度国家科技进步二等奖。四川省在“十五”期间，积极进行水利现代化建设探索和试点，结合都江堰灌区信息化建设，编制“数字都江堰工程”总体框架，建立了灌区渠首水情水质监测及调度决策支持系统，有力推进了都江堰水利现代化建设，古代文明与现代科学技术相结合，使千年古堰焕发了青春。

回顾近年来水利科技工作，我们深刻体会到：

（1）贯彻中央水利工作方针，实践部党组新时期治水思路，紧密围绕水利建设重点，开展科技创新，以科技进步推动水利现代化，是水利科技工作的根本目标；

（2）深化科技体制改革，整合科技资源，创新体制与机制，是做好科技工作的重要保障；

（3）加强科技人才培养、引进优秀人才，搞开放式科研，加强学科的交叉、融合与渗透，是提高科研水平的重要途径。

虽然水利科技工作取得了很大成绩，但还存在很多问题和不足，主要表现在以下几个方面：

（1）科技创新的体制、机制尚未健全和完善，“面向”和“依靠”的问题还没能得到很好的解决，科技的引领作用还没有得到充分发挥，一些重大的基础性、战略性、前瞻性研究还很缺乏或不够深入；

（2）科技投入仍然不足，还处于一个较低的水平，制约了水利科技的更大发展；

（3）科研浮躁、学术浮夸现象依然严重，科技评价办法不完善，科技信用体系尚未建立起来。

二、新时期的水利科技工作

21世纪头20年是我国全面建设小康社会、实现社会主义现代化第三步战略目标的重要战略机遇期，经济社会的发展，生态环境的改善，对水利提出了更高的要求，也对水利科技工作提出了更高的要求。水利科技工作机遇与挑战并存。

（一）水利科技工作面临的机遇和挑战

近年来，党和国家高度重视科技工作。党的十六届四中全会提出必须坚持科学执政、民主执政、依法执政，改革和完善决策机制，推进决策的科学化、民主化。十六届三中全会提出，要坚持以人为本，树立全面、协调、可持续的发展观，促进经济社会和人的全面发展。胡锦涛总书记在今年召开的中国科学院第十二次院士大会、中国工程院第七次院士大会上强调，科学技术作为第一生产力，对一个国家、一个民族现在和未来的发展具有决定性意义。我们必须大力推进科技进步和创新，进一步发挥科学技术对经济社会全面发展的关键作用。温家宝总理在今年国家科学技术奖励大会上深刻指出经济和社会发展要依靠科技，科技进步要依靠创新，科技创新要依靠人才。正在编制的国家中长期科学和技术发展规划，从全局性、战略性、前瞻性的高度，对未来 20 年我国科学和技术的发展进行总体设计和统筹安排。这些都为水利科技的发展提供了良好的机遇。

在全面贯彻科学发展观，落实中央水利工作方针和实践治水新思路的过程中，我们一定要清醒地认识到水利科技工作面临的严峻形势，意识到肩上的重大责任。

水利工作贯彻落实科学发展观，需要水利科技提供基础保证。坚持以人为本，注重五个统筹，体现在水利工作中，既要考虑防止水对人的伤害，又要防止人对水的伤害；既要考虑水资源的开发治理，又要考虑节约和保护；既要考虑经济社会发展对水资源的需求，又要考虑水资源和水环境的承载能力。实现上述目标，必须依靠科技创新和进步，深入开展基础理论和应用技术研究，找出解决的方法和措施。

实践部党组新时期治水思路，实现水资源可持续利用和水利现代化，需要水利科技提供技术保障。水资源可持续利用是水利发展的根本目标，水利现代化代表着水利的发展方向，要运用现代先进的科学技术和管理手段，以水资源优化配置为中心，不断提高水资源利用效率，改善环境与生态，全面建设节水防污型社会。没有水利科技的支撑和保障，水利现代化就无从谈起，水资源可持续利用也就无法实现。

新时期我国水利的新特点、新形势，需要水利科技工作提供强有力的支撑。进入新世纪，我国水利面临的“水多、水少、水脏、水浑”4

大水问题依然严重，同时随着新时期治水思路的转变，节水型社会建设、生态水利、城市水利、数字水利等新兴领域发展迅速、方兴未艾。面对新形势，要求水利科技工作必须与时俱进，加强创新，不断进步，以科技进步应对水利工作新局面、新特点。

南水北调等一大批大型水利水电工程的建设和管理，长江、黄河等大江大河的治理开发，都需要水利水电工程技术水平的进一步提高。同时，工程的管理也更加强调要采用先进的技术和手段，实现管理的自动化、现代化和科学化。这些都要求进一步提高水利科技创新的能力和水平。

面对千载难逢的历史机遇和严峻挑战，水利科技工作必须在已取得成绩的基础上，与时俱进，开拓创新，以强烈的使命感和危机感，把握有利时机，抓住发展机遇，不断提高对“科教兴国”和“可持续发展”战略的认识和理解，贯彻落实科学发展观，积极实践治水新思路，扎扎实实做好水利科技各项工作，全面开创水利科技工作新局面。

（二）新时期水利科技工作指导思想、总体目标和基本原则

1. 指导思想

全面贯彻落实科学技术是第一生产力的思想，实施“科教兴国”和“可持续发展”战略，深化水利科技体制改革，树立科学发展观，坚持以人为本，注重“五个统筹”，坚持依法治水、科学治水，紧紧围绕水资源短缺、洪涝灾害、水污染和水土流失等重大水问题，加强科技创新，促进成果转化及推广应用，为实现水利现代化、全面推进可持续发展水利提供强有力的科技支撑。

2. 总体目标

水利科技工作的总体目标是：做好“十一五”水利科技发展总体布局工作，明确水利科技发展方向、目标和重点领域；以落实科学发展观，坚持以人为本，促进水利可持续发展为目标，加强科技人才队伍建设，开展一批事关水利发展和改革重大科技问题的研究，推进水利现代化建设；以进一步深化科技体制改革为动力，优化科技资源配置，创新管理体制和运行机制，营造良好科技创新环境；以科技计划为依托，以市场为导向，大力开展水利科技成果推广转化；以现代高新技术为手段，进一步加强科技管理，提高管理效率和水平；保持我国水利科技总体国际先进水平，全面建设完整配套的水利科技创新体系。

3. 基本原则

（1）坚持全面、协调、可持续发展的原则。要基于可持续发展的

思想，从人口、资源、环境三者协调统一的观点，全面而不是割裂地研究水利发展中的各个课题，动态地而不是静止地探索学科的发展规律。组织跨领域、跨学科的联合攻关，鼓励学科之间的交叉、渗透，综合研究，重视技术集成。

（2）坚持因地制宜为水利建设服务的原则。要按照科学发展观和可持续发展水利思路，因地制宜，谋划好新时期水利发展的格局和重点。针对不同地区水资源状况和经济社会发展状况，提出适合该地区的水利科技发展指导方针和重点方向。既要高度重视前瞻性、战略性的应用基础研究，也要紧紧围绕水利规划、前期工作和建设中的热点、难点问题开展应用研究和技术开发。

（3）坚持自主研发、科技创新与引进先进技术相结合的原则。要充分利用国际科技资源，为我国水利建设服务。要加强对技术引进的宏观指导和统筹协调，不断提高引进技术的层次，降低引进技术的成本，并与人才和智力引进有机结合。在借鉴国外先进经验的同时，必须立足于自主研发和科技创新，积极探索新理论、新方法、新模型，创造新技术、新工艺、新材料，实现从以跟踪模仿为主向以自主创新为主的转变。

（4）坚持用高新技术对水利行业进行技术改造的原则。水利是一个传统行业，必须用高新技术为其注入活力。迫切需要采用计算机技术、微电子技术、现代通讯技术、3S 技术及自动化技术等在水资源的监控调度、洪水预报预警、决策支持及灾害评估、大型工程的设计施工、大中型灌区的计算机监控系统等方面进行技术改造。

三、扎扎实实做好近期水利科技工作

（一）认真做好“十一五”科技发展总体布局工作

各级水利科技部门要认真总结“十五”工作经验，围绕当前和今后一个时期水利发展和改革工作重点，做好“十一五”科技发展总体布局工作。要结合国家中长期科技发展规划和水利发展“十一五”规划的编制工作，在水利科技发展战略研究的基础上，因地制宜地编制本地区、本流域水利科技发展“十一五”规划，进一步优化科研力量布局，明确科技发展方向、目标、工作任务和重点领域。要结合实际需求，凝练重大研究课题，争取各级科技计划和经费的支持，立项开展研究。

（二）进一步拓宽水利科技投入渠道

科技投入是水利技术创新和科技进步的必要条件。要积极争取国家和各级政府的经费投入以及信贷、匹配性资金等政策性投入、科技风险资金投入。鼓励、引导全社会多渠道、多层次地增加科技投入。要建立以政府投入为主导、企业和社会力量共同投入的多元化水利科技投入体系。我部将继续给予水利科技创新工作专项经费支持，主要用于以社会公益研究和应用技术开发为主的水利科技创新工作；要积极争取国家有关部门在计划、项目等方面的支持；各流域机构和各级水行政主管部门要多方开辟经费渠道，结合重点工程建设，加大水利科技投入力度；水利企事业单位要立足当前，放眼长远，依靠科技进步求发展，抓住时机，尽快发展壮大。

（三）继续加强科技创新体制和机制建设

要继续深化科研机构体制改革，进一步优化科技资源配置，创新管理体制和运行机制。非营利性科研机构要积极探索按照职责明确、评价科学、开放有序、管理规范的原则，加快建立现代科研院所制度。转企科研机构要逐步向现代企业过渡。探索和加强科技中介机构建设。流域属科研机构，要围绕流域的治理开发，开展基础研究、应用研究和技术开发、质量监督和科技推广。地方水利科研机构要加强科技成果的推广转化，其改革工作要服务于水利发展的总体目标，注意区别对待、科学定位、分类指导。

要加强工程技术研究中心和重点实验室的建设及运行管理。加强对已建机构运行绩效的检查、评估，创造条件支持申报国家级工程技术研究中心和重点实验室。鼓励、支持地方水利科研机构建设多种形式的实验室、技术中心等，探索新的管理体制和运行机制。

要结合水利科技体制改革，逐步构建新型的水利科技创新体系。以非营利性科研机构和高校为基础，建立机构布局科学、学科结构合理、人员精干高效、具有世界先进水平的水利科学研究体系。结合转企科研院所和水利科技企业的改革和改制工作，建立产学研相结合的技术开发体系，积极培育一批水利科技企业。结合水利科技推广机构的建设和水利勘测设计单位、中介机构和社会团体的改革，建立队伍多元化、运行市场化、形式多样化、服务网络化的水利科技推广与技术服务体系。

（四）深入开展重大水利科技问题研究

汪部长在2004年全国水利厅局长会议讲话中，专门强调要围绕当前和今后一个时期水利发展和改革中的重大战略问题、热点难点问题、体制机制问题，组织开展一批水利重大课题研究。各级水利科技部门和广大水利科技工作者要积极行动起来，有组织、有目标地深入开展重大水利科技问题的研究。

在水资源利用、配置方面。要研究水资源形成、可再生性维持机理及时空变化规律，探讨水资源可持续利用的方式和对策。要重视水权、水价、水市场的理论研究。注重地下水相关问题的研究以及以海水淡化技术为代表的新型水源开发利用技术的研究。

在水资源节约、保护方面。要加强节水防污型社会建设重大问题的研究。研究西部大开发中遇到的水资源利用与生态保护之间的问题，大型水利水电工程对河流生态系统的胁迫与补偿等问题。要对水土流失侵蚀机理和产沙规律的若干重大科技问题深入研究。

在大江大河综合治理方面。要加强防洪减灾策略的研究。逐步建立集实时监测、预警预报、抢险救灾、恢复重建于一体的应急管理体系。以长江黄河为重点加强水沙资源利用关键技术、河湖关系、湖库清淤技术、河道整治及水沙关系等方面的研究。

在水利工程建设方面。围绕南水北调工程建设、“三纵四横”水网形成后与国民经济布局和生态系统间的耦合关系等开展关键技术及重大问题研究。研究开发水利工程病害诊治、水工混凝土寿命、除险加固和堤防隐患探测及防渗加固技术。加强岩土高边坡稳定、强震区工程防护、大跨度地下洞室群等问题的研究。加强水利重大技术装备研究。

在水利信息化建设方面。要加强现代信息技术的应用研究和关键技术开发，广泛采用3S技术、计算机技术、网络技术、现代通信技术等，对传统水利实施技术改造，以信息化带动水利现代化。

水利系统各单位要围绕上述研究方向，凝练重大课题，因地制宜，开展科学研究。非营利性科研机构要站在水利科技发展的高度，重点开展一批事关全局、战略性、前瞻性重大科技问题的研究，为科学决策提供支持，做好技术储备。各流域机构、各地方水利部门要结合本流域、本地区发展实际，组织开展重大科技问题研究。长江水利委员会已经组织开展了10大治江课题研究，核心问题是要深入研究三峡工程投运后对整个长江上游和中下游产生的影响。黄河水利委员会提出了“1493”框架体系，重点是要研究如何维持黄河健康生命。东部地区要围绕率先实现水利现代化、建设节水防污型社会，中部地区要围绕水污染治理和水土保持生态建设，西部地区要围绕加强生态环境保护和节水，东北老工业基地要围绕城市水利发展和水资源、水环境承载能力等方面分别提炼重大科技问题，组织开展研究。

（五）加快建设高素质科技人才队伍

人才资源是第一资源，也是最重要的战略资源。科技发展必须贯彻落实“人才强国”战略，把以人为本体现到科技工作中。

一是完善规章制度，营造政策环境，把培养和造就优秀水利科技人才、调动广大水利科技人员的积极性作为水利科技工作的基本目标。各级水利科技部门要树立科学人才观，制定规划办法，完善保障措施，加快水利科技人才队伍的建设和发展。

二是采取多种形式，加快水利科技人才队伍建设步伐。要采取科技计划支持、改善科研条件、派出进修培训和参与国际学术活动等形式，培养优秀科技人才。要做好高层次科技人才的培养、使用，造就一批具有国内领先水平、国际上有一定影响的科技人才。同时，要采取岗位培训、业务交流、出国考察等形式，不断提高科技管理人员的素质。

三是建立科技人才激励机制。在分配制度上要重实绩、重贡献、向优秀人才倾斜。要继续做好水利青年科技英才的评选、表彰和跟踪管理工作。

（六）进一步加强科技成果的推广转化

一是加强科技成果登记，实现科技成果统一管理，结合水利建设的实际需要，有组织、有计划地推广应用先进技术和成果；

二是加强科技奖励工作，做好各种科技奖励的管理工作，优先支持获奖科技成果的推广转化；

三是充分利用各级科技推广计划，优先推广一些公益性较强、水利发展和改革急需的先进实用技术；

四是充分利用市场对资源配置的调节作用，对一些潜在的具有良好市场前景和经济效益的科技成果，坚决走产业化道路，培育一批科技型企业，利用市场机制促进推广转化。

（七）大力推进国际科技合作与技术交流

一是在双边和多边合作中，进一步加强国际科技合作与技术交流，不断扩大合作交流范围，深化交流内容。加强技术引进与创新，在充分利用国际科技资源的基础上，大幅度提高我国自主创新能力。采取有力措施，支持和鼓励具有自主知识产权的技术产品出口，逐步走向国际市场。

二是积极参与和组织国际水事活动，广泛参加涉水国际组织的活动，不断提高和扩大中国水利在国际舞台的地位和影响。我部将继续安排专项经费资助水利专家到国际组织进修、工作，组织水利科技管理干部赴国外考察、培训。鼓励和支持水利科技人员广泛参与涉水国际组织的活动并逐步发挥主导作用。

三是加强国际科技合作项目与国内科研项目的衔接配合，做好总体设计，集中国内外资金、智力、技术，共同为我国水利建设和发展服务。

（八）切实加强科技管理工作

水利科技管理工作涉及面广、技术要求高、工作难度大。要采取有效措施，切实加强科技管理，保障水利科技工作规范、有序、高效地开展。各级水利科技管理部门要按职责加强科技项目和科技成果的统一归口管理，要以国家推进科技评价体系改革和建立科技计划信用管理制度为契机，改进科技评价办法，建立、健全科技信用制度体系；要健全科技计划管理规章制度，进一步加强科技项目实施的全过程管理，加强实施过程中的监督、检查、评估，努力提高科技成果的推广转化率；要充分利用现代先进技术手段，进一步提高科技管理效率和水平，逐步实现科技管理工作的系统化、规范化和数字化。

要制定相关政策、采取多种措施，推动行业科技工作的整体进步，实现行业科技工作的上下联动、协调发展。水利部将进一步加强对地方水利科技工作的行业指导，在政策、项目、人才培养等方面给予支持。各流域机构和各级水行政主管部门要高度重视科技工作，结合本流域、本地区水利发展的格局和重点，科学定位，加强流域、区域水利科技创新体系建设，积极推动水利科技工作的开展，促进行业科技进步。

［编者注：本文选自水利部国际合作与科技司司长高波于2004年全国水利科技工作会议上的讲话］

结合我国水利水电资源的开发利用　开展关键科学技术研究

张楚汉

一、水资源问题

我国水资源总量约为 2.8 万亿 m^3，约占全世界水资源总量的 6%，居世界第 6 位，次于巴西、俄罗斯、加拿大、美国和印尼，但是，我国人均占有水量仅为世界人均占有量的 1/4，耕地亩均占有水量只有世界亩均占有量的一半，是人均占有量相对紧缺的国家。由于我国水资源的自然时空分布极不均匀，近 20 年来全球气候变化，北方黄淮海平原持续干旱，已形成严重的缺水危机，再加上经济社会发展，环境污染，海河流域已是“有河皆干，有水皆污”的局面；黄河连年断流，近年平均水量不及常年径流的一半，黄淮海流域地下水严重超采（超采量约 115 亿 m^3），全国 600 多座城市中有 400 座存在不同程度的缺水，因此，水资源与水环境问题已成为制约我国可持续发展的重大因素。解决这一危机的战略措施除节水、合理用水、污水处理、水资源保护外，南水北调工程是重大举措之一。

为此建议：将水资源合理开发和利用——可持续发展研究纳入国家中长期科技规划与发展的优先领域。重点研究：我国水资源调查、评价与未来的变化趋势分析；水资源的优化配置、合理布局与南水北调问题（包括大西线南水北调的可行性、经济性与国际法问题）；水资源的有效利用、节水再生、保护水环境与水生态问题；其他水资源的可行性研究——海水淡化技术与经济评价，海水和微咸水的利用等；水沙资源的综合利用问题，生态用水——河流寿命、冲沙、纳污、植被、地下水补给的研究；水资源动态综合信息系统与决策系统的研究。

二、水电开发问题

我国水电资源居世界首位，可开发量为 3.78 亿 kW，但是到 21 世纪开始仅开发了22%左右，远低于一般发达国家的开发水平。目前发达国家平均开发量在60%以上，其中美国水电资源已开发约82%，日本约84%，加拿大约65%，法国、挪威、瑞士均在80%以上。水电是清洁的可再生能源，且运行成本低。随着经济发展，开发水能的重要性日益突出，国家21世纪发展纲要已把水电开发列为优先发展的产业。为了加速经济发展，改善能源结构，减少环境污染，应优先开发我国丰富的水电资源。

大型水利水电工程具有综合利用效益，集发电、防洪、灌溉、供水、航运诸效益于一身。我国每年由于水灾而损失的财产达几千亿元。西部地区的河流坡陡流急、水量丰沛，在长江、黄河的上游修建高坝大型水电站枢纽，是以水能资源开发为中心，综合解决我国农业、能源、环境、防洪等方面重大经济与社会问题的有力措施。

我国水电资源80%左右分布在中、西部地区，由于水利水电资源的地域分布不均匀，西电东送（水电）是经济社会发展的战略措施。西部地区不仅有丰富的水能资源，还有丰富的矿产资源和其他资源，尽早开发西部水能资源可带动西部矿产资源开发及地区经济发展，也必将促进全国经济持续发展。

我国水电资源的开发，将要修建众多的巨型高坝与水电站工程，除三峡水电站外，还有长江上游的向家坝、溪洛渡、百鹤滩，澜沧江上的小湾、糯扎渡，雅砻江上的锦屏一级、二级，乌江上的构皮滩，红水河上的龙滩，黄河上游的拉西瓦等，其规模与技术难度均为世界甚至超世界水平，在坝型与筑坝技术上则优先发展双曲拱坝、碾压式混凝土坝与面板堆石坝新技术，并且以上三大坝型的世界最高记录均将在新世纪初出现在我国河流上，因此，我国高坝工程建设与筑坝技术在21世纪将面临新的机遇与挑战，也将在现代高坝科学技术理论与应用方面登上新的高峰。这些工程的主要特点是：①坝高库大，如小湾、溪洛渡、锦屏坝高都达300m级高度，库容为百亿m^3以上；②泄洪流量大，如溪洛渡，设计洪水约为6万m^3/s，水头270m，泄洪功率达120000MW，居世界首位，能量集中，消能难度大；③地震强度高，多数坝址处于强震区，如小湾6000年概率设计地震为0.308g，溪洛渡为0.321g，强震对高坝的影响研究迫待进行；④地质条件复杂，地基处理难度大；⑤地下厂房机组容量大，如溪洛渡1200万kW，小湾420万kW，大跨度地下厂房设计、施工、围岩稳定（地应力高）等问题都有待研究。总之，西南地区高坝的科学技术问题是世界水平的，工程的建成将在理论与实践经验方面对世界坝工建设作出新的贡献，也必将推动诸多学科，特别是现代力学的发展。

为此建议：加强我国西部地区水电开发与高坝建设中的基础与应用基础科学前沿研究，以保证工程安全、经济、环保3大目标的实现，同时推动基础学科的发展：如固体弹性与塑性力学，流体力学与湍流理论，岩土力学，损伤断裂力学，随机波动力学，材料细观与微观力学，高新实验技术以及各类计算机模拟方法等。

三、防洪减灾问题

由于受季风气候影响，我国历史洪水灾害严重且频繁。1998 年特大洪水后，中央在防洪工程整治与建设方面十分重视，几年来共完成1600 多亿元的防洪基础设施的投入。目前长江干流堤防已基本达到规划标准，黄河干流堤防防洪标准亦有所提高，三峡水库建成蓄水后，下游特别是荆江河段可防御 100 年一遇的洪水，黄河经多年治理与水土保持，近年泥沙量有一定程度的减少，据测算，已由每年 16 亿 t 减少至13 亿 t；小浪底水库投入运行后，对黄河下游防洪减沙有一定的作用。但是，上述工程措施仍远未能从根本上解决我国江河的防洪问题。对长江，特别是持续干旱近 40 年的黄淮海流域，具有发生大洪水或特大洪水的可能，对此不可掉以轻心，防洪减灾应列入国家 21 世纪重大战略议题之一。

在加强防洪战略决策研究中，中国工程院在《中国可持续发展水资源战略研究》中提出“要从以建设防洪工程体系为主的战略转变到在防洪工程体系的基础上，建成全面的防洪减灾工作体系”，这无疑是正确的，也是比较全面的思路。关键在于：将防洪减灾放在社会、经济、工程、科技管理多层面上综合考虑，在社会经济层面上要对拦、蓄、排、分洪等措施进行应对方案的危险评价和决策；在工程技术层面上要对堤防、水库、湖泊、分滞洪区的联合功能与优化调度进行研究，在科技攻关上建设好实时的流域信息网，对洪水进行准确预报、预警，对工程（特别是堤防）的工作性态作出实时评价。此外，对战争与恐怖袭击条件下河流大坝与水库的安全防御与反应系统也应列入研究议程。

（编者注：作者为中国工程院院士）

水利科技发展前沿

水利科技发展战略研究课题组

为深入探讨水利科技发展战略问题，凝练我国水利科技发展方向、重点领域和关键技术，为国家中长期科技和技术发展规划提供咨询和建议，同时也为“十一五”重大科技的立项做准备，水利部国际合作与科技司正式启动了水利科技发展战略研究课题。经过课题组一年多的不懈努力，到2004年底形成了“水利科技发展前沿”的初步成果。本文从13个不同领域对这项初步研究成果进行了介绍。

一、水文学及水资源领域

水资源科技发展与水文科技发展有很大的不同。水文学已形成一门系统、完整的科学体系，因而可以以水文学知识系统为纲，结合国家需求进行调研和归纳。而水资源尚没有以知识为纽带的科学体系。水资源的自然属性的研究（如水资源再生机理等）是水文学在水文循环领域的延伸；水资源开发是工程科学在水资源方向的延伸；水资源利用是社会科学与经济科学在水资源方面的延伸。因此，水资源科学技术知识是水文学、工程科学、环境科学、管理科学、经济学等学科在伸向水资源领域的横截面。认识到这一点，对于编制水文学及水资源科技发展规划，指导水文学及水资源科技研究工作是十分必要的。

（一）专业范围与涉及的研究领域

1. 水文学

水文学是研究地球上水的时空分布与运动规律并应用于水资源开发利用与保护的科学。水在地球表面形成水圈，与大气圈、岩石圈、生物圈紧密相连，水文学是地球科学的一部分。水资源的开发利用和防治水害都要以水文规律为根据，水文学又是水利科学的一部分。作为地球科学的一部分，水文学可分为陆地水文学与海洋水文学两大部分。通常所称的水文学指陆地水文学。作为水利科学的一部分，水文学的重要内容是地面水与地下水的观测、评估与预测，并为规划与管理提供依据。

2. 水资源学

水资源学是对水资源进行评价并制定综合开发和合理利用水资源规划，解决水资源供需矛盾，以及对水资源实行科学管理和保护经验的系统总结所形成的知识体系，是指导水资源业务工作的理论基础；其目标是探求水资源在地球自然资源体系中的位置、作用以及和其他自然资源间的相互关系；揭示水资源形成和演化机理及其在地球空间和时程上的变化规律，探索在经济和社会发展中水资源供求关系及其解决的科学途径；研究在人类各项经济活动特别是人类开发利用水资源过程中引起的环境变化，以及这种变化对水资源自然规律的影响；探求在变化的环境中如何保持对水资源的可持续开发利用的科学途径等。

（二）主要需求

1. 水文学

作为水利科学的基础科学，水文学要解决水资源利用中一系列的水文问题，主要有4个方面。①水资源评价；②水文计算；③水文预报；④水资源保护。

2. 水资源学

现代水资源的开发利用，已由单目标发展到多目标综合整治和利用，由利用地表水发展到地表水和地下水联合开发，由水量控制发展到水量水质联合控制，由单纯经济观点发展到社会、经济、环境等多因素的综合评价。

（三）存在问题

1. 水文学

当前水文学研究的前沿是：在水资源研究需求的牵引下，把研究水文循环全过程问题提上议事日程，就是说水文学不仅要研究水文现象的陆面过程，还要对陆面——大气界面上的水分和能量的交换问题，陆地上与海洋水的交换问题，海面和大气界面上的水分和能量交换问题，水在大气中的运动和转化问题等等，都要进行研究。水文学不能仅像过去只侧重研究水在运动、转化中的物理过程，还要研究自然界的水作为溶剂和载体在水文循环中对水中各种化学成分的输移、合成、分解、储散的化学过程。除此之外，由地表生物圈中动植物及其他形态的生物在生长、繁殖、死亡过程中与水的相互作用，以及动植物群在陆面和大气水分及能量交换中的影响，这就需要特别加强水在水文循环和运动中生物过程的研究。这些问题的提出，使水文学必须以崭新的面目出现，向全球水文学和生态水文学的方向前进。

2. 水资源

当前迫切需要对下述重大科技问题进行研究：①人类活动对水资源变化的影响及趋势预测；②注重生态的水资源合理配置与科学调控；③洪水和污水资源化及新型水资源开发利用；④水资源综合管理的科学基础和关键技术。

（四）发展趋势

1. 水文学

1987 年召开的第 19 届国际大地测量和地球物理联合会大会提出讨论的主题是“向何处去?”在这项展望 2000 年的水文学研究中，对水文学提出了下述主要发展方向：

（1）地表水水文学今后的核心课题仍然是降雨径流关系中的动力学问题。

（2）地下水水文学则是为研究人类活动对地下水环境的影响而加强对解决地下水运动及地下水污染物的输移计算方法的研究。

（3）水质研究应比水文学其他分支更为紧迫。

（4）加强水文学方面的研究。

（5）侵蚀和泥沙研究。

(6) 沿海低地改造的相关研究。

(7) 遥感技术的应用。

20 世纪 80 年代后期，争论的焦点在于：水文学是应当继续为社会服务，还是应当摆脱这些而回到纯自然科学的立场。

国际水文科学研究的热点和难点包括3 个方面：水文循环的生物圈方面、全球变化的水文响应、人类活动对水循环和水资源的影响。

2. 水资源

我国的水资源研究起步略晚于国际同类研究，但自改革开放以来发展迅速，其发展历程和国际大体相同，也经历了水资源评价、水资源规划、水环境保护、开发利用过程中的水资源合理配置、水法规建设、水管理体系建设、节水技术与机制研究、水价研究等几个大体阶段。从研究深度与广度、研究对实践的指导作用和对社会经济发展所起到的效果看，我国水资源研究在评价与规划两大方面均处于世界先进水平，在管理方面还有待于加强。

世界发达国家水资源科技发展趋势主要有4 个方面：注重水资源开发利用、经济社会发展与生态环境保护的相互协调发展；研发先进的节水灌溉技术；采用多样化水资源战略，提高工业用水的重复利用率；水利信息化科技广泛发展，和其他领域一样，信息化成为现阶段国际水利科技发展的主要前沿。

21 世纪水资源面临的压力和挑战突出表现在以下 4 个方面：水资源需求量不断增加；可利用水资源的污染严重；水的供给和处理成本越来越昂贵；生态环境的脆弱性。

21 世纪水资源管理关注的重点有以下 7 个方面：实行流域水质与水量的统一管理；通过 GIS、卫星遥感、气象雷达和专家知识系统建立流域、区域水资源基础信息系统，核算流域水资源的承载极限，确定最大供给水平；改变传统的水供给管理模式为竞争型水需求管理模式；探索正确的水环境评价分析框架；水经济学；建立世界性水资源银行；需要全社会的广泛参与。

国际水资源研究的热点和难点包括以下4个方面：水资源研究的水循环问题；气候变化对水资源的影响；环境变化对水资源的影响；水的互动作用。

二、水生态与水环境领域

（一）前沿研究

根据研究的性质，目前水生态与水环境科学的前沿研究可以划分为应用基础、应用技术与方法以及可持续发展相关理论3个方面。由于涉及学科广泛，对这3方面的前沿研究作出全面、准确的评价是非常困难的。从我国水利科技发展战略的角度进行审视，目前水生态与水环境学科主要相关前沿研究如下所述：

应用基础研究包括以下6个方面：高含沙及地下水环境中污染物的迁移转化；水体富营养化；生物多样性及水利工程长期生态学效应；河道生态需水量及关键水生生物的生态水力学特性；水利水电规划的生态环境影响评价；高新技术应用及流域水环境模拟。

应用技术与方法包括以下3个方面：水污染治理技术；受损水体的生态修复技术；生态水利工程学的探索。

可持续发展相关理论包括以下4个方面：流域尺度的可持续发展；水生态环境承载力；水生态环境价值；流域的可持续管理。

发展趋势包括：在理论上，多学科交叉发展的趋势；在方法上，水环境多种要素整合分析，全球、流域及区域系统研究的趋势；在层次上，研究向宏观与微观两极发展的趋势；在技术上，多种技术有机集成、高新技术不断应用于水生态与水环境专业领域的趋势；在基础上，研究的突破越来越依赖于长期连续观测资料的积累与分析。

（二）水生态与水环境应用基础研究进展

水生态与水环境应用基础研究是水生态建设与水环境保护最重要的基础，在揭示水生态系统与水环境内在规律、反映人类活动与水生态系统和水环境的响应机制、科学评价和预测水生态系统与水环境的现状和演变趋势、提供生态系统保护技术和管理模式所必需的理论基础等方面发挥着不可替代的作用。

（三）河流生态恢复

河流生态恢复已经成为发达国家河流管理的主要任务之一。人们对于水利工程给河流生态系统带来的胁迫进行反思和总结以后，认为应该缓解对河流生态系统的压力，对于各种胁迫因素给予补偿，恢复河流原有面貌，于是出现了“河流恢复”的概念和相应工程技术。美国土木工程学协会对于“河流恢复”有以下定义：“河流恢复是这样一种环境保护行动，其目的是促使河流系统恢复到自然状态，在这种状态下，河流系统具有可持续特征，并可提高生态系统价值和生物多样性。”

在我国恢复目标不是返回到某种本来不清楚的原始状态，也不是创造一个全新的生态系统，而是立足河流生态系统现状，积极创造条件，发挥生态系统自我恢复功能，使河流生态系统逐步得到恢复，促进其具有健康性和可持续性。

生态水利工程，既要符合水利工程学的要求，也要符合生态学的一般规律。河流生态恢复原则可以归纳为以下要点：保证工程具备综合功能，保证工程的安全性和耐久性；生物群落多样性与生境多样性相统一原则；生态系统自设计、自修复原则；景观尺度及整体性原则；反馈调整式设计原则。

水利工程不仅能满足经济社会需求，还应该兼顾生态系统健康和可持续需求。传统的水利工程学需要吸收生态学的原理和方法，改善水利工程的规划和设计方法，发展“生态水利工程学”，形成新的交叉学科分支。

（四）可持续发展相关科技理论研究

可持续发展的实质，是协调好经济发展与环境问题之间的关系，保持经济系统和环境系统之间持续的、稳定的发展和动态的平衡。这里的环境系统包括了自然呈现与人类的各种生态及环境条件，其中水生态及环境系统起着至关重要的作用。

可持续发展理论的应用，首先要确定问题的尺度。流域尺度内的水资源、水环境的均衡、协调，是恢复流域健康生态，保障环境安全，实现可持续发展的根本。尺度问题的另一方面是时间尺度问题，需要在一个比较长的时间尺度上，部署流域生态系统的发展及调整方向。目前，我国已经开始着眼从流域尺度开展相关前期研究工作。

可持续发展的前提，是经济的外在环境控制在最大发展负荷的承受极限之内，这一极限就是生态环境承载力。生态环境的承载状况可以反映流域经济与环境协调发展的程度。可持续发展的理论研究从承载力的内涵探讨开始，逐渐转向定量化分析及相关交叉理论研究。

描述并分析水生态系统与经济系统的关系，使得生态及环境价值化研究成为经济领域的前沿课题。价值化定量研究方面，水环境污染的经济损失计量研究取得了一定进展。在水污染经济损失的分析方法方面，目前已经发展的计量方法主要可分为3大类，即分类计算法、计量经济学法和恢复费用法。

我国的水环境标准体系已初步建立，归纳起来可分为6类，即水环境质量标准、水污染物排放标准、水环境基础标准、水监测分析方法标准、水环境样品标准及水环境卫生标准。与水生态有关的标准基本还是空白。

水环境与经济协调发展的理论研究使用期是可持续发展理论研究的重点。其研究的趋势是：深入研究与经济协调发展的水环境指标体系，建立指标设置及筛选方法，制定一套科学、规范、实用的指标体系；建立充分考虑流域水生态系统环境的水利规划方法，提高流域生态规划的指导性及可操作性。使规划能被决策者接受并且具有较高的应用价值，为水生态、环境的长效保护奠定基础；随着水生态及环境承载力的定量化，各水环境要素承载力及相互之间的关系更加清晰；随着水生态及环境与经济协调发展理论及方法体系的逐渐形成，为流域可持续的自适应管理奠定了先进的理论和方法基础。进一步依靠GIS、

RS等高技术的规模应用，逐渐积累生态系统范围内的综合信息，推进可持续管理在流域尺度内的付诸实施。

三、防洪减灾领域

防洪减灾涉及到的区域之间、人与自然之间的相互关系日趋复杂。防洪减灾研究既需要运用众多学科的相关成果，又需要具有不同学科背景的科学家、工程师与各级管理者密切合作，采取学科交叉、综合的研究模式，加强防洪减灾领域自身的学科建设。从学科建设的角度来看，防洪减灾涉及到灾害学、防灾学与防灾技术3个层次探讨防洪减灾的新问题。

灾害学：研究洪涝灾害时空分布与演变的规律，洪涝灾害孕育、发生、与人类社会交互作用的机理及其可能诱发的灾害系列，洪涝灾害的分级标准及影响评价，洪涝灾害风险分析与区划的理论与方法，洪涝灾害的信息管理学等。

防灾学：研究与社会经济发展需求相适应的减轻洪涝灾害的完整体系、管理模式、运作机制、治水方略，因地制宜制定灾前、灾中、灾后防洪减灾适宜的对策措施，以及与防洪减灾相关的法规政策等。

防灾技术：研究实现除害兴利、增强人类理性调控洪水与增强自适应能力的新技术、新设备、新材料、新工艺及其适用条件等。其中，洪水监测、预报、预警、调度、灾情评估，防洪工程体系的隐患监测、安全评价、除险加固以及风险分析、情景分析与决策支持等方面 是高新技术运用、发展十分活跃的领域。

（一）发展现状与趋势

展望新世纪的发展需求，国内外防洪减灾领域发展的总趋势可以概括如下：从“人定胜天”到“追求人与自然的和谐”；从“控制洪水”到“洪水管理”；从“万无一失”到“风险抉择”；从河道防洪到流域综合治理；从“大灾之后才有大治”到“建立稳定的投入机制”；从部门防灾到全社会防洪减灾；从

“风险搬家”到“风险补偿”；建立更为完善的应急管理体系；城市与工程减灾成为关注与发展的重点；全面提高防洪减灾手段的科技含量，促进“传统手段”与“现代手段”的结合。

（二）主要研究问题及热点、难点

1. 防洪减灾战略调整与洪水风险管理

在治水方略调整与洪水风险管理中有许多值得深入研究的问题。例如：对防洪工程体系地位的认识、综合考虑防洪抗旱与环境保护的需求、推进洪水风险管理的关键在于把握适度。

围绕洪水方略调整与加强洪水风险管理的重大问题，今后需要：

加强中外治水方略调整与治水对策发展的比较研究，深刻认识治水方略调整在社会、经济、资源、环境、人才、技术、传统理念、管理体制、运行机制等各方面存在的制约因素及其相互关系与变化特征，为合理把握不同地区治水方略调整的时机、方向与力度提供依据，为分类指导不同类型地区治水方略的调整与治水对策的改进提供借鉴与启示；

建立适合中国国情的人与自然和谐的治水理论，要认真研究中国的国情及变化，以辩证唯物主义、系统科学与风险管理的理论为基础，建立对新时期大规模治水行动与现代化防洪安全保障体系发展有指导意义的治水理论体系，提出洪水管理的政策框架、决策机制、约束条件与决策程序等；

探讨我国洪水风险管理的适宜模式与推进战略。对与治水相关的法规、政策进行梳理，对现行的治水管理体制与运行机制进行深入剖析；

改进完善流域现代防洪抗旱工程规划、建设与管理的理论与方法。

2. 重大突发性洪水灾害的应急管理

对重大突发性洪水灾害的应急管理，重点是：流域性超标准特大洪灾，其中省级中小河流流域突发性特大洪水也不容忽视；恶性水库溃坝事件；暴雨山洪灾害与台风风暴潮造成的重大人员伤亡，此类突发性灾害的发生虽然相对分散，但是已经成为我国水灾人员伤亡的主要原因。

为了进一步完善应急管理体制，当前需加强应急管理的能力建设，为此必须：加强流域性超标准特大洪灾应急管理的研究；开展水库溃坝减灾防护技术研究；重视台风风暴潮、暴雨山洪及伴生灾害减灾技术的研究。

3. 蓄滞洪区、滩区、圩垸合理发展与减灾模式

对于这些洪水高风险地区，重点关注的是：圩垸区利用模式的调整与面临的问题；黄河下游滩区的变迁与面临的问题；蓄滞洪区安全建设、管理与存在的问题。

值得探讨的主要内容包括：蓄滞洪区合理调整及评价指标；蓄滞洪区可持续发展与洪水风险管理模式的研究；风险分担与补偿机制的研究；蓄滞洪区预警与应急管理信息系统。

4. 城市型水灾害与防洪减灾对策

重点研究的内容有：

（1）城市防洪应急管理体系与运作协调机制。研究现代城市在遭受重大洪涝灾害袭击时，如何减轻灾害损失，尽快恢复正常生活、生产秩序。

（2）城市型洪涝灾害成灾机理与综合治水、减灾新对策。研究城市下垫面条件变化对城市洪涝特性的影响，以及城市资产类型的多样化与生命线系统的复杂化同城市洪涝灾害直接经济损失与间接经济损失变化的关系，把握城市型水灾害的规律性。

（3）高新技术在现代化城市防洪指挥系统建设中的应用。如洪水仿真模拟技术、3S技术、信息系统技术、数据库技术、网络技术、动态规划自动寻优技术等等。

（4）城市防洪体系建设与现代城市和谐发展的新理念与新技术。

（5）城市供水安全保障的新对策。

5. 防汛指挥系统现代化体系

除了技术的革新之外，国家防汛调度指挥系统现代化的实现要在管理革命上下更大的功夫：进一步加强水利信息标准化的研究；加强新技术在决策支持系统中的应用；国家防汛调度指挥系统中通用平台与核心专业应用软件的国产化。

6. 实现洪水资源化的对策措施

洪水资源化，是洪水管理的重要内容之一，应考虑的问题包括了“资源化”的目的与实现的手段：洪水资源化应当是服务于整体的、有利于长远的可持续发展的要求；从追求人与自然和谐的目标出发，洪水资源化的另一有效途径是作好滩区、行蓄洪区以及农田的文章；显然，洪水资源化的实现，要与洪水的风险管理结合起来，做到风险分担，利益共享。

目前，我国防洪体系的建设已进入了一个重要的战略调整时期。战略调整的方向是“从防洪工程体系建设向防洪安全保障体系建设发展。目标是到21世纪中叶，建立较为完善的防洪安全保障体系。”总的思路是要从“以建设防洪工程体系为主的战略发展到在防洪工程体系的基础上建成全面的防洪减灾工作体系。”我国的“防洪要从控制洪水向洪水管理转变”，是适应时代发展的必然趋向。

21世纪中叶，防洪减灾领域的科技发展必然体现出两大趋向：一是自然科学中各有关学科的深入与综合；二是自然科学与社会科学（法学、经济学、社会学、管理学、心理学等）在交叉领域的开拓与跨学科的交融。同时，为防洪减灾管理与决策科学化服务的信息监测、处理与分析系统，将成为新技术发展最活跃的领域。

四、农村水利领域

(一) 农业节水

尽管我国的农业节水取得了较大的发展，但目前我国节水的发展现状与农业以至国家经济持续快速发展的要求还有很大的差距。受到经济发展水平的限制，我国的农业节水工程硬件建设水平比发达国家落后30~50年，在节水灌溉设备研发、污水资源化利用、城市雨洪利用、精准灌溉等若干领域还存在相当大的差距。特别是项目的长期定位观测与数据积累、试验仪器设备、高新技术的应用等方面的研究，还严重制约着我国农业节水领域科研水平的提高。

目前，国际上现代节水高效农业的应用基础研究、关键技术研究和产品研发领域的发展态势是：

（1）农业节水研究开始由实验统计向具有较严谨理论体系和定量方法的科学转变，农田生态系统中水分迁移模拟与区域作物需水的定量计算模型得到较快的发展。

（2）水分胁迫对作物的后效性影响及其提高水分生产效率的机理已成为当前研究的热点，作物高效水生理调控与非充分灌溉理论研究不断深入，利用作物生理特性改进水分利用效率（WUE）的研究将会更加引人关注。

（3）作物WUE基因工程改良的研究正在世界范围内引起广泛重视，作物抗旱节水相关性状的基因定位、分子标记、基因克隆和转基因研究十分活跃，通过基因工程改良培育WUE型和抗旱节水型作物新品种将成为农业节水中的一个新亮点。

（4）农业节水新技术与产品研发速度较快，一批低成本、高效率的新型农业节水设备与制剂正在走向市场和大面积应用，产品日趋标准化、系统化，高效环保型节水材料与制剂是未来研发的亮点，高精度激光固化树脂快速成型技术应用将进一步提高节水灌溉设备的开发水平。

（5）灌区水转化与农业水资源持续高效利用研究得到了广泛重视，农业水资源系统承载力模型、分布式灌区水转化模型、农业与生态用水的科学配置及节水高效和对环境友好的农业用水模式等研究将会更加活跃。

（6）非常规水将是农业用水中“开源”的主要对象，非常规水资源化及其高效安全利用技术研究十分活跃。

（7）高新技术在农业节水现代化管理中的应用日益广泛，3S

技术的应用将全面提升农业节水管理的现代化水平，数学渠道、数字灌区的发展将大大促进精准灌溉和农业水资源精准调度的实践。

世界各国利用的农业节水措施可概括为工程节水、农艺节水、生物节水和管理节水等4大类。这些节水措施的应用可大致分布在4个基本环节中：一是减少渠系（管道）输水过程中的水量蒸发和渗漏损失，提高灌溉水的输水效率；二是减少田间灌溉过程中水分的深层渗漏和地表流失，提高灌溉水的利用率，减少单位灌溉面积的用水量；三是蓄水保墒，减少农田土壤的水分蒸发损失，最大限度地利用天然降水和灌溉水资源；四是提高作物水分利用效率，减少作物的水分奢侈性蒸腾消耗，获得较高的作物产量和用水效益。

我国在农业节水方面的主要差距主要在以下几个方面：抗旱节水作物品种选育与节水农作制度；作物高效用水调控技术与用水模式；田间节水灌溉与渠（管）系高效输配水技术；水源开发与高效利用技术；农业节水关键设备与重大产品研究及产业化；农业节水技术体系集成模式。

我国的农业节水技术虽然具备一定的基础积累，取得了一些在生产中发挥重要作用的科技成果，但仍存在许多重大的技术问题，主要表现为：

（1）全国性和区域性的农业节水试验与监测网络还未形成，缺乏农业节水发展的基础数据积累和对农业用水状况的有效监测与控制，严重制约了农业节水区域布局和不同地区节水技术优化选择的研究。

（2）农业节水基础研究薄弱，特别是对农业节水发展起关键作用的应用基础研究还很欠缺，在农田尺度水分高效利用的应用基础、区域节水高效和对环境友好的农业优化模式等方面的研究深度还不够，影响基础理论研究成果转化为节水效益。

（3）根据不同地区特点研究的单项农业节水技术较多，但如何在此基础上开发出适合于不同地区采用的标准化、模式化、定量化、集成化的农业节水综合技术体系和应用模式，仍然是制约我国农业节水技术大规模应用的关键。

(4) 农业节水设备与产品功能单一、性能不稳定和耐久性差，严重影响其大面积的应用；材料与工艺研究水平的滞后，是影响我国农业节水重大产品与关键设备研发与产业化水平提高的至关重要的因素。

(5) 作物抗旱种质资源发掘与利用不够，缺乏快速、高效的抗旱性鉴定评价方法与指标，限制了对大批量种质资源快速、准确的鉴定评价，制约着对优异抗旱种质资源的发掘与利用。

(6) 农业节水管理中信息技术应用水平低。

(7) 农业节水发展政策和制度研究方面的滞后，已成为制约农业节水技术应用和提高效益的重要因素。

综观国内外农业节水发展，重点已经由输水过程节水和田间灌水过程节水转移到生物节水、作物精量控制用水以及节水系统的科学管理，并重视农业节水与生态环境保护的密切结合。因此，我国农业节水技术研究今后需进一步加强基础研究及基础数据的积累，研究建立适合不同地区的标准化、定量化、集成化的农业节水综合技术体系和模式，研制开发高性能的农业节水产品和制剂。

(二) 农村供水

水是人类赖以生存的物质基础，获得安全饮水是人的基本需求和权利。只有解决了安全的饮用水问题，才有可能谈到人类特别是儿童的卫生、健康和营养等问题。目前，全球有11亿人无法获得安全饮用水，中国有3.6亿人无法获得安全饮用水。水资源短缺、水污染严重和水性传染病、水性地方病威胁已成为我国农村饮水安全的主要制约因素。

饮水安全已成为联合国等国际组织广泛使用的概念。国外对饮用水水质标准有明确规定。具有广泛影响的是世界卫生组织（WHO）提出的《饮用水水质准则》，这是世界各国制定本国饮水水质标准的基础和依据。欧共体1980年饮用水指令80/

778/EC 列出了 66 项水质参数。该标准是欧洲各国制定本国国家标准的重要参考。美国联邦环境保护局（USEPA）于 1986 年颁布了《安全饮用水法案修正案》，规定了实施饮用水水质规划的计划，制定了《国家饮用水基本规则和二级饮用水规则》。该规则即为现行美国饮用水水质标准。

我国在该领域科学研究与国外发达国家的差距主要是：水质检测；净水水质质量控制研究；管网水量漏失指标确定及检漏方法研究；特殊水处理工艺研究及设备开发；农村供水工程运行管理体制等方面。与我国的研究相比，我国在该领域研究主要采用由政府资助，科研单位、大专院校进行的模式，研究成果符合国情，但研究成果转化期长，研究手段落后，对有关影响农村供水发展的对策、体制等研究不够。

（三）大中型灌区现代化管理

从世界各国的情况来看，无论是发达国家还是发展中国家，大规模灌区开发和建设的时代已经结束，灌区管理成为各国关注的焦点。目前灌区管理方面的热点问题，一是灌区管理制度改革，二是以信息化为核心的灌区现代化建设。

国外灌区管理水平较高的还是在发达国家。目前发达国家的灌区管理正朝着信息化、自动化、高效化方向发展，在灌区管理中普遍采用了遥感遥测技术、网络技术、数据通信技术、计算机技术、系统工程、地理信息系统、自动控制技术等，实现了集信息采集—处理—决策—信息反馈—监控为一体的优化调度。

总之，灌区现代化管理总的发展趋势是数字化、网络化、智能化、可视化和自动化。

灌区现代化管理重大科技问题及研究内容：灌区管理模式的研究：通过比较分析国内外各种类型的灌区管理模式，从灌区性质、灌区水价体系和经营管理等方面提出适合我国不同地区不同类型的灌区管理模式；量水设施及设备：研制能适应各种渠道坡度、含沙量等不同情况的高精度、低成本、使用简便的系列产品；数字灌区关键技术研究：包括利用遥感影像资料获取相关情况的各类空间信息的技术等；工程监测管理系统的研究；基于现代信息技术的灌区用水实时调度决策支持系统的开发。

（四）牧区水利

我国牧区水利的理论研究与技术总体水平与发达国家相比有一定差距。在理论研究上借鉴相关专业理论较多，技术上单项技术居多，技术集成较少；研究方法虽与先进国家相似，但缺乏先进设备，研究手段落后，使得牧区水利不能完全科学地获取第一手实验（试验）资料，严重影响基础理论研究和原始创新。

在水文水资源与水环境、草原供水、草地节水灌溉与高效用水、草地水土保持与生态保护等方面，需要借鉴相关学科和国外的经验。

五、水力学领域

水力学是一门应用基础学科。

（一）高水头大流量泄洪消能

20世纪50年代至80年代末国内外在泄水工程与高速水流方面研究的进展，包括内容有：①高速水力学科发展；②高坝枢纽布置与泄洪消能；③泄水工程的空化空蚀；④掺气减蚀设施；⑤水流脉动压力与脉动荷载；⑥泄水建筑物流体诱发振动；⑦泄水工程的磨损；⑧泄水工程的水流雾化；⑨导流截流工程；⑩高速水流原型观测。20世纪80年代以后，其关注点逐渐转向到水库运行管理、生态环境保护；但对一些关于防洪标准、泄水建筑物的泄洪安全问题始终备受关注。

高水头大流量泄洪消能问题的研究重点突出表现在泄水建筑物布置、泄流方式、新型消能工与消能防冲；泄水建筑物的高速水流问题（脉动与振动、空化气蚀、掺气减蚀、水流雾化、及气水两相流、抗冲耐磨等措施方面）；泄洪建筑物的泄洪安全评价问题。

传统的消能方式分为挑流、底流、面流3种，由于工程的复杂和技术水平的不断提高，其消能方式也在不断推陈出新，涌现出许多新型消能工，并得到了广泛的应用。典型的新型消能工为：窄缝式消能工，宽尾墩式联合消能工，表中孔对撞式+水垫塘联合消能工，淹没式跌坎底流消能，洞内消能，碾压混凝土坝台阶式消能等。

高水头大流量泄洪消能的另一突出特点是高速水流问题，通常引起的工程问题是空化空蚀破坏、流激振动、泄洪雾化。前两者是工程水力学中的两个经典问题，但是由于问题自身的复杂性和研究手段的局限性，近一个世纪以来，一直是工程界和学术界高度关注和研究的重点；随着高坝的建设，高水头大流量泄洪消能引起的泄洪雾化越来越受到重视，如对两岸山体的稳定性问题、电站附属建筑物的安全运行问题以及对周围环境及居民生活带来的负面影响问题。

我国目前大坝建设工程的规模和泄洪消能难度普遍要高于国外工程，因此我国大坝建设中的水工水力学的发展水平基本代表了国际的领先水平。

（二）通航船闸水力学

船闸水力学主要涉及船闸输水过程中的水动力学问题，其研究范围主要包括船闸输水系统布置、输水阀门与工作闸门以及上、下游引航道水力学3大部分。

结合国家西部开发的战略，我国还将在西部发展建设内河航运设施，因而，①适应山区河流的高水头船闸及闸阀水力学关键技术是船闸水力学研究的重点；②50米水头以上单级船闸水力学关键技术研究；③节水型船闸输水系统水力学研究；④超高水头船闸闸阀水力学关键技术研究。

（三）长距离调水工程中的水力控制问题

国内外调水工程中水力设计理论的发展，从传统的水力设计方法到20世纪70年代引入的自动控制理论以及到当今的考虑输水系统的水力特点、闸门运用控制、信号检测、水泵特性及变速调节运行控制、供水目标、运行费用等综合目标的新的调水水力控制理论。

（四）生态环境水动力学研究进展

环境生态水力学是近20年来发展最快的学科之一，是水力学领域中的一门新兴的交叉学科，其研究内容随着传统水力学、计算水力学及其他相关学科的发展而迅速扩展。国内外近来在环境水力学研究领域内所取得的成就，主要包括水环境中的射流持性的理论和实验研究、管道及河道中污染物质迁移、扩散研究、水质模型研究、河流中重金属吸附及释放机理研究、湖泊水动力特性研究、水环境中事故溢油污染研究、地下水污染研究等。

目前国际上最新的研究趋势是将环境水力学与生态水力学结合起来进行研究，采用一些生物动力学模型来考虑生物在环境流场条件下的生长规律，以此进行预测预报研究。因此研究适合于不同生物生长规律的生物模型与水动力学模型的耦合以及计算方法会成为今后研究的重点。

六、河流泥沙领域

泥沙运动力学是一门综合性的基础技术科学，它研究泥沙在流体中的冲刷、搬运和沉积规律，是泥沙学科的理论基础之一。泥沙学科则将自然现象和生产应用中的各种泥沙运动作为研究对象，包括了泥沙运动力学、河床演变学、工程泥沙、航道与港口治理、水土流失与治理、高含沙水流与泥石流等多方面的内容，涉及水文学、水力学、地貌学、地理学以及环境与生态学、沉积学等多种学科。

泥沙学科在我国蓬勃发展，取得了巨大成就，既建立了泥沙学科的理论体系，还应用泥沙运动基本理论解决我国重大水利工程和河道治理工程的关键技术问题并取得显著成绩。主要表现在：泥沙运动力学基本理论；高含沙水流的运动机理与理论；河流模拟；工程泥沙；河道演变规律及治河工程等。

目前我国围绕大型水利工程开展的工程泥沙研究代表该领域的世界领先水平。

传统意义上的泥沙学科只包括两方面的内容：泥沙运动力学、河床演变学与治河工程。泥沙学科也是一门边缘学科，从建立之时起，就不断地与其他学科相互交叉、相互渗透。现阶段泥沙学科与其他学科的交叉日趋活跃，主要体现在下述几个方面：与环境学科相交叉，形成环境泥沙研究的几个领域；与地貌学相交叉，形成动力地貌学的若干领域；与沉积学相交叉，研究盆地沉积动特性学；与海洋动力学相交叉，研究在海流、潮汐与波浪作用下的泥沙运动规律。

七、水土保持领域

土壤侵蚀是地球表面的一种自然现象，全球除永冻地区外，均发生不同程度的土壤侵蚀。人类社会出现后，土壤侵蚀成为自然和人为活动共同作用下的一种动态过程，构成了特殊的环境背景，并已成为当今危及人类生存与发展的重要环境问题之一，直接影响水土资源的开发、利用和保护。

水土流失是一个长期受到社会多方关注的全球性环境问题。水土流失和水土保持是世界性的热点研究课题。国内外学者通过田间调查、室内外试验研究以及理论分析，探讨了土壤侵蚀内在机制，分析了影响土壤侵蚀过程的主要因子及其关系，建立了以实验资料为基础的经验模型和以土壤侵蚀物理过程为基础的物理模型，为水土保持措施的优化与评价提供了手段。同时在对土壤侵蚀类型进行分区的基础上，形成了以工程措施、耕作措施和生物措施为主体的水土保持措施，并在水土流失治理实践中发挥了巨大作用，取得了巨大的经济、社会和生态环境效益。

目前，土壤侵蚀学科有如下几个发展趋势：水土保持科学已经经历了野外考察、定位观测与室内模拟试验两个阶段，正在向数字化、模式化的新阶段迈进。水土流失定量评价和预报，已经成为水土保持及其数字化的基础；水土保持研究在继续重视定位观测与试验和小流域综合治理研究的同时，向着区域水土保持与生态环境建设研究的阶段发展；从水土保持发展战略看，已经开始实现由传统水土保持向现代水土保持与可持续发展的转变。基于坡面和小流域土壤侵蚀预报的研究，对区域土壤侵蚀进行定量评价和预报，将是今后相当一段时期我国水土流失研究的重要方向。从世界土壤侵蚀科学发展看，土壤侵蚀预报模型的开发是世界土壤侵蚀学科的前沿领域，也是引导和集成土壤侵蚀试验研究，促进土壤侵蚀和水土保持科学研究定量化的重要手段。

我国土壤侵蚀的研究在与国际接轨过程中，突出了自身特点，发展了具有中国特色的土壤侵蚀学科体系，我国土壤侵蚀的研究领域比较宽广，重点为以下3个方面：①土壤侵蚀调查与基础性、关键性问题的研究；②土壤侵蚀过程及其机理的研究；③土壤侵蚀与沟道河流泥沙输移及洪涝灾害关联的研究。我国土壤侵蚀学的研究应立足本国的实际问题，吸取国外先进科技与发扬本身特色相结合，在生产治理和学术理论两方面取得新的成就。

八、水工结构领域

水工结构是研究水工建筑物结构型式、强度和稳定分析以及安全评价的一门综合性的工程学科。它所依据的基础理论是固体力学、土力学和岩石力学，当然作为一种调节、控制水流之用的建筑物，它又必然和水力学及建筑材料科学密切相关。

可以预见21世纪水利工程建设的高潮将出现在中国。截止到2003年底，我国已建和在建的100m以上的大坝有108座，高度在200m以上的有5座，其中最高的小湾拱坝高度达292m。在众多的大型水利水电工程建设中，三峡、二滩、小浪底是极具代表性的。

从世界范围来看，随着大型施工机械的发展，在坝型选择方面碾压混凝土坝（RCC）和面板堆石坝有着明显的优势，可以缩短工期，提前发挥效益，因此近年来得以迅速发展，成为当今坝工建设的发展趋势。

虽然水工建筑物的种类繁多，但从结构分析的角度来看，大体可归纳为两大类，即混凝土结构和土石结构，对这两类结构分析所采用的基础理论隶属于固体力学和岩土力学。就混凝土结构部分来说，有关大体积混凝土结构分析研究中的几个热点问题是：混凝土坝开裂分析、混凝土温度应力与控制、水工结构的科学计算等。

（1）大体积混凝土的开裂分析研究：今后的研究方向要针对混凝土材料的力学特性受多种复杂因素的影响，还要进一步研究更多的模型和分析方法，以适应大型水利工程建设的需要。

（2）大体积混凝土的温度应力与控制：今后的研究，裂缝仍然是备受关注的问题。需要对裂缝成因、防裂措施进行深入的研究。另外，进一步研究与改进计算方法，开发能对实际施工过程进行跟踪、反馈与实时仿真分析的软件系统，根据实时仿真分析结果及时调整施工措施，确保工程质量，是温度应力与温度控制领域今后研究的课题。

（3）水工结构的科学计算：需要两个方面的研究：①大规模高效的科学计算；②对水工结构领域的一些难点开展研究，如针对复杂岩石基础与边坡的渗流、静动力稳定、大型地下洞室的稳定，混凝土坝的施工仿真等问题。

九、岩土工程领域

岩土工程被认为是由土力学、岩石力学和工程地质以及相应的工程和环境学科所组成的。服务于不同的工程门类，建筑、水利、水电、交通、铁路、航空机场、水运、海洋、石油、采矿、环境、军事，甚至航天等各个工程领域都离不开岩土工程。

在水利工程中，土石坝工程、堤防工程、引水隧洞和地下厂房、边坡工程、水工建筑物地基基础工程以及输水的渠系工程等都属于岩土工程的范围和学科领域。

我国在岩土工程建设的范围、规模方面在世界上名列前茅。在高土石坝关键技术研究方面，在隧洞及地下工程的计算分析方面，在岩土体的稳定性分析方面都接近世界先进水平，在某些方面处于世界领先水平。在我国轰轰烈烈地开展岩土工程建设的同时，发达国家已经将岩土学科的重点转入资源、环境和生态等问题，特别是对岩土工程的可持续发展有了深入的认识。而对于大型水利工程的建设给予了更多的质疑；环境岩土受到极大重视；环境友好的地下空间利用开发受到欢迎。

我国在岩土工程方面需要改善和提高的几个方面：岩土工程的可持续发展问题，扭转片面追求经济效益，忽视环境生态等长远影响的旧观念；重视地下工程的发展，包括城市地下空间的开发利用、越江跨海桥隧工程的建设、地下存储工程以及其他地下工程的建设等；对于岩土工程的基础性研究要加强投入，在深度和系统性方面进一步加强，另外也要重视岩土工程信息化建设；要完善岩土工程的体制、管理和技术标准，防止资源的浪费；通过西部大开发推动我国岩土工程的前进与发展。

十、水利工程施工领域

我国水利工程建设正处在高峰阶段，是目前世界上水利工程施工规模最大的国家。

发达国家大规模水利工程施工技术已向精细化方面发展，主要体现在科学施工管理、先进的施工机械和特殊条件下的施工技术等方面。特别是施工项目管理方面已经形成一套完整的系统，如项目业主负责制、工程招投标制和工程监理制（包括质量、安全、进度、投资、环境等）。施工机械与工业现代化密切相关，尤其在机械设备的动力特性、自动化、信息化、小型化、可移动性（机动性）方面发展较快，而且施工机械设备生产企业在全球化竞争的环境下，专业化和规模化分工更突出，同一类型机械主要集中在少数企业手中。在特殊问题施工技术方面，包括复杂地基处理、跨海隧道或桥梁建设、新型建筑结构的施工等方面 也是施工技术研究的热点。

近几十年来，我国在水利施工领域取得了巨大的成就，施工技术总体上已达到较高水平，突出特点是规模大、工程实施的面广。但与发达国家相比，在很多具体（单项）技术方面还存在较大的差距：

（1）在高坝和超高坝筑坝技术方面，相对还比较落后。

（2）在坝型上，虽然碾压混凝土坝发展较快，但仍存在需要进一步研究的问题；面板胶结堆石坝我国目前还是空白。对于地下水库及污水水库，目前还缺乏专门研究和综合治理。

（3）在深厚覆盖层的防渗处理上，就混凝土防渗墙技术而言，国际上施工设备已向自动化、智能化发展，成墙宽度超薄化（20cm，甚至8cm），墙体材料多样化（除混凝土外，还采用间塑性混凝土、水泥土等），加固深度超百米（最大125m，加拿大马尼克3号坝），而我国目前墙宽一般为80～60cm，最窄15cm，加固深度最大为80多m（小浪底工程）。

（4）新型材料研究和施工应用方面与发达国家有相当差距。很多新材料我国都从国外引进，施工技术和施工队伍方面也达不到要求。

（5）在施工自动化、信息化和智能化方面与发达国家有很大差距。

（6）在施工机械方面，我国与发达国家也有较大距离。

（7）在施工新技术方面，我国原创的施工技术极少，基本是跟在发达国家身后亦步亦趋发展。

国内水利施工今后需要研究的关键技术主要有以下几点：深覆盖层堤坝地基渗流控制技术；堤防崩岸机理研究、预报及处理措施；水利工程老化及病险问题研究；水利工程监测技术；高坝及超高坝的关键技术研究；控制爆破筑坝技术研究及施工技术研究；水利工程抗震技术研究；高边坡工程技术研究；地下工程；地下水库及污水水库；新型材料及新型结构；在施工管理上，在施工组织、工程监理、安全管理和施工环境管理上向国际靠拢；在先进施工机械研制上，应向智能化、信息化、动力性能好、小型化和机动性强等方面发展。

十一、水工材料领域

工程材料领域涉及的内容非常广泛，通常包括两大类：非金属材料和金属材料。水利水电工程中常用的基本材料主要有：矿物质材料、有机高分子材料、金属材料和复合材料4种。矿物质材料主要包括石料、无机胶凝材料。有机高分子材料主要包括木材、沥青及高分子合成材料等。金属材料中的黑色金属材料在工程结构中用量最大。复合材料一般常以不同的非金属（或金属）材料相复合或非金属材料与金属材料相复合。

（一）环境因素与混凝土耐久性

国外在混凝土耐久性研究方面总的发展趋势：在研究思路上强调全方位综合解决耐久性问题，在设计阶段就必须精心考虑耐久性，改变传统的以考虑强度为主的片面性，明确强度与耐久性是两个独立的方面，并不能相互保障，同时混凝土配合比设计、生产、输送、施工浇注振捣乃至抹面养护等所有工序中，都必须考虑如何确保耐久性并采取正确措施。在技术途径上突出应用现代高新技术配制耐久达百年、500年乃至1000年的混凝土，化学外加剂和矿物外加剂已成为耐久混凝土的必须组分。

国内在混凝土耐久性研究方面总的发展趋势：各种环境因素对混凝土耐久性的影响研究已基本涉及，其中在材料的耐久性能研究方面已较为深入；由传统的按强度设计转变为按耐久性设计的观念逐渐被接受的；严酷条件下的混凝土和钢筋混凝土结构耐久性及国家重大基础工程的耐久性已日益受到关注，并开展了较广泛的研究；应用高新技术和现代混凝土技术解决耐久性问题已较为普及；化学外加剂和矿物外加剂日益广泛应用于配制耐久混凝土，但耐久性问题在我国尚未得到很好解决，设计与施工、研究与应用脱节现象较严重，可持续发展的战略思想未得到较好贯彻。

（二）混凝土外加剂与高性能混凝土

在化学外加剂方面，采用改性与多组分复合技术改造第1、第2代外加剂；应用分子设计技术，研发第3代高性能外加剂，是国内外发展的共同趋势，但在发展进程上国内较世界先进水平滞后约10年。国内需加强化学外加剂的自主创新研究，加快第3代高性能减水剂研究和应用进程，改进工艺条件，注重规模化生产，提高产品质量及其稳定性。在矿物外加剂方面，各类工业废渣的安全与高效利用，是国内外共同关注的热点，但国内在工业废渣利用的观念上较为保守，利用率偏低。需加强资源与环保观念，强化大掺量矿物外加剂（包括工业和城市废渣）混凝土技术研究。在高性能混凝土方面，国内外的技术途径和发展趋势基本一致，但国内对高性能混凝土含义的理解相对于国外而言还不够全面，注重提高其性能的多，注重其社会与环保责任的少，其“绿色”含量显得不足。需强化和坚持高性能混凝土的可持续发展观。

（三）高分子材料新进展及其在水利工程中的应用

国外高分子合成材料总的发展趋势是注重高性能、低成本、大力发展环境友好材料。国内高分子合成材料的发展水平与世界先进水平相比落后20年左右，主要不足和问题是，急功近利，目光短浅，片面追求低成本、高收益，忽视资源与环境保护，具有自主知识产权的新品开发薄弱，市场不够规范等。国内需大力研发具有自主知识产权的原创性技术，同时需大力发展高技术和环境友好型的高分子材料。

（四）水工结构修补与加固材料及其理论

国外在该领域除常规的修补材料（包括新材料）与应用技术不断发展，尤其是修补设备与工艺技术发展较快外，近20年来重要进展主要有新型纤维增强加固修复新材料和修补技术及其建筑物损伤力学理论新概念。目前，建筑物的鉴定、加固、修补、改造在欧美已形成一个独立产业。我国在该领域的研究和应用还处于分散和落后的状态，水下修补技术尤其是设备与工艺水平低下；新型纤维增强加固修复新材料研究与制备方面滞后，基础理论研究欠缺，材料品种和质量有待开发和提高，工程应用范围和规模有限；建筑物损伤力学理论研究还处于起步阶段。国内急需强化上述方面的研究与应用，以尽快缩短与世界先进水平的差距。

（五）水环境与水生态工程材料

国外对环境生态材料领域的研究始于20世纪90年代初，是人类在对材料科学发展的合理性和科学性进行反思后，将地球生态环境问题引入材料科学的结晶。水环境与水生态工程材料是工程材料学科可持续发展的重要方向之一，目前的主要体现形式为水环境废渣的综合利用和生态环境友好型混凝土技术。国内近年来已开始重视该领域的开发研究工作，仅处于起步阶段，应尽快加大环境与生态工程材料的投入和加强研发力量。

十二、地质勘探领域

地质勘探技术的当前国内重大需求可概括为6个方面：钻孔新技术、工程地质数值分析及计算机技术应用、遥感与信息技术、工程物探技术及关键勘测技术的发展方向与工程应用。

为适应我国水利科技发展战略的需要，结合正在进行的南水北调西线前期工程，我国水利水电工程亟待研究和开发的关键勘测技术有：超深孔取芯钻探技术；深孔地应力测试技术；高边坡三维摄像成图系统及稳定性监测预报技术；三维地质模型；测地机器人技术；深厚覆盖层勘探与处理技术；高分辨地球物理勘探技术；深埋长隧道软弱围岩长期稳定性监测预报技术；深埋长隧道施工地质超前预报技术；物理风化作用的类型与工程应用；高地震烈度区域稳定性研究技术与方法；岩体卸荷带划分与探测技术。

十三、信息技术应用领域

在水利部制定的《水利科技发展规划（2001—2010）》中，把“坚持用高新技术对水利行业进行技术改造”确定为水利科技发展的基本原则，并把提高高新技术，包括计算机技术、网络技术、微电子技术、现代通信技术、计算机辅助设计（CAD）、遥感技术（RS）、地理信息系统（GIS）和全球定位系统（GPS）以及自动化技术的研究开发和应用水平作为6大总体目标之一。尤其是信息技术和3S技术等在水资源监控调度，洪水预报预警和调度决策支持，水旱灾害监测评价，水土保持，生态和水环境监测，大型水利工程规划、设计与施工，大型灌区的计算机监控等领域的开发应用，将极大程度地促进水利信息化建设，带动水利现代化的发展，这已成为广泛的共识。

对于今后的研究，提出以下建议：

（1）建议开发研制基于网络的国家级或流域级遥感监测系统，建立以“水”为主导因子的基本生态环境进行快速、准确、连续、动态监测和提供信息服务的业务运行系统。为中央和有关省、市政府提供更多、更好、更全面的流域的各种信息服务。该网络与部门或流域机构网联网，并通过部门或流域机构网向国内外发布监测评估信息。

（2）水旱灾害遥感监测中多源遥感信息的综合应用和灾情遥感评估模型等方面的研究应进一步加强。同时，进一步建立和完善水利领域遥感地物波谱库及高光谱自动识别系统。

（3）建议进一步研究面向网络海量空间信息的大型GIS等关键技术，解决基于宽带互联网络的海量空间信息分布式存储、管理、分布与共享等关键问题，结合行业部门的应用需求，促进我国空间信息数据库的产业化发展。

（4）标准化是GIS技术开发、系统建立与运行和信息资源共享的一种重要机制。建议开展水利领域GIS数据标准化制定和完善方面的研究工作。

（5）以计算机技术、通信技术、网络技术为代表的现代信息技术，使人类对信息资源的利用进入了高效率、专业化、多样化和共享化的现代方式。国家信息基础设施（NII）和国家空间信息基础设施（NSII）建设都涉及到信息共享问题。为了加快水利信息化建设步伐，其中一个核心的问题是在网络化条件下解决信息资源的共建共享。建议在部门或跨部门信息共享机制、信息共享框架等方面开展更深入的研究，为水利信息化和国家水科学基础研究奠定基础条件。

跨越时空的水利知识中心：水利数字图书馆

姜　斌　刘　蒨　韩益民

党的十六大将推进信息化建设作为我国新世纪前20年经济建设和改革的一项主要任务，指出“信息化是我国加快实现工业化和现代化的必由之路”，“要以信息化带动工业化、以工业化促进信息化”。水利部党组结合新时期的水利发展思路，提出了“以水利信息化带动水利现代化”的战略构想。《水利信息化规划》从水利信息基础设施、业务应用、保障环境等方面，对水利信息化工作进行了统一规划和部署。水利信息化工程已列入国家优先建设的12个重点业务系统之一，并已开始建设，而水利数字图书馆则是水利信息化工程中一个不可或缺的重要组成部分，是信息时代不受时空限制的水利知识中心。

一、水利数字图书馆的特点

资源整合的有序性：水利数字图书馆在借助传统图书馆“图书资料分类法”的基础上，按照统一的标准规范体系，应用现代信息技术，对水利文献信息资源进行数字化处理和统一、有序的整合，为资源共享和智能化检索提供便利条件。

资源利用的共享性：水利数字图书馆将由水利行业有关单位按照统一的标准协作开发完成，可以在水利专网和公共网络上实现远程检索查询、异地阅览，真正实现资源共享。

信息检索的智能性：水利数字图书馆不仅实现了按知识体系进行检索，还可以实现跨库异构检索，如同手握一把万能钥匙，只要进入水利数字图书馆系统，就如同打开了水利信息库的大门。

时空跨越的无束性：传统图书馆由于读者与图书馆地理位置的限制以及开放时间等因素，只能为少数人服务，而数字图书馆则不受时空限制，可在任何时间为无论身在何处的人们提供服务。

提供服务的主动性：传统图书馆是为特定的群体提供特定的服务，这种服务往往是被动的；而数字图书馆则变被动服务为主动服务，通过网络发布和传播各种文献资源信息，使数字图书馆集资源的储藏、发布、交流、甚至出版和生产于一身，对读者起到“引导”和“导航”的作用，从而实现从“有限图书馆”向“有效图书馆”的转变。

文化遗产的延续性：水利数字图书馆将珍贵资料经数字化处理，将原件妥善保存，原件复制品的数字化资料用于查阅，特别是对于像我国这样一个治水历史悠久、治水文献丰富且珍贵的国家来说，水利数字图书馆就成为保存和延续发展民族文献遗产的最佳手段，这也是对世界文化的一大贡献。

水利行业的专业性：水利数字图书馆又与社会上的数字图书馆不同，其主打王牌是水利特色，涉及水利行业的方方面面，特别是最近十几年来积累的自产文献，可以称得上是一笔宝贵的财富，是任何其他图书馆都无法比拟的。

二、水利数字图书馆的地位

水利信息化标志性工程之一。作为水利信息化十大业务应用系统之一，水利数字图书馆是水利信息化工程的重要组成部分，是水利部电子政务的外延。它体现了未来水利文献信息资源开发利用的发展方向，是水利信息化建设中一项长期而艰巨的战略任务，是水利信息化的一项标志性工程。

水利信息化重要基础设施。水利信息化应由信息资源、信息装备、信息网络、信息平台等部分组成，而其中最重要也最具活力的是信息资源。水利数字图书馆通过综合利用计算机、网络、图书馆、信息研究及水利专业知识等，实现对水利信息资源的最有效整合，从而构成水利信息化的重要基础设施。

水利决策支持系统重要支撑。水利数字图书馆在集成和整合大量数据和信息的基础上，充分挖掘对决策有重要价值的信息，及时、准确、有效地提供给相关决策组织，实现水利决策体系建设的信息化和现代化，从而成为水利决策支持系统的重要支撑。这既是决策支持系统发展的客观要求，也是信息技术发展的必然趋势。

水利知识宣传教育中心。数字图书馆是实现知识管理、传播水利知识、提高水患意识的有效工具。进入21世纪，随着全民族水患意识的提高，为数字图书馆提供了极大的用武之地，一方面，水利数字图书馆可以面向全社会，宣传中国古老的治水历史，使得中国水利史得到发扬光大，还可普及水利知识，提高公众参与意识，弘扬中国水文化；另一方面，它搭建了一个介绍国外先进的水事管理、政策、法规和技术的平台，让各级管理者、科学技术和设计规划人员，以及所有水利工作者的需求得到满足。

三、水利数字图书馆的基本功能与服务模式

水利数字图书馆是一项集成当代尖端高新技术的庞大的系统工程，是水利信息化建设中一项长期而艰巨的战略任务。它集自动化、网络化、信息化、数字化于一体，可以有效解决目前水利系统在信息资源开发、利用和管理上存在的种种不足，以开放、多功能、多样化、全方位的方式提供服务，为水利信

息和知识的管理、传播与利用提供一种全新的模式。可以把目前各水利专业网站上相对无序的各类知识、信息按照特定的形式和规范整合成有序的知识信息供人们便捷和高效地使用；可以最大程度地开发各种水利信息资源并突破时空限制，将知识和信息传递到任何需要的地方，为水利行业的决策、管理、工程建设、科研、教育等各个部门以及行业以外的所有用户提供最具现代意义和极富应用前景的资源条件和信息保障。

数据加工与管理功能。水利数字图书馆为获取信息，需要建立符合水利信息特点和资源特点的元数据标准、数字化加工标准、资源命名标准等，以实现数据加工与管理功能。主要包括数字化加工、标引、数据转换等功能。

联合编目功能。元数据联合编目功能是水利数字图书馆的核心基础，只有建立了联合目录，才能保证信息资源的共建、共知、共享，才能在此基础上开展信息增值服务。为此元数据的联合目录需要具备数据转换、数据批量上载、数据查重、联机实时编目、数据管理与维护、分中心管理、馆藏更新、数据统计及相关信息统计等。

统一检索功能。水利数字图书馆的检索功能应统一实现，重点是一次概念查询，并实现同构资源与异构资源的跨库检索功能，另外，还要提供水利搜索雷达，以实现高效、准确、智能化的专业搜索。

资源管理调度功能。为了在网络上长期标识数字资源，并管理存储在对象库或数据库中的资源，需要采用标识符作为数字资源的调度码，为管理调度码，则需要建立资源调度系统。为实现资源管理调度功能，所建立的调度系统应具有可伸缩性，以支持资源扩展；应具有可靠性，以支持可靠存取资源，另外还应具有多级解析能力。

丰富多彩的服务模式。水利数字图书馆将建设种类繁多、内容丰富的资源数据库，除了中外文水利图书、中外文水利期刊、自产文献、多媒体、科研成果库、会议记录和学位论文等多项数据库外，另外还具有功能强大的资源整合门户。资源整合门户的功能是让用户通过简单的配置后，以统一的界面访问网络上其他的数字图书馆或者有关的数据资源，而不用在多个不同数字图书馆中来回切换，减少了用户在使用上需要在不同的网站上熟悉不同的搜索、浏览方式的麻烦。水利数字图书馆的使用简单、方便、快捷。使用者通过网络访问数字图书馆，通过申请、审批两个步骤获得一个具有一定的权限用户。用户根据权限可以对馆内的数据资源进行相应的操作，用户的权限等级分为4类：一为游客，只具有浏览网页上包括资料元数据在内的显性内容；二为一般用户，具有进一步浏览的功能；三为高级用户，不光可以对馆内资料进行浏览，还可以选择将对其有用的资料进行下载；四为超级用户（系统管理员），具有最高的权限，除了负责对数据资源进行增减，对系统进行维护外，还对其他用户进行管理，其他用户的权限也是由他来给予的，这一级用户不对外开放，只有系统管理员具有该权限。

四、水利数字图书馆的最终目的和发展现状

《全国水利信息化规划》明确规定了水利数字图书馆的建设目标是：应用现代信息技术，对水利文献信息资源进行联合编目，按统一标准进行数字化加工，逐步形成能够在网络上实现远程查询、异地阅览的水利文献信息服务系统，最终建成能够进行网上浏览、网上下载的水利专业数字图书馆，并作为国家数字图书馆的组成部分。

水利数字图书馆已完成了水利数字图书馆试验工程，即将进入试运行。另外，还结合水利信息化规划，做了部分项目前期工作，包括国内外数字图书馆有关情况的调研、项目任务书的编制、项目协作体的组建，以及《水利数字图书馆“十五”规划》的编制等工作；初步建立了水利文献信息资源数据库的相关标准框架；建设了包括中外文期刊数据库、中外文图书数据库、特种文献数据库、水利图片数据库和多媒体数据库在内

的部分数据库；完成了一批可供试验工程使用的数字化信息资源。

五、水利数字图书馆下一步要解决的问题

水利数字图书馆目前需要解决的问题主要包括3个方面：一是建设资金问题；二是数据资源缺乏问题，三是系统平台完善问题。由于资金不能及时到位，往往要修改工程进度，使得图书馆的数据资源建设陷于困境，也很难完成海量资源建设要求。

下一步工作中也有需要解决的问题，特别是运行后可能出现的问题。通过试验工程和各方面的调查研究发现，在水利数字图书馆运行后可能出现的问题主要包括以下几个方面。

一是资源问题，资源问题和目前要解决的问题具有一致性，在大力引进资源的同时，也要积极发挥协作体的作用。

二是安全问题，安全问题是在系统大范围使用时必须认真对待的问题，目前水利数字图书馆只是在小范围的局域网中进行测试，安全系数较高，安全防护工作也比较容易，而运行后水利数字图书馆是要在INTERNET网络环境基础上实现全国水利系统联合建库、资源共享，由于开放目录共享实现数据访问，因此一旦将其接入外网，网络安全隐患问题突出，在下一步的工作中需要加强防护工作。

三是知识产权问题，以后在水利数字图书馆中将有大量的文章、专著、科研成果和论文等资源，在使用这些资源的同时必须要解决好知识产权问题，这一方面国外的一些大型数据库做得相当不错，可以向他们学习，避免知识产权纠纷。

水利数字图书馆因其利用现代化的信息管理手段管理信息资源，在某种程度上对管理人员提出了更高的要求，既要掌握水利相关知识，又要掌握信息管理以及计算机网络开发的相关知识。既要了解相关理论，又要能够应用，以满足水利信息化与现代化的需要，从而促进培养一批全方位的应用人才。在信息时代，资源量大，更新速度快，对于管理人员来说，必须及时调整工作步调，求真务实，不断地追求知识上的更新和技术上的进步。

水事焦点：聚焦淮河治污

（主持人：王冠军）

加强水污染防治　为流域经济社会可持续发展提供水资源支持

汪　斌　程绪水　万　一

淮河流域水污染始于20世纪70年代，进入80年代以后，随着工农业生产的发展、人口增长及城市化进程的加快，水污染逐渐加剧。“50年代淘米洗菜、60年代洗衣灌溉、70年代水质变坏、80年代鱼虾绝代、90年代生态破坏”比较形象地反映出淮河流域水污染发展过程，尤其是1992、1994、1995年沙颍河、淮河连续发生大面积水污染事故，对沿淮广大地区工农业生产和城镇供水安全造成严重威胁，甚至影响到社会稳定。治理水污染已逐渐成为流域广大人民群众的共同呼声。

党中央、国务院历来高度重视淮河污染问题，把淮河列为“九五”、“十五”国家重点治理的“三河三湖”之首。经过10年来的共同努力，淮河流域水污染防治工作取得了一定成效，流域性水污染恶化趋势得到遏止，水质有了一定程度的好转。然而目前治理的成效与国务院确定的目标还有较大的差距，淮河流域水资源保护和水污染防治工作仍然任重道远。

一、淮河治污的总体情况

1994年5月，原国务委员宋健同志在安徽省蚌埠市主持召开了淮河流域环保执法检查现场会，拉开了国家全面治理淮河流域水污染的序幕。

1. 采取的主要措施

（1）制定政策法规：1995年8月8日，国务院发布了我国第一部流域水污染防治法规《淮河流域水污染防治暂行条例》（以下简称《暂行条例》），使淮河流域水污染防治工作步入法制化轨道，依靠“关、停、禁、改、转”促进工业结构的调整，要求工业污染源达标排放，建设城镇污水处理工程等措施，减少污染物排放量。

《暂行条例》明确1988年1月由国务院环境保护委员会成立的淮

河流域水资源保护领导小组（以下简称“领导小组”）的法律地位，其主要职责有：负责协调、解决有关淮河流域水资源保护和水污染防治的重大问题，监督、检查淮河流域水污染防治工作，并行使国务院授予的其他职权。领导小组组长单位为国家环保总局和水利部，副组长单位为流域4省人民政府，成员有国家计委、国家经贸委、财政部、建设部、化工部、农业部、中国人民银行、国家开发银行、轻工总会、淮委等。领导小组办公室设在淮河流域水资源保护局。

为了贯彻落实国务院提出的淮河流域水污染防治目标，国务院环境保护委员会先后召开了3次环保执法检查现场会，进行督促检查；领导小组定期召开会议，研究部署有关工作，形成了团结治污的良好局面。

（2）明确治污计划：1996年6月29日国务院批复了《淮河流域水污染防治规划及“九五”计划》，规划建设303个污染治理项目，总投资166亿元，明确了“九五”期间淮河流域水污染防治工作目标：1997年底，全流域所有工业污染源实现达标排放，主要污染物COD（化学需氧量）排放量从1993年的150万t，削减到89万t；2000年实现淮河水体变清，淮河干流和沂河上游水质达到地面水环境质量Ⅲ类水标准，其他支流水质达到Ⅳ类水标准，全流域最大允许排污总量COD为36.8万t/年。

2003年3月3日，国务院批复了《淮河流域水污染防治“十五”计划》，规划建设488个污染治理项目，总投资255.9亿元，要求到2005年底之前，确保淮河干流水质进一步好转，南水北调东线工程水质和城市饮用水源水质达到Ⅲ类标准。主要污染物COD年入河排放量削减到46.6万t，氨氮年入河排放量削减到9.1万t。为了实现上述目标，需要采取的措施包括：对工业污染源实施综合治理，进一步削减排污；调整产业结构，推行清洁生产；流域所有县级以上的城镇共建设161个污水处理厂，城镇污水处理率达到70%。

（3）实施治污项目：淮河流域工业污染源治理方面，以“关、停、禁、改、转”加快污染源的治理，对重点污染企业实行限期治理。到1996年底，全流域先后关停了小造纸、小化工、小制革、小化肥等“十五小”企业近5000家，加大了产业结构调整力度。1997年底全流域日排废水100t以上的1562家企业有1139家实现达标排放。城镇污水处理厂建设方面，截至2004年10月，全流域已有56座污水处理厂建成并投入运行，日处理污水200万t。

（4）开展污染联防：淮河支流众多，闸控程度高，水污染普遍严重。为了减轻沙颍河等支流重污染水体下泄对淮河造成的污染危害，多年来，淮河流域水资源保护机构按照《暂行条例》的要求，组织水利、环保部门开展上下游水污染联防工作。通过采取枯水期污染源限排、水闸防污调度及水质预警预报等措施，对避免淮河干流重大水污染事故的频繁发生，减轻水污染危害发挥了一定作用。

2004 年 7 月中旬，淮河支流洪汝河、沙颍河、涡河上中游地区出现强降雨，形成了较大洪水，河道内沿岸城镇排放的大量工业废水和生活污水，随洪水快速下泄，对淮河中下游及洪泽湖造成了一定污染影响。淮河流域水资源保护局按照淮河水污染联防预案，通过对水情水质的跟踪监测，及时发布水质预警；通过水闸科学防污调度，在保证防汛安全的前提下减轻了水污染危害，虽然遭遇了与 1994 年类似的恶劣水情组合，但与 1994 年比较，水污染造成的损失明显降低。安徽省蚌埠市根据预报结果，提前做好了启用应急水源地的准备工作；江苏省盱眙县提前向沿河的渔民发布通知，告知近期杜绝给鱼塘补水，做好人畜的用水安全等，使污染损失降到最低限度。

多年实践证明，污染联防对减轻污染危害发挥了一定作用，但是，解决淮河污染问题的根本出路还是治理污染源。

2. 治污成效

经过 10 年的全面综合治理，淮河流域的水污染防治工作取得了一定的成果，主要表现在以下 4 个方面：

一是城镇入河排污量明显下降。为了客观评价淮河流域水污染防治工作取得的成效，按照水利部的部署，淮河水利委员会从 1997 开始，对流域城镇入河排污量和跨省河流省界断面水质进行了连续跟踪监测。结果表明淮河流域城镇主要污染物质 COD 排放量已从 1995 年的 150 万 t，削减到 1998 年的 116.7 万 t 和 2000 年的 94.7 万 t，削减率分别为 22.2% 和 36.9%，虽然没有达到 36.8 万 t“九五”计划目标，但水污染治理成效明显；2001 年以后入河排污量逐年增加，2003 年 COD 入河排放量达到 123.2 万 t，超过了 1998 年入河排污水平，但同 1995 年入河排放量相比仍有较大幅度的削减。

淮河流域主要污染物质 COD、氨氮历年入河排放量见图 1 和图 2。

二是水质向好的方向发展。按照 GB3838—2002《地表水环境质量标准》和《淮河流域水污染防治“十五”计划》确定的水质目标，对淮河流域 31 个省界水质断面进行综合评价，1995 ~ 2003 年，省界断面水质总体呈现好转的趋势。2003 年水质好于Ⅲ类的断面占 19.7%，比

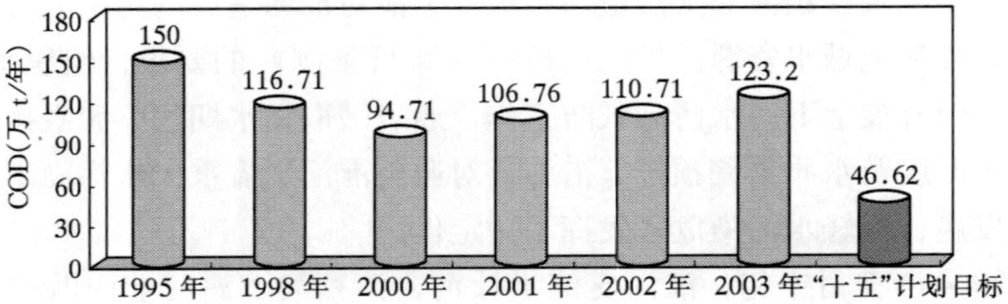

图 1　淮河流域主要污染物质 COD 历年入河排放量

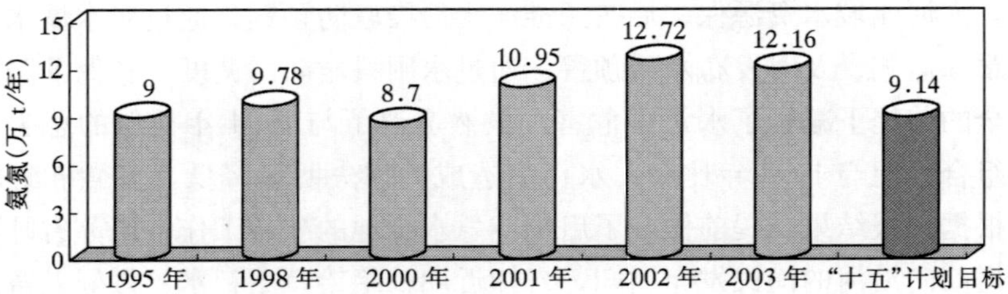

图 2　淮河流域主要污染物质氨氮历年入河排放量

1995 年上升了 8.1 个百分点，劣Ⅴ类的断面为 54.6%，比 1995 年下降了 15.3 个百分点。除了 1998 年之外，2000 年省界断面水质达标率比 1995 年上升了 8.8 个百分点；重大水污染事故明显减少。

淮河流域省界断面逐年水质达标率情况见图 3。

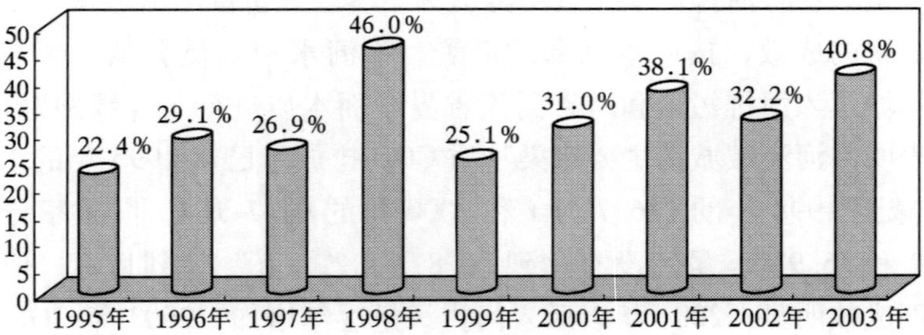

图 3　淮河流域省界断面逐年水质达标率变化情况

三是饮用水质有了一定程度的改善。国家及地方人民政府投巨资，改善居民饮水环境，在沿淮一些地区打井近 3000 眼，解决了受污染影响严重的 600 万人的饮水困难问题，还建成了江苏连云港市、盱眙县和安徽蚌埠市、淮南市、怀远县等引水和导污工程，解决了这些地区 200 多万群众的备用水源问题。

四是通过水资源统一调度，缓解水生态危机。淮河流域水资源短缺，地区和时空分布不均，水利部门通过加强对水资源的统一调度和合理配置水资源，努力保障人民群众的生活用水，统筹生产、生态用水，以水资源的可持续利用支撑流域经济社会的可持续发展。

江苏省实施的江水北调工程，从1965～2003年间共抽引江水近980亿m^3，促进了苏北地区的经济社会的迅速发展，同时，苏北地区地下水的过度开采情况也得到了控制，区域的生态环境得以恢复，增加了可持续发展能力。

2001年上半年淮河流域旱情严重，流域内最大的淡水湖洪泽湖水位曾一度降至10.52m（死水位以下），湖面萎缩，蓄水量不足1.4亿m^3，比正常蓄水量减少九成以上，导致大部分湖底裸露，湿地生态严重破坏。水利部淮河水利委员会会同江苏省防汛抗旱指挥部紧急实施“引沂入淮”调水工程，从沂沭泗水系骆马湖调出洪水8.08亿m^3，其中进入淮河干流洪泽湖水量6.30亿m^3，水质也由调水前的Ⅴ类提高至Ⅲ类，使洪泽湖避免了一次生态灾难。

2002年沂沭泗流域持续干旱，南四湖基本干涸，湖内130km的主航道全线断航，大部分物种濒临死亡，生物多样性受到严重影响。水利部开展了南四湖应急生态补水，共向南四湖下级湖补水1.15亿m^3，上级湖补水0.5亿m^3。应急生态补水不仅增加了南四湖的水环境容量，同时也有效地改善了湖区生态环境。

二、存在的主要问题

1. 入河排污总量大，水质污染严重，威胁供水安全

2003年全流域主要污染物COD和氨氮入河排污量为123.2万t和12.16万t，分别超出《淮河流域水污染防治“十五”计划》目标1.64倍和0.33倍，2003年淮河流域入河污废水总量为43.7亿m^3，COD平均浓度为282mg/L，按照淮河流域多年平均地表径流量为595亿m^3计算，全年污径比约为1∶13.6，非汛期污径比只有1∶5.5，说明目前排污量已大大超过水环境承载能力。虽然2003年淮河流域发生历史上罕见的大洪水，水资源丰沛，但全年省界断面水质达标率为40.8%，劣Ⅴ类水占54.6%。根据可反映全流域供水水质状况的182个重点功能区监测结果评价，2003年流域供水水质达标率只有43%，说明淮河流域供水水质安全问题严重。

2. 产业结构不合理，结构性污染突出

淮河流域的工业主要是以农副产品为原料的加工业，如：造纸、味精、柠檬酸、酒精、皮革等，基本上是高耗水、高污染行业，废水处理难度大，成本高。产业结构严重不合理，结构性污染突出。根据对漯河、蚌埠、徐州、临沂4个重点城市调查，造纸、酿造、化工3个行业COD、氨氮污染贡献率分别占工业排放总量的78.3%和92.2%，其中造纸业在工业COD、氨氮污染贡献率分别为54.7%和18%，而产值仅占工业总产值的1.7%。

3. 地方保护主义严重，工业企业超标排污严重

按照《条例》的要求，1997年底淮河流域工业污染源就应该实现达标排放，但目前超标排污现象仍相当普遍。根据2003年底对全流域入河排污口监测结果评价，在监测的526个工业企业入河排污口中，COD和氨氮全部达标排放的只有272个，占51.7%，还有近一半的企业入河排污口不能达标排放，特别是有的地区“十五小”企业的死灰复燃时有发生，新建重污染项目屡禁不止。

4. 政策落实困难，污水处理厂建设缓慢

《水污染防治法》中规定“城市污水应当进行集中处理”、“建设和完善城市排水管网，有计划地建设城市污水集中处理设施”。国务院批复的淮河流域水污染防治“九五”和“十五”计划分别要求建设52座污水处理厂和161座污水处理厂，至今只有56座污水处理厂建成并投入运行，多数尚未动工。不少已经建成的污水处理厂由于配套管网建设没有同步全面完成，污水收集率低、运营机制尚未有效建立，污水处理费征收严重不足等原因，处于间歇运行状态，没有完全发挥作用。

5. 水资源开发利用程度较高，生态用水难以保障

淮河流域地处我国南北气候过渡带，多年平均水资源总量799亿m^3，占全国水资源总量的2.9%；流域现有人口1.679亿，人口密度达到618人/km^2，居7大流域之首；水资源人均、亩均拥有量不足全国平均水平的1/4，属于中国缺水地区之一。流域承载的人口和耕地面积分别占全国13.1%和11.9%，粮食产量占全国16.1%，水资源面临的压力是全国平均水平的4~5倍。流域降水时空分布极不均匀，年内汛期6~9月雨量约占全年降水量70%，造成枯水期水资源量缺乏状况更为严重。目前淮河流域现状供水能力593亿m^3，地表水多年平均利用率为43%，枯水年和枯水期利用率达到70%。由于水资源开发利用程

度较高，导致生产生活用水挤占生态用水，部分河流正常的生态基流得不到保障，水体自净能力明显减弱，进一步加重水污染。

6. 体制不顺，缺乏流域监督管理，治污成效难以巩固

水作为一种自然资源和环境要素，以流域为单元构成一个统一体。地表水和地下水之间相互转化，上下游、左右岸、干支流之间的开发利用相互影响。淮河 10 年治污没有达到预期的目标和治污成效难以巩固等问题，其中一个重要原因就是体制不顺，缺乏一个代表国家利益，对流域水污染防治工作实行统一监督管理的体制。虽然流域水资源保护机构作为水利部和国家环保总局双重领导的单位，但由于职责尚不到位，缺乏必要的行政执法和管理职能，难以全面有效地对流域的水污染防治工作实施统一监督管理，保证规划的全面落实。

三、对 策 措 施

淮河是我国进行流域水污染综合治理的样板工程，淮河治污的成败，不仅关系到流域经济社会的可持续发展，同时还关系到政府的形象和威信。要按照党的十六届四中全会精神和淮河流域水污染防治现场会的要求，把加强环境保护、提高污染防治工作水平，作为加强党的执政能力建设的一个重要体现。要用科学发展观指导淮河治污工作，要切实转变重增长、轻环保的传统观念，坚持以人为本，搞好统筹兼顾，切实解决关系人民群众切身利益的水污染问题。从根本上消除水污染，实现流域生态系统的良性循环，再造一条山青水秀的新淮河。

1. 以水域纳污能力为前提，严格实施排污总量控制

淮河水资源短缺，目前排污水平已远远超出水域纳污能力，导致水体污染严重，危害了水资源的使用价值，破坏了生态环境，威胁了人民群众身体健康。因此，要严格按照水功能区确定的水质目标和纳污能力，实施排污总量控制，加强功能区水质和入河排污总量监督管理工作，规范入河排污行为，严格控制新建、改建或者扩大排污口，从源头控制排污。

2. 依据水资源和水环境的承载能力，调整产业结构，优化经济布局

在淮河流域，发展经济必须要充分考虑水资源水环境承载能力弱的特点，要树立科学发展观，统筹流域经济社会的协调发展，统筹人与自然和谐发展，要改变传统的经济增长方式，从水资源实际条件出发，要下决心对淮河流域目前不合理的产业结构进行调整，严格限制发展造纸、酿造、皮革等高耗水，高污染的产业。建议国家从政策、资金上引

导和扶持产业结构的调整。积极推行清洁生产，大力发展循环经济，生态经济，全面建设资源节约型社会，努力实现人与自然的和谐共处，促进流域经济的可持续发展。

3. 健全法制，加大违法处罚力度，改变违法成本低、守法成本高的不正常现象

要提高行政执法水平，加强对工业企业超标排污的管理，加大违法处罚力度，严厉打击各种环境违法犯罪活动，改变违法成本低、守法成本高的不正常现象。积极发挥新闻舆论监督的作用，加大违法案件的曝光力度，将企业排污行为置于公共监督之下。

4. 引入市场机制，加快城镇污水处理厂建设步伐

解决城镇污水处理厂建设及运行困难的问题，关键是转变机制。要积极引入市场机制和竞争机制，拓展融资渠道，鼓励和吸引社会资金、外资投向城镇污水处理及管网建设，中水回用设施项目的建设，以及污水处理厂的运营及管理，逐步实现投资主体多元化、运营主体企业化、运行管理市场化，加快城镇污水处理厂建设步伐。要认真落实国家有关城镇污水处理厂建设政策，逐步提高污水处理收费标准，使污水处理切实做到“保本微利”。

5. 建设节水性社会，合理配置水资源，保障河流生态基流，提高水体自净能力

建立节水型社会，实现污水资源化。节水不仅减少对水资源的需求量，而且减少了污水排放量。要进一步加强用水管理，综合运用经济的、技术的、行政的、市场的措施做好节水工作。合理调整水价，建立建设项目水资源论证制度，制定不同行业的节水标准，建立节水型工农业生产及居民生活体系。与此同时，要大力发展污水处理技术，实现污水资源化，提高水资源的重复利用率。

在水资源开发利用和水利工程调度工作中合理配置生产、生活和生态用水。发挥已建水利工程对径流的调节作用，统筹兼顾，维持河流合理的流量和湖泊、水库的合理水位，以提高水环境承载能力，维护和提高水体的自然净化能力。要将生态需水列入水资源配置方案，从制度上予以保障。

6. 加强流域管理

水资源保护与水污染防治必须按流域统一管理，这也是世界各国行之有效的成功经验。建议进一步强化流域管理，明确职责，理顺关系，真正建成一个权威、高效、协调的流域管理体制，在促进流域水资源保

护和水污染防治工作中发挥更大作用。同时建议进一步发挥领导小组在淮河流域水资源保护和水污染防治工作中的作用，加强协作，共同做好淮河流域水污染防治工作。

四、政策措施

1. 完善淮河流域水污染防治法规

《暂行条例》自1995年颁布实施以来，为依法加强淮河流域水污染防治发挥了积极作用，也为今后加强对其他流域的治理积累了宝贵经验。但《暂行条例》与淮河流域水污染防治“十五”计划之间还有不协调之处，难以充分发挥作用。因此，建议认真总结几年来的执行情况，结合当前水污染的形势，进一步加以修改，使这部《条例暂行》变成《淮河流域水污染防治条例》，或上升为法律，使之更加具有权威性。

2. 制定淮河流域限制产业政策

为了把污染控制在源头，要制定淮河流域限制产业政策，严格控制发展高耗水、重污染型的企业，进一步完善排污许可证制度。加强新、改、扩建水污染项目的审批和监管工作，凡已无环境容量的地方一律不批新增污染物排放负荷的企业。对不能稳定达标的工业污染源进行全面治理。

3. 制定更严格的流域污水排放标准

目前工业污染源达标排放，执行的是国家标准，由于淮河流域水资源短缺，水环境承载能力弱，按照目前的污水排放量，即使所有的工业企业全部达到国家排放标准，水质污染的情况还不能完全避免，尤其是枯水期，污染仍然比较严重。因此，建议国家组织制定颁布更为严格的“淮河流域污水排放标准”。

4. 建立省界水质目标考核责任制

建立淮河流域跨省河流省界断面水质目标考核责任制，明确责任人。加强和改善对省界水质情况的监管，开展淮河流域跨省河流省界断面水质和治污效能评估工作，为保护省界水质及有效执法提供及时、准确和公正的数据。同时要推进环境决策的科学化和民主化，提高信息的公开性和透明度，充分发挥人大、政协及新闻媒体的宣传及监督作用。

（作者单位：水利部淮河水利委员会）

落实科学发展观　全面推进淮河治污

《人民日报》评论员

淮河流域水污染防治现场会今天在安徽蚌埠闭幕，距1994年国务院召开淮河流域水污染防治执法检查现场会整整10年。那次现场会决定把淮河作为我国流域水环境综合整治的第一个重点工程，拉开了治理淮河污染的序幕。10年来，在党中央、国务院的高度重视下，经过沿淮河南、安徽、江苏、山东4省干部群众的共同努力，淮河治污工作取得了阶段性进展，产生了明显成效。

10年来，淮河流域内GDP由1994年的5569亿元，增至2003年的13066亿元，增长了1.35倍；人口数量达到1.6亿多，增加了800万。在经济快速发展、人口数量增加的情况下，全流域排污总量大幅削减，淮河干流水质明显改善，部分支流水质有所好转。淮河流域大部分都是经济欠发达地区，人口密度居全国7大江河之首，取得今天的成绩十分不易，国家有关部门、沿淮各级政府和人民群众为此做了大量工作，付出了艰苦的努力。

然而，我们必须清醒地看到，淮河治污取得的成效是初步的、阶段性的，当前淮河流域水污染面临的形势仍然严峻：总体上水质仍然较差，排污总量仍然偏高，与国务院批复的淮河“十五”计划目标和人民群众的要求还有较大差距。当前，淮河流域工业污染问题仍然十分突出，流域经济结构不合理、增长方式粗放的问题没有根本解决；治污体制、机制尚未理顺，环保监管执法难以到位；城镇污水处理厂和垃圾处理厂建设缓慢，污水处理厂管网严重不配套；生态基流严重缺乏，水体自净能力很弱。

做好淮河流域水污染防治工作，关键是沿淮地方各级政府要切实落实科学发展观，树立正确的政绩观。淮河流域水质的好坏，不仅事关该流域能否实现可持续发展，而且直接影响到全流域1.6亿多群众身体健康和生活质量。能否扎实推进淮河治污工作，是沿淮各级政府是否认真贯彻以人为本、全面协调可持续的科学发展观的“试金石”。各级领导要进一步增强立党为公、执政为民的责任感和使命感，进一步提高对淮河治污重要意义的认识，正确处理经济发展与环境保护的关系，既要金山银山，更要绿水青山。

按照党中央、国务院的要求，沿淮4省各级党、政“一把手”对环境质量亲自抓、负总责。要进一步完善水污染防治目标责任制和领导干部政绩考核体系，建立统一、高效的水污染防治工作新机制；各级政府要对辖区内水环境质量负起责任，按照环境容量组织当地经济社会活动，调整产业布局；要加快城市环境基础设施建设，提高城镇水污染治理能力；要严格执行环境准入制度，制定产业结构调整计划，坚决关停污染严重、达标无望的企业，进一步实施更严格的淘汰制度。同时，要大力发展循环经济，积极推行清洁生产，走新型工业化道路。

全面推进淮河流域水污染防治工作，必须在科学发展观指导下依法治污，做到有法必依、执法必严、违法必究。经过数10年的法制建设，我国已建立了《环境保护法》、《水污染防治法》等环境和资源法律体系。要大力加强环境保护法律法规的宣传力度，切实纠正有法不依、执法不严、违法不究的行为，健全环境保护法制，严格依法防治水污染，加大环保监管力度，杜绝“守法成本高、违法成本低”的不正常现象。

尽快改善淮河水环境质量，是国务院的既定方针，是沿淮各地群众的迫切要求。沿淮各级政府要想群众之所想，急群众之所急，真正把淮河水污染防治工作列入议事日程，纳入到经济社会发展的大盘子中，统筹安排，合理规划，抓紧抓好，为建设生产发展、生活富裕、生态良好的全面小康社会而不懈努力。

（原载《人民日报》2004年10月25日 第二版）

深化淮河治污任重道远

李　禾

（《科技日报》记者）

淮河污染治理已经成为当下整个社会关注的焦点之一，这并不让人奇怪。因为淮河不小，它的流域覆盖27万km^2土地，生活着近1.7亿人口。但与它养育着全国1/6多的人口相比，淮河又很小，只占全国3.4%的水资源。背负着如此沉重的负担，10年治淮可以说是步步艰辛。

淮河治污成绩是明显和不应抹杀的。1994～2003年，流域内GDP增长了135%，入河废水中化学需氧量（COD）削减了近一半。全流域58条主要河流中，近一半的河流COD和氨氮入河量基本达到“十五”控制目标。

淮河干流水质改善，部分支流水质有所好转绝不能因为短时间的突发污染事件就闭目塞听，以偏概全。10年前，安徽蚌埠市几乎家家户户都有灌满纯净水和矿泉水的大塑料桶。位于淮河中下游的蚌埠人不但不敢喝淮河水，甚至不敢用这样的河水来洗澡或清洗衣服。今天淮河边上的人们，虽有几分无奈，但是也已经实实在在安心地喝着来自淮河的自来水。

10年治污，为什么这条曾经“风吹稻花香两岸”的大河依旧时不时流淌着或浓或淡的黑水呢？除了流域经济结构不合理、增长方式粗放、重污染行业居多外，1.7亿人每天排放的大量生活废水也成为重要污染源之一。

面对种种自然和人为的困难，知难而上，从思想、生产模式直到日常生活态度的科学、合理改变，是政府、企业和个人都义不容辞的。

首先要落实科学发展观，转变经济增长方式，政府应追求绿色GDP，而不是高消耗、高污染的GDP增长。在调整产业布局和结构时，坚决关停转污染严重或达标无望的企业，促进循环经济，推进清洁生产。加快城市污水处理厂和管网建设，提高市场化程度。完善目标责任制、领导干部政绩考核体系和公众参与机制等。

工业污染仍然是污染大户。作为企业，在追求经济利益的同时不能忘记自己的社会责任。除了“三废”的稳定达标排放外，更要积极发展低污染、无污染和节水项目，放远眼光，走可持续发展道路。

环境污染治理意义重大毋庸置疑，而且时间极其紧迫。我国科研人员，在清洁生产、废水再利用，污水处理和消除农业面源污染等方面，应该积极投入，以科技成果为污染综合治理、企业快速协调发展提供技术支持。

对个人来说，当你抱怨淮河水质不佳时，别忘了节约用水、及时缴费、定点放置垃圾等，“从我做起，从小事做起”，让每个人都以自己的具体的行动成为这条昔日美丽河流的保护者和支持者。

环境执法困难重重

陆新元

（国家环保总局环境监察局局长）

在淮河流域，污染反弹尤其突出，年年检查年年反弹，企业、污水处理厂偷排污水、顶风违纪已经成为司空见惯的怪现象。

环境执法主要有3难：部分地方政府忽视环保工作，干扰、限制环境执法；违法成本低、守法成本高，企业宁愿罚款，也不达标排放；结构性污染依然突出。

体制、法制、能力等也是环境执法的重要制约因素。

1997年以来，沿淮环保部门先后查处了2万多起环境违法案件，处理违法责任人1000多名。2004年全国环保专项整治行动开展以来，截至6月底立案查处的企业就达4014家。然而，淮河流域污染控制形势仍比较严峻。国家环保总局于今年5月28日~6月11日派出3个暗查组，对沿淮4省21个地市、91个区县的165家重点工业污染源、30座城镇污水处理厂、65条河流（湖、排污沟）、155个河流断面进行抽查。暗查发现，严重超标排污企业52家，占检查总数的31.5%。17座污水处理厂未正常运行或处于停运状态，占检查总数的56.7%。

大量企业顶风违法排污暴露出环境执法难的深层次问题。

一是部分地方政府，特别是基层地方政府，缺乏科学的发展观与正确的政绩观，对环境、经济与社会的协调、可持续发展缺乏正确的认识，重经济轻环保，片面强调GDP增长与招商引资，忽视环境保护工作，甚至有的地方政府出台有悖于环境保护法律法规的"土政策"、"土规定"，干扰和限制环境执法，致使部分地区土小企业联片污染反弹，屡禁不止；

二是违法成本低、守法成本高。达标排放企业和违法排污企业站在不同的市场竞争力起跑线上，其结果是大型企业包括上市企业也无视国家环保法律，明知故犯，超标排污，屡查屡犯，而一些大型企业在当地经济发展中处于举足轻重的地位；

三是结构性污染依然突出。一些地方的制革、化工、电镀、造纸、印染、冶炼、水泥等重污染工业群，经多次整顿仍未从根本上解决问题。

此外，体制、法制、能力等也是环境执法的重要制约因素。体制上，地方环保局负责人的"位子"、"票子"都是上级政府任命、发放的，往往造成"站得住的顶不住，顶得住的站不住"；法制上，抓手少，行政处罚额度低，无强制手段，法律法规难以落实到位；能力上，淮河流域整体上属于中部地区，自动化环境监控能力、执法装备硬件配备比较落后，难以满足执法需要，如沿淮4省平均每个环境监察机构仅有1.8辆执法车辆，还有数十个县没有执法车辆与取证设备。

（原载《人民日报》2004年08月19日 第16版）

五大难题制约重点流域水污染防治

——国家环保总局局长解振华谈重点流域水污染防治

赵永新

（《人民日报》记者）

“‘三河三湖’等重点流域的水污染防治工作尽管取得了一定进展，但与‘十五’计划目标相比还存在很大差距。”国家环保总局局长解振华在今天召开的全国重点流域水污染防治现场会上指出，认识不到位等5大难题仍严重制约着重点流域的水污染防治。

“三河三湖”（淮河、海河、辽河、太湖、巢湖、滇池）和南水北调东线、三峡库区及其上游等重点流域的水污染防治工作是我国“十五”环保工作的重中之重。截至目前，除太湖治理进展较快、成效较为明显外，其他流域的治理进度距离“十五”目标仍有很大差距。“三河”流域仍有超过50%的国控断面水质达不到“十五”计划要求，滇池草海水质仍为劣V类，巢湖的总磷、总氮等污染指标仍然很高；三峡库区部分支流呈恶化趋势，今春有7条支流发生了水华。

解振华指出，当前5大问题制约着重点流域的水污染防治进度。

一是认识不到位，不能正确处理发展经济与保护环境的关系。片面追求GDP增长。一些地方只顾局部利益和眼前利益，忽视全面协调发展和人民群众长远利益，片面追求GDP增长，仍在盲目发展能耗物耗高、污染重的产业，一边治理，一边污染；一些地方对治污工程不重视，没有积极筹集治污资金或未安排资金用于城市污水、垃圾等基础设施建设，而是热衷于修建大马路、大广场等形象工程；一些地方还存在干预环保执法的现象，包庇环境违法行为，甚至以“化整为零”、“先上车后买票”的方式，违法违规审批建设项目。

二是资金投入不足，治污工程建设滞后。到目前为止，投资完成率只有34%，个别省份甚至不足20%。资金不到位、治理工程建设滞后的主要原因：①项目前期准备工作不充分，工程资金没有按时到位；②一些地方污水处理收费政策不到位，未能为市场运作提供必要的政策环境，不能吸引银行贷款和社会资金；③污水管网建设滞后，建成的污水处理厂不能及时发挥作用。

三是工业结构调整力度不够，结构性污染没有根本改变。造纸、酿造、化工、印染等一些高耗水、重污染行业调整力度不够，一个重污染企业污染一条河的状况仍然存在；技术落后的企业在发展中注重规模扩张，忽视技术升级，粗放型生产方式没有根本改变；污染企业治理过程中，重视末端治理，忽视清洁生产，难以稳定达标排放；低水平重复建设屡禁不止，落后的生产能力和生产方式普遍存在。

四是综合整治不落实，非工业污染日益突出。城市生活污水排放量迅速增加，而污水处理等基础设施建设严重滞后，生活污染比重不断上升。化肥、农药施用量不断增加，其中约70%的用量流失或残存在土壤和农产品中，并最终进入水体。据调查，三湖中约50%的总氮和总磷来自农业面源。畜禽养殖规模和布局没有得到有效控制，畜禽粪便还田以及综合利用的比例很低。湖泊前置库和湖滨带建设、清淤、湿地保护等生态修复措施不落实。

五是法制不健全，环境监管能力不适应形势发展的需要。我国的环保法律法规比较多，但对环境违法行为处罚规定普遍不严，实际上存在违法成本低、守法成本高、执法成本高的问题。环保执法不到位，有法不依、执法不严、违法不究在一些地方还比较普遍。基层环保执法监管手段落后，对违法企业动态监管不力，不能及时发现并制止企业违法偷排、漏排、超标排放等问题。

淮河治污不能苛求老百姓 强有力的统一监管必不可少

——访著名环境专家曲格平

赵永新

（《人民日报》记者）

没有哪一条河流，像淮河这样，让全国人大常委会环资委原主任委员曲格平教授魂牵梦绕。从20多年前的实地考察，到后来参与谋划淮河治污方略，我国环境保护领域的这位“老战士”一直关注着淮河的清浊消长，惦记着沿淮群众的生产、生活。回顾10年来的淮河治污历程，曲先生感慨万千、心潮难平。

“回过头来看，党中央、国务院发起淮河治污攻坚战是非常及时、非常正确的，制订的各项措施是积极的，对于取得的成效应该有一个客观的评价。”曲先生认为，“如果当初国家不采取果断措施，如果没有这10年的治理，现在淮河的情况会更糟，造成的污染损失会更严重。”

“当然，我们也不能回避存在的问题。”曲先生指出，“到目前为止，各项治污规划均没有按期完成，造成水质达不到预期目标，污染居高不下。”

一、不能苛求老百姓

治污进展为何难如人意？曲格平分析说，其中有客观因素，更有主观因素。

他进一步分析说，最大的客观因素是“穷”。河南、安徽、山东、江苏的涉淮地区经济都比较落后，许多地方财政困难，干部群众急于脱贫致富。“穷”的结果一方面是拿不出足够的治污资金，另一方面是饥不择食，在上项目时不考虑环境保护，哪个容易上哪个，哪个成本低上哪个，哪个赚钱快上哪个，结果造成严重污染，穷与污染恶性循环。

主观因素是什么？是地方政府对污染治理没有尽职尽责，监管不力：口头上重视，行动上不落实；开始时抓得紧，后来就松劲了；发展经济时环保被搁在一边，出了污染问题不追究领导的责任。

曲格平强调说，我们不能过多地苛求群众，板子应该打在各级领导的屁股上。政府的作用是什么？是引导、指导，是宏观调控。在发展规划和招商引资、项目选择上，各级政府应该有所作为，有所取舍，不能“捡到篮里就是菜”。

“有些地方不但在污染治理上态度不积极、行动上拖拉，甚至充当起污染企业的保护伞。”他举例说，莲花味精是淮河治污之初作为样板被表扬的，后来呢，接二连三地大量偷排污水。国家环保总局通过多次暗访，这个企业偷排废水的事实非常清楚，属违法严重行为，可就是关不掉，甚至连停产治理都做不到。为什么？就是因为莲花味精是当地的利税大户，地方政府替企业说话，环保法成了一纸空文。

二、莫让“统一监管”落了空

今后淮河污染应该怎么治？曲格平认为，最重要的是有一个有权威的统一监管。

他回忆说，淮河治污战役是由当时的国务院环委会统一部署的，时任国务委员的宋健同志是环委会的主任。回想头几年的淮河治污，声势浩大，雷厉风行，效果也是非常明显的，这是一条重要的经验。相比之下，后几年的力度就小得多。

“淮河流经4省35市189县，流域面积27万km^2，有着大小支流近500条，是一个很大的生态系统。污染物是流动的，而目前条块分割的管理格局，使得支流污染了，干流没办法；上游污染了，下游干着急；下游地区受损失，上游地区没责任；地方政府不履行职责，主管部门无能为力。”曲格平说，“在经济不发达、领导的环保意识不到位、全民的道德意识很薄弱的情况下，强有力的统一监管就更显得重要。”

统一监管的重要性和必要性，在黄河断流问题上就很有说服力。前几年，黄河年年断流；而近几年北方干旱照旧，水量增加也不大，而黄河没有断流。为什么？就是因为国务院赋予了黄委会统一调配、调度水量的权力，全流域的水量调配更科学了。

目前，沿淮4个省谁也管不了谁，各行其道；淮河治污涉及调整产业结构、修建运营污水处理厂、控制农业面源以及水量合理调度，如果没有强有力的高层监管机构，“统一监管”就会成为一句空话。

曲格平指出，在高一级的统一监管机构没有产生之前，经济、环保、水利等部门和沿淮4省应该携起手来，同舟共济，协力治污，不能再各唱各的调、谁也不管谁。

三、淮河治污已到关键期

说起前不久发生的污染事故，他的心情格外沉重。“群众的鱼虾死亡损失很严重，但比这更严重的是淮河流域，特别是下游地区的隐性污染危害。”曲格平介绍说，由于没有足够的水源，目前淮河许多地方被迫用污水灌溉农田；严重的污染使淮河下游的水不能吃了，两岸许多地方的深井水也不能保障安全。这是事关群众的基本生活、生产和身体健康的大问题，是事关子孙后代的长远大计。

“在淮河流域，我们践行‘三个代表’、落实‘以人为本和全面、协调、可持续的科学发展观’，再不狠抓污染治理，怎么说得过去呢?!”

他不无忧虑地说，“淮河的污染治理现在已经到了非常关键的时期，现在抓紧还为时不晚。如果等污染严重到像滇池那样的地步，恐怕就积重难返、悔之晚也了。”

“淮河并非不可救药。”他认为，“只要我们从现在起下决心抓，真抓实干，一个措施一个措施地逐一落实，持之以恒地干上10年、15年，我看淮河是能够治理好的。”

（原载《人民日报》2004年08月19日 第16版）

十年治污看得失

刘 毅

（《人民日报》记者）

《人民日报》编者按：最近国家环保总局派出3个督察组，赴河南、安徽、江苏、山东沿淮4省进行暗查。调查结果显示，淮河工业污染出现一定反弹，一些支流污染相当严重。

淮河污染反弹让人们再次将目光投向这条关系到1.3亿群众生活的河流。淮河治污为何一再反弹？如何看待10年治淮的功绩？结合这次调查，本报记者就这些问题采访了国家环保总局有关负责人。

记者：这次国家环保总局督察组赴淮河流域暗查的结果怎样？

答：根据国务院领导的重要批示，5月28日～6月11日，国家环保总局派出3个督察组，对沿淮4省21个地市、91个区县的重点工业污染源、城市生活污水处理厂和重点河流断面进行了暗查。执法人员在半个月的时间内，行程10000多km，检查了涉及化工、酿造、医药、造纸等行业165家重点工业污染源、30座城市污水处理厂、65条河流（湖、排污沟）、155个河流断面。检查共发现环境违法企业56家，不正常运行的城市污水处理厂12家，污染严重的河流38条。我们比较客观和全面地掌握了淮河污染现状和污染源的底数，为下一步淮河污染防治工作奠定了基础。

记者：目前淮河治污中究竟有些什么问题或者困难？

答：首先，淮河水污染面临的形势仍然严峻。一是总体上水质仍然较差，特别是主要支流水质污染严重。淮河流域还有近一半的断面水质尚未达到“十五”控制目标，部分重点支流跨界断面水质污染严重，有的甚至持续恶化，部分河段氨氮严重超标。根据这次暗查结果，涡河、颍河、濉河、池河、北淝河、沱河等主要支流污染严重，有的成为名符其实的排污河。二是排污总量仍然居高不下，主要污染物排放超过环境容量。当前淮河流域水污染负荷仍然超过水环境的自净能力，一些主要支流和城市排放量仍在增加。超过控制目标较多河流主要有：河南省的洪河、惠济河、涡河、颍河，安徽省的濉河、新汴河，山东省的武河，江苏省的奎河、京杭大运河、沿河等10条河流。

淮河治污存在以下6方面的问题：认识不到位，不能正确处理发展与环境的关系；资金投入不足，治污工程建设滞后；结构性污染依然突出，企业超标反弹严重；污水处理厂建设缓慢，城市生活污水处理率低；综合整治不落实，非工业污染日益突出；法制不健全，环境监管能力不适应形势发展的需要。

记者：淮河的污染治理已经有10年的时间，取得了很大的成绩，为何现在会出现污染严重反弹现象？

答：从1996年到2003年，这段时间里整个流域的经济GDP增长了135%，这期间，水中的主要污染物COD的排放量，从1996年到2003年降低了将近50%，这是一个了不起的成绩。

近年来淮河流域污染反弹，主要是部分企业非法排污，造成了淮河一些支流污染。另外，淮河流域的水污染治理是国家在经济欠发达、人口密集、污染严重的地区首先起步的，流域的综合治理，力度之大，社会参与之广，难度之大，都是前所未有的。它所取得的成效还是相当脆弱的。治淮以来，这个流域的经济成倍地增长。但是这个流域的工业结构的调整步伐缓慢，仍然是以重污染行业居多。淮河流域，造纸、化工、饮料、纺织、食品这五个行业的经济贡献率大概是26.6%，但这5个行业产生的COD和氨氮占到工业排放的78.4%和94.2%。流域内生活排放的COD和氨氮都占到3/4左右。城市污水处理厂的建设滞后，和建成的污水处理厂不正常运行，也是淮河水质改善不明显和不稳定的一个重要原因之一。淮河流域的水资源被几千个闸坝分割控制，水量基流调控能力极弱，要么不放水，要放水全是污水，所以生态环境用水缺乏，水体的自净能力基本丧失，这也是淮河流域水质变化不快的一个重要原因。

记者：有一种观点，认为淮河治污10年又回到原点，我们究竟应如何看待10年治淮？

答：淮河流域水污染治理始于1994年，是中国政府开展的第一项大规模治污工程。10年来，国家高度重视治淮工作，先后召开了7次淮河流域水资源保护领导小组会议和执法检查现场会，沿淮4省政府也把淮河流域经济社会环境可持续发展作为一项重大战略，采取了结构调整、工业污染防治、建设生活污水处理厂、治理农业面源污染等一系列措施。先后制定了污染物排放总量控制、排污许可制度，水污染防治目标管理、督查、通报、责任追究制度，以及跨界污染纠纷协商和上下游污染联防等多项制度。

总体上看，沿淮4省在经济快速增长的情况下，淮河流域排污总量逐年下降，水质有了一定程度的改善，治污工作取得阶段性进展。可用下面4组数据来说明这些结果：

第一组数据：淮河“十五”计划确定的488个工程项目，目前共有131项完成，占27%；169项在建，占35%；10年淮河流域累计治污资金约193亿元。治淮初期，沿淮4省没有一座城市污水处理厂，目前已建成城市污水处理厂57座。

第二组数据：经济发展明显加快，排污总量逐年削减。

1994 年，流域内 GDP 为 5569 亿元，2003 年达 13066 亿元，增长 135%。与此同时，主要污染物却在逐年下降。2003 年，淮河流域 COD 入河量 71.2 万 t，比 2001 年 81.2 万 t 削减了 12.3%，与 1994 年 150 万 t 相比削减了 53%。全流域 58 条主要河流中，近一半的河流 COD 和氨氮入河量基本达到“十五”控制目标。

第三组数据：产业结构进一步优化，工业排污强度降低。10 年来，淮河流域在工业结构调整方面做了不少努力，流域工业废水及 COD 排放量有了明显下降，工业污染负荷降低为 36%，结构性污染程度有所降低。如山东省造纸企业从 1995 年的 729 家减少到目前的 246 家，江苏省每万元 GDP 的工业 COD 排放量从 1994 年的 5.6kg 下降到 2003 年的 2.3kg。

第四组数据：淮河干流水质得到改善，部分支流水质有所好转。10 年来，淮河干流高锰酸盐指数浓度值总体呈下降趋势，由 1994 年的 6.78mg/L 降至 2003 年的 4.91mg/L，从 1998 年开始基本满足Ⅲ类水质要求。

（原载《人民日报》2004 年 06 月 24 日 第 16 版）

淮河治污考验执政能力

刘 毅

（《人民日报》记者）

在前不久召开的国务院淮河流域水污染防治现场会上，国家环保总局受国务院委托，与江苏、安徽、山东、河南 4 省政府签订了工作目标责任书。沿淮 4 省纷纷出台了全面推进淮河治污、确保治污目标实现的具体措施。这对淮河两岸千千万万人民群众无疑是一个福音。不过，要把这些承诺和举措真正落到实处，对沿淮各级政府的执政能力将是一个巨大的考验。

链接

淮河流域总体上处于经济落后地区，面临经济发展与环境保护的双重任务，如何实现“双赢”，是摆在各级政府面前的一个难题。不可否认，一些地方“重 GDP 轻 COD（衡量水污染程度的重要指标）”的现象并不鲜见。有的市级环保部门目前还承担着一年 300 万元的招商引资任务，并列为政绩考核的重要内容。党的十六届四中全会要求，加强执政能力要“不断开拓发展思路、丰富发展内涵”。保护环境，实现人与自然的和谐，是“发展”的题中应有之义。金山银山，绝不能以牺牲青山绿水为代价。加强淮河污染治理和环境保护，是转变经济增长方式，走新型工业化道路的必然要求，是建设生产发展、生活富裕、生态良好的全面小康社会的必由之路。

党的十六届四中全会把“坚持立党为公、执政为民，始终保持党同人民群众的血肉联系”，作为加强执政能力的重要内容，这对进一步推进淮河流域水污染防治有着重要启示意义。水是生命之源，淮河干流及支流是流域 1.68 亿群众的母亲河，水质好坏直接关系到群众（尤其是广大农民）的身体健康和生活质量。水资源匮乏及污染严重，已经成为制约淮河流域经济社会可持续发展、人民群众生活水平提高的“瓶颈”。只有坚持权为民所用、情为民所系、利为民所谋，从执政为民的高度，扎扎实实做好污染治理，才能维护好淮河流域广大人民群众的根本利益，保证他们共享改革发展的成果。

加强执政能力建设，还要求“贯彻依法治国基本方略，提高依法执政水平”。而有法不依，执法不严，违法不究，正是淮河流域污染问题比较突出的重要原因。个别地方还存在干预环境执法、包庇环境违法行为的现象，利用各种土政策为环境违法企业撑起“保护伞”，对污染反弹放任自流。有的地方把一个月里大部分时间定为“企业清净日”，有的地方设立“优化经济发展环境办公室”，限制环保部门的执法和监督检查……只有各级政府增强法制观念，严格依法执政，依法加强环境保护，才能为淮河流域水污染防治创造良好氛围，使千里淮河长治久安。

最近几个月，淮河流域各级政府加大治污力度，在10年治淮取得显著成效的基础上，淮河干流及部分支流近期水质进一步改善。这表明，我们有充分执政能力推进并解决水污染防治这一世界性的难题。而且在应对这一巨大挑战的进程中，沿淮各级政府的执政能力必将得到进一步历练和增强。

按照党的十六届四中全会要求，大力加强执政能力建设，对于淮河流域水污染防治具有特殊的重要意义。我们期盼，随着科学发展观和正确政绩观的牢固树立，随着淮河流域各级政府执政能力的不断增强，在党中央、国务院的高度重视和大力支持下，淮河两岸群众盼望水更清、水质更好的愿望早日成为现实。

（原载《人民日报》2004年11月04日 第16版）

附录：国际水利

解决好水问题 保障中国的粮食安全

——汪恕诚部长在世界银行水周活动中的主旨发言（2005 年 3 月）

尊敬的主席，女士们，先生们：

水问题和粮食问题都是全球性问题，对人类生存与发展具有极端重要的意义。以水资源的可持续利用来保障粮食安全，是世界各国共同面临的紧迫任务。世界银行举办的这次水周活动，将“水与粮食”作为一个专题来讨论，对推动各国解决水问题，保障粮食安全具有十分重要的意义。

借此机会，我非常高兴能够就中国“水与粮食”方面所面临的挑战，我们的思路、措施和进展，与各位朋友进行交流。

（一）粮食问题是重大战略问题

粮食是人类生存和发展的必需品，获得充足的粮食是每个人应该享有的基本权利。由于一些长期困扰世界粮食安全的因素依然存在，粮食供给与人口增长的矛盾日益突出，粮食安全问题已经成为各国政府和国际社会高度关注的重大战略问题。

中国是世界上人口最多、粮食消耗量最大的国家。随着经济社会发展、人口增加和人民生活水平的提高，中国不仅对粮食的需求量会相应增加，对粮食的质量、粮食获得的稳定性的要求也更高，而增加粮食产量的困难在加大，耕地资源减少的势头难以逆转，水等资源短缺的压力进一步增大。中国的粮食安全问题一直是中国政府和社会高度重视的战略问题，也是国际社会十分关注的问题。保障中国 13 亿人口的粮食安全，事关中国的稳定与发展，对世界粮食安全保障也具有十分重要的意义。

保障中国的粮食安全是中国政府对全世界的庄严承诺。中国政府确保粮食安全的基本方针是：立足国内资源，实现粮食基本自给，保持粮食供求大体平衡；立足保护和提高粮食综合生产能力，稳步提高粮食生产水平；立足调动农民种粮积极性，切实保护种粮农民利益。对此，我们采取了一系列的措施：

一是始终把加强农业、解决粮食安全问题作为首要任务，建立和完善对农业的支持和保护体系；二是实行最严格的耕地保护制度，在加强基本农田保护的同时不断提高耕地质量；三是通过推进农村改革，调动和保护农民的种粮积极性；四是加强农田水利等基础设施和生态保护，不断改善农业生产条件，提高抗御自然灾害的能力；五是推广应用农业先进技术和优良品种，大力推进传统农业向现代农业转变；六是完善粮食购销市场体系，搞好市场服务，增强农民抵御市场风险的能力；七是坚持开发式扶贫，着力改善贫困地区的生产和生活条件，帮助农民发展生产，摆脱贫困状况。

（二）解决中国粮食安全用水面临的挑战

中国的气候、地理条件和社会条件决定了水在保障粮食安全中占有举足轻重的作用。水利是农业的命脉，中国农业必须走灌溉农业的发展道路。这是中国人民几千年来实践的总结，是水利与农业、水与粮食关系的最好概括。

中国粮食用水安全面临以下主要挑战：

1. 水资源短缺，时空分布不均，水土资源不匹配，影响粮食生产

中国是一个水资源短缺、水旱灾害频繁发生的国家。人均水资源占有量只有 2200m^3，远低于世界平均水平。受季风气候和地形条件的影响，水资源时空分布极不均衡。全国大部分地区最大 4 个月的降雨量约占全年降雨总量的 70%，往往造成汛期洪水成灾。中国南方水多，北方水少，长江以北水系流域面积占全国国土总面积的 64%，水资源量却只占全国的 19%，干旱缺水成为中国北方地区发展经济的突出问题。自然灾害，尤其是干旱，对中国的粮食生产造成较大影响。

2. 工业和城市用水需求增加，加重了粮食生产用水的短缺程度

随着工业化和城镇化进程的加快，人民生活水平的提高，农业与工业、农村与城市、生产与生活、生产与生态等诸多用水矛盾进一步加剧。过去 20 多年间，中国经济发展速度较快，全国总用水量不断增加，新增的供水能力基本用于工业和城市，农业灌溉用水总量基本

没有增加，农业灌溉用水量在总用水量中的比重不断下降，从1980年的85%下降到目前的65%左右。工业和城市用水占用农业灌溉用水，导致粮食灌溉用水量减少，加重了粮食生产用水的短缺程度。

3. 农业灌排基础设施不完善，用水管理粗放，粮食生产用水效率不高，浪费严重

中国的灌区大多修建于20世纪五六十年代，受当时的经济和技术条件的限制，一些灌排工程标准低、配套不全，经过几十年的运行，不少工程存在工程老化严重、效益衰减等问题，造成粮食生产用水效率不高。目前，全国灌溉水的利用率仅有45%左右，粮食作物的平均水分生产效率仅1.0kg/m^3左右。节约用水的潜力还很大。

4. 水土流失严重，生态脆弱，影响粮食的可持续生产

粮食生产的挑战还来自于严重的水土流失和脆弱的生态与环境。目前，中国水土流失尚未得到有效控制，边治理边破坏的现象依然存在，全国有近200万km^2的水土流失区急待治理。由于干旱和超载过牧，导致草原出现退化、沙化现象。一些地区地下水超采严重，影响水资源可持续利用。偏远山区的农民用电水平低，大量伐木砍柴，加重了水土流失。

（三）解决中国粮食安全用水的思路和措施

中国农业灌溉历史悠久，粮食生产用水问题历来得到中国政府和社会的高度重视。几千年治水实践积累的丰富经验，尤其是近年来，应对日益严峻的粮食安全形势和水资源挑战，经过不断实践和探索，我们逐步形成并完善了解决中国粮食安全用水的思路和措施。

一是按照人与自然和谐的理念，对水问题坚持全面规划，统筹兼顾，标本兼治，综合治理。在治水中强调尊重自然规律，在防止水对人的侵害的同时，特别注意防止人对水的侵害。在做好水资源的开发、利用和治理的同时，重视和加强对水资源的配置、节约和保护。通过制定水资源综合规划、防洪规划、农业节水规划、灌区改造规划等一系列规划，统筹解决各种水问题，统筹生活、工业、农业、生态等各种用水需求，优化配置水资源。加大对水利的投入，按照规划，有计划、分步骤地解决水问题。

二是全面推进节水型社会建设。我们越来越清楚地认识到，在中国，水资源是一种稀缺性资源，解决干旱缺水问题最根本、最有效的

战略举措是建设节水型社会。建设节水型社会是对生产关系的变革，是制度建设，是一场深刻的革命。通过管理制度建设和变革，建立以水权、水市场理论为基础的水资源管理体制，明晰初始水权，确定水资源的“宏观控制指标”和“微观定额指标”，明确各地区、各行业、各部门乃至各单位的水资源使用权指标，确定产品生产或服务的科学用水定额，形成以经济手段为主的节水机制，不断提高水资源的利用效率和效益，促进经济、资源、环境协调发展。农业是用水大户，解决农业用水问题，必须大力推广节水灌溉，把节水灌溉作为革命性措施来抓。在今后相当长的时期内，中国的人口还要增加，粮食需求还要增长。我们的目标是，农业用水总量不再增加，保障粮食安全用水需求主要通过农业节约用水、提高用水效率来实现。

三是要根据水资源条件，进行经济结构调整。一个地区、一个流域客观上存在着水资源的承载能力和水环境的承载能力。要从全局来考虑，按照一个地方、一个区域的水资源状况来科学规划经济社会的发展布局，在水资源充裕地区和紧缺地区打造不同的经济结构，量水而行，从传统的“以需定供”转为“以供定需”，以水定发展，推进资源利用与经济社会协调发展。

四是加强工程建设，提高对水资源在时间和空间上的调控能力，发挥灌区在粮食生产中的主体作用。解决中国水资源时空分布不均的问题，必须适当修建必要的调控工程，增加水资源的供给。已经开工建设的南水北调等调水工程，就是缓解中国北方地区水资源短缺以及生态与环境恶化的战略举措。中国的耕地面积有一半以上处于干旱、半干旱地区，灌溉对粮食生产影响很大。提高中国的粮食生产能力，必须进行灌区建设和改造，提高和改善灌区农业生产条件。对已建灌区，要实施“两改一提高”，即实施以节水改造为中心的灌区更新改造和续建配套，推行以用水户参与管理为主要内容的灌区管理体制改革，提高灌溉用水效率。在水源条件较好的地区，结合重点水利枢纽建设，合理建设新灌区，进一步扩大灌溉面积。在不具备正常灌溉条件的地区，采取多种方式集蓄雨水，合理利用当地各种分散水源，提高抵御干旱灾害的能力。

五是以解决水问题为先导，将水利发展与粮食生产、消除贫困、生态保护等紧密结合起来。重视生态与水的密切关系，对生态问题严重的河流流域，采取节水、防污、调水等措施予以修复；有计划地进行湿地补水，保护湿地。在地下水超采区，采取封井、限采等措施，保护地下水。对于水土流失等生态脆弱地区，注重发挥大自然自我修复能力，实行退耕还林、封山禁牧禁柴等措施；同时，解决好生态修复区人口的粮食问题、经济发展和脱贫等问题，为实施自然修复创造条件。在黄河中游严重水土流失区，修建淤地坝工程，拦蓄泥沙，淤地种粮，发展经济；在牧区搞好牧区水利建设，发展灌溉饲草料地，对天然草原实行禁牧、轮牧、休牧，保护和恢复草原；在水力资源丰富的山区，积极发展小水电，使农民能够解决能源问题，减少对森林的砍伐。

（四）取得的主要进展

经过半个多世纪特别是改革开放以来20多年的努力，中国粮食生产能力得到很大提高，粮食产量大幅度增长，1996～1999年，粮食总产量连续4年达到或接近5亿t，人均产量超过400kg，粮食库存大幅度增加。2000年以后，由于结构调整、耕地减少等原因，粮食出现连年减产，2003年粮食产需虽然出现较大缺口，但由于库存充裕，国家粮食安全仍有保障。2004年，中国政府采取措施恢复和发展粮食生产，当年，粮食生产就出现转机，实现较大幅度的增产，2004年粮食生产比2003年增加了3875万t，达到4.6945亿t。事实表明，中国已经具备了基本解决自身粮食安全问题的能力。

目前，中国粮食人均占有量、每人每天的热能和蛋白质摄取量达到世界平均水平，实现了粮食等农产品供给由长期短缺到总量基本平衡、丰年有余的历史性转变，创造了以占世界6%的可更新水资源量、9%的耕地，养活了占世界22%人口的奇迹。最近20年，我们解决了2亿多农村贫困人口的温饱问题。其中，水利功不可没。主要表现在：

一是经过几十年的水利建设，中国已初步形成了较为完善的水利减灾和保障体系，灌溉排水事业得到迅速发展。全国已形成了5800亿m^3的年供水能力，农田灌溉面积达到5600万hm^2，节水灌溉面积达到2100万hm^2，分别占全国耕地面积的45%和17%。虽然中国人均耕地是世界人均的30%，但人均灌溉面积与世界人均水平基本持平。中国占全国耕地面积45%的灌溉面积，生产了占全国总量75%的粮食和90%的经济作物。灌区已经成为中国粮食生产的“主力军”和粮食安全的主要保障。

二是农业灌溉用水效率不断提高。通过采取各种措施，近10年来，全国灌溉水利用率提高了10%左右，形成了300多亿m^3的年节水能力。由于提高了灌溉保证率，促进了现代优质高效农业、高科技农业的发展，农业产出不断提高，新增了300多亿kg粮食综合生产能力。用水效率的提高，使得中国农业用水总量在近20年来基本没有增加的情况下，粮食生产得到了较快发展。

三是生态和环境问题已得到高度重视。近年来，中国采取了一系列措施，修复生态，保护环境。每年对10多万km^2的水土流失等生态脆弱区，实施退耕还林（草）、封山育林、禁牧等封育保护；每年人工治理水土流失面积5万多km^2；塔里木河下游、黑河下游等生态严重恶化地区的生态得到了修复，许多地区的地下水得到保护，生态与环境的保护、修复和改善已经初见成效。这增强了我们实现经济发展、生态与环境改善双赢的信心，也进一步夯实了保障中国粮食安全的基础。

四是发挥政府、市场和社会的各自作用，制度建设得到了加强。坚持依法治水，颁布实施了我国的《水法》、《防洪法》、《水污染防治法》、《水土保持法》等法律，建立了较完善的水法规体系，规范各项水事活动。依靠科技进步，重视水利信息化建设，重视公众参与，不断提高水利建设水平和水资源管理水平。在广大灌区组建农民用水户协会，推行用水户参与管理的灌区管理体制改革；在水价制定中推行价格听证制度，保证利益相关者广泛参与水的管理。

虽然中国在解决水问题、保障粮食安全方面已经取得了巨大成就，但是，中国的水旱灾害、水资源短缺、水污染、水土流失等水资源问题还远远没有得到解决，面临的任务还十分繁重，困难还很多。要切实树立节约资源、保护环境和可持续发展的观念还有很多工作要做。到2020年中国人口增加到14.5亿左右，国内生产总值要比2000年翻两番，水、土地、能源等资源的供需矛盾将更加突出，环境的压力进一步加大。

应对水资源领域面临的挑战和问题，当前中国水利还突出强调要抓好以下三个方面的工作：一是把保障人的饮水安全作为今后一个时期水利工作的第一任务，重点解决好由于自然原因和人为污染而造成的饮用水水质不达标问题和局部地区饮用水严重不足问题，确保饮水安全。二是维护河流健康生命，在发挥好河流功能的同时，切实保护好河流，让河流为人类造福。三是高度重视建设水利水电工程带来的生态问题，妥善解决好工程建设中的移民问题，认真解决好水利工程对生态和环境的不利影响。

解决中国的水资源问题任重道远，需要我们按照可持续发展的要求，不断探索，进行长期不懈的努力，也需要加强与世界各国和有关国际组织的交流与合作。我们有信心、有能力解决好中国水问题，保障中国的粮食安全。

女士们、先生们!

长期以来，中国在农业和水资源领域与世界银行有着长期的良好合作，世界银行作为目前世界上最有影响力的国际金融组织之一，是中国水利行业利用外资的主要来源。1982 年以来中国水利行业完成世界银行贷款项目 21 个，贷款金额 42.75 亿美元。目前，正在实施的世界银行贷款项目 5 个，贷款金额 6.84 亿美元。这些项目涉及防洪减灾、灌溉、供水、水力发电、水土保持、水环境保护等各个方面。中国政府对这些项目高度重视，项目实施顺利，取得了巨大的经济效益和社会效益，对于解决中国的水资源问题，保障粮食安全发挥了重要作用。2004 年，世界银行贷款的“黄土高原水土保持”项目荣获 2003 年世行行长杰出成就奖，还被授予世行农业项目“旗帜工程”的荣誉。在此，我代表中国政府，对世界银行长期以来对中国的支持和帮助表示衷心的感谢，希望今后在灌区改造、水资源开发与保护、水土保持、防洪等领域，能够继续得到世界银行、其他国际组织和国家的支持。

2005 年 9 月，国际灌排委员会第 19 届大会将在中国北京召开。在此，我诚挚地邀请并欢迎大家到北京出席会议。

谢谢。

第59届联大通过关于“国际淡水年和生命之水国际十年”的决议

2004年12月3日，第59届联合国大会通过了关于2003年国际淡水年期间开展的活动，为2005~2015年“生命之水”国际行动十年所作的准备，以及为实现水资源可持续发展进一步努力的决议。中国是该决议的共同提案国。决议全文如下：

大会回顾其2000年12月20日第55/196号决议，其中大会宣布2003年为国际淡水年，以及2003年12月23日第58/217号决议，其中大会宣布自2005年3月22日世界水日开始，2005~2015年为“生命之水”国际行动十年；强调水对于可持续发展，包括环境完整以及消除贫穷和饥饿极为重要，是人类健康和福祉不可或缺的；回顾《21世纪议程》、大会第19届特别会议通过的进一步执行《21世纪议程》方案、《可持续发展世界首脑会议实施计划》（《约翰内斯堡实施计划》）以及经济及社会理事会和可持续发展委员会第六次会议的各项决定中与淡水相关的规定；重申国际商定的关于水和卫生的发展目标，包括《联合国千年宣言》中的目标，并决心实现在2015年之前使无法得到或负担不起安全饮用水的人口比例减少一半的目标和《约翰内斯堡实施计划》规定的使缺乏基本卫生条件的人口比例减少一半的目标，同时在2005年之前制定水资源综合管理和水效率规划，并向发展中国家提供支持；注意到在日本京都第三届世界水论坛会议期间举行的部长级会议于2003年3月23日通过的题为“琵琶湖和淀川流域宣言”的部长宣言和2003年8月29日~9月1日在杜尚别举办的国际淡水论坛于2003年9月1日宣布的《杜尚别水呼吁》；又注意到第四届世界水论坛将于2006年3月在墨西哥举行；有兴趣地注意到联合国秘书长水与卫生顾问委员会的成立，并期待着顾问委员会能在调动各方力量和资源以实现有关领域所达成的承诺、目的和目标的过程中有所贡献：

1. 注意到秘书长的报告；

2. 欢迎各成员国、联合国秘书处和联合国系统的组织在2003年国际淡水年期间通过机构间和主要群体的工作开展的有关淡水的活动；

3. 鼓励各成员国、秘书处、联合国系统的组织和主要群体作出进一步努力，以实现《21 世纪议程》、进一步执行《21 世纪议程》方案、《联合国千年宣言》和《约翰内斯堡实施计划》中国际商定的与水有关的目标；

4. 欢迎可持续发展委员会第 12 次会议的工作，并期待第 13 次会议对水、卫生和人类住区系列专题的讨论；

5. 邀请秘书长采取适当步骤组织 10 年活动，同时考虑到国际淡水年的结果以及可持续发展委员会第 12 次和第 13 次会议的工作；

6. 呼吁联合国有关机构、专门机构、区域委员会和联合国系统的其他组织进一步努力并给予协调回应，利用现有资源和自愿资金，使 2005 ~2015 "生命之水" 国际行动十年成为实现承诺的十年；

7. 有兴趣地注意到水和卫生伙伴关系计划在可持续发展世界首脑会议过程和后续行动的框架下实施，并符合可持续发展委员会第 11 次会议提出的标准和指导原则；

8. 要求秘书长向第 60 届联合国大会报告本决议的执行情况，以及秘书长和联合国系统的有关组织计划为 2005 ~ 2015 "生命之水" 国际行动十年开展的活动；

9. 决定在第 60 届大会上审议国际行动十年执行情况评估机制，包括实行 2 年一次或 3 年一次评估，或开展中期评估的可能性。（作者单位：水利部国际合作与科技司）

联合国可持续发展委员会第十二届会议简介

2004 年 4 月 20 日，纽约/内罗毕：可持续发展委员会第十二届会议于 2004 年 4 月 19 日召开。会上，国际社会呼吁各国为实现“千年发展目标”做出新的承诺，特别是有关水、卫生和人类住区方面的承诺。

鉴于全世界约有 15 亿人口得不到安全的饮用水，约有 25 亿人口得不到充分的卫生条件，可持续发展委员会主席、挪威的环境部部长博格·布兰德阁下在大会开幕致辞中提醒各位代表，目前迫切需要实现“千年发展目标”。

目前只有一半发展中国家在朝着将缺乏清洁用水的贫困人口减少一半的全球性目标前进，只有约三分之一的发展中国家在朝着卫生领域的全球目标前进。因此，可持续发展委员会主席特别强调，由于在未来的几十年里，贫民区居民和非法占地居民的人数将翻一番，可持续发展委员会面临着巨大的挑战，既要保持各国的政治动力，又要促进各种行动的开展，以确保其工作有所进展。

鉴于缺乏清洁用水和充分的卫生条件的人口是如此之多，奥兰治亲王殿下呼吁应当加倍对水和卫生领域的投入。如果要实现这些目标，还必须促使发展中国家的管理人员和专业人员的能力实现重大飞跃。

联合国负责经济与社会事务的副秘书长乔斯·安东尼奥·奥坎波先生强调，在快速城市化的背景下，即便是改善 1 亿贫民区居民生活这一目标也只代表着有限的进步，他呼吁各国政府给予更多的承诺。

联合国人居署执行主任安娜·蒂贝琼卡夫人对可持续发展委员会将重点放在水、卫生和人类住区方面表示欢迎，因为这一重点能够为地方行动提供一个全球性的跳板。她说，此次会议为催化地方一级的行动提供了一次重要的机会。她表示联合国人居署会在这一过程中发挥它应有的作用。“为实现千年发展目标中的水与卫生目标而作出的努力必须深入到城镇和乡村。只有从这一层次着手才能协调和管理好各种行动，各项政策就是在这一层次上落实并成为具有鲜明政治性的事务，各种地方行动必须，并且能够在这一层次上促成全球性目标的实现。”

联合国环境规划署执行主任克劳斯·托普弗尔博士表示，他所领导的环境规划署将承担起自己的责任，力争实现环境的可持续发展。他指出，全世界将有1/3的人口不久就会遭受长期的水缺乏问题，而这不仅仅涉及因为投资与管理危机而导致的缺水危机。

联合国开发计划署的泽弗林·迪亚布雷先生也表示，他们也将承担起自己的责任，重点帮助发展中国家提高能力，在水、卫生和人类住区领域向他们提供技术援助。

可持续发展委员会第十二届会议于2004年4月14～30日在纽约联合国总部召开。这是在该委员会新的执行周期召开的第一个审议会议。头3天是预备会议，重点审议“发展中小岛国可持续发展巴巴多斯行动计划”十年来的执行情况。从4月19～30日，可持续发展委员会将重点讨论其有关水、卫生和人类住区行动的执行周期，从而增强国际社会解决这些问题的紧迫感。大会期间，联合国人居署开展了各种活动，以强调城市贫民的问题。

中国代表团在联合国可持续发展委员会第十二届会议上关于水问题的发言

（2004 年 4 月 22 日）

主席先生：

众所周知，水是基础性的自然资源，是生态环境的控制性要素，水的可持续利用是经济社会可持续发展的重要内容。中国政府坚定不移地走可持续发展的道路，坚持以人为本，树立全面、协调和可持续的发展观。在制定和实施经济社会可持续发展战略计划中，充分重视水的问题，强调要以水资源的可持续利用支持经济社会的可持续发展。中国政府在水资源的可持续利用方面主要开展了以下工作：

1. 中国政府为落实 1992 年环境与发展大会精神，制定了中国 21 世纪议程，其中就水的问题也制定了水利发展 21 世纪议程。

2. 为履行 2002 年约翰内斯堡可持续发展世界首脑会议承诺，中国政府自 2002 年以来，进行全国水资源综合规划编制工作，预计在 2005 年底完成。水资源综合规划内容包括：水资源调查评价，水资源开发利用情况调查评价、需水、供水预测、节约用水、水资源保护、配置、水资源开发利用与保护布局与实施方案和规划实施效果评价等。目前已经完成了水资源评价工作。

3. 中国政府为努力实现约翰内斯堡行动计划 2015 年目标，加大了农村饮水困难问题的解决力度。2000～2002 年中央安排 57 亿元、地方配套和农民自筹 51 亿元人民币，解决了 3409 万人的饮水困难。截至 2002 年底，中国累计解决了 2.6 亿农村人口的饮水困难问题。

4. 近年来，中国政府在实践的探索中逐步形成了可持续利用水利工作思路。强调以人为本，人与自然和谐共处，在注重水资源的开发、利用、治理的同时也注重水资源的配置、节约和保护，逐步建立水权制度、水市场和流域与区域管理相结合的水资源统一管理体制、机制。根据这个思路制定了一系列的具体措施并得以落实。如积极推行节水型社会试点建设、水权交易试点、灌区用水户参与管理试点，进行防洪体系建设和洪水管理、水土流失生态修复，实施黄河等流域水量统一调度、进行改善生态环境和湿地保护的调水，协调好生产、生活和生态用水的关系。

5. 初步建立并实施了水资源可持续利用的法律法规体系和政策。如我国的《水法》、《防洪法》、《水土保持法》、《水污染防治法》、水利产业政策、节水政策、退耕还林政策、扶贫政策等。

中国在水资源可持续利用方面取得了一定的进展和成绩，以占全球6%的可更新水资源，支持了占全球22%人口的温饱和经济发展。但是由于水的时空分布极为不均衡，中国是一个水旱灾害频繁发生的发展中国家，水资源短缺、水污染、水环境恶化和水土流失问题都没有完全解决。由于水的问题十分复杂，中国在解决水问题上还有技术、资金和管理等方面需要加强国际合作。我们认为，解决可持续发展中的水问题，首先要按照联合国可持续发展的理念和要求，结合本国的实际情况，树立以人为本、人与自然和谐的思想，理清水资源管理思路、制定水资源综合规划；第二要有良好的政府管理，要面向贫困欠发达地区和弱势群体，制定好水方面的法律、法规和政策，要在公众参与的情况下执行和实施水资源综合规划，强化流域与区域相结合的水资源统一管理；第三要加强水资源领域的能力建设，重视国际合作，希望发达国家发挥经济、技术优势，帮助发展中国家解决水问题。因为可持续发展是世界各国共同的责任，发达国家、发展中国家要承担共同但有区别的责任。

国际组织对 WCD 报告的评论

编者按：

世界水坝委员会（WCD）是一个临时性组织，受世界银行和国际自然保护联盟支持，成立于 1997 年，结束于 2000 年。

WCD 委员会主席是南非前教育部部长 Kader Asmal，副主席是印度工业发展部前主席 Lakshmi Chand Jain，成员有：澳大利亚 Murray－Darling 流域委员会执行主任 Don Blackmore、巴西圣保罗大学电子与能源学院 Jose Goldemberg、澳大利亚 Oxfam 国际公司前主席 Judy Henderson、美国加利福尼亚技术学院人类学教授 Thayer Scudder、前国际大坝委员会主席 Jan Veltrop、菲律宾 Tebtebba 基金会 Joji Carino、美国环境保护高级顾问 Deborah Moore、瑞典 ABB 公司总裁兼首席执行官 Goran Lindahl 和印度的 Medha Patkar、秘书长是德国的 Achim Steiner。

WCD 的目的：①回顾大型水坝的开发成效，评价水资源和能源发展的可替代方案；②制定国际可接受的用于大坝规划、设计、批复、施工、运行、监测和拆除的准则、导则和标准。

世界水坝委员会于 2000 年 11 月 16 日发布了《水坝与发展——一个新的决策框架》，简称 WCD 报告。该报告提出之后，引起了广泛反响，发达国家、发展中国家、与水资源、水能开发有关的国际组织等机构对它提出的观点与方法发表了各自的评论。本报告选编了几个与水电有关的国际主要组织和机构最近发表的观点，供大家研究参考。

国际大坝委员会的最终立场

C. V. Varma

国际大坝委员会主席

（2001 年 2 月 16 日）

“我，作为国际大坝委员会的主席，

根据国际大坝委员会各国家委员会发表的观点（见国际大坝委员会网站），针对 WCD 报告，在此确认 2000 年 11 月 30 日国际大坝委员会的最终立场及有关结论，并归纳如下：

1）国际大坝委员会对国际大坝委员会的环境立场声明和世界水坝委员会的一些建议是满意的。

2）WCD 报告对大坝效益的评论失衡且缺乏足够的解释，导致目前反建坝群体要求暂停工程建设。这一意见对发展中国家是致命的。

3）世界水坝委员会建议的项目评价方法过于繁琐，对投资是一个巨大的阻力。需要在不失其本意的情况下进行简化。

4）国际大坝委员会愿意合作，帮助形成适宜的导则，以助于那些明显需要建设的工程尽快上马，并与每一个国家的法律和习惯相一致。”

尊敬的 Kader Asmal 教授阁下，

暨世界水坝委员会前主席，

南非共和国教育部长，

作为国际大坝委员会的会员，我们已初步阅读了 WCD 报告“水坝与发展——一个新的决策框架”。这份报告的态度是反对发展的，对此，国际大坝委员会非常关注。实际上，众多媒体正在做出这样的解释。与之相反，我们同意已故印度总理 Smt. Indira Gandhi 的意见，他曾经说：“贫穷是环境最大的敌人”。一个不发展的政策不会消除贫困。

国际大坝委员会相信，世界水坝委员会做出了极大的努力把有关大坝利弊的争论推到一个更高层次。国际大坝委员会非常高兴地看到，我们的大坝与环境意见书（Position Paper on Dams and the Environment）与WCD建议的意图非常一致，如：

可持续发展的概念和原理，包括对需求方的管理和对系统管理及流域管理的改进。

从工程规划到运行的各个阶段，应把对环境的关注（自然和社会两个方面）放到与技术、经济和财政各方面同等重要的地位。

WCD的5个价值核心，即：公平、效率、参与式的决策制定、可持续性和责任追究。

WCD确定的5个决策准则，即：需求评估，替代方案的选择，工程的构成，工程建设和工程运行。

我们对WCD报告的其他意见总结如下：

WCD的工作成果

我们对WCD是否完全履行了1997年在Gland所确定的使命非常怀疑，当时的任务可归纳为如下两点：

1. 评价大坝开发的效果，评价水资源和能源开发的替代方案。

2. 提出国际上可接受的准则、导则和标准，适用于大坝的规划、设计、评价、施工、运行、监测和拆除。

任务1：国际大坝委员会不同意WCD基于非常有限的数据库所得出的结论。除了少数陈述如“大坝对人类发展做出了重大贡献”和引用一些示意图说明灌溉在农业生产中和水电在发电量中所占的份额外，报告鲜少提及为服务于人类的大坝通过河流的调控而发挥的效益。事实上，WCD的结论只来源于从45000座大坝中所挑选出的百余座大坝的评价，4个专题评论和几次地区会议。而在其所挑选的大坝中，仅有对8座的评价具有一定深度，而且大部分为超过30年的老坝。试问，这是否如WCD所声称的那样，是对大坝的真正严格审查。报告没有明确阐述，在很多情况下，建坝是解决水问题的唯一选择。在世界上的一些地区，有近20亿人生活在那里，而这些地区的河流是间歇性的，如果没有蓄水措施，水流无法稳定地满足开发的需要。如没有大规模的地表水蓄水设施，就无法支撑这些地区的大量并日益增长的人口。人们所期待的是WCD进行一次全球性的评价，对在没有蓄水设施的情况下，世界不同地区的水的可利用性，以及对支撑这些特定区域的人口所需要的最小水量进行评价，但WCD没有进行这方面的工作。

WCD 也没有在实现供水、发电和粮食生产需求方面对大坝的替代方案进行客观和科学的评价。很多反建坝人士所提倡的所谓替代方案在没有进行评价的情况下提出来的。甚至对水电与化石燃料相比具有极大优越性的情况，如避免有毒气体如 NO_2、SO_2 和重金属的排放，WCD 则避而不谈。面对发展中国家巨大的需求增长，任何小规模的、局部解决方案是解决不了问题的。WCD 过于乐观地估计了那些大量的未经试验的技术经济手段。

报告承认“现在世界上有 30% ~40% 的可灌溉耕地依赖于大坝”。这就意味着有 8 亿人受益于大坝有关的可灌溉粮食生产。类似的数据对电力也是如此（“世界上 19% 的电力”），这类人约有 8 亿。避免火电站导致的空气污染、从防洪和供水获得效益，包括提高生活质量，又可使世界上几亿人受益。WCD 公布未经证实的数据称，在 20 世纪，建坝移民数量为 4000 万 ~8000 万人，这就意味着对应每一个因大坝而受到负面影响的人，就有 10 ~20 人从大坝所带来的粮食、电力、供水和防洪效益中受益。而 WCD 报告把焦点集中在 5% 未从大坝受益的人身上，而忽视了绝大多数人的利益。

国际大坝委员会严肃地质疑报告中所挑选出来的、进行深入评价的 8 座大坝的代表性。其中只有一座泰国的 Pak Mum 坝，是过去 10 年内建造的，其他的坝则是 20 ~70 年之前规划建造的。国际大坝委员会认为，一个对大坝实际的公正评价应针对当代工程进行，如近期竣工的位于美国加利福尼亚州的大坝，这些工程中的大多数在原则上符合 WCD 的建议。国际大坝委员会鼓励对社会和环境负责任的工程建设项目，并在过去的 10 年里出版了这一方面的意见书。国际大坝委员会的目标是把大坝对社会和环境的负面影响降到最低。国际大坝委员会承认：“……急需保护我们的自然环境，它是所有生命的基础，正处于危险的边缘。对环境的全面认识有其社会意义：人，他们的土地和居住地，经济和贸易”。

任务 2：因为国际大坝委员会是一个促进大坝安全和维护的组织，我们很高兴地看到，WCD 承认大坝运行的长期性，需要长期维护。实际上，WCD 提出：“保持大坝处于安全状态的关键环节之一是为适宜和定期地维护提供资金投入”。

但是，除了用于与利益相关的受益方就替代方案研究和环境及社会事务进行协商的准则、导则和标准之外，报告没有为大坝的规划、设计、评价、施工、运行、监测和拆除提供技术准则和标准。对此做法或许也可以接受，但WCD应明确说明国际大坝委员会的准则、导则和标准以及金融制度足以满足工程需要，并表示同意，而不应在第9章只简单地提出“认识到从其他资源可以获得这些导则，WCD把主要关注点放在需要做那些不同的事情上”。

WCD的建议

WCD强调受影响人的命运并提出需要保护他们的权益，对此国际大坝委员会应当赞赏。国家、开发商、非政府组织、大坝业主和运行方及投资机构应当把受影响人作为“受益人中的第一批对象”对待，并向他们提供保持或提高其现有生活水平的手段。每一个政府必须以其自己的方式致力于这一紧迫的事务，并给予受影响人进行磋商和获得合理补偿的权利，包括对过去冤情的处理。这些权利的保护应纳入公正和高效的国家司法体系。

WCD提出了一个决策程序，要求在所有的利益相关人之间开展正式的多阶段磋商。这些阶段包括：了解需求，选择满足这些需求的若干方案，只有最后选择的方案为大坝时，再选择设计、施工和开发参数。对那些可能因采取大坝方案而受到影响的人群，特别是本土居民，必须最后同开发者之间以书面合同的形式表示“他们接受这些关键决策”。

ICOLD（即国际大坝委员会——编者著）担心，如此繁琐的磋商程序，包括：调解、专家组的审查，并需要各类对生态和人口的可能影响的详细资料，将最终使任何新的工程开发项目夭折。按照WCD的建议，每隔5年，在所有的利益相关人参与的情况下，要对建成后大坝的运行参数进行再复核，从而使这一繁琐的程序变得更加复杂。对于大坝业主和投资机构来说，这可以被认为给工程开发项目增加了附加风险，并导致额外的延期。

根据我们在世界范围的经验，认为WCD的详细建议主要是针对发达国家设计的，并基于这些国家的经验。如果愿意，这些发达国家有时间和经费去论证各种可能的替代大坝的方案，也可以负担得起。因此，ICOLD支持WCD这方面的声明：“WCD的报告并不是一幅蓝图，ICOLD建议把它作为讨论、争论、内部评价和再评估这个可能建立起来的程序的起点，以及评价它们如何能顺应实际变化的起点”。

ICOLD 的立场

正如 Nelson Mandela 在他伦敦寓所阐述的那样，很多人正经受着饥渴，缺水、卫生设施和电力短缺的煎熬。ICOLD 认为，WCD 的建议将把发展进程中的不可靠性置于无法接受的程度。ICOLD 担心，集体和私人开发商及投资机构将认为工程延期是对时间和金钱的极大浪费，并将会完全终止水资源和能源开发项目，从而使人类承受 Mandela 先生所说的各种煎熬。

另外，我们引用报告前言的话“……世界上 1/5 的人缺乏安全的饮用水”，而且，“在未来的几十年，在我们为 30 亿新增人口寻求另外的 1/5 的水时，我们三人中的一人将要为饮用水或沐浴水而争斗”。

不容置疑，世界正面临水资源日益短缺的问题。对工程性解决方案的需求，包括建设更多的坝，将是不争的现实，因为没有其他切合实际的解决办法。ICOLD 赞成对大坝和工程开发采取一种均衡的途径，切实反映受影响群体的要求。ICOLD 认为，每一个国家均有其自身的发展途径。每一个国家都应该考虑 WCD 的建议和 ICOLD 的导则。但是，每一个国家同时必须考虑自身的优势条件、传统、法律和需求。

WCD 的建议并不是全球适宜的，任何人，包括投资机构，都应认识到这一点。

感谢您对 WCD 项目的领导，拥有 80 个国家委员会的国际大坝委员会愿意以透明的方式与其他关注流域可持续发展的专业组织合作。

致以崇高的敬意。

C. V. Varma

转发：Maritta Koch - Wess 先生，总经理，

世界自然保护联盟（IUCN）

James Wolfensohn 先生，行长，世界银行

（孙东亚译　郭军、何少苓校）

可持续的水电开发

D. Altinbilek

（国际水电协会主席）

热烈欢迎2004年《水电与坝》“世界地图和工业指南”的出版，它概要地介绍了蓄水和水力发电领域的发展现状、潜力、全球和地区的需求。在世界上发达地区正在充分利用其水能资源的时候，发展中国家却在为满足地球上2/3人口的基本需求而努力。如果这一斗争不能取得成功，那么世界上大部分地区将存在被迫进入持续的欠发达阶段的可能。

2000年11月世界水坝委员会发布的《大坝与发展》报告将反对大坝建设推向了顶峰。在过去30年中被国际银行和贷款机构认为是“纯银”的发展工具的水电开发，成为这些金融机构为保护其想当然的结论而反对的领域。在过去10年中，投向水电领域的贷款明显减少。然而，过去3年中的许多进展证明水电行业已经对此作出了强烈的反应。国际水电协会（IHA）在这一过程中发挥了重要的作用。

2002年9月在约翰内斯堡召开的可持续发展世界峰会建议：通过开发较清洁的、更高效的、可支付的和成本—费用合理的技术提供不同的能源，包括化石燃料技术和水电在内的可再生能源技术，并且通过双方同意的特许合同将这些技术转让给发展中国家。”

2003年3月在日本京都召开的第三届世界水论坛也认识到：“水电是一种可再生的清洁能源”，而且应该以一种环境可持续和社会可接受的方式来认识它的潜力。

世界银行新颁布的“水资源行业战略”认为：“作为有关是与非的原则性问题，世界银行必须重新介入发展中国家的水资源开发”。世界银行正采取一种新的“高风险、高回报”的方法回到水利基础设施领域。世界银行认识到，如果遵循《大坝与发展》报告的26项指南，世界上将不可能再建设新的大坝。世界银行已经决定不执行这些指南。

2004 年 6 月 1 ~4 日在德国波恩召开的国际可再生能源研讨会期间，来自世界 154 个国家的部长和政府代表建议，在世界总的能源供应量中增加可再生能源的比重。

在波恩签署的《部长宣言》确定水电是可再生技术之一，“迫切需要显著增加”。它认识到水电和太阳能、风能、生物能/生物燃料和地热能，“能够对可持续发展作出显著的贡献；能够增加人类获得能源的机会，特别是对穷人；能够消除温室气体排放、减少有害的空气污染，从而创造新的经济发展机会；能够通过合作和协作增强能源安全”。部长宣言中对水电没有任何与项目大小和形式有关的限制，而且也没有强加任何不可实施的标准。最终通过的“国际行动计划”中包括了国际水电协会“可持续指南”这一行动，IHA 指南的主题是：“改善将可持续的水电开发作为一种可再生能源的程序”。

国际水电协会的首要任务是建立一种更加有助于水电发展的政治环境。为完成这一目标，IHA 正试图通过评估和促进好的实践以及通过提供一个全球行业论坛来保证国际社会能够不断听到水电的声音。经过一个长期的咨询过程后，2003 年 11 月 IHA 公布了它的“可持续指南”和“合格议定书”，以宣传水电的核心价值和优先战略，同时保证水电的可持续发展。IHA 认识到小项目不总是理想的，而大项目也不一定是宏伟的，重要的是项目是很好规划和管理的。IHA 建立了“蓝色星球奖”，以奖励基于技术、经济、社会和环境标准的良好水电实践，以及在一个和多个方面取得的优秀成果。到目前为止，已经授予了 3 个项目“蓝色星球奖”：澳大利亚塔斯马尼亚州 King 河开发项目、巴西的 Salto Caxias 水电工程和南非的 Palmiet 抽水蓄能工程。

目前，IHA 已经有来自 83 个国家的 1000 名成员。在未来，IHA 计划增加它的代表，特别是那些正在开发水电的国家。在过去一年中，印度、伊朗和土耳其已经成立了 IHA 国家委员会。2004 年 3 月，国际水电协会印度国家委员会（INHA）已经组织了 2004 年印度水电研讨会和展览会，约 500 名代表参加了研讨会。2004 年 3 月，尼泊尔水电协会（IHA 的国家委员会）也在加德满都组织了一次名为“水电之路”的研讨会。“世界能源研讨会”将于今年 9 月在澳大利亚悉尼举行，将有大量来自水电行业的代表参加。

目前，水电的未来比几年以前要光明一些。未来水电面临的挑战会更加严峻。我确信水电行业可以成功地面对挑战。在未来，建设的大坝将得到更加详细的研究。IHA 将继续努力作为将安全、清洁和可持续的水电开发作为世界上大部分地区经济和社会可持续发展的关键的倡导者和拥护者。

（徐方军　译）

水坝在供水和粮食安全、健康和消除贫困中的作用

M. Gopalakrishnan

（国际灌溉与排水委员会秘书长）

几个世纪以来，人们对水坝作为一种有效的开发工具的作用已达成共识。在中国和印度以及其他具有悠久文明史的国家都存在大量的实例。世界上有许多成功的例子，而且一些是非常古老的。我们可以看到在公元前256年建设的中国四川的都江堰工程，公元200年在印度泰米尔那达邦建设的Grand Anicut工程。印度在100年前建设的Periyar坝、Wilson坝和许多其他蓄水水坝已经证明了它们在支持灌溉农业发展方面的长期和重要的作用。

不顾上面提到的成功的古代实例，2000年11月世界水坝委员会的报告对大坝作为开发工具的效果提出了疑问。这份报告使得所有与水坝有关的各个方面从根本上重新评估了他们的基本立场。它迫使一些国际专业协会，如国际灌溉和排水委员会（ICID）、国际大坝委员会（ICOLD）和国际水电协会（IHA），通过广泛咨询相应的国家委员会、政府和其他感兴趣的团体获得的“改进的信息”，明确表达他们的对水坝和水电开发的立场。国际金融机构也被迫评估他们的立场。发展中和不发达国家特别关注水坝建设活动，因为他们需要一定的基础设施来满足日益增加的人口对水的需求。一些国家，如印度、中国、土耳其和其他一些国家，根据他们国家各自的情况对世界水坝委员会的报告和结论进行了评估并提出了批评。许多国家不同意世界水坝委员会的发现或报告中的结论。然而，世界水坝委员会的工作使得具有丰富资料的机构，如ICOLD、ICID和其他一些机构更明确具体地阐述了他们的大坝思想和观点。世界水坝委员会的报告为这些机构提供了一个走到一起，共享他们在过去几十年积累的大量资源、经验和知识，以及共同批评世界水坝委员会工作的机会。当ICID、ICOLD

和 IHA 在 2001 年 2 月宣布《德里宣言》时，表明需要大坝和蓄水工程以满足人类生活需要是明显和不容置疑的。

供水对农业的发展一直发挥着关键的作用。从全世界的数据来看，全世界的灌溉面积约为 2.71 亿公顷，约占全球农业土地的 18%，但却提供了世界 40% 的粮食需求。全世界超过 20 亿的农村贫困人口，主要位于发展中国家和不发达国家，主要是从事农业生产，而且以农业来保证其生存。地表灌溉主要依靠水坝的蓄水或其他引水工程。在可用水资源空间和时间上分布变化大的地区，以及降雨变化不定的地区，通过水坝蓄水为供水提供了保障。即使是在以地下水灌溉为主的地区，也必须满足抽水的能源需求，而如果电网中有一定的水电，水电可以为此提供帮助。水力发电必须需要水库和大坝。水坝在防洪管理中也发挥了巨大的作用。因为在发展中国家和不发达国家，对最脆弱的那部分人口来说，农村贫困和洪水发生频率之间存在一定的关联关系，因此水坝和防洪可以在洪灾救济中发挥巨大的作用。生活在一个较少受到洪水伤害和洪水强度可大幅度较小的环境下要比面对未控制的严重洪水的攻击要好得多。因此在规划适当时，大坝可以增加农村的财富。

《水电和坝》杂志在过去几年中出版的世界水坝建设地图中标明了在建的大坝的位置和分布，可以看出，大坝建设活动主要位于印度、中国、日本、土耳其、伊朗、西班牙、保加利亚、委内瑞拉、巴西和其他南美洲国家。目前，很难在北美洲、北欧、澳大利亚和非洲的大部分地区发现大坝建设。原因是显而易见的。能够听到反对和批评建设大坝的地区都已经建设了大量的大坝和蓄水工程，而且人均水资源可用量是非常充足的；他们已经达到可能的灌溉开发的尽头而且已经达到了电力供应的安全。

从《水电和坝世界地图》上的图表来看，目前已运行的发电坝的发电量占可开发水能资源的比重，欧洲最高，为 55%；其次是中北美洲，为 42%。然而，相应的数据在非洲仅为 4.8%，亚洲为 11.8%，南美为 20.5%。数据表明在这些地区还有大量在技术上和经济上可开发的水能资源没有开发。

处于贫困线以下人口数量的增加主要集中在没有大坝建设的地区的事实也说明需要在这一问题上采取实事求是的方法。

作为一个关注灌溉、排水和洪水管理，特别是农村发展的国际组织，国际灌排委员会已经发表了他们关于水坝作用和贡献观点的报告。水坝，不论大小，如果是在有适当的前期准备的基础上建设的，都可以非常满意地发挥他们的作用。由于需要保证绝对的粮食安全和环境可持续性，没有一个人可以有办法避免水坝的建设。如果对水坝建设的社会和环境问题，如移民和重建采取适度敏感的处理，大坝建设活动不会对利益相关者产生不利的影响。

对水坝建设需要制定适当的政策和指南，而且需要时，可以进行适当的改进。ICID 组织了一个工作组对该问题进行研究，目前已经接近完成。ICID 的调查表明，大多数国家都颁布了水坝建设方面的指南。ICID 对它们的适应性也进行了评估。除了需要对指南的一些内容进行改进以便利益相关者的参与之外，没有必要惊慌，也没有必要形成一种认为大坝没有达到他们所希望的目标或者是以付出巨大的投资达到这样目标的感觉。事实上，印度最近进行的一些研究发现，灌溉农业具有大量的间接效益，可能为灌溉直接效益的 4 倍。其他一些机构的研究也证明了这点。洪灾有效管理方面的例子基本相似，而且对发展中国家农村地区的贫困人口具有直接的影响，并且成为了消除灾害的一部分。

ICID 正期待着一份文件的出版以促进对新水坝的建设采取适当的决策程序，特别是灌溉、排水和防洪方面的水坝建设。这些问题将在今年 9 月于莫斯科召开的执行理事会会议上进行讨论。这份文件将对目前决策程序的不同方面进行全面深入的分析和评价。

未来需要建设更多的水坝和水库以满足粮食、能源和健康的要求。停止建设水坝还太早，但如何最好地改善实施的决策程序是一个可能需要关注的问题。为减少负面影响，所有的安全保护措施都需要融合到水坝开发的决策程序中。

在努力通过促进最好的灌溉排水实践以保证粮食安全方面，ICID 将继续努力支持所有有助于达到该目标的措施。饥饿、营养不良和不健康必须像战争一样与之战斗，而保证供水是一个关键因素。大坝是完成这一目标一种必不可少的工具。

（徐方军　译）

坝：世界未来的保证

Cassio Baumgratz Viotti

（国际大坝委员会主席）

自去年以来，国际社会上存在一种明显的趋势，就是认识到大坝是水资源开发一种不可缺少的工具。它首先表现在世界银行改变了它对水坝建设的立场，制定了介入水资源行业的新战略方向，允许向水坝建设融资。

紧接之后，京都第三届世界水论坛“部长宣言”认识到“水电作为可再生和清洁能源之一的作用”。

最近，波恩可再生能源部长研讨会也认识到，不管电站的大小，水电都是一种可再生能源。

国际大坝委员会非常高兴达成了这种的共识，因为我们一直认为大坝是一种开发工具，而且是支持现代世界的复杂系统的一部分。

的确，水坝的目标是改善整个社会的幸福和财富，而且无可争辩的是，水坝在减轻洪水损失、增加粮食产量、改善航运、产生电力和提供饮用水方面发挥了重要的作用。

随着最近石油价格的上涨和对石油未来的讨论，认识到“便宜的油已经结束了”，国际社会对未来水电作用又有了新的认识。

我们知道，其他一些可再生能源的成本一般要远高于水电，而且到目前为止还不能提供大量的电力。此外，一些可再生能源在这些资源不充足期间需要后备系统，例如风力小或阳光弱；在这种情况下，因为水电的运行特性，它可以成为一个理想的合作伙伴。

核能和燃煤电厂是除水电之外可以大量提供电力的方案，但他们都存在严重的环境问题。

在波恩可再生能源研讨会上，巴西政府代表表达了他们在水电上的强硬立场，因为他们知道水电资源对国家的发展具有显著的影响。如果在未来使用其他资源来代替水电，它们所能带给巴西人口的效益要比水电少得多。在过去 40 年中，巴西安装的发电容量，主要是水电，已经增加了 16 倍，而巴西人口只增加了 2.5 倍。

我们也知道世界上存在着人口持续向城市移居的现象，其结果必然是需要大量的饮用水供应，而这些只能通过建设蓄水水库来解决。在巴西，由于人口大量增加，过去 40 年中向城市提供饮用水的比例已经从 50% 增加到 96% 。

世界人口的增加导致需要大量额外的粮食生产，它通常需要蓄水以满足灌溉的需求。在巴西，过去 40 年中谷物产量已经从 0.2 亿 t 增加到 1.3 亿 t。蓄水水坝对取得这样的成就发挥了重要的作用。

另一方面，一些人对坝促进发展的效果产生了疑问。产生这些疑问的背景是随着对环境与可持续发展极端重要性认识的不断深入，国际社会形成了一种需要重新评估所有人类活动的需求。但我们知道，还没有人根据一个精心设计的范例，并且考虑到被建设时代的社会作为标准的实施程序，对全世界范围内的大坝性能进行详细的研究。

事实上，大坝行业中有许多很好地处理了环境和社会问题的水坝实例。此外，我们确信专业人士对水坝技术、社会和环境程序的发展和实施作出了巨大的贡献。然而，我们仍热切希望采取一切措施改善水坝建设的方方面面，并且公开这一领域的讨论。

在今年 5 月，国际大坝委员会在韩国汉城举行了第 72 届年会。这是一个不能被忽视的成就，因为它意味着大坝社团协会已经连续 72 年（除第二次世界大战）讨论、宣传和改善在水坝工程方面的知识。

现在，我们面临的挑战是将这些知识传播到世界上所有的地区，从而促进相应国家的发展，包括已建大坝的地区或正在建设大坝的地区。

我们也正在加强针对水坝工程技术革新方面的讨论，以找到更加经济的水坝工程解决方案，为社会提供最大的效益。

最后，我们完全相信大坝有利于人类的未来。

（徐方军　译）

可持续的必要条件——可再生能源水电

Hon. Peter Rae

（可再生性和可持续性能源圆桌会议主席）

1. 介绍

政府间气候变化专门委员会（IPCC）指出，自从欧洲工业革命之后，城市大气中的二氧化碳含量一直在稳定增加。冰核采样分析也证实了这一观点，显示出自从 1750 年之后二氧化碳含量增加了 31%。在过去的 20 年里，3/4 的增长量是由于燃烧化石燃料，比如石油、煤和天然气。事实上，这是在过去 420000 年以来观察到的最剧烈的增长。这一现象导致了全球变暖。全球变暖也付出了经济、社会和环境方面的代价。

例如，有大量的证据表明全球变暖会使保险业受损。这种代价是与自然灾害有关的支出引起的，如今年增加的洪水和暴雨。我们不需要举别的例子，比如说最近在加勒比海的龙卷风造成了巨大的损失。根据保险业的资料，保险支出已从 70 亿美元增加到 900 多亿美元。20 世纪 60 年代，每年有 16 次灾害性天气造成巨大损失。现在每年平均值有 72 次。

另外还有迹象表明海平面升高的速度可能会超过人类和自然系统承受力。这对低海拔的太平洋密克罗尼西亚岛国（Pacific Micronesian States）尤其重要，由于可能会被淹没，人们将不得不被驱赶出家园。对自然系统的影响能够破坏耕地系统，而很多国家的集水区水量也会降低，导致没有足够的水进行灌溉及满足工业和城市需要。现在澳大利亚一些城市，例如墨尔本和悉尼已经限制用水，奥大利亚西部的佩斯，由于干旱入水库的水量严重减少，减少量达 50%。

澳大利亚并不是惟一出现这种情况的国家。在寒带，冰山在后退，世界许多国家灌木地带出现火灾的频率在增加。随着全球变暖的迹象增加，英国政府的首席科学家大卫·金爵士（Sir David King）在2004年1月份说："气候改变比恐怖主义的潜在危险性（对全球安全）更大"。

可持续性的必要性

自从1992年在里约热内卢召开了可持续发展全球峰会之后，国际社会对气候变化的关注急剧增加。根据联合国气候变化框架公约（UNFCCC）京都议定书，（最初的签署国有84个，现在达到了124个），降低温室气体释放并保持在20世纪90年代的水平被广泛接受。假如俄罗斯批准执行这一议定书，2004年12月在阿根廷的第10次公约缔约方会议（COP—10）将会进一步发展京都议定书。甚至连美国和澳大利亚这两个人均温室气体排放量最高的国家（他们没有签署京都议定书）也在进行双边的环境方面的合作（Climate Action Partnership）。另外在2004年8月，澳大利亚和中国签署了一份关于环境改变的合作备忘录。他们将把焦点放在主要的领域，如降低温室气体排放、可再生能源和技术合作。

同时各国普遍认同控制温室气体排放量，以及能源供应对可持续性发展至关重要。国际能源组织预测21世纪前20年对电量的需求还会增加300GW。这相当于17000亿美元。

为了达到2015年贫困人口减少一半的千年发展目标，2002年9月在约翰内斯堡召开的可持续性发展世界峰会上提出能源行动纲领。峰会指出"现在急需大量增加可再生能源在全球的比率，以增加它在供电总量中的份额"。

峰会也提出为一个可再生能源行动日程，在2004年5月的波恩可持续性能源会议上该日程又取得了进展。然而，国际能源组织估计，按照能源需求量年增长率1.7%来计算，到2030年前全球对能源的使用一直会稳定增长。其中，能源增长中的6%来自亚洲的发展中国家，如中国和印度。

这样，由于温室气体的增加引起的全变暖和能源需求之间就产生了冲突。尽管目前国际安排还不完善，还是需要在未来50~100年间减少50%~60%的温室气体排放。这对我们所有人都是一个挑战，因为目前的项目很显然都是不可持续的。我们已经超出了环境的限制，其根源主要是人类对能源的不断需求——那些靠燃烧化石燃料，如石油、天然气和煤得到的能源。

可再生性的作用

我们认识到水和能源在减轻贫困中扮演着重要的角色，我们也面临着困难的选择，一方面是这个世界对碳的限制，另一方面是对能源和水的需求的增长。在这种背景下，很明显可再生性能源技术将扮演着日益重要的角色，以达到千年发展目标。

虽然可再生能源，如风能、太阳能和生物能还有发展的潜力，目前，在整个电力市场它们只占很小的份额。然而风能发电增长很快，很多国家有积极的风能开发项目，将有助于他们完成京都议定书目标，并将温室气体控制在20世纪90年代的水平。

地球上最有活力的可再生能源是水电。它提供了世界上19%的用电量，并构成95%的可再生能源发电量。假如使用火力发出这么多的电能，就会增加21亿t二氧化碳。

事实上，水力发电比现代火力发电释放的温室气体少40倍。

通过对基础设施（许多水电项目已经运行超过40年）的升级和改造以及建立一系列的新的开发项目，水电在可再生能源发电中所占的份额会增加。行业研究显示只有33%的水电技术和经济得到了开发。大部分未开发的潜力在发展水平最低的国家。

欧洲已经开发了75%的水电潜能，北美开发了69%，非洲、南美和亚洲分别是7%、22%和33%。这说明实施新的项目还有极大的空间。这样的项目可以通过各方的努力向社会群体和工业提供水和能源。由于水库蓄水提高了灌溉能力会使农业受益，而通过适当的管理策略也可以保持生物多样性。

现在150个国家有289GW新的水电发展计划。这些项目有潜在的多方面效益，可以提高经济活动、减少释放温室气体、减轻贫困和其他技术合作，如海水淡化和向偏远地区供电。

然而需要认识到，有一些团体对水电作为一种合法的可再生能源提出了质疑。在2004年波恩的可再生能源会议上，有人担心会不把水电作为可再生能源，新的水电项目也不符合世界水坝委员会的有关方针。然而可再生能源会议上做出的政治宣言承认水电是可再生能源，并指出10亿人口能够使用再生能源（包括水电）发电。154个国家签署了这份政治宣言，这对未来工业发展将是非常重要的。

当然在2000年世界水坝委员会发表的报告中指出了大型水坝建设和管理的一系列问题，包括一些社会性的担心，比如水坝的安全性、地震风险、文化遗产、公共健康和人口迁移。对环境的关注包括泥沙淤积和侵蚀、水质量、对生态系统和生物多样性的影响、鱼类的通道以及商业性渔业的前景。

但是过去并不一定是未来的指南。从过去的错误中已经得到了教训。现在的挑战是：所有这些可以持续性地完成吗?

建设可持续性水电的问题

在过去，水电的诋毁者把注意力放在导致出现环境问题的现象，这些现象出现的原因是由于，错误或不合适的法律和制度框架、缺乏对项目周期所有阶段的环境和社会影响的正确评价，以及在建设前和建设后监督措施不力。当建筑大坝需要考虑人口迁移问题时，以上这些问题也受到特别的关注。

在开发项目批准过程中参与者具有不同的作用和责任，认识到这一点很重要。政府的责任是批准项目，政府也需要立法并负责建立国家或地区性能源政策。他们也决定水资源分配和管理的政策以及决定评价项目的环境方针。政府也决定土地使用政策和土地使用分配。开发者并不具备这些职责。

从水电行业的角度来看，我们认为各种能源方案的评价应该是国家或地区政府的职责，并是国家能源策略的一部分。为达到这一目标，可以进行一个高级策略评价过程，并把环境、社会和经济问题以及解决相互冲突的需要考虑在内。战略型评价应该考虑累积影响、决定土地的使用和环境优先权以及减轻贫困和经济发展的目标。与战略型评价有关的政策应该符合全球降低温室气体排放的需要，也应该从根本上符合能源规模的可持续性三元素——经济、社会和环境。

开发者必须行使他们的法定职责，遵守由管理部门及贷款机构比如世界和亚洲发展银行批准建设依据的环境方针。进一步来说，应该在新的项目建设期间以及管理现有水电站时，应该遵守优秀的行业标准和运行守则。国际水电协会的可持续性方针就是这样一种规则。下面简要介绍一下此方针。

国际水电协会的可持续性方针

国际水电协会已经建立并签署了一个综合性的可持续性方针，以及一个相关的遵守协约，以提供一个优秀运营的框架，并引导水电行业进入21世纪。这些文件是由塔斯马尼亚水电公司（Hydro Tasmania）和魁北克水电公司（Hydro Quebec）在听取了世界银行、联合国环境项目、水坝和发展项目以及世界野生生物基金会等组织的意见之后制定的。方针遵循世界水坝组织报告的核心价值，并建立在实际运营的基础上。

世界水坝组织的价值建立基础是：

- 平等
- 有效
- 决策参与
- 可持续性
- 问责性

方针建立了一系列的技术原则，以促进对可持续性三个奠基石的更深刻理解，即环境保护、社会责任和经济发展，并能够按照以下规则管理。

2. 环境后果管理

应作出环境影响评价以帮助决策和批准开发过程。环境影响评价对衡量一个项目的特性、规模和位置是否对环境产生巨大影响是非常重要的。这一过程包括广泛的政治、社会和经济内容，并是决定项目可持续性决策过程的一个步骤。可能会受到影响的利益相关者应该在环境影响评价的早期阶段就参与进来，包括制定要解决问题的最初范围，这是大众接受提议的一个关键元素。环境影响评价应听取广泛意见并建立在良好的科学和实际信息基础之上。这是项目支持者的任务，并涉及管理机构提出的所有要求。一般来说，环境影响评价会按照以下步骤进行：

- 最初筛选
- 制定范围
- 进行环境、社会和经济研究
- 评价
- 实施
- 监督

提供在建设、试运行和运行阶段关于环境问题的管理信息变得越来越重要。对大型企业来说，这可以通过正式的环境管理体系（比如 ISO14001）进行扩充。有远见的开发者把环境管理体系看作是更广泛的可持续性义务和公众报告项目的一部分。我们认为开放地、持续地向利益相关者进行咨询会加强和当地群体、管理者和项目投资者的长期关系和信誉。

3. 社会结果管理

假如能恰当地咨询直接受水电项目影响的群体和其他利益相关者（比如当地部门），水电项目可以获得最好的社会可持续性。社会群体必须关注咨询过程开放、公平和广泛，提供的信息能够清楚地描述和项目有关的成本、效益和广泛的环境、社会和经济问题。开放性的对话也能够使开发者听到当地的意见，并对规划过程有所帮助。一些可能的社会影响与资源利用的变化有关，例如渔业和生物多样性，对此应给予关注。

假如项目会提高当地就业率、提高传输系统的可靠性、并加强旅游业，社会群体对项目的认同度就会增加。对利益的分配可能包括分配收入、培训计划和扩大教育项目。开发者的目标，实际上也是政府的目标，应该尽一切可能取得议定的目标。假如做不到这一点，就应该提供赔偿，进行适时监督并使负责执行社会群体同意的减轻危害的措施。

4. 经济结果管理

在关于可持续性水电开发的决策过程中经济是中心。和其他的能源开发不同，建设水电项目所有大的开支都出现在建设过程中。一旦建成，水电站的运营费用很小，并在运行期间不受通货膨胀的影响，因为水电站没有燃料成本。

从投资者的角度来看，有一个决策有效的学院性框架是非常重要的。确保所有受到影响的人群被完全告知项目的经济后果也非常重要，并且会最大限度地避免利益冲突。很自然，经济可持续性决策应该建立在综合性的成本/效益分析基础上，这一分析应该包括所有的受影响的方面——有些方面可能很难准确定量。至少应该详细列出所有的建设、运营和维护费用以及减轻社会和环境的计划费用。

除了效益，还应该考虑到温室气体释放的减少、空气质量的提高、增加的税收、刺激了当地经济以及当地人民获得的利益，例如增加了就业机会和促进了旅游业。

5. 结论

发展中国家必须抓住机会驾驭水电潜能，以和发达国家那样，减轻贫困并获得经济利益。

要实现可持续性就要找到关于气候变化和贫困的长期解决方案。可持续的水电将是达到这一目标的一个解决方案。

假如国际水电协会的方针被广泛采用，先进水电工业能够达到可持续性的紧要目标。

世界银行的水资源战略

Jamal Saghir

（世界银行能源和水局局长）

随着对供水、灌溉和水力发电需求的增长，许多发展中国家面临使人胆怯的水资源挑战。随着水变得更加短缺，对水质恶化和水对环境和社会影响的关注日益增加，对气候变化会加剧洪水和旱灾的威胁的关注也日益增加。这种情况下，希望世界银行介入水资源行业的需求不仅迫切而且在不断增加。经过2年的咨询，世界银行制定了新的水资源战略，并且得到了世界银行董事会（代表世界银行的180个成员国）的一致认可。

世界银行新水资源战略的主要内容有以下7个方面：

一是水资源管理和开发是可持续增长和消除贫困的核心，因此它将成为世界银行重要的中心任务。

有效的水资源开发和管理在保证可持续增长和消除贫困中发挥着基础性的作用。世界银行的介入主要在4个方面。首先，世界银行广泛介入水资源开发与管理可以为国家、地区和当地的人民带来效益，包括穷人。介入通常涉及主要的水利基础设施，如大坝和跨流域调水工程。第二，因为穷人通常居住在恶劣的环境中，因此介入以改善流域质量和穷人生活为目标的水资源项目是最重要的。第三，广泛介入供水服务（主要目标是改善公用事业公司、用水户协会和灌溉部门的工作）可以惠及每个人，包括穷人。第四，介入以消除贫困为目标的供水服务（例如向未得到服务的穷人提供水和卫生及灌溉服务）可以在达到联合国千年目标中发挥重要的作用。

在大多数发展中国家，以保持经济增长和消除贫困为目标的水资源战略都将包括在上述的四个方面中。因此，世界银行将作为一个“全面的服务伙伴”帮助发展中国家制定上述4个方面的综合的、优化的和一致的行动计划。

二是大多数发展中国家需要积极地管理和开发水资源基础设施。

为了使世界银行成为一个有效的合作伙伴，它必须毫无偏见地面对水资源挑战。世界银行不能落入所有的问题都能通过基础设施解决的思想陷阱，也不能落入尽可能减少基础设施以保证环境这一同样危险的陷阱，所有的问题都能够通过更好的管理来解决。

三是主要的管理挑战不仅只是水资源的综合管理，而且也是一种"重实效，但有原则的"方法。应该关注效率原则、平等原则和可持续原则，但也要认识到水资源管理与政治密切相关，以及改革需要优化的、有次序的、实践的和耐心的介入的共同作用。

要成为一个更有效的合作者，世界银行必须准备支持改革者，而且对改革的政治经济设计和实施给予特别的关注。特别是这将意味着应该认识到解决方案将随着不同的环境而不同和变化；认识到改革的手段是首先摘取伸手可触的水果，而不是使好的方面成为最好；认识到水行业外广泛的改革（通常与全面的经济自由化、财务和政治改革有关）可以提供改善资源和服务管理的前提条件；认识到对愿意改变的人来说必须设计改革计划以及必须给予支持。

四是保证不同气候变化下的水安全是工业化国家对大坝、渠道、堤防和跨流域调水等主要水利设施投资的主要原因之一。

许多发展中国家水利基础设施的数量不到具有类似气候条件的发达国家数量的1/100。发达国家都最大可能地利用水能资源作为可再生能源，而大多数发展中国家开发利用的水能资源只占其可利用量的很少一部分。因为大多数发展中国家的水利基础设施不足，因此世界银行需要帮助这些国家在满足环境和社会标准的前提下发展和维持一定数量性能良好的水利基础设施，并且推动公共和民营投资水利设施。

五是世界银行的借款国中存在大量与水资源开发和管理有关的借款和非借款服务需求，并且需求的数量在不断增加。世界银行在这方面的能力已经被融合在一起。一方面，在非常重要的"软的"方面，世界银行介入的程度在快速和有效地增加。另外一方面，许多需要大量基础设施投资以完善管理改革的国家，世界银行通常成为一个难得到的、不可预见的和高成本的合作伙伴。要成为一个有效的合作者，世界银行将采用一种更有效的商业模式重新介入高风险高回报的水利设施领域。世界银行和国际金融公司遵循的这种新商业模式包括：

（1）将发展的影响放在首位；评估世界银行介入和不介入的发展影响。

（2）考虑将受到这些项目直接和间接影响的方面的权利和风险。

（3）满足社会和环境标准的要求。

（4）从一开始就将世界银行支持的项目作为一个法人项目。

（5）对管理该项目的人员进行奖励和支持。

（6）实现透明、清晰、时间约束和可预期决策的目标。

六是许多人认为世界银行在水行业中具有比较优势，因此强烈要求世界银行为水行业提供服务，强烈要求世界银行介入水行业。

世界银行的比较优势体现两个方面。一方面，因为水挑战范围和复杂性的增加，世界银行被认为是少数几个可以提供从宏观经济、财务、技术、社会和环境方面全面支持的机构之一。另一方面，借款国发现世界银行在性能和认识、召集能力、与所有沿岸国的关系、知识和财务资源的结合、介入不同的规模（地方性的流域、城市、灌溉区、河流流域和地下水、国家、地区）等方面是独一无二的，而且可以将这些方面综合起来。此外世界银行和国际金融公司在吸引私营行业投资水利方面具有不可缺少的作用。

同时，由于不介入困难和复杂的问题，对世界银行作为一个全面的投资和知识伙伴的信任度在逐步下降，这也引起了不断的关注。

对一些认为世界银行仍然是一个可以信赖的机构的国家，世界银行特别需要全面介入该国水利基础设施和管理活动的所有方面。因为从通常的经验来看，这些国家是较贫困的国家。

七是世界银行对一国水利的支持必须符合该国的环境，而且需要符合“国家援助总体战略”和“消除贫困战略文件”的要求。

（徐方军　译）

（以上内容仅代表作者个人的观点，不代表世界银行的观点。）

水电与可持续发展北京宣言

第一，我们，来自各个国家和地方政府的代表，国营和私营部门的代表，联合国各机构、多边金融机构、其他国际组织、非政府组织、科技学术团体以及国际工业协会的代表，于2004年10月27～29日相聚中国北京，参加了联合国水电与可持续发展会议。谨此，我们重申为实现新千年发展目标、21世纪议程和约翰内斯堡实施计划中的任务和目标的共同决心。

第二，我们重申，能源对实现可持续发展是必须的，是达到新千年发展和约翰内斯堡实施计划目标和使命的关键。

第三，我们关切地注意到全球尚有20亿人生活在没有电的世界里，我们呼吁所有有关各方共同努力，以可靠的、负担得起的、经济可行的、社会可接受的和环境友好的各种方式为大家提供电力。

第四，我们强调，改善能源供应将为经济的增长，教育和卫生条件的改善，培训和就业的增长，以及商业效率的提高创造机遇，进而有助于持续地减少贫困。水电在可持续发展中的战略重要性。

第五，约翰内斯堡实施计划呼吁能源供应多样化和显著提高包括水电在内的可再生能源在全球能源构成中所占的比重。我们注意到，水电有利于促进这些目标的实现。

第六，波恩可再生能源国际会议通过的政治宣言中指出：采用包括水电在内的可再生能源，会同能源效率的提高，能够促进可持续发展，为更多的特别是贫困的人口提供电力，并降低温室气体排放。我们进一步注意到这一点。

第七，水电是一种重要的能源，占世界电力供应总量的20%左右。发达国家的经验已表明了水电对社会发展所做的贡献。在发达国家，大部分技术及经济可行的水电资源都得到了开发，同样，在一些发展中国家，通过水电区域开发和工业化发展，对减轻贫困、实现经济增长也做出了贡献。在这方面，我们注意到，2/3的经济可行的水电资源仍待开发，其中90%在发展中国家。在非洲，水电开发率还不足5%。我们一致认为，对于发展中国家以及经济转型的国家，巨大的潜在的水能资源能被开发利用，以造福人类，毕竟，世界上穷人用的能源仅为世界上富人用的能源的1/25。

第八，我们确信需要开发水电和其他能源，包括更新维护现有设施。将水电纳入到当前和未来水资源统一管理系统中，同时我们强调水电开发在社会、经济、环境方面必须具有可持续性。

第九，我们强调统筹规划方法对大坝建设的重要性。除发电以外，大坝还兼负多重功能，包括灌溉、工业和生活供水，以及防洪、栖息地维护等。我们还关切地注意到在这些地区用水需求仍在上升，未来对水资源的竞争将进一步加剧。促进环境友好的、对社会负责的和经济可行的水电发展。

第十，听取了专家在社会和环境方面的报告，我们承认，许多政府部门、金融机构和企业在相关政策、规定和导则制定方面取得了进步，这些相关政策、规定和导则结合各个国家具体的背景，指导如何评价水电对环境和社会的影响、如何减轻这些影响以及强调对弱势群体的关注。我们还看到，在水电开发方面有很多很好的做法，我们呼吁政府和水电工业界推广好的做法，推广恰当的政策、规定和导则，使其纳入经济、社会和环境可持续的水电开发的主流中。

第十一，在水电的社会影响方面，我们注意到，成功的移民安置措施包括尽可能减少移民、加强开发商对移民工作的重视、受影响群体的全面参与以及完善的移民规划、特别关注弱势群体。部分政府不仅采取了好的移民做法，而且在移民安置上采取了与当地居民利益共享的方式。我们受这一趋势鼓舞并呼吁政府在制订法律、法规时考虑结合这种方式。我们进一步呼吁各国政府部门、各地区及地方政府对文化敏感地区予以特别考虑。

第十二，在水电的环境影响方面，我们承认一些水电工程曾对环境产生很大的不利影响。严格的环境影响评估、有效降低环境影响的措施和管理方案对可持续的水电开发至关重要。我们注意到，已有不少环境影响评估与规划的准则，但是这些准则并不是全球适用的。我们呼吁业主和政府部门在此方面择善而从。

第十三，我们呼吁政府建立一套程序，强调在进行水电开发的规划时，需要从流域整体出发，考虑能源生产的各种方案，并且在制定规划时要特别重视环境和社会因素以及经济和财政条件。

水电开发：投资的挑战和机遇

第十四，注意到水电项目投资巨大，我们呼吁采取切实的行动帮助发展中国家投资可持续的水电项目，包括适应于所关注国家发展水平的传统的多边和双边贷款、担保、信用和赠款。

第十五，进一步注意到20世纪90年代各发展中国家水电投资的4/5是由公共部门完成的，我们支持世界银行以及各区域开发银行重新投身到支持水电的项目中来。

第十六，我们吁请政府创造一个良好的吸引投资的环境，支持对可持续水电项目的共同投资。我们进一步敦请政府为国内外私人投资水电制定强有力的和透明的政策框架。

第十七，与会的发展中国家政府代表呼吁双边机构重新投入可持续的水电开发。

水电与可持续发展：未来之路

第十八，考虑到水电对社会、经济以及环境影响等的方方面面，以及水电对实现可持续发展目标的潜在贡献，我们确信，需要对具有经济、社会和环境可持续性的水电进行开发。

第十九，我们历来共享世界各地在水电开发中的经验、认识和最好的做法。我们邀请各国政府、联合国机构和其他的国际组织、国际工业界协会和非政府组织、私营企业和民间团体，利用合适的会议或论坛，包括区域性会议，进一步强调水电与可持续发展问题，非洲更宜如此。

第二十，我们邀请各国政府、联合国机构和其他的国际组织、非政府组织、私营企业、国际工业界协会和民间团体，将他们在水电可持续发展方面的行动，向可持续发展委员会2006年会报告。

对中华人民共和国政府成功地举办本次会议，中华人民共和国政府及人民给予所有与会代表热情的接待，我们深表感谢。我们保证将一如既往、步调一致地工作，确保可持续的水电得到利用，以实现减少贫困、实现千年发展目标和约翰内斯堡执行计划所规定的目标和使命。